STUDIENKURS MEDIEN & KOMMUNIKATION

Lehrbuchreihe für Studierende der Medien- und Kommunikationswissenschaft, Public Relations, Medienmanagement/Medienwirtschaft sowie des Journalismus

Wissenschaftlich fundiert und in verständlicher Sprache führen die Bände der Reihe in die zentralen Forschungsgebiete, Theorien und Methoden aus dem Bereich Medien- und Kommunikationswissenschaft ein und vermitteln die für angehende Wissenschaftler:innen grundlegenden Studieninhalte. Die konsequente Problemorientierung und die didaktische Aufbereitung der einzelnen Kapitel erleichtern den Zugriff auf die fachlichen Inhalte. Bestens geeignet zur Prüfungsvorbereitung u.a. durch Zusammenfassungen, Wissens- und Verständnisfragen sowie Schaubilder und thematische Querverweise.

Janis Brinkmann

Journalismus

Eine praktische Einführung

2., aktualisierte und erweiterte Auflage

Onlineversion
Nomos eLibrary

Die Deutsche Nationalbibliothek verzeichnet diese Publikation in der Deutschen Nationalbibliografie; detaillierte bibliografische Daten sind im Internet über http://dnb.d-nb.de abrufbar.

ISBN 978-3-7560-0545-1 (Print)

ISBN 978-3-7489-3867-5 (ePDF)

2., aktualisierte und erweiterte Auflage 2024

Vorwort zur zweiten Auflage

Der Journalismus lebt von Widersprüchen. Wer das nicht glaubt, dem sei das wunderbare Sammelwerk „Paradoxien des Journalismus“ ans Herz gelegt, das Bernhard Pörksen, Wiebke Loosen und Armin Scholl herausgegeben haben. Es strotzt nur so vor eindrücklichen Beschreibungen, die jene Spannungsverhältnisse veranschaulichen, die den Journalismus mitunter zu zerreißen drohen: Das „Vertrauen durch Misstrauen“, die „Gewissheit der Ungewissheit“, die „Gleichzeitigkeit des Verschiedenen“, die „Erwartbarkeit des Unerwarteten“ oder die „Wahrheit der Fiktion“. Journalist:innen sind dort mal „bissige Schoßhunde“, mal „abhängige Selbstdarsteller“, mal „selbstverliebte Fremdbeobachter“. Und schon der Weg in den Journalismus ist maximal widersprüchlich, weswegen ich Sie, verehrte Leser:innen[1], einerseits beglückwünsche, Ihnen anderseits aber auch Glück wünsche. Sie, die sich offensichtlich entschieden haben, sich mit Journalismus zu beschäftigen, haben großes Glück: Es ist einer der großartigsten, facettenreichsten und spannendsten Berufs- und Betätigungsfelder, die ich mir vorstellen kann. Immer am Puls der Zeit, aufregenden Storys auf der Spur, auf Augenhöhe mit den Mächtigen aus Politik, Wirtschaft, Kultur und Sport, stets unter Menschen und mit allen Möglichkeiten, sich täglich selbst zu verwirklichen. Gleichzeitig brauchen Sie aber auch Glück, wenn Sie Journalist:in werden wollen. Sie werden sich – vor allem am Anfang – voraussichtlich mit einer miesen Bezahlung und beständiger Zukunftsangst herumschlagen müssen. Sie werden die wirtschaftlichen Probleme der Branche ebenso zu spüren bekommen wie die publizistischen. Und Sie werden schnell merken, dass der Konkurrenzdruck mörderisch sein kann. Denn „irgendwas mit Medien“, das wollen viele talentierte und motivierte junge Menschen machen. Aber es lohnt sich: Trotz aller Fallstricke und Stolpersteine steckt der Journalismus voller Möglichkeiten – heute vielleicht mehr denn je. Sie gelangen zu einer Zeit in den Journalismus, in der alles in Bewegung ist, in der sich traditionelle Strukturen auflösen und neue herausbilden. Es ist weitgehend unklar, wie die mediale Architektur der Zukunft aussehen wird. Aber wer das Handwerk beherrscht und Haltung beweist, der hat die Chance, den Journalismus von morgen entscheidend mitzugestalten. Wenn dieses Lehrbuch dafür einige Anregungen liefern kann, hätte es sein Ziel erreicht.

Dass dieses Buch nun in der zweiten Auflage erscheint, dazu haben verschiedene Menschen auf verschiedene Weise beigetragen – und bei allen möchte ich mich bedanken: Zuerst gilt mein Dank Alexander Hutzel, Sandra Frey, Fabiola Valeri und dem Nomos Verlag für die professionelle Betreuung und das Vertrauen. Besonders danke ich meiner Familie, Marie und Julius, Joscha, Karin und Gerd Brinkmann, sowie meinen Freunden, die mich nie vergessen lassen, wo mein Zuhause ist. Ich danke den Kollegen und Kolleginnen an der Fakultät Medien der Hochschule Mittweida für die vielen guten Gespräche und intensiven Diskussionen, die an vielen Stellen in dieses Lehrbuch eingeflossen sind. Abschließend bedanke ich

1 Obwohl im Journalismus noch immer das sogenannte „Generische Maskulinum“ dominiert (und die erste Auflage sich daran orientierte), bemüht sich die zweite Auflage um eine gender-neutrale Sprache, die alle Menschen einschließt.

mich bei „meinen“ Studierenden im Studiengang Medienmanagement und in der Studienvertiefung „Digital Journalism“. Ihre Neugier und ihre Kreativität sind ein maßgeblicher Ansporn für meine Arbeit und ebenso für dieses Buch.

Dortmund/Mittweida, Mai 2024 *Janis Brinkmann*

Inhalt

Abbildungsverzeichnis

Tabellenverzeichnis

1. Einleitung: Journalismus bleibt Handwerk – und Haltung

Überblick

Das erste Kapitel führt in die zentrale Problematik und Thematik des Lehrbuchs ein und erklärt, warum erlernbares publizistisches Handwerk kombiniert mit einer klaren medienethischen Haltung zentrale Stützpfeiler journalistischer Ausbildung sind. Darüber hinaus beschreibt es den Aufbau des Lehrbuches, formuliert das damit verbundene Selbstverständnis sowie die Lernziele. Den Abschluss bilden praktische Hinweise zur Nutzung des Lehrbuches.

Der Journalismus steckt in der Krise. Wer die einschlägigen Medienseiten führender Zeitungen liest, sich auf Konferenzen mit Wissenschaftler:innen und Medienschaffenden austauscht und aktuelle Studien verfolgt, muss zu diesem Befund kommen. Dabei ist die Krise des Journalismus erstens nicht neu – die Branche befindet sich seit mehr als zwei Jahrzehnten im permanenten hysterischen Krisenmodus (vgl. Brinkmann 2018) – und zweitens so vielschichtig, dass kaum von nur einer Krise die Rede sein kann. Es sind mehrere Krisen, die den Journalismus fest im Griff halten: Die *ökonomische Krise*, die sich anhand von kontinuierlich sinkenden Auflagen und Reichweiten sowie dramatisch eingebrochenen Werbeerlösen von Tageszeitungen (vgl. Röper 2022) – in Quantität und Qualität wohl noch immer das Rückgrat des Journalismus in Deutschland – zeigt, bedeutet die Erosion traditioneller Geschäftsmodelle, mit denen journalistische Redaktionen finanziert werden. Gleichzeitig bleibt die Erlössituation im Onlinejournalismus weiterhin prekär, tragfähige Geschäftsmodelle fehlen (vgl. Lobigs 2018), die Zahlungsbereitschaft für Online-News steigt nur langsam und fiel zuletzt sogar wieder ab (vgl. Behre/Hölig/Möller 2023: 62ff.). Radikal veränderte Mediennutzung vor allem junger Generationen, schrumpfende Werbebudgets und konkurrierende Angebote von Innovatoren wie *Amazon, Netflix* oder *Spotify* setzen auch die Geschäftsmodelle linearer Fernseh- und Radioprogramme disruptiv unter Druck. Die wachsende wirtschaftliche Unsicherheit der Branche zeigt sich auch in einer *publizistischen Krise des Journalismus* (vgl. Pöttker 2018): Ihre Rolle als „Schleusenwärter" (*Gatekeeper*) haben klassische Medien im rasant beschleunigten Nachrichten- und Informationsstrom längst verloren. Das Publikum hat sich aus der passiven Rolle der Konsument:innen und bloßen Empfänger:innen von Informationen zu aktiven Produzent:innen und Sender:innen von Inhalten und Geschichten aufgeschwungen. Soziale Medien wie *YouTube*, X (vormals *Twitter*), *Instagram* und *TikTok* sind wie selbstverständlich zu zentralen Plattformen für Informationen, Trends und Diskussionen geworden (vgl. Haarkötter/Wergen 2018; Schützeneder/Graßl 2022). Dazu kommt eine, mittlerweile auch messbare, und schon länger subjektiv wahrgenommene *Vertrauenskrise* des Journalismus (vgl. Schultz et al. 2023): Öffentlich-rechtliche Sender kämpfen um ihre Legitimität und geraten unter Druck – nicht nur von rechten Parteien. „Staatsfunk" und „Lügenpresse" rufen Demonstrant:innen – nicht nur in Ostdeutschland. „Fake News" und Filterblasen gedeihen, wenn Redaktionen personell und intellektuell ausbluten (exemplarisch für die Folgen im Lokaljournalismus vgl. Flößer 2024).

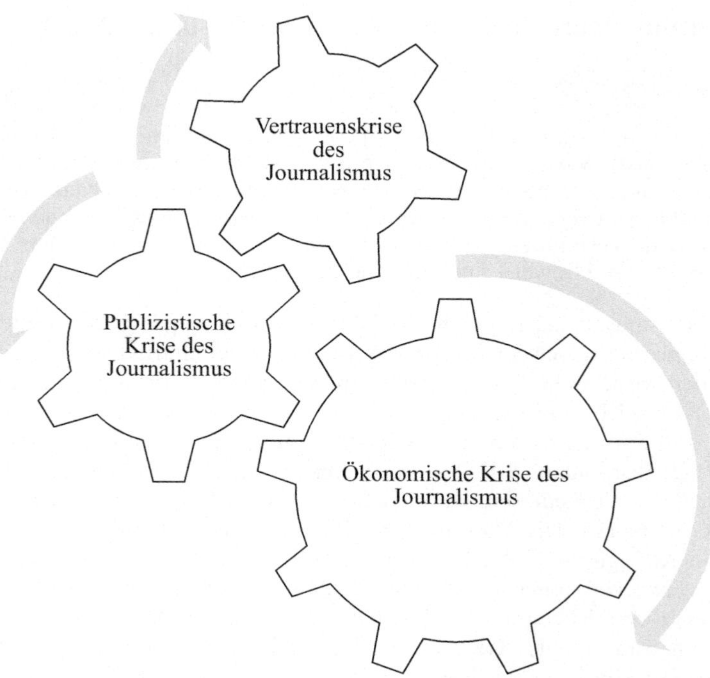

Abb. 1: Dimensionen der Krise im Journalismus (Quelle: eigene Darstellung)

Der Journalismus scheint kaum belastbare Antworten auf die großen Fragen unserer Zeit zu haben, die zuletzt insbesondere durch die Coronapandemie, den Angriffskriegs Russlands gegen die Ukraine oder den durch den Anschlag der Hamas auf Israel wieder aufgeflammten Nahost-Konflikt umso stärker ins öffentliche Bewusstsein drängen – nicht für sich und nicht für die Gesellschaft: Nicht auf Globalisierung und Digitalisierung, nicht auf den fortschreitenden Klimawandel, globale Pandemien oder eine wachsende soziale Ungerechtigkeit, nicht auf schleichenden Identitätsverlust und schwindendes Institutionenvertrauen, nicht auf das Erstarken von Rechtspopulismus und Neofaschismus (vgl. Sängerlaub/Meier/Rühl 2018: 94). Es steht also schlimm um den Journalismus – oder doch nicht?

In den Krisen, in denen der Journalismus steckt, stecken auch Chancen. Die Unsicherheiten bringen auch neue Freiheiten für Journalist:innen, verknöcherte publizistische wie ökonomische Strukturen aufzubrechen, Inhalte, Kanäle und Geschäftsmodelle ebenso neu zu denken wie tradierte Ausbildungsmodelle. Die Kernaufgabe von Journalismus – das Sammeln, Aufbereiten und Veröffentlichen von Informationen nach professionellen Regeln – muss, ja darf sich dabei nicht wandeln. Aber Journalismus muss sich unter sich stetig verändernden Rahmenbedingungen verbessern: Journalismus muss transparenter, partizipativer und innovativer werden, um auch in Zukunft seiner gesellschaftlichen Rolle gerecht werden zu können. Die Wege werden sich dramatisch wandeln – und haben das angesichts neuer Recherchestrategien, Erzählmuster und Vertriebskanäle wie Datenjournalismus, multimediales Storytelling und Social Media bereits getan – die Ziele und Aufgaben des Journalismus bleiben davon aber unberührt. Das Publikum – ob als Leser:innen von Tageszeitungen oder Zeitschriften, als Zuschauer:innen von TV-Sendungen, als Radiohörer:innen oder Nutzer:innen von Online- und Social-Media-Angeboten – zu informieren und zu unterhalten, Allgemeinwissen verständlich zu vermitteln, Orientierung in einer zunehmend komplexen Welt zu bieten und zur Meinungsbildung beizutragen, sind auch im digitalen Zeitalter die Funktionen des Journalismus – ergänzt um Kritik und Kontrolle der Mächtigen in Politik, Wirtschaft und Gesellschaft. Journalismus stellt Öffentlichkeit über Missstände und Skandale her. Vereinfacht formuliert benötigen Journalisten dazu früher wie heute zwei zentrale übergeordnete Fähigkeiten, die ebenso als zwei Säulen der journalistischen Ausbildung verstanden werden können: Einerseits das *journalistische Handwerk*, das professionellen Regeln folgt und erlernt werden kann. Und andererseits eine verantwortungsvolle *journalistische Haltung*, die sich innerhalb medienethischer Normen und innerhalb des rechtlichen Rahmens weitgehend individuell entwickeln muss (vgl. Abb. 2). Damit ist allerdings noch kein „Haltungsjournalismus“ gemeint, wie ihn u.a. die *ARD*-Journalist:innen Georg Restle (2018) und Anja Reschke (2018) öffentlich eingefordert haben, um gesellschaftspolitischen Herausforderungen wie Migration (aber auch Klimawandel oder Gleichberechtigung) mit einer klaren Haltung auch journalistisch zu begegnen (vgl. Welchering 2020a).

Journalistisches Handwerk	Journalistische Haltung
Themenfindung, Recherche, Darstellungsformen, Storytelling, Schreiben, Verifikation (Fact Checking)	Journalistische Berufsethik, Medienethische Normen, Medienrechtlicher Rahmen
Multimediale Medienproduktion (Text, Foto, Grafik/Daten, Video, Audio, Social Media)	Unabhängigkeit, Wahrhaftigkeit, Verantwortungsbewusstsein, Reflexionsfähigkeit

Abb. 2: Die Säulen der journalistischen Ausbildung (Quelle: eigene Darstellung)

Selbstverständlich benötigen Journalist:innen in einem zunehmend komplexen und sich stetig wandelnden Berufsfeld weitere Kompetenzen und Kenntnisse als diese hier als Quintessenzen verstandenen Fähigkeiten, z.B. in den Bereichen Technik, Design, Vermittlung, Organisation oder Konzeption ebenso wie Fach- und Sachwissen (vgl. Kapitel 2.1). Aufsehenerregende Fälle wie der des ehemaligen *Spiegel*-Reporters Claas Relotius, der sich seine preisgekrönten Reportagen teilweise oder vollständig ausdachte, zeigen jedoch, dass auch überragende handwerkliche Fähigkeiten im Journalismus nicht ausreichen, wenn der moralische Kompass defekt ist. Umgekehrt hilft es Journalist:innen nicht, den Kodex des Deutschen Presserates buchstabengetreu zu befolgen, wenn es an grundsätzlichen Fähigkeiten wie etwa zu einer umfassenden und sorgfältigen Recherche fehlt.

Fallbeispiel: Claas Relotius und *Der Spiegel*

Am 19. Dezember 2018 veröffentlichte *Der Spiegel* in seinem Onlineangebot eine ungewöhnliche Stellungnahme: Unter der Schlagzeile „SPIEGEL legt Betrugsfall im eigenen Haus offen" (Fichtner 2018) teilte das Nachrichtenmagazin mit, dass sein Reporter Claas Relotius über mehrere Jahre Reportagen mit erfundenen Informationen, Szenen und Personen verfälscht hatte. Aufgeflogen war Relotius durch die Recherche seines Kollegen Juan Moreno, der auf Ungereimtheiten im gemeinsamen Text „Jaegers Grenze" über eine US-amerikanische Bürgerwehr im mexikanischen Grenzgebiet gestoßen war und diese nachrecherchierte. Während Relotius den *Spiegel* mit Veröffentlichung der Manipulationen verließ, setzte die Redaktion eine Kommission ein, die herausfinden sollte, wie derartige Fälschungen jahrelang unentdeckt bleiben konnten. Die Ergebnisse der Untersuchung veröffentlichte der *Spiegel* in einem Abschlussbericht, der die Fälschungen detailliert dokumentierte (Hass/Klusmann 2019). Relotius' ehemaliger Reporterkollege Moreno (2019) schrieb zudem mit „Tausend Zeilen Lügen" ein Buch über die Hintergründe des „größten Fälschungsskandal[s] seit Jahrzehnten".

Dieses Lehrbuch will mit einem Fokus auf einen journalistischen Werkzeugkasten und einen medienethischen Mindset jedoch dazu beitragen, insbesondere angehende Journalist:innen für die journalistische Berufspraxis zu wappnen. Bevor im Folgenden das Selbstverständnis und die Ziele der zweiten Auflage des Lehrbuches sowie dessen Aufbau und Hinweise zur Benutzung erläutert werden, noch zwei wichtige Hinweise vorab:

Zum einen bedeutet die bloße Existenz professioneller Standards und Regeln im Journalismus nicht, dass diese in der redaktionellen Praxis tatsächlich immer so angewendet, allgemein akzeptiert oder auch nur gekannt werden. Auch wenn „Objektivität", also absolute Unabhängigkeit in der Beschreibung oder Bewertung eines Sachverhaltes, Ereignisses oder von Personen ein diffuses und letztlich unerreichbares Ideal im Journalismus bleibt, da allein der menschliche Faktor journalistische Berichterstattung subjektiv verzerrt, gilt in Redaktionen oft: Zwei Journalist:innen, drei Meinungen. Dabei kann es insbesondere für Berufseinsteiger:innen frustrierend sein, wenn die im Studium gelernte Theorie so gar nicht mit der journalistischen Praxis übereinstimmen will, sich manchmal sogar direkt widerspricht. Oder wenn die Bewertung der eigenen Beiträge scheinbar vom Gutdünken des abnehmenden Redakteurs abhängt und nicht anhand von journalistischen Qualitätskriterien (vgl. Kapitel 6.3), so unscharf diese auch bleiben mögen, erfolgt.

Zum anderen zielt das Lehrbuch und damit das hier vermittelte Know-how auf Journalist:innen – aber eben nicht ausschließlich. Die meisten vor allem handwerklichen Fähigkeiten, die für den Journalismus essentiell sind, setzen auch völlig andere Berufe und Lebenssituationen voraus (vgl. Müller 2011: 118–120): Wer eine wissenschaftliche Abschlussarbeit anfertigt, der muss nicht nur geeignete Quellen finden und überprüfen (Verifikation), um seine eigenen Aussagen zu belegen, sondern muss seine Gedanken auch strukturiert aufbauen und verständlich formulieren. In kurzer Zeit relevante Fakten zusammenzutragen, zu gewichten und einzuordnen (Recherche), wird heute in nahezu allen akademischen Berufen vorausgesetzt. Wer Bewerbungs- oder Personalgespräche führt, benötigt wichtige und richtige Fragen in logischer Reihenfolge und damit klassische journalistische Interviewtechniken. Die Fähigkeit, „kurz und bündig“ den Kern von Informationen zu transportieren, ist nicht nur im modernen Nachrichtenjournalismus zentral, sondern in allen Berufen, in denen an Mitarbeiter:innen, Vorgesetzte oder Kund:innen berichtet wird. Auch wenn Sie selbst also nicht in den Journalismus oder ein medienaffines Berufsfeld wie Presse- und Öffentlichkeitsarbeit, Werbung oder Marketing streben, sollten Sie in diesem Lehrbuch neue wie nützliche Informationen für Ihre berufliche Praxis finden – zum Beispiel zum omnipräsenten Thema „Storytelling“, also dem packenden Erzählen von Geschichten oder der Notwendigkeit des „Fact Checking“, insbesondere im defätistisch sogenannten „Postfaktischen Zeitalter“.

Selbstverständnis und Perspektive des Lehrbuches

Diese zweite Auflage des Lehrbuch ist als praxisnahe und problemorientierte Einführung in das Berufs- und Tätigkeitsfeld von Journalist:innen konzipiert und für den Einsatz in entsprechenden Studiengängen an Universitäten und Fachhochschulen sowie in der verbands- und unternehmensgebundenen Journalist:innenausbildung angelegt. Wie schon in der ersten Auflage war das Ziel, ein anwendungsorientiertes, gleichzeitig aber akademisch fundiertes Lehrbuch, das kommunikationswissenschaftliche Theorie mit publizistischer Praxis eng verzahnt. Kritik und Anmerkungen von Kolleg:innen in Rezensionen (z.B. Witterstätter 2021; Neuberger 2021; Prinzing 2022) oder im persönlichen Gespräch auf Fachtagungen wurden ebenso aufgenommen und versucht, produktiv für die zweite Auflage zu wenden, wie das Feedback der Studierenden. Zudem dienten eigene, seit der Veröffentlichung der ersten Auflage entstandene Theorie- und Forschungsarbeiten (insbesondere Brinkmann 2023a und Brinkmann 2023b) als Steinbrüche für neue Absätze und Kapitel und wurden teilweise überarbeitet bzw. übernommen. Die intensive Beschäftigung mit der journalistischen Ausbildung in Forschung und Lehre zeigt, dass gängige Grundlagenwerke zum Journalismus keineswegs durchgehend theoretische und praktische Aspekte vollumfänglich berücksichtigen. Dabei verfolgt dieses Lehrbuch keineswegs den Anspruch, den Journalismus neu zu erfinden. Überhaupt erscheint es weniger die Aufgabe von Lehrbüchern, „dem Fach […] Neues“ zu bringen (Prinzling 2022: 177), als vielmehr vorhandene Erkenntnisse zu kuratieren, zu strukturieren und ergänzt um eigene inhaltliche Impulse so aufzubereiten, dass Studierende und Berufseinsteiger:innen daraus einen praktischen Nutzen ziehen können. Daher knüpft die zweite Auflage an bestehendes journalistisches Wissen – u.a. an die ausgezeichneten Lehr- und Handbücher „Journalistik“ von Klaus Meier (2018), „ABC des Journalismus“ von Claudia Mast (2018) oder „Journalismus“ (Ruß-Mohl/Schultz 2023) – an und bindet konsequent Ergebnisse der aktuellen Journalismusforschung sowie anschauliche

Praxisbeispiele ein, um die Perspektive einer berufsorientierten und anwendungsbezogenen *Journalistik* zu schärfen.

Angesichts der nahezu abgeschlossenen Medienkonvergenz, in der ehemals getrennt gedacht und bespielte publizistische Kanäle digital miteinander verschmolzen und klassische Gattungsbegriffe von Medien wie „Print“, „Radio“ oder „Fernsehen“ damit längst überkommen sind, sollte ein an den aktuellen Anforderungen der Medienwirtschaft ausgerichtetes Lehrbuch zudem den Fokus auf ein gattungsübergreifendes, multimediales Arbeiten legen, wie es in modernen Newsrooms längst gelebte journalistische Praxis ist. Die Perspektive liegt hier also – wenn nicht explizit anders angekündigt – dezidiert auf digitalem Journalismus, dessen journalistischen Programmen, Praktiken und Potenzialen.

Aufbau und Struktur der zweiten Auflage des Lehrbuches

Im Folgenden legt das *zweite Kapitel* theoretische und praktische Grundlagen für den Zugang zum Beruf von Journalist:innen, wobei explizit auf die besondere Rolle in Gesellschaft und Öffentlichkeit eingegangen sowie eine Abgrenzung zu Werbung, (Influencer-)Marketing und Public Relations vorgenommen wird.

Das neue *dritte Kapitel* skizziert mit der *Journalistik* die wissenschaftliche Disziplin des Journalismus und führt grundlegend in den Theoriebestand der Journalismusforschung ein. Neben Hinweisen zum wissenschaftlichen Arbeiten in journalistischen Studiengängen liefert das Kapitel auch ein eigenes Modell, um Journalismus als Programm, Praxis und Perfomanz zu dimensionieren. Das hier vorgeschlagene „PPP-Modell“ leitet zudem die weitere Struktur der zweiten Auflage des Lehrbuchs an.

Das *vierte Kapitel* nähert sich Journalismus als Programm zur Konstruktion gesellschaftlicher Wirklichkeit und stellt dessen Einflussdimensionen vor: Neben der Redaktionsorganisation und der Thematisierung beeinflussen insbesondere journalistische Berichterstattungsmuster und Darstellungsformen sowie mediale Publikationskanäle, wie Journalist:innen Wirklichkeit wahrnehmen und darstellen.

„Herzstück“ des Lehrbuchs ist das *fünfte Kapitel* zum praktischen journalistischen Arbeiten: Hier werden die konvergenten Arbeitsschritte journalistischer Konzeption, Produktion und Distribution – von der Themenfindung, über Recherche, die Präsentation der Inhalte und das Storytelling bis hin zum journalistischen Schreiben und Fact Checking sowie das Redigieren fertiger Beiträge vor und die Interaktion mit der Zielgruppe nach der Publikation – ausführlich und medienübergreifend dargestellt sowie mit anschaulichen Praxisbeispielen nachvollzogen.

Das *sechste Kapitel* widmet sich der Frage, welche Leistungspotenziale journalistische Produkte realisieren können – insbesondere aus medienökonomischer und medienethischer Perspektive. Zudem werden Kriterien für journalistische Qualität abgeleitet und kritisch diskutiert.

Das *siebte Kapitel* „zoomt“ auf aktuell in der Praxis bedeutsame, ausgewählte Journalismen, wobei deren programmatische und praktische Besonderheiten überblicksartig herausgearbeitet werden: Das Eindämmen („Debunking“) von

„Fake News", die Entwicklung innovativer Formate wie „Scrollytelling"-Reportagen, Visual Storys oder datenjournalistische Stücke und das Bespielen von Social-Media-Kanälen oder das Berichten mit dem Smartphone im Sinne des Mobile Reporting stellen neue handwerkliche und technische Anforderungen an Journalist:innen und Redaktionen. Mit dem konstruktiven und dem subjektiven Journalismus werden zudem zwei neue Journalismen mithilfe der Ergebnisse aktueller Studien eingeordnet und anhand von anwendungsorientierten Beispielen für die Berufspraxis nutzbar gemacht.

Das *achte und letzte Kapitel* wagt einen Ausblick in die Zukunft des Journalismus und identifiziert journalistische Innovationsfelder, die keineswegs nur im Bereich der gegenwärtig im Journalismus intensiv diskutierten „Künstlichen Intelligenz" (KI) liegen, aber allesamt Risiken und Chancen für einen Journalismus bereithalten, der seinen Aufgaben künftig nachkommen will.

Hinweise zur Benutzung des Lehrbuches

Im gesamten Lehrbuch wurde versucht, den Stoff durch konkrete Handlungsempfehlungen für die Leser:innen greifbar und anschaulich zu gestalten, zum Beispiel durch kompakte „Checklisten" zu journalistischen Arbeitsschritten, veranschaulichende Grafiken (wie zum generischen Aufbau von Darstellungsformen wie Kommentaren, Reportagen oder Features) und Hinweise zu aktuellen Beispielen aus der journalistischen Praxis. Die in diesem Lehrbuch genannten Praxisbeispiele sind allesamt online zugänglich (teilweise kostenpflichtig) und im Anhang unter *Quellen* verzeichnet. Im Fließtext wurde auf die Angabe der Links aus Gründen der Lesbarkeit dagegen verzichtet. Ergänzt werden die Ausführungen durch die Ergebnisse aktueller Studien sowie grundlegender und weiterführender Literaturlisten sowie Diskussionsfragen am Ende jedes Kapitels, das zudem Definitionen der wichtigsten Fachbegriffe sowie Fallbeispiele zur Vertiefung des Lernstoffs enthält.

Diskussionsfragen

- In welchen Arten von Krisen befindet sich der Journalismus gegenwärtig und wie verstärken sich diese Krisen gegenseitig?
- Auf welchen zwei zentralen „Säulen" kann die journalistische Ausbildung aufbauen und welche weiteren Fähigkeiten und Kenntnisse könnten für Journalist:innen nützlich sein?
- Inwieweit zeigt der Fall des *Spiegel*-Reporters Claas Relotius ein Scheitern des journalistischen Systems?

Einführende Literatur

Ruß-Mohl, Stephan/Schultz, Tanjev (2023): Journalismus. Das Lehr- und Handbuch. Köln: Herbert von Halem.

Hooffacker, Gabriele/Meier, Klaus (2017): La Roches Einführung in den praktischen Journalismus. Mit genauer Beschreibung aller Ausbildungswege. Deutschland – Österreich – Schweiz. 20. Aufl. Wiesbaden: Springer VS.

Weiterführende Literatur

Lobigs, Frank (2014): Die Zukunft der Finanzierung von Qualitätsjournalismus. In: Weingart, Peter/Schulz, Patricia (Hrsg.): Wissen – Nachricht – Sensation. Zur Kommunikation zwischen Wissenschaft, Öffentlichkeit und Medien. Weilerswist: Velbrück, S. 144–220.

Pöttker, Horst (2018): Quo vadis Journalismus? Über Perspektiven des Öffentlichkeitsberufs in der digitalen Medienwelt. In: Journalistik, H 2/2018, S. 71–81.

2. Einführung in den Journalismus

Überblick

Dieses einführende Kapitel gibt einen ersten Überblick über zentrale Begriffe wie „Journalismus“ und „Journalist:in“ und geht auf die Besonderheiten beim Berufszugang ein. Ein Schwerpunkt liegt zudem auf der besonderen Rolle von Journalismus in Gesellschaft und Öffentlichkeit sowie auf der Abgrenzung verwandter Medienfelder wie Werbung, (Influencer-) Marketing und Public Relations.

2.1 Was ist Journalismus? Grundlegende Begriffe und Definitionen

Auch wenn Praktiker:innen gerne direkt loslegen würden – um sich einem Gegenstand wissenschaftlich zu nähern, empfiehlt sich zunächst eine Definition, also eine Abgrenzung des Wesens bzw. eine Beschreibung des Begriffs. Dabei gestaltet sich eine exakte Definition des Gegenstandes „Journalismus“ zunächst als schwierig, da in Praxis und Wissenschaft teilweise sehr unterschiedliche Vorstellungen davon kursieren, was Journalismus eigentlich konkret ist. Auch nehmen die verschiedenen Definitionen nicht immer einheitliche Perspektiven auf den Journalismus ein: Neben journalistischem Handeln und damit verbundenen Arbeitsweisen sowie daraus resultierenden journalistischen Produkten, die eher für eine praxisnahe Sicht stehen, rücken regelmäßig auch Ziele, Aufgaben ud Funktionen des Journalismus in den Mittelpunkt der Beschreibung – insbesondere, wenn diese in einem wissenschaftlichen Kontext entstanden ist. Die folgenden beiden Beispiele illustrieren zwei unterschiedlichen Typen von Journalismus-Definitionen:

> „Journalismus heißt, etwas zu drucken, von dem jemand will, dass es nicht gedruckt wird. Alles andere ist Public Relations.“ (George Orwell)

> „Journalismus recherchiert, selektiert und präsentiert Themen, die neu, faktisch und relevant sind. Er stellt Öffentlichkeit her, indem er die Gesellschaft beobachtet, diese Beobachtung über periodische Medien einem Massenpublikum zur Verfügung stellt und dadurch eine gemeinsame Wirklichkeit konstruiert. Diese konstruierte Wirklichkeit bietet Orientierung in einer komplexen Welt.“ (Klaus Meier)

Bei der ersten Definition handelt es sich um ein Bonmot, das dem Schriftsteller und Journalisten George Orwell zugeschrieben wird. Sie nimmt eine sehr stark auf die journalistische Handlung und die damit verbundene Aufgabe, Öffentlichkeit herzustellen bezogene Abgrenzung des Journalismus gegenüber der Öffentlichkeitsarbeit (*Public Relations*) vor. Journalismus bedeutet in dieser Definition also, ausschließlich kritische Informationen zu veröffentlichen, die andere (z.B. Politiker) geheim halten wollen. Diese Perspektive orientiert sich eng am *Investigativen Journalismus* (vgl. Kapitel 5.2), der Skandale und Missstände aufdecken will und dafür besonders intensiv und hart recherchiert, geht historisch auf die sogenannten „Muckrackers“ („Mistaufwühler“) zurück, deren sozialkritische Reportagen Anfang des 20. Jahrhunderts in den USA das Verständnis von Journalisten als „Wachhunde" der Gesellschaft (vgl. Kapitel 4.3) prägten, und steht in der Tradition einer „Wächterfunktion" des Journalismus (vgl. Kapitel 2.2), der als „Vierte Gewalt" die Mächtigen in Regierung, Parlament und Justiz öffentlich kritisieren und kontrollieren soll. Zu diesem Zweck soll Journalismus *unabhängig* von privaten oder geschäftlichen Interessen Dritter sein. Veröffentlichungen, die diesen speziellen und hohen Anforderungen nicht gerecht werden, sind nach dieser Definition kein Journalismus. Die zweite Definition des Journalismusforschers Klaus Meier (2018: 14) ist offener, umfassender und multiperspektivisch: Meier beschreibt einerseits vielfältiges journalistisches Handeln – das Recherchieren, Selektieren und Präsentieren von Themen, das Herstellen von Öffentlichkeit, das Beobachten von Gesellschaft sowie das Publizieren dieser Beobachtungen in Medien, das Konstruieren von Wirklichkeit und das Anbieten von Orientierung – und verknüpft dieses andererseits mit mehreren Funktionen des Journalismus. Zusätzlich enthält diese Definition weitere Einschränkungen, die Journalismus von anderen Kommunikationsfeldern abgrenzen: Die Themen des Journalismus haben „neu, faktisch und relevant" zu sein,[2] die Medien sollen periodisch publizieren, also in regelmäßigen Abständen veröffentlichen. Außerdem richten sich journalistische Publikationen zumindest potenziell an ein Massenpublikum. Während die erste Definition Journalismus zu eng und begrenzt fasst, definiert die zweite Journalismus sehr detailliert und scheint in ihrer ausführlichen Multiperspektivität eher für wissenschaftliche Arbeiten geeignet, denn als griffige und praxisnahe Beschreibung, wie sie für dieses Lehrbuch hergeleitet werden soll, das den Fokus auf journalistisches Handeln legt. Hier erfolgt nun der Versuch einer solchen handlungs- und damit anwendungsorientierten Definition, die zentrale journalistische Prozesse, Produkte und Funktionen zunächst ebenso ausklammert wie Normen, Regeln oder Rahmenbedingungen des Journalismus, die aber in den folgenden Kapiteln skizziert und schrittweise in das hier vermittelte Verständnis von Journalismus integriert werden:

Definition: Journalismus

Journalismus ist redaktionell unabhängiges Selektieren, Recherchieren, Strukturieren, Präsentieren, Verifizieren und Publizieren aktueller, faktischer und relevanter Informationen über Medien an die Öffentlichkeit.

Der Vorteil dieser Definition liegt in ihrer Fokussierung auf journalistische Handlungen, die nahelegt, dass es sich bei praktischem Journalismus weniger um ein abstraktes Konzept handelt, als vielmehr um konkrete Tätigkeiten. Die Antwort auf die Frage „Was ist Journalismus" führt damit direkt zu denjenigen, die tatsächlich journalistisch arbeiten: den Journalisten und Journalistinnen. Daraus ergeben sich die Fragen: „Was oder wer ist Journalist – und was tut er?" (vgl. Hooffacker/Meier 2017: 1).

2 Nach Meier (2018: 14) meint „Neuigkeit", dass ein dem jeweiligen Thema zugrundeliegendes Ereignis „nur wenige Minuten, Stunden oder Tage" zurückliegt oder zumindest einen „Gegenwartsbezug" haben muss. „Faktizität" bedeutet, dass es sich um „tatsächliche Ereignisse" und nicht um bloße „Fiktionen" handeln muss, wobei die daraus resultierenden Informationen überprüfbar sein müssen. „Relevante" Themen müssen wichtig für die Zielgruppe des jeweiligen Mediums sein bzw. von Interesse für die gesamte Gesellschaft.

Die Antwort auf den ersten Teil der Frage ist einfach: In Deutschland darf sich jeder „Journalist“ nennen. Der Begriff ist ebenso wie der des „Fachjournalisten“ nicht geschützt. Niemand benötigt eine bestimmte praktische oder akademische Ausbildung – wie z.B. schwedische Journalist:innen ein Hochschulstudium – oder muss einem bestimmten Berufsverband angehören wie in Italien. Das Grundgesetz garantiert nicht nur die Pressefreiheit, sondern auch einen freien Zugang zum Beruf des Journalisten: „[E]s gibt kein vorgeschriebenes Berufsbild, keine Mindestvoraussetzung der Qualifikation, nichts“ (ebd.). Ein solcher Wildwuchs wirft nicht das beste Licht auf eine Branche, in der – anders als bei Ärzt:innen oder Anwält:innen, die neben einem jeweils fachspezifischen Studium auch diverse Examen ablegen und später Mitglieder in einer berufsständigen „Kammer“ werden müssen – offenbar jeder unabhängig von Eignung, Talent und Qualifikation arbeiten darf. Nicht verwunderlich also, dass der Deutsche Journalisten-Verband (DJV) – nach eigenen Angaben mit mehr als 34.000 Mitgliedern der größte Berufsverband deutscher Journalisten (vgl. DJV 2017: 8), der sich für journalistische Qualität, Tarifbezahlung und sichere Arbeitsplätze einsetzt – strengere Maßstäbe anlegt. In ihrem Grundsatzpapier „Berufsbild Journalistin – Journalist“ formuliert die Gewerkschaft „Kriterien“, nach denen Journalist:innen zuallererst nur diejenigen sind, die „hauptberuflich an der Erarbeitung bzw. Verbreitung von Informationen, Meinungen und Unterhaltung durch Medien mittels Wort, Bild, Ton oder Kombinationen dieser Darstellungsmittel beteiligt“ sind (DJV 2015: 3). Darüber hinaus sind Journalist:innen entweder „fest angestellt“ oder „freiberuflich“ für eines oder mehrere der folgenden Medien tätig: „Printmedien (Zeitungen, Zeitschriften, Anzeigenblätter oder aktuelle Verlagsproduktionen“, „Rundfunksender (Hörfunk und Fernsehen)“ sowie bei „digitalen Medien, soweit sie an publizistischen Ansprüchen orientierte Angebote und Dienstleistungen schaffen“, und außerdem bei „Nachrichtenagenturen“. Dass Journalist:innen nach dem Verständnis des DJV neben den genannten Medienunternehmen explizit auch in „Pressediensten“ oder in „Presse- und Öffentlichkeitsarbeit in Wirtschaft, Verwaltung und Organisationen“ arbeiten können, ist zumindest verwunderlich, da dadurch die Grenze zwischen Journalismus und Öffentlichkeitsarbeit/PR, die mindestens von „kooperativem Antagonismus“ (Szyszka 2018) geprägt ist,[3] ebenso verwischt wird wie die zwischen Journalist:innen und Pressesprecher:innen (vgl. Kapitel 2.4). Dieser Widerspruch wird teilweise aufgelöst, wenn der DJV formuliert, was er als „journalistische Leistungen“ versteht und damit auf den zweiten Teil der eingangs gestellten Frage („Was tut ein Journalist?“) eingeht: Neben der „Erarbeitung von Wort- und Bildinformationen durch Recherchieren (Sammeln und Prüfen)“ zählt auch das „Auswählen und Bearbeiten der Informationsinhalte“ sowie „deren eigenschöpferische medienspezifische Aufbereitung (Berichterstattung und Kommentierung) ebenso dazu wie „Gestaltung und Vermittlung“ (DJV 2015: 3) – diese Tätigkeiten führen sowohl Journalist:innen als auch Pressesprecher:innen und Öffentlichkeitarbeiter:innen aus, wobei Journalist:innen eben *redaktionell unabhängig* arbeiten, während PR-Arbeit Einzelinteressen u.a. von politischen Par-

3 In der Vergangenheit haben Journalismusforschende das Verhältnis von Journalismus und PR weniger schmeichelhaft als „Parasitentum“ (Bentele 1999), „trojanische Pferde“ (Hartwig 1998) oder „Junkies und Dealer“ (Neuberger 2000) bezeichnet (zit. n. Bieth 2012: 123).

teien, Wirtschaftsunternehmen oder gesellschaftlichen Verbänden vertritt. Ergänzt um das Kriterium der Unabhängigkeit bietet die folgende, unter Journalismusforschenden weitgehend akzeptierte Definition (vgl. Dernbach 2017) eine praxisnahe Tätigkeitsbeschreibung von Journalist:innen:

Definition: Journalist:in

Journalist:innen selektieren, sammeln, strukturieren, präsentieren, verifizieren und publizieren unabhängig aktuelle, faktische und relevante Informationen, die sie über Medien der Öffentlichkeit zur Verfügung stellen.

Angesichts der unterschiedlichen Antworten auf die Frage, wer Journalist:in ist, existieren auch keine verbindlichen Zahlen darüber, wie viele Journalist:innen in Deutschland tätig sind. Der DJV (2017: 4) geht laut eigenen Schätzungen von 73.000 Journalisteninnen und Journalisten aus, die für Medien und Pressestellen in Deutschland arbeiten.

Der Deutsche Fachjournalistenverband (DFJV), der – anders als der DJV – auch nebenberuflich tätige Journalist:innen als Mitglieder akzeptiert, ging 2015 ebenso wie die Bundesagentur für Arbeit, die in ihrer Statistik nicht nur „Publizisten" und „Redakteure", sondern auch Schriftsteller:innen und PR-Arbeiter:innen erfasst, aber mit knapp 150.000 Journalist:innen bereits von einer mehr als doppelt so hohen Zahl aus, davon die Hälfte festangestellte Redakteur:innen sowie allein ca. 74.000 freie Journalist:innen. Freie Journalist:innen verfügen über keine Festanstellung, sondern arbeiten „regelmäßig für ein oder mehrere Auftraggeber auf der Grundlage individueller Vereinbarungen oder tariflicher Verträge" (DJV 2015: 3). Dabei ist es keineswegs der Einzelfall, sondern zunehmend die Regel, dass „Freie" Themen und vielfach auch fertig produzierte Beiträge zunächst ohne konkreten Auftrag eines Medienunternehmens erstellen und diese anschließend in Redaktionen anbieten. Der Berufsverband Freischreiber, der explizit die Interessen freier Journalist:innen vertritt, beklagt vor diesem Hintergrund schon seit Jahren zu niedrige Honorare, fehlenden Respekt und insgesamt prekäre Arbeitsbedingungen von freien Journalist:innen in Deutschland (vgl. hierzu Hanitzsch/Rick 2021; Steindl/Lauerer/Hanitzsch 2018). Im Gegensatz zu ihren bei Zeitungsverlagen oder Rundfunksendern festangestellten Kolleg:innen, die mit dem *Volontariat* eine journalistische Berufsausbildung absolvieren müssen, um sich „Redakteur:in" nennen zu dürfen, verdienen freie Journalist:innen durchschnittlich nicht nur frappierend weniger (vgl. Jakob/Penke 2019), sondern sind aufgrund mangelnder Arbeitsverträge auch stärkeren beruflichen Unsicherheiten ausgesetzt. Angesichts des massiven Stellenabbaus und sogar betriebsbedingten Kündigungen bei deutschen Verlagen ist die berufliche Perspektive aber auch für festangestellte Journalist:innen in den vergangenen zehn Jahren deutlich unsicherer geworden (vgl. Steindl/Lauerer/Hanitzsch 2017). Um auf diesem Arbeitsmarkt bestehen und ihre publizistischen Aufgaben – Journalist:innen „vermitteln auf Grund eigener Recherchen und/oder durch sorgfältige Bearbeitung fremder Quellen Informationen über aktuelle oder für die Öffentlichkeit bedeutsame Ereignisse, Entwicklungen und Hintergründe" (DJV 2015: 5) – erfüllen zu können, müssen Journalist:innen über besondere Fähigkeiten und Kenntnissen verfügen. Die Frage, was Journalist:innen können sollen, ist bereits zugespitzt beantwortet worden: Das Handwerk beherrschen und Haltung zeigen (vgl. Kapitel 1). Diesen praktischen Bezug betont auch der Medienwissenschaftler Christoph Fasel (2013: 9), für den Journalist:innen „keine Künstler, sondern Handwerker" sind, die vielfältige kommunikative Aufgaben wahrnehmen. Journalist:innen müssen demnach das Publikum:

- sachgerecht mit Informationen versorgen,
- Informationen anschaulich machen,
- teilhaben lassen an Schlüsselereignissen,
- für Hintergründe und Zusammenhänge sensibilisieren,
- befähigen, sich ein eigenes Urteil zu bilden,
- orientieren, wie man das Geschehene einordnen kann,
- mit nutzwertigen Informationen bedienen,
- unterhalten.

Um diesen Aufgaben in der journalistischen Praxis gerecht zu werden, sollten Berufseinsteiger:innen ebenso wie erfahrene, etablierte Journaliste:innen – neben ihrer Begeisterung für den Journalismus – über bestimmte Charaktereigenschaften, Begabungen und soziale Kompetenzen verfügen, die insbesondere journalistische Praktiker (vgl. Müller 2011: 100–102; Raue/Schneider 2012) herausgearbeitet haben:

- Arbeitsdisziplin: Journalismus ist ein fordernder und zuweilen anstrengender Beruf, der sich an aktuellen Nachrichtenlagen ebenso wie an Veröffentlichungsterminen orientiert.
- Selbstvertrauen: Wer Probleme hat, mit fremden Menschen zu sprechen und „dumme" oder „peinliche" Fragen zu stellen, wird es spätestens bei Interviews schwer haben.
- Neugier: Informationen zu hinterfragen, Dingen „auf den Grund zu gehen" und tiefer zu „bohren" gehört zur gründlichen journalistischen Recherche.
- Rückgrat: Fakten (auch unbequeme) sind die Grundlage von journalistischen Beiträgen. Journalist:innen dürfen sich nicht einschüchtern, vereinnahmen oder gar manipulieren lassen.
- Verantwortungsbewusstsein: Journalistische Berichterstattung kann für die Betroffenen große (negative) Konsequenzen haben, weshalb Journalist:innen vor Veröffentlichungen stets sorgfältig abwägen sollten, ob der Anlass die Form und das Ausmaß rechtfertigt.
- Ehrlichkeit: Wahrheitsgemäße Berichterstattung ist eine zentrale Anforderung an Journalist:innen, die nicht übertreiben oder schwindeln dürfen.
- Begabung: Auch wenn das journalistische Handwerk erlernbar ist, fallen insbesondere kreative Arbeitstechniken (wie z.B. journalistisches Schreiben) hierfür Begabten leichter.
- Hartnäckigkeit: Nicht nur beim vielleicht frustrierenden Einstieg in den Beruf, sondern auch später bei der Recherche ist Durchhaltevermögen gefragt.

- Allgemeinbildung: Journalist:inen müssen sich schnell und präzise in Themen einarbeiten – da hilft es, nicht nur über ein solides Wissensfundament zu verfügen, sondern auch zu wissen, wo wichtige Quellen zu finden sind und wie dort gefundene Informationen zu prüfen sind.
- Sprachgefühl: Journalist:innen transportieren Informationen über Sprache – wer präzise und verständlich formulieren kann, wird Nutzer:innen, Hörer:innen und Zuschauer:innen leichter erreichen.
- Technikaffinität: Journalismus ist heute ein digitaler Beruf, in dem ohne Grundkenntnisse von Textverarbeitungsprogrammen, Bildbearbeitungssoftware sowie Audio- und Video-Schnittprogrammen kaum ein zeitgemäßes Arbeiten möglich ist.

Der Journalist Henning Noske (2015b: 172) hat viele der hier genannten und weitere Fähigkeiten in Form der sogenannten „Poyntner-Pyramide" zusammengefasst, um anschaulich zu zeigen, „was ein Journalist können und wissen muss":

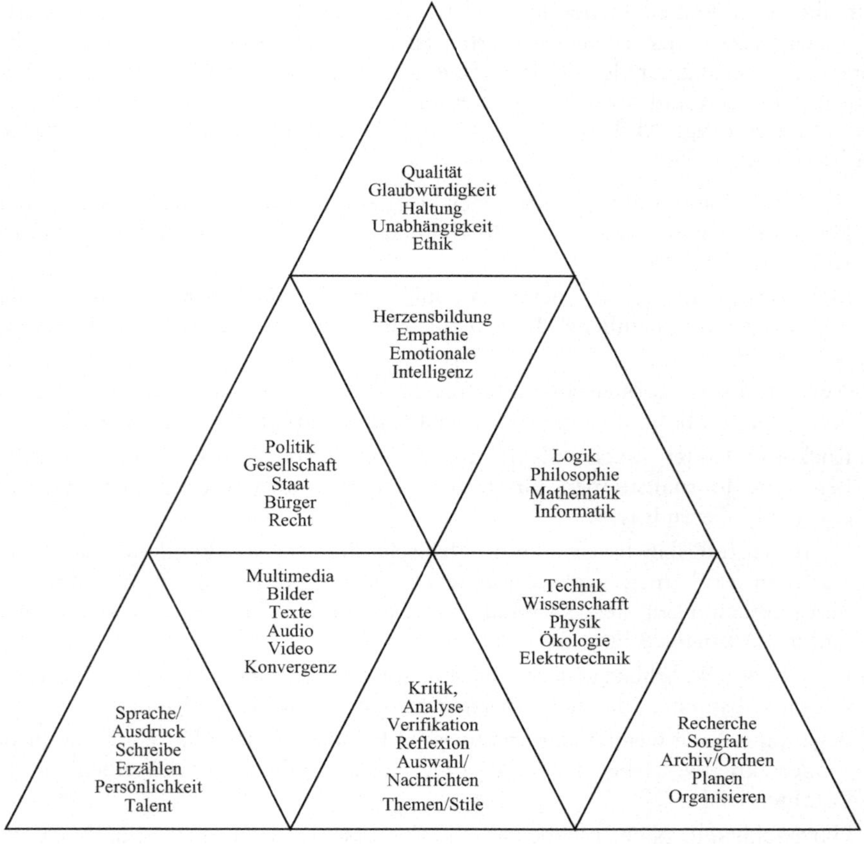

Abb. 3: Fähigkeiten und Kenntnisse von Journalist:innen (Quelle: eigene Darstellung in Anlehnung an Noske 2015b: 172)

Weniger aus der Perspektive der journalistischen Praxis als vielmehr aus der wissenschaftlichen Perspektive der Journalismusforschung beantwortet Meier (2018: 234) die Frage, was Journalist:innen können müssen: Neben „Technik- und Gestaltungskompetenz“ (z.B. Redaktionssysteme, Audio- und Videoschnitt oder multimediale Präsentation) sind „Fachkompetenz“ (Sachwissen über z.B. Medienrecht, -systeme oder -wirtschaft und handwerkliche Fähigkeiten wie z.B. Recherche und Redigieren) und „Sachkompetenz“ (neben Wissen um journalistische Ressorts und einer breiten Allgemeinbildung vor allem gesellschaftliches Orientierungswissen zu Politik, Wirtschaft oder Soziologie sowie sozialwissenschaftlichen Methoden) ebenso wie „Vermittlungskompetenz“ (z.B. Artikulations- und Präsentationsfähigkeit) gepaart mit einer „sozialen Orientierung“ (die z.B. die Berufsethik, Reflexionsfähigkeit sowie Autonomie- und Verantwortungsbewusstsein beinhaltet) und einer ausgeprägten „Organisations- und Konzeptionskompetenz“ (z.B. Projektmanagement und Zielgruppenbewusstsein) zentral für Journalist:innen.

Doch wie erwerben Journalist:innen derart vielfältige Fähigkeiten und Kompetenzen – oder vereinfacht gefragt: Wie wird man Journalist:in? Während der Deutsche Journalisten-Verband, der trotz der fehlenden offiziellen Beschränkungen für einen reglementierten Zugang zum Beruf wirbt, „ein Volontariat, ein Journalistikstudium, den Besuch einer Journalistenschule oder eine gleichwertige fachliche Ausbildung“ (DJV 2015: 5) als einzige Ausbildungsmöglichkeiten sieht, sind die Wege in den Journalismus in der Praxis um einiges vielfältiger (vgl. Tab. 1): Wie Hooffacker und Meier (2017: 175–233) sehr verdienstvoll anhand ausführlicher Beschreibungen und aktueller Kontakte verschiedener Ausbildungsinstitutionen skizzieren – weshalb an dieser Stelle auf eine entsprechend detaillierte Übersicht verzichtet wird – bieten sich allein über ein Studium bereits sehr unterschiedliche Möglichkeiten. Die Autor:innen weisen zudem darauf hin, dass die Stationen nicht horizontal oder vertikal gelesen werden sollten, sondern eher als „Schachbrett“ zu verstehen sind, deren Felder für unterschiedliche Wege in den Journalismus kombiniert werden können.

Tab. 1: Journalistische Berufswege (Quelle: eigene Darstellung nach Hooffacker/Meier 2017: 176)

Schule	Studium	Hauptberufliche journalistische Arbeit
Schülerzeitung	Praktika bei verschiedenen Medien	Anstellung oder freie Mitarbeit bei einem Medienunternehmen
Erste journalistische Arbeiten	Volontariat, Journalistenschule	Aufbaustudium, Weiterbildung
Praktikum bei Lokalzeitung, Lokalsender, Online-Magazin	Kurse zur Aus- und Weiterbildung	Andere Tätigkeit: Public Relations, Medienproduktion, Management

Neben einem der allgemeinen Journalistik-Studiengängen, die sich in Bachelor oder Master auch als Spezialisierung (z.B. Wissenschafts-, Wirtschafts-, Sport- oder Musikjournalismus) studieren lassen und kommunikationswissenschaftliche Theorie mit journalistischer Praxis und Fachbezug kombinieren, sowie medienaffinen Studiengängen wie Publizistik, Medienwissenschaften oder Kommunikationswissenschaft, die selten eine praktische journalistische Ausbildung vermitteln, bietet sich auch ein eigenständiges Fachstudium an (z.B. Politik-, Wirtschafts- oder Sozialwissenschaften, Jura, Germanistik oder Medizin). Letzteres sollte jedoch unbedingt mit journalistischen Weiterbildungskursen flankiert werden, wie sie neben konfessionellen Trägern (wie z.B. dem Institut zur Förderung publizistischen Nachwuchses (ifp) der katholischen Kirche) auch von parteinahen Begabtenförderungswerken angeboten werden – wie der Friedrich-Ebert-, der Konrad-Adenauer- oder der Hanns-Seidel-Stiftung. An der Frage, ob ein Journalistik- oder ein Fachstudium für angehende Journalisten der bessere Weg in den Beruf sei, entzündete sich bereits im Jahr 2010 eine Debatte in der *Süddeutschen Zeitung*, die als Glaubensfrage bis heute diskutiert wird: Während der damalige *SZ*-Ausbildungsredakteur Detlev Esslinger (2010) vor Journalistik als „Leerfach“ warnte und dazu riet, besser „Fächer von Belang“ zu studieren, argumentierten Professoren von Journalistik-Studiengängen (verständlicherweise) für ihr „Lehrfach“ als Königsweg in den Journalismus (vgl. Haller et. al. 2010). Nach Meier (2018: 230) folgen Argumente gegen eine akademische Journalistenausbildung in Deutschland demselben Muster: „Journalisten könnten nicht ausgebildet werden, sie müssten vielmehr das Talent mitbringen, das sich nur in praktischer Tätigkeit in der Redaktion entwickeln könne.“ Diese Haltung, Journalismus zum Begabungs- oder Neigungsberuf zu stilisieren, steht in der Tradition der deutschen Journalistenausbildung. Anders als in den USA, wo die akademische oder „hochschulgebundene Journalistenausbildung“ (Streitbörger 2014) seit Joseph Pulitzer Anfang des 20. Jahrhunderts den ersten Journalistik-Studiengang an der Columbia University in New York gründete, mit „Communications“ oder „Journalism Studies“ floriert (vgl. Harnischmacher 2019), sind Journalisten, die tatsächlich auch „Journalistik“ – also die Wissenschaft des Journalismus (vgl. Kapitel 3.1) – studiert haben, traditionell in der Minderheit (vgl. Weischenberg/Scholl/Malik 2006). Da Medienunternehmen später bei Bewerbern praktische Fähigkeiten voraussetzen, sollten Studierende unabhängig vom jeweils gewählten Studiengang parallel Praktika absolvieren und/oder als freie Mitarbeiter erste journalistische Erfahrungen sammeln. Für den weiteren Weg bietet sich dann ein Volontariat oder der Abschluss an einer Journalistenschule an.

Hintergrund: Volontariat und Journalistenschulen

Das *Volontariat* (oder abgekürzt „Volo“) ist in Deutschland die Ausbildung zum Redakteur und zur Redakteurin (vgl. Venema 2023) findet zumeist nach dem Studium mediengebunden in einem Zeitungs- oder Zeitschriftenverlag, einem Rundfunksender, einer Online-Redaktion oder einer Nachrichtenagentur statt und dauert in der Regel zwei Jahre (kann bei entsprechenden journalistischen Vorkenntnissen aber verkürzt werden). In der praktischen Ausbildung durchläuft die *Volontär:innen* regelmäßig verschiedene Stationen innerhalb des Medienunternehmens, z.B. diverse Lokalredaktionen, Regionalstudios, Auslandsbüros oder themenspezifische Ressorts wie Politik, Wirtschaft, Sport oder Wissen. Obwohl das Volontariat der journalistischen Ausbildung dient, ist es angesichts des Stellenabbaus in vielen Redaktionen eher die Regel als Ausnahme, dass Volontäre die Arbeit von Redakteur:innen übernehmen. Auch die Bezahlung nach Tarifvertrag wird längst nicht mehr flächendeckend durchgesetzt. Dennoch gilt das journalistische Volontariat – nicht zu verwechseln mit PR-Volontariaten in Pressestellen und PR-Agenturen – noch immer als wichtigster Ausbildungsweg im Journalismus – auch wenn die einstmals üppigen Bewerberzahlen insbesondere bei lokalen Medien rückläufig sind (vgl. Stracke-Neumann 2016). Ebenfalls als „Königsweg" gelten *Journalistenschulen*, die von ihren zahlreichen Bewerber:innen üblicherweise einen Studienabschluss erwarten. Zu den „offenen" Journalistenschulen zählen die renommierten Deutsche Journalistenschule in München oder die Hamburger Henri-Nannen-Schule. Die frühere *Axel-Springer*-Akademie (nun: Axel Springer Academy of Journalism & Technology), die *RTL*-Journalistenschule oder die Georg-von-Holtzbrinck-Schule für Wirtschaftsjournalisten (nun: Holtzbrinck-Schule für Journalismus) werden dagegen vom jeweiligen Verlag oder Sender geführt, die Volontär:innen oft direkt für die jeweiligen Medien ausgebildet – und vielfach auch übernommen (vgl. Hooffacker/Meier 2017: 215ff.).

Nachdem in diesem Kapitel aus eher praktischer Perspektive skizziert wurde, was Journalismus ist und was Journalist:innen tun, schließt sich nun aus normativ-funktionalistischer Sichtweise die Frage an, was Journalismus leisten bzw. Journalist:innen tun sollen, welche Aufgaben sie innerhalb der Öffentlichkeit wahrnehmen und wie sie sich gesellschaftlich verorten lassen.

2.2 Die „Vierte Gewalt"? Journalismus, Öffentlichkeit und Gesellschaft

Zentral für die eingangs hergeleitete Definition von Journalismus sind die Begriffe „Gesellschaft" und „Öffentlichkeit": Journalismus findet innerhalb von sozialen Strukturen statt, recherchiert gesellschaftlich relevante Informationen und stellt durch deren Publikation (Veröffentlichung) Öffentlichkeit her. Anknüpfend an die zunächst gewählte beschreibende (*deskriptive*) Perspektive auf Journalismus – Was ist Journalismus? – wird im Folgenden eine wertende Sichtweise auf Journalismus entwickelt (*normativ*), die nach seinen grundsätzlich geltenden Regeln, Maßstäben und Normen fragt: Was soll Journalismus? Die mit dieser Frage verbundenen Aufgaben und Funktionen werden maßgeblich durch die gesellschaftliche Verortung von Journalismus und Medien bestimmt. Um einen derart komplexen Sachverhalt wie den gesellschaftlichen Kontext von Journalismus und Medien anschaulich und verständlich darzustellen, bieten sich Modelle der Journalistik sowie Kommunikations- und Medienwissenschaften an. Das sogenannte „Zwiebel"-Modell von Siegfried Weischenberg (2004: 68–71) ist ein Beispiel für ein gängiges Modell, um das Zusammenspiel von Journalismus und Medien in gesellschaftlichen Kontexten zu erklären (vgl. Abb. 6) und nach Meier (2018: 70) besonders für ein Einführungsbuch zum Journalismus „gut geeignet, weil die Ebenen des Journalismus systematisch dargestellt werden können."

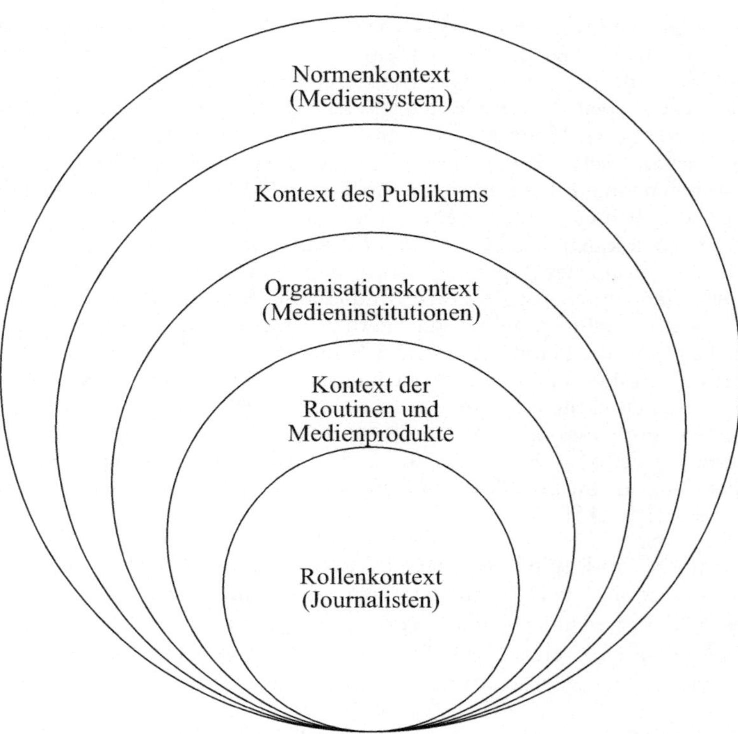

Abb. 4: Die Ebenen des Journalismus als „Zwiebel" (Quelle: eigene Darstellung nach Weischenberg 2004; zit. n. Meier 2018: 70)

Demnach geht das Modell davon aus, dass Journalismus im Kern ein von Menschen praktizierter Beruf ist, wobei diese Journalist:innen verschiedenen Einflüssen unterworfen sind: Dem normativen Kontext der Gesellschaft, Vorlieben und Interessen des Publikums, wirtschaftlichen Zwängen der Medienunternehmen sowie den Möglichkeiten der Darstellungen des jeweiligen Mediums. So lassen sich insgesamt fünf Ebenen – oder Schalen der Zwiebel – unterscheiden, die miteinander in Wechselbeziehungen stehen, sich also gegenseitig beeinflussen (Meier 2018: 67–70):

- *Normenkontext:* Das Mediensystem eines Landes prägt die medienpolitischen, -rechtlichen und ethischen Rahmenbedingungen, unter denen Journalist:innen arbeiten, beispielsweise in Bezug auf die Pressefreiheit, die professionellen Standards und die Finanzierung von Journalismus (vgl. Kapitel 6).
- *Publikumskontext:* Die Wünsche und Interessen des Publikums beeinflussen Journalist:innen insofern, als dass Medien, die ihre Zielgruppe ignorieren, weder publizistisch noch kommerziell – gemessen in Auflage/Quote und Einnahmen – erfolgreich sein werden und so langfristig ihre Relevanz und damit Legitimität riskieren.

- *Organisationskontext:* Die ökonomischen, technischen und organisatorischen Bedingungen für journalistisches Arbeiten legen die Medienunternehmen bzw. -organisationen fest. Wer als Journalist:in bei einem privaten Medienunternehmen tätig ist, hat andere Freiheiten, unterliegt aber auch anderen Zwängen als Kolleg:innen bei den Öffentlich-Rechtlichen. Die Digitalisierung bringt nicht nur neue technische Möglichkeiten und Herausforderungen, sondern verändert auch redaktionelle Organisationsformen und journalistische Routinen (vgl. Kapitel 4).
- *Kontext der Medienprodukte und journalistische Routinen:* Ob Journalist:innen für Print, Radio, Fernsehen oder Onlinemedien arbeiten, entscheidet angesichts „tradierte[r] Darstellungsformen und Berichterstattungsmuster" (ebd.: 68) über die Medienproduktion (vgl. Kapitel 6) ebenso wie über journalistische Arbeitsweisen (vgl. Kapitel 5).
- *Rollenkontext:* Geprägt werden Journalist:innen zudem nicht nur durch die genannten äußeren Faktoren, sondern auch durch eigene Fähigkeiten – z.B. bei Themenfindung, Recherche oder Beitragsproduktion – thematische Spezialisierungen (z.B. auf Politik, Sport, Kultur oder Wirtschaft) sowie die eigene Rolle (z.B. bei Chefredakteur:innen, Ressortleiter:innen oder Reporter:innen). Außerdem fließen die Persönlichkeit, das professionelle Selbstverständnis und die Ausbildung in die Arbeit von Journalist:innen ein.

Journalismus ist Teil eines sozialen Systems, wird durch eine Vielzahl gesellschaftlicher Einflüsse geprägt und übernimmt zentrale gesellschaftliche Aufgaben und Funktionen. Dieser Umstand erscheint heute selbstverständlich, wurde die soziale Bedeutung von Journalismus doch in vielen Kontexten, insbesondere aber von Politiker:innen betont (vgl. Steinmeier 2019; Merkel 2016; Gauck 2016). Das heutige Verständnis von Journalismus, das wie die eingangs entwickelte Definition als Berufsbild im Sinne Max Webers verstanden werden kann und damit „das auf die gesellschaftlich bedeutsame Aufgabe des Herstellens von Öffentlichkeit, des Vermittelns von möglichst richtigen und wichtigen Informationen an möglichst viele Menschen" (Pöttker 2016a) meint, hat sich erst in den vergangenen vier Jahrhunderten herausgebildet und ist Folge tiefgreifender technischer, rechtlich-politischer, wirtschaftlicher und sozialer Veränderungen (vgl. Meier 2018: 78): Nach der auch heute noch grundlegenden Systematik von den vier Phasen der Journalismusgeschichte nach Baumert (2013; vgl. Abb. 7) ist die erste „Präjournalistische Periode" insbesondere durch die mündliche Überlieferung von Nachrichten und ein sich erst allmählich etablierendes Botenwesen charakterisiert (vgl. Birkner 2016a). Journalismus im heutigen Sinne existiert also zu Beginn der zweiten Phase des „Korrespondierenden Journalismus" nicht. Mit Titeln wie *Relation* und *Aviso* erscheinen die ersten Zeitungen, die noch überwiegend aus kaum redigierten und einordnenden Korrespondentenberichten bestehen (vgl. Birkner 2016b). Der nachhaltig durch die Aufklärung geprägte „Schriftstellerische Journalismus" setzte sich überwiegend in Zeitschriften mit moralisch-politischen und philosophischen Fragen auseinander, bot aber noch kein wirtschaftlich tragendes Fundament für professionellen Journalismus (vgl. Birkner 2016c). Erst Mitte des 19. Jahrhunderts etablierte sich mit dem „Redaktionellen Journalismus" der Vorläufer des modernen Journalismus, für den nach Birkner (2016d) drei Aspekte prägend sind: „die Bearbeitung der Texte in Form des Redigierens als journalistisches Handeln, die in einer Redaktion versammelten Redakteure als journalistische Akteure und schließlich de[r] Ort der Redaktion als journalistische Institution im Verlagshaus.“ Waren die organisatorisch-institutionellen Voraussetzungen für Journalismus damit weitgehend geschaffen, blieben die gesellschaftspolitischen und rechtlichen Rahmenbedingungen für journalistisches Arbeiten in Deutschland aber sehr viel länger problematisch. Anders als in den USA oder Großbritannien, wo sich bereits im 19. Jahrhundert eine unabhängig organisierte und unparteilich berichtende Presse etablierte, die weniger von der noch in Deutschland üblichen meinungslastigen Publizistik als vielmehr von einem faktenbasierten „Recherche- und Informationsjournalismus“ geprägt war, blühte in Deutschland der „Gesinnungsjournalismus“ (Meier 2018: 80–82): Noch in der Weimarer Republik sah es die Mehrheit der deutschen Journalisten nicht als ihre Aufgabe, unabhängig und ausgewogen zu berichten, sondern vielmehr Partei für bestimmte politische Positionen zu ergreifen und die eigenen Ansichten zu verbreiten. Erst im Zuge der „Reeducation“ nach dem Zweiten Weltkrieg, in der Briten und US-Amerikaner deutschen Journalisten die Grundsätze des professionellen Nachrichtenjournalismus vermittelten, der auf einer eindeutigen Trennung von Kommentaren und Fakten basiert („Comment is free, but facts are sacred“), entwickelte sich das Bewusstsein für eine journalistische Verantwortung. Kramp und Weichert (2018) bezeichnen die aktuelle Phase in Anlehnung an die vier Perioden der Journalismusgeschichte als „digitalen Journalismus“, der von einem tiefgreifenden Wandel in der Mediennutzung (z.B. die Entlokalisierung durch mobile Endgeräte), der Medienmärkte (z.B. das vielfach propagierte „Zeitungssterben“ oder eine „Gratiskultur“ im Internet) sowie der Rollen und Tätigkeiten von Journalist:innen geprägt ist (z.B. multimediales Storytelling, Datenjournalismus).

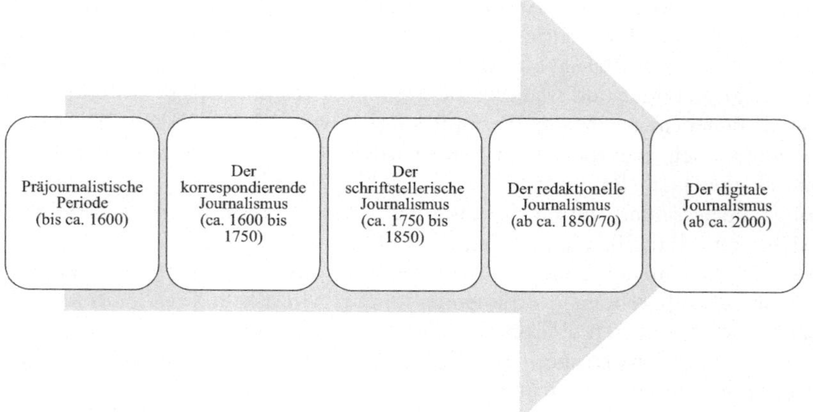

Abb. 5: Geschichte und Wandel des Journalismus in Etappen (Quelle: eigene Darstellung auf Basis von Meier 2018: 71–79, ergänzt um Kramp/Weichert 2018)

Wenn Journalismus nach jenem modernen Verständnis aktuell über neue, faktische und relevante Themen und Ereignisse berichten und diese Informationen unabhängig in die Öffentlichkeit transportieren soll, ist nach Meier (2018: 16) ein „qualitativ hochwertiger, seriös-nachrichtlicher Journalismus konstitutiv für die Demokratie“. Ebenso wie Mast (2018: 23ff.) leitet Meier (2018: 16–17) daraus ideale gesellschaftspolitische Funktionen des Journalismus ab (vgl. Abb. 8):

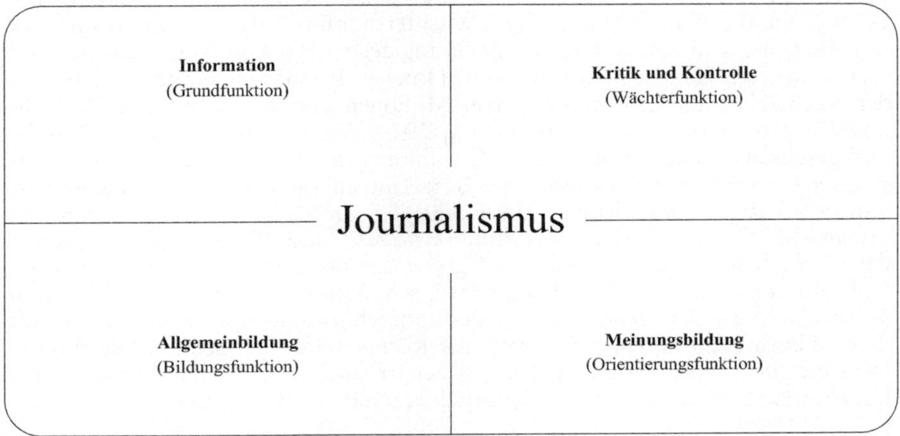

Abb. 6: Gesellschaftspolitische Funktionen des Journalismus (Quelle: eigene Darstellung auf Basis von Meier 2018: 16f.; Mast 2018: 23ff.; Müller 2011: 85f.)

- *Grundfunktion*: Die Kernaufgabe von Journalismus ist die Vermittlung von *Informationen*. Journalist:innen sollten sachlich richtig und unabhängig über politisches und wirtschaftliches Geschehen informieren. Als gesellschaftliches „Frühwarnsystem“ (Meier 2018: 16) lenkt Journalismus die öffentliche Aufmerksamkeit auf wichtige Ereignisse und Themen und ermöglicht dadurch Diskussionen über Probleme und deren Lösungen. Ein solcher freier und funktionierender Journalismus ist damit „elementarer Bestandteil der demokratischen Grundordnung“ (Müller 2011: 85).
- *Wächterfunktion*: Journalismus soll zudem die Mächtigen in der Gesellschaft kontrollieren und bei Bedarf auch kritisieren. Durch seine Aufgaben der *Kritik und Kontrolle* kommt dem Journalismus neben den drei staatlichen Gewalten Exekutive, Legislative und Judikative die Rolle einer „vierten Gewalt“ zu, die „Missstände, Fehlentscheidungen, Korruption oder bürokratische Willkür“ (Meier 2018: 16) aufdecken und „den Inhabern der Macht auf die Finger“ (Müller 2011: 85) schauen soll.
- *Bildungsfunktion*: Eine weitere zentrale Aufgabe von Journalist:innen ist es, Wissen anschaulich und verständlich zu vermitteln und auf diese Weise zur *Allgemeinbildung* der Bevölkerung beizutragen.
- *Meinungsbildungsfunktion*: Aufgeklärte Staatsbürger:innen sind die Adressat:innen von Journalismus. Durch ihre Berichterstattung sollen Journalist:innen den Bürgern *Orientierung* geben und bei ihrer gesellschaftspolitischen In-

teressensbildung und Entscheidungsfindung unterstützen (z.B. bei Wahlen, aber auch beim Konsum). Ein vielfältiges Angebot von Informationen, Themen und Meinungen trägt also zur Demokratie bei.

Hintergrund: Die „Geheimplan"-Veröffentlichung von *Correctiv*

Die am 10. Januar 2024 veröffentliche Story „Geheimplan gegen Deutschland" (Bensmann et al. 2024) des Recherchebüros *Correctiv* ist ein eindrucksvolles Beispiel für die Wahrnehmung der „Wächterfunktion" durch Journalist:innen. Der Text, der von einem Treffen „hochrangiger[r] AfD-Politiker, Neonazis und finanzstarke[r] Unternehmer" in einem Hotel in Potsdam erzählt, bei dem laut der Recherchen die „Vertreibung von Millionen von Menschen aus Deutschland" geplant worden sei, löste Anfang 2024 eine enorme mediale, politische und gesellschaftliche Resonanz aus. In zahlreichen deutschen Groß- und Kleinstädten demonstrierten in der Folge Bürger:innen für eine offene Gesellschaft und gegen Rechtsradikalismus. Die Recherche, die u.a. bei *Correctivs* internationalen Partnern wie *Mediapart*, *Internazionale* oder *The Insider* in verschiedene Sprachen übersetzt wurde, und gegen die Betroffene juristisch vorgingen (vgl. Zimmermann 2024), gilt manchen schon jetzt als eine der wichtigsten journalistischen Veröffentlichungen des Jahrzehnts und wurde u.a. 2024 mit dem „Leuchtturm"-Preis des Netzwerks Recherche ausgezeichnet. Gleichzeitig löste die Story auch Kritik an Ihrer Machart und unter Medienkritikern eine kontroverse Diskussion aus (vgl. Kucklick et al. 2024; Reisin 2024).

Um die genannten Aufgaben und Funktionen angemessen erfüllen zu können, ist *redaktionelle Unabhängigkeit* eine zentrale Voraussetzung für Journalismus: Abgesehen davon, welcher der Funktionen sich der jeweilige Journalist am stärksten verpflichtet fühlt (vgl. Kapitel 4.3 zu den mit unterschiedlichen Berichterstattungsmustern verknüpften journalistischen Rollenbildern wie „Vermittler" oder „Wachhund"), muss er unabhängig und frei von Interessen Dritter recherchieren und berichten können (vgl. Meier 2018: 17–18). Wer als Journalist:in auf Befindlichkeiten von Politiker:innen, Unternehmern oder anderen Mächtigen Rücksicht nehmen muss, kann über diese nicht kritisch berichten und die journalistische Kontrollfunktion läuft zwangsläufig ins Leere. Besonders kompliziert wird es, wenn Journalist:innen eigenen wirtschaftlichen Interessen bei der Berichterstattung berücksichtigen müssen, beispielsweise weil sie für die Firma, über die sie journalistisch berichten, auch nebenberuflich als PR-Arbeiter tätig sind. Aus diesem Grund schließt zum Beispiel das „Netzwerk Recherche", ein Verein, der sich für die Förderung journalistischer Recherche einsetzt, in seinem „Medienkodex" eine solche doppelte Beschäftigung für Mitglieder aus: „Journalisten machen keine PR" (Netzwerk Recherche 2016). Nicht berücksichtigt wird bei einer solchen, im Sinne der reinen Lehre vom unabhängigen Journalismus grundsätzlich begrüßenswert restriktiven Forderung, der Umstand, dass gerade viele freie Journalist:innen angesichts der vielerorts schlechten Bezahlung für ihre journalistische Arbeit auf Nebenverdienste aus den oft lukrativeren Branchen PR oder Werbung angewiesen sind (vgl. von Wartburg 2017). Ganz grundsätzlich stellt sich angesichts der überragenden demokratischen Bedeutung von Journalismus und der resultierenden großen Verantwortung für Journalist:innen die Frage, wer denn eigentlich die „Kontrolleure kontrolliert". Da Journalismus grundsätzlich frei von staatlichen und wirtschaftlichen Einflüssen sein soll (vgl. hierzu das Kapitel „Medienpolitik – Politische Rahmenbedingungen des Journalismus“ in der ersten Auflage; Brinkmann 2021: 53-60), andererseits aber auch nicht losgelöst von professionellen Regeln und geltendem Recht agieren kann (vgl. Kapitel 5.2 und 6.3 zu medienrechtlichen und -ethischen Rahmenbedingungen), bieten sich neben einem weit gefassten rechtlichen Rahmen, der sich insbesondere auf das Persönlichkeits- und Urheberrecht bezieht, Institutionen der sogenannten *publizistischen Selbstkontrolle* an (vgl. Meier 2018: 18): Neben dem Deutschen Presserat, den Landesmedienanstalten für den privaten Rundfunk und den öffentlich-rechtlichen Rundfunk- und Fernsehräten bietet sich vor allem der Journalismus selbst an, um in Form eines sogenannten *Medienjournalismus* als Kritiker und Kontrolleur journalistische Qualität (vgl. Kapitel 6.3) und Funktionsfähigkeit zu überwachen.

Hintergrund: Medienjournalismus

Medienjournalismus bezeichnet die journalistische Berichterstattung über Medien und Journalismus – und wird von Malik (2004) daher auch als „Journalismusjournalismus“ beschrieben. Er gehört damit – ähnlich wie Politik- oder Sportjournalismus – zum Fach- oder Ressortjournalismus, für den es bestimmter fachlichen Kenntnisse bedarf (zum Beispiel Wissen über das Mediensystem, die Branchen sowie medienpolitische, -wirtschaftliche oder kulturelle Zusammenhänge). Einen guten ersten Eindruck über die Besonderheiten und Herausforderungen gibt die Medienjournalistin Ulrike Simon im *Fachjournalist*-Interview „Die Vielseitigkeit ist hochspannend“ (Bremm 2018). In Deutschland findet Medienjournalismus noch immer überwiegend auf den „Medienseiten“ überregionaler Tageszeitungen wie *SZ*, *FAZ*, *Welt* oder *taz* statt – auch wenn die Seitenumfänge für dieses Thema seit Jahren schrumpfen (vgl. zum Überblick Haarkötter/Kalmuk 2021. Während sich im Rundfunk – abgesehen vom Medien-Magazin „ZAPP“ (*NDR*), der medienkritischen Satiresendung „Neues aus der Anstalt“ (*ZDF*), dem radioeins „Medienmagazin“ (*RBB*) oder „@mediasres“ (*Deutschlandfunk*) – kaum mehr medienjournalistische Formate finden, haben sich im Internet zunächst in Form von *Weblogs* verschiedene Formen der Medienkritik etabliert, von denen die meisten den sogenannten „Media Watchdogs“ (Wachhunde) zugeordnet werden können: Neben *bildblog.de*, der sich kritisch mit der *BILD* und ihrer Berichterstattung auseinandersetzt, galt der Blog des deutschen Medienjournalisten Stefan Niggemeier (später Gründer von *Übermedien*) lange als das medienjournalistische Maß der Dinge. Das neue Onlineangebot *Medieninsider* ergänzt zudem etablierte Fachangebote wie *kress*, *Horizont*, *turi2* oder *dwdl*. Auch in sozialen Medien wie *YouTube* äußert sich Medienkritik zunehmend in Formaten, wie u.a. das Video des Content Creators Rezo „Meine Kritik an StrgF & wie sie arbeiten“ eindrücklich zeigt (vgl. Niggemeier 2024). Inwieweit auch diese neuen Akteure als medienjournalistisch und damit als Instrumente für Media Accountability (vgl. Eberwein/Brinkmann 2021) verstanden werden können, ist gegenwärtig wissenschaftlich aber noch unterbestimmt.

2.3 Werbung, Marketing, PR und Journalismus – eine Abgrenzung

Wenn *redaktionelle Unabhängigkeit* als ein „wesentliches Merkmal journalistischer Professionalität“ (Meier 2018: 17) und damit als zentrale Voraussetzung für

Journalismus gelten kann, muss dieser von anderen Formen der medial vermittelten Kommunikation sowie von anderen mediennahen Berufs- und Handlungsfeldern abgegrenzt werden, die journalistische Unabhängigkeit potenziell beeinträchtigen. Journalistische Unabhängigkeit kann hier nach Handstein (2016a) als die „Freiheit von journalistischen Organisationen und darin handelnder Personen von journalismusfremden Einflüssen" verstanden werden. Medienorganisationen und Journalist:innen sollten unabhängig von anderen Instanzen entscheiden können, welche Informationen sie für relevant halten, in welche Richtung und in welchem Ausmaß sie ein Thema recherchieren und welche Geschichten sie zu welchem Zeitpunkt veröffentlichen. Neben dieser handlungsorientierten Perspektive auf die journalistischen Arbeitsweisen lässt sich journalistische Unabhängigkeit auch systemtheoretisch erklären: In der Theorie sozialer Systeme nach Luhmann (1997) gilt Journalismus als *autopoietisches* (selbsterhaltendes) System, das nach systemeigenen Kriterien, z.B. von Veröffentlichen/Nicht-Veröffentlichen, funktioniert (vgl. Kapitel 3.2). Das gesellschaftliche Teilsystem Journalismus interagiert mit anderen Teilsystemen wie Politik, Wissenschaft oder Wirtschaft, die nach anderen Kriterien funktionieren. So pflegen z.B. Journalismus und Politik ein ambivalentes Verhältnis: Beide brauchen sich gegenseitig für die Erfüllung ihrer jeweiligen Aufgaben, sind bis zu einem gewissen Grad voneinander abhängig und kontrollieren sich teilweise gegenseitig. Journalismus wirkt über seine gesellschaftspolitischen Aufgaben – Kritik und Kontrolle der (politisch) Mächtigen, Artikulation von Meinungen und das Setzen und Auswählen von Themen sowie Herstellung von Öffentlichkeit und Meinungsbildung – zwischen Politik und Öffentlichkeit als Vermittler politischer Entscheidungen und Interessen, wenn er einerseits öffentliche Meinung artikuliert und die Interessen der Bürger:innen an die Politik kommuniziert und andererseits Informationen von Politiker:innen transportiert und politische Ereignisse oder Botschaften in der Öffentlichkeit thematisiert. Während Politiker:innen darauf angewiesen sind, dass der Journalismus ihren Botschaften Öffentlichkeit verschafft, lebt der (Nachrichten-)Journalismus von Informationen aus der Politik (vgl. Tonnemacher 2016). Das weite Feld des sogenannten *Politikjournalismus*, der über aktuelles politisches Geschehen berichtet, mit Analysen einordnet und in Kommentaren Stellung bezieht,[4] wird vielfach als der eigentliche Kern von Journalismus wahrgenommen. Nicht zufällig werden die oben genannten *gesellschaftspolitischen* Aufgaben – im Gegensatz zu sozialen oder kulturellen Funktionen wie Integration oder Unterhaltung – in der öffentlichen Debatte prominent diskutiert und dienen als Referenzpunkte, wenn es darum geht, die gesellschaftliche Bedeutung des Journalismus für die Demokratie herauszustellen. Gleichzeitig sollen aber Regelungen zur Pressefreiheit wie das Verbot staatlicher Zensur den Verlust journalistischer Unabhängigkeit durch politische Einflussnahme verhindern. In Deutschland wird der Freiheit des Journalismus eine

4 Für eine Einführung in den Politikjournalismus vgl. Fengler/Vestring (2009), die dieses spannende Feld sowohl aus wissenschaftlicher wie aus praktischer Seite vermessen und dabei unter anderem auf Themen wie das „Agenda-Setting", die besonderen Darstellungsformen oder Recherche im politischen Journalismus eingehen. Für die Perspektive der Journalistik auf den Politikjournalismus vgl. den Sammelband von Lünenborg und Sell (2018) sowie aktuell die Beiträge in Prinzing/Blum (2021).

hohe Stellung eingeräumt. In Artikel 5 des Grundgesetzes ist die Pressefreiheit im ersten Absatz festgeschrieben:

> „(1) Jeder hat das Recht, seine Meinung in Wort, Schrift und Bild frei zu äußern und zu verbreiten und sich aus allgemein zugänglichen Quellen ungehindert zu unterrichten. Die Pressefreiheit und die Freiheit der Berichterstattung durch Rundfunk und Film werden gewährleistet. Eine Zensur findet nicht statt."

Der erste Satz dieses Paragrafen sichert die Meinungsfreiheit und die Informationsfreiheit jedes Bürgers in Deutschland; diese individuellen Freiheitsrechte gelten für jedermann. Im zweiten Satz wird die Presse- und Rundfunkfreiheit garantiert, aus denen sich für hauptberufliche Journalist:innen weitere Sonderrechte ergeben, wie beispielsweise der Auskunftsanspruch gegenüber Behörden oder das journalistische Zeugnisverweigerungsrecht.

Problematisch wird es aber vor allem, wenn mediennahe Teilsysteme wie Werbung, Marketing oder die auch als *Public Relations* bezeichnete Öffentlichkeitsarbeit versuchen, das journalistische System im Sinne ihrer Ziele zu beeinflussen und zu vereinnahmen. Vor diesem Hintergrund werden im Folgenden die Besonderheiten dieser Teilsysteme und Handlungsfelder beschrieben und vom Journalismus abgegrenzt. Dabei lässt sich weder leugnen, dass Werbung, Marketing und PR in verschiedenen Austauschbeziehungen mit dem Journalismus stehen und dabei gegenseitig wichtige Funktionen übernehmen, noch dass die Grenzen zwischen diesen und weiteren Formen medialer Kommunikation verschwimmen (vgl. Gonser/Rußmann 2017a).

Werbung soll die Einstellungen und das Verhalten von Menschen so beeinflussen, dass diese sich für bestimmte Produkte oder Dienstleistungen interessieren und diese kaufen und konsumieren (vgl. Reisewitz 2018). Werbende Maßnahmen zielen meist mittels emotionaler oder informeller Botschaften auf die „Meinungsbeeinflussung" der Konsument:innen im Sinne wirtschaftlicher Interessen von Unternehmen (vgl. Schulz 2018) und erfüllen damit eine Funktion, die zunächst grundsätzlich konträr zu der des Journalismus ist. Dennoch leben Journalismus und Werbung in einer Art Symbiose, bei der Werbegeld gegen mediale Aufmerksamkeit getauscht wird und die der redaktionellen Autonomie kommerzielle Grenzen setzt (vgl. Gadringer et. al. 2012): Während Unternehmen Werbebotschaften bevorzugt über Medien senden, um von deren *journalistischer Glaubwürdigkeit* zu profitieren, basieren die Geschäftsmodelle der meisten Medien zumindest zum Teil auf Werbeeinnahmen (vgl. Kapitel 6.1). Der Verkauf von Werbefläche ist für private Medienunternehmen traditionell die wichtigste Einnahmequelle: Zeitungen und Zeitschriften drucken Werbeanzeigen, in privaten Radio- und Fernsehprogrammen laufen Werbespots – sogar der grundsätzlich beitragsfinanzierte öffentlich-rechtliche Rundfunk verzichtet nicht vollständig auf Werbeeinnahmen: So stammten 2022 etwa sechs Prozent der Gesamterträge der *ARD* aus Werbung (vgl. ARD 2023). Aufgrund der niedrigen Zahlungsbereitschaft für Onlinejournalismus ist eine Werbefinanzierung bislang auch für die meisten journalistischen Onlineangebote unumgänglich. Obwohl der Werbemarkt starken konjunkturellen

Schwankungen unterliegt und die Werbeausgaben seit der Krise der „New Economy" im Jahr 2000 sowie im Zuge der Wirtschafts- und Finanzkrise stark sanken (vgl. Beck/Reineck/Schubert 2010), liegen die Netto-Werbeeinnahmen deutscher Medien 2023 bei 26,06 Milliarden Euro (vgl. ZAW 2023). Werbeerlöse bleiben damit eine zentrale Säule der Finanzierung journalistischer Medien. Diese Abhängigkeit journalistischer Geschäftsmodelle von Werbeeinnahmen hat rechtliche Sicherungsmechanismen hervorgebracht, die verhindern sollen, dass Journalismus und Werbung vermischt werden: So schreibt das *Trennungsgebot* vor, dass journalistische Berichterstattung inhaltlich und optisch strikt von Werbung getrennt und Werbung zudem für den Rezipienten klar und eindeutig gekennzeichnet werden muss. Verstöße gegen die Trennungsnorm finden allerdings insbesondere online regelmäßig statt. Besonders problematisch sind Zwitterformen von Werbung wie *Native Advertising*, die als „Schleichwerbung" in redaktioneller Berichterstattung getarnt und darin eingebettet werden und die sich optisch nur schwer von Journalismus unterscheiden lassen. Eine solche „heikle Beziehung" (Porlezza 2017) zwischen Werbung und Journalismus kann die journalistische Glaubwürdigkeit stark beschädigen.

Marketing meint die konsequente Ausrichtung von Unternehmen auf die Bedürfnisse des Marktes und kombiniert dazu vier strategische Instrumente, den sogenannten *Marketing-Mix* (vgl. Bruhn 2022; Meffert et al. 2019): Neben der Produktpolitik, der Preispolitik und der Vertriebspolitik umfasst die Kommunikationspolitik alle Maßnahmen für die Kommunikation zwischen Unternehmen und Kunden – und damit ebenso den zuvor skizzierten Bereich der klassischen Mediawerbung wie den der *Öffentlichkeitsarbeit* oder *Public Relations* (vgl. Kirchgeorg 2018). Der Fokus des Marketing liegt auf potentiellen Kund:innen als Zielgruppe und soll absatzfördernd wirken, während PR im Interesse des Unternehmens oder der Organisation versucht, alle relevanten Zielgruppen zu beeinflussen und reputationsbildend wirkt (vgl. Reisewitz 2018) – beide Ziele stehen aber im Widerspruch zu journalistischen Zielen und Funktionen. Schnittstellen mit dem Journalismus existieren in beiden Handlungsfeldern (vgl. Gonser/Rußmann 2017b), „Grenzüberschreitungen" (Fidler 2017) sind dabei eingepreist. Aktuell verschwimmen die Grenzen zwischen Marketing, PR und Journalismus aber besonders stark im Bereich der *Influencer*-Kommunikation in sozialen Netzwerken (vgl. Gleich 2019) bzw. in der digitale Kreativindustrie (vgl. Franke/Buschow/Kohlschreiber 2022; Hooffacker 2023). So präsentieren mit „Hosts" wie „Klein aber Hannah" oder „RobBubble" Influencerinnen oder Content Creators im Reportage-Format *follow me.reports* des öffentlich-rechtlichen Content-Netzwerks *funk* explizit journalistische Themen, ohne dass deren Rolle als „Journalisten-Darsteller" für die überwiegend jungen Nutzer:innen transparent gemacht würde (vgl. Brinkmann 2024).

Hintergrund: Influencer Marketing und Influencer Relations

Influencer:innen sind Personen, die in Blogs oder sozialen Netzwerken über eine starke Präsenz verfügen und aufgrund „ihrer Persönlichkeitsstärke, einer bestimmten Themenkompetenz und kommunikativen Aktivität eine zugesprochene Glaubwürdigkeit für bestimmte Themen besitzen und diese einer breiten Personengruppe über digitale Kanäle zugänglich machen können“ (Schach 2018a). Dadurch können Influencer:innen ihr Publikum beeinflussen (engl. *to influence*), was sich Unternehmen sowohl für ihre Marketing- als auch PR-Ziele zunehmend zunutze machen und mit Influencer:innen kooperieren (vgl. Schach 2018b): Während das *Influencer Marketing* direkt auf den Absatzmarkt zielt und entsprechende Ziele – Steigerung des Absatzes, Aufmerksamkeit für Produkte, Aufbau von Marken (*Brand Building*) verfolgt (vgl. Jahnke 2021) –, konzentrieren sich *Influencer Relations* verstärkt auf die Beeinflussung von Meinungen im Sinne des Unternehmens, indem Image und Reputation gesteigert oder Informationen vermittelt werden sollen (vgl. Lommatzsch 2018). Um diese Ziele zu erreichen, müssen Influencer:innen glaubwürdig und transparent kommunizieren – zwei zentrale Eigenschaften von Journalismus. Die traditionelle Hoheit von Journaliste:innen über medial vermittelte Kommunikation als „Gatekeeper“, die Informationen sammeln, aufbereiten und über eine Veröffentlichung entscheiden (vgl. Schach 2018b), schwindet nicht zuletzt mit dem wachsenden Einfluss von Influencern auf die öffentliche Meinung. Insbesondere bei jungen Zielgruppen zählen Influencer:innen und Content Creators mittlerweile zu wichtigen Informationsquellen (vgl. Wunderlich/Hölig 2022).

Medienunternehmen, die ihre „redaktionelle Arbeit an den Bedürfnissen des Publikums und den Erfordernissen von Märkten“ (Mast 2018: 206) ausrichten, betreiben *Redaktionsmarketing*. Dabei wollen Redaktionen ihre journalistischen Marken stärken, um in der Wahrnehmung der Nutzer an Profil und Vertrauen zu gewinnen. Redaktionelles Marketing ist hier als Managementprozess zu verstehen (vgl. Meckel 1999), bei dem Aktivitäten der Produkt- und Kommunikationspolitik zusammenspielen, z.B. über ein an die Nutzer angepasstes redaktionelles Konzept, eine stärkere Einbindung von Nutzern in die Berichterstattung oder die Medienproduktion (*User-Generated-Content*), Veranstaltungen und Kampagnen oder die direkte Kommunikation der Journalist:innen mit den Nutzern (vgl. Mast 2018: 218). Alle diese Maßnahmen werden aber zunächst nicht in einer journalistischen Funktion ausgeführt, sondern mit dem übergeordneten Ziel, den Absatz verlags- oder sendereigener Medienprodukte zu fördern, wodurch die Grenze zwischen Journalismus und Marketing beim Redaktionsmarketing endgültig verschwommen ist.

Besonders problematisch – und daher vermutlich auch vergleichsweise oft von Wissenschaftler:innen und Praktiker:innen thematisiert (vgl. Ruß-Mohl 2004; Schnedler 2006; Schwarz 2016) – verlaufen die Grenzen und die Austauschbeziehungen zwischen Journalismus und der *Öffentlichkeitsarbeit*, die hier im Folgenden gängiger und umfassender als *Public Relations (PR)* bezeichnet wird. PR meint die gezielte Kommunikation von Unternehmen oder Organisationen mit externen (z.B. Kund:innen) und internen (z.B. Mitarbeiter:innen) Personen und Gruppen, die ihr jeweiliges Handeln beeinflussen können (*Stakeholder*) (vgl. Meier 2018: 214; vgl. grundlegend Szyszka et al. 2020; Röttger et al. 2018). Dabei handelt es sich – anders als beim Journalismus, der nach einer fundamental anderen Logik funktioniert – immer um „Auftragskommunikation“, die interessengeleitet abläuft (vgl. Mast 2018: 517). Das Verhältnis von Journalismus und PR ist traditionell Gegenstand wissenschaftlicher Untersuchungen, die lange einen gefährlichen Einfluss der PR auf Themen und Timing des Journalismus unterstellten (vgl. Baerns 1991). Inzwischen ist aber weniger von einem Gegeneinander eines demokratisch elementaren, ethisch einwandfreien, „guten" Journalismus auf der einen und einer manipulativen, moralisch verkommenen, „bösen" PR auf der anderen Seite auszugehen, als vielmehr von „Interdependenzen" (Altmeppen/Röttger/Bentele 2004) zwischen beiden Kommunikations- und Berufsfeldern. Journalismus und PR sind „natürliche Kontrahenten" (Meier 2018: 215), deren Aufgaben sich widersprechen und die nach unterschiedlichen Logiken funktionieren, die sich aber als „kooperative Antagonisten" (Szyszka/Christoph 2015) ihrer gegensätzlichen Rollen und Interessen ebenso bewusst sind, wie ihrem gegenseitigen Nutzen (vgl. Szyszka 2018): Die PR liefert dem Journalismus Informationen und erhält dafür mediale Aufmerksamkeit in Form journalistischer Berichterstattung, in die diese Informationen einfließen können. Während Journalist:innen darauf angewiesen sind, Informationen über PR-Quellen beziehen und abfragen zu können, da interne Hintergründe über das Handeln, die Motive oder die Entscheidungen von Organisationen anders nicht oder nur unzuverlässig zu bekommen wären, wirkt der Journalismus für die PR als „Fürsprecher": „Informationen werden aufgrund journalistischer Auswahl mit Bedeutung aufgeladen und genießen als journalistische Fremddarstellung gegenüber organisationaler Selbstdarstellung höhere Glaubwürdigkeit" (ebd.). Aus diesem Grund ist Medienarbeit, bei der besonders die Beziehung zu Medien und Journalist:innen im Vordergrund der PR-Aktivitäten steht (*Media Relations*), ein zentrales Feld: Neben der Vielzahl traditioneller und innovativer Kommunikationsinstrumente – wie beispielsweise Interviews oder Expertengespräche, die von PR-Redaktionen oder -Agenturen an Journalist:innen vermittelt werden, Online-Presseportalen, die zentrale Informationen für Journalist:innen und weiterführendes Material über das Unternehmen oder den Verband präsentieren, oder Kooperationen, bei denen Expertise geliefert wird – nutzt die PR in der Medienarbeit vor allem *Pressekonferenzen* und *Pressemitteilungen*, um mit Journalist:innen und Redaktionen in Kontakt zu treten und ihre Informationen, Themen und Meinungen zu vermitteln.

Hintergrund: Pressekonferenzen und Pressemitteilungen

Zu *Pressekonferenzen* laden Firmen, Behörden, Vereine, Verbände oder andere Organisationen, die *Pressearbeit* betreiben, Journalist:innen ein, wenn es um einen direkten Austausch von umfangreichen Informationen geht. Vertreter:innen der Organisation und/oder deren *Pressesprecher:innen*, deren Aufgabe die externe Kommunikation und der Kontakt mit Medien und Journalist:innen ist, berichten hier über aktuelle Ereignisse wie zum Beispiel die wirtschaftliche Entwicklung eines Unternehmens oder die aktuelle sportliche Situation eines Fußballvereins. Journalist:innen können anschließend Fragen stellen. Ort und Termin werden dabei vom Veranstalter bestimmt; auch die Anzahl oder die Reihenfolge der Fragen ebenso wie Themen, die nicht angesprochen werden sollen, können hier festgelegt werden. Der Ausschluss bestimmter Journalist:innen oder Medien, die beispielsweise in der Vergangenheit negativ über die Organisation berichtet haben, ist privaten Unternehmen – anders als etwa Behörden – grundsätzlich möglich, gilt im Verhältnis zwischen PR und Journalismus aber nicht als legitimes Mittel. Der Ausschluss etablierter Medien von den Pressekonferenzen im Weißen Haus unter US-Präsident Donald Trump führte z.B. zu Protesten von Journalist:innen und einer internationalen Debatte über Pressefreiheit (vgl. Groll 2017). Ein ganz anderer Fall sind die als *Presse- oder Hintergrundgespräche* bezeichneten exklusiven Runden, in denen meist Politiker:innen ausgewählten Journalist:innen exklusive Informationen zukommen lassen – zum Beispiel im Rahmen von Auslandsreisen der Außenministerin oder bei den als „Hinterzimmergesprächen" bekannten Presserunden im Bundeskanzleramt. Ein Sonderfall ist die sogenannte „Bundespressekonferenz", in der aktuell rund 1.000 Hauptstadtjournalist:innen deutscher Medienunternehmen registriert sind, die über die Bundespolitik aus Berlin berichten und in der BKP selbst als Veranstalter auftreten, die Gespräche mit den eingeladenen Politiker:innen moderieren und das Wort erteilen oder entziehen können (vgl. Reus 2018). Obwohl die Informationsgewinnung bei Pressekonferenzen nach Kaiser (2015: 34ff.) weitere Nachteile aufweist – wenig Spontanität, keine Exklusivität, klar verteilte Rollen – sind sie für Journalist:innen nach wie vor wichtige Instrumente der Kontakt- und Netzwerkpflege (auch mit journalistischen Kollegen:innen). Da viele Organisationen aber mittlerweile dazu übergegangen sind, ihre Pressekonferenzen im Internet oder über ihre Social-Media-Kanäle zu *streamen*, sinkt die persönliche Präsenz von Journalist:innen auf Pressekonferenzen. Ungebrochen ist hingegen die Wichtigkeit von *Pressemitteilungen* als PR-Instrument (vgl. Zehrt 2023): Die meisten journalistischen Redaktionen erhalten täglich mehrere Hundert solcher Mitteilungen, in denen Organisationen auf Themen, Ereignisse oder Entwicklungen hinweisen und (Hintergrund-)Informationen anbieten, sodass Journalist:innen gezielt die Texte auswählen müssen, die spannende Geschichten versprechen und die Zielgruppe interessieren könnten. Auch in Pressemitteilungen können Journalist:innen keine exklusiven Nachrichten erwarten, da diese meistens über einen sogenannten *Presseverteiler* an alle regional oder thematisch relevanten Medien gehen. Als Lieferanten für Themenideen eignen sich Pressemitteilungen allerdings regelmäßig – beispielsweise wenn Journalist:innen die Pressemeldung der Polizei über eine erhöhte Einbruchstatistik zum Anlass nehmen, über die Hintergründe zu recherchieren. In jedem Fall sollten Journalist:innen die in Pressemitteilungen transportierten Inhalte kritisch prüfen. Nach Müller (2011: 231f.) kann bei *primären PR-Informationen* wie feststehenden Daten, Angaben und Fakten wie Namen, Bezeichnungen, Terminen, Orten oder Wirtschaftsdaten davon ausgegangen werden, dass diese schon im Interesse der veröffentlichenden Organisation zutreffend sind. Oft steht bei solchen internen Informationen auch keine zweite, unabhängige Quelle zur Überprüfung zur Verfügung. Sekundäre *PR-Informationen* – insbesondere wertende Formulierungen wie „erfolgreichster Anbieter", „bestes Ergebnis" oder „größte Veranstaltung" – dienen meistens dazu, die jeweilige Information überzogen positiv zu verkaufen und müssen mithilfe anderer Quellen überprüft (verifiziert; vgl. Kapitel 5.6) werden. Keinen Informationswert für Journalist:innen haben Angaben mit „reinem Propaganda-Charakter" (wie „schönste" oder „gern gesehen"), die objektiv nicht überprüft werden können.

Das komplizierte Austauschverhältnis von PR und Journalismus wird durch zwei übergeordnete Trends zusätzlich erschwert: Zum einen wechseln Journalist:innen immer wieder die Seiten und bringen ihr journalistisches Know-how künftig als Pressesprecherin oder PR-Arbeiter ein, wobei es nach Befragungen von Wissenschaftlerinnen und Praktiker:innen oft die zunehmend verschlechterten Arbeitsbedingungen sind, die Journalist:innen zum Wechsel auf die vermeintlich „dunkle Seite" der PR motivieren (vgl. Schade 2017a; Viererbl/Koch 2019): Höhere Gehälter und meist sicherere Jobs tragen wohl dazu bei, dass sich auch einflussreiche und prominente Journalist:innen – wie zum Beispiel der frühere *ZDF*-Moderator und spätere Regierungssprecher Steffen Seibert – für eine Zukunft in der PR entscheiden. Die handwerklichen Voraussetzungen für Journalismus und PR sind zwar keineswegs identisch, während die jeweiligen Logiken sich ebenso fundamental wie die kommunikativen Ziele unterscheiden,[5] aber die vorausgesetzten Kompetenzen (vgl. Kapitel 2.1) sind doch hinreichend deckungsgleich (vgl. Wiske/Kaiser 2023), dass PR ebenso wie der wachsende Bereich des *Corporate Publishing*, redaktionelle Produkte wie Mitarbeiter- oder Kundenzeitschriften (wie beispielsweise das Magazin *Mobil* der Deutschen Bahn oder *Alverde* des dm-Drogerie Markts), für ehemalige Journalist:innen zu attraktiven Berufsfeldern werden – vor allem, weil beide Bereiche seit Jahren expandieren, was zum zweiten Problem führt: Die „Machtbalance" zwischen PR und Journalismus verschiebt sich zunehmend (vgl. Ruß-Mohl 2017), wenn PR-Agenturen und Unternehmen ihre PR-Redaktionen personell wie finanziell aufstocken („Aufrüstungsspirale"), während journalistische Medien angesichts wachsender wirtschaftlicher Probleme eher Redakteure entlassen und die redaktionellen Ressourcen weiter kürzen.

Hintergrund: PR und Lobbying von Medienunternehmen

Medienorganisationen betreiben als Wirtschaftsunternehmen nicht nur Werbung und Marketing in eigener Sache, sondern sind zur Durchsetzung ihrer vielfältigen politischen, rechtlichen oder wirtschaftlichen Interessen auch selbst im Bereich der Public Relations aktiv. Während gerade die großen und einflussreichen Medienunternehmen wie *Axel Springer* oder *Bertelmann* auf nationaler wie auf internationaler Ebene längst Lobbying in eigener Sache betreiben, obliegt diese Art der Interessenvertretung von Medienunternehmen traditionell ihren Verbänden (vgl. Vowe 2007). Der mittlerweile in Bundesverband Digitalpublisher und Zeitungsverleger umbenannte BDZV vertritt dabei die Interessen deutscher Zeitungsverlage sowie ihrer Onlineangebote und stellt branchenweite Kennzahlen zur Verfügung. Ähnlich gelagert sind in medienpolitischen Auseinandersetzungen – zum Beispiel über Mehrwertsteuerreduzierungen von Printprodukten oder den Mindestlohn für Auslieferer – oft die Interessen von Zeitschriften, die im Verband Deutscher Zeitschriftenverlage (VDZ) organisiert sind. Die privaten Rundfunksender werden seit Anfang 2018 vom Verband Privater Medien (mit einem auch namensgebenden Fokus auf Video und Audio) vertreten: VAUNET. Obwohl die öffentlich-rechtlichen Rundfunksender keinen eigenen Verband betreiben, unterhalten *ARD* und *ZDF* traditionell enge Beziehungen zur Politik (beispielsweise über ihre mit Politiker:innen aller Parteien besetzten Aufsichts- und Kontrollgremien), was von privaten Medien oft und lautstark kritisiert wird. Während gegen eine Interessenvertretung von Medienunternehmen grundsätzlich nichts einzuwenden ist – im Gegenteil: Starke, wirtschaftlich und publizistisch unabhängige Medien sind elementarer Bestandteil der Demokratie – ist das Lobbying in eigener Sache immer dann problematisch, wenn Medienunternehmen ihre publizistischen Ressourcen – also die eigene Medienmacht –

5 Eine Trennung, die der Deutsche Rat für Public Relations (DRPR 2013) sehr viel klarer formuliert als der DJV, dessen Vorsitzender Frank Überall PR als „eine Spielart des Journalismus" bezeichnete (in ZAPP 2019).

nutzen, um wirtschaftliche oder politische Interessen durchzusetzen. Dass diese „pseudo-journalistische Strategie" regelmäßig in medienpolitischen Konflikten eingesetzt wird – oft genug, ohne dass die Redaktionen auf einen Interessenskonflikt in ihrer Berichterstattung hinweisen – ist für viele Fälle wissenschaftlich belegt (vgl. Brinkmann 2018; Maier/Dogruel 2016; Löblich 2011). Diese journalistische „Selbstthematisierung" (Pointner 2010) kann vor dem Hintergrund der unsäglichen, aber dennoch aktuellen Debatte um die sogenannte „Lügenpresse" – die jedoch nie das reale Problem der Berichterstattung von Medien im Eigeninteresse kritisiert, sondern überwiegend verschwörungsmythisch eine Instrumentalisierung der Massenmedien als „Staatsfunk" oder „Regierungszeitungen" behauptet – zum eigentlichen Legitimitätsproblem des Journalismus werden. Auch wenn medienpolitische Debatten – anders als die Streitthemen wie Einwanderung oder Klimawandel – meist unterhalb des öffentlichen Aufmerksamkeitsradar ablaufen, leidet journalistische Glaubwürdigkeit, wenn in Konflikten, die Medien selbst betreffen, keine objektive, sondern zumindest teilweise interessengeleitete Berichterstattung stattfindet.

Zusammenfassung:

Journalist:innen selektieren, recherchieren, strukturieren, präsentieren, verifizieren und publizieren redaktionell unabhängig aktuelle, faktische und relevante Informationen über Medien an die Öffentlichkeit. Dabei erfüllt Journalismus gesellschaftspolitische Aufgaben wie Information, Meinungsbildung sowie Kritik und Kontrolle, die sich von anderen mediennahen Handlungsfeldern wie Werbung, Marketing oder Public Relations unterscheiden, die mit dem Journalismus aber in Austauschbeziehungen stehen.

Diskussionsfragen

- Was ist Journalismus? Definieren Sie den Begriff und nennen Sie praktische Beispiele für journalistische Medien.
- Welche gesellschaftspolitischen Funktionen übernimmt der Journalismus?
- Welche Ziele verfolgen jeweils Werbung, Marketing und Public Relations? Welche Gemeinsamkeiten und Unterschiede haben diese Bereiche mit dem Journalismus?
- Was ist redaktionelle Unabhängigkeit – und warum ist sie für den Journalismus wichtig?

Einführende Literatur

Mast, Claudia (2018): ABC des Journalismus. Ein Handbuch. 13. Aufl., Köln: Herbert von Halem.

Meier, Klaus (2018): Journalistik. 4. Aufl., Konstanz/München: UVK.

Weiterführende Literatur

Neuberger, Christoph/Kapern, Peter (2013): Grundlagen des Journalismus. Wiesbaden: Springer VS.

Kepplinger, Hans Mathias (2011a): Journalismus als Beruf. Wiesbaden: VS-Verlag.

Pürer, Heinz (2015): Journalismusforschung. Konstanz/München: UVK.

Wiske, Jana/Kaiser, Markus (2023): Journalismus und PR. Arbeitsweisen, Spannungsfelder, Chancen. Köln: Herbert von Halem.

3. Journalistik und Theorien des Journalismus

Überblick

Das dritte Kapitel beschreibt das Verhältnis zwischen Journalismus und seiner wissenschaftlichen Disziplin, der „Journalistik", die anhand grundlegender Theorien der Journalismusforschung verortet wird. Neben einem Exkurs zum wissenschaftlichen Arbeiten in journalistischen Studiengängen entwirft das Kapitel zudem mit ein theoretische Hintergrundfolie, die Journalismus als Programm, Praktik und Performanz dimensioniert.

3.1 Journalistik als wissenschaftliche Disziplin des Journalismus

Obwohl Journalismus – im Sinne einer praktischen Einführung – hier bisher als journalistisches Handeln in einem konkreten, praxisnahen Handlungs- und Berufsfeld beschrieben wird, eröffnet die theoretische Verortung des Faches als wissenschaftliche Disziplin einen wichtigen Blickwinkel auf den Journalismus. Auch wenn insbesondere von Praktiker:innen ein angeblicher Gegensatz von journalistischer Theorie und Praxis behauptet wird – „hier das Nachdenken über Journalismus – dort das Handeln im Journalismus; hier die wissenschaftliche Arbeit – dort die journalistische Arbeit" (Meier 2018: 25) – bedingen sich beide gegenseitig, da praktisches Handeln ohne Theoriekonzepte oft ebenso ziellos und unsystematisch bleibt, wie ein theoretischer Ansatz ohne einen Praxisbezug anwendungsfremd und realitätsfern. Im Folgenden wird daher mit der „Journalistik" die wissenschaftliche Disziplin des Journalismus anhand ihrer grundlegenden Theorien und empirischen Anwendungsmöglichkeiten in der „Journalismusforschung" skizziert und verortet (vgl. Brinkmann 2023b: 40): Das dynamische, interdisziplinäre Lehr- und Forschungsfeld Journalistik zeichnet sich durch die konsequente Integration journalistischer Theorie und Praxis nach dem Vorbild US-amerikanischer Studienmodelle der *Journalism Studies* aus und grenzt sich dadurch einerseits von verwandten (Medien-)Studiengängen und deren assoziierten Disziplinen (wie Medien- und Kommunikationswissenschaften oder Publizistik) sowie andererseits von angrenzenden Berufs- und Handlungsfeldern (wie Werbung, PR/Öffentlichkeitsarbeit und Marketing) ab. Die herausgehobene Relevanz des Feldes wie des Faches Journalistik begründet sich mit der gesellschaftlich überragenden Bedeutung von Journalismus in Medien und Kommunikation (vgl. Pürer 2015). Das praktische Berufs- und Handlungsfeld des Journalismus (vgl. u.a. Ruß-Mohl/Schultz 2023; Brinkmann 2021; Haarkötter 2019; Kovach/Rosenstiel 2014) sowie das Feld der Journalismusforschung (vgl. u.a. Meier/Neuberger 2023; Steensen/Ahva 2017), das sich der Erforschung journalistischer Praktiken und Inhalte, der für Journalismus prägenden ökonomisch-organisatorischen Strukturen (Medienunternehmen), der normativ konstituierenden Rahmenbedingungen (Mediensystem) sowie der Beziehung des Journalismus zu seinen Publika widmet (vgl. Weischenberg 2004; DGPuK 2020), werden so zu einer idealerweise praxisrelevanten, theoretisch, methodisch und empirisch fundierten, üblicherweise hochschulgebundenen Journalistenausbildung integriert (vgl. Dernbach/Loosen 2012; Streitbörger 2014).

Die *Journalistik* beschreibt und analysiert nach sozialwissenschaftlichen Kriterien, Kategorien und Methoden die Akteure, Strukturen und Leistungen des Journalismus. Nach Meier (2018: 18) setzt sie sich „wissenschaftlich-analytisch und reflektierend mit dem Berufs- und Arbeitsfeld Journalismus auseinander" und verhält sich damit wie andere wissenschaftlichen Disziplinen zu ihren jeweiligen Handlungsfeldern bzw. Gegenständen, beispielsweise die Politikwissenschaft zur Politik, die Sozialwissenschaften zur Gesellschaft, die Kulturwissenschaften zur Kultur oder die Wirtschaftswissenschaften zur Wirtschaft. Neben ihrem Anspruch, die jeweiligen praktischen Handlungen theoretisch zu fassen, allgemeingültig und realitätsnah zu beschreiben (deskriptiv) und auf ihre jeweilige Zielsetzung und Funktionsfähigkeit zu überprüfen (normativ), analysiert sie aktuelle Herausforderungen und Trends oder kritisiert bestehende Missstände und Probleme im Handlungsfeld, fungiert also nicht nur als Kontrolleurin, sondern auch als Treiberin des Transfers von Innovationen im real existierenden Journalismus (vgl. Meier 2014). Vereinfacht gesagt, handelt es sich bei der Journalistik um die *Wissenschaft des Journalismus* bzw. beim Journalismus um den *Gegenstand der Journalistik*, die sich beide gegenseitig (*rekursiv*) beeinflussen (vgl. Abb. 9).

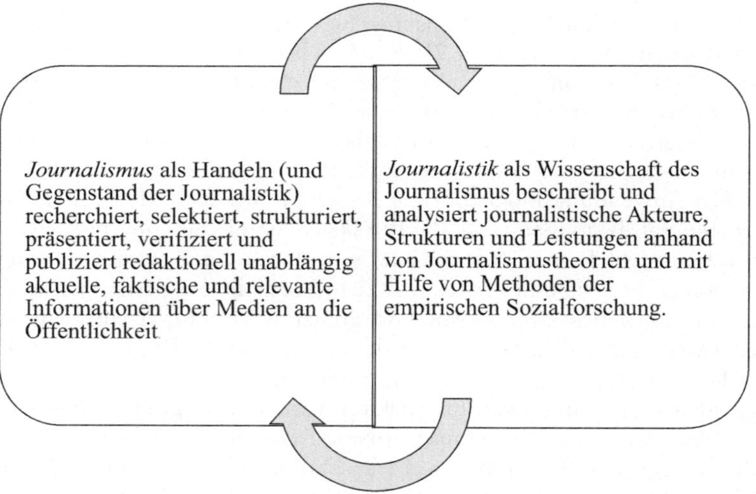

Abb. 7: Rekursiver Zusammenhang zwischen Journalismus und Journalistik (Quelle: eigene Darstellung unter Bezug auf Meier 2018)

Obwohl die „Journalistik" auch als Studiengangsmodell gleichen Namens – wie zum Beispiel in der akademischen Journalistenausbildung an den Universitäten in Dortmund oder Eichstädt – dimensioniert werden kann (Meier 2018: 18-19), wird sie hier vor allem als Forschungszweig oder -gebiet verstanden, das sich auf Journalismus als Forschungsgegenstand konzentriert und als *Journalismusforschung* bezeichnet wird (vgl. Meier/Neuberger 2023). Diese beschäftigt sich u.a. mit Arbeitsweisen und Regeln im Journalismus, mit Mediensystemen und journalistischen Kulturen, Rollen und Institutionen. Der wissenschaftliche Austausch, aber auch die Auseinandersetzung findet in Deutschland insbesondere in der Fachgruppe „Journalistik/Journalismusforschung“ innerhalb der Deutschen Gesellschaft für Publizistik- und Kommunikationswissenschaft (DGPuK) statt. Innerhalb der internationalen kommunikationswissenschaftlichen Fachgesellschaften wie der International Communication Association (ICA) oder der European Communication Research and Education Association (ECREA) existieren zudem „Journalism“-Sektionen. Diese fachliche Verortung ist für die Journalistik als Teildisziplin der Publizistik- und Kommunikationswissenschaft insofern sinnvoll, als dass sie ähnliche Methoden und Theorien nutzt, auch wenn ihre Perspektive stärker auf Arbeitsweisen, Regeln und gesellschaftliche Funktionen von Journalismus fokussiert sind.

Hintergrund: Journalistik, Publizistik, Kommunikations- und Medienwissenschaft

Insbesondere für Studienanfänger:innen können die Begrifflichkeiten der verschiedenen Disziplinen verwirrend sein, scheinen sich doch alle Bereiche irgendwie mit Medien zu beschäftigen: Doch während die *Publizistik- und Kommunikationswissenschaft* umfassender als die *Journalistik* öffentliche Kommunikation und Massenmedien erforscht – nicht nur Journalismus, sondern auch fiktionale Formate, PR oder Werbung) – und sich dafür sozialwissenschaftlicher Theorien und empirischer Methoden bedient, entwickelte sich die *Medienwissenschaft* aus Disziplinen wie der Germanistik, den Literatur- und Theaterwissenschaften und versteht sich durch ihre ästhetische und historische Perspektive eher als Geistes- oder Kulturwissenschaft, die überwiegend hermeneutisch, also interpretierend vorgeht. Als inter- oder transdisziplinäre Wissenschaft teilt sich die Journalistik zudem Problemstellungen mit anderen Wissenschaften (vgl. Meier 2018: 22–23): Mit den Wirtschaftswissenschaften erforscht sie medienökonomische Herausforderungen, mit den Rechtswissenschaften medienrechtliche Fragen. Auch mit der Soziologie, mit der Pädagogik, der Psychologie oder der Informatik existieren solche Schnittstellen und Anknüpfungspunkte.

Dass die gesellschaftlichen und medialen Umwälzungen nicht nur den praktischen Journalismus und die Medienbranche, sondern auch die wissenschaftlichen Disziplinen betreffen und teilweise ratlos zurücklassen, zeigt die 2019 von der Fachgruppe Journalistik/Journalismusforschung initiierte Debatte zur inhaltlichen „Neujustierung“ des Selbstverständnisses oder der eigenen Theoriebestände (vgl. DGPuK 2019; Schützeneder et al. 2019)

3.2 Zentrale Theorieansätze der Journalismusforschung

In der Journalistik existieren verschiedene Theorieansätze, die größtenteils entweder aus den theoretischen Grundlagen der Publizistik- und Kommunikationswissenschaft hervorgegangen sind oder aus anderen Disziplinen wie der Soziologie oder der Ökonomie übernommen und für journalistische Problem- und Fragestellungen ‚umgearbeitet‘ wurden – und die heute nebeneinander und teilweise auch im Widerspruch zueinander stehen (vgl. Brinkmann 2023b: 90-91): Angesichts eines „zersplitterten“ Forschungsfelds der Kommunikationswissenschaft – „Aus dem gleichen Entdeckungszusammenhang resultieren verschiedene, inkommensurable Begründungs- und Verwertungszusammenhänge" (Buschow 2018: 32) – ist auch der theoretische Zugang zum Journalismus „noch nie klar und eindeutig geregelt" (Godulla/Wolf 2018: 82), sondern stets von heterogenen, miteinander um die „Deutungshoheit" (Hanitzsch/Altmeppen/Schlüter 2007: 8) ringenden Theorieansätzen geprägt, was auch zu einem „diskontinuierlichen" Arbeitsmodus bei der Entwicklung von Theorien führt (vgl. Hagen/Frey/Koch 2015: 131; Krotz 2019): „Theoriebildung zum Journalismus bedeutet intendierte Weiterentwicklung, aber auch: phantasievolle Einzelideen, Raubzüge bei anderen Disziplinen, Emergenz durch Abgrenzung" (Löffelholz 2016: 52; vgl. auch Scholl 2022).

Definition: (Journalistische) Theorie

Journalistik als verstehende Sozialwissenschaft im Sinne Max Webers erschließt sich den Zugang zur Wirklichkeit und zur journalistischen Praxis über *Theorien* (griechisch „theoria" = Überlegung, Erkenntnis). Theorien sind nach Kunczik (2018) als „umfassendes System von Hypothesen" und wissenschaftlich begründete Aussagen zu verstehen, die versuchen, bestimmte Ausschnitte der Wirklichkeit (Phänomene) zu beschreiben, zu erklären und vorherzusagen. Um ihre Realitätsnähe und damit ihre Zuverlässigkeit und Aussagekraft zu gewährleisten, müssen Theorien fortwährend entwickelt und mithilfe erfahrungsbasierter (*empirischer*) Forschung überprüft werden. Nach dem auf Karl R. Popper basierenden *kritischen Rationalismus* ist menschliche Erkenntnis dabei aber stets nur vorläufig, weshalb wissenschaftliche Theorien nie endgültig bewiesen (*verifiziert*) werden können. Nach dem Falsifikationsprinzip sollte eine Theorie bzw. die sie tragenden Annahmen (Hypothesen) so lange mit Einwänden konfrontiert und überprüft werden, bis sie widerlegt (*falsifiziert*) ist. Um das berühmte – und überstrapazierte – Beispiel von Poppers weißen und schwarzen Schwänen an dieser Stelle nicht zu wiederholen: Die angesichts branchenweiter Marktdaten deduktiv naheliegende Aussage „Alle Tageszeitungen in Deutschland verlieren Auflage" gilt als falsifiziert, sobald sich eine Tageszeitung findet, die ihre Auflagen stabil halten oder sogar steigern kann. Trotz aller wissenschaftstheoretischen Probleme und Unschärfen liefern Theorien auch in der Journalistik einen zentralen Beitrag für strukturierte und systematische Untersuchung von Wirklichkeit. Nach Meier (2018: 28) erfüllen Theorien im Journalismus vor diesem Hintergrund vier Aufgaben: Darstellung, Erklärung und Prognose sowie normative Beurteilung von Journalismus. Journalistische Theorien beschreiben Journalismus also, erklären Ursachen und Gründe, sagen seine Entwicklungen voraus und begründen, welche davon gesellschaftlich wünschenswert wären – und welche nicht (vgl. Abb. 9).

Theorien können hinsichtlich ihrer Perspektive und der damit verbundenen Aussagekraft über ihren Gegenstand differenziert werden: Während *Mikrotheorien* sich auf Handlungen und Interaktionen von kleinen Gruppen oder einzelnen Personen konzentrieren (z.B. Journalist:innen), fokussieren *Mesotheorien* die höhere Ebene der Unternehmen, Organisationen und Verbände (z.B. Verlage oder Redaktionen). Auf der übergeordneten Ebene nehmen Makrotheorien die übergeordneten Rahmenbedingungen in den Blick (z.B. das Mediensystem, den Journalismus insgesamt und seine Rolle innerhalb der Gesellschaft sowie übergeordnete Trends wie Digitalisierung, Ökonomisierung oder Mediatisierung) (vgl. Kunczik 2018; Mast

2018: 84). Während keine einheitliche „Supertheorie" (Meier 2018: 26) des Journalismus existiert, skizziert das inzwischen in zweiter Auflage erschienene „Handbuch Journalismustheorien" (Löffelholz/Rothenberger 2022; 2016) verschiedene theoretische Ansätze der Journalistik (vgl. hierzu auch Mast 2018: 85ff.; Meier 2018: 27f.; Löffelholz 2016: 52ff.):

- *Normativ-kritische Theorien*: Kritische Ansätze gehen auf die „Frankfurter Schule" (Adorno, Horkheimer, Marcuse) zurück (vgl. Scheu 2023) und beschreiben das „Wesen" des Journalismus als „gutes" oder „richtiges" kommunikatives Handeln aus übergeordneter Perspektive, zum Beispiel als „Moderation gesellschaftlicher Diskurse" (Kuhlmann 2016).
- *Systemtheoretische und konstruktivistische Theorien*: Systemtheoretische Ansätze in der Tradition Luhmanns erforschen, welche Funktionen das journalistische System für die Gesellschaft erfüllt (vgl. Blöbaum 2023; Kohring/Zimmermann 2022), während konstruktivistische Theorien davon ausgehen, dass medial vermittelte Wirklichkeit immer konstruiert bleibt (vgl. Pörksen/Scholl 2022; Pörksen 2016). Die gesamtgesellschaftliche Perspektive macht Systemtheorie und Konstruktivismus zu Makrotheorien.
- *Handlungs- bzw. akteurstheoretische Ansätze*: Diese Theorien nehmen Akteure auf der Meso- und Mikroebene (also z.B. Verlage oder Journalist:innen) in den Blick und versuchen, deren Handeln anhand von Einstellungen, Strategien oder Motiven zu erklären – beispielsweise als rationales (vgl. Fengler 2022) oder kommunikatives Handeln (Bucher 2023).
- *Sozialintegrative Theorien* versuchen die Gegensätze von system- und akteuerstheoretischen Ansätzen aufzulösen, indem sie perspektivisch gesellschaftliche Systeme und individuelles Handeln verbinden – zum Beispiel, indem sie Journalismus nach Anthony Giddens strukturationstheoretisch als „duale Struktur" (Wyss 2016) oder als „systembezogene Akteurskonstellation" (Neuberger 2022) verstehen. Auch die auf Pierre Bourdieu zurückgehende Feldtheorie (vgl. Hanitzsch 2022) oder der explizit als Brückentheorie zwischen Makro-, Meso- und Mikroebene fungierende Ansatz, der Journalismus als subjektiv soziales Handeln im sozialen Kontext versteht (vgl. Baugut/Reinemann 2022), zählen zu den integrativen Theorieangeboten der Journalismusforschung.
- *Kulturorientierte Ansätze* („Cultural Studies"): Ausgangspunkt dieser Makrotheorien ist die Kultur, die als kultureller Diskurs (vgl. Lünenborg 2022), als Erzählung oder als kulturelle Praxis (vgl. Raabe 2016) im Journalismus aufgeht und das Verhalten von Menschen beeinflusst.

Neben diesen theoretischen Ansätzen, die überwiegend eine Makroperspektive auf Journalismus einnehmen oder zwischen Struktur und Handeln vermitteln wollen, existieren auch Theorien, die einzelne Dimensionen von Journalismus fokussieren, beispielsweise journalistische Ethik (vgl. Thomaß 2023), Qualität im Journalismus (vgl. Reineck 2022; Arnold 2016a) oder die journalistische Ausbildung (vgl. Dernbach 2022a). Diese sind ebenso wie Theorien zur Nachrichtenberichterstattung – darunter insbesondere die *Nachrichtenwerttheorie*, der *Agenda-Setting*-Ansatz oder der *Framing*-Ansatz (vgl. Brinkmann 2015: 18–31; Eilders 2022; 2016; Maurer 2022; 2016; Engelmann/Lübke 2022; Scheufele/Engelmann 2016) – als sogenannte „Theorien mittlerer Reichweite“ zu verstehen, die an verschiedenen Stellen in diesem Lehrbuch als Erklärungsansatz für praktische Probleme des Journalismus herangezogen werden: Beispielsweise Nachrichtenfaktoren und Agenda-Setting für die journalistische Themenfindung oder Nachrichtenauswahl (vgl. Kapitel 4.2 und 5.1). Ebenso wie die „berufsorientierte Journalistik“ (Meier 2018: 21), die höhere Anwendungsbezüge der Forschung einfordert, sind diese Theorien aus praktischer Perspektive anschlussfähig (vgl. Haller 2022; Pürer 2015).

3.3 Exkurs: Wissenschaftliches Arbeiten und Forschen in der Journalistik

Trotz aller Praxisnähe berücksichtigt die zweite Auflage dieses Lehrbuches, dass die meisten der Leser:innen vermutlich Studierende sind, deren unmittelbare Herausforderungen nicht nur darin bestehen, praktischen Journalismus zu erlernen, sondern die im Rahmen ihrer akademischen Ausbildung auch grundlegend wissenschaftlich arbeiten müssen, z.B. um Hausarbeiten, Referate oder eine Abschlussarbeit wie Bachelor- oder Masterthesis zu verfassen. Der folgende Exkurs widmet sich daher dem wissenschaftlichen Arbeiten und Forschen in Journalistik-Studiengängen (hoffentlich ziehen aber auch Studierende angrenzender Disziplinen einen Nutzen daraus) und versteht sich als sehr knappe und keineswegs erschöpfende Ein- und Anleitung im Sinne einer ‚Starthilfe‘ für Studierende, die vor ihren ersten wissenschaftlichen Abschlussarbeiten stehen.

Dabei liefern einschlägige Lehrbücher wie „Die Gestaltung wissenschaftlicher Arbeiten“ (Karmasin/Ribing 2017) oder „Wissenschaftliches Schreiben leicht gemacht“ (Kornmeier 2018) einen disziplinübergreifenden Einstieg – Umberto Ecos Klassiker „Wie man eine wissenschaftliche Abschlussarbeit schreibt“ hat dagegen noch immer einen großen Unterhaltungswert, ist aber auch in neueren Auflagen nicht mehr auf dem aktuellen Stand – und können zentrale Fragen systematisch und ausführlich beantworten. Für Studierende der Journalistik gibt es einen großen Vorteil: Obwohl Journalismus und Wissenschaft zu unterschiedlichen Systemen gehören (vgl. Görke 2022), hat journalistisches mit wissenschaftlichem Arbeiten viel gemeinsam (vgl. Abb. 8; vgl. Brinkmann 2023b: 43):

Wissenschaftliches Arbeiten

Journalistisches Arbeiten

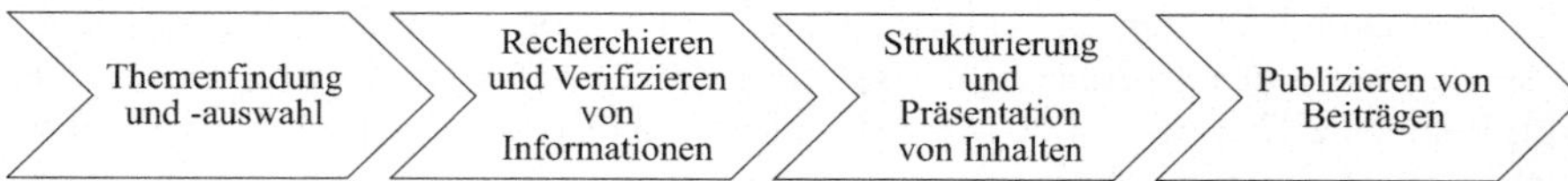

Abb. 8: Vergleich des journalistischen und wissenschaftlichen Arbeitens (Quelle: eigene Darstellung)

So weisen journalistische und sozialwissenschaftliche Methoden als „Verfahren zur Erkundung gesellschaftlicher Wirklichkeit“ (Haas 1999) frappierende Ähnlichkeiten auf, beispielweise in der Informationsgewinnung – im Journalismus als Interviews, Inaugenscheinnahmen und Dokumentenanalysen (vgl. Fasel 2013: 84), in der empirischen Journalismusforschung als Befragungen, Beobachtungen und Inhaltsanalysen (vgl. Meier 2018: 47ff.). Auch praktisch finden sich in den journalistischen und wissenschaftlichen Prozessen der Produktion von Inhalten bzw. Ergebnissen augenfällige Parallelen bei den Arbeitsschritten: Sowohl journalistisches als auch wissenschaftliches Arbeiten besteht im Kern aus Praktiken der Selektion, der Recherche, der Verifikation, der Strukturierung, der Präsentation und der Publikation von Inhalten als Ergebnisse der jeweiligen Aussageproduktion. Auch auf der normativen Ebene beider Handlungsfelder finden sich Übereinstimmungen – sowohl auf der Handlungsebene, z.B. in Form von Regeln guter wissenschaftlicher Praxis oder journalistischer *Codes of Ethics* und Redaktionsstatuten, als auch auf der Produktebene, z.B. als wissenschaftliche bzw. journalistische Qualitätskriterien wie die Richtigkeit von Informationen oder die Transparenz von Quellen. Dass zwischen journalistischen und wissenschaftlichen Handlungsfeldern darüber hinaus Austauschbeziehungen bestehen (vgl. grundlegend Görke 2016; Weingart/Schulz 2014), zeigt sich in der Praxis u.a. in den Bereichen Wissenschaftsjournalismus (vgl. Wormer/Karberg 2019; Göpfert 2019) im sogenannten „Präzisionsjournalismus“ (vgl. Meyer 2002) sowie im Datenjournalismus (vgl. Weinacht/Spiller 2022; Matzat 2014a; Gray/Bounegru 2019; Kapitel 7.3) ebenso wie in der Integration innovativer Praktiken wie z.B. dem Storytelling, das sowohl für Journalismus als auch Wissenschaft nützlich ist (vgl. Angler 2020).

Um nun ähnlich wie im journalistischen Prozess (vgl. Kapitel 5) von einer ersten Themenidee zu einem fertigen Beitrag zu gelangen, folgt auch der wissenschaftliche Forschungsprozess einer Struktur, die hier verkürzt linear dargestellt wird, obwohl die dynamische Produktion von Wissen (wie auch Journalismus) *in praxi* zirkulär verläuft (vgl. Brinkmann 2023b: 261), da die „multiplen Kontingenzen zwischen Fragestellung, Theorie, Methode und Empirie“ immer wieder kontingente, reflexiv aufeinander bezogene Entscheidungen nötig machen, die den Forschungsprozess immer wieder irritieren und viabel halten sollten (vgl. Scholl 2011: 17). So werden z.B. methodische Entscheidungen in der Forschung – ähnliche wie Verfahren der Recherche oder Darstellungsformen im Journalismus – regelmäßig schon bei der Entscheidung für ein Thema konzeptionell mitgedacht und so implizit festgelegt.

Als Ausgangspunkt eines jeden Forschungsvorhabens (Entdeckungszusammenhang) steht ein idealerweise in der journalistischen Praxis wahrnehmbares Problem oder Phänomen, das wissenschaftlich bearbeitet werden soll und das sowohl gesellschaftliche als auch wissenschaftliche Relevanz hat (z.B., weil es bislang nur wenig Forschung dazu gibt). Vor diesem Hintergrund ist eine übergeordnete Forschungsfrage zu entwickeln, die die Untersuchung anleiten kann und in der die zentralen Aspekte zusammenhängend formuliert werden. Je nach gewähltem Thema steht dann die Entscheidung über einen theoretischen Zugang an, z.B. ein Ansatz aus den oben genannten Theorien der Journalismusforschung (vgl. Kapitel 3.2), um den Forschungsgegenstand wie durch eine Linse zu fokussieren (Begründungszusammenhang). Auf dieser Basis lässt sich auch ein erster Überblick über das Forschungsthema gewinnen, wenn bereits existierende Studien ausgewertet werden, z.B. aus einschlägigen Fachbüchern, Sammelbänden, Monografien wie Dissertationen oder Fachzeitschriften wie *Publizistik*, *Medien & Kommunikationswissenschaft* (*M&K*) und *Journalistik* in Deutschland oder den internationalen Journals *Journalism Studies* oder *Journalism Practice*. Kann auf dieser Grundlage ein Forschungsstand beschrieben und eine wissenschaftliche Leerstelle (*Desiderat*) für das eigene Forschungsvorhaben ausgemacht werden, können Teilfragen und Erwartungen in Form von Hypothesen formuliert werden, die die empirische Untersuchung anleiten. Methodisch können Forschenden, die keine reinen Literaturarbeiten verfassen, sondern in der kommunikationswissenschaftlichen Tradition der empirischen Sozialforschung vorgehen (vgl. Klammer 2005; Brosius et al. 2016; Häder 2019) in erster Linie zwischen Inhaltsanalyse (vgl. Rössler 2010; Rössler/Geise 2013), Befragung (vgl. Möhring/Schlütz 2010; Bogner et al. 2014) oder Beobachtung (vgl. Gehrau 2017; Schönhagen 2009) wählen (vgl. Jandura et al. 2009), wobei mehrere Methoden auch kombiniert werden können (*Triangulation*), um deren jeweilige Schwächen auszugleichen (vgl. Scholl 2016: 28). Alle empirischen Methoden lassen sich sowohl standardisiert als auch nicht standardisiert (vgl. die Beiträge in Möhring/Schlütz 2013 und Averbeck-Lietz/Meyen 2016) durchführen bzw. quantitativ (auf große Fallzahlen ausgerichtet) oder qualitativ (auf instruktive Einzelfälle ausgerichtet) auswerten. Wer explorativ eine geringe Zahl von Journalisten befragen oder eine kleinere Auswahl von Medieninhalten analysieren will (wie z.B. Habers 2016), wird dabei eher qualitativ vorgehen, während die Untersuchungen großer Textcorpora oder Befragungen, die auf eine große Grundgesamtheit von Journalist:innen zielen (wie z.B. Steindl/Lauerer/Hanitzsch 2017), in der Regel quantitativ ablaufen. Sind die Daten erhoben und systematisiert, können sie ausgewertet und interpretiert werden, um anhand der empirischen Ergebnisse vor dem gewählten Theorierahmen die übergeordnete Forschungsfrage zu beantworten und Hypothesen zu verifizieren bzw. zu falsifizieren. Studentische Abschlussarbeiten werden in der Regel nur an der eigenen Universität oder Hochschule eingereicht, in Ausnahmefällen aber auch auszugsweise als Kapitel in einem Sammelband oder vollständig in einem Fachverlag veröffentlicht (vgl. die Studie „Ein Hauch von Jasmin“ (Brinkmann 2015) zur deutschen Islamberichterstattung während des „Arabischen Frühlings“, die in der ersten Auflage dieses Lehrbuchs als Praxisbeispiel für ein (studentisches) Journalismusforschungsprojekt diente).[6]

Beispiel: Forschung zum subjektiven Journalismus

Dass Journalismusforschung aktuelle Entwicklungen im Journalismus beschreiben, analysieren und auf dieser Grundlage kritisieren kann, zeigt der folgende, aus Gründen der Anschaulichkeit grob vereinfachte Ablauf eines eigenen Forschungsprojekts des Autors, der Studienanfängern einen Eindruck von der Komplexität wissenschaftlicher Untersuchungen geben soll (vgl. Meier 2018: 42-43):

6 Mit der Zeitschrift *transfer* unterhält die DGPuK seit 1997 ein Publikationsorgan, um „exzellente" Abschlussarbeiten aus von Nachwuchsforschenden aus dem Fach sichtbar und zugänglich zu machen.

Die Studie „Journalistische Grenzgänger" (Brinkmann 2023a) untersuchte im Auftrag der gewerkschaftsnahen Otto-Brenner-Stiftung die Berichterstattung von fünf Reportage-Formaten des öffentlich-rechtlichen Content-Netzwerks *funk* und zeigt hier in einzelnen Schritten, wie ein journalistisch relevantes *Phänomen* – explizite Subjektivität der Reporter:innen bei der Informationsvermittlung – über eine aktuelle *Fragestellung* – Wie konstruieren Reportagen für junge Zielgruppen gesellschaftliche Wirklichkeit? – vor dem Hintergrund eines *theoretischen Rahmens* (Modell journalistischer Wahrnehmungen) und mit geeigneten *Methoden* (quantitative und qualitative Medieninhaltsanalyse) erforscht werden kann (vgl. Tab. 2).

Tab. 2: Beispielhafter Ablauf des Journalismusforschungsprojekts „Journalistische Grenzgänger" (Quelle: eigene Darstellung in Anlehnung an Meier 2018: 43).

Allgemeiner Schritt	Beispiel aus dem Projekt
(1) Phänomen und Fragestellung der Journalistik identifizieren	In den Reportagen des öffentlich-rechtlichen Content-Netzwerks *funk* präsentieren die Reporter:innen die Themen und Informationen aus einer explizit subjektiven Perspektive: Wie konstruieren die Journalist:innen subjektiv gesellschaftliche Wirklichkeit für junge Zielgruppen (14 bis 29 Jahre) über soziale Medien?
(2) Exploration: Bestehende Forschung zum Thema lesen und passende theoretische Ansätze finden und ggf. anpassen	Auswertung von wissenschaftlichen Studien in Büchern, Fachzeitschriften und anderen Quellen zum Stand der Forschung zum subjektiven Journalismus und zu Presenter-Reportagen. Erkenntnisinteresse mit existierenden Ansätzen zur Erklärung abgleichen. Dimensionen der journalistischen Wirklichkeitskonstruktion im theoretischen Rahmen anhand eines geeigneten Modells (Journalistische Wahrnehmung nach Meier 2018) beschreiben.
(3) Befunde in wissenschaftliche Fragestellungen überführen und Hypothesen entwickeln	Teilfragen bilden (z.B. Welche Themen, Quellen, Berichterstattungsmuster, Darstellungsformen, Akteure, Länder und Perspektiven etc. kommen in der Berichterstattung vor? Wie werden die Ereignisse und Akteure bewertet? Welche journalistischen Qualitätskriterien sind ausgeprägt?) und Hypothesen entwickeln (z.B. Die Thematisierung orientiert sich an Zielgruppen- und Lebenswelt-Themen; die Perspektive ist überwiegend subjektiv).

Allgemeiner Schritt	Beispiel aus dem Projekt
(4) Durchführung: Geeignete Methoden auswählen, operationalisieren und anwenden	Medieninhaltsanalyse der Berichterstattung der fünf Reportage-Formate von *funk* (*Y-Kollektiv*, *STRG_F*, *reporter*, *follow me.reports*, *Die Frage*) auf *YouTube* im Untersuchungszeitraum von 2016 bis 2022. Quantitative Analyse, um Aussagen über Häufigkeiten treffen zu können, ergänzt um qualitative Analyse, um konkrete Beispiele für bestimmte Kategorien aus den Reportagen filtern zu können. Entwicklung eines „Codebuches" und Codierung des Materials.
(5) Beschreibung, Analyse und Diskussion der Ergebnisse	Zusammenfassung der Kernergebnisse: Die journalistische Konstruktion sozialer Realität in den *funk*-Reportagen ist geprägt von einer großen thematischen Vielfalt mit Fokus auf emotional-narrativ vermittelte Lebensweltthemen. Quellen und Akteure sind überwiegend die Reporter:innen selbst sowie einzelne Protagonist:innen. Mehr als neun von zehn Reportagen (überwiegend Portraits und Selbstversuche) enthalten die eigene Meinung der Reporter:innen und eine subjektive Tendenz. Eine aktualisierte Form des „New Journalism" ist das dominante Berichterstattungsmuster; Qualitätskriterien wie Emotionalität, Narrativität, Authentizität oder Partizipativität sind deutlich stärker ausgeprägt als Vielfalt, Relevanz oder Kontextualität. Trotz teilweise berechtigter Kritik an der Machart der Reportagen handelt es sich um einen konsistenten ‚Neuen Journalismus" für junge Zielgruppen.

Ohne die Komplexität und die damit verbundenen Schwierigkeiten wissenschaftlichen Arbeitens unzulässig reduzieren bzw. kleinreden zu wollen, können die mit ersten eigenen Abschlussarbeiten oft bei Studierenden einhergehenden Ängste gemildert werden, wenn sie sich vergegenwärtigen, dass ihre Prüfer:innen bei Bachelor- und Masterarbeiten (anders als bei Dissertationen) in der Regel nicht erwarten, dass sie einen substanziellen Beitrag zur (Journalismus-)Forschung leisten, indem sie vollständig neue Erkenntnisse produzieren. Vielmehr sollen sie zeigen, dass Sie ein geeignetes Thema finden und auf eine passende Forschungsfrage eingrenzen, dass sie das Problem anhand von existierenden Studien erschließen, durch einen passenden Theorieansatz fokussieren und geeignete Methoden auswählen und anwenden können, um den gewählten Aspekt so zu untersuchen, dass sie die Forschungsfrage stringent und nachvollziehbar beantworten können. Ein solches Ziel lässt sich in der Regel schon erreichen, wenn man unter Bezug auf journalistische Theorieansätze mittlerer Reichweite medieninhaltsanalytisch die Berichterstattung bestimmter Medien zu einem aktuellen Ereignis oder Thema untersucht, z.B. das (mögliche) Framing von *Süddeutscher Zeitung* und *Frank-*

furter Allgemeiner Zeitung zum „Heizungsgesetz“, die Nachrichtenauswahl von *Spiegel.de* in seinem morgendlichen Newsletter „Die Lage am Morgen“, News-Bias-Effekte in den Kommentaren der *New York Times* über die Präsidentschaft Donald Trumps oder ein mögliches Agenda-Setting in der Einwanderungsdebatte in der *BILD-Zeitung* und der *taz*. So kann eine allgemeine, erfahrungsgemäß ‚todsichere‘ Formel für die Leitfrage einer Bachelorarbeit lauten: *Wie berichten Medien (X und Y) über das Thema (X) im Zeitraum (T).*

3.4 Journalismus als Programme, Praktiken und Performanz: Entwurf einer praxisrelevanten Hintergrundfolie

Um zu zeigen, dass theoretische Zugänge zum Journalismus einen inhärenten Wert haben und dazu beitragen können, praktische Phänomene und Entwicklungen besser zu verstehen, wird im Folgenden eine praxisrelevante Hintergrundfolie entworfen (vgl. ausführlich Brinkmann 2023b: 180ff.; 730ff.), vor der sich Journalismus analytisch fassen, interpretieren und bewerten lässt – und die als Modell die nachfolgenden Kapitel zum praktischen Journalismus strukturiert. Denn Journalismus, seine Normen, Strukturen, Routinen und Produkte verschwimmen zusehend: Journalismus ist heute *fluide*: „Die etablierten massenmedialen Strukturen der Produktion, Verteilung und Nutzung journalistischer Inhalte lösen sich im Zuge von ökonomischen, technologischen und sozialen Veränderungen der Digitalisierung zunehmend auf“ (Buschow 2018b: 516). Es ist zunehmend durchlässiger geworden, was Journalismus selbst ist bzw. sein soll und welches *Handeln* gegenwärtig als „journalistisch“ gelten kann (vgl. Buschow 2018; Neuberger 2018) – mit erheblichen Folgen für journalistische Praxis und Forschung, die sich mit Definitions- und Abgrenzungsproblemen konfrontiert sehen (vgl. Brinkmann 2023b: 11-12). Als nützlich können sich angesichts dieser Entwicklung theoretische Modelle erweisen, die helfen, Journalismus zumindest analytisch zu verfestigen und damit greif- und verstehbarer zu machen. Einen solchen Beitrag, insbesondere sich gegenwärtig in der Praxis herausbildende „neue“ Journalismen (vgl. Kapitel 7; Fowler-Watt/Jukes 2020; Loosen et al. 2020; Brüggemann/Frech/Schäfer 2021) zu fixieren, liefert das an das industrieökonomische Struktur-Verhalten-Ergebnis-Paradigma angelehnte *Programm-Praktik-Performanz*-Modell (PPP-Modell) für die Rekonstruktion, Analyse und Bewertung journalistischer Programme, Praktiken und Performanz im Sinne von Leistungspotenzialen (vgl. Brinkmann 2023c). Dieses Drei-Dimensionen-Modell zur (1) konzeptionellen Fundierung, (2) methodischen Schärfung und (3) empirischen Untersuchung in der Praxis auftretender, für Forschende oft kaum greifbarer, fluider Formen von Journalismus – z.B. Datenjournalismus, Public Journalism, kollaborativer Journalismus – verfestigt diese Journalismen anhand ihrer spezifischen journalistischen Programme, Praktiken sowie der Performanz ihrer Produkte. Angesichts wiederkehrender (Forschungs-)Fragen, wenn neue Journalismen strukturell (z.B. als neugegründete journalistische Organisationen wie *funk*, *Katapult* oder *Correctiv*; vgl. Buschow 2018) oder handelnd (als neue journalistische Methoden wie kollaboratives Arbeiten bei investigativen Recherchen; vgl. Lück/Schultz 2019) ins Leben treten (vgl. exemplarisch nur Weinacht/Spiller 2022 oder Lilienthal 2017: 663), reagiert das Modell auf die Ausdifferenzierung sogenannter „X-Journalisms“ (Loosen et al.

2020), die einen Bedarf nach zugänglichen, jedoch gleichzeitig variablen Modellen der Journalistik erhöht hat (vgl. auch Deuze/Witschge 2016). Ähnlich wie das systemtheoretisch geprägte, in der Journalistik dominante Modell (vgl. DGPuK 2020) der „Zwiebel" (Weischenberg 2004; vgl. Abb. 4) setzt das Programm-Praktik-Performanz-Modell des Journalismus sehr basal an, um gerade Einsteiger:innen (z.B. Studierende bei ihren Abschlussarbeiten) eine theoretische Hintergrundfolie zu liefern, mit der sie kaum konturierte Journalismen konzeptionell fixieren („festnageln") können, um davon ausgehend dann Analysedimensionen festzulegen und eigene Empirie zu fundieren. Journalismen oder journalistische Konzepte bestehen dann aus folgenden Kern-Dimensionen (vgl. Abb. 9), wobei sich weitere etablierte journalistische Analysedimensionen wie z.B. Publikumsbeziehungen, Geschäftsmodelle, Redaktionsorganisationen oder journalistischen Rollen grundsätzlich integrieren lassen, z.B. als Regeln und Ressourcen, auf die bestimmte journalistische Praktiken rekurrieren (vgl. Brinkmann 2023b: 733):

- *Journalistische Programme*: Die Thematisierungs-, Recherche- Darstellungs- und Publikations-Programme (z.B. die Ressortierung, Berichterstattungsmuster, Darstellungsformen sowie Medienkanäle) bilden den übergeordneten Relevanzrahmen eines jeden Journalismus und sind als „Konstruktionsprogramme" maßgeblich für deren journalistische Wirklichkeitskonstruktion, also die Darstellung sozialer Realität (vgl. Kapitel 4).
- *Journalistische Praktiken*: Die Themenselektion, die Recherche, Verifikation, Narration (Storytelling), Präsentation sowie Publikation und (insbesondere bei digitalen Medien) Interaktion sind journalistische Handlungsmuster (Praktiken), die Journalist:innen in der vom Programm jeweils geprägten Praxiskonstellation *praktizieren*, um journalistische Inhalte zu konzipieren, produzieren und distribuieren – sie bilden also die einzelnen Schritte des journalistischen Arbeitens ab (vgl. Kapitel 5)
- *Journalistische Performanz*: Neben medienökonomischen und -ethischen Potenzialen wird auch der umfangreiche Fundus von Qualitätskriterien (wie z.B. Relevanz, Aktualität, Exklusivität, Kontextualität oder Narrativität) in verschiedenen Journalismen unterschiedlich ausgeprägt, wodurch diese spezifische Leistungspotenziale in journalistischen Handlungen und Produkten realisieren (vgl. Kapitel 6).

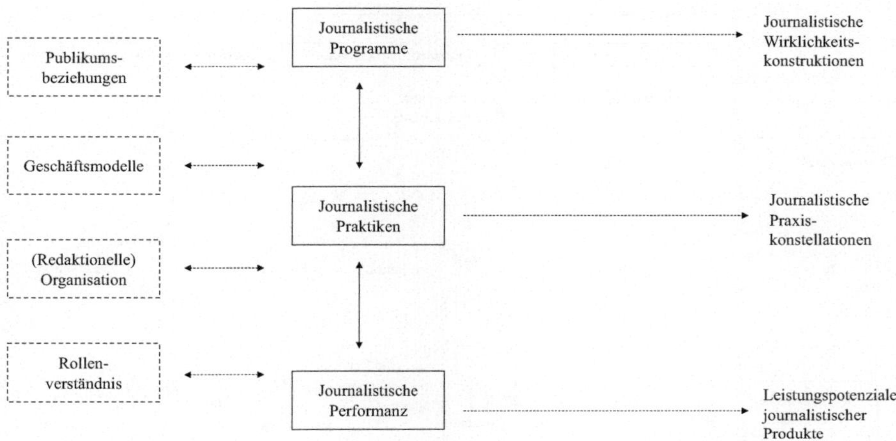

Abb. 9: Drei-Dimensionen-Modell zur Konzeptualisierung von Journalismus als Programm, Praxis und Performanz sowie noch zu integrierender Einflussdimensionen (Quelle: eigene Darstellung)

Werden diese vertikal angeordneten konzeptionellen Forschungsdimensionen des Modells horizontal um eine weitere Ebene ergänzt – z.B. entlang der Prozesse der Konzeption, Produktion und Distribution journalistischer Inhalte – lässt sich das basale Modell zur Konzeption von Journalismen zu einem Analyseraster potenzieren, das empirische Analysen mehrdimensional strukturieren und anleiten kann (vgl. Abb. 10 und Brinkmann 2023b für die theoretische Einbindung und empirische Anwendung). Dabei handelt es sich bei dem Programm-Praktik-Performanz-Modell keineswegs um ein abgeschlossenes, ausgereiftes Konzept, sondern um einen Vorschlag und Impuls an die Journalistik, dessen Annahmen (z.B. die erkenntnistheoretische Verortung im Konstruktivismus) und Verkürzungen (z.B. spielt das Publikum als Akteur bislang noch eine untergeordnete Rolle) selbst natürlich Gegenstand von Diskussionen und Kritik sein müssen.

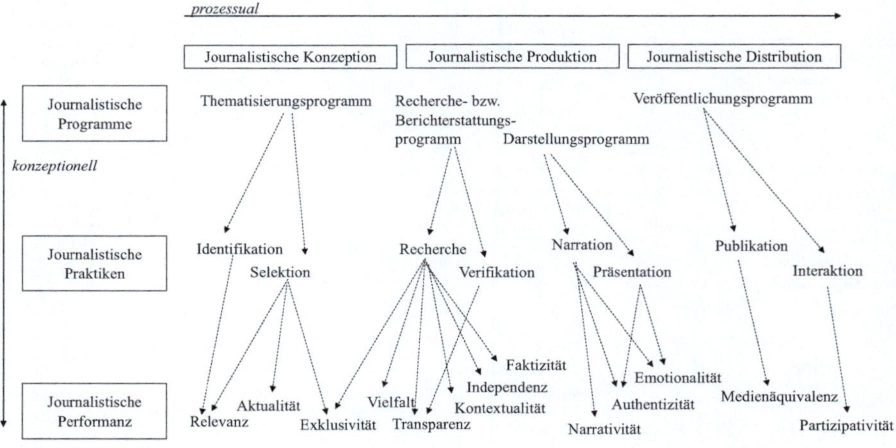

Abb. 10: Mehrdimensionaler Rahmen zur Analyse von Journalismus mit initialen Kategorien (Quelle: eigene Darstellung)

Zusammenfassung:

Die Journalistik als Wissenschaft des Journalismus beschreibt und analysiert u.a. journalistische Strukturen, Akteure und deren Handlungen sowie Leistungen anhand von Journalismustheorien und mithilfe von Methoden der empirischen Sozialforschung, wobei journalistisches und wissenschaftliches Arbeiten hinsichtlich ihrer jeweiligen Verfahren und Normen große Ähnlichkeiten aufweisen. Ein zunehmend als fluide wahrgenommener Journalismus kann anhand seiner Programme, Praktiken und Performanz in den Prozessen der Konzeption, Produktion und Distribution journalistischer Inhalte als praxisrelevante Hintergrundfolie modelliert und damit analytisch fixiert werden.

Diskussionsfragen

- Wie lässt sich das Verhältnis von Journalismus und Journalistik beschreiben?
- Welche theoretischen Ansätze der Journalistik existieren? Wie lassen sich diese voneinander abgrenzen?
- Welche typischen Schritte sind beim wissenschaftlichen Arbeiten in einem Journalismusforschungsprojekt zu absolvieren?
- Anhand welcher drei Dimensionen versucht das „PPP-Modell“, Journalismus zu erfassen?

Einführende Literatur

Löffelholz, Martin/Rothenberger, Liane (Hrsg.) (2022): Handbuch Journalismustheorien. Wiesbaden: Springer VS.

Meier, Klaus/Neuberger, Christoph (Hrsg.) (2023): Journalismusforschung. Stand und Perspektiven. Baden-Baden: Nomos.

Weiterführende Literatur

Averbeck-Lietz, Stefanie/Meyen, Michael (Hrsg.) (2016): Handbuch nicht standardisierte Methoden in der Kommunikationswissenschaft. Wiesbaden: Springer VS.

Möhring, Wiebke/Schlütz, Daniela (Hrsg.) (2013): Handbuch standardisierte Erhebungsverfahren in der Kommunikationswissenschaft. Wiesbaden: Springer VS.

Klammer, Bernd (2005): Empirische Sozialforschung. Eine Einführung für Kommunikationswissenschaftler und Journalisten. Stuttgart: utb.

Loosen/Wiebke/Scholl, Armin (Hrsg.) (2023): Schlüsselwerke der Journalismusforschung. Wiesbaden: Springer VS.

4. Journalistische Programme

Überblick

Journalismus kann aus einer konstruktivistischen Perspektive als Programm zur medialen Konstruktion gesellschaftlicher Wirklichkeit verstanden werden. Die journalistische Wahrnehmung wird dann durch Dimensionen wie Ressortierung und Thematisierung, Berichterstattungsmuster, Darstellungsformen und Medienkanäle geprägt, deren Zusammenspiel bestimmte journalistische Darstellungen sozialer Realität erzeugen.

Journalist:innen sollen nicht nur faktisch zutreffend, sondern auch „objektiv" berichten. Sie sollen wahlweise die „Wahrheit" oder die „Wirklichkeit" wiedergeben. Doch obwohl „Objektivität" zu den wichtigsten Normen im Journalismus zählt (vgl. Neuberger 2022; Schudson 2001; Wagner 2012), handelt es sich um ein Ideal, das in der journalistischen Praxis kaum je erreicht werden kann (vgl. Mindich 1998; Maras 2013), da Journalismus (bislang) von Menschen mit ihren subjektiven Einflüssen praktiziert wird. Dieser vermeintlich unauflösbare Gegensatz ist nicht nur Gegenstand anhaltender Debatten in der Journalistik (vgl. aktuell Schultz 2021), sondern berührt letztlich vor allem epistemologische (erkenntnistheoretische) Fragen (z.B. „Wie wirklich ist die Wirklichkeit?"; Watzlawick), deren Beantwortung stark vom jeweiligen Beobachtungspunkt abhängt, z.B. einer realistischen Sicht auf Gesellschaft und Journalismus oder einer konstruktivistischen Perspektive (vgl. hierzu ausführlich Meier 2018: 183ff. sowie Brinkmann 2023b: 46-89; 2023a: 9): Journalismus ist eine wirkmächtige erkenntnistheoretische Instanz in der „publizistischen Gesellschaft" (Humborg/Nguyen 2018): Als einflussreiche Institutionen und Praktiken der Wissensproduktion und -vermittlung (vgl. Ekström/Westlund 2019; 2020) prägen journalistische Strukturen und Handlungen eindrücklich, welches Bild sich Menschen von der Welt machen, in der sie leben. Besonders frappierend wirken diese Zusammenhänge z.B. in der Auslandsberichterstattung über fremde Länder und Kulturen (vgl. Engelhardt 2022), die zumeist weit außerhalb der Lebenswirklichkeit der meisten Nutzer:innen liegen. Grundsätzlich beeinflussen journalistische Inhalte vielfältig das Verständnis und die Meinung, die sich Mediennutzer:innen von Themen und Ereignissen außerhalb ihres Nahbereichs und Alltagslebens bilden. Journalismus bildet nicht nur ab, sondern gestaltet gesellschaftliche Wirklichkeit. Journalismus konstruiert soziale Realität.

Hintergrund: Die ‚Konstruktion' von Wirklichkeit

Der Begriff der journalistischen ‚Konstruktion' ist hier eine zunächst wertfreie Bezeichnung von Prozessen journalistischer Gestaltung und Vermittlung (Brinkmann 2023a: 9): Mit Pörksen (2015: 189f.) handelt es sich beim Akt des „Konstruierens" noch nicht um „ein Verfahren zur bewussten Erzeugung von Wirklichkeit", sondern um einen „weitgehend unbewusst ablaufenden Prozess", über den Journalist:innen nicht frei zu verfügen bzw. entscheiden vermögen: Journalisten können nicht nicht konstruieren bzw. gestalten. Davon zu differenzieren sind ethisch-moralisch verwerfliche Verfahren wie Inszenierung, Manipulation oder gar Lüge (vgl. ebd.: 191f.).

Besonders radikal hat die philosophische Strömung des Konstruktivismus diese These zugespitzt. Anknüpfend an systemtheoretische Vorarbeiten in der Journalismusforschung (vgl. u.a. Merten/Schmidt/Weischenberg 1994; Weischenberg 1992; 1995) haben Autoren wie Armin Scholl (2015), Stefan Weber (1995) und insbesondere Bernhard Pörksen (2014; 2015; 2016) die konstruktivistische Sichtweise auf den Journalismus geschärft (vgl. Hasebrink/Hepp/Loosen/Reichertz 2017; Pörksen/Scholl 2022) und um zentrale Annahmen wie einer engen Orientierung am Beobachter, dem Abschied von absoluten Wahrheiten und der Negierung von Objektivität (vgl. Pörksen 2015: 35ff.) erweitert. Das vielfach beklagte „Objektivitätsproblem“ (Meier 2018: 186ff.) des Journalismus wird darin auch praktisch deutlich: Journalistische Berichterstattung kann angesichts konkurrierender Perspektiven *die* Wirklichkeit nicht objektiv zeigen, sondern im besten Fall so beschreiben, dass das Publikum den Konstruktionsprozess (intersubjektiv) nachvollziehen kann.

Aus der Perspektive einer „Erkenntnistheorie der Journalistik“ wirbt Pörksen (2016: 257) dafür, die jeweilige „Spezifik journalistischer Konstruktionsprogramme“ herauszuarbeiten und zu *rekonstruieren*, „wie Darstellungsformen, Berichterstattungsmuster und Gattungen zu kognitiv und kommunikativ wirksamen Konstruktionsprogrammen von Journalisten werden“. Auch Meier (2018: 188) regt an, journalistische Schemata wie Berichterstattungsmuster und Darstellungsformen zu untersuchen, um die „Konstruktionsprozesse des Journalismus offenzulegen“ – und hat dafür ein basales Modell entwickelt, das hier als ein geeigneter Rahmen für journalistische Wirklichkeitskonstruktion verstanden wird (vgl. Abb. 11): Als vier „Dimensionen journalistischer Wahrnehmungsroutinen“ prägen Darstellungsformen und Berichterstattungsmuster die journalistische Konstruktion sozialer Realität ebenso wie die Ressortierung und Spezialisierung der Redaktion, die Thematisierung und die technischen Potenziale der Medienplattformen und Kanäle (vgl. ebd.: 201-202). Innerhalb dieser binnenstrukturellen „Vermittlungsebene“ (Michael 2017: 391), auf der die „komplexen Zusammenhänge der vierdimensionalen Wahrnehmungsstrukturen bei der Konstruktion der Medienrealität allerdings noch kaum erforscht“ sind (Meier 2018: 202), spielen dann die journalistischen Praktiken – Verfahrensweisen z.B. zur Sammlung, Auswahl und Präsentation sowie zum Framing von Informationen (vgl. Reinemann 2008: 208) – zusammen und prägen das Bild, das Journalismus ‚über die Welt legt‘.

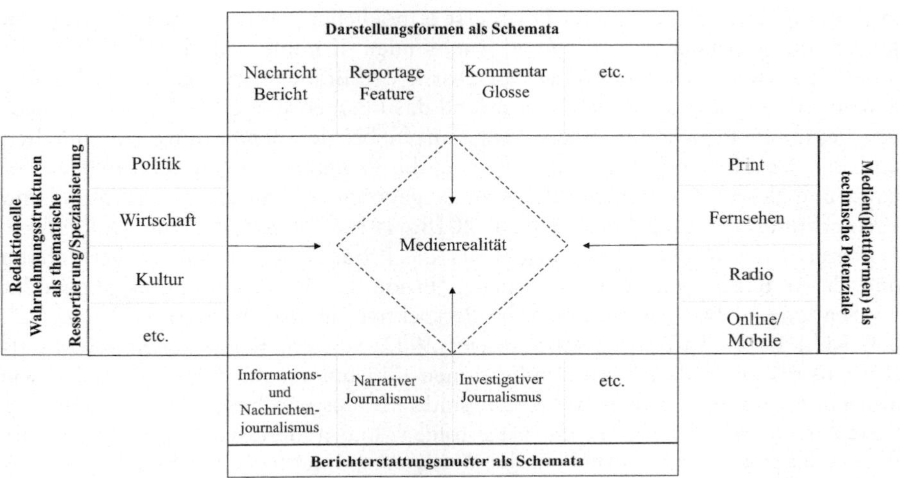

Abb. 11: Modell der vier Dimensionen journalistischer Wahrnehmungsroutine (Quelle: eigene Darstellung auf Basis von Meier 2018: 202 aus Brinkmann 2023a: 11)

Dabei wird hier in journalistische Ablauf- und Arbeitsprogramme unterschieden (vgl. auch Meier 2018: 170ff.), wobei im Folgenden zunächst die redaktionelle Ablauforganisation dargestellt wird (vgl. Kapitel 4.1) und anschließend die vier journalistischen Arbeitsprogramme (Thematisierung, Berichterstattung, Darstellung und Veröffentlichung; vgl. Kapitel 4.2 bis 4.5), die für Journalist:innen und Nutzer:innen ebenso ordnungsgebend und bedeutungserzeugend wie handlungsleitend und erwartungssteuernd wirken: Sie bilden abhängig von den sie prägenden Charakteristika ein komplexes „routinisiertes und institutionalisiertes Netz", die journalistische „Wahrnehmungsstrukturen" zu Konstruktionsprogrammen sozialer Wirklichkeit verweben (vgl. Meier 2018: 190).

4.1 Redaktionsorganisation

Journalit:innen führen praktische Tätigkeiten wie das Recherchieren, Selektieren, Verifizieren und Publizieren von Informationen (vgl. Kapitel 5) in der Regel „redaktionell" durch – das bedeutet, sie arbeiten journalistisch innerhalb bestimmter Organisationsformen und Strukturen, die unter dem Begriff der *Redaktion* zusammengefasst werden.[7] Redaktionen sind in Medienunternehmen für die journalistische Produktion verantwortlich und bilden den organisatorischen Rahmen für journalistische Arbeitsprozesse – sie planen, koordinieren, entscheiden und kommunizieren. Die klassischen Managementaufgaben, die journalistische Tätigkeiten

7 Meier (2018: 169) weist darauf hin, dass „Redaktion" im deutschen Journalismus unterschiedlich verwendet wird, aber die englischen Entsprechungen „definitorische Klarheit" brächten: Während „Redaktion" als *editorial departments* die Abteilung innerhalb eines Medienunternehmens bezeichnet, das Journalismus produziert, wird der Begriff auch für die Gesamtheit der journalistischen Mitarbeiter (*editorial staff*) sowie für deren Arbeitsraum (*newsroom*) verwendet.

in strukturierter, zielgerichteter Form erst ermöglichen, haben in den vergangenen Jahren im Journalismus mit einer wachsenden Komplexität des Berufs sowie unter dem steigenden ökonomischen Druck der Branche spürbar an Bedeutung gewonnen (vgl. Blöbaum 2018). Während das übergeordnete *Medienmanagement* den gesamten Prozess umfasst – „angefangen bei der Beschaffung von Inhalten und der Akquise von Werbekunden über die Produktion der redaktionellen Inhalte und deren Zusammenstellung zu Angeboten bis hin zur Distribution und Vermarktung der Angebote“ (Mast 2018: 191) – regelt der hier fokussierte Teilbereich des *Redaktionsmanagements* die Produktion journalistischer Inhalte und deren Bündelung zu redaktionellen Produkten wie Zeitungsausgaben oder TV-Sendungen. Die wissenschaftliche Perspektive der *Redaktionsforschung*, (vgl. u.a. Rühl 1979; Altmeppen 1999; Meier 2002) versteht Redaktionen sowohl als Aufbau- als auch als Ablauforganisationen und untersucht daher einerseits, wie journalistische Redaktionen aufgebaut sind (z.B. aus welchen Arbeitseinheiten sie bestehen und welchen Hierarchien sie folgen) und andererseits, wie der Arbeitsfluss – der sogenannte journalistische *Workflow* – innerhalb von Redaktionen organisiert ist (z.B. welche Stationen ein Beitrag bis zur Publikation durchläuft oder wie und wann sich die Redakteure im Rahmen von Redaktions- oder Themenkonferenzen beraten). Aus diesen Fragen zum redaktionellen Aufbau und Ablauf ergibt sich die konkrete *Redaktionsorganisation* – ein enges „organisatorisches Korsett“ (Meier 2018: 169), das von den jeweiligen journalistischen Zielen (z.B. Information oder Unterhaltung) und publizistischen Strategien (z.B. bei Zielgruppenansprache und Themenspektrum) des *redaktionellen Konzepts* abhängig ist. Wie Arbeit und Abläufe im Detail organisiert sind, unterscheidet sich daher sehr stark von Redaktion zu Redaktion – der *Spiegel* als wöchentlich erscheinendes Nachrichtenmagazin mit gesellschaftspolitischen Themen organisiert sich anders als die Redaktion einer lokalen Tageszeitung wie die *Freie Presse*, einer mehrmals täglich ausgestrahlten Nachrichtensendung wie der „Tagesschau“ (*ARD*) oder einer monatlichen Fachzeitschrift wie *National Geographic*. Dennoch haben sich unabhängig von den jeweiligen Medien, Erscheinungsrhythmen und Themenspektren in den meisten journalistischen Redaktionen bestimmte Strukturen etabliert, die im Folgenden skizziert werden und anschließend anhand des multi- und crossmedial ausgerichteten Konzept eines „Newsrooms“ als zunehmend integrierter journalistischer Arbeitsprozess verortet werden. Dieser organisatorisch-strukturelle Rahmen kann in seiner Bedeutung für das praktische journalistische Handeln (vgl. Kapitel 5) und die daraus entstehenden medialen Wirklichkeitskonstruktionen nicht überschätzt werden.

Der Aufbau von Redaktionen unterscheidet sich auf der vertikalen und der horizontalen Ebene (vgl. Meier 2018: 170), wobei horizontal zwischen spezialisierten Themen oder Tätigkeiten und vertikal nach bestimmten Aufgaben und Hierarchien differenziert wird. Die „Grundeinheiten“ von Redaktionen sind dabei die *Ressorts* (vgl. Mast 2018: 258ff.), die kleineren Arbeitsbereiche, die inhaltlich-thematisch zugeschnitten sind, z.B. das „Wirtschafts“-Ressort. Hier organisieren sich Redakteure, die über verwandte Themen berichten und dafür über einschlägige Fachkompetenz verfügen, z.B. durch ein Wirtschaftsstudium oder berufliche Erfahrung in einem Unternehmen. Je nach thematischer bzw. zielgruppenspezifischer Ausrichtung der Redaktion unterscheiden sich auch ihre Ressorts – z.B. nach Themenschwerpunkten, Publikumsinteressen oder geografischen Räumen (vgl. Mast 2018: 259): Neben den klassischen, an der traditionellen Tageszeitung orientierten „Hauptressorts“ Politik, Wirtschaft, Kultur (oder „Feuilleton“) und Sport sowie zunehmend auch Wissenschaft und Medien haben sich insbesondere bei Special-Interest-Medien Ressorts gebildet, die sich vor allem an besonderen Interessen – Mode, Auto oder Reisen sind hier nur einige Beispiele – oder an der jeweiligen Zielgruppe selbst orientieren – z.B. Senioren, Studierende oder Verbraucher. Auch Service-Ressorts, die themenübergreifend zu Fragen des Alltags Beiträge mit hohem Nutzwert produzieren, oder spezielle Fachressorts, die sich z.B. auf bestimmte Politik- oder Wirtschaftsbereiche konzentrieren (wie die Innenpolitik oder den Aktienmarkt) zählen zu den Ressorts, die für das Publikum eine besonders thematische Perspektive einnehmen, anstatt komplette gesellschaftliche Bereiche abzudecken. Insbesondere bei Tageszeitungen (und ihren Onlineangeboten), aber auch im lokalen oder regionalen Rundfunkprogramm existieren Ressorts, die sich nur auf bestimmte geografische Räume (z.B. eine Stadt oder Gemeinde, eine Region oder ein Bundesland etc.) konzentrieren. Solche Lokal- oder Regionalressorts – wie z.B. „München“ bei der *Süddeutschen Zeitung* oder „Rhein-Ruhr“ bei der *Westdeutschen Allgemeinen Zeitung* berichten ausschließlich über Ereignisse in ihrem Verbreitungsgebiet (Kommunalpolitik, Lokalsport, Kultur vor Ort, regionale Wirtschaftsthemen etc.) oder brechen die großen nationalen Themen auf ihre Nutzerschaft herunter – z.B. indem sie die Entwicklung der Coronapandemie vor Ort beschreiben und dazu lokale Entscheidungsträger befragen und örtliche Statistiken auswerten. In den meisten Zeitungsangeboten findet sich zudem ein Ressort, das mit „Vermischtes“, „Aus aller Welt“ oder „Panorama“ unterschiedlich bezeichnet wird und nicht-politische Nachrichten „mit Human-Touch-Themen, Kriminalität und Unglücken, Prominenz, Verbraucherfragen und Unterhaltung enthält“ (vgl. Gehr 2018). Weitere Ressorts, z.B. zu Technologie- oder Netz-Themen, haben sich im Zuge der Digitalisierung bei verschiedenen Onlinemedien herausgebildet, z.B. „Netzwelt“ bei *Spiegel.de*. Die traditionelle „Ressortautonomie“ (Meier 2002: 356), bei der mächtige Ressortleiter:innen innerhalb der Redaktion inhaltlich weitgehend unabhängig agierten, ist mit der flächendeckenden Einführung von ressortübergreifenden Newsrooms in vielen Medienhäusern beschnitten worden, wodurch die Kompetenzverteilung und Kommunikationswege zwar unübersichtlicher, aber die ressortübergreifende, kooperative Arbeit flexibler und teamorientierter wurde (vgl. Rankl 2014).

Klassische Ressorts	Zielgruppenbezogene Ressorts	Geografisch verortete Ressorts
• Politik • Wirtschaft • Kultur/Feuilleton • Sport • Wissenschaft • Medien	• Mode • Auto • Reisen • Kochen • Service • Jugend/Kinder	• Lokal • Regional

Abb. 12: Beispielhafte Ressorts in journalistischen Redaktionen (Quelle: eigene Darstellung auf Basis von Mast 2018: 258–262)

Neben der Ressortstruktur – und damit nach Themen - sind journalistische Redaktionen auch nach redaktionellen Tätigkeiten horizontal organisiert: Insbesondere integrierte Newsrooms setzen auf arbeitsteilige Produktionsprozesse und seltener auf journalistische Generalisten, die alle Schritte der Beitragsproduktion – von der Themensuche über die Recherche und das Schreiben bis hin zur kanal- oder plattformspezifischen Aufbereitung der Inhalte (z.B. Zeitungsausgabe, Online- oder Mobile-Angebote sowie Social Media) – eigenständig umsetzen. Neben Redaktionseinheiten wie der Technischen Produktion (z.B. Kamera- und Ton-Leute bei einem Fernsehsender), Bild- und Fotoredaktion oder der Grafikabteilung, die den Journalist:innen zuarbeiten, setzen Redaktionen bei spezialisierten journalistischen Tätigkeiten auf eigene Abteilungen: Vor allem überregionale Medien leisten sich (investigative) Recherche-Teams, die – entbunden von anderen redaktionellen Aufgaben – ausschließlich exklusive Storys und hintergründige Geschichten recherchieren, oder einen Reporter:innen-Pool, der als mobile Einheit oft die handwerklich besten Schreiber:innen der Redaktion vereint und die vor allem emotionale Reportagen und aufwändige Features produzieren. Mit der Schlussredaktion oder der „Dokumentation“ (z.B. beim *Spiegel*) werden beitragsunabhängig auch Tätigkeiten wie das Redigieren oder Fact-Checking an spezialisierte Redakteur:innen vergeben. In der angloamerikanischen Journalismus-Tradition ist die klare, tätigkeitsbezogene Trennung zwischen einerseits den *reporters*, die Beiträge recherchieren und schreiben – und dafür oft außerhalb der Redaktion unterwegs sind – und den *editors* andererseits, die in der Redaktion Beiträge redigieren und den gesamten internen Produktionsprozess managen und überwachen, weit verbreitet. In deutschen Redaktionen ist ein ähnliches Modell insbesondere beim (öffentlich-rechtlichen) Rundfunk etabliert, wo festangestellte Redakteure die Programme und die Themen planen, die dann oft von freien Mitarbeitern als Reporter vor Ort produziert werden. Im Newsroom nähern sich aber auch in Deutschland „Reporter“ und „Blattmacher“ zunehmend an (vgl. Meier 2018: 170f.).

Neben der horizontalen nach Ressorts und Tätigkeiten – Sparten- oder Funktionalorganisation – wird die vertikale Redaktionsorganisation von Hierarchien geprägt, die interne Machtverteilung, Entscheidungskompetenzen und die Koordination der Arbeitsprozesse bestimmen. Klaus Meier (2002: 102ff.), Journalismusforscher an der Universität Eichstädt-Ingolstadt, unterscheidet hierbei vier Grundmodelle der Redaktionsorganisation (vgl. Meier 2018: 171–173; Mast 2018: 263–265):

- In der traditionellen „Ein-Linien-Organisation" übernehmen alle Redakteur:innen sämtliche journalistischen Aufgaben selbst (z.B. Recherche, Texten, Layout etc.) und sind jeweils Ressortleiter:innen unterstellt, die wiederum der Chefredaktion unterstehen. Die klare Hierarchie Chefredakteur:in-Ressortleiter:in-Redakteur:in ist in deutschsprachigen Redaktionen noch immer Standard. Die Vorteile sind eindeutige Verantwortlichkeiten und einfache Kommunikation. Ressourcen und Kompetenzen können aber nicht flexibel über Ressortgrenzen hinweg genutzt werden.
- Die „Stab-Linien-Organisation" ergänzt das lineare Modell um eine oder mehrere zusätzliche Stabsstellen (z.B. ein „Chef vom Dienst", eine Redaktionsmanagerin oder Desk-Chef:innen), die Ressorts, Themen und Projektteams koordinieren und so Austausch ermöglichen.
- In der „Mehr-Linien-Organisation" arbeiten die Redakteur:innen für mehrere Ressorts parallel. Je nach Thema stellen die Ressortleiter:innen geeignete Teams zusammen, die jeweils flexibel spezialisiertes Wissen sowie eigene Sach- und Fachkompetenzen einbringen.
- Die „Matrix-Organisation" schließlich ordnet die Redakteur:innen sowohl nach Tätigkeiten (z.B. Reporterin, Rechercheur, Layouterin etc.) als auch themenspezifisch nach Ressorts (z.B. Politik, Wirtschaft, Sport etc.). So erarbeiten z.B. Reporter:innen- oder Fotograf:innengruppen in diesem Modell ressortübergreifend Inhalte, die dann in verschiedenen Ressorts oder über unterschiedliche mediale Plattformen ausgespielt werden – ein Konzept, das in den crossmedial integrierten Newsrooms konsequent angewendet wird (vgl. Meier 2023)

Hinter den verschiedenen Modellen der Redaktionsorganisation, die in der redaktionellen Praxis kaum in Reinform, sondern überwiegend als Hybride vorkommen, stehen in jeder Redaktion verschiedene Positionen, die funktional und hierarchisch bestimmte Aufgaben erfüllen und hier anhand der gängigen linearen Zeitungsredaktion beschrieben werden (vgl. Müller 2011: 92–96):

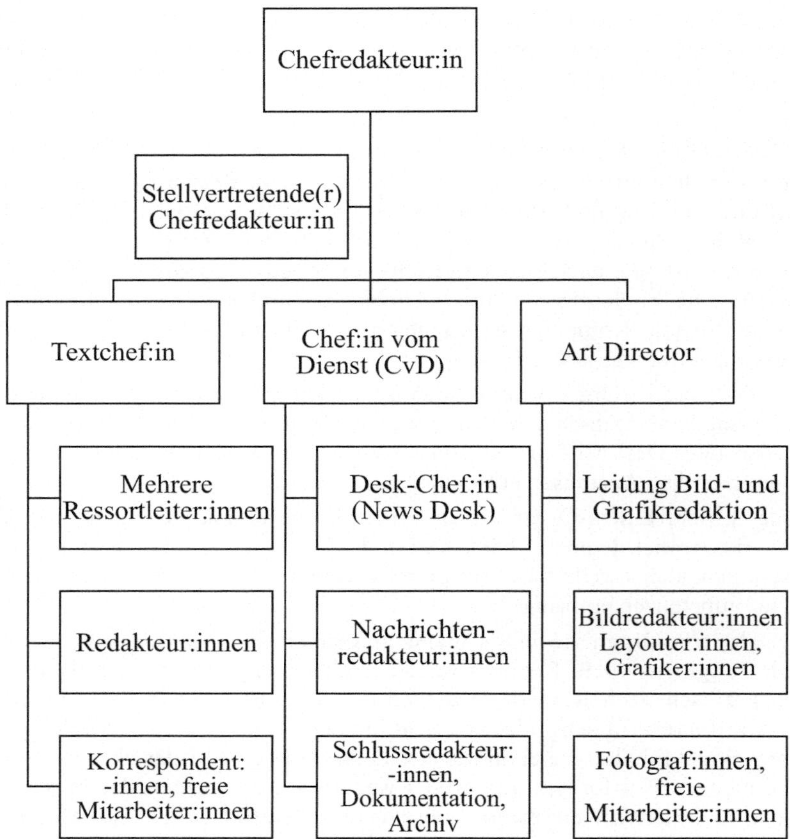

Abb. 13: Beispielhafte redaktionelle Hierarchie und Positionen (Quelle: eigene Darstellung auf Basis von Müller 2011: 92)

- Die *Chefredakteurin* leitet die Redaktion und trifft die grundlegenden publizistischen – und als geschäftsführende RedakteurIn auch die ökonomischen – Entscheidungen. Sie ist für die journalistischen Inhalte „Verantwortliche im Sinne des Presserechts" (V.i.S.d.P.) und tritt auch nach außen als Gesicht der Redaktion auf (z.B. auf Veranstaltungen, in Talk-Runden oder bei Magazinsendungen im Fernsehen manchmal auch als Moderator). Ihr Stellvertreter vertritt die Chefredakteurin in deren Abwesenheit und nimmt ansonsten im redaktionellen Alltag vor allem koordinative und organisatorische Aufgaben wahr (von der Leitung der Redaktionskonferenz über das Qualitätsmanagement bis zur Themenauswahl ist hier ein breites Spektrum denkbar). Größere Redaktionen verteilen diese Aufgaben auf mehrere *stellvertretende Chefredakteur:innen* mit dann klar abgegrenzten Kompetenzen wie „Digitales" oder „Ausbildung".
- Folgende Positionen sind direkt der Chefredaktion unterstellt und bilden gemeinsam mit ihr die erweiterte Redaktionsleitung: Der *Textchef* verantwortet

die redaktionellen Inhalte stilistisch, redigiert Beiträge von Redakteuren und kauft zusätzliche Inhalte von freien Mitarbeitern oder Agenturen ein. Bei textbasierten Publikationen mit hohem Anspruch an Stil und Sprache (wie z.B. *Die Zeit*) ist der Textchef einflussreicher als bei lokalen oder regionalen Zeitungen, bei denen die Position vielfach gar nicht existiert. Die *Chefin vom Dienst* (CvD) obliegt vor allem die interne Organisation. Sie fungiert als Schnittstelle zwischen Redaktion und der Administration, der Anzeigenabteilung und dem Vertrieb. In manchen Fällen übernimmt sie auch die Aufgaben einer *Desk-Chefin* am News-Desk, die Entscheidungs- und Produktionszentrale der aktuellen Berichterstattung, oder die einer leitenden oder Stabsredakteurin. Bei Radio- oder TV-Redaktionen ist der CvD oft für den Sende- oder Programmablauf zuständig. Dem *Art-Director* unterstehen die Bild- und Grafikredaktionen. Er konzipiert und setzt das optische Konzept um, z.B. im Bereich des Layouts des journalistischen Produkts. Bei Zeitschriften wie *Focus* oder Boulevardblättern wie *BILD* ist seine Bedeutung größer als bei Regionalzeitungen, die meist auf externe Grafikkonzepte zurückgreifen.

- Auf der Ebene darunter kommen den Leitern der einzelnen Bereiche zentrale Funktionen bei der Organisation der Redaktion und der Koordination des journalistischen *Workflows* zu: Die verschiedenen *Ressortleiter:innen* verantworten – ähnlich wie der *Desk-Chef* und die Leiter:innen der Bild- und Grafikredaktionen – ihre inhaltlichen Bereiche (z.B. die Ressorts Politik, Wirtschaft oder Kultur) und stimmen sich bei der Themenplanung und -umsetzung mit der Chefredaktion bzw. dem Textchef ab. Ressortleiter:innen redigieren nicht nur die Artikel ihnen unterstellter Redakteur:innen, sondern schreiben auch selbst Beiträge, z.B. prominent platzierte Leitartikel oder Kommentare.
- *Redakteur:innen* sind entweder einzelnen Ressorts oder als *Bildredakteur:innen*, *Grafiker*:innen oder *Reporter:innen* funktionalen Abteilungen zugeordnet. Als festangestellte Mitarbeiter:innen übernehmen sie den Großteil der redaktionell anfallenden journalistischen Tätigkeiten wie das Recherchieren, Verifizieren und Redigieren journalistischer Inhalte. Sie erstellen eigene Beiträge oder besorgen ergänzendes (Fremd-)Material in Form von Bildern, Audio- und Videomaterial. Als *Nachrichtenredakteur:innen* behalten sie am Desk den „Ticker“ der Nachrichtenagenturen im Blick und berichten insbesondere im Rundfunk oder online aktuell zur Nachrichtenlage.
- Neben den überwiegend in der Redaktion tätigen Redakteur:innen ergänzen *freie Mitarbeiter:innen* die Redaktionsmannschaft. Insbesondere bei der Beitragsproduktion für Lokalzeitungen, bei Publikumszeitschriften oder Radio- und Fernsehredaktionen bildet ein Stamm sogenannter „fester Freier“, die regelmäßig für die Redaktion arbeiten und je nach Ereignislage und Thema flexibel eingesetzt werden, das journalistische Rückgrat. Ebenfalls externe Mitarbeiter:innen, aber in der Regel festangestellt, sind die *Korrespondent:innen*, die für die Redaktion direkt vor Ort berichten – aus der Bundeshauptstadt Berlin, aus den Landeshauptstädten wie Düsseldorf, München oder Dresden, aus der Bankenmetropole Frankfurt am Main, aus Brüssel, London, Paris, Rom, New York oder Moskau. Kleinere Redaktionen beteiligen sich aus Kostengründen oftmals eher an einem *Korrespondentenpool*, der für mehrere Redaktionen

gleichzeitig berichtet, anstatt ein eigenes, teures *Korrespondentennetzwerk* zu unterhalten. Neben dem öffentlich-rechtlichen Rundfunk leisten sich insbesondere die überregionalen Leitmedien eigene Korrespondenten für eine exklusive Berichterstattung aus dem In- und Ausland.

Hintergrund: Der Fall Reichelt in der BILD-Redaktion

Ein öffentlich bekannt gewordenes Beispiel für eine offenbar dysfunktionale Redaktionsorganisation enthüllte nach Recherchen von *BuzzFeed News* im März 2021 *Spiegel.de*: Unter dem Titel „Vögeln, fördern, feuern“ (Hülsen et al. 2021a) berichtete das Nachrichtenmagazin über „Verfehlungen“ des damaligen *BILD*-Chefredakteurs Julian Reichelt gegenüber Mitarbeiterinnen. Im Zuge des Skandals wurden einerseits intime Details über die Beziehungen Reichelts zu Frauen öffentlich, die er bei *BILD* gefördert haben sollte, und andererseits eine problematische Redaktionskultur aus „Macht und Machtmissbrauch bei Axel Springer“, die u.a. im journalistischen Podcast "Boys Club" aufgedeckt wurde. Reichelt wurde wenig später entlassen, Ruhe kehrte in der *BILD*-Redaktion aber auch unter seinen Nachfolger:innen kaum ein. Nach verschiedenen Wechseln auf der Führungsebene sorgte die „Springer Affäre“ (Hülsen et al. 2021b) sowie die Enthüllungen um versuchte Einflussnahme des Vorstandsvorsitzenden Matthias Döpfner auf die Berichterstattung nach Medienberichten unter der Mitarbeitenden für eine „Stimmung nahe der Kernschmelze“.

Abseits des organisatorischen Aufbaus müssen Redaktionen auch den journalistischen Workflow – also den Weg, den jeder Beitrag von der Themenidee bis zur Publikation nimmt – organisieren und dabei ein möglichst reibungsloses Zusammenspiel der verschiedenen Ressorts, Tätigkeiten und Hierarchien koordinieren, sodass in journalistischen Arbeitsprozessen ein Gesamtprodukt im jeweiligen Publikationsrhythmus entsteht, z.B. eine Tageszeitung, eine Nachrichtensendung, ein monatliches Magazin oder eine aktuelle News-Website. Angesichts sich kontinuierlich wandelnder Rahmenbedingungen journalistischer Arbeit durch soziale, ökonomische, technische Umbrüche sind Redaktionen einem permanenten Anpassungs- und Optimierungsdruck ausgesetzt: Flexibles Mediennutzungsverhalten und veränderte Rezeptionserwartungen eines inhomogenen Publikums fordern innovative Redaktionsorganisationen ebenso wie Anforderungen des Marktes oder neuer Kanäle und Produkte: „Eine konsequente Ausrichtung an Bedürfnisse des Publikums und den Erfordernissen von Märkten macht stärker zentralisierte und entlang der Arbeitsschritte aufgebrochene Redaktionsstrukturen notwendig“ (Mast 2018: 272). Im anglo-amerikanischen Journalismus – stilbildend waren hier u.a. die Redaktionen des britischen *Daily Telegraph* und der *New York Times* – entwickelten sich sogenannte *Newsrooms* als Antwort auf die publizistischen und ökonomischen Herausforderungen: Als zentrale Steuerungs- und Entscheidungseinheit steht der *News-Desk* im Kern eines ressort- und medienübergreifenden, multimedial und -kanal spezifisch arbeitenden Großraumbüros, der integrierte Produktionsprozesse architektonisch unterstützt und Planung, Koordination und Organisation zentral bündelt.

Definitionen: Newsroom und News-Desk

Obwohl die Begriffe als zentrale journalistische Produktionseinheit oft synonym benutzt werden: Während mit dem *Newsroom* ein innovatives Organisationsmodell von Redaktionen gemeint ist, in dem Journalisten hochgradig spezialisiert und integriert arbeiten, statt in traditionellen Räumen und Strukturen zu verharren, steht im Zentrum des Newsrooms der *News-Desk* – im Wortsinn ein „Nachrichtentisch" –, an dem Vertreter:innen der Ressorts und Abteilungen gemeinsam die aktuelle Berichterstattung planen und koordinieren und wo alle Fäden zusammenlaufen.

Newsroom-Konzepte entwickelten sich seit etwa zehn Jahren auch in Deutschland, Österreich und der Schweiz, wobei es neben allen publizistischen Gründen vor allem harte ökonomische Motive waren, die die Integration der Newsrooms vorantrieben: Durch die Zusammenlegungen von ehemals eigenständigen Titeln zu sogenannten *Zentralredaktionen,* wie es die *WAZ* mit ihrem „Content-Desk" in Essen oder die *Madsack*-Mediengruppe mit ihrem in Hannover angesiedelten „Redaktionsnetzwerk Deutschland" (vgl. Röper 2010: 219ff.; 2014: 502) umsetzten, ergeben sich deutliche Einsparpotenziale auf der Kostenseite sowie neue Einnahmequellen, z.B. durch die Mehrfachverwertung oder den Verkauf von Inhalten (vgl. Mast 2018: 273). Newsrooms sind im deutschen Journalismus vor allem bei multimedialen Medienhäusern etabliert, die im Kern auf dem Zeitungsmarkt aktiv sind und mit Tages- oder Wochenzeitungen sowie deren Online- und Mobileausgaben unterschiedliche Kanäle bespielen. So verfügen die Titel der Verlage *DuMont Schauberg* und *Axel-Springer* ebenso über integrierte Newsrooms wie die Nachrichtenagentur *dpa.*

Beispiel: Der *Welt*-Newsroom

Einen ambitionierten Weg beschreitet die *Welt* aus dem Hause *Axel Springer* mit ihrem Berliner Newsroom: Nach der Fusion der Printmarke um die einzelnen Titel *Die Welt*, *Welt Kompakt*, *Welt am Sonntag* und *Berliner Morgenpost* mit dem privaten Nachrichtensender *N24* im Jahr 2015 ist eine multimediale Redaktion entstanden, in der mehr als 400 Redakteur:innen Inhalte für die Kanäle Print, Digital (Online/Mobile) und Fernsehen gleichberechtigt nebeneinander produzieren und bündeln (vgl. Twiehaus 2019). Einen Einblick in das crossmediale Arbeiten im *Welt*-Newsroom zeigt das selbstproduzierte 360-Grad-Video von Martin Heller (2018), dem „Head of Video Innovation", das explizit ein experimentelles Format nutzt, um die neuen Strukturen redaktioneller Organisation anschaulich sichtbar zu machen.

Die unternehmerisch geprägte Entscheidung für integrierte, innovative Redaktionsstrukturen, die Aufbau und Abläufe völlig neu zuschneiden, hat massive Auswirkungen auf die Organisation und Durchführung der praktischen journalistischen Arbeit (vgl. Griebeler-Kollmann 2019) und die Fragen: Wie ist ein Newsroom aufgebaut und wie arbeitet er journalistisch? Im Kern steht der News-Desk, an dem sämtliche journalistischen Aufgaben und Tätigkeiten zusammenlaufen, wo redaktionelle Inhalte geplant, koordiniert und auf die verschiedenen Titel und Kanäle verteilt werden. Integriertes journalistisches Arbeiten lässt sich nach

Mast (2018: 271) auf verschiedenen Wegen erreichen: Während es aus *inhaltlicher Perspektive* darum geht, Ressortgrenzen aufzubrechen und ein themenbezogenes, multiperspektivisches Denken in der Redaktion zu etablieren, das die vorhandenen Kompetenzen und Ressourcen optimal einsetzt und verteilt, geht es aus *technischer Perspektive* um die Auflösung traditioneller Mediengattungen bei der Produktion und Planung von Inhalten und Formaten. Aus der *angebots- oder titelbezogenen Perspektive* soll ein Newsroom ehemals getrennte Medienprodukte enger verzahnen und Inhalte für verschiedene Titel verwerten. Diese ressort-, medien- und plattform- bzw. angebotsübergreifende Produktion ist charakteristisch für das journalistische Arbeiten in Newsrooms (vgl. Abb. 22):

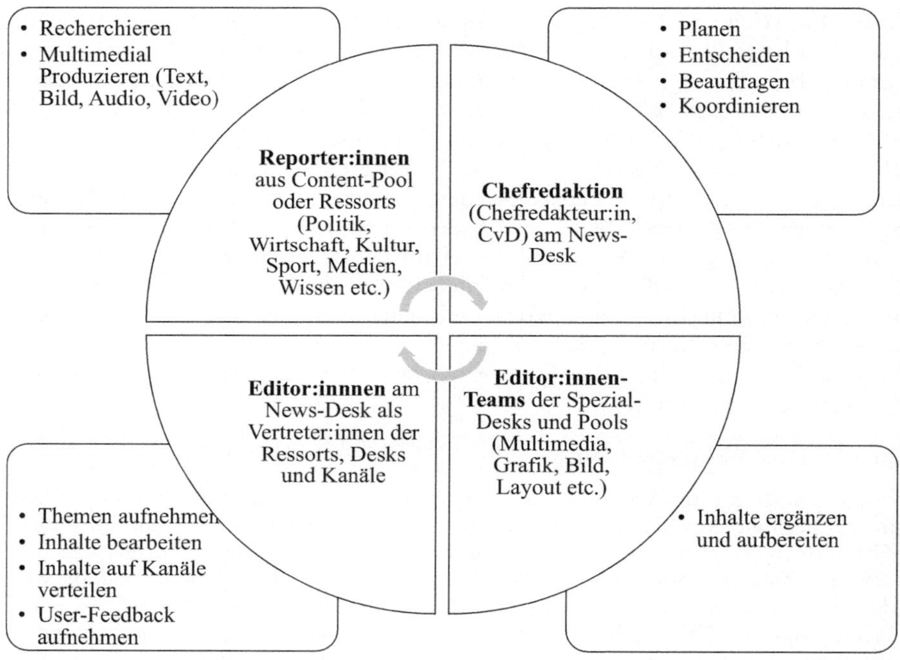

Abb. 14: Integrierter Arbeitsprozess im crossmedialen Newsroom (Quelle: eigene Darstellung in Anlehnung an Meier 2018: 178; Mast 2018: 277)

Obwohl sich die konkreten Strukturen und Prozesse in Newsrooms zum Teil stark unterscheiden – z.B. je nach Größe der Redaktion, baulichen Gegebenheiten, Anzahl und Heterogenität der zu bespielenden Medienkanäle etc. – und auch der Grad des integrativen Arbeitens schwanken kann – von „vollintegrierten Newsrooms", in denen Journalisten für alle Mediengattungen produzieren, bis hin zu „teilintegrierten Newsrooms", in denen die Publikationskanäle strukturell getrennt sind (z.B. in Print und Online) (vgl. Mast 2018: 273) – läuft der journalistische Workflow oft ähnlich ab: Die *Reporter:innen* sind entweder thematischen Ressorts zugeteilt oder arbeiten übergreifend für *Content-Pools*, für die sie vor Ort recherchieren und unterstützt von Multimedia-Journalist:innen Inhalte in

Form von Texten, Bildern, Audios oder Videos produzieren. In enger Abstimmung mit den *leitenden Redakteur:innen* und Vertreter:innen der *Chefredaktion*, die am News-Desk die zentrale Planung und Koordination übernehmen (z.B. über Themen und Darstellungsformen entscheiden und Aufträge an die Reporter:innen erteilen), nehmen die *Editor:innen*, die in permanenten Konferenzen am Desk als Vertreter:innen ihrer Ressorts und Abteilungen agieren, identifizierte Themen auf, bearbeiten die eingehenden Inhalte und verteilen diese auf die verschiedenen Medienkanäle, z.B. die Print- oder Tabletausgabe einer Tageszeitung, die Website oder die Social-Media-Kanäle. Ergänzende multimediale Inhalte, aufwändige Info-Grafiken sowie Fotos und Layouts liefern spezielle Desks oder Pools zu, die mit spezialisierten Editorenteams besetzt sind (z.B. Grafiker:innen, Layouter:innen, Web-Designer:innen, Daten- oder Bildjournalist:innen).

Definitionen: Crossmediales und Multimediales Arbeiten

Crossmedia und *Multimedia* sind Grundpfeiler integrierten Arbeitens im Newsroom, unterscheiden sich aber grundlegend: Während „crossmedialer Journalismus“ die Vernetzung unterschiedlicher Medienkanäle und Plattformen bezeichnet (z.B. schreibt eine Journalistin einen Text für Print und Online oder produziert einen Beitrag, der sowohl im linearen Fernsehen als auch als Web-TV in einer Mediathek laufen kann), bedeutet „multimedialer Journalismus“, mehrere, verschiedene mediale Elemente und Darstellungsformen wie Text, Bild, Audio, Video oder Grafik in einem Produkt zu kombinieren (z.B. ein Journalist, der einen ausschließlich digital publizierten Beitrag mit Texten, Bildern und Videos aufbereitet) (vgl. Mast 2018: 279).

Während ökonomische Vorteile des integrierten Arbeitens in Newsrooms auf der Hand liegen, sind die publizistischen Folgen des anhaltenden Trends zu Zentralredaktionen insbesondere bei Verlagshäusern weniger eindeutig (vgl. Rinsdorf 2016): Während der Arbeitsdruck für Redakteure ebenso steigt (mit den Zusammenlegungen von Redaktionen sind auch betriebswirtschaftlich gewünschte Einsparungen durch den Abbau von Personal verbunden; vgl. Beck et. al. 2010) wie der Kommunikations- und Abstimmungsbedarf, können Newsrooms durchaus dazu beitragen, die journalistische Qualität zu erhalten (dann zu geringeren Kosten) oder sogar zu steigern, wenn durch effizientere Abläufe zeitliche und personelle Ressourcen für exklusive Recherchen und hintergründige Geschichten geschaffen (und tatsächlich genutzt) werden. Werden aber zuvor getrennte Titel – wie bei der *WAZ*, der *Welt* oder *Madsack* – zusammengelegt, droht ein Verlust der journalistischen Vielfalt (vgl. Rinsdorf 2011; Röper 2014).

Abseits großer Medienunternehmen, die traditionell im Fokus der Journalismusforschung stehen („newsroom centricity“; Wahl-Jorgensen 2009), bilden sich insbesondere im Rahmen von Neugründungen (z.B. pionierjournalistischen Start-ups oder Spin-offs; vgl. Keinert et al. 2019; Deuze/Witschge 2020; Hepp et. al 2021) neue Formen journalistischer Organisationen heraus, „die sich auf vielfältige Art von traditionellen Akteuren wie den Redaktionen von Verlagen und Rundfunksendern unterscheiden“ (Suhr et al. 2022: 150; vgl. Buschow/Suhr 2021). Christopher Buschow, der mit seinem Team das Feld innovativer journalistischer Organisationen theoretisch wie empirisch vermessen hat und eine „Neuordnung des Journalismus" (Buschow 2018) befundet, erkennt dafür verschiedene „organisationale Schlüsselentwicklungen" (vgl. Suhr et al. 2022: 150): Zum einen würden nicht nur in Deutschland, sondern weltweit journalistische Neugründungen sichtbar, „die keine formelle Zugehörigkeit zu traditionellen Nachrichtenorganisationen haben und mit ihren (zumeist digital vermittelten) Inhalten von der Branche als journalistisch wahrgenommen werden wollen." Beispiele für solche, teilweise gemeinnützig orientierte Gründungen, die durch das Angebot eines qualitativ hochwertigen Journalismus den oben beschriebenen Einsparungen etablierter Medienunternehmen entgegenwirken wollen, finden sich mit *Krautreporter* oder *Correctiv* in Deutschland, *Mediapart* in Frankreich oder *El Diario* in Spanien. Zum anderen entwickeln und erproben manche dieser journalistischen Neugründungen innovative Formen der organisierten Zusammenarbeit: „Sie produzieren zwar identische oder ähnliche journalistische Inhalte wie die etablierten Häuser, bedienen sich dazu aber neuartiger Organisationsformen." Dabei geht es nicht nur darum, die journalistische Produktion für digitale Kanäle anzupassen – z.B. indem journalistische Gründungen, die vor allem auf soziale Plattformen als Distributionskanäle setzen, ihre Inhalte spezifisch für *YouTube* oder *Instagram* produzieren (vgl. Buschow/Suhr 2021) –, sondern auch darum, „die operative Kostenstruktur der Redaktion (die dominante Organisationsform des Printzeitalters)" zu verändern, da diese nicht mehr zu den im digitalen Journalismus zu erwirtschaftenden Erlösen passt (vgl. Kapitel 6.1). Auf diese Weise sind in den vergangenen Jahren innovative Organisationen entstanden, „die neue Aktivitäten, funktionale Rollen und Verantwortlichkeiten im Journalismus übernehmen und sich damit erheblich von konventionellen Medienorganisationen unterscheiden." (Suhr et al. 2022: 150).

Durch veränderte redaktionelle Strukturen und Prozesse ändern sich auch die Anforderungen, die an Journalist:innen im Redaktionsalltag gestellt werden: Neben technischen Grundkenntnissen (z.B. für die Aufnahme und den Schnitt von Audio- und Videomaterial) ist Wissen über mediale Gattungen und Darstellungsformen ebenso essentiell wie Fähigkeiten in der Recherche und Verifikation von Informationen. Auch wenn viele spezialisierte Tätigkeitsfelder im Journalismus hinzukommen (z.B. in der Datenvisualisierung, beim Storytelling oder Mobile Reporting; vgl. Kapitel 6) bildet das journalistische Handwerkszeug – von der Themensuche bis zum Fact Checking – die Basis für eine zeitgemäße Beitragsproduktion (vgl. Kapitel 5).

4.2 Thematisierungsstrategien

Unter der „Ressortierung" – also der Verteilung redaktioneller Ressourcen auf bestimmte Themen im Sinne einer thematischen Spezialisierung – versteht Meier (2018: 201) die „Wahrnehmungsstruktur einer Redaktion". Dieses *Thematisierungsprogramm* wirkt auch auf die anderen Dimensionen journalistischer Wahrnehmungsroutinen ein: In Form von journalistischen Publikumsbildern, (antizipierten) Zielgruppenbedürfnissen und der Positionierung im Wettbewerb sind Themen ein elementarer Baustein eines je nach Medienangebot und -organisation differenzierten redaktionellen Konzepts: Mast (2018: 223) beschreibt ein redaktionelles Konzept als die „[s]pezifische Art und Weise, wie eine Redaktion ihr Publikum inhaltlich und formal anspricht und einen unverwechselbaren Nutzen stiftet." Neben dem redaktionellen *Themenschwerpunkt* ist ebenso die gewählte *Strategie der Zielgruppenansprache* entscheidend für die Darstellungsformen und die Berichterstattungsmuster, die in journalistischen Arbeitsprozessen eingesetzt werden.

Trotz einer grundsätzlichen thematischen Offenheit – als journalistische *Themenstandards* gelten vor allem Aktualität und Relevanz – haben sich thematische Bereiche oder *Themenschwerpunkte* herausgebildet, über die Redaktionen häufiger und intensiver berichten. Das traditionell gesellschaftspolitisch geprägte und an die klassische Ressortstruktur (vgl. Kapitel 4.3) angelehnte *Themenspektrum* mit Politik, Wirtschaft, Sport und Kultur bleibt im „Netz der Themen" zentral (vgl. Abb. 20), weitet sich jedoch zunehmend auf Wissenschafts-, Gesundheits-, Partnerschafts-, Glaubens- oder Religionsthemen aus (vgl. Mast 2018: 232–242): *Gesellschaftliche Themen* aus den großen Bereichen des sozialen Zusammenlebens stehen traditionell im Zentrum des Journalismus. Gesellschaftspolitische Themen bilden den Kern der journalistischen Berichterstattung und werden um wirtschaftliche, kulturelle, sportliche sowie zunehmend auch Medien- und Wissenschaftsthemen ergänzt. Medien wie das Politikmagazin *Cicero*, die *WirtschaftsWoche* oder *Medieninsider* fokussieren einzelne Themen aus diesem Bereich. *Lebenswelt*-Themen hingegen stellen Facetten des menschlichen Lebens in den Mittelpunkt: Alter, Gesundheit, Bildung sowie Themen zu Partnerschaft und Familie. Menschen stehen auch bei den meisten *Unterhaltungs-Themen* im Fokus, die sich aus dem Publikumsinteresse für „weiche Nachrichten" (*soft news*) z.B. über Prominente speisen (*Human interest*). *Fach-Themen* sprechen grundsätzlich kein Massenpublikum, sondern eine Fachöffentlichkeit an, z.B. Mediziner:innen, Jurist:innen oder Architekt:innen, können aber zuweilen durchaus gesamtgesellschaftlich Aufmerksamkeit erregen, wie virologische Themen während der Coronapandemie. An speziellen Interessen des Publikums aus Bereichen wie Wohnen, Reisen, Arbeiten oder Kochen orientieren sich *Zielgruppen-Themen*, die von *Special-Interest*-Medien wie *Mare*, *Schöner Wohnen* oder *Landlust* weitaus spezifischer aufgegriffen werden als von *General-Interest*-Medien, die sich an aktuellen Nachrichtenlagen und den Informationsbedürfnissen eines breit interessierten Publikums orientieren (vgl. ebd.: 243). Je nach redaktionellem Konzept und Zielpublikum setzen journalistische Medien unterschiedlich stark auf bestimmte Themenfelder oder nehmen spezielle Perspektiven ein: So ‚brechen' lokale oder regionale Zeitungen und Rundfunksender ihre Themen auf ihr Erscheinungs- bzw. Sendegebiet herunter (*Regionalisierung*), während Boulevardmedien die Grenzen zwischen Information und Unterhaltung vermischen (*Infotainment*) (vgl. ebd.: 244–245).

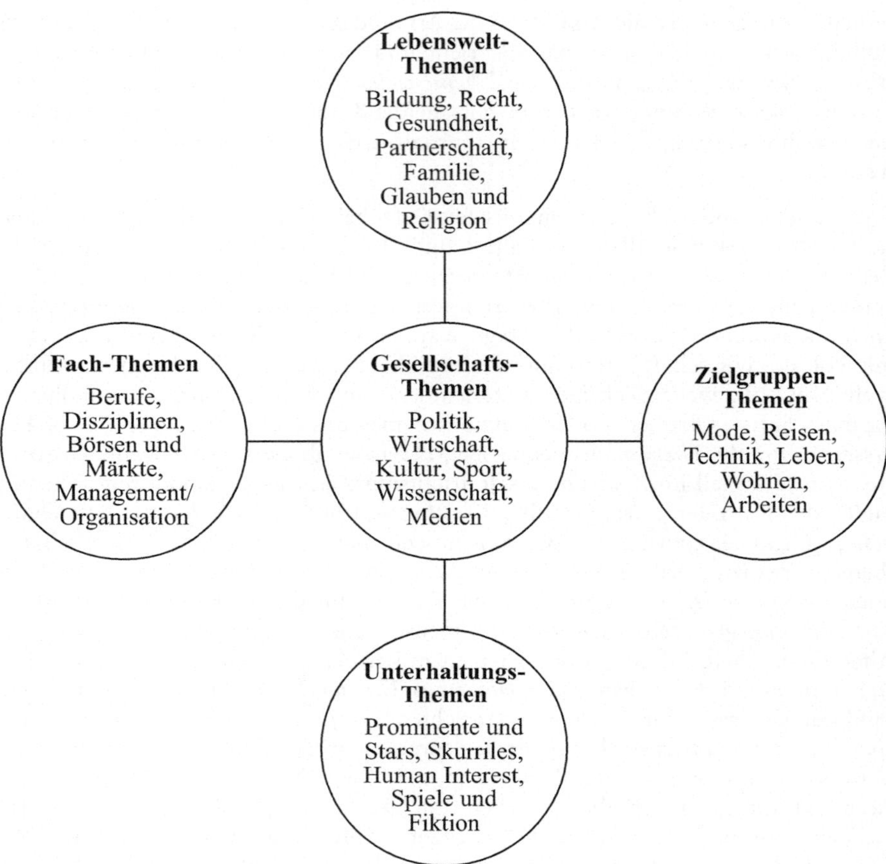

Abb. 15: Das „Netz der Themen im Journalismus" (Quelle: eigene Darstellung nach Mast 2018: 236)

Prägend für das redaktionelle Konzept ist neben der Auswahl der Themen auch die „Art und Weise, wie die Themen aufbereitet und dargestellt werden" (Mast 2018: 247f.): Auch diese Strategien der Zielgruppenansprache (vgl. Mast 2018: 247–255) können sich in Bezug auf die jeweilige Marktposition und das journalistische Selbstverständnis in Redaktionen deutlich unterscheiden und prägen den Umgang mit Themen z.B. im Hinblick auf die von Journalist:innen verfolgten Vermittlungsziele, genutzten Darstellungsformen oder ausgewählten bzw. ignorierten Inhalte und Perspektiven (vgl. Kapitel 4.3 zu den weitgehend deckungsgleichen journalistischen Rollenbildern als Komponente von Berichterstattungsmustern): Während *ereignis- und wissensorientierte* Strategien, wie sie von aktuellen Nachrichtensendungen wie der *Tagesschau* oder Wissensmagazinen wie *ZEIT Wissen* eingesetzt werden, sich auf die informative Vermittlung von Nachrichten- und Hintergrundwissen konzentrieren, wollen *meinungs- oder skandalorientierte* Formen der Themenaufbereitung – wie sie Nachrichtenmagazine oder überregionale Tageszeitungen wie *Spiegel* oder *Süddeutsche Zeitung* schwerpunktmäßig nutzen – aus kritischer Perspektive kommentieren und einordnen. An den Bedürfnissen des Publikums nach Nutzwert und Unterhaltung richten sich wiederum *handlungs- oder gefühlsorientierte* Strategien der Zielgruppenansprache aus, wie sie bei Service- bzw. Boulevardmedien wie *Markt* oder *BILD* zum Einsatz kommen, die Nutzern Rat geben bzw. emotionale Geschichten erzählen wollen. Wie Thematisierungsprogramme praktisch das journalistische Handeln prägen, wird in Kapitel 5.1 konkretisiert.

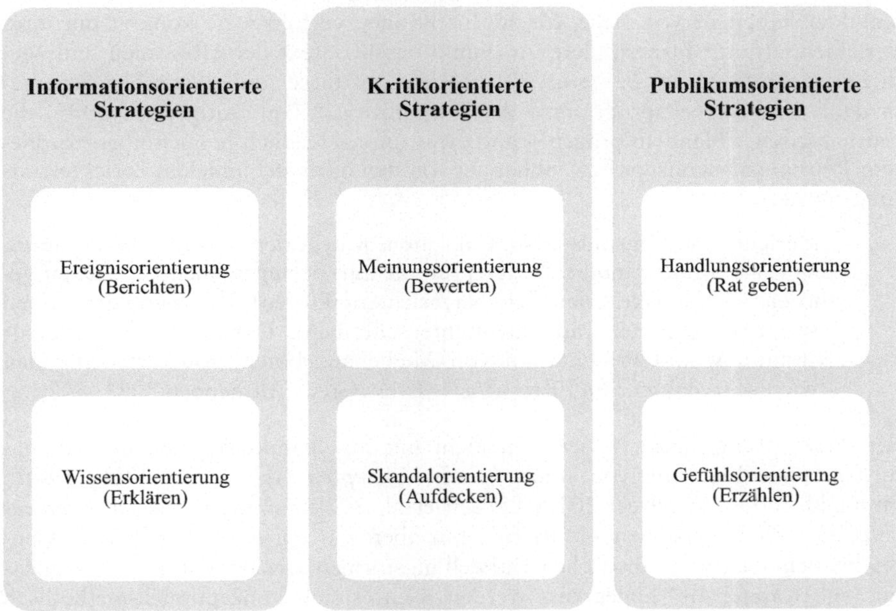

Abb. 16: Zielgruppenspezifische Strategien der Thematisierung (Quelle: eigene Darstellung nach Mast 2018: 247ff.)

4.3 Berichterstattungsmuster

Die zentrale Aufgabe des Journalismus – Öffentlichkeit herstellen – können Journalist:innen auf viele verschiedene Arten und Weisen erfüllen: Sie können ebenso sachlich Informationen vermitteln wie Ereignisse und Entwicklungen kritisch einordnen. Sie können Position beziehen, aber auch unterhaltsame, anschauliche Geschichten erzählen. Sie können das Publikum spalten oder einen, sie können ihren Schwerpunkt auf intensive Recherchen legen, aber auch auf die Einbindung des Publikums. Hinter der Entscheidung, welche Vermittlungsform ein Journalist für seinen Beitrag wählt, stehen verschiedene *Berichterstattungsprogramme*. Dabei ist deren Bezeichnung in der Journalistik keineswegs einheitlich (vgl. Brinkmann 2023b: 170-172) – wohl auch, da Berichterstattungsmuster trotz ihrer ordnenden Funktion als journalistische Schemata (vgl. Meier 2018: 190ff.; Schmidt/Weischenberg 1994: 223ff.) „komplexe Gebilde“ sind, in denen zahlreiche Kategorien, die beispielhaft in den Ebenen und Kontexten des „Zwiebel“-Models (vgl. Weischenberg 2004) verortet werden können (vgl. Abb. 4), zusammengefasst werden: Neben Wert- und Normenvorstellungen, Erwartungen und Konzeptionen des Publikums, Intentionen, Bezugsgrößen und Zielen von Medienunternehmen enthalten Berichterstattungsmuster auch Rollenbilder von Journalisten (vgl. Evers/Greck/Altmeppen 2021: 441f.; vgl. Schmidt/Weischenberg 1994; Blöbaum 1994), die insbesondere durch das persönliche journalistische Selbstverständnis geprägt werden: An welchem Leitbild orientieren sich die Journalist:innen? Welche Rollenbilder haben sie von sich? Welche Intentionen verfolgen sie konkret mit ihrer Berichterstattung? Insbesondere im (Funktions-)Kontext der „Routinen und Medienprodukte“ (Meier 2018: 68-70) beeinflussen diese journalistischen Schemata dann jene „Arbeitsprogramme des Journalismus“ (vgl. Altmeppen 1999) die journalistisches Handeln prägen – und zwar unterschiedlich je nach übergeordnetem Journalismuskonzept bzw. abhängig von den darin gebündelten Berichterstattungsmustern:

> „Berichterstattungsmuster sind mit ihren Kategorien dabei in die Programme – als Strukturmomente des Journalismus – eingewoben (…). Dazu gehören Selektionskriterien (wie Nachrichtenfaktoren), Bearbeitungsroutinen (wie Recherchieren und Nachrichtenschreiben), Darstellungsformen (zur Gestaltung und Präsentation von Medienangeboten) sowie Arbeitsrollen (wie Fachredakteur und Reporter)“ (Evers/Greck/Altmeppen 2021: 442).

Berichterstattungsmuster lassen sich nicht nur als charakteristische und oft namensgebende Elemente von *Journalismus-Konzepten* (vgl. Meier 2018: 194ff.; Hohlfeld 2003; Wyss/Keel 2010; Loosen et al. 2020), sondern auch als *journalistische Genres* verstehen – müssen dann aber von teilweise ebenfalls als Genres bezeichneten journalistischen Darstellungsformen wie Bericht oder Kommentar (vgl. Kapitel 4.4) abgegrenzt werden. Genres sind konzeptionell-methodisch unterschiedliche Herangehensweisen an die journalistische Arbeit, durch die bestimmte Perspektiven in die journalistische Berichterstattung einfließen und die sich erheblich in der Form unterscheiden, wie Informationen recherchiert und Fakten präsentiert werden. Umfassten Berichterstattungsmuster traditionell bis zu fünf Hauptformen (vgl. u.a. Hohfeld 2003), tragen aktuellere Forschungsarbeiten der zunehmenden Ausdifferenzierung des Journalismus stärker Rechnung (vgl. Meier 2018: 194ff.; Meier 2019; Brinkmann 2023b: 172-177; vgl. Tab. 3):[8]

Der traditionelle *Informations-* und *Nachrichtenjournalismus* orientiert sich eng am Ideal der Objektivität (vgl. Neuberger 1996; 2017), weswegen er auch als „objektive Berichterstattung“ (Meier 2019: 106) bezeichnet wird. Dieses historisch zum Referenzpunkt des Journalismus gewachsene Berichterstattungsmuster vermittelt (aktuelle) Informationen so neutral, unparteiisch, passiv und faktisch

8 Eine ergänzende Zusammenfassung der vom Deutschen Fachjournalisten-Verband herausgegebenen Sammlung „Journalistischer Genres“ (DFJV 2016), die allerdings nicht sehr systematisch oder trennscharf strukturiert ist, findet sich in der ersten Auflage dieses Lehrbuches (vgl. Brinkmann 2021: 89-93).

wie möglich an das Publikum, wobei es Hintergründe und Interpretationen von Ereignissen weitgehend ausklammert. Im Journalismus westlicher Demokratien stellt er das dominierende Berichterstattungsmuster da – z.B. in Nachrichtensendungen wie der *Tagesschau* oder *ZDFheute*, die sich Meinungen jedoch stellenweise bereits geöffnet haben. Aus den Unzulänglichkeiten und Widersprüchen eines ‚objektiven' Informationsjournalismus, der sich in den streng nach sozialwissenschaftlichen Methoden vorgehenden *Präzisionsjournalismus* (vgl. Meyer 2002; Haas 1999: 108f.) sowie den *data-driven Journalism* (vgl. Matzat 2014; Weinacht/Spiller 2014; 2022) weiter ausdifferenziert hat, wurden dann jene *alternativen* Berichterstattungsmuster ergänzend entwickelt, die aktivere, wertendere, subjektivere etc. Programme für journalistisches Handeln anbieten.

Der *investigative Journalismus* stellt intensive, aufwändige Recherchen in den Mittelpunkt der journalistischen Arbeit. Dieses Berichterstattungsmuster begnügt sich nicht damit, Ereignisse zu berichten, einzuordnen oder zu bewerten, sondern soll Machenschaften aufdecken und übt damit die Kritik- und Kontrollfunktion als journalistischer *watchdog* besonders dezidiert aus (vgl. Ludwig 2017; Haller 2017; Cario 2006; Redelfs 1996). Die in der US-Tradition als *Muckrakers* („Nestbeschmutzer") bezeichneten Journalist:innen werden in Deutschland Investigativ-Reporter oder Enthüllungsjournalistinnen genannt: die Beispiele reichen von Günter Wallraff über die Investigativ-Teams überregionaler Zeitungen und Rundfunksender bis hin zu „Rechercheverbünden" (z.B. aus *NDR*, *WDR* und *SZ*), die ebenso wie das „Recherchezentrum" *Correctiv* (vgl. Lilienthal 2017) oft in internationale Kooperationen eingebunden sind (zum *kooperativen* oder *Cross-Border-Journalismus* vgl. Duarte 2018; Alfter 2017).

Im Gegensatz zum Informations- liefert der *interpretative Journalismus* nicht nur reine Fakten, sondern konsequent Kontext durch die Hintergründe und Interpretationen von Ereignissen und Entwicklungen (Salgado/Strömbeck 2013; Brüggemann/Engesser 2014). Obwohl Nachrichten im Mittelpunkt stehen, geht es um deren Einordnung, wodurch die Grenze zum *Meinungsjournalismus*, der sich argumentativ und wertend zu Ereignissen positioniert (vgl. Degen 2004), verschwimmt. Beispiele für Subformen sind der sog. *Magazinjournalismus*, in dem Fakt und Meinung traditionell in *Newsstorys* (z.B. als Titelgeschichten in Nachrichtenmagazinen wie *Spiegel* und *Focus* oder in Politmagazinen wie *Panorama* oder *Monitor*) vermischt werden (vgl. Haarkötter 2015: 49-53; Mast 2018: 363ff.; Otto/Höll/Elter 2021) oder ein *Erklärjournalismus*, der komplexe Ereignisse verständlich aufbereiten will.

Eine stark konturierte Opposition zum Informationsjournalismus nimmt der *anwaltschaftliche Journalismus* ein, der dessen Ideale neutraler, objektiver Berichterstattung zurückweist und sich stattdessen jener Themen annimmt, die für gesellschaftliche Minderheiten oder ‚machtlose' Mehrheiten Relevanz haben, womit er Betroffenheit und Solidarität erzeugen will (vgl. Altmeppen 2016) und zugleich eine „Gegenöffentlichkeit" zu jenen „Mainstream-Medien" (Krüger 2019b) bildet, die im objektiven Journalismus verortet werden (vgl. Atton 2002). Seine „parteiliche (nicht parteipolitische) Subjektivität" (Haas/Pürer 1991: 74) und die daraus resultierende einseitige Auswahl von Fakten und Stimmungen sowie die oft fehlende (kritische) Distanz zu Personen der Berichterstattung erwächst aus der „Mandatur", die Journalist:innen in der Rolle als „Anwälte" übernehmen und die ebenso gegen das Objektivitätsideal gerichtet wie medienethisch potenziell problematisch ist, wie der inhärente Anspruch, „Wirklichkeit zu verändern" (vgl. Evers/Greck/Altmeppen 2021: 446; Harcup 2006). Während deutsche Online-Angebote wie *Krautreporter* oder *Correctiv* „ansatzweise" für anwaltschaftlichen Journalismus stehen (vgl. Altmeppen 2016: 135) – internationale Vertreter wären z.B. *ProPublica* (vgl. Mölders 2015) oder *De Correspondent* (vgl. Habers 2016) – kann die Grenze zwischen (anwaltschaftlichem) Journalismus und Aktivismus (vgl. Ganella 2021; Ginosar/Reich 2020) leicht verschwimmen.

Jene Berichterstattungsmuster, die als *erzählerischer* bzw. *narrativer Journalismus* deklariert werden, stellen konsequent journalistische Geschichten in den Mittelpunkt und machen das Thema über die Handlung der Akteure damit erlebnisstark. Neben Techniken des *Storytelling* (vgl. Lampert/Wespe 2017) arbeitet der insbesondere in Reportagen praktizierte „Erzähljournalismus" (Haller 2020) mit konsequenter Personalisierung und Emotionalisierung und fokussiert eigenes, zumeist *subjektives* Erleben, Erfahren, Handeln und Fühlen (vgl. van Krieken/Sanders 2017; 2019; Köpke 2017), wodurch sich zum objektiven Journalismus ergänzende Themen und Perspektiven ergeben. Als Spielarten des narrativen Journalismus gelten neben einem *Slow journalism*, der langen Erzählungen Zeit einräumt (vgl. Le Masurier 2019; Neveu 2016), auch der schriftstellerisch geprägte *literarische Journalismus* (vgl. Eberwein 2013; Hartsock 2009; Opitz 2021), der z.B. in den Magazinen von *Zeit* oder *Süddeutscher Zeitung* vorkommt und dessen literarisch-stilistische Subjektivität die reine Präsentation von Fakten ebenso verwirft, wie der *New Journalism*: Ebenso wie sein Sub-Muster *Gonzojournalismus,* bei dem die Reporter:innen selbst zum Teil der Storys werden, Ereignisse direkt beeinflussen oder sogar vorsätzlich arrangieren und bei dem durch Übertreibungen Fakten und Fiktion nur schwer zu trennen sind, bricht auch dieser „neue" Journalismus konsequent mit der neutralen journalistischen Informationsvermittlung zugunsten einer radikalen Subjektivität (vgl. Wolfe 1974; Johnston/Graham 2012; Pauly 2014; sowie die Beiträge in Bleichler/Pörksen 2004). Neue Formen eines solchen narrativen Journalismus haben sich z.B. in Presenter-Formaten wie *Y-Kollektiv* etabliert (vgl. Brinkmann 2023a; Kapitel 7.7).

Der *Boulevardjournalismus*, der teilweise als Gegenpart eines nur schwierig zu definierenden „Qualitätsjournalismus" aufgebaut wird, setzt auf eine möglichst populäre Berichterstattung (*popular journalism*): Die Auswahl und Aufbereitung der Themen orientieren sich ebenso wie die Umsetzung stark an Faktoren wie Emotionalität, Konflikt, Sex oder Prominenz. Hintergründe werden oft ausgeblendet, Sachverhalte bewusst sprachlich und inhaltlich vereinfacht, um für ein Massenpublikum kompatibel zu werden. Dezidierte Übertreibung, Provokation und Pauschalisierung wird Boulevardjournalismus fast traditionell vorgeworfen – wie auch seine aggressiven und deswegen umstrittenen Recherchemethoden (vgl. Kösters/Friedrich 2017; Friedrich/Jandura 2012; Schützeneder 2019) oder gleichsam die „Boulevardisierung" des ganzen Mediensystems (vgl. Kinnebrock/Bilandzic 2010). Seine oft zugespitzte Einseitigkeit teilt sich der Boulevard- mit einem *The-*

senjournalismus, bei dem nicht ergebnisoffene Recherche, sondern der journalistische Beleg einer vorab formulierten, möglichst provokanten These dominiert (vgl. Mast/Spachmann 2017; Haarkötter 2015: 84-85), die z.B. bei Methoden wie *story-basierten* Recherchen mit investigativen und narrativen Berichterstattungsmustern kombiniert werden.

Beim *Perspektivjournalismus* handelt es sich um ein neues, übergeordnetes Berichterstattungsmuster (vgl. Meier 2018: 199), wobei dessen Kategorien sowohl in der Praxis als auch in der Forschung wesentlich präsenter sind: Im Gegensatz zum reinen Informationsjournalismus, dessen klassische W-Fragen sie bewusst um Lösungen und Perspektiven erweitern, setzen *konstruktiver Journalismus* oder an lokalen *Communitys* ausgerichteter *Public Journalism* (Bosshart 2016; Ahva 2011) auf lösungsorientierte Ansätze: So endet der konstruktive Journalismus nicht bei der Beschreibung von Ereignissen, Missständen und Skandalen – wie z.B. der Nachrichten- oder investigative Journalismus – sondern richtet den Blick in die Zukunft (vgl. Kramp/Weichert 2020; Ahva/Hautagangas 2018). Die Abgrenzung zu seinen Spielarten wie *Solution Journalism* (McIntyre 2017) oder den konfliktsensitiven *Friedensjournalismus* (vgl. Kempf 2021) der ausgewogen, sorgfältig und wahrhaftig über Kriege und Konflikte berichten und dabei die Polarisierung der Kontrahenten vermeiden will, ist jedoch nicht immer trennscharf. Hinzugezählt wird zudem noch ein Ratgeber- oder Service-Journalismus (vgl. Eickelkamp 2011) der den Nutzwert für das Publikum (z.B. bei *Life-Style*-Themen) betont.

Das ebenfalls neue Berichterstattungsmuster des *partizipativen Journalismus* ermöglicht die Beteiligung des Publikums an journalistischen Inhalten, z.B. über Themenideen, Unterstützung bei der Recherche (*Crowdsourcing*) oder durch andere Formen des *User-Generated-Content* (vgl. Domingo et al. 2008; Engesser 2013).

Innerhalb der journalistischen Berichterstattungsmuster können sich Rollenbilder und Intentionen von Journalist:innen erheblich unterscheiden: Während Nachrichtenjournalist:innen sich üblicherweise einer „objektiven“ Berichterstattung verpflichtet fühlen, bei der Abbildung der Realität neutral Fakten berichten und damit die Rolle des journalistischen *Vermittlers* einnehmen, sehen sich investigative Journalisten meist als *Wachhunde*, die Mächtige (und den Missbrauch der Macht) kontrollieren und kritisieren. Nach Meier (2018: 194–200; vgl. Tab. 3) agieren Journalisten je nach Berichterstattungsmuster z.B. als *Erklärer* oder *Analysten*, wenn ihr zentrales Anliegen ist, dem Publikum Orientierung zu stiften, als *Erzähler*, wenn sie Themen vor allem über anschauliche, authentische Geschichten transportieren, als *Anwälte* und *Moderatoren*, wenn sie bestimmte Anliegen oder Personen vertreten und journalistisch auf Lösungen im Sinne der Betroffenen drängen, oder als *Ratgeber*, die Nutzen für das Publikum in alltagspraktischen Fragen stiften.

Tab. 3: Journalistische Berichterstattungsmuster (Quelle: eigene Darstellung, verkürzt nach Meier 2018: 196–197)

Journalismus-Konzept	Rollenbild	Intention	Fakten-präsentation	Recherche
„Objektiver Journalismus"	Vermittler	„Realität" in Fakten abbilden	Neutrale Faktizität	Verlautbarung
Investigativer Journalismus	Wachhund	Kontrolle, Kritik, Machtmissbrauch aufdecken	Beweisführend, zuspitzend	Unorthodox (oft „Whistleblower" als Informanten)
Präzisionsjournalismus	Forscher, Datenanalyst	Wissenschaftlich erhärtet recherchieren; Themen aus Daten gewinnen	Wissenschaftlich erhärtete Faktizität; interaktiv, visuell	Sozialwiss. Methoden, Datenbanken, Big Data, Statistik
Interpretativer Journalismus	Erklärer, Analyst, Überprüfer	Orientierung stiften (durch Einordnung, Verständlichkeit und Fakten)	Erläuterte, analytische oder leicht verständliche Faktizität	Recherche von Interpretationshilfen (z.B. Experten, Archive, wiss. Quellen)
Anwaltschaftlicher Journalismus	Anwalt, Betroffener	Verständnis, Solidarität schaffen	„Betroffenheits-Faktizität", Gegenöffentlichkeit	Inoffizielle Quellen
Literarischer („Neuer") Journalismus	Erzähler, Stilist, Literat	Sensibilität ausdrücken, „Authentizität"	literarisch	Subjektive Sensibilität
Erzählerischer Journalismus	Erzähler	Wirklichkeit abseits von blanken Fakten erfassen (über Erfahrungen, Gefühle, Handlungen)	Erzählend als „Geschichte" („Story"), literarisch	Recherche über lange Zeiträume abseits der Nachrichtenfaktoren, subjektive Erfahrungen, Recherche vor Ort

Journalismus-Konzept	Rollen-bild	Intention	Fakten-prä-sentation	Recherche
Perspektivjour-nalismus	Dialog-Organi-sator, Motiva-tor, Rat-geber	Lösungen für Probleme, Deeskalation, Lebenshilfe	Lösungs- und forumsorien-tiert	Aktionen, „ganzheitliches Bild", Lösungen
Partizipativer Journalismus	Diskurs-Modera-tor, Ku-rator	Beteiligung des Publi-kums an der Medienreali-tät	Interaktiv, prozessorien-tiert	In Kooperation mit dem Publi-kum

Beispiel: Journalistische Berichterstattungsmuster in der Thematik „Flüchtlinge"

Dass sich je nach Berichterstattungsmuster nicht nur die Perspektive auf ein Thema, sondern auch die geeignete Darstellungsform ändern kann, zeigt das folgende Beispiel: Über die damals zunehmende Einwanderung von geflüchteten Menschen nach Deutschland konnten Journalisten aus sehr unterschiedlichen Rollen berichten: Während sachlich formulierte Nachrichten wie „34 Flüchtlinge verdursten auf dem Weg durch die Sahara" (*Süddeutsche Zeitung*) für „objektiven", neutral vermittelnden Nachrichtenjournalismus standen, bildeten Reportagen wie „Wenn man Flüchtling ist, bleibt das Leben stehen" (*Thüringer Allgemeine*) die Wirklichkeit syrischer Flüchtlinge in Jordanien emotional ab, sensibilisierten auf diese Weise für die katastrophalen Umstände – und nahmen dadurch die Rolle des Erzählers oder Anwalts ein. Beiträge wie „Wo bringt Bayern die Flüchtlinge unter?" (*Bayrischer Rundfunk*) analysierten Datensätze und erklärten dem Publikum mit Grafiken, wie sich die Geflüchteten im Freistaat verteilten. *Report Mainz* berichtete hingegen über den „Rechtsbruch an der EU-Außengrenze", indem Reporter investigativ recherchierten, um zu belegen, dass Griechenlands Küstenwache offenbar Flüchtlinge auf Rettungsinseln im Mittelmeer aussetzte – und damit einen massiven Missstand öffentlich machten. Journalisten betätigten sich ebenso als Ratgeber in lebenspraktischen Fragen („Flüchtlinge in Sporthallen: Was passiert, wenn die Schule wieder beginnt"; *Stuttgarter Zeitung*) oder ließen wie *Focus Online* in Umfragen Bürger zu vermeintlichen Problemen zu Wort kommen („Flüchtlinge zu Hause aufnehmen? Das denken die Deutschen wirklich darüber").

Die verschiedenen journalistischen Berichterstattungsmuster und die in ihnen eingewebten Rollenbilder und Intentionen beeinflussen, wie Journalisten die Wirklichkeit wahrnehmen und konstruieren (vgl. Disselhoff 2009: 82): „Ein Nachrichtenredakteur im Informationsjournalismus verfolgt mit seiner Berichterstattung andere Interessen als ein Boulevardreporter im Populären Journalismus – dementsprechend unterschiedlich fallen ihre Selektionen und Beschreibungen von Ereignissen aus." Hier wird das „Objektivitätsproblem" des Journalismus (vgl. Meier 2018: 186ff.) erneut praktisch deutlich: Journalistische Berichterstattung kann angesichts konkurrierender Perspektiven die Wirklichkeit nicht objektiv zeigen, sondern im besten Fall so beschreiben, dass das Publikum den Konstruktionsprozess nachvollziehen kann: Berichterstattungsmuster „stehen zwischen dem Ereignis (dem Beobachteten) und dem Journalisten (dem Beobachter)“ und „setzen einen Rahmen für die Darstellung, sie lenken den Zugriff auf die so genannte Wirklichkeit, sie rastern und mustern diese Wirklichkeit“ (vgl. auch Pörksen 2006: 169ff.). Daher sind journalistische Regeln wie Faktoren zur Nachrichtenauswahl (vgl. Kapitel 5.1) oder Schemata wie Darstellungsformen (vgl. Kapitel 4.3) zur Bewertung von Journalismus von ebenso zentraler Bedeutung wie Qualitätskriterien für journalistische Arbeit und Beiträge (vgl. Kapitel 6.3). Wie Berichterstattungsprogramme praktisch das journalistische Handeln beeinflussen – z.B. die Recherche oder das Storytelling –, wird in den Kapitel 5.2 und 5.4 genauer beschrieben.

4.4 Darstellungsformen

Während journalistischen Berichterstattungsmuster als „Raster der Welterkenntnis“ fungieren, in denen die „Spielregeln der Wirklichkeitsordnung“ angelegt sind, und dadurch „Medienrealität erzeugen“ (Pörksen 2004: 16f.), haben auch dadurch beeinflusste journalistische Schemata wie Darstellungsformen diese realitätskonstruierende Kraft: Denn ob ein Ereignis oder Thema in Form einer Nachricht, eines Hintergrundberichts, Interviews, Kommentars oder als Reportage präsentiert wird, hat erheblichen Einfluss auf den Ausschnitt der Wirklichkeit, der dem Publikum journalistisch vermittelt wird (vgl. Fasel 2013: 9-21; Broersma 2007; Lünenborg 2017: 367ff.; Schmidt/Weischenberg 1994: 216; 232-235), wodurch diesen *Darstellungsprogrammen* ein erheblicher Einfluss auf journalistische Wirklichkeitskonstruktionen zukommt.

In der Journalistik existieren verschiedene Ansätze, die Darstellungsformen systematisch erfassen und anhand verbindender Merkmale eingruppieren. Auch wenn die verschiedenen Autoren (vgl. u.a. Weischenberg 2001; von La Roche 1988; Roloff 1982; zum Überblick vgl. Pöttker 2016c) z.B. das Interview oder das Feature abweichend einordnen, gilt die Trennung zwischen Nachricht und Kommentar, also zwischen informierenden und meinungsäußernden Darstellungsformen, als unantastbar. Ähnlich wie bei Darstellungsformen auch zwischen objektiv (z.B. Nachrichten) und subjektiv (z.B. Reportagen) nicht absolut, sondern graduell unterschieden wird (vgl. Schultz 2021), kann der Anteil von transportierten Tatsachen und Meinungen aber je nach gewählter Form größer oder kleiner ausfallen (vgl. Tab. 9) – wobei es sich bei der Darstellung nicht um empirisch geprüfte Prozentangaben, sondern um Schätzwerte handelt (vgl. hierzu auch Haller 2020: 153). Fasel (2013) differenziert zudem tatsachenbetonte Darstellungsformen (Nachricht, Bericht, Feature und Magazinstory) von erzählenden (Interview, Portrait und Reportage) sowie meinungsbetonten Textsorten (u.a. Kommentar und Kritik). Er integriert mit der zusätzlichen Kategorie „Nutzwert“ zwar keine eigene journalistische Textsorte, aber immerhin „eine besondere Art, einen Inhalt (...) zu thematisieren (ebd.: 131), die abseits des gängigen Berichtens, Erzählens und Einordnens vor allem Nutzen in Form serviceorientierter Beiträge für den Leser stiften soll (da nahezu jede klassische Darstellungsform journalistisch mit Nutzwert angereichert werden kann, wird diese Perspektive hier nicht weiter vertieft). Die vier genannten journalistischen Thematisierungsarten verfügen über jeweils eigene Spezifika bei der Umsetzung (vgl. Abb. 37).

Tab. 4: Tatsachen und Meinung in Textsorten (Quelle: eigene Darstellung nach Fasel 2013: 27)

Form	Gruppe	Tatsachen	Meinung	Status
Nachricht	tatsachenbetont	100%	0%	Keine Meinung
Bericht	tatsachenbetont	90%	10%	Einschätzungen
Feature	tatsachenbetont	75%	25%	Selektion implizit
Magazinstory	tatsachenbetont	50%	50%	Meinung implizit
Interview	tatsachenbetont	75%	25%	Fragen implizit
Portrait	tatsachenbetont	50%	50%	Position implizit
Reportage	tatsachenbetont	50%	50%	Selektion implizit
Kommentar	meinungsbetont	50%	50%	Meinung explizit
Glosse	meinungsbetont	10%	90%	Meinung explizit
Rezension	meinungsbetont	60%	40%	Meinung explizit
Essay	meinungsbetont	30%	70%	Meinung explizit
Karikatur	meinungsbetont	10%	90%	Meinung explizit

Um über ein Thema **zu berichten** (z.B. Meldung, Nachricht, Bericht, Feature) ist die neutrale Beantwortung der **W-Fragen** zentral:

- Was ist geschehen?
- Wo ist es geschehen?
- Wer ist betroffen?
- Wann ist es passiert?
- Was sind die Folgen?
- Wie ist es geschehen?

Um eine Geschichte zu einem Thema **zu erzählen** (Interview, Reportage, Portrait), sind eine farbige, anschauliche und **bildhafte Sprache** und folgende Kennzeichen wichtig:

- Persönlicher Augenschein des Reporters
- Erzählender, kein hierarchischer Aufbau
- Szenische Schilderungen
- Wörtliche Rede oder auch Gegenrede
- Plastische Schilderungen der Vorgänge
- Detailreichtum in der Beobachtung
- [illegible]n von lebendigen, handelnden Personen
- Darstellung von Emotionen

Journalistische Thematisierung

Um das **Geschehen** für den Nutzer **einzuordnen** (z.B. Kommentar, Glosse, Rezension), kann der Beitrag folgende Ausprägungen annehmen:

- Abwägen
- Angreifen/Kritisieren
- Stellung beziehen (klare Haltung)

Um dem Publikum **Nutzen zu bieten** (**„Nutzwertjournalismus“**) sollte ein Beitrag:

- Über die Aktualität der Nachricht hinausgehen
- Hintergrund/Orientierung enthalten
- Lösungen für alltägliche Probleme bereitstellen
- Auf unterhaltsame Weise informieren
- Komplizierte Sachverhalte in eine verständliche Sprache übersetzen - Konkrete Handlungsanweisungen anbieten
- Die persönliche Meinung des Journalisten zurückhalten

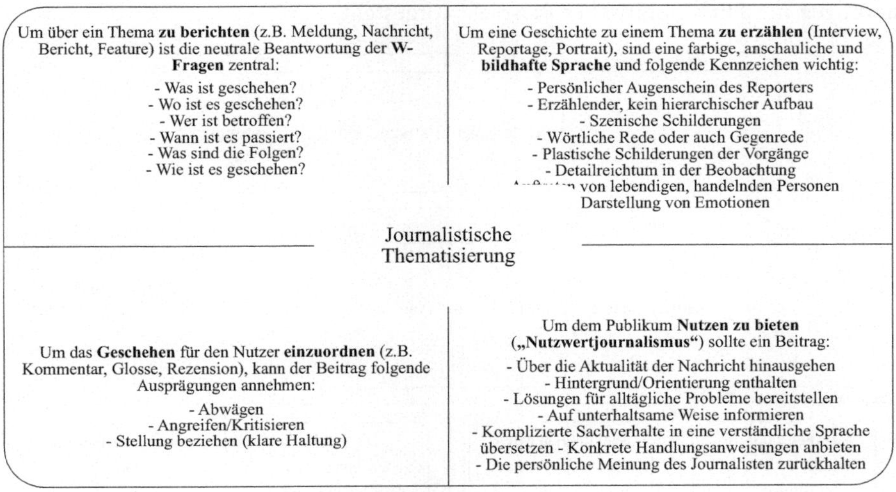

Abb. 17: Spezifika der vier Arten journalistischer Thematisierung nach Fasel (Quelle: Fasel 2013: 13ff.; eigene Darstellung)

Für einen ersten Überblick über die gängigen journalistischen Darstellungsformen bietet sich die Einteilung an, die Horst Müller (2011), emeritierter Professor für „Redaktionspraxis“ an der Hochschule Mittweida, in seinem Lehrbrief zum „Journalistischen Arbeiten“ vorschlägt. Neben der zentralen Trennung in *informierende und meinungsäußernde Darstellungsformen* bezieht sie explizit auch *narrative Darstellungsformen* ein und gesteht dem Interview eine adäquate Sonderrolle zu.

Insbesondere bei Darstellungsformen ist ein Trend zur Hybridisierung im Journalismus (vgl. Witschge et al. 2019) stark ausgeprägt: So argumentiert Lünenborg (2017), dass Mediengattungen wie Berichterstattungsmuster und eben Darstellungsformen, die mit Schmidt und Weischenberg (1994) „als kognitive und kommunikative Schemata zum Zweck der Konstruktion und intersubjektiven Festigung von Wirklichkeitsmodellen“ verstanden werden, sich im Zuge von Ausdifferenzierungs- und Entgrenzungsprozessen, die durch individualisierte Mediennutzung, ökonomische Probleme und technologischen Wandel (vgl. instruktiv die Beiträge in Nuernbergk/Neuberger 2018) getrieben werden, zu „kontingenten Hybriden“ entwickelten (vgl. Lünenborg 2017: 374-379). Als Hybride sind dann jene Darstellungsformen definiert, „die durch das Verschmelzen vormals distinkter Kommunikationsmodi neu entstehen“ (ebd.: 378), wobei Lünenborg das Verschwimmen der Grenze entlang von Faktizität und Fiktionalität und an Beispielen von satirischen Formaten wie „The Daily Show“ oder „heute-show“ verdeutlicht (vgl. ebd.: 376 sowie zu solchen „fake news shows“ ebenso Michael 2017; Lichtenstein/Nitsch 2018). Wie Darstellungsprogramme konkret journalistische Handeln prägen, wird in Kapitel 5.3 anhand einzelner Darstellungsformen, ihren Charakteristika sowie ihren speziellen inhaltlichen und strukturellen Anforderungen mit Hilfe praktischer Beispiele vorgestellt.

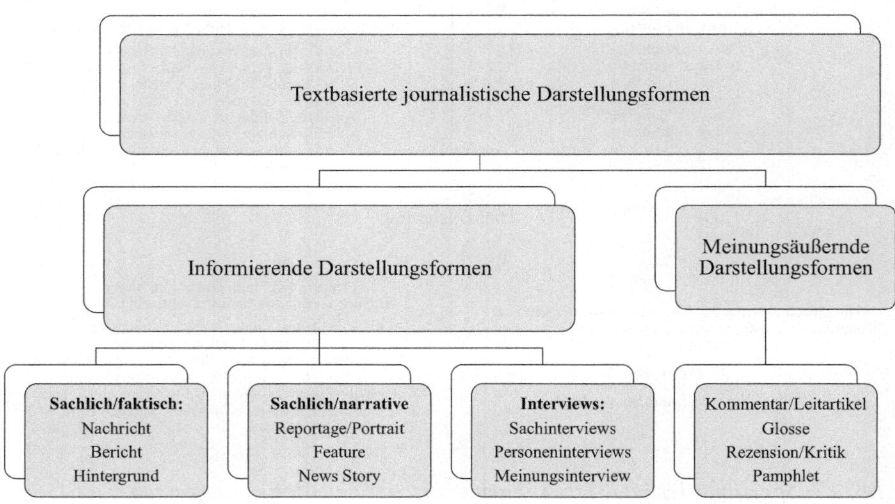

Abb. 18: Darstellungsformen im Journalismus (Quelle: eigene Darstellung nach Müller 2011: 324)

4.5 Publikationskanäle

Der Begriff „Medien“ leitet sich ab vom lateinischen Wort „medium“, das so viel wie „Mittler“ oder „Vermittler“ bedeutet: „Was wir über unsere Gesellschaft, ja über die Welt, in der wir leben, wissen, wissen wir durch die Massenmedien.“ Dieser Satz des Soziologen Niklas Luhmann (1997: 9), Begründer der Systemtheorie, unterstreicht die Bedeutung von Medien als Vermittler von Informationen, Wissen – und letztlich sozialer Wirklichkeit. Massenmedien sind demnach – anders als interpersonelle Medien, die Kommunikation zwischen zwei Personen ermöglichen (z.B. über ein Telefonat), oder Gruppenmedien, die Informationen zwischen ausgewählten Mitgliedern verbreiten (z.B. in einer *WhatsApp*-Gruppe) – Kommunikationsmittel, die Inhalte an die breite Masse von Menschen, die sogenannte *Öffentlichkeit,* vermitteln. Die Journalistik betont mit der „Doppelnatur“ (Meier 2018: 128) von Medien einerseits ihren institutionellen Charakter als Organisationen mit politischen, rechtlichen und ökonomischen Rahmenbedingungen, andererseits aber auch eine Perspektive auf Medien als technische Übertragungswege oder -kanäle von Informationen. Der auf Pross (1972) zurückgehenden, technischen Differenzierung von Mediengruppen folgend lassen sich folgende Kategorien unterscheiden (vgl. Buschow 2018: 87f.): Während *Primär- oder Menschmedien* ohne den Einsatz von Technologie auskommen, benötigen *Sekundär- oder Druckmedien* wie Zeitungen oder Zeitschriften diese zumindest produktionsseitig und *Tertiär- oder Rundfunkmedien* sowohl auf Seiten der Produktion als auch dessen Nutzung (z.B. bei Fernsehen und Radio). *Quartär- oder digitale Netzwerkmedien* (wie Websites, mobile Apps oder soziale Netzwerke) bedürfen ebenfalls auf Produzenten- und Rezipientenseite technologische Mittel (z.B. Hardware, Software, Transferprotokolle). Während traditionell insbesondere Druck- und Rundfunkmedien als technische Vermittler journalistischer Inhalte und somit als „journalistische Medien“ verstanden werden, rücken digitale Netzwerkmedien zunehmend in den Fokus journalistischer Praxis und Forschung (vgl. Haarkötter 2019; Nuernbergk/Neuberger 2018; Steensen/Ahva 2017; Karlsson/Sjøvaag 2018; Eldridge II et al. 2021). Sie entwickeln den für sekundäre und tertiäre Medien typischen linearen, zu einem vernetzen Kommunikationsprozess weiter (vgl. Abb. 19) und lassen Grenzen zwischen Sendern und Empfängern sowie den einzelnen Kommunikationskontexten und -momenten (Produktion, Allokation, Wahrnehmung und Nutzung; vgl. Winter 2008) zunehmend verschwimmen (vgl. Buschow 2018: 90-92 sowie Benkler 2006; Shirky 2008; Castells 2009).

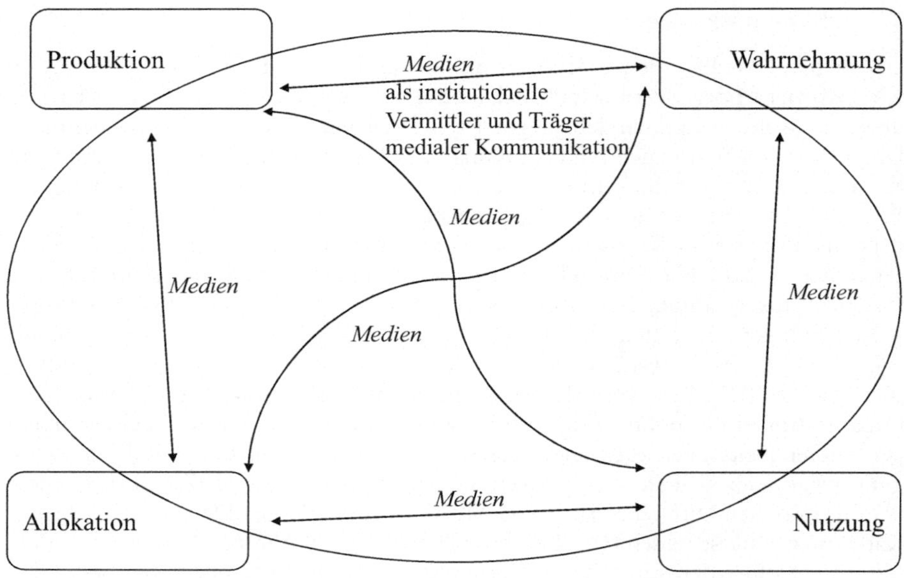

Abb. 19: Vorherrschende Form des Kommunikationsprozesses in digitalen Netzwerkmedien (Quelle: Darstellung nach Buschow 2018: 89)

Im Zuge der Digitalisierung der Medien lösen sich zum einen Medieninhalte von ihren Übertragungswegen, technische und inhaltliche Komponenten verschwimmen (*Konvergenz*), wodurch einzelne Medienelemente wie Texte, Fotos, Audios und Videos oder Grafiken zu multimedialen Formen verschmelzen (vgl. Kapitel 5.4). Zum anderen ist auch die für die Definition von Massenmedien ursprünglich zentrale Trennung zwischen einem Sender, der eine Information verbreitet, und einem Empfänger, der diese Information aufnimmt (rezeptiert), längst aufgehoben. In sozialen Netzwerken wie *Facebook* sind bereits alle Mitglieder potenzielle Produzent:innen und Rezipient:innen von Medieninhalten. Für Lünenborg (2017: 375) werden durch *Multimodalität* – „der verschränkte Einsatz diverser Kommunikationsmodi: narrativ, visuell, auditiv sowie in audiovisuellen Bewegtbildern" – traditionelle Differenzierungen nach Mediengattungen wie Print, Radio, Fernsehen und Online „obsolet". Zur Unterscheidung der verschiedenen Arbeitsfelder von Journalist:innen – es macht sowohl technisch als auch institutionell einen Unterschied, ob sie z.B. als Reporterin für eine öffentlich-rechtliche Kultursendung arbeiten oder als Sport-Redakteur für eine Lokalzeitung und deren Onlineangebot – bieten die traditionellen Mediengattungen als *Veröffentlichungsprogramme* jedoch durchaus nützliche Anknüpfungspunkte (vgl. Hooffacker/Meier 2017: 11-25; DJV 2015: 5):

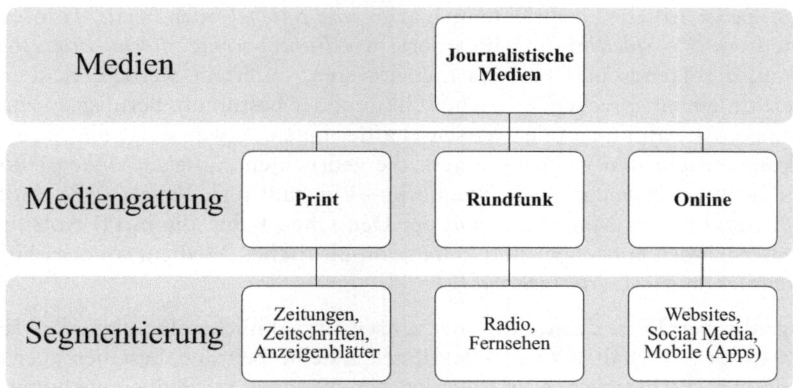

Abb. 20: Journalistische Medien nach Gattungen und Segmenten (Quelle: eigene Darstellung nach Müller 2011: 30)

Print: Zu den Printmedien (Presse) zählen Zeitungen, Zeitschriften und Anzeigenblätter. Dabei handelt es sich um von privaten Verlagen herausgegebene, gedruckte Medienprodukte, die Informationen überwiegend über Texte, Bilder und Grafiken verbreiten und aus redaktionellen Beiträgen sowie aus Werbeanzeigen bestehen.

Zeitungen: *Tageszeitungen* erscheinen, anders als *Sonntags-* oder *Wochenzeitungen* (wie die *Welt am Sonntag* oder die *ZEIT*), mindestens zweimal wöchentlich, in der Regel aber werktags. Sie berichten aktuell und allgemein, widmen sich unter anderem Themen aus Politik, Wirtschaft, Sport, Kultur und Gesellschaft und richten sich an eine unbegrenzte Leserschaft. Während *überregionale Zeitungen* (wie die *SZ*, *FAZ* oder *Welt*) eine bundesweite Perspektive bei der Berichterstattung verfolgen und für sich eine besondere journalistische Qualität in Anspruch nehmen, konzentriert sich der wesentlich größere Teil der *Regional-* oder *Lokalzeitungen* (wie die *WAZ*, *die Rheinische Post* oder die *Leipziger Volkszeitung*) auf regionale und lokale Ereignisse und Themen. Werden diese Zeitungen überwiegend als Abonnementzeitungen angeboten, verkaufen sich die deshalb auch als „Kaufzeitungen" bezeichneten *Boulevardzeitungen* (wie die *BILD* oder der Kölner *Express*) vor allem ‚auf der Straße', z.B. am Kiosk. Dafür müssen sie das Interesse ihrer Leserschaft täglich mit scheinbar sensationellen Schlagzeilen wecken. Die Auflagen der Zeitungen, die seit Jahren ebenso sinken wie ihre Werbeeinnahmen (vgl. Röper 2022; BDZV 2023), werden in Deutschland von der Informationsgemeinschaft zur Feststellung der Verbreitung von Werbeträgern e.V. (IVW) erhoben.

Zeitschriften: Aufgrund ihrer selteneren Erscheinungsweise (meist wöchentlich oder monatlich) weniger aktuell, dafür thematisch hintergründiger und oftmals hochwertiger verarbeitet als Zeitungen, lassen sich auf dem Zeitschriftenmarkt die *Publikumszeitschriften* von den *Fachzeitschriften* differenzieren: Während erstere Informationen und Unterhaltung für eine breite Masse liefern und nach *General-*

Interest-Zeitschriften (Nachrichtenmagazine wie *Spiegel* oder *Focus*, Fernsehzeitschriften wie *TV Spielfilm* und Illustrierte wie *Bunte*) sowie *Special-Interest-Zeitschriften*, die Trends und Hobbys thematisieren, unterteilt werden, richten sich zweitere an ein entsprechendes Fachpublikum oder bestimmte Berufsgruppen (wie Ärzt:innen, Anwält:innen oder Wissenschaftler:innen). Zwar steigt die Anzahl der Publikumszeitschriften in Deutschland, die gedruckten Auflagen sinken jedoch – anders als auf dem Fachzeitschriftenmarkt – konstant (vgl. Vogel 2018). *Kundenzeitschriften* wie das Magazin *Mobil* der Deutschen Bahn, die in PR-Abteilungen von Unternehmen entstehen, sind keine journalistischen Medien, sondern Firmenveröffentlichungen (*Corporate Publishing*).

Anzeigenblätter: Diese „zeitungs- oder zeitschriftenähnlichen Druckwerke“ (Heinrich 2010: 365) enthalten zwar redaktionell erstellte Beiträge, bestehen aber überwiegend aus Werbeanzeigen und werden von Verlagen kostenlos angeboten oder verteilt.

Rundfunk: Zum Rundfunk zählen neben Radio/Hörfunk (beide Begriffe sind Synonyme) auch das Fernsehen, die audiovisuelle Medien (Bild und Ton) nutzen, um Informationen, Unterhaltung und Werbung entweder terrestrisch über Antenne, Kabel, Satellit oder digital zu verbreiten. Nach der dualen Rundfunkordnung sind Radio und Fernsehen entweder als öffentlich-rechtliche oder als private Sender organisiert. Der Unterschied liegt insbesondere in der Finanzierung: Während private Sender (wie *ProSieben* oder *RTL*) sich ausschließlich über Werbeeinnahmen finanzieren, erhalten öffentlich-rechtliche Sender (wie *Das Erste* oder das *ZDF*) den *Rundfunkbeitrag*, den jeder Haushalt monatlich bezahlen muss (vgl. Kapitel 6.1).

Radio/Hörfunk: Das Radio ist – von Ausnahmen wie dem *Deutschlandradio* (öffentlich-rechtlich) oder *RTL Radio* (privat) abgesehen – in Deutschland ein lokales und regionales Medium (vgl. Müller 2011: 62). Während die Radionutzung und -reichweite verglichen mit anderen Medien noch immer hoch ist, kommt dem Hörfunkmarkt wirtschaftlich eine untergeordnete Rolle zu (vgl. VAUNET 2020; Gattringer/Klingler 2018). Insbesondere private Radiosender haben sich inhaltlich in den vergangenen Jahren angenähert und journalistische Inhalte zugunsten von Werbung, Musik und Unterhaltungsformaten zurückgefahren (vgl. ALM 2018). Anders als diese *Formatradios* setzen die wenigen verbliebenen *Programmradios* (wie der *Deutschlandfunk*, *Dlf Nova* und *Dlf Kultur*) auf redaktionelle Sendungen zu politischen, wirtschaftlichen oder kulturellen Themen, nutzen journalistische Genres wie Interviews, Features oder Reportagen (vgl. Kapitel 5.3) und bieten reine Nachrichtenprogramme („News“). Die Arbeitsgemeinschaft Media-Analyse e.V. (AGMA) erhebt im Auftrag ihrer Mitglieder das Mediennutzungsverhalten in Radio und Fernsehen.

Fernsehen: Sowohl wirtschaftlich als auch publizistisch ist das Fernsehen noch immer das unangefochtene „Leitmedium“: Die Nutzungsdauer, Reichweiten und Werbeerlöse sind verglichen mit anderen Medien sehr hoch (vgl. VAUNET 2023; Möbus/Heffler 2019a; 2019b). Den deutschen Fernsehmarkt dominieren zwei „Duopole“: Das öffentlich-rechtliche Fernsehen wird von den Sendern der

Arbeitsgemeinschaft der öffentlich-rechtlichen Rundfunkanstalten der Bundesrepublik Deutschland (*ARD*) und dem *Zweiten Deutschen Fernsehen* (*ZDF*) beherrscht, während die Sendergruppen bzw. -netzwerke *ProSiebenSat.1* und *RTL* den privaten Fernsehmarkt unter sich aufgeteilt haben. Journalistische Inhalte finden sich – abgesehen von Nachrichtensendungen wie *RTL aktuell* oder *ProSieben Newstime* sowie diverser „Infotainment"-Formate, die Informationen stark mit Unterhaltung vermischen – überwiegend auf öffentlich-rechtlichen Sendeplätze: Neben den Hauptnachrichtensendungen *Tagesschau* und *Tagesthemen* (*ARD*) sowie *ZDFheute* sind gesellschaftspolitische Magazinsendungen wie *Panorama* oder *Monitor* und Talk-Formate wie *Hart, aber fair* oder *Anne Will* ebenso Teil des Bildungs- und Informationsauftrages wie Verbraucher- oder Wissenssendungen wie *Markt* oder *Leschs Kosmos*.

Online: Zum weiten Feld der journalistischen Onlinemedien zählen insbesondere Angebote, die in Form von Websites, Apps oder Social Media über digitale Endgeräte wie Computer, Smartphones oder Tablet-PC genutzt werden und Informationen, Unterhaltung und Service im Internet anbieten. Traditionelle Medien aus Print und Rundfunk haben mit *Spiegel.de*, *Bild.de* oder *Tagesschau.de* ihre Markenpräsenz oft publizistisch (wenn auch selten ökonomisch) erfolgreich ins Digitale verlängert und dominieren mit ihren Ablegern den Onlinejournalismus, der sich durch die Möglichkeiten der multimedialen Kombination digitaler Texte, Fotos, Töne und Bilder zu einer eigenen Form des digitalen Journalismus entwickelt hat. Onlinemedien sind durch eine sehr hohe Aktualität und thematische Breite gekennzeichnet, können sowohl ein Massenpublikum als auch Teilöffentlichkeiten mit speziellen Interessen ansprechen und ermöglichen direkte Interaktion zwischen Journalist:innen und Rezipient:innen. Während klassische *Websites* als komplette Angebote oder Auftritte im Internet zu verstehen sind, die aus vielen, durch *Hyperlinks* miteinander verbundenen *Webpages* bestehen, werden unter dem Begriff *Soziale Medien* unterschiedliche digitale (Platt-)Formen und Technologien wie Weblogs, Wikis oder soziale Netzwerke (wie *Youtube*, *Facebook* oder *Instragram*) zusammengefasst, deren Anwender informative oder unterhaltene Inhalte selbst produzieren (*User Generated Content*) und austauschen können. Soziale Interaktion und Vernetzung sind ebenso zentrale Charakteristika von Social Media wie kollaboratives, also gemeinschaftliches Erstellen und Verbreiten von Inhalten. Das für die traditionellen Massenmedien charakteristische Sender-Empfänger-Prinzip von Medieninhalten ist hier durch die Interaktivität aufgehoben. Im Gegensatz zu den stationären und weitgehend statischen Websites setzen *Mobile Medien* auf ein dynamisches, responsives Webdesign, das sich den kleineren Bildschirmen mobiler Endgeräte wie Smartphones flexibel anpasst. Während Onlinemedien insgesamt in Deutschland seit Jahren steigende Reichweiten und Nutzungsdauer verzeichnen (vgl. ARD/ZDF 2023), wächst vor allem der Bereich der mobil genutzten Medien rasant – insbesondere bei jüngeren Zielgruppen (vgl.

Behre/Hölig/Möller 2023: 24-25), obwohl diese nicht vorwiegend journalistische Medienangebote nutzen (vgl. MPFS 2019).[9]

Zu den Sonderformen journalistischer Medien zählen *Nachrichtenagenturen*, die Informationen recherchieren, verifizieren und anderen Medien in Form von Texten, Fotos, Grafiken sowie Ton- und Bildmaterial kostenpflichtig zur weiteren Bearbeitung und Verbreitung anbieten. Neben der *Deutschen Presse Agentur* (*dpa*) und internationalen Anbietern wie *Reuters*, *Associated Press* (*AP*) oder der *Agence France Presse* (*AFP*) existieren zahlreiche themenspezifische Informationsdienste wie der *Sport-Informations-Dienst* (*SID*) oder Fotoagenturen wie *Getty Images*. Agenturen, die nur in der *Presse- und Öffentlichkeitsarbeit* aktiv sind, werden hier nicht als journalistische Medien verstanden.

Diskussionsfragen

- Von welchen Grundannahmen geht die Erkenntnistheorie des Konstruktivismus in Bezug auf Journalismus aus? Was meint in diesem Zusammenhang der Begriff der „journalistischen Wirklichkeitskonstruktion“ und wodurch wird diese potenziell beeinflusst?
- Welches Prinzip steht hinter einem journalistischen Newsroom? Wie ist ein Newsroom aufgebaut und wie ist der journalistische Workflow organisiert?
- Welche journalistischen Themenspektren und Strategien der Zielgruppenansprache lassen sich unterscheiden?
- Welche Charakteristika weisen die folgenden journalistischen Berichterstattungsmuster auf: Informationsjournalismus, investigativer Journalismus und narrativer Journalismus?
- Was meint der Begriff der „Konvergenz“ bezogen auf Medien?

Einführende Literatur

Burghardt, Steffen (2009): Praktischer Journalismus. Oldenburg: De Gruyter.

DFJV (Hrsg.) (2016): Journalistische Genres. Konstanz: UVK.

Meier, Klaus (2019): Berichterstattungsmuster als Strategien der Komplexitätsreduktion. In: Dernbach, Beatrice/Godulla, Alexander/Sehl, Annika (Hrsg.): Komplexität im Journalismus. Wiesbaden: Springer, S. 101–116.

Fasel, Christoph (2013): Textsorten. Konstanz: UVK.

Weiterführende Literatur

Carson, Andrea (2020): Investigative Journalism, Democracy and the Digital Age. London und New York: Routledge.

Altmeppen, Klaus-Dieter (2016): Anwaltschaftlicher Journalismus. In: Heesen, Jessica (Hrsg.): Handbuch Medien- und Informationsethik. Wiesbaden: J.B. Metzler, S. 132–137.

Eberwein, Tobias (2013): Literarischer Journalismus. Theorie – Traditionen – Gegenwart. Köln: Herbert von Halem.

Meier, Klaus (2002): Ressort, Sparte, Team. Wahrnehmungsstrukturen und Redaktionsorganisation im Zeitungsjournalismus. Konstanz: UVK.

9 Überhaupt werden aus der hier gewählten journalistischen Perspektive auf Onlinemedien nennenswerte digitale Bereiche wie reine Kommunikationsdienste, E-Commerce, Tauschbörsen oder Spieleportale ausgeklammert.

5. Journalistische Praktiken

Überblick

„Herzstück“ dieses Lehrbuchs ist das fünfte Kapitel zum praktischen journalistischen Arbeiten: Im Folgenden werden die konvergenten Arbeitsschritte journalistischer Produktion – von Praktiken der Themenfindung über Recherche und Präsentation, dem journalistischen Storytelling, Schreiben und Fact Checking bis hin zur Interaktion mit der Zielgruppe – ausführlich und medienübergreifend präsentiert sowie durch anschauliche Praxisbeispiele nachvollzogen.

Die eingangs entwickelte Definition betont bereits die praktische Perspektive: *Journalismus* ist redaktionell unabhängiges Selektieren, Recherchieren, Strukturieren, Präsentieren, Verifizieren und Publizieren von Informationen – und damit im Kern die Summe praktischer journalistischer Tätigkeiten. Um diese angemessen ausüben zu können, müssen Journalist:innen eine Vielzahl unterschiedlicher Fähigkeiten beherrschen, die vereinfacht als journalistisches Handwerkzeug bezeichnet werden können (vgl. Kapitel 2). Jedoch lohnt hier eine theoretisch komplexere Perspektive: Mit Fokus auf die zweite Dimension des PPP-Models (vgl. Abb. 9) bietet es sich zunächst an, die diesen Tätigkeiten übergeordneten journalistischen *Praktiken* in den Blick zu nehmen, die hier als Handlungsmuster verstanden werden, für deren Vollzug Journalist:innen auf bestimmte Regeln und Ressourcen zurückgreifen und sie dadurch in der Praxis etablieren. Der Hamburger Journalismusforscher Christopher Buschow (2018) hat in seiner Dissertation zur „Neuordnung des Journalismus“ diese praxistheoretische Perspektive besonders deutlich herausgearbeitet und – ergänzt um Elemente der Strukturationstheorie (vgl. Wyss 2016) – ein Verständnis von Journalismus als Praxis („doing journalism“; Deuze/Witschge 2018) geschärft, das als integrativer Ansatz zwischen der Struktur- und der Handlungsebene vermittelt – und sich nicht nur anbietet, um etablierte journalistische Praktiken zu beschreiben, sondern auch den Wandel des Journalismus, z.B. in Form neuer Journalismen wie Daten- oder konstruktiver Journalismus (vgl. Kapitel 7) angemessen begleiten kann (vgl. Brinkmann 2023b: 128ff.; 158ff.). Journalistische Praktiken als „zeitlich und räumlich sequenzierte, sozial typisierte sowie körperlich und dinglich verankerte Handlungsmuster“ (Pentzold 2015: 230), wie z.B. die Selektion, Recherche oder Präsentation von Informationen, dienen durch ihre Modalitäten – Bedeutungs- und Rechtfertigungsregeln ebenso wie soziale oder wirtschaftliche Machtressourcen – damit als „Transmissionsriemen“ oder „Scharnier zwischen individuellem, situationalem Tun und überindividuellen, transsituativen Strukturen“ (Pentzold 2015: 231) (vgl. Abb. 21).

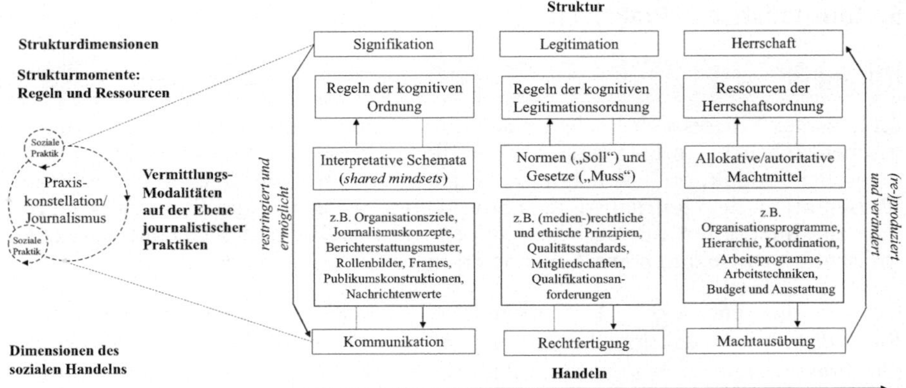

Abb. 21: Rekursiv verbundene Struktur- und Handlungsdimensionen durch Vermittlungsmodalitäten und Praxiskonstellationen des Journalismus (Quelle: eigene Darstellung auf Basis von Wyss 2016: 273; 2004: 312; Buschow 2018: 53; 67; 2012: 33 sowie in Anlehnung an Giddens 1997)

So wie sich journalistische Praktiken innerhalb der bereits beschriebenen journalistischen Programme (vgl. Kapitel 4) vollziehen, deren Dimensionen sie beeinflussen und als konkrete „Praxiskonstellationen" charakterisieren[10] – so greift der Nachrichtenjournalismus teilweise auf andere Regeln und Ressourcen zurück als der narrative oder partizipative Journalismus, weswegen das praktische Selektieren, Recherchieren oder Präsentieren etc. sich *in praxi* jeweils unterscheidet[11] – vollziehen sich konkrete Handlungen von Journalist:innen in diesen Praktiken als deren Muster: So sammeln Journalist:innen, wenn sie z.B. die Praktik der Recherche ausführen, Informationen in verschiedenen Quellen, befragen Informant:innen, werten Dokumente aus, fassen Ergebnisse zusammen und sortieren ihr Material (vgl. Abb. 22).

10 „Die funktional-strukturelle Fundierung der Journalismustheorie hat mit der Konzeption journalistischer Organisations-, Arbeits- und Entscheidungsprogramme (...) längst die Strukturen identifiziert, an denen Journalisten ihr Handeln ausrichten. Bei diesen Programmen handelt es sich um vorentworfene Strukturen in Form von – formalisierten oder informellen – Handlungsanleitungen und Ressourcen, aufgrund derer Journalisten entscheiden" (Wyss 2004: 306).

11 Auch prägen unterschiedliche journalistische Programme bzw. Journalismen verschiedene Praktiken unterschiedlich stark aus bzw. sind charakteristisch für diese: Während z.B. die Praktik des Storytelling im Nachrichtenjournalismus kaum eine Rolle spielt, ist sie für narrativen Journalismus essentiell; während verdeckte Recherche eine Praktik des investigativen Journalismus ist, zählt das Scraping von Daten zu den besonderen Recherchepraktiken des Datenjournalismus und das Crowdsourcing zu denen des partizipativen Journalismus.

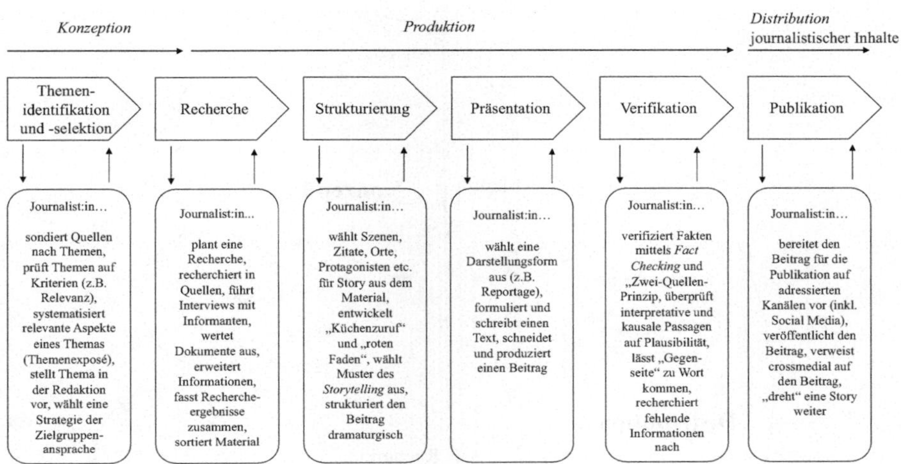

Abb. 22: Typische journalistische Praktiken und beispielhafte, sie reproduzierende Handlungen im Arbeitsprozess der Produktion, Konzeption und Distribution journalistischer Inhalte (Quelle: eigene Darstellung in Anlehnung an Buschow 2018: 124; verändert und erweitert um Brinkmann 2021: 111–226)

Obwohl die im vorangegangenen Kapitel dargestellte Vielfalt journalistischer Programme und Rollen der Generalisierung eines komplexen und sich stetig wandelnden Berufsfeldes und seiner Praktiken entgegensteht – „*Den* Journalisten zu beschreiben, ist in einer Zeit immer größerer Medienvielfalt, Arbeitsteilung und Spezialisierung natürlich nicht möglich" (Hooffacker/Meier 2017: 2; H.i.O.): Entlang des journalistischen Prozesses – in einschlägigen Lehrbüchern auch als „Journalistischer Arbeitsablauf" (Müller 2011: 189ff.) oder „Journalistischer Arbeitsprozess" (Mast 2018: 293ff.) bezeichnet – lassen sich jedoch durchaus journalistische Praktiken und sie prägende Tätigkeiten identifizieren, die unabhängig von der jeweiligen Mediengattung und dem konkreten Einsatzgebiet der Journalist:innen elementar für das journalistische Arbeiten in der Praxis sind und die hier im Folgenden schrittweise und medienübergreifend dargestellt werden:

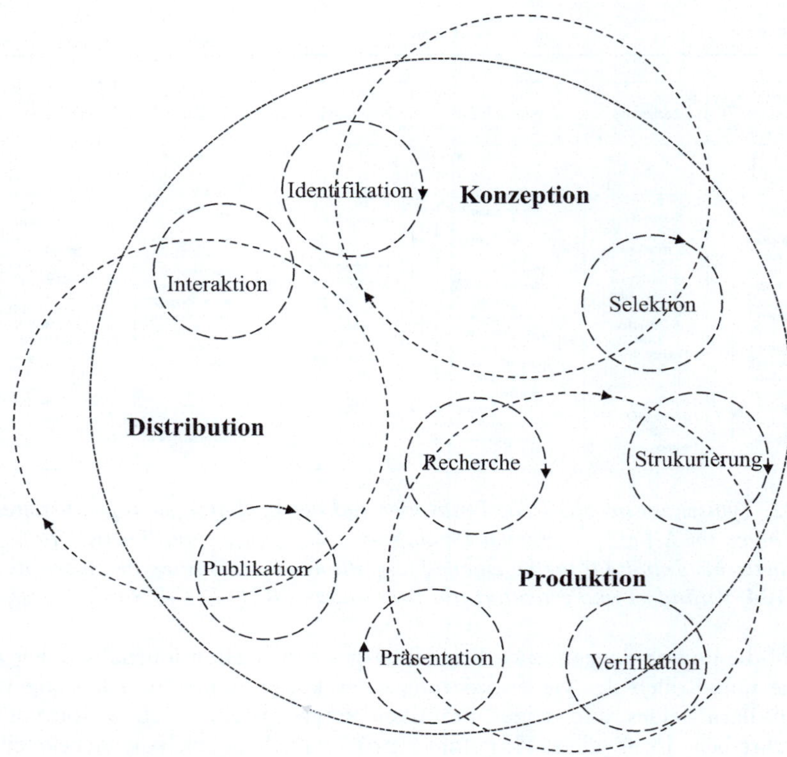

Abb. 23: Journalistischer Arbeitsprozess nach Tätigkeiten (Quelle: eigene Darstellung)

Doch was ist konkret unter diesen journalistischen Tätigkeiten als Schritte im journalistischen Konzeptions-, Produktions- und Distributionsprozess, an dessen Ende ein Beitrag veröffentlicht werden soll, zu verstehen?

- Worüber berichten Journalist:innen? Was ist aktuell, neu und für welche Zielgruppe relevant? Zu Beginn des journalistischen Arbeitsprozesses müssen Journalist:innen zunächst geeignete *Themen identifizieren* und eine erste Vorstellung der journalistischen Umsetzung entwickeln. Neben verschiedenen kreativen Methoden zur Themenfindung helfen auch Nachrichtenfaktoren, passende Themen nach journalistischen Kriterien auszuwählen (*selektieren*).
- Wie kommen Journalist:innen an Informationen für ihre Beiträge? Aus welchen Quellen können sie dabei schöpfen? Wie lässt sich die Informationssuche systematisch durchführen? *Recherchieren* meint die Praktik der journalistischen Informationsgewinnung, die sich über die Formulierung von Recherchezielen und eine konkrete Rechercheplanung über die Anwendung verschiedener Recherchetechniken und -strategien bis hin zur oft mühsamen Auswertung der Rechercheergebnisse erstreckt. Das Sammeln von Fakten, Einschätzungen und

Belegen in öffentlichen oder verborgenen Quellen, über Dokumente oder mithilfe von Informanten zählt zu den originären journalistischen Tätigkeiten, für die auch Kenntnisse über die Rechte und Pflichten von Recherche wichtig sind.

- Wie lassen sich recherchierte Inhalte ausgewählter Themen sinnvoll und verständlich darstellen? Welche journalistischen Formen sind geeignet und welche Charakteristika und Strukturen ergeben sich daraus für die journalistische Medienproduktion? Das weite Feld der journalistischen Formen reicht von den nachrichtlich-faktischen Darstellungsformen wie Nachricht oder Bericht über die erzählerischen „Longforms“ Reportage, Portrait und Feature bis zu den meinungsbetonten Kommentaren und Glossen. Das *Präsentieren* journalistischer Inhalte folgt spezifischen Regeln, mit denen innovative digitaljournalistische Formate wie „Listicles“, Newsticker oder Multimedia-Storys experimentieren, um eigene Formen zu kreieren.
- Welchem „roten Faden“ folgt ein journalistischer Beitrag? Durch welche erzählerischen Muster und Formen lassen sich Leser:innen, Hörer:innen, Zuschauer:innen und Nutzer:innen von journalistischen Geschichten fesseln? Eng verbunden mit der Präsentation der Inhalte ist auch das erzählerische Gerüst eines Beitrags, das sich vor allem mithilfe verschiedener Instrumente des journalistischen „Storytellings“ *strukturieren* lässt. Auch wenn der Journalismus erzählerische Aspekte lange vernachlässigt hat, helfen narrative Strukturen, Fakten spannend, interessant und lebensnah zu vermitteln.
- Nach welchen Maßgaben verfassen Journalist:innen ihre Texte? Wie schreiben sie, sodass die Nutzer:innen ihre Gedanken nachvollziehen und die präsentierten Inhalte verstehen können? Die Suche nach der richtigen Sprache und dem persönlichen Stil ist insbesondere für junge Journalist:innen eine besondere Herausforderung. Die Recherche kann noch so exklusives Material zutage gefördert haben – wenn Journalist:innen die Fakten nicht präzise und nachvollziehbar *formulieren* können, verpufft die Story weitgehend wirkungslos. Schreiben ist im Journalismus essentiell – egal ob als „Edelfeder“ für eine Zeitung oder ein Onlineportal oder als Moderator:in für eine Nachrichtensendung im Fernsehen oder Radio.
- Welche Informationen treffen zu? Wo fehlen dem Beitrag noch Belege? Mit welchen Methoden und Instrumenten können Journalist:innen Fakten überprüfen? Ähnlich wie das Storytelling hat sich das „Fact Checking“ in den vergangenen Jahren zu einem Modebegriff oder *Buzzword* im Journalismus entwickelt – dabei ist das *Verifizieren* von Informationen immer schon eine Kerntätigkeit von Journalist:innen gewesen. Spätestens vor der Publikation müssen alle Informationen sorgfältig und nach journalistischen Kriterien geprüft werden.
- Die abschließende Kontrolle formaler und inhaltlicher Kriterien des publikationsfertigen Beitrags ist das *Redigieren*: Dieser finale Abnahmeprozess eines journalistischen Produkts vor der *Publikation* sichert die journalistische Qualität, indem es auch potenzielle medienethische oder -rechtliche Probleme und eventuelle handwerkliche Mängel offenbart, die beim nächsten Beitrag vermieden werden sollen. Idealerweise steckt in dem journalistisch bearbeiteten The-

ma aber noch Potenzial für Folgeberichterstattung, z.B. indem Journalist:innen eine neue Perspektive einnehmen oder ergänzende Darstellungsformen verwenden und die Story so „weiterdrehen". Nicht nur hierfür bietet sich die anschließende *Interaktion* der Journalist:innen mit ihren Nutzer:innen an. Falls das Thema ausgereizt ist, begeben sich die Journalist:innen auf die Suche nach einem neuen Thema. In beiden Fällen beginnt der journalistische Prozess erneut, weswegen sich die Darstellung als Kreis besonders anbietet (vgl. Abb. 23)

Auch wenn insbesondere im digitalen Journalismus zahlreiche weitere Aufgaben für Journalist:innen anfallen – z.B. im kaufmännischen, technischen, organisatorischen oder kommunikativen Bereich (vgl. Hooffacker 2016: 11ff.) – werden die im vorangegangenen Kapitel dargestellten Tätigkeiten wie das *Organisieren* des Workflows im Redaktionsmanagement oder das *Kommunizieren* mit dem Publikum als redaktionelles Marketing hier nicht als elementare Schritte des journalistischen Prozesses, sondern als vor- bzw. nachgelagert verstanden. Dieses Kapitel konzentriert sich auf den Kern der journalistischen Praxis: Themen finden und verkaufen, Informationen recherchieren, verifizieren und mit Storytelling in Darstellungsformen gießen sowie Texte schreiben und kontrollieren, Beiträge veröffentlichen und darüber mit den Nutzer:innen in einen Austausch treten (der im Idealfall neue Themenideen und -aspekte liefert und den journalistischen Prozess zirkulär von Neuem beginnen lässt). Diese Prozesse und Praktiken journalistischer Content-Konzeption, -Produktion und -Distribution werden anhand anschaulicher Grafiken und aktueller Beispiele Schritt für Schritt dargestellt – und überblicksartig auf die jeweiligen Elemente multimedialer Produktionen spezifiziert.

5.1 Themenselektion: Themen auswählen

Dieses Kapitel nimmt den ersten Schritt im journalistischen Prozess in den Blick: Geeignete Themen für journalistische Beiträge finden und auswählen. Dabei geht es neben den Fragen, warum Journalist:innen Themen brauchen, wo sie suchen können, wie aus einer übergeordneten Thematik ein konkretes Thema wird und wie Journalist:innen ein strukturiertes Themenexposé erstellen, auch um die verschiedenen Arten von Themen sowie Formen journalistischer Thematisierung, die – je nach Zielgruppe – stark variieren. Abschließend werden anhand von Themen- und Nachrichtenfaktoren journalistische Kriterien skizziert, nach denen Themen ausgewählt werden können, und problematisiert, warum diese Selektionsmechanismen bei „vergessenen Themen" offenbar nicht greifen.

Jeder journalistische Beitrag beginnt mit einer Themenidee, einem Ausgangspunkt oder Anlass für journalistische Berichterstattung. Der Weg zum Thema kann dabei sehr unterschiedlich sein: Journalist:innen schnappen eine interessante Geschichte auf, beobachten ungewöhnliche Vorgänge, stoßen auf Trends oder stolpern über überraschende Statistiken. Abgesehen von Besonderheiten ihres jeweiligen Mediums – so berichten Lokalmedien ausschließlich über Themen mit regionalen Bezügen, Fachmedien überwiegend über ihr Fachgebiet, z.B. Wirtschaft oder Medizin – sind Journalist:innen bei der Auswahl ihrer Themen frei. Die Offenheit gegenüber allen gesellschaftlichen Bereichen ist geradezu charakteristisch für die journalistische Berichterstattung, die alle Stimmen, Probleme und Entwicklungen angemessen berücksichtigen soll, um ihren Funktionen gerecht zu werden. Auch wenn viele Themen von außen an eine Redaktion herangetragen werden – z.B. im Rahmen von professionellen Pressekonferenzen und -mitteilungen oder informell durch Nutzer:innen oder sogar Informant:innen, die sich direkt an Journalist:innen wenden – oder gemeinsam intern in Redaktionskonferenzen entwickelt werden: Journalist:innen sollten immer in der Lage sein, eigene Themen zu finden, zu erschließen und so aufzubereiten, dass sowohl die Redaktionskolleg:innen als auch das Publikum sie „kaufen". Während sich auch festangestellte Redakteur:innen profilieren, wenn sie regelmäßig aktuelle und relevante Themen einbringen, ist die Fähigkeit, verlässlich spannende Geschichten zu liefern, vor allem für freie Journalist:innen eine ökonomische Notwendigkeit, denn in den meisten Redaktionen werden die „Freien" nur für publizierte Beiträge bezahlt. Insbesondere in Redaktionen mit vielen und journalistisch versierten freien Mitarbeiter:innen – z.B. im öffentlich-rechtlichen Rundfunk oder bei überregionalen Printmedien – herrscht oft ein kollegialer, wenn auch deswegen nicht weniger erbitterter Konkurrenzkampf um die besten Plätze und Zeiten für die eigenen journalistischen Beiträge. Wer hier keine eigenen Themenideen findet und durchsetzt, fällt publizistisch und wirtschaftlich schnell zurück. Journalist:innen haben also eine hohe Motivation, möglichst eigene Themen zu finden und sich weder dem „Themendiktat" von Pressesprechern auszuliefern oder den thematischen „Einheitsbrei" anderer Medien aufzuwärmen, noch sich ohne Not an den „Nachrichtentropf" der Presseagenturen zu hängen – ganz abgesehen davon, dass es meist viel befriedigender ist, ein eigenes Thema zu recherchieren und journalistisch umzusetzen. Doch nicht nur für Journalist:innen, auch für Medienunternehmen ist es entscheidend, sich über eine relevante und aktuelle Themenauswahl von der Konkurrenz abzusetzen und die eigene *Zielgruppe* anzusprechen – vor allem wenn ihre Produkte im starken Wettbewerb um die Aufmerksamkeit und das Geld des Publikums stehen, wie die meisten Online-Nachrichtenportale oder Medien, die überwiegend direkt vertrieben werden, z.B. Magazine wie *Spiegel* und *Focus* oder Boulevard-Zeitungen wie die *BILD*. Besonders diese Medien leben nicht nur publizistisch, sondern auch ökonomisch von regelmäßig richtigen redaktionellen Entscheidungen für passende Themen und deren Umsetzung: „Diese Festlegungen konkretisieren das publizistische Geschäftsmodell und bilden in ihrer Gesamtheit das redaktionelle Konzept eines Angebots im Sinne der spezifischen Art und Weise, wie eine Redaktion ihr Publikum inhaltlich und formal anspricht und damit einen unverwechselbaren Nutzen stiftet" (Mast 2018: 221).

Themen zu identifizieren ist also elementar für den Journalismus, aber deshalb noch lange nicht einfach – im Gegenteil: Die Journalistin Barbara Scheiter (2009: 7–11) zählt in ihrer kompakten, berufseinsteigerfreundlichen Anleitung „Themen finden" zehn Regeln für den „Misserfolg" bei der Themensuche auf: „Ganz bestimmt kein interessantes Thema und keine gute Geschichte" finden demnach Journalist:innen, die unter Druck Themen finden wollen, die nur vom Schreibtisch aus arbeiten und auf Außenkontakte beruflich wie privat verzichten, kreative Freiräume oder den Austausch mit Kolleg:innen nicht pflegen, die ihre Neugier und die Fähigkeit zum Hinterfragen ausschalten und andere Medien ebenso ignorieren wie Menschen im öffentlichen Leben. Umgekehrt gilt: Journalist:innen, die diese „Regeln“ brechen, erhöhen ihre Chancen, spannende Ansätze für die eigene Recherche zu finden. Entsprechend fordern die „Grundregeln“ für die Themenfindung, die Markus Kaiser (2015: 10–15) formuliert, zum direkten Gegenteil auf: Möglichst mit Menschen sprechen, auf ihre Probleme eingehen und ihnen zuhören, Konkurrenzmedien genau beobachten und auf potenzielle Themen scannen, bei aktuellen Recherchen aufmerksam für weitere Aspekte bleiben – und am wichtigsten: den eigenen Schreibtisch verlassen und „rausgehen“:

> „Wer mit offenen Augen und Ohren durch die Stadt geht, spürt fast immer Themen auf und entwickelt Ideen für eine Reportage, einen Fernsehbeitrag oder eine Audio-Slideshow. Beim Weg in die Redaktion ist Ihnen aufgefallen, dass es zwei neue Spielcasinos in der Stadt gibt. Ein riesiges Plakat kündigt an, dass ein Zirkus in die Stadt kommt. Beim Bäcker ärgert sich eine Kundin über die neuen Einbahnstraßen-Regelungen in ihrem Stadtviertel. Im Schaufenster eines Traditionsgeschäfts hängt ein Schild ‚zu vermieten‘. So erhält man spannendere Themen, als wenn man den ganzen Tag am Schreibtisch sitzt.“ (Kaiser 2015)

Das hier aus der Perspektive eines themensuchenden Lokaljournalisten dargestellte Konzept beschreibt Henning Noske (2015b: 23ff.), langjähriger Lokalchef der *Braunschweiger Zeitung*, in „Journalismus – Was man wissen und können muss“ als Methode der „Themenstreifzüge“. Dabei geht es um eine genaue Beobachtung der Umgebung, der Umwelt und der Mitmenschen, durch die Journalisten („Themen-Scouts“) ihr Bewusstsein schärfen, was potenziell überhaupt ein Thema sein kann. Als „New York-Experiment“ werden Themenexkursionen in journalistischen Einführungskursen an der renommierten Columbia University in New York City durchgeführt, um den „Entdecker-Reflex“ der angehenden Journalist:innen zu stimulieren und sie zu für die mögliche „Story behind the Story“ zu sensibilisieren. Neben einer offenen Haltung und einer aktiven Herangehensweise ist bei der Themensuche nicht nur entscheidend, *wie* Journalist:innen nach Themen suchen, sondern vor allem auch *wo*. Die folgende Liste möglicher Quellen („Themensteinbrüche“) ist keineswegs erschöpfend, bildet aber abseits eigener Erkundung eine Basis für themensuchende Journalist:innen:

- Pressemitteilungen und -material von Unternehmen, Behörden oder Organisationen,
- Pressekonferenzen, Veranstaltungen und offizielle Termine (z.B. Ortstermine, Demonstrationen oder Gerichtsverhandlungen),
- Behördliche Verzeichnisse wie Handels- oder Vereinsregister,
- Polizeiberichte, Feuerwehrmeldungen, Amtliche Mitteilungen,
- Mitteilungen der Verbraucherzentralen, statistischen Ämter oder Handwerks-, Industrie und Handelskammern,
- Kommunale Haushaltspläne und Tagesordnungen, Parlamentsprotokolle,
- Protestschriften, Flugblätter, Petitionen,
- Konkurrenzmedien: Tages- und Wochenzeitungen, Publikums- und Fachzeitschriften, Radio- und TV-Sendungen, Onlinemedien und Agenturen,

- Social Media sowie private oder Corporate-Blogs,
- Haus- und Vereinszeitschriften, PR-Magazine,
- Werbung, Anzeigen (z.B. Todes- und Familienanzeigen), Anzeigenblätter.

Nach Müller (2011) kann bei der journalistischen Themenfindung zudem grundsätzlich von fünf unterschiedlichen Szenarien ausgegangen werden – je nach Themenquelle oder Ereignis:

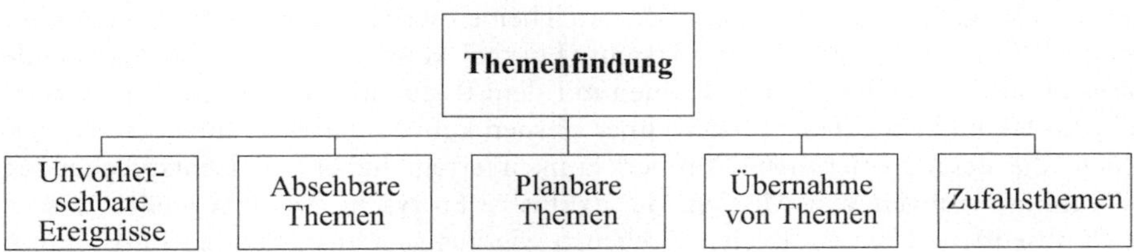

Abb. 24: Szenarien der Themenfindung für journalistische Arbeiten (Quelle: vgl. Müller 2011: 192)

Definitionen: Ereignisse, Themen, Nachrichten

Für die Fragen, wie und welche Ereignisse und Themen in der journalistischen (Nachrichten-)Berichterstattung aufgegriffen werden, ist es entscheidend, diese Begriffe zu definieren und voneinander abzugrenzen: Aus journalistischer Perspektive sind *Ereignisse* objektiv wahrnehmbare, „zeitlich und räumlich begrenzte Geschehnisse“ (Kepplinger 2011b: 69), die einen erkennbaren Anfang und ein absehbares Ende besitzen (vgl. Fretwurst 2008: 9). Als *Themen* werden nach Kepplinger (2011b: 70) „Zustände bezeichnet, deren Anfang und Ende nicht absehbar sind.“ Dabei können Themen erstens als „gedanklich verbindende Merkmale verschiedener Ereignisse“ (Fretwurst 2011: 9) verstanden werden, die diese zu einem *Thema* zusammenfassen und so den „thematischen Bezug von Ereignissen“ (Kepplinger 2011b: 70) herstellen. Zweitens können Themen auch losgelöst von Ereignissen diskutiert werden und so einen übergeordneten Rahmen für andauernde Zustände bilden. Hierbei werden Themen als „Sinnkomplexe“ gesehen (vgl. ebd.). Als *Nachricht* versteht man aus journalistischer Perspektive eine Darstellungsform als „direkte, kompakte und möglichst objektive Mitteilung über ein neues Ereignis“ (Schwiesau/Ohler 2016: 2). Einzelne *Ereignisse* und übergeordnete *Themen* werden also u.a. als *Nachrichten* über die journalistische Berichterstattung verbreitet (vgl. Brinkmann 2015: 19).

Unvorhersehbare Ereignisse treten plötzlich und unvermittelt auf und verändern die Nachrichtenlage massiv und meistens nachhaltig. Überraschende Rücktritte von Politiker:innen, Unglücke oder Naturkatastrophen sind für Journalist:innen nicht planbar, weshalb Redaktionen sich schnell auf das neue Thema einstellen, dabei aber mit der gebotenen Sorgfalt vorgehen müssen – insbesondere, weil bei unvermittelt eintretenden Ereignissen die Fakten oft noch lückenhaft und Informationen widersprüchlich sind. Beispiele für unvorhersehbare Ereignisse sind die Anschläge auf das World Trade Center vom 11. September 2001, die atomare Katastrophe in Folge des Erdbebens im japanischen Fukushima im März 2011 oder

der Absturz des Germanwings-Flugs 9525 am 11. März 2015 in den Westalpen, die jeweils die journalistische Agenda dominierten und größtenteils zu Änderungen der bestehenden Redaktions- und Sendepläne führten. Je nach Bedeutung des unvorhersehbaren Ereignisses passen Redaktionen ihre zeitlichen und personellen Ressourcen an, um aktuell und journalistisch angemessen reagieren zu können (vgl. Müller 2011: 192–193).

Absehbare Themen treffen Redaktionen nicht unvorbereitet, sondern bezeichnen Entwicklungen, die in absehbarer Zeit zu Themen werden können, wobei ein konkreter Zeitpunkt nicht immer feststeht: Hierbei kann es sich um bevorstehende Pressekonferenzen handeln, bei denen mit dem Rücktritt von Politiker:innen oder der Entlassung eines Trainers gerechnet werden kann. Auch aus laufenden Recherchen, die bereits öffentliche Aufmerksamkeit erregt haben, und entsprechenden Vorankündigungen von Medien, die exklusive Storys in Aussicht stellen, lassen sich absehbare Themen ableiten – ebenso wie aus sich zuspitzenden Entwicklungen, wie erwartbaren Streiks nach gescheiterten Tarifverhandlungen (vgl. ebd.: 193–194). Beispiele für absehbare Themen sind die Grenzschließungen im Zuge der sich verschärfenden Coronakrise im März 2020, der angekündigte Rücktritt des Fußballtrainers Jürgen Klopp bei Borussia Dortmund nach einer sportlich enttäuschenden Phase im April 2015 oder die Ankündigung des *Stern* im Januar 2013, dass das Magazin Belege für die Steuerhinterziehung von Uli Hoeneß, damals Präsident des FC Bayern München, habe und diese in der kommenden Ausgabe veröffentlichen werde. Die Redaktionen konnten sich in allen Fällen auf die Themen einstellen und publizistisch entsprechend vorausplanen.

Planbare Themen erfüllen genau diese Besonderheit: Das Ereignis steht bereits im Vorhinein fest, oft sogar mit konkreten Terminen. Obwohl sie weder exklusiv noch überraschend sind, bieten sie Redaktionen und Journalist:innen den Vorteil, sich bereits vorab mit dem Thema beschäftigen, durch eigene Recherchen Informationen ergänzen und den Umfang der Berichterstattung einschätzen zu können (vgl. ebd.: 194–195). Beispiele für planbare Themen sind alle Arten von Jahrestagen, Jubiläen oder historischen Gedenktagen (z.B. 30 Jahre Mauerfall oder 100 Jahre Untergang der Titanic), Geburtstage von Politiker:innen oder Prominenten, feststehende Ereignisse mit weitgehend absehbarem Verlauf (z.B. Promi-Hochzeiten, Sportereignisse, Wahlen oder Pressekonferenzen von Unternehmen) oder feste Medienereignisse wie der Start einer neuen Staffel von „Germany's Next Top Model" (*ProSieben*) oder dem „Dschungelcamp" (*RTL*), die von den eigenen Sendern inszeniert und von anderen Medien, z.B. Boulevardzeitungen wie der *BILD*, aufgegriffen werden.

Themenübernahmen bleiben oft die einzige Möglichkeit für Redaktionen, auf *exklusive Informationen* in Konkurrenzmedien zu reagieren: Sind die Kolleg:innen bei einer Story uneinholbar weiter, können Journalisten anderer Medien nachziehen, indem sie selbstverständlich die Originalquelle nennen – z.B. „Nach Informationen der *BILD*…", „Wie die *Süddeutsche Zeitung* berichtet…" oder „… sagte er gegenüber dem *Spiegel*" – und versuchen, dem fremden Thema durch ergänzende Recherchen in der eigenen Berichterstattung neue Aspekte hinzuzufügen – das Thema also weiterzudrehen. Oft bleibt es aber bei reinen Wiedergaben der übernommenen Informationen, was für eine gewisse „Leitmedienhörigkeit“ vieler Journalist:innen spricht, die lieber die renommierte Konkurrenz zitieren als eigenständig zu recherchieren: Solche Leit- oder „Leuchtturm“-Medien (Jarren/Vogel 2011), zu denen Lobigs (2014: 166–167) die *Süddeutsche Zeitung*, *Frankfurter Allgemeine Zeitung*, *Frankfurter Allgemeine Sonntagszeitung*, die *Welt* und *Welt am Sonntag*, die *taz*, das *Handelsblatt*, sowie *Zeit*, *Spiegel*, *Focus*, *Stern* und *WirtschaftsWoche* zählt und die neben deren Onlineangeboten sicher noch um den *Deutschlandfunk* sowie die öffentlich-rechtlichen Nachrichtensendungen ergänzt werden können, dominieren die Nachrichtenlage und Meinungskultur in einem Mediensystem und zeichnen sich vor allem durch drei Eigenschaften gegenüber anderen Medien aus (vgl. Müller 2011: 196–197): Leitmedien werden (1) von den Konsumenten besonders häufig und intensiv genutzt, verfügen also über hohe Auflagen, Einschaltquoten oder Reichweiten, (2) vom Publikum eine besonders hohe journalistische Kompetenz zugeschrieben, die oft mit einer hohen Glaubwürdigkeit einhergeht und (3) insbesondere von anderen Journalist:innen sowie von Entscheider:innen in Wirtschaft und Politik gelesen und akzeptiert – und entsprechend häufig in der Berichterstattung zitiert. Zu den meistzitierten deutschen Medien zählten nach einem Ranking von Media Tenor im ersten Halbjahr 2023 (wie schon in den Jahren zuvor) der *Spiegel*, die *BILD*, *Süddeutsche Zeitung*, das *Handelsblatt* und *BILD am Sonntag*, denen die Analysten hohe investigative Rechercheleistung und journalistische Qualität bescheinigten (vgl. Bartl 2023).

Zufallsthemen ergeben sich weniger durch systematische Themensuchen, sondern entspringen eben Zufällen (vgl. Müller 2011: 201): Aus Gesprächen im Verwandten-, Freundes- oder Kollegenkreis, die Journalisten auf spannende Geschichten hinweisen (z.B. die schulische Belastung der Kinder nach der Umstellung des Gymnasiums von neun auf acht Jahre, das Bienensterben, die Pläne der Stadtverwaltung zum Bau einer neuen Flüchtlingsunterkunft oder fehlende Schutzmaßnahmen gegen Corona in einem Unternehmen oder einer Behörde), aus eigenen Erfahrungen (z.B. Ärger über steigende Benzinpreise oder anhaltende Bauarbeiten, Begeisterung für ein Buch, einen Film oder eine Serie etc.), aus im öffentlichen Leben aufgeschnappten Hinweisen auf Missstände (z.B. Beschwerden über lange Bearbeitungen von Bürgergeld-Anträgen, unregelmäßige Müllentsorgung oder zunehmende Kriminalität) – oder aus den eingangs genannten „Themenstreifzügen“.

Unabhängig davon, wie das Thema in die Redaktion gekommen ist: Nachdem ein geeignetes Themenfeld identifiziert ist, müssen Journalist:innen es soweit konkretisieren, dass es den unbestimmten Charakter einer übergeordneten *Thematik* verliert und als journalistisches *Thema* greifbar wird: „Eine Thematik bezeichnet dabei nur das Themenfeld, die einzelnen Themen sind konkreter und beleuchten die Thematik aus verschiedenen Blickwinkeln oder mit anderem Fokus“ (Scheiter 2009: 72). Nach Haarkötter (2015) ist die Thematik „der übergeordnete Rahmen, der gesellschaftliche Bogen, innerhalb dessen ein Thema gesetzt und eine Geschichte erzählt wird.“ Wie dann aus Thematiken konkrete Themen werden, fasst Scheiter (2009: 21–22) in einer griffigen Formel zusammen: „Thematik + Recherche = Thema“. Durch eine *Vorrecherche* – zur Abgrenzung vom formal erst anschließenden Schritt des *Recherchierens* (vgl. Kapitel 5.2) auch als *Themen-*

recherche bezeichnet – gewinnen Journalist:innen einen ersten Überblick über die Thematik – z.B. „Überalterung der Gesellschaft, Krise der Hauptschulen, Klimawandel, Ernährung, Kinderbetreuung“ (Lilienthal 2014: 21) – zerteilen diese in Themenaspekte, deren Probleme sie ausleuchten und gesellschaftspolitische Bedeutung sie einordnen können, finden aktuelle „Aufhänger“ in Form von Ereignissen und Geschichten – und grenzen das Thema so schrittweise ein.

Beispiel: Thematik „Rechtsradikalismus“

Eine Thematik des gesellschaftlichen Themenschwerpunkts „Politik“ ist „Rechtsradikalismus“, die aber noch zu abstrakt für journalistische Beiträge ist – von politischen Essays einmal abgesehen. Journalist:innen, die über Rechtsradikalismus berichten, überlegen also, wo diese Thematik konkret wird und wo sie sich verorten lässt, z.B. anhand von Konflikten mit rechten Gruppen in Ostdeutschland. Als aktueller Aufhänger bietet sich dann ein konkretes Ereignis wie die Proteste rechter Gruppierungen im sächsischen Chemnitz Ende August 2018 und deren Eskalation mit Übergriffen auf Migranten an (vgl. Abb. 27) – hier steckt dann die journalistische Story: In der Recherche formulieren Journalist:innen konkrete Fragen und liefern Antworten, indem sie die Ursachen, Hintergründe und Folgen der Ereignisse in der Berichterstattung transparent machen.

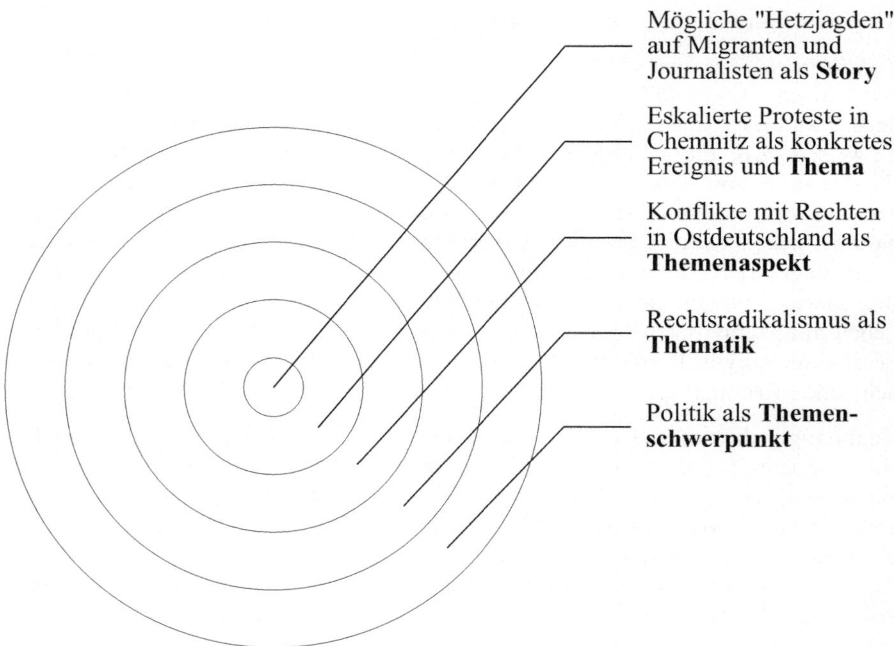

Abb. 25: Exemplarische Eingrenzung der Thematik „Rechtsradikalismus“ (Quelle: eigene Darstellung)

Im Idealfall finden Journalist:innen in ihren Themen bereits einen potenziellen Konflikt, anhand dessen sich eine brisante Problematik veranschaulichen lässt, sowie Protagonist:innen, die der Geschichte ihr „Gesicht" geben und den Beitrag emotionalisieren, falls die geplante *Darstellungsform* (vgl. Kapitel 5.3) dies verlangt. Mit den Begriffen des journalistischen *Storytellings* (vgl. Kapitel 5.4) gesprochen, identifizieren Journalist:innen für ihr Thema bereits früh einen Helden, eine Handlung und ein Hindernis. Durch die Ausarbeitung eines *Themenexposés*, das die zentralen Ideen prägnant zusammenfasst und als Grundlage für die Präsentation und Verteidigung des Themas in der Redaktions- oder Themenkonferenz dient, entwickeln Journalist:innen gleichzeitig bereits einen konkreten Zugang zur anschließenden *Recherche* (vgl. Abb. 28). In diesem Übergang von Themenrecherche zum *Rechercheansatz* überschneiden sich die Tätigkeiten Themenfindung und Recherche zu Beginn der journalistischen Produktion oft als fließender Prozess.

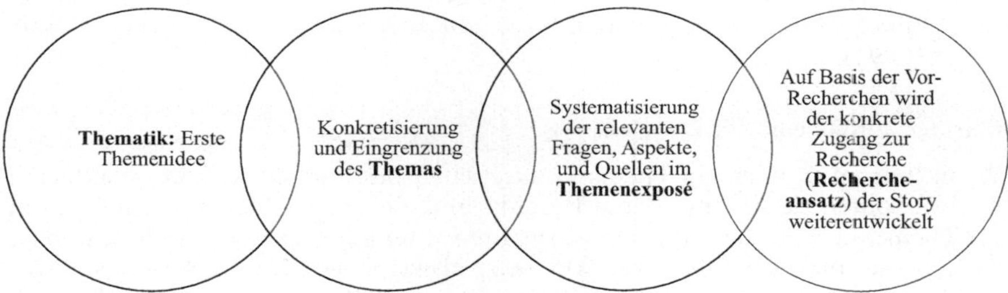

Abb. 26: Systematische Themenrecherche: Von der Thematik zum Rechercheansatz (Quelle: eigene Darstellung)

Bereits in diesem Stadium des journalistischen Prozesses und unabhängig von der eigenen Rolle – ob als Praktikant, Volontärin, freier Journalist oder Redakteurin: „Um einer Redaktion ein Thema verkaufen zu können, muss es möglichst konkret sein" (Scheiter 2009: 73). Die Entscheidung, ob ein Thema journalistisch umgesetzt wird, fällt meistens in den *Themenkonferenzen*, die regelmäßig je nach Publikationsrhythmus mehrmals täglich, wöchentlich oder monatlich stattfinden und auf denen sich die Redaktion abseits aktueller Nachrichtenlagen über Themenvorschläge austauscht. Als Voraussetzungen für erfolgreiches *Brainstorming* in Themenkonferenzen nennt Noske (2015b) „geistige Frische, Offenheit und Gedanken-Radikalität" und warnt dabei vor destruktiven „Verhinderern" – Redakteur:innen, die Themenideen mit berüchtigten „Killer-Phrasen" wie „Das will unser Leser nicht", „Das ist Boulevard" oder „Das hatten wir schon" ablehnen und den kreativen Prozess der redaktionellen Themenfindung stören. Um das eigene Thema erfolgreich zu platzieren und durch die Themenkonferenz zu bringen, empfiehlt es sich, das Thema sowohl auf die inhaltlichen Anforderungen der Redaktion zuzuschneiden als auch den konkreten Bezug für die Zielgruppe des Mediums herauszuarbeiten:

> „Einen Artikel, den niemand liest, einen Fernsehbericht, den niemand anschaut, oder einen Radiobeitrag, bei dem die Leute nicht hinhören, kann nicht das Ziel eines Journalisten sein. Meist reicht es schon, die Auswirkungen der beschriebenen Entwicklung auf das Publikum anschaulich zu machen. Leider wird das vor allem in der Politik- und Wirtschaftsberichterstattung gern vergessen. Dabei kann immer die Frage helfen: Wie mache ich meinem Publikum klar, warum dieses Thema genau zu diesem Zeitpunkt wichtig ist? Ein Bericht über die US-Bankenkrise ist genau genommen so lange für eine 70-jährige Radiohörerin in Sachsen-Anhalt weder wichtig noch interessant, bis man ihr deutlich macht, welche Auswirkungen die Krise auf ihr Sparguthaben und den Wert ihres Häuschens hat – und welche nicht. Oder dass man Zusammenhänge aus der Weltwirtschaft erläutert, die die Dame auch am eigenen Geldbeutel spüren könnte. Und wenn man ihr genau diese Auswirkungen eben auch fundiert erklärt, dann wird der Bericht für die Dame wichtig und interessant und das Thema erfüllt die Nachrichtenkriterien für genau diese Hörerschaft." (Scheiter 2009: 90–91)

Beispiel: Ein Thema für *Die Zeit*?

Wenn Journalist:innen ein Thema konkret einer bestimmten Redaktion anbieten wollen, sollten sie sich mit deren Produkt und Zielgruppe vertraut machen, um die Themenidee auf das Angebot abzustimmen und die Chance zu erhöhen, dass das Thema auch gekauft wird. Wer beispielsweise die Ausgaben der Wochenzeitung *Die Zeit* aus dem Jahr 2019 analysiert, stellt fest, dass sich viele Titelgeschichten um „Lebenswelt-Themen" wie Bildung, Gesundheit, Partnerschaft, Familie oder Arbeit drehen. Dabei setzt die *Zeit* mit Titeln wie „Psychologie: Schütze deine Seele", „Die Kraft der Freundlichkeit", „Warum wir uns nicht mehr verstehen", „Familie, aber anders", „Die Kollegen: Fluch oder Segen?", „Wann sind wir erwachsen?", „Werden wir immer dümmer?", Reisen zum eigenen Ich" oder „Wir werden alt wie nie – was tun?" teilweise auf sehr konkrete, teilweise auf philosophische Fragen des menschlichen Zusammenlebens und spricht ihre Leser:innenschaft direkt an bzw. bezieht sie ein („wir"). Nach einer Analyse des Branchendienstes *Meedia* ist der typische *Zeit*-Leser „meist ein Mann, öfter als bei Spiegel & Co aber eine Frau. Er ist überdurchschnittlich jung und studiert. Hat er fertig studiert, so ist er selbständig, ein Freiberufler oder ein leitender Angestellter, dessen Haushalt über mehr als 3.000 Euro netto verfügt. Er kommt aus NRW, dem Norden der Republik oder aus Berlin" (Schröder 2013). Vor diesem Hintergrund bietet es sich an, aus dem breiten Themenschwerpunkt zwei Thematiken – z.B. „Bildung" und „Leben" – zu kombinieren und mit Blick auf eine akademisch geprägte, bildungsnahe und an dem optimalen Selbst interessierte Leser:innenschaft mit einer moralischen Frage und einer persönlichen Zielgruppenansprache zu verbinden. Im Januar 2020 fragte *Die Zeit* in ihrer Titelgeschichte tatsächlich unter der Schlagzeile „Gut durch Bildung?", ob Lernen „mich zu einem besseren Menschen macht?". Die beruhigende Antwort lieferte die *Zeit* im Teaser gleich mit „Lesen lehrt Mitgefühl, denn durch den Bettler im Roman lässt sich nicht durchschauen. Wer das tut, kreist nicht mehr nur um sich selbst" (Ross 2020). So geht Wohlfühl-Journalismus.

Ein solide vorrecherchiertes und sorgfältig ausgearbeitetes Themenexposé hilft nicht nur, eigene Gedanken in Bezug auf das Thema zu ordnen, sondern veranschaulicht auch, wo konkret die journalistische Substanz des Themas und seine Relevanz für die Zielgruppe steckt, und gibt einen ersten Überblick über den geplanten Beitrag: Das Themenexposé sollte daher nicht nur einen *Arbeitstitel* enthalten, der neugierig macht, sondern auch bereits einen *Redaktions- oder Küchenzuruf*, der das Thema prägnant zusammenfasst. Auch Informationen zur geplanten Darstellungsform, dem zu erwartenden Umfang sowie einen ersten Überblick über den groben Aufbau des Beitrags und mögliche Quellen sollte das Exposé enthalten (vgl. Tab. 5) und um den Namen und die Kontaktdaten der Verfasser:innen sowie das geplante Veröffentlichungsdatum ergänzt werden.

Definition: Redaktions- oder „Küchenzuruf"

Der Redaktions- oder „Küchenzuruf" ist eine prägnante Zusammenfassung eines journalistischen Beitrags – entweder für die Kolleg:innen in der Redaktion oder für die Leser:innen, die die Quintessenz des Beitrags jemandem anderen „zurufen". Für Christoph Fasel (2013: 10ff.) ist der Küchenzuruf ein Werkzeug, das bei der Beantwortung der Frage hilft, „Welcher Aspekt einer Geschichte ist es wert, unter journalistischem Blickwinkel beleuchtet zu werden?", und deswegen in jeden Beitrag mit journalistischem Anspruch gehört. Der Begriff geht auf den *Stern*-Gründer Henri Nannen zurück, der damit den Wert einer journalistischen Aussage betonte: „Der Küchenzuruf ist jene Fähigkeit, die jeder nach journalistischen Maßstäben verfasste Beitrag besitzen muss, seinen Leser, Hörer, Zuschauer oder Nutzer in die Lage zu versetzen, nach der ersten Lektüre des Textes oder nach dem ersten Anschauen des TV-Beitrags die Kernbotschaft, das Herz, die zentrale Aussage des Textes in maximal zwei bis drei kurzen Sätzen wiederzugeben" (ebd.). Da er nicht nur der Redaktion und dem Publikum die Frage beantwortet, warum der Beitrag relevant ist, sondern auch dazu beiträgt, während des weiteren journalistischen Prozesses – insbesondere beim Storytelling und beim Schreiben – den „roten Faden" der Geschichte nicht aus den Augen zu verlieren, sollte der Küchenzuruf eines Themas möglichst früh feststehen.

Tab. 5: Beispielhaftes Themenexposé für einen journalistischen Beitrag (Quelle: eigene Darstellung)[12]

Merkmal	Beispiel
Arbeitstitel, der neugierig machen soll	„Sturm über Chemnitz“
Redaktions- oder Küchenzuruf, der die Quintessenz des Themas prägnant zusammenfasst	In Chemnitz eskalierten die Proteste rechter Gruppierungen Ende August 2018 in Übergriffen auf Migranten und Journalisten. Ein Jahr später stellt sich die Frage: Wie konnte es dazu kommen?
Darstellungsform, die für den Beitrag geplant ist	Es bieten sich Darstellungsformen an, die sowohl Hintergründe transparent machen als auch die gesellschaftliche Dimension des Ereignisses (Thematik) hinreichend abbilden, also z.B. das journalistische Feature oder der Hintergrundbericht
Aufbau, der für den Beitrag geplant ist (z.B. Gliederung, Verlauf, zentrale Aspekte etc.)	Der Beitrag könnte mit szenischen Beschreibungen der Proteste einsteigen und dann chronologisch die Ereignisse anhand von Aussagen der Beteiligten und Betroffenen nachzeichnen. Am Ende steht ein Ausblick über die Folgen der Ausschreitungen.
Quellen, die als Grundlage für den Beitrag dienen können (Statistiken, Experten, Ansprechpartner etc.)	Interviews mit Beteiligten und Betroffenen (Opfer und Täter) sowie mit Beobachtern (Journalisten vor Ort). Außerdem sollen Polizeimeldungen und Medienberichte ausgewertet werden. Zur gesellschaftspolitischen Einordnung sollen Experten für rechte Gewalt aus der Wissenschaft und Politik befragt werden. Zusätzlich sollen verfügbare Statistiken über rechte Gewalttaten in (Ost-)Deutschland ausgewertet werden.

Ob sich ein Thema in der Themenkonferenz durchsetzt und von der Redaktion gekauft wird, ist letztlich auch eine Frage der Qualität des jeweiligen Themas – und die qualitative Bewertung im Journalismus bleibt auf allen Ebenen des journalistischen Prozesses ebenso problematisch wie beim fertigen Produkt. Die Frage „Was ist denn nun ein gutes Thema?“ lässt sich pauschal leider nicht beantworten – Barbara Scheiter (2009: 94) gibt in Form einer „Checkliste“ aber zumindest grobe Leitplanken vor. Wenn Journalist:innen die meisten der folgenden Fragen

12 Das Themenexposé ist an das studentische Projekt „Sturm über Chemnitz“ angelehnt, das im Sommersemester 2019 im Rahmen des Moduls „News Journalism“ an der Hochschule Mittweida als journalistischer Beitrag entstanden ist und für den Alternativen Medienpreis 2020 nominiert sowie mit einer würdigenden Anerkennung des Guttenberg-Recherchepreises 2020 und u.a. dem Coburger Medienpreis 2020 in der Kategorie "Nachwuchs national" ausgezeichnet wurde. Nachzulesen ist die Story, auf die dieses Lehrbuch an verschiedenen Stellen Bezug nimmt, unter chemnitz.yournalism.de.

positiv beantworten können, steigen die Chancen, dass es sich um ein journalistisch „gutes" Thema handelt:

- Ist mein Thema in dieser Form wirklich neu und ungewöhnlich?
- Sind die Quellen, die für die Recherche wichtig sind, für mich zugänglich?
- Wird mein spezielles Publikum sich für dieses Thema interessieren? Oder spricht es nur einen kleinen Teil meines Publikums an?
- Hat das Thema mit den Grundproblemen der Menschen zu tun, z.B. mit Liebe, Tod, Krankheit, Geld, Erfolg oder Gesundheit?
- Lässt die gewählte Perspektive neue, ungewöhnliche Eindrücke von dem Thema zu?
- Gibt es Probleme/Konflikte oder andere Elemente, die Spannung schaffen und das Publikum fesseln?
- Birgt das Thema Potenzial für die Beschreibung von Szenen und Emotionen?
- Gibt es Held:innen, ein Ziel und ein Hindernis?
- Gibt es eine zentrale Kernaussage und lässt sie sich in einem Satz mit einem starken Verb zusammenfassen?
- Widerspricht die Kernaussage den Auffassungen und Vermutungen, die die meisten Menschen von der Sache haben? Die besten Themenideen stellen allgemeingültige, weitverbreitete Auffassungen infrage.

Darüber hinaus zeichnen sich „gute" Themen im Journalismus dadurch aus, „dass sie im Kern den Nachrichtenkriterien genügen" (Scheiter 2009: 89), also ein neues Ereignis behandeln, „das für die Öffentlichkeit wichtig und interessant ist" (Schwiesau/Ohler 2016: 2). Jedes Thema sollte sich also auf die „direkte, kompakte und möglichst objektive" journalistische Darstellungsform der *Nachricht* (vgl. Kapitel 5.3) herunterbrechen lassen und die journalistischen Themenstandards *Aktualität* und *Relevanz* erfüllen: „Ein Thema, das den Nachrichtenkriterien entspricht, sollte im Grunde also etwas Neues haben, für die Öffentlichkeit wichtig und interessant sein oder zumindest so aufbereitet werden, dass es die Öffentlichkeit interessiert" (Scheiter 2009: 90). Mit Blick auf die allgemeine journalistische Berichterstattung lässt sich jedoch feststellen, dass nicht alle Themen immer alle diese Anforderungen erfüllen, also neu, wichtig oder interessant sind. Es muss also weitere Kriterien geben für die Auswahl von Nachrichten und Themen geben, die den nachrichtlichen bzw. thematischen Selektionsprozess so weit objektivieren, dass die redaktionellen Entscheidungen zumindest nachvollziehbar werden. Hierfür können Journalist:innen auf Theorien der Nachrichtenberichterstattung zurückgreifen, die anhand unterschiedlicher Ansätze erklären, warum Medien über bestimmte Ereignisse und Themen berichten – und über andere nicht (vgl. Brinkmann 2015: 20–31): Die *Nachrichtenwert-Theorie* (vgl. u.a. Galtung/Ruge 1965; Schulz 1976; Staab 1990) konzentriert sich auf Merkmale von Ereignissen, sogenannte „Nachrichtenfaktoren", um deren mediale Verbreitung zu erklären. Dagegen stellt die *Gatekeeper-Theorie* (vgl. u.a. White 1950 und Shoemaker/Reese 1991) die Journalist:innen als „Schleusenwärter" in den Mittelpunkt und untersucht individuelle und institutionelle Einflüsse auf die Nachrichtenauswahl. Der *News-Bias-Ansatz* (vgl. u.a. Klein/Maccoby 1954; Ettema/Whitney/Wackman 1987) untersucht subjektive Einflüsse auf die Nachrichtenauswahl wie persönliche Überzeugungen von Journalist:innen, die zu Verzerrungen führen. Das *Framing-Konzept* (vgl. u.a. Scheufele 2003; 2006) geht davon aus, dass Auswahlentscheidungen auf Grundlage festgelegter gedanklicher Strukturen und Interpretationsrahmen (*Frames*) auf Seiten der Journalist:innen getroffen werden. Der *Agenda-Setting-Ansatz* (vgl. u.a. McCombs/Shaw 1972; McCombs 2004) stellt übergeordnete Fragen nach dem Entstehungsprozess von Themen und nimmt dabei an, dass massenmediale Berichterstattung die öffentliche Diskussion bestimmt. Insbesondere das Konzept des „Nachrichtenwerts" (*news value*), das auf einen Katalog von *Nachrichtenfaktoren* nach Galtung und Ruge (1965) zurückgeht[13] und seitdem kontinuierlich aktualisiert und ergänzt wurde (vgl. u.a. Hooffacker/Meier 2017: 63ff.; Harcup/O'Neill 2017; 2001), dient zur Erklärung, nach welchen Kriterien Journalisten Nachrichten auswählen (*selektieren*). Eine systematische Verortung des Nachrichtenwerts nehmen Dietz Schwiesau und Josef Ohler (2016: 13ff.) in ihrem Handbuch „Nachrichten" vor. Demnach setzt sich der Nachrichtenwert aus zwei Faktoren zusammen: Der *Neuigkeitswert* misst, inwieweit es sich um ein aktuelles Ereignis handelt – also um *News* im Wortsinn. Der *Informationswert* misst den informativen Wert des Ereignis für die Nutzer und differenziert sich in den *Wissens- und Orientierungswert*, den *Gebrauchswert* und den *Gesprächs- und Unterhaltungswert* aus, denen jeweils Merkmale von Ereignissen zugeordnet werden (vgl. Abb. 29): Nachrichtenfaktoren, „die für die Publikation in journalistischen Nachrichten selektiert werden und je nach ihrer Quantität, Intensität und Kombination den Wert einer Nachricht ausmachen" (Dernbach 2016b).

13 Galtung und Ruge (1965) entwickelten die von Einar Östgaard (1965) begründete Nachrichtenwertforschung weiter, indem sie Nachrichtenfaktoren anhand der Auslandsberichterstattung über die Kuba-, Kongo- und Zypern-Krise systematisierten: Neben der „Frequenz", dem „Schwellenfaktor", der „Eindeutigkeit" und „Bedeutsamkeit" eines Ereignisses sind auch die Faktoren „Konsonanz", „Überraschung", „Kontinuität", „Variation" und „Negativismus" sowie Bezüge zu „Elite-Nationen" und „Elite-Personen" oder die Möglichkeit zur „Personalisierung" maßgeblich dafür, ob ein Ereignis zur Nachricht wird. In mehreren Hypothesen erläutern Galtung und Ruge das Zusammenwirken verschiedener Nachrichtenfaktoren: Während die „Additivitätshypothese" besagt, dass je mehr Nachrichtenfaktoren ein Ereignis vereint, es desto wahrscheinlicher zur Nachricht wird, kann das Fehlen eines Nachrichtenfaktors nach der „Komplementaritätshypothese" durch andere Nachrichtenfaktoren ausgeglichen werden (vgl. Rauchenzauner 2008: 49).

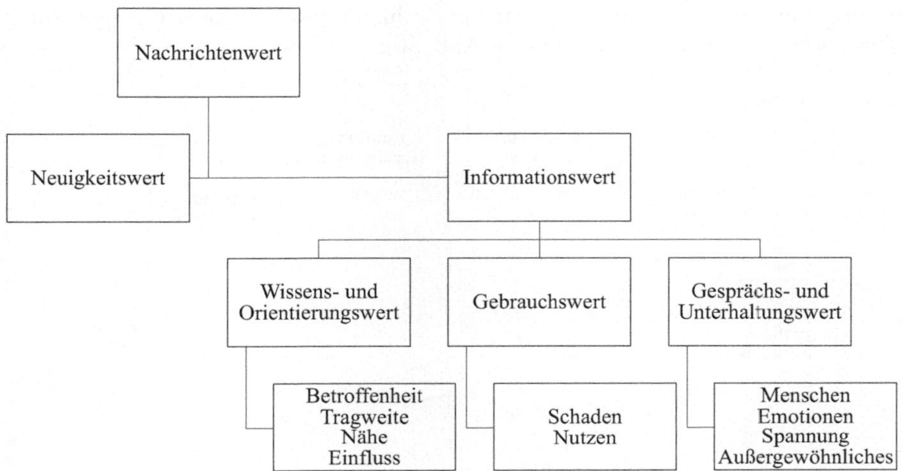

Abb. 27: Nachrichtenfaktoren (Quelle: vgl. Schwiesau/Ohler 2016: 19)

Während der Nachrichtenfaktor *Betroffenheit* angibt, wie viele Menschen von einem Ereignis jetzt oder in Zukunft betroffen sind (z.B. durch einen Sturm in Schleswig-Holstein), zeigt die *Tragweite* an, welches Ausmaß ein Ereignis hat, ob es folgenlos bleibt oder weitreichende Konsequenzen nach sich zieht (z.B. der Absturz des Euro an der Börse). *Nähe* kann einerseits *geografisch* gemeint sein – Wo findet das Ereignis statt? (z.B. eine Kommunalwahl) – und andererseits auch *emotional* – Berührt das Ereignis die Nutzer? (z.B. der Hungertod von Kindern im Süd-Sudan). Der *Einfluss* zeigt an, wie wichtig die beteiligten Personen oder Länder sind. Über Elite-Personen wie Bundeskanzler Olaf Scholz wird eher berichtet als über Hinterbänkler der Opposition, über eine Elite-Nation wie die USA eher als über karibische Kleinstaaten. Diese Nachrichtenfaktoren geben damit den Wissens- und Orientierungswert an. Der Gebrauchswert bemisst sich hingegen daran, wie groß der *Nutzen* (z.B. durch ein Gerichtsurteil zu Kita-Gebühren) oder der *Schaden* (z.B. durch einen „Gammelfleisch"-Skandal) eines Ereignisses für die Zielgruppe ist. Gesprächs- und Unterhaltungswert eines Ereignisses speisen sich aus dem Faktor *Mensch* (z.B. der Schlager-Star, der Selbstmord begeht, oder die Minderjährige, die das Klima retten will), den *Emotionen*, die es beim Publikum auslöst – von Trauer (z.B. über den Tod eines beliebten Politikers) und Freude (z.B. über den Sieg der deutschen Nationalmannschaft bei der Fußballweltmeisterschaft) bis hin zu Mitgefühl (z.B. für Opfer eines Erdbebens in der Türkei) – der *Spannung*, die durch Konflikte oder den ungewissen Ausgang (z.B. bei einer Geiselnahme) entsteht, sowie durch *Überraschungen* oder *Außergewöhnliches* (z.B. die unverhoffte Rettung von Kindern, die in einer Höhle in Thailand gefangen waren). Je höher der Nachrichtenwert – entweder durch besonders stark ausgeprägte oder besonders viele kombinierte Nachrichtenfaktoren – desto höher ist die Wahrscheinlichkeit, dass Ereignisse von Journalist:innen ausgewählt werden.

Analog gilt das auch für die Themenauswahl im Journalismus, die sich durch *Themenfaktoren* begründen lässt (vgl. Abb. 30).

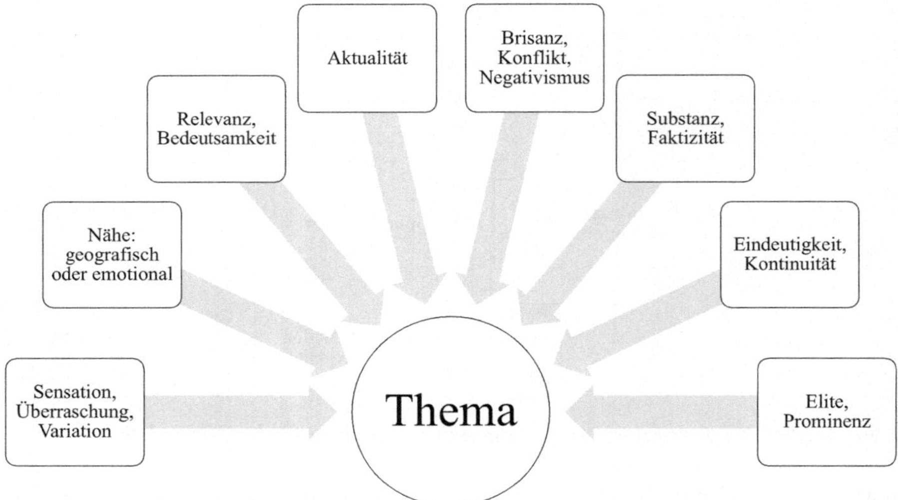

Abb. 28: Themenfaktoren im Journalismus (Quelle: eigene Darstellung)

Nicht immer aber greifen diese Erklärungs- und Begründungsmuster im Journalismus (vgl. Haarkötter/Nieland 2023 zum sogenannten *Agenda Cutting*): Jedes Jahr stellt die „Initiative Nachrichtenaufklärung" (INA) eine Liste der „Vergessenen Nachrichten" auf derblindefleck.de zusammen: Hierbei handelt es sich nach Angaben der INA (2024) jeweils „um Sachverhalte, die für die deutsche Öffentlichkeit relevant sind, über die aber bislang in Presse, Funk, Fernsehen und Internet kaum Debatten geführt werden". Und tatsächlich: Ein Blick auf die „vergessenen Themen" im Jahr 2024 und ein Abgleich mit den genannten Nachrichten- und Themenfaktoren zeigt, dass hier großes Potenzial für journalistische Geschichten bislang weitgehend ungehoben liegt: Ob eine Gefährdung der Demokratie durch Tech-Monopole, die kaum bekannte, aber für zehntausende Kinder jährlich tödlich verlaufende Tropenkrankheit Noma, der in Lebensmittel verbotene, aber in Medikamenten noch erlaubte Stoff Titandioxid oder Suizide von Landwirt:innen – die meisten dieser Themen sind brandaktuell, haben eine hohe Brisanz, behandeln relevante Konflikte und enthalten überraschende Erkenntnisse, sind jedoch auch sehr komplex (mangelnde Eindeutigkeit), knüpfen kaum an vorhandene Berichterstattung an (fehlende Kontinuität) und werden teilweise durch Lobbyinteressen mächtiger Konzerne oder Institutionen verschleiert. Zudem entscheiden weitere Kriterien über die Themenauswahl in Redaktionen: Die Eignung der Mediengattung für ein bestimmtes Thema (Radio und Fernsehen benötigen Töne und Bilder), der verfügbare Umfang in der Berichterstattung (komplexe Themen benötigen entsprechend mehr Platz), der voraussichtliche personelle und finanzielle Aufwand (wenn unsicher ist, ob der anvisierte Veröffentlichungstermin gehalten werden kann oder teure Recherchereisen notwendig werden, winken Redaktionen oft ab) sowie die „Recherchierbarkeit“ eines Themas, also ob die Richtigkeit der Inhalte über verfügbare Quellen wie Gesprächspartner:innen, Dokumente oder Statistiken überhaupt belegt werden kann (vgl. Müller 2011: 204–205): Denn in jedem Fall müssten die Themen für journalistische Beiträge erst noch ausrecherchiert werden, um Substanz und Faktizität zu klären. Die INA recherchiert diese Themen jedoch jeweils an und stellt Journalist:innen das Material kostenlos online zur Verfügung. Viele dieser Themen bieten potentiell einen journalistischen „Scoop“, mindestens aber substanzielle, oft investigative Rechercheansätze. „Der Blinde Fleck“ kann daher für themensuchende, skandalorientierte Journalist:innen eine wahre Goldgrube werden – insbesondere, wenn die thematische Exklusivität bei „vergessenen Themen“ nahezu naturgemäß gegeben ist.

5.2 Recherche: Informationen finden

Dieses Kapitel knüpft direkt an die journalistische Themenselektion an und fokussiert die verschiedenen Methoden, Techniken und Strategien, wie Journalist:innen Informationen zusammentragen, strukturieren und prüfen können: Recherche. Wie lässt sich Recherchieren als journalistisches Handwerk erlernen und als systematischer Prozess der Informationsfindung durchführen? Vom Ansatz über die Ziele und Planung bis hin zur Durchführung und Auswertung der Recherche stellt das Kapitel zentrale Werkzeuge und Informationsquellen anhand praktischer Beispiele vor und geht dabei auch auf die besonderen Anforderungen an recherchierende Journalist:innen ein – beispielsweise bei der story-basierten, der investigativen Recherche oder den medienrechtlichen Grenzen.

Nachdem Journalist:innen das zu bearbeitende Thema gefunden und eingegrenzt haben, müssen sie im nächsten Schritt die zentralen Informationen sammeln, anhand derer sie einen journalistischen Beitrag produzieren können. „Recherche“ ist nach Müller (2011: 245) „die gezielte Suche nach Informationen wie Daten, Fakten, Aussagen und Hintergründen mit dem Ziel, sich ein möglichst umfassendes und objektives Bild von Ereignissen, Zusammenhängen, Entwicklungen, Personen und Institutionen zu machen.“ Damit ist journalistisches *Recherchieren* als Praktik einerseits ein Sammelbegriff für eine Vielzahl von „Tätigkeiten wie der Suche, Auswertung, Filterung und Organisation von Wissensressourcen und Daten“ und andererseits ein methodisches Vorgehen, genauso viele Informationen zusammenzutragen, um eine „schlüssige, relevante und informative Geschichte erzählen zu können“. Auf welche Regeln und Ressourcen Journalist:innen zurückgreifen, wenn sie die Praktik der Recherche vollziehen (also: recherchieren) hat Buschow (2018: 124) exemplarisch beschrieben (vgl. Abb. 29).

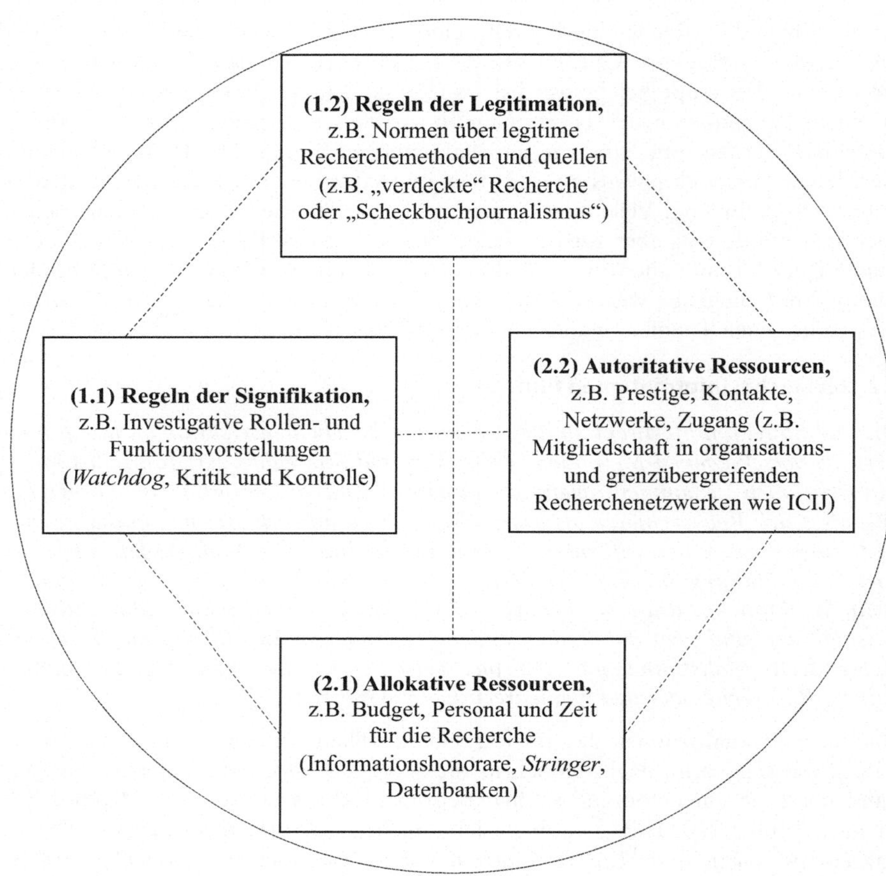

Abb. 29: Beispielhafte Regeln und Ressourcen in der journalistischen Praxis der Recherche (Quelle: eigene Darstellung nach Buschow 2018: 124)

Im journalistischen Produktionsprozess nimmt die Recherche ebenso wie im redaktionellen Alltag eine zentrale Funktion ein und grenzt – nach journalistischen Kriterien wie Unabhängigkeit, Relevanz und Transparenz durchgeführt – den Journalismus von anderen Feldern wie Public Relations (vgl. Kapitel 2.3) ab. Recherche versteht Mast (2018: 294–296) als ein „erlernbares Handwerk“, für das neben publizistischer Verantwortung und Neugier folgende Kompetenzen wichtig sind: Reflexionsvermögen, Skepsis gegenüber Quellen, Informanten und der öffentlichen Meinung, Fähigkeiten bei der Überprüfung von Informationen, bei der präzisen und detaillierten Darstellung von Sachverhalten sowie bei der Skizzierung potenzieller Ursachen und mutmaßlicher Folgen. Trotz offenkundiger subjektiver Einflüsse im Journalismus wird an Journalist:innen der normative Anspruch gestellt, „möglichst objektiv zu recherchieren“. Für den Leiter des Recherchenetzwerks von *NDR*, *WDR* und *Süddeutscher Zeitung*, Daniel Drepper

(2017), sollen sie sich unter anderem durch Sorgfalt (z.B. das Mehr-Quellen-Prinzip), Fairness, die frühzeitige und seriöse Konfrontation der Beteiligten, Skepsis sowie Transparenz (z.B. hinsichtlich der genutzten Quellen, aber auch des eigenen Unwissens oder persönlicher Befangenheit) diesem Ideal annähern. Volker Lilienthal (2014: 17) formuliert in der einsteigerfreundlichen und kompakten Einführung ins „Recherchieren" sechs Regeln, an die sich Journalist:innen als eine Art „Recherche-Credo" halten sollten:

- Fremde Behauptungen kritisch überprüfen und eine professionelle Skepsis kultivieren.
- Nach Belegen, vor allem aber für Widerlegungen suchen.
- Möglichst viele Fakten zu einem Sachverhalt zusammentragen und anschließend das gesamte „Bild" aus Einzelfakten zusammensetzen.
- Einzeltatsachen in einen kausalen Zusammenhang setzen, Wichtiges von Unwichtigem unterscheiden.
- Immer auch die andere Seite einer Geschichte anhören und dabei fair bleiben.
- Wo es die Story erfordert, kritisch und scharf nachfassen – und dabei beachten, dass nur gut belegte und sauber argumentierte Kritik überzeugt.

Die herausragende Bedeutung der Recherche für das journalistische Arbeiten kann kaum hoch genug eingeschätzt werden: Als „Basis des Qualitätsjournalismus", seine „Königsdisziplin" oder als „Kür des Journalismus" (Schneider/Raue 2012: 53) ist die Recherche nicht nur das zentrale Handwerk, sondern konstituiert auch die Wächterfunktion des Journalismus, wenn Journalist:innen Informationen sammeln, Hintergründe aufdecken und Zusammenhänge öffentlich machen, die andernfalls verborgen geblieben wären – ob einfach nicht beachtet (wie bei den „vergessenen Themen") oder absichtlich vertuscht, wie bei den vielen Skandalen, die bereits von Journalist:innen, die ihre Aufgabe zur Kritik und Kontrolle der gesellschaftlich Mächtigen engagiert wahrnehmen, enthüllt wurden: So deckte beispielsweise der *Spiegel* die sogenannte „Flick-Affäre" (1982) um illegale Parteispenden auf, die *Süddeutsche Zeitung* die „Amigo-Affäre" (1993) um die Bestechung von CSU-Politikern, der *EPD* den „Marienhof-Skandal" (2005), bei dem die *ARD*-Serie Schleichwerbung platzierte, und der *Stern* die „Lidl-Affäre" (2008) um die Kameraüberwachung von Mitarbeitern oder die Steuerhinterziehung von Uli Hoeneß (2013) (vgl. Haarkötter 2015: 52). Weitere Beispiele für moralisch verwerfliches, teilweise sogar kriminelles Handeln, das erst durch Journalisten aufgedeckt wurde, finden sich vor allem in jenen Medien, die der Recherche auch redaktionell eine hohe Bedeutung beimessen und regelmäßig mit exklusiven Enthüllungen („Scoops") und besonderen publizistischen Leistungen auffallen: Dabei handelt es sich vor allem um die genannten deutschen Leitmedien wie *Spiegel*, *Süddeutsche Zeitung* und *BILD*, aber auch um die Recherche- oder Investigativ-Teams von Redaktionen wie der *ARD*-Magazine *Panorama* oder *Monitor* sowie innovativer Angebote wie der Rechercheplattform *Correctiv*, die unter anderem den „Cum-Ex-Skandal" um organisierten Steuerbetrug im großen Stil aufdeckte (2017). In den USA und Großbritannien, wo der recherchierende Journalismus im 19. Jahrhundert seinen Ursprung hat – zum Beispiel in Form der „Muckrackers“ wie Upton Sinclair, der in seiner berühmten Reportage „The Jungle“ die unmenschlichen Arbeitsbedingungen in den Schlachthöfen Chicagos thematisierte (vgl. Haarkötter 2015: 41ff.) – gelten insbesondere die *New York Times,* der *Guardian* und nicht zuletzt die *Washington Post* als renommierte Rechercheredaktionen – letztere vor allem aufgrund der herausragenden Recherchearbeit ihrer Reporter Bob Woodward und Carl Bernstein in der „Watergate-Affäre“ (1972), bei der der damalige US-Präsident Richard Nixon politische Gegner ausspionieren ließ. In der zunehmend globalisierten Welt, in der Geld- und Warenströme ebenso wie politische und wirtschaftliche Entscheidungen längst nicht mehr auf einzelne Länder begrenzt sind, werden auch Recherchen internationaler: So gründete sich bereits 1997 mit dem International Consortium of Investigative Journalists (ICIJ) ein Netzwerk aus investigativ recherchierenden Journalisten, die Machtmissbrauch und Korruption mächtiger, öffentlicher und privater Institutionen aufdecken und an dem neben der *Süddeutschen Zeitung* aus Deutschland auch Journalisten der *New York Times*, des *Guardian*, der *BBC* oder von *Le Monde* beteiligt sind. Ein aufsehenerregender Scoop gelang dem ICIJ mit der Enthüllung der „Panama Papers“, die Delikte wie Steuerbetrug und Geldwäsche im globalen Stil belegen (vgl. Süddeutsche Zeitung 2020). Ein solcher kollaborativer Cross-Border-Journalismus (vgl. Alfter 2017; Duarte 2018) hat in der Vergangenheit regelmäßig internationale Skandale aufgedeckt (vgl. Yoran 2023).

Natürlich geht es bei den meisten Recherchen nicht um große politische Skandale oder Affären, aber jeder journalistische Beitrag – von einer einfachen Meldung im Lokaljournalismus bis hin zu einem Feature in einer landesweit ausgestrahlten Magazin-Sendung – benötigt solide, handwerklich saubere und in jedem Fall systematische Recherche. Auch wenn es „intuitive Rechercheure“ gibt, die eher aus dem Bauch heraus recherchieren und sich auf ihren „Riecher“ verlassen, erhöht ein strukturiertes Vorgehen die Chancen auf eine erfolgreiche Recherche abseits von Zufallstreffern und gibt nicht nur journalistischen Berufsanfängern Orientierung im Dickicht komplizierter und unübersichtlicher Recherchen. Der Journalismusforscher Michael Haller (2008: 51–84) hat daher zwölf Grundregeln für das „Methodische Recherchieren“ aufgestellt, die beitragen sollen, dass die drei zentralen journalistischen Dimensionen durch die Recherche erfüllt werden: Die recherchierten Informationen sollten *relevant* (Ist das Thema tatsächlich von allgemeiner Bedeutung? Bringen die beschafften Informationen wichtige Aspekte zum Vorschein?), *gültig* (Treffen die Informationen über die berichteten Sachverhalte wirklich zu?) und *verstehbar* sein (Sind die Informationen präzise und umfänglich genug, um das Geschehene, seine Zusammenhänge, Hintergründe und Folgen nachvollziehen zu können)? Obwohl sich die Regeln des methodischen Recherchierens vor allem an lokaljournalistischen Szenarien orientieren, lassen sie sich grundsätzlich auf jede journalistische Recherche anwenden. Sie beschreiben eine systematische Recherche in der Reihenfolge, wie sie im journalistischen Arbeitsprozess schrittweise durchgeführt wird: Von der Ausgangsinformation und ihrer Überprüfung über die Beschaffung des Materials und die Entwicklung der Thesen bis hin zur Auswertung der Recherche für die weitere Produktion des Beitrags (vgl. Abb. 31).

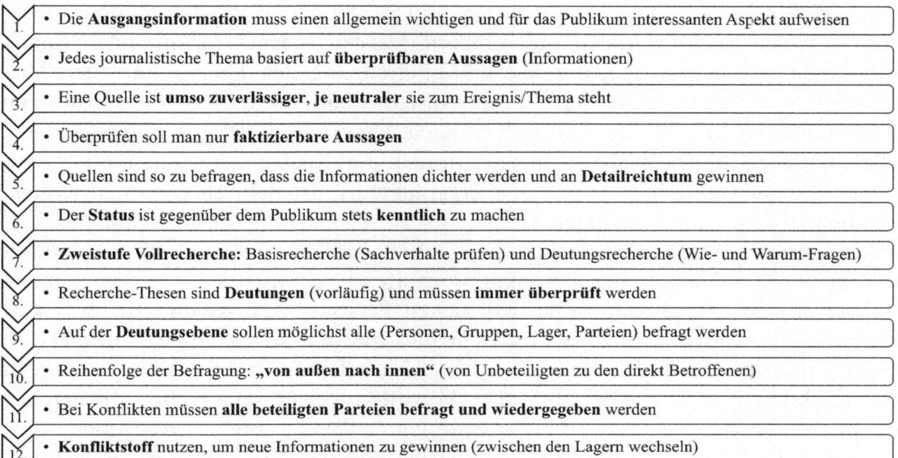

Abb. 30: Regeln des methodischen Recherchierens (Quelle: eigene Darstellung nach Haller 2008)

Journalistische Recherche ist eine „Spurensuche“ (Lilienthal 2014: 19) und jedes Mals aufs Neue der Versuch, einer „Sache auf den Grund“ zu gehen (Haller 2008: 84): Nachdem Journalist:innen die Relevanz eines Themas eingeschätzt haben, müssen sie die eingegangenen Informationen mittels Quellen- und Faktenkontrolle überprüfen – bei einfachen Nachfragen zu z.B. Pressemitteilungen endet die Recherche nach diesem Schritt bereits. Bei komplexeren Themen geht es anschließend darum, die Informationsdichte zu erhöhen und weitere Fakten über den Sachverhalt zu sammeln, um den thematischen Zusammenhang erschließen zu können (vor allem über Fragen nach dem *Wie* und *Warum* von Ereignissen und Handlungen). Im vierten Schritt sollten Recherchethesen über Ursachen, Folgen und Verantwortliche aufgestellt werden, die ein Urteil über die Vorgänge ermöglichen. Nachdem die Hypothesen überprüft und damit entweder bestätigt, widerlegt oder angepasst wurden, fließen die Rechercheergebnisse in den journalistischen Beitrag ein. Recherche wird damit als systematischer, strukturierter Prozess der journalistischen Informationsgewinnung verstanden, der an vielen Stellen Kreativität und Spontanität erfordert – Haarkötter (2015) spricht nicht umsonst von der „Kunst der Recherche“ – die letztlich aber einem nachvollziehbaren Schema folgt, das sich in verschiedene Phasen einteilen lässt (vgl. Abb. 32):

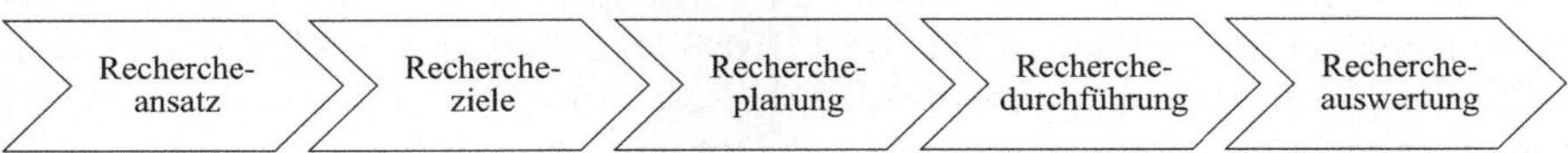

Abb. 31: Rechercheablauf in einzelnen Phasen (Quelle: eigene Darstellung nach Müller 2011: 250)

Um eine Recherche planvoll anzulegen und professionell zu organisieren, muss zunächst der *Rechercheansatz* identifiziert werden – jener Grund oder Anlass für die Informationssuche, der mit der Eingrenzung des Themas und der Themenrecherche bereits gefunden wurde. Anschließend sollten die Journalist:innen *Rechercheziele* formulieren, die sich je nach Thema und Ereignis unterscheiden, aber festlegen, nach welchen Informationen die Rechercheur:innen überhaupt konkret suchen und was sie mit den Ergebnissen journalistisch erreichen wollen. Unabhängig von der jeweiligen Geschichte ist *umfassende Information* das Ziel jeder journalistischen Recherche: Sachverhalte sollen eindeutig und detailliert dargestellt, der Verlauf der Ereignisse zutreffend rekonstruiert werden. Zudem müssen die beteiligten und verantwortlichen Personen („Ross und Reiter") klar benannt, die wahrscheinlichen Ursachen und mutmaßlichen Folgen ihrer Handlungen skizziert sowie die Bedeutung des Geschehens für die Nutzer aufgezeigt werden können (vgl. Haller 2008: 52). Vor allem bei umfangreichen Recherchen ist es unerlässlich, eine *Rechercheplanung* anzulegen, um zu vermeiden, dass die Journalist:innen sich verzetteln, den Überblick verlieren oder wichtige Informationen oder Quellen übersehen. Dabei sollten nicht nur die Rechercheziele definiert, sondern auch die für die Recherche zu erledigenden Aufgaben und einzuhaltenden Termine aktualisiert werden. Auch bereits identifizierte Recherche- oder Informationsquellen – wie Personen, Dokumente und Orte – gehören ebenso in der Planung vermerkt wie die geplanten Rechercheformen – also Methoden und Strategien, mit denen die gesuchten Informationen gefunden werden sollen, z.B. in Form einer persönlichen oder telefonischen Recherchebefragung. Sind bei einer Recherche viele und umfangreiche Gespräche nötig, bieten sich ergänzend Befragungspläne und Rechercheprotokolle an (vgl. Kaiser 2015: 15–21): Während ein Befragungsplan detailliert festlegt, welche Personen in welcher Reihenfolge zu welchen Themen befragt werden sollen, sowie die Kontaktinformationen der Befragten ebenso verzeichnet wie beteiligte Institutionen und deren Pressesprecher, geeignete Expert:innen und Archive, aus denen sich unabhängiges Wissen generieren lässt (vgl. Lilienthal 2014: 28), werden die Ergebnisse der Befragungen (*Rechercheinterviews*) im Rechercheprotokoll notiert. Hier halten Journalist:innen die zentralen Aussagen der Ansprechpartner:innen fest und setzen diese mit Informationen aus anderen Quellen wie Dokumenten in Zusammenhang, um den aktuellen Stand der kompletten Recherche stets zu überblicken. Nach Rinsdorf und Wellmann (2003: 119ff.) sollte das Rechercheprotokoll die Recherchewege und -ergebnisse so dokumentieren und aufbereiten, dass sie in journalistischen Produkten verwertet werden können. Für Recherchedokumente sind keine festen Formen vorgeschrieben – klar ist jedoch, dass der klassische Notizzettel schnell an seine Grenzen kommt. Journalisten, die Befragungspläne oder Rechercheprotokolle nicht traditionell als Word- oder Excel-Datei anlegen wollen, bieten sich mittlerweile zahlreiche, größtenteils auch kostenlose Alterativen wie Evernote, DevonThink, OmniOutliner oder Cloud Outliner an (vgl. Sengers/Hunter 2018: 64ff.), deren Möglichkeiten als Informationsmanager sich vor allem für aufwändige Recherchen anbieten.

Abseits aller Planungen müssen Journalist:innen eine Recherche aber natürlich immer auch praktisch umsetzen, also recherchieren, um Informationen zusammenzutragen. Die *Recherchedurchführung* ist dabei von den im Folgenden vorgestellten, verschiedenen Typen der Recherche ebenso abhängig, wie von den verfügbaren Informationsquellen und der jeweils gewählten Form der Recherche, also der Art und Weise, wie die Informationen konkret beschafft werden. Nach Haller (2008: 85ff.) lassen sich in der journalistischen Praxis verschiedene *Recherchierverfahren* unterscheiden – je nachdem, welche konkreten Ziele mit der Recherche verbunden sind: Beim *Überprüfen* geht es mithilfe von Quellen- und Faktenkontrolle darum, herauszufinden, ob eine Information überhaupt stimmt. Dieses Verfahren ist bei nahezu jeder Recherche notwendig, da zumindest die Ausgangsinformation überprüft werden muss. Das *Vervollständigen* zielt dann darauf, die vorhandenen Informationen zu erweitern – entweder indem Journalist:innen „in die Breite" recherchieren und immer mehr Material über den Sachverhalt beschaffen (z.B. über eine lokale Polizeimeldung) oder, indem sie „in die Tiefe" recherchieren und das Thema dabei auf relevante Vorgänge eingrenzen und deren Verlauf dann besonders detailliert nachzeichnen können (vgl. ebd.: 52–53), wie beispielsweise bei den Recherchen von *Spiegel* und *Süddeutscher Zeitung* über mögliche Geldflüsse zur Vergabe der „Sommermärchen"-WM 2006 in Deutschland. Mit einer *Thesen-Kontrolle* prüfen Journalist:innen, ob die von ihnen aufgestellten Recherchethesen, also Vermutungen über Ursachen oder Folgen von Ereignissen und Handlungen zutreffen und hieb- und stichfest belegt werden können (z.B. die letztlich als nicht haltbar erwiesene, aber dennoch von vielen Medien und insbesondere der *BILD* im Winter 2011/12 verfolgte These, der damalige Bundespräsident Christian Wulff sei korrupt). *Rekonstruktionsrecherchen* konzentrieren sich darauf, Handlungen und Motive von Beteiligten offenzulegen, um den Hergang eines vergangenen Ereignisses mit seinen Akteure:innen und Umständen erklären zu können. Ein Beispiel wäre hier die journalistische Rekonstruktion eines historischen Verbrechens wie der Mord an der Prostituierten Rosemarie Nitribitt Ende der 1950er Jahre, den aktuelle „Crime"-Formate von Zeitschriften und Podcasts aufgreifen. *Fließende Recherchen* setzen hingegen auf fortlaufende Veröffentlichungen von Teilergebnissen und spekulieren dabei auf weitere Hinweise aus der Öffentlichkeit (z.B. von Betroffenen oder Zeug:innen), die zu weiteren Recherchen führen und den Informationsfluss am Laufen halten. So ergibt sich quasi unter den Augen des Publikums nach und nach ein journalistisches Gesamtbild über einen Sachverhalt – wie beispielsweise bei der anhaltenden Berichterstattung des Sportjournalisten Thomas Kistner über den Korruptionsskandal bei der FIFA in der *Süddeutschen Zeitung*. Besondere Bedeutung im Journalismus kommt der *aufdeckenden Recherche* zu, bei der Journalist:innen sorgfältig, hartnäckig und intensiv recherchieren, um verborgene Sachverhalte zu enthüllen. Das daher auch als *investigative Recherche* bezeichnete Verfahren steht in der durch die „Watergate"-Affäre in den 1970er Jahren geprägte US-amerikanischen Tradition des „Investigative Reporting", bei dem sich Journalist:innen nicht mit zugespielten Insider-Informationen begnügen, sondern aktiv und gegen den Widerstand beteiligter Personen neue Quellen erschließen (z.B. Informanten oder Dokumente), die illegale Machenschaften oder gesellschaftliche Missstände belegen (vgl. Ludwig 2017). Wenn die für einen entsprechenden Beitrag benötigten Informationen jedoch selbst unter größtem Einsatz nicht beschafft werden können – z.B. weil interne Dokumente unter Verschluss gehalten werden oder sich partout keine Zeugen finden lassen – greifen Journalist:innen auf Recherchierverfahren zurück, die medienethisch als zumindest umstritten gelten: Bei *verdeckten Recherchen* begeben sich Journalist:innen – ähnlich wie Undercover-Ermittler – in eine Art Rollenspiel, bei der sie unter falscher Identität vor Ort Ereignisse auskundschaften, die deklarierte Medienvertreter:innen vermutlich nie zu Gesicht bekämen – beispielsweise die unzumutbaren Arbeitsbedingungen und Hygienestandards in einem Schlachthof, die Journalist:innen nur belegen können, weil sie für einen begrenzten Zeitraum selbst als „Zerleger" getarnt am Fließband des Betriebs gearbeitet haben. Dieses Vorgehen wird auch als „Methode Wallraff" bezeichnet, weil der namensgebende Journalist Günter Wallraff sie seit Jahrzehnten anwendet, um immer neue Missstände aufzudecken und zu publizieren. So hat sich Wallraff unter anderem bereits unter falschem Namen und teilweise maskiert bei der *BILD-Zeitung*, bei Opel oder bei Burger King eingeschlichen und deren teils skandalöse Machenschaften journalistisch aufgedeckt. Wallraffs Bücher „Ganz unten" (1985) und „Der Aufmacher" (1977) gelten bis heute als anschauliche und packende Reportagen für junge Reporter:innen. Wallraff selbst ist bis heute als Investigativ-Journalist aktiv, z.B. für die *RTL*-Sendung „Team Wallraff".

Hintergrund: Die story-basierte Recherche

Als innovative Form investigativen Recherchierens beschreibt der Journalismusforscher Hektor Haarkötter (2015) das Konzept der *story-basierten Recherche*, bei der die Muster des journalistischen Storytelling (vgl. Kapitel 5.4) genutzt werden, um genau die Informationen zu finden, die für das Erzählen einer journalistischen, also aktuellen, relevanten und informativen Geschichte („Story") benötigt werden. Der Journalist Mark Lee Hunter (2011) entwickelte dazu gemeinsam mit Lukas Sengers (2018) ein „Drehbuch der Recherche", das von einem „verborgenen Szenario" ausgeht, das journalistisch aufgedeckt und dramatisch erzählt werden soll: Zunächst müssen story-basiert recherchierende Journalist:innen ein *Ereignis* finden, das sie erstaunt, und daraus eine *Kernfrage* ableiten, die sich mit einer potenziell verstörenden Erklärung beantworten lässt (*Hypothese*) – z.B. steigende Zahlen von Toten durch fahrlässig mit Pestiziden vergiftetes Trinkwasser. Anschließend geht es darum, eine Chronik (*Zeitplan*) der zu erzählenden Ereignisse zu rekonstruieren, indem *Probleme* skizziert (Wer sind die Verantwortlichen/Täter:innen? Wie schaden sie anderen?), *Folgen* (Wie profitieren die Täter:innen? Wie reagieren die Betroffenen? Fügen sie sich in ihr Schicksal oder kämpfen sie dagegen an?) und *Ursachen* benannt werden (Wie kam es zu dem vergifteten Trinkwasser? Welche Motive hatte der Täter:innen? Wer hat dabei weggeschaut?). Letztlich sollte die Story auch *Lösungen* aufzeigen (Wie versuchen Verantwortliche oder Betroffene das Problem zu lösen? Welche Alternativen gibt es? Wie geht es weiter?). Die erzählerische Perspektive story-basierter Recherchen färbt auch auf die verwendeten Informationsquellen ab, wenn Journalist:innen sich fragen, welche Ereignisse sie mit öffentlich zugänglichen Dokumenten belegen können, welche sie nur selbst beobachten oder gar selbst ausprobieren können (journalistisches Experiment), welche Akteur:innen für Interviews gewonnen werden könnten und welche vertraulichen oder gar geheimen Dokumente beschafft werden müssen, um das „verborgene

Szenario" journalistisch zu enthüllen und die ganze Geschichte zu erzählen (vgl. Sengers/Hunter 2018: 82).

Unabhängig von investigativem Eifer oder der erzählerischen Perspektive – bei umfangreichen Recherchen lassen sich verschiedene *Recherchetypen* identifizieren (vgl. Haarkötter 2015: 59ff.; Mast 2018: 317), die schrittweise zur Durchführung der Recherche beitragen: Während es bei der *Vor-* oder *Themenrecherche* zunächst darum geht, das Thema einzugrenzen und die Ausgangsinformation zu überprüfen, gewinnt die *Basisrecherche* umfassend und systematisch Informationen, identifiziert Gesprächspartner und findet relevante Dokumente. Nachdem die grundlegenden Fakten, die sich an den *faktischen W-Fragen* orientieren (*Was* ist *wann* und *wo* passiert und *wer* war betroffen?), zusammengetragen und überprüft sind, schließt sich die *Erweiterungsrecherche* an, die Antworten auf die *kausalen W-Fragen* nach Ursachen und Folgen gibt (*Wie* und *warum* ist etwas passiert?). Hierbei werden die Informationen so lange ergänzt und vervollständigt, bis sich Hypothesen ableiten lassen. Anschließend müssen alle Informationen mit einer *Überprüfungsrecherche* verifiziert werden (zur Verifikation und dem „Fact Checking" vgl. ausführlicher Kapitel 5.6). Dafür gilt das journalistische *Zwei-Quellen-Prinzip*: Jede sekundäre Information muss durch *zwei voneinander unabhängige Quellen*, die den gleichen Sachverhalt bestätigten, belegt werden (z.B. durch eine Zeugenaussage und ein internes Dokument, die unterschiedliche Urheber haben, aber beide nachweisen, dass eine Firma Bilanzen gefälscht hat, um leichter Kredite zu erhalten). Falls bei der Verifikation oder beim „Fact Checking" – dem systematischen Überprüfen primärer Informationen – auffällt, dass noch Fakten und Belege fehlen, um die Story „wasserdicht" zu machen, sollten diese durch eine *Zusatzrecherche* ergänzt werden. In vielen Redaktionen ist eine abschließende *Gegenrecherche* üblich, bei der anderere Journalist:innen als die Recherchierenden die gefundenen Fakten und Zusammenhänge noch einmal kritisch prüfen. In diesem Schritt überschneidet sich das Recherchieren bereits mit dem später folgenden journalistischen Arbeitsschritt des Redigierens (vgl. Kapitel 5.6), das aber nicht nur recherchierte Fakten, sondern auch Struktur, Stil und Sprache und damit journalistische Beiträge als Ganzes vor der Publikation kontrolliert.

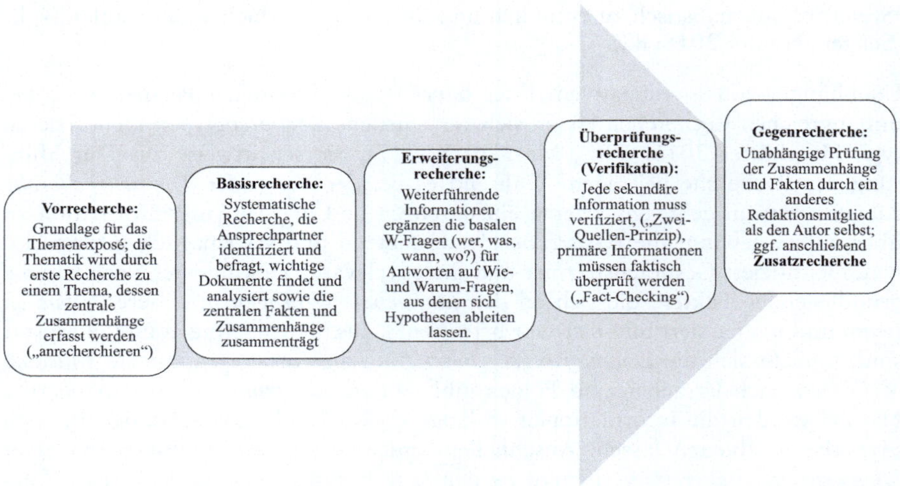

Vorrecherche:
Grundlage für das Themenexposé; die Thematik wird durch erste Recherche zu einem Thema, dessen zentrale Zusammenhänge erfasst werden („anrecherchieren")

Basisrecherche:
Systematische Recherche, die Ansprechpartner identifiziert und befragt, wichtige Dokumente findet und analysiert sowie die zentralen Fakten und Zusammenhänge zusammenträgt

Erweiterungs-recherche:
Weiterführende Informationen ergänzen die basalen W-Fragen (wer, was, wann, wo?) für Antworten auf Wie- und Warum-Fragen, aus denen sich Hypothesen ableiten lassen.

Überprüfungs-recherche (Verifikation):
Jede sekundäre Information muss verifiziert, („Zwei-Quellen-Prinzip), primäre Informationen müssen faktisch überprüft werden („Fact-Checking")

Gegenrecherche:
Unabhängige Prüfung der Zusammenhänge und Fakten durch ein anderes Redaktionsmitglied als den Autor selbst; ggf. anschließend **Zusatzrecherche**

Abb. 32: Schrittweise Durchführung einer Recherche (Quelle: eigene Darstellung)

Da es bei der Durchführung von Recherchen vor allem darum geht, Informationen zu sammeln, stellt sich recherchierenden Journalist:innen die Frage, welche Quellen für Informationen überhaupt existieren und wie sie genutzt werden. Grundsätzlich lassen sich Informationsquellen hinsichtlich ihrer Qualität unterscheiden. Müller (2011: 206) spricht hier von „erstklassige[n] und zweitklassige[n] Quellen", wenn es um die Unterschiede von *primären und sekundären Informationsquellen* geht:

- Bei *primären Informationsquellen* stammen die Informationen aus erster Hand: Die Journalist:innen haben die Informationen selbst gesammelt, indem sie Ereignisse persönlich und direkt vor Ort verfolgen, Situationen selbst in Augenschein nehmen, Interviews selbst führen oder originale Dokumente einsehen und auswerten. Primäre Informationen haben journalistisch einen hohen Wert, können aber meist nicht in anderen Quellen überprüft werden, da die Rechercheure die Informationen selbst beschaffen haben und oft die einzige Quelle sind (im Fall von Claas Relotius wurde genau dieses Problem dem *Spiegel* zum Verhängnis). Dennoch müssen auch primäre Informationen überprüft werden: Mithilfe des *Fact Checking* lässt sich journalistisch kontrollieren, ob Fakten wahr, relevant und plausibel sind. Ein Beispiel für primäre Informationen ist eine Reporterin der *Deutschen Presse-Agentur*, der den deutschen Bundeskanzler auf einem Staatsreise in die USA begleitet und direkt vom Ort des Geschehens berichtet.
- Bei *sekundären Informationsquellen* stammen Informationen aus zweiter Hand: Die Journalist:innen müssen sich auf fremde Informationen verlassen, die sie über Nachrichtenagenturen, Presseberichte und andere Medienprodukte oder aus nicht überprüfbaren Originalquellen erhalten. Verglichen mit primären Informationen ist ihr journalistischer Wert geringer, auch wenn sekundäre

Informationen im Journalismus weitaus häufiger vorkommen. Sekundäre Informationen müssen nach dem *Zwei-Quellen-Prinzip* in anderen, unabhängigen Quellen *verifiziert* werden. In manchen Fällen, wie zum Beispiel bei Mitteilungen von Behörden wie Polizeimeldungen, ist dies jedoch kaum möglich, da es keine unabhängige zweite Quelle gibt, die die Informationen bestätigen könnte. Gibt es keine berechtigten Zweifel an dem Wahrheitsgehalt der Meldung, dürfen Journalist:innen Informationen wie den Tathergang eines Raubs oder die Täterbeschreibung aus Polizeimeldungen für die Berichterstattung übernehmen (weitere Nachfragen sind aber natürlich möglich). Ein Beispiel für sekundäre Informationen ist der Agenturbericht der oben genannten *dpa*-Reporterin, der von einem Politik-Redakteur der *Westdeutschen Allgemeinen Zeitung* als Basis genutzt wird, um daraus einen Bericht über die USA-Reise des Kanzlers für das eigene Onlineangebot *Der Westen* zu machen. Der *WAZ*-Redakteur muss alle Informationen in einer zweiten, unabhängigen Quelle (z.B. dem Korrespondentenbericht einer anderen Nachrichtenagentur wie *Reuters* oder *AFP*) verifizieren und sollte in seinem Beitrag auch die genutzten Quellen angeben.

Journalist:innen müssen im redaktionellen Alltag zwischen primären und sekundären Informationen unterscheiden, ihre jeweilige journalistische Qualität bewerten sowie jeweils den Wahrheitsgehalt überprüfen können. Doch auf welche Informationsquellen können Journalist:innen bei Recherchen ganz konkret zurückgreifen? Recherche beginnt bei „Personen und Papier“, sagte der langjährige Investigativ-Reporter der *Süddeutschen Zeitung,* Hans Leyendecker, und unterscheidet damit bereits *personale Quellen* wie Informant:innen von *non-personalen Quellen* wie Dokumenten (vgl. Haarkötter 2015). Von den bereits genannten Nachrichtenagenturen und anderen Pressediensten, über das Material von PR-Agenturen, Unternehmen und Behörden, über Archive und Bibliotheken, Informant:innen, die als Betroffene, Zeuge:innen oder Expert:innen auftreten, bis hin zu Medienbeiträgen und besonderen Onlinequellen wie Suchmaschinen, Portalen und Datenbanken können Journalist:innen auf eine breite Palette unterschiedlicher Informationsquellen zurückgreifen (vgl. Abb. 34).

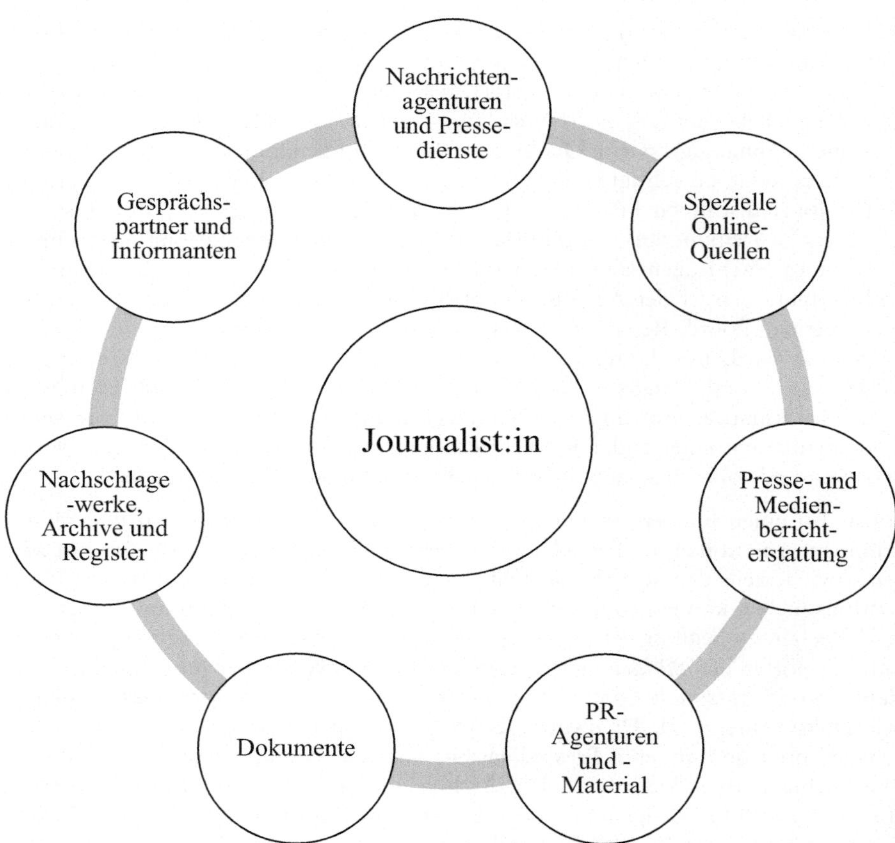

Abb. 33: Informationsquellen im Journalismus (Quelle: eigene Darstellung auf Basis von Müller 2011: 207; Mast 2018: 300)

Zu den wichtigsten Informationslieferanten, insbesondere im aktuellen Nachrichtenjournalismus, gehören *Nachrichtenagenturen*, die Zeitungen, Zeitschriften, Rundfunksender und Onlineangebote mit Informationen über aktuelle Ereignisse und Themen beliefern und diese in Form von Texten, Fotos, Grafiken sowie Audio- und Videomaterial kostenpflichtig anbieten. „Voll-Agenturen" wie die *Deutsche Presse-Agentur* (*dpa*), *Reuters* und die *Agence France-Presse* (*AFP*), die nicht nur über ein großes Netzwerk aus internationalen Korrespondent:innen, sondern auch über regionale Büros verfügen und das gesamte Themenspektrum abdecken, sind insbesondere für Medien wie lokale und regionale Tageszeitungen oder Rundfunksender, deren Redaktionen selten über eigene Korrespondent:innen vor Ort verfügen, zur zentralen Nachrichtenquelle geworden. Daneben haben sich kleinere Agenturen und Pressedienste auf bestimmte Bereiche spezialisiert: Während die *Katholische Nachrichten-Agentur* (*KNA*) und der *Evangelische Pressedienst* (*EPD*) vor allem soziale Themen behandeln, informieren der *Sport-Infor-*

mations-Dienst (*sid*) und Wirtschaftsdienste wie *Dow Jones* schwerpunktmäßig über sportliche bzw. wirtschaftliche Themen. Journalist:innen, die Informationen von Pressediensten und Nachrichtenagenturen komplett übernehmen – als sekundäre Quellen müssen diese jedoch mit weiteren Quellen verifiziert werden – oder für eigene Berichterstattung verwenden, kennzeichnen die Quelle üblicherweise mit dem Agenturkürzel (z.B. *dpa* oder *sid*) in der sogenannten *Spitzmarke* vor Beginn des eigentlichen Textes. Stilistische oder sprachliche Änderungen des Agenturmaterials sind erlaubt, sinnentfremdende oder sogar verfälschende Änderungen dagegen verboten (vgl. Müller 2011: 208). Die *Berichterstattung anderer Medien* ist für Journalist:innen eine zentrale (sekundäre) Informationsquelle für die eigene Recherche: Beiträge aus Zeitungen, Zeitschriften, Radio, Fernsehen oder Internet müssen aber gewissenhaft geprüft und mit anderen Quellen verifiziert werden – denn auch konkurrierende Journalist:innen und Medien machen Fehler, auch wenn sie zu den Leit- oder selbsternannten „Qualitätsmedien" zählen: So übernahmen 2009 etliche Redaktionen – darunter auch *BILD* und *Spiegel Online* – den ursprünglich von einem Journalisten in der freien Enzyklopädie *Wikipedia* um den falschen Vornamen „Wilhelm" ergänzten Namen des damals neuen Bundeswirtschaftsministers Karl Theodor zu Guttenberg, ohne die Quelle anzugeben. Ein peinlicher Fehler, der zudem offenbarte, dass viele Redaktionen offensichtlich ungeprüft und unbelegt voneinander abschrieben (vgl. BILDblog 2009; Niggemeier 2009). Journalistische Beiträge können aber wertvolle Informationen, Hinweise auf wichtige Dokumente, Studien oder geeignete Expert:innen und Betroffene liefern und sind in den jeweiligen Onlinearchiven und Mediatheken der Verlage und Sender oft auch gut dokumentiert. Der Zugang kann aber kostenpflichtig sein. Überhaupt: Redaktionsarchive, Online-Datenbanken, Portale – die Liste ergiebiger *Onlinequellen* ist lang. *Soziale Medien* wie *Facebook*, *X* oder *Instagram* können ebenso Informationen über Personen enthalten wie entsprechende *Kataloge* wie das traditionelle *Munziger*-Archiv oder Personensuchmaschinen wie *Yasni*. Suchmaschinen wie *Google*, aber auch alternative Anbieter wie *Yahoo!* sind für viele Journalist:innen längst das wichtigste Recherchewerkzeug – die „Googleisierung" des Journalismus (Haarkötter 2015: 143) vereinfacht aber nicht nur Recherchen, sondern macht auch Techniken wie *Suchmaschinenoptimierung* (SEO) für journalistische Beiträge notwendig. Denn Artikel, die bei *Google* oder *Google News* nicht auftauchen, werden vom Publikum seltener gefunden (vgl. Unkel 2018; Hölig/Hasebrink 2019). Im Internet stehen aber nicht nur sekundäre Informationen zur Verfügung, auch hochwertige primäre Quellen können online abgeschöpft werden – und das mit einem meist vergleichsweise geringen Aufwand: Viele Institutionen stellen Dokumente und Daten mittlerweile digital ein, z.B. das Statistische Bundesamt, der Bundestag oder die Europäische Union. Auch Gesetze und Rechtsverordnungen finden Journalist:innen online – z.B. auf dem vom Justizministerium betriebenen Portal „Gesetze im Internet", das nahezu das gesamte aktuelle Bundesrecht kostenlos bereitstellt – Meldungen von Feuerwehr und Polizei sowie der meisten Unternehmen sowieso. Während klassische Informationsinstrumente wie *Bibliotheken oder Archive* zwar große Informationsschätze enthalten, sind diese aufwändiger zu heben (z.B. bei wissenschaftlichen oder historischen Recherchen ist der Gang aber unvermeidbar, wenn

Journalist:innen etwa ein spezielles Fachbuch oder ein seltenes Dokument benötigen). Die nach wie vor häufig von Journalist:innen genutzten Informationsquellen aus dem Bereich der Public Relations (PR) umfassen neben *Pressemitteilungen* und *Presseveranstaltungen* wie Konferenzen auch die Möglichkeit der Rückfragen bei *Pressesprecher:innen* in Presseämtern von Behörden oder Pressestellen von Unternehmen oder anderen Institutionen aus dem politischen, wirtschaftlichen, kulturellen oder sportlichen Bereich. Letztere sind Journalist:innen gegenüber anders als staatliche Stellen aber nicht auskunftspflichtig, was jedoch nicht heißt, dass Presseanfragen immer unbeantwortet bleiben – im Gegenteil: Pressesprecher:innen sind keineswegs nur die Verhinderer journalistischer Recherchen, sondern liefern regelmäßig nützliche Informationen, vermitteln Gesprächspartner:innen oder stellen Statistiken und Studien bereit. Der Nachrichten- und Informationsquelle „PR" sollten Journalisten aber mit professioneller Skepsis begegnen: Problematisch sind PR-Inhalte, wenn sie ungeprüft und/oder ohne Angabe der Quellen in die journalistische Berichterstattung einfließen (vgl. Mast 2018: 214). Insbesondere bei intensiven Recherchen, die eher Hintergründe transparent machen als über aktuelle Ereignisse zu berichten, sind *Dokumente* unschätzbare Informationsquellen. Während bei investigativen Recherchen nach internen oder geheimen Dokumenten gesucht wird – „Am belegstärksten sind immer Akten, Sitzungsprotokolle und Gesprächsvermerke, die nicht für den Zweck der Veröffentlichung angelegt wurden und denen man deshalb umso eher unterstellen darf, einen ungeschönten Blick auf die Wirklichkeit wiederzugeben" (Lilienthal 2014: 31–32) – haben Journalist:innen auch zu verschiedenen Arten aussagekräftiger Dokumente Zugang über bürgerliche oder journalistische Auskunftsrechte (vgl. vgl. Lilienthal 2014: 34–46; Branahl 2005):

- Das *Grundbuch* wird in der entsprechenden Abteilung des Amtsgerichts einer Stadt oder Gemeinde geführt und dokumentiert die Verteilung der Grundstücke, die darauf erbauten Immobilien sowie deren Eigentümer. Journalist:innen, die z.B. über lokale Bauprojekte oder sozial prekäre Prozesse wie die Gentrifizierung eines Stadtteils recherchieren, können nach § 12 der Grundbuchordnung ein „berechtigtes Interesse" nachweisen und Einsicht in die Grundbücher beantragen. Ein gelungenes Beispiel für einen erfolgreichen Antrag auf Grundbucheinsicht dokumentiert das Portal „Nachgehakt-Online" anhand einer *SZ*-Recherche zur möglichen Verschuldung des Fußballvereins FC Schalke 04.
- Das *Vereinsregister*, das zentrale Informationen und Dokumente über eingetragene Vereine wie deren Satzung und Angaben zu Vorstandsmitgliedern enthält, ist öffentlich und auf Antrag beim örtlichen Amtsgericht für Jedermann (nicht nur für Journalist:innen) einsichtig. Bei Recherchen, die z.B. die Gemeinnützigkeit von Vereinen oder die satzungsgemäße Verwendung von Spenden überprüfen, lassen sich hier zuweilen wichtige Informationen finden, die von der öffentlichen Darstellung der Vereine abweichen können.
- Auch das *Handelsregister* ist ein öffentliches Verzeichnis, das grundsätzlich allen Bürger:innen zugänglich ist. Vor allem für Wirtschaftsjournalist:innen enthält das bei den Amtsgerichten am jeweiligen Firmensitz geführte Handelsregister Basisinformationen, z.B. über die Rechtsform und Besitzverhältnisse

eines Unternehmens, Angaben zu Gesellschafter:innen, Geschäftsführer:innen und Prokurist:innen sowie über das Grundkapital (AG), das Stammkapital (GmbH) oder die Kommanditeinlagen (KG). Unter Umständen finden Journalist:innen auch Informationen über eine mögliche Insolvenz oder Liquidation eines Unternehmens – eine „sprudelnde Quelle für die journalistische Recherche im Bereich von Betrug und anderen Formen der Wirtschaftskriminalität" (Lilienthal 2014: 38) oder für Arbeitnehmer- und Verbraucherthemen. Im *Elektronischen Bundesanzeiger* sind viele dieser Informationen durch eine einfache Schlagwortsuche nach dem Firmennamen online auffindbar, z.B. die Jahresabschlüsse oder Lageberichte. Aktiengesellschaften sind zudem verpflichtet, relevante Geschäftsvorgänge regelmäßig öffentlich zu machen und müssen daher in Ad-hoc-Mitteilungen, Quartalsberichten und auf Jahreshauptversammlungen sehr viel ausführlicher über wirtschaftliche Hintergründe informieren als andere Firmen. Eine Alternative bei der Beschaffung von Unternehmensdaten sind *Wirtschaftsauskunfteien* wie die Schufa oder Creditreform, die als kommerzielle Anbieter aber kostenpflichtig sind – viele Redaktionen haben hier ebenso Zugänge wie zu *Wirtschaftsdatenbanken* wie *Genios* oder *Wiso.net*.

- Während Personensuchmaschinen wie *Yasni* oder *Pipl* kaum relevante Informationen über Personen liefern und zudem oftmals veraltete oder gar „tote" Links präsentieren, haben Journalist:innen ein Anrecht auf einfache und erweiterte *Melderegisterauskünfte* nach § 21 des Melderechtsrahmengesetzes. Beim örtlichen Einwohnermeldeamt lässt sich damit herausfinden, ob eine bestimmte Person derzeit in der Stadt lebt, wo sie früher gelebt hat, wohin sie verzogen ist und welchen Familienstand sie hat. Diese „Identitätsspuren" führen in den meisten Fällen nicht zu einem kompletten Beitrag, liefern aber oft Anhaltspunkte für die weitere Recherche.

Öffentliche Dokumente – ob *Statistiken* oder *Studien* über gesellschaftliche Entwicklungen wie Altersarmut, politische Trends wie Wahlverhalten, wirtschaftliche Phänomene wie Jugend-Arbeitslosigkeit oder kulturelle Prozesse wie Bildungsgerechtigkeit, Gesetzestexte oder Urteile in Gerichtsverfahren, Eingaben von Verbänden oder Positionspapiere politischer Parteien sowie Gutachten und Expertisen von wissenschaftlichen Einrichtungen wie Universitäten – dienen bei der journalistischen Recherche manchmal als Ausgangspunkt, viel öfter aber der Verifikation im Sinne der Sorgfaltspflicht: „Das Suchen und Finden von Dokumenten dient vor allem dazu, einen zur Veröffentlichung vorgesehenen Artikel wasserdicht zu machen. Alles soll hieb- und stichfest belegt werden", fasst Volker Lilienthal (2014: 46) zusammen.

Einen besonderen Stellenwert für journalistische Recherchen haben auch personale Quellen: Die sogenannten *Informanten* sind dabei aber nur in den seltensten Fällen geheime Informationsgeber, mit denen sich Journalist:innen in dunklen Tiefgaragen treffen und deren Identität geschützt werden muss – solche *Whistleblower* wie der frühere stellvertretende FBI-Chef Mark Felt, der als „Deep Throat" in der „Watergate"-Affäre entscheidende Hinweise lieferte, können als Insider aber vor allem für investigative Recherchen unerlässlich sein. Vielmehr meint der Begriff im weiteren Sinn Gesprächspartner:innen, die journalistisch befragt und in Zeug:innen, Betroffene, Expert:innen und Akteure unterschieden werden können: „Informant ist jeder, der aus eigener Anschauung und eigenem Wissen heraus, der qua Funktion und Kompetenz etwas zur Wissensmehrung des Journalisten – und später des Medienpublikums – beitragen kann" (Lilienthal 2014: 47). Welche Rollen die verschiedenen Informanten-Gruppen (vgl. Abb. 29) für die journalistische Recherche spielen, soll das folgende fiktive Beispiel eines durch Journalist:innen aufgedeckten Bestechungs-Skandal in einer Behörde zeigen: Der Investor, der eine Beamtin der Baubehörde bestochen hat, um bei einem städtischen Großprojekt den Zuschlag zu erhalten, zählt ebenso wie die Beamtin selbst zu den *Akteur:innen*: Ihre Handlungen aufzudecken, ist Kern der Recherche. Akteure verfügen als direkt Beteiligte über exklusives Wissen um Hintergründe, haben aber meist kein Interesse daran, diese Informationen mit Journalist:innen zu teilen und öffentlich zu machen (z.B. weil sie Straftaten begangen oder gebilligt haben). Auch die Pressesprecher:innen von involvierten Unternehmen, Privatpersonen oder Behörden wären in diesem Fall keine ergiebigen, erst recht keine unabhängigen Quellen. Packt doch einer der Beteiligten gegenüber Journalist:innen aus, verfolgt er damit oft eigene Motive, die journalistisch kritisch abgewogen werden müssen. Kolleg:innen, die an der Bestechung nicht beteiligt waren, diese aber beobachtet haben, sind als *(Augen-)Zeugen* zu verstehen. Sie sind nicht direkt involviert, können aber Aussagen über Handlungen und Ereignisse treffen. *Betroffene* oder *Opfer* werden durch die Handlungen der Akteure negativ beeinflusst: Im Fall der Korruption wären das beispielsweise Bauträger, die bei dem Projekt nicht zum Zuge kamen, oder Mieter:innen, die den neuen Bauplänen des windigen Investors entgegenstehen und nun vertrieben werden sollten. Wer betroffen ist, verfügt selten über exklusive Einblicke in das große Ganze, kann aber durch die persönliche Betroffenheit emotionale Elemente zur Story und eine individuelle Perspektive zur Veranschaulichung gesamtgesellschaftlicher Prozesse liefern, die bei manchen Darstellungsformen wie dem *Feature* (vgl. Kapitel 5.3) elementar sind. Sachverständige und *Expert:innen* sind hingegen oft außenstehend und daher neutral. Ihre Einschätzungen können Journalist:innen helfen, Hintergründe und Zusammenhänge besser zu verstehen und einzuordnen. So könnten z.B. Expert:innen für Baurecht oder Korruption im vorliegenden Fall erklären, wo genau der kritikwürdige Missstand liegt, welche Rahmenbedingungen bestimmte Behörden besonders anfällig für Bestechungen machen und welche Folgen der konkrete Einzelfall möglicherweise haben wird.

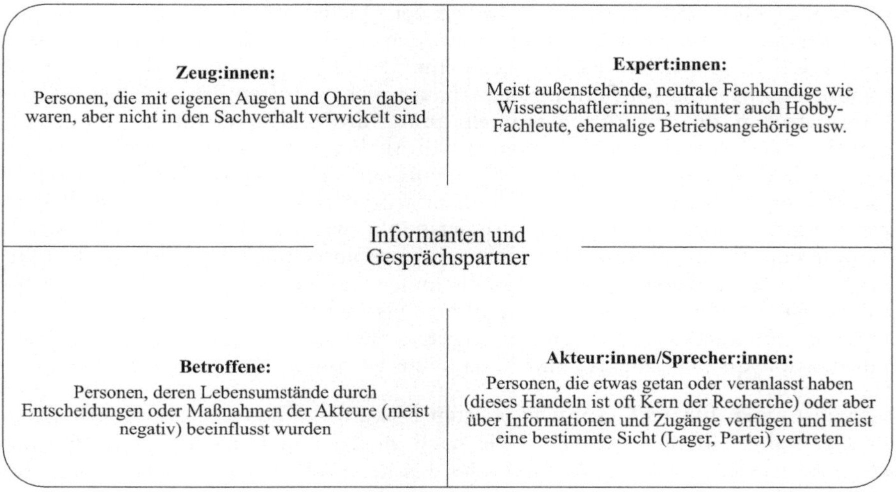

Zeug:innen: Personen, die mit eigenen Augen und Ohren dabei waren, aber nicht in den Sachverhalt verwickelt sind	**Expert:innen:** Meist außenstehende, neutrale Fachkundige wie Wissenschaftler:innen, mitunter auch Hobby-Fachleute, ehemalige Betriebsangehörige usw.
Informanten und Gesprächspartner	
Betroffene: Personen, deren Lebensumstände durch Entscheidungen oder Maßnahmen der Akteure (meist negativ) beeinflusst wurden	**Akteur:innen/Sprecher:innen:** Personen, die etwas getan oder veranlasst haben (dieses Handeln ist oft Kern der Recherche) oder aber über Informationen und Zugänge verfügen und meist eine bestimmte Sicht (Lager, Partei) vertreten

Abb. 34: Arten von Informanten und Gesprächspartnern als journalistische Quelle (Quelle: eigene Darstellung in Anlehnung an Haller 2008; Lilienthal 2014; Mast 2018)

Für Journalist:innen sind der Aufbau und die Pflege eines belastbaren, aktiven *Informanten-Netzwerkes* unerlässlich. Persönliche Kontakte erleichtern nicht nur die Recherche, weil die Ansprechpartner:innen bekannt sind und ein Vertrauensverhältnis zwischen Journalist und Informant besteht, sie geben in Form von Hinweisen und Tipps oft auch den ersten Anstoß für eine Story. Beziehungspflege lohnt sich für Journalist:innen, wobei das „Wechselspiel aus Nähe und Distanz" (Lilienthal 2014: 49) vor allem für Lokaljournalisten herausfordernd ist, wenn sie mit Entscheidungsträger:innen aus Politik und Wirtschaft, aus Kultur oder Sport im engen Austausch stehen und gleichzeitig kritisieren. Da hilft es Journalist:innen, bei aller notwendigen (Recherche-)Härte und Hartnäckigkeit fair zu bleiben, Kritik sorgfältig zu belegen und den Grundsatz „Audiatur et altera pars" zu beherzigen: Immer also auch die „andere Seite" einer Geschichte anzuhören und ihr Gelegenheit zur „Gegenrede" zu geben – also z.B. auch die bestechliche Beamtin ihre Sicht der Dinge schildern zu lassen, wenn sie sich denn äußern möchte.

Hintergrund: Journalistische Codes: „Unter eins", „unter zwei" oder „unter drei"?

Für den Umgang mit Informationen und als Schutzmechanismus für Zitatgeber:innen hat sich auch außerhalb des politischen Journalismus und abseits von Hintergrundgesprächen ein Standard zur Abstufung von Vertraulichkeit etabliert, der der Satzung der Bundespressekonferenz entnommen ist. Folgende „Sprachcodes" (vgl. Kaiser 2015: 47) klären, wie Informationen von Journalist:innen verwendet werden dürfen: Informationen, die „unter eins" gegeben werden, dürfen wörtlich wiedergegeben und die Urheber:in namentlich genannt werden. „Unter zwei“ dürfen das Umfeld der Quelle und die Information selbst zwar genannt, aber nicht direkt zitiert werden. Floskeln wie „aus gut informierten Kreisen“, „ein hoher Regierungsbeamter“ oder „eine, die es wissen muss“ kommen hier häufig zum Einsatz. Überhaupt nicht veröffentlicht werden dürfen Informationen, die den Journalist:innen „unter drei“, also vertraulich, mitgeteilt wurden. Die Informationen dürfen ausschließlich als Hintergrundwissen genutzt werden (z.B. um politisches Handeln einordnen zu können), fließen auf diese Weise aber zuweilen indirekt in Kommentare oder Analysen ein. Auch dienen vertrauliche Informationen als Ausgangspunkt weiterer Recherchen. Obwohl es sich bei diesen Sprachcodes nicht um medienrechtlich einklagbare Regeln handelt, können Verstöße für Journalist:innen durchaus Konsequenzen haben, z.B. wenn ihnen anschließend keine Interviews mehr gewährt werden, sie künftig keine Einladungen zu Hintergrundgesprächen mehr erhalten oder ergiebige Informationsquellen „austrocknen“, da keine Vertraulichkeit mehr herrscht.

Journalist:innen führen Gespräche, werten Dokumente aus oder verschaffen sich vor Ort selbst ein Bild der Lage – je nach Zielen und Quellen nutzen Journalist:innen also unterschiedliche *Methoden* bei der praktischen Umsetzung der Recherche. Dabei können analoge von digitalen *Recherchewerkzeugen* (vgl. Kaiser 2015: 33–91) ebenso unterschieden werden wie direkte von indirekten *Rechercheformen*, bei denen die Informationen entweder persönlich oder nicht-persönlich beschafft werden (vgl. Müller 2011: 259; 273–302):

- *Vor-Ort-Recherchen* dienen der eigenen Inaugenscheinnahme der Journalist:innen am Ort des Geschehens, die unerlässlich ist, um primäre Informationen zu gewinnen. Dazu zählt die Teilnahme an Veranstaltungen (z.B. Pressekonferenzen, Konzerte oder Sportereignisse), ebenso wie Besuche bei Ortsterminen (Begehungen von Tatorten, Baustellen etc.). Solche Recherchen sind unmittelbar und persönlich, aber oft auch sehr aufwändig, z.B. wenn Kriegsreporter:innen sich selbst in der umkämpften Region ein Bild von der Lage machen.
- *Persönliche (Recherche-)Gespräche*, die auch als *Rechercheinterviews* bezeichnet werden, aber von der journalistischen Darstellungsform des Interviews abzugrenzen sind, können mit allen Gruppen von Informanten geführt werden, ermöglichen meist einen vertrauensvollen Austausch (z.B. in Form von Hintergrundgesprächen) und führen daher oft zu besseren, weil tiefergehenden Informationen. Ähnlich wie bei Vor-Ort-Recherchen ist der Aufwand für Journalist:innen aber ungleich größer und im redaktionellen Alltag nicht immer zeitlich zu leisten. Wichtige Informanten sollten aber nach Möglichkeit persönlich befragt werden – auch weil die (nonverbalen) Reaktionen des Gegenübers nur auf diese Weise beobachtet werden können.
- *Audiovisuell geführte (Recherche-)Gespräche* z.B. per Telefon oder Videokonferenz-Tools wie Zoom sind eine schnelle und oft unkomplizierte Form der Informationsgewinnung und werden daher – neben der Onlinerecherche – besonders häufig von Journalist:innen genutzt. Zunächst sollte der richtige Gesprächspartner identifiziert und angefragt werden – hierbei empfiehlt sich eine frühzeitige Anbahnung des Gesprächs, da begehrte Gesprächspartner oft schwierig zu erreichen sind. Eine strukturierte, professionelle Gesprächsführung kann auch zuerst kritisch eingestellte oder zurückhaltende Ansprechpart-

ner öffnen. Wie in jedem Interview gilt: Weicht der Interviewte aus, sollte die Interviewerin hartnäckig nachfassen und dabei auch verschiedene Fragetypen und -techniken (vgl. Kapitel 5.3) nutzen. Zum Abschluss des Gesprächs sollte zudem die Verwendung der Inhalte und ggf. eine Autorisierung der Zitate besprochen werden. Wenn gängige Kommunikationsmittel versagen, z.B. weil der Gesprächspartner telefonisch abgehört werden könnte oder das Telefonnetz instabil ist (wie in vielen Krisenregionen), können auch *Live-Chats* oder andere Formen schriftlicher Kommunikation in Echtzeit genutzt werden.

- *Verdeckte Recherchen* sind besonders intensive Formen der Vor-Ort-Recherche, bei der Journalist:innen ihre Identität nicht preisgeben oder gar aktiv verheimlichen. Diese direkte Recherchemethode sollte nur in absoluten Ausnahmefällen angewendet werden, wenn Informationen, an denen ein überragendes öffentliches Interesse besteht, auf keinem anderen Weg recherchiert werden können. Dies gilt insbesondere für die verdeckten Aufnahmen von Ton- und Bildmaterial, die grundsätzlich verboten sind.
- *Schriftliche Recherchen* sind weniger aufregend als verdeckte und nicht so unmittelbar wie Recherchen vor Ort oder im persönlichen Gespräch. Sie bieten aber Vorteile: Schriftliche Recherchen, z.B. per E-Mail, sind mit geringerem Zeit- und Kostenaufwand verbunden, lassen sich bei Bedarf nahezu identisch an mehrere Ansprechpartner senden, denen ähnliche Fragen gestellt werden sollen, und sind flexibel in Bezug auf den Zeitpunkt, wann Fragen gestellt und beantwortet werden. Außerdem sind die Rechercheergebnisse dokumentiert: Es gehen also weniger Informationen verloren und bei eventuellen Streitfällen liegen später direkt Beweise für getätigte Aussagen vor. Bei schriftlichen Recherchen ist eine professionelle Herangehensweise unerlässlich (vgl. Müller 2011: 299ff.): Idealerweise wird die Anfrage telefonisch angekündigt, fasst den Grund der Recherche (sofern dieser dem Ansprechpartner gegenüber offengelegt werden kann) und den Verwendungszweck der Informationen zusammen (Welches Medium, welche Form, welcher Publikationstermin?) und hält den Umfang sowie die Anzahl der Fragen knapp. Die Fragen sollten präzise und eindeutig formuliert und mit ausreichend zeitlichem Vorlauf gestellt werden, sodass der Ansprechpartner sich nicht durch enge Termine unter Druck gesetzt fühlt. „Nachhaken“ sollten Journalist:innen immer mit der gebotenen Höflichkeit, aber eben auch hartnäckig, wenn der Ansprechpartner eine Antwort taktisch verzögert oder verweigert (z.B. um die Veröffentlichung aufzuschieben oder zu verhindern).
- Zu den wichtigsten indirekten Recherchemethoden zählt das weite Feld der *Onlinerecherche*, die in der Regel vom Schreibtisch aus durchgeführt werden kann. Unter Internet- oder Onlinerecherche wird die „Nutzung des World Wide Web (WWW) für die gezielte Suche von Informationen“ (Müller 2011: 274) verstanden. Die digitale Recherche erstreckt sich auf klassische Onlinequellen wie Websites, Online-Portale und -Datenbanken ebenso wie auf soziale Netzwerke und Internetforen, in denen Journalist:innen Kontakt zu geeigneten Ansprechpartnern suchen. Als wichtigste Recherchemethode gilt unter Journalist:innen aber die Onlinesuche mittels Suchmaschinen: *Google* hat mit einem Marktanteil von mehr als 95 Prozent hier eine herausragende Stellung – und

das nicht nur beim Publikum, sondern auch für Suchanfragen für Journalist:innen. Eine „Googleisierung des Journalismus“, die eine Abhängigkeit journalistischer Recherchen vom US-amerikanischen Internetkonzern sieht, ist insbesondere perspektivisch ein Problem für den Journalismus (vgl. Haarkötter 2015: 143ff.). Andererseits trägt das einfache und schnelle Auffinden von Informationen über die *Google Search* auch zum deutlich ökonomischeren Recherchieren bei und ermöglicht Journalist:innen damit, die gesparte Zeit für aufwändigere Recherchemethoden zu nutzen – insbesondere, wenn sie ihre Suche strategisch anhand geeigneter *Keywords* ausrichten und Google-Operatoren nutzen, um die Suchergebnisse einzuschränken. Grundsätzlich gilt: „Das ideale Ergebnis einer Internetrecherche ist, auf eine Suche exakt das eine richtige Ergebnis zu erhalten“ (Haarkötter 2015: 149). *Datenbank-, Statistik- und Archivrecherchen* können online stattfinden, manche Originaldokumente können aber noch immer nur vor Ort eingesehen werden (z.B. die Akten des Stasi-Unterlagen-Archivs in Berlin).

- Auch das Lesen von Medienberichten, Agenturmaterial oder Büchern, das Ansehen oder Anhören von live im TV oder im Radio ausgestrahlten Sendungen oder aufgezeichnetem Audio- oder Videomaterial gehört wie die Analyse von Dokumenten zu den indirekten Formen der Recherche. Im weiteren Sinne zählt auch die Beschaffung, Berechnung und Auswertung systematisch gewonnener Daten hinzu, die sich als *Datenjournalismus* (vgl. Kapitel 7.3) jedoch nicht nur besonderer Recherchemethoden bedienen, sondern Inhalte auch spezifisch aufbereiten und visualisieren, z.B. in Form interaktiver Grafiken.

Mithilfe dieser praktischen Recherchemethoden tragen Journalist:innen das Material für den Beitrag zusammen. Als *Recherchematerial* gelten textliche und audiovisuelle Medieninhalte wie Onlineartikel oder Audio- und Videomitschnitte, schriftlich eingeholte Auskünfte (z.B. per E-Mail), alle Arten von Dokumenten wie Gesetze, Geschäftsberichte, Verträge oder Studien, Gesprächsmitschnitte und -protokolle sowie eigene Notizen zu den recherchierten Vorgängen (vgl. Müller 2011: 307). Da insbesondere aufwändige, umfangreiche Recherchen, die sowohl in die Breite als auch in die Tiefe gehen, schnell viel recherchiertes Material produzieren, sollten Journalist:innen ihre Ergebnisse stets systematisch und sortiert ablegen, z.B. in digitalen Ordnern oder speziellen Programmen zur Dokumentenorganisation wie Documentcloud oder Mind-Mapping-Software. Für eine strukturierte Analyse bietet es sich an, die Rechercheergebnisse in einer digitalen Datenbank zu organisieren oder sogar ein „Masterfile“ anzulegen (vgl. Hunter/Seegers 2018: 66ff.), das als Brücke zwischen dem recherchierten Material einerseits und dem finalen journalistischen Beitrag andererseits fungiert: Im „Masterfile“ sammeln Journalist:innen alle Informationen, die sie später für die Produktion der Story benötigen: Interviewzitate, wichtige Abschnitte aus Dokumenten, eigene Gedanken und Beobachtungen. Die Informationen sollten verdichtet und gerafft sowie mit den relevanten Quellen verbunden werden. Fragen, die während der Recherche entstanden sind und noch beantwortet werden müssen, werden hier ebenfalls notiert. Recherchepläne und -protokolle können die Basis für ein Masterfile liefern oder teilweise einfließen. Das Masterfile wird auf diese Weise zu einer „rohen Skizze“ des späteren Beitrags – Recherchieren und Schreiben laufen in dieser Endphase oft parallel. Bei der *Rechercheauswertung* werden die in unterschiedlichen Quellen gesammelten Informationen – Daten, Fakten und Erkenntnisse – thematisch zusammengefasst, den jeweiligen Recherchezielen zugeordnet und inhaltlich abgeglichen (vgl. Abb. 36). Sind keine zusätzlichen Recherchen und nachträglichen Verifizierungen nötig – z.B., weil Fehler während der Recherche erkannt wurden, einzelne Belege fehlen, Informationen widersprüchlich sind oder sich die Sachlage verändert hat (vgl. Müller 2011: 304) – lassen sich die *Recherchehypothesen* anhand der Ergebnisse überprüfen: „Welche Darlegungen, Aussagen und Einschätzungen bestätigen, welche widerlegen oder modifizieren die Ausgangshypothese?" (Haller 2008: 80). Spätestens jetzt sollten Journalist:innen beurteilen können, ob sich die ursprüngliche Recherchethese bestätigt hat: Ist der Bundespräsident bestechlich? Ist der FC Schalke 04 zahlungsunfähig? Hat der ADAC die Preisverleihung „Gelber Engel" manipuliert? Antworten auf diese Fragen sind das zentrale Ergebnis abgeschlossener Recherchen, wenn die journalistische Geschichte offengelegt ist.

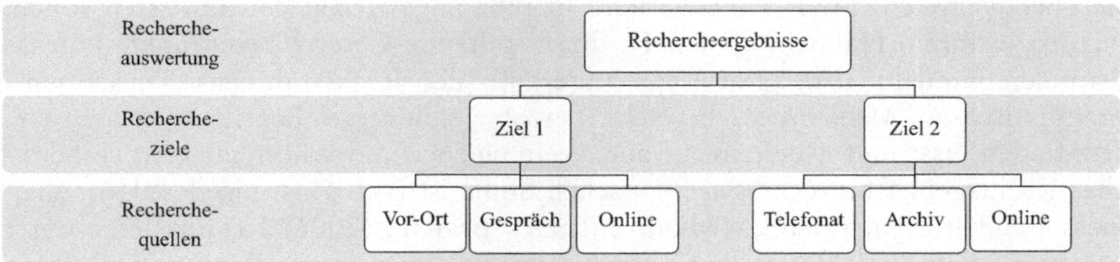

Abb. 35: Beispielhafte Rechercheauswertung (Quelle: eigene Darstellung nach Müller 2011: 203)

Die Auswertung der gesamten Recherche ist beendet, wenn der Hergang der Ereignisse präzise rekonstruiert, die Rollen der Beteiligten (Verantwortliche und Betroffene) benannt sowie kausale Zusammenhänge und deren mutmaßliche Folgen beschrieben und erzählt werden können – und wenn „genügend interessant zu erzählender Stoff" zusammengetragen wurde. Um den Überblick über die Rechercheauswertung zu behalten, empfiehlt Haller (2008: 80–82) folgende „Checkliste":

- „*Ertrag*: Die neuen Fakten zu einem Kern zusammenfassen („Vorher-Nachher-Effekt")
- *Akteure*: Verantwortliche („Ross und Reiter") nennen
- *Bericht*: Handlungsabläufe der Beteiligten mit Vorgeschichte knapp nacherzählen („Story Muster")
- *Bei Konfliktthemen*: Kontrahenten mit ihren Positionen nennen und Quintessenz anbieten."

Um einen journalistischen Beitrag zu produzieren, sollten Journalist:innen – nachdem alle relevanten Informationen gesammelt, überprüft und ausgewertet wurden – auf Basis ihrer *Rechercheergebnisse* ein Fazit ziehen: Was hat die Recherche ergeben? Können alle Fakten dargestellt, belegt und in einen Zusammenhang gebracht werden? (vgl. Lilienthal 2014: 117). Davon ausgehend werden die nächsten Schritte im journalistischen Produktionsprozess angegangen: Die Wahl der passenden Darstellungsform (vgl. Kapitel 5.3) – also die Frage, ob die recherchieren Zusammenhänge besser z.B. als ausführlicher Hintergrundbericht, als lebendige Reportage oder als anschauliches Feature präsentiert werden – und der angemessenen erzählerischen Struktur im Sinne des Storytelling (vgl. Kapitel 5.4) – also die Suche nach den spannenden, überraschenden oder konfliktträchtigen Aspekten und den dramaturgischen „Plot Points" der recherchierten Story.

Exkurs: Medienrechtlicher Rahmen journalistischer Recherche und Berichterstattung

Recherchierende Journalist:innen kommen ihrer Kritik- und Kontrollfunktion der drei Gewalten – der Gesetzgebung von Parlamenten (Legislative), der ausführenden Gewalt von Regierung, Behörden oder Polizei (Exekutive) oder Gerichten (Judikative) (vgl. Meier 2018: 85) – in besonderer Weise nach. Dazu verfügen sie über weitreichende Rechte, die ihre unabhängige Arbeit gewährleisten sollen, werden in ihrem Handeln aber auch durch geltende Gesetze beschränkt. Journalist:innen handeln also keineswegs außerhalb des Rechtsrahmens. Dieser wird pragmatisch als *Medienrecht* bezeichnet, wobei sich dieser Begriff in keinem Gesetz finden lässt und Medienrecht auch kein eigenes und schon gar kein einheitliches Rechtsgebiet im rechtssystematischen Sinne ist (vgl. Gostomzyk 2016). Vielmehr handelt es sich beim Medienrecht nach Branahl (2006: 13) um „eine unter pragmatischen Gesichtspunkten vorgenommene Zusammenstellung von Normen aus *unterschiedlichen* Rechtsgebieten" – wie dem Verfassungsrecht, das die Pressefreiheit festschreibt, dem Verwaltungsrecht, in dem journalistische Auskunftsansprüche geregelt sind, dem Zivilrecht, das beispielsweise das Urheberrecht enthält, dem Strafrecht, das Fragen zum Schutz von Staat und der persönlichen Ehre klärt, oder dem Verfahrensrecht (Zeugnisverweigerungsrecht). Hinzu kommen noch Presse- und Mediengesetze der Bundesländer sowie die Rundfunkstaatsverträge. Doch warum ist das alles für angehende Journalist:innen wichtig? Rechtsrahmen und Gesetze klingen ja eher nach Jurastudium als nach Journalismus. Die Antwort ist einfach: Journalist:innen können für die Folgen ihres Handelns verantwortlich gemacht werden (und werden dies auch zunehmend), wenn Personen oder Unternehmen durch ihre Berichterstattung Schaden entstanden sein sollte – was nicht nur die Zahlungen von Schadensersatz, sondern im Extremfall auch Gefängnisstrafen nach sich ziehen kann. Um einerseits solche Folgen des eigenen journalistischen Handelns zu vermeiden, andererseits aber auch die besonderen Rechte von Journalist:innen gerade bei der Recherche und die damit verbundenen Handlungsspielräume im Sinne der Öffentlichkeit nutzen zu können, zählt grundlegendes medienrechtliches Wissen zum journalistischen Handwerkzeug.[14]

14 Da eine Einführung in den Journalismus rechtliche Zusammenhänge weder vollständig noch hinreichend detailliert behandeln, sondern wichtige und für die journalistische Praxis besonders relevante Fragen lediglich anschneiden kann, sind journalistischen Einsteigern ebenso wie erfahrenen Redakteur::innen, die ihr medienrechtliches Wissen erweitern oder auffrischen wollen, die einschlägigen Werke zum Medienrecht von Branahl (2013) und Beater (2015) nahegelegt. Zum sogenannten „Journalistenrecht", also die gesetzlichen Regelungen, die insbesondere die praktische journalistische Arbeit betreffen, haben Fechner

Die berufspraktische Perspektive auf die rechtlichen Rahmenbedingungen von Journalismus wird hier auch im Folgenden eingenommen, wenn es vor allem um die praktischen medienrechtlichen Grundlagen für die Beschaffung und Veröffentlichung von Informationen – also um Recherche und Publikation – sowie um die damit für Journalisten verbundenen Rechte und Pflichten geht (für die folgenden Ausführungen vgl. Branahl 2013; Haarkötter 2015: 227–248; Müller 2011: 125–147; Haller 2008: 288–306; Lilienthal 2014: 99–109):

Das *Grundgesetz* (GG) als rechtliche Basis journalistischen Arbeitens in Deutschland sichert nicht nur in Artikel 5 die allgemeine Informations- und Meinungsfreiheit, sondern auch die besondere Pressefreiheit und damit das Verbot staatlicher Zensur (vgl. Kapitel 2.3). Auch findet sich hier der explizite Hinweis, dass die Pressefreiheit eben nicht grenzenlos ist, sondern „ihre Schranken in den Vorschriften der allgemeinen Gesetze, den gesetzlichen Bestimmungen zum Schutze der Jugend und in dem Recht der persönlichen Ehre“ findet. Bereits das Grundgesetz selbst enthält weitere Artikel, die Journalist:innen in der Berichterstattung nicht verletzen dürfen, wie die Würde des Menschen (Art. 1), die allgemeinen Persönlichkeitsrechte (Art. 2) sowie die Gleichbehandlung von Menschen unterschiedlicher Geschlechter, Abstammung, Rassen, Sprache, Heimat, Herkunft und religiöser oder politischer Einstellungen (Art. 3). Demnach dürfen journalistische Beiträge Menschen nicht herabwürdigen oder verunglimpfen, müssen das Recht auf Selbstbestimmung jeder und jedes Einzelnen respektieren und dürfen niemanden diskriminieren. Außerdem würden heimliche Aufnahmen, die ohne Wissen und Zustimmung des Gesprächspartners gemacht wurden, gegen Artikel 10 und gegen das Brief- und Fernmeldegeheimnis verstoßen (vgl. Müller 2011: 126f.), was auch zu strafrechtlichen Konsequenzen führen kann.

Wie alle Bürger:innen machen sich auch Journalist:innen strafbar, wenn sie Straftaten begehen, zu diesen anstiften oder verheimlichen. Für Journalist:innen relevant sind vor allem folgende Delikte, die das *Strafgesetzbuch* (StGB) regelt: Neben dem Verbot, das vertraulich gesprochene Wort aufzuzeichnen und zu verbreiten, dürfen Journalist:innen fremde Daten weder ausspähen noch abfangen (§ 201, 206). Zu den Grenzen der Recherchefreiheit zählen auch die Tatbestände des Hausfriedensbruchs (§ 123), der Diebstahl oder die Unterschlagung von Unterlagen (§ 242, 246) sowie die Beteiligung an Straftaten wie dem Geheimnisverrat von Amtsträgern (§ 353b), zu denen Journalist:innen interne Informanten, beispielsweise in Behörden wie Ministerien oder Ämtern, anstiften könnten. Hierbei ist es wichtig, dass Journalist:innen passiv abwartet, bis ihnen interne Dokumente übergeben werden, anstatt dazu direkt und aktiv aufzufordern. In keinem Fall sollten Journalist:innen Geld oder andere Belohnungen für Informationen anbieten, da sie sich ansonsten der Bestechung (§ 334) schuldig machen können. Einem Informanten zu drohen, kann den Straftatbestand der Nötigung erfüllen (§ 240). Neben verschiedenen strafrechtlich relevanten Regelungen, die insbesondere das Filmen und Fotografieren von Personen, Grundstücken und militärischen Anlagen ein-

und Wössner (2016) einen Leitfaden für Medienschaffende verfasst. In ihrem Beitrag für das *MDR*-Magazin „360GMedien“ beschreibt Juliane Wiedemeier (2019) acht Grundregeln, an die Journalist:innen sich rechtlich halten sollten und liefert damit einen praxisnahen Einstieg in die Materie.

schränken, enthält das Strafgesetzbuch auch Verbote zur Darstellung von Gewalt und Volksverhetzung (§ 130, 131) (vgl. Lilienthal 2014: 105–107). Zudem regelt es Verstöße gegen das im Grundgesetz als Schranke der Pressefreiheit genannte Recht der persönlichen Ehre, von denen als Tatbestände neben der Beleidigung (§ 185), dem Aufstellen und Verbreiten ehrenrühriger Tatsachenbehauptungen (siehe Hintergrund) auch die üble Nachrede und die Verleumdung (§ 186, 187) infrage kommen (vgl. Branahl 2006: 96). Für Branahl (2016a) sind Angriffe auf die Ehre Äußerungen von Journalist:innen, „die geeignet sind, das Ansehen der betroffenen Person oder Institution zu beeinträchtigen", was insbesondere das Zuschreiben von Eigenschaften oder Verhaltensweisen meint, die öffentlich als negativ bewertet werden.

Hintergrund: Tatsachenbehauptung und Meinung

Ob eine journalistische Äußerung zulässig oder als Verletzung des Rechts der persönlichen Ehre zu werten ist, welchen Straftatbestand sie genau erfüllt und welche Folgen sie nach sich ziehen kann – zum Beispiel in Bezug auf zivilrechtliche Ansprüche wie Schadensersatz oder das Recht auf eine Gegendarstellung – hängt auch davon ab, ob es sich dabei um eine *Tatsachenbehauptung* oder eine *Meinung* beziehungsweise ein *Werturteil* handelt. Meinungsäußerungen sind wertende Stellungnahmen, die durch das Grundgesetz geschützt sind, nicht „richtig" oder „wertvoll" sein müssen und sich eignen, Betroffene zu verletzten, „weil sie ungerecht, emotional, rational nicht hinreichend begründet, polemisch überspitzt sind oder bissigen Spott enthalten" (Branahl 2016b). Ihre Grenzen finden durch Meinungsfreiheit gedeckte Äußerungen demnach erst in der *Schmähkritik*: Eine grobe Beschimpfung, die nicht kritikwürdiges Verhalten, sondern vor allem eine Kränkung der Angegriffenen zum Ziel hat. Anders als Meinungen müssen *Tatsachenbehauptungen* objektiv überprüfbar sein, was bedeutet, dass ein gerichtliches Verfahren prinzipiell feststellen kann, ob sie wahr oder falsch sind. Während Meinungen und Werturteile auch den Straftatbestand der *Beleidigung* erfüllen können, setzen *Verleumdung* und *üble Nachrede* jeweils Tatsachenbehauptungen voraus (vgl. Branahl 2006: 96), die das Ansehen anderer negativ beeinträchtigen können, wobei Journalist:innen den Wahrheitsgehalt nicht nachweisen können (vgl. Branahl 2016c). Gegen unwahre Tatsachenbehauptungen (nicht aber gegen Meinungen) können sich unmittelbar Betroffene mit einer *Gegendarstellung* wehren. Diese Stellungnahme, die nicht mit der von Redaktionen oft als freiwillige Korrektur falsch verbreiteter Informationen genutzten *Richtigstellung* zu verwechseln ist, enthält neben der Behauptung, dass bestimmte, von Journalist:innen in einem Medium verbreitete Tatsachen unwahr seien, auch eine kurze Darstellung des Sachverhaltes. Betroffene können verlangen, dass die Gegendarstellung vollständig und ohne Änderungen publiziert wird (vgl. Branahl 2016d) – und zwar an der gleichen Stelle, an der auch der ursprüngliche Beitrag mit der unwahren Tatsachenbehauptung veröffentlicht wurde (zum Beispiel auf der Titelseite einer Zeitung oder oben auf der Startseite einer Website).

Neben Verletzungen der persönlichen Ehre können Journalist:innen in ihrer Berichterstattung auch mit dem Allgemeinen Persönlichkeitsrecht in Konflikt geraten: Der Persönlichkeitsschutz sichert die „informationelle Selbstbestimmung" in Bezug auf persönliche Daten, das Privatleben sowie die Intimsphäre, in die

Journalist:innen grundsätzlich nicht eindringen dürfen. Problematisch wird die Berichterstattung insbesondere, wenn sie identifizierend berichtet, wenn Betroffene für andere – zu diesen zählen auch nahe Freunde oder Verwandte – erkennbar werden, beispielsweise durch die Nennung des Namens oder die Veröffentlichungen von Fotos. Das Persönlichkeitsrecht endet dort, wo ein berechtigtes *öffentliches Interesse* besteht, über das möglicherweise kritikwürdige Verhalten eines Betroffenen informiert zu werden (vgl. Branahl 2006: 116). Vielfach kommt es in der journalistischen Praxis also zu einem oft schwierigen Abwägen zwischen dem öffentlichen Informationsinteresse und dem Persönlichkeitsschutz des Einzelnen (vgl. Haller 2008: 298–299): Ausnahmen gelten für Personen des öffentlichen Lebens (zum Beispiel Prominente aus Politik, Wirtschaft, Sport, Kultur oder Medien) ebenso wie für Amtsträger, wenn ihr Verhalten in einem Gegensatz zu ihren Funktionen steht.

Weitere Grenzen in der journalistischen Arbeit setzen die Gesetze zum *Jugendschutz*, nach denen Medien auf „unsittliche, verrohend wirkende, zu Gewalttätigkeit, Verbrechen oder Rassenhass anreizende“ Inhalte ebenso verzichten sollen, wie auf detaillierte, „selbstzweckhafte Darstellung“ von Gewalt, gegen den *unlauteren Wettbewerb*, das Schleich- und irreführende Werbung sowie den Verrat von Geschäfts- oder Betriebsgeheimnissen verbietet, und zum *Urheberrecht*. Dieses weite und insbesondere im digitalen Journalismus relevante Gebiet schützt das geistige Eigentum – hat für Journalisten also zwei wichtige Implikationen: Einerseits begrenzt das Urheberrecht die Möglichkeiten von Journalist:innen, ungehindert fremde Texte, Fotos, Filme oder Audios zu nutzen, andererseits werden auf diese Weise auch die Rechte von Journalist:innen geschützt, die ja selbst als Produzent:innen von Werken in Form journalistischer Beiträge tätig sind (vgl. Branahl 2006: 191).

Neben diesen und weiteren Einschränkungen der journalistischen Arbeit steht Journalisten aber auch eine Reihe besonderer Rechte zu, die ihrerseits mit verschiedenen Pflichten verbunden sind, und neben dem Grundgesetz überwiegend in den *Pressegesetzen* der Bundeslänger geregelt sind. Da sich die Pressegesetze zwar von Bundesland zu Bundesland unterscheiden, zentrale Paragrafen aber ähnlich formuliert sind, werden die für die journalistische Praxis relevanten Bestimmungen hier am Beispiel des Landespressegesetzes von Nordrhein-Westfalen (SGV NRW 2020) skizziert, dem bevölkerungsreichsten deutschen Bundesland:

- Die ersten beiden Paragrafen garantieren, dass die Presse auch auf Landesebene inhaltlich frei und der demokratischen Grundordnung verpflichtet ist, nur durch das Grundgesetz und die genannten Gesetze beschränkt wird, besondere Maßnahmen zur Einschränkung der Pressefreiheit verboten sind, und dass Journalist:innen nicht „Zwangsmitglieder“ in einer Berufsorganisation sein müssen, keine hoheitliche „Standesgerichtsbarkeit“ existiert und publizistische und wirtschaftliche Tätigkeiten der Presse zulassungsfrei sind (§ 1, 2).
- Der dritte Paragraf definiert die öffentlichen Aufgaben der Presse: Journalist:innen sollen Nachrichten beschaffen und verbreiten, Stellung beziehen, Kritik üben oder auf andere Weise an der Meinungsbildung mitwirken (§ 3).

- Der vierte Paragraf regelt das insbesondere für Recherchen wichtige Informationsrecht der Presse: Demnach sind sämtliche Behörden des Landes verpflichtet, Journalist:innen „die der Erfüllung ihrer öffentlichen Aufgabe dienenden Auskünfte zu erteilen." Die Art der Auskunft ist in der Rechtsprechung als inhaltlich vollständig, eindeutig und zutreffend festgelegt worden (vgl. Haller 2008: 290). Auskunftsberechtigt sind neben Volontär:innen und Verleger:innen freie und festangestellte Journalist:innen, die sich entweder mit einem von den journalistischen Berufsverbänden wie dem DJV ausgestellten Presseausweis oder einem schriftlichen Redaktionsauftrag legitimieren. Der Auskunftsanspruch gilt nicht gegenüber privaten Unternehmen und Personen, sondern ausschließlich gegenüber Behörden, die die Auskunft nur verweigern können, wenn dadurch (1) die sachgemäße Durchführung eines schwebenden Verfahrens vereitelt, erschwert, verzögert oder gefährdet" würde, (2) Geheimhaltungsvorschriften, oder (3) ein „überwiegendes öffentliches oder schutzwürdiges privates Interesse" verletzt würde, oder (4) der Umfang der Auskunft „das zumutbare Maß überschreitet" (§ 4).[15] Neben diesen in den Landespressegesetzen festgeschriebenen speziellen Auskunftsrechten für Journalist:innen verfügen alle Bürger:innen (und damit natürlich auch Journalist:innen) über weitere Informationsrechte gegenüber Bundesbehörden, wie das seit 2006 gültigen Informationsfreiheitsgesetz (IFG), das Verbraucherinformationsgesetz (VIG) und das Umweltinformationsgesetz (UIG).[16]
- Der sechste Paragraf thematisiert die „Sorgfaltspflicht der Presse", nach der Journalist:innen „alle Nachrichten vor ihrer Verbreitung mit der nach den Umständen gebotenen Sorgfalt auf Inhalt, Herkunft und Wahrheit zu prüfen" haben (§ 6). Die Sorgfaltspflicht kann als Gegenstück zu den journalistischen Informationsrechten gesehen werden. Für Haller (2008: 297) ist der Begriff „Wahrheit" und der damit verbundene absolute Anspruch an eine Information missverständlich und in der journalistischen Praxis kaum zu erfüllen; er ist deswegen im Sinne „größtmöglicher Richtigkeit" zu verstehen. Nach Branahl (2016c) erfüllen Journalist:innen ihre Sorgfaltspflicht, wenn sie vor der Verbreitung einer Information „alle ihnen zur Verfügung stehenden Quellen nutzen" und dabei auch den Betroffenen vor der Publikation Gelegenheit geben, Stellung zu der Information zu beziehen. Erfüllen Journalist:innen auf diese Weise ihre Sorgfaltspflicht, drohen ihnen keine Strafen wegen übler Nachrede. Bei folgenden Tätigkeiten sollten Journalist:innen besonders sorgfältig arbeiten: Bei der Berichterstattung gilt, „so wahrheitsgemäß wie möglich"; in der redaktionellen Nachrichtenverarbeitung, die insbesondere in Sozialen Medien mit sogenannten „Fake News" (vgl. Kapitel 6.1) zu kämpfen hat, soll auf „größtmögliche Richtigkeit" geprüft werden, während bei der Informationsbeschaffung abhängig von Bedeutung, Auswirkung und Herkunft der Information sorgfältig recherchiert werden soll (vgl. Haller 2008: 297).
- Weitere Paragrafen des NRW-Pressegesetzes regeln die Impressumspflicht (§ 8), nach der beispielsweise Zeitungen in einem *Impressum* Namen und Anschrift

15 Beispiele für die genannten Ausnahmen bei der journalistischen Recherche nennt Haller (2008: 292–296).

16 Welche Vorteile die jeweiligen Auskunftsrechte haben, auf welche Behörden sie sich beziehen und wie Journalisten Anfragen stellen können, beschreibt Haarkötter (2015: 233ff.).

eines Verlegers sowie einer Redakteurin nennen müssen, die als verantwortlich im Sinne des Presserechts (V. i. s. d. P.) fungiert, die Pflicht zur „Kennzeichnung entgeltlicher Veröffentlichungen“ (§ 10), nach der werbende Inhalte mit „Anzeige“ überschrieben sein müssen, sowie der oben genannte Anspruch auf Gegendarstellung (§ 11).

Nicht in den Landespressegesetzen, sondern in der Strafprozessordnung (StPO) verankert, ist das für Journalist:innen gerade bei kritischen Recherchen nützliche *Zeugnisverweigerungsrecht*, durch das Mitarbeiter:innen von Massenmedien als Zeugen nicht aussagen müssen, welche Informationen sie von welchem Informanten erhalten haben. Ohne dieses Recht müssten Insider aus Unternehmen, Behörden oder anderen Organisationen, die Journalist:innen interne Auskünfte oder Dokumente geben und auch als „Whistleblower“ bezeichnet werden, mit harten Strafen rechnen, wenn sie als Urheber:innen geheimer Informationen enttarnt würden (vgl. Branahl 2016e). Die Angst davor würde die sowieso schon herausfordernde *investigative Recherche* (vgl. Kapitel 5.2) für Journalist:innen massiv erschweren und die Erfüllung ihrer öffentlichen Aufgabe in vielen Fällen unmöglich machen.

Neben der Frage, wie Journalist:innen unerwünschte Rechtsfolgen ihrer Recherchen und Berichterstattung vermeiden, stellt sich auch die Frage, wer denn für problematische Veröffentlichungen rechtlich haftbar ist. Obwohl bei Vorsatz oder grober Fahrlässigkeit ebenso wie bei erheblichen Verstößen gegen medienrechtliche oder andere Gesetze sowie bei Straftaten auch einzelne Journalist:innen haften, sind es in der Regel die für den Inhalt des jeweiligen Mediums Verantwortlichen, die nach den Presse- und Mediengesetzen für im Rahmen von Veröffentlichungen begangene Straftaten oder Ordnungswidrigkeiten haften: Bei Printmedien wäre dies die vom Verlag benannten verantwortlichen (Chef-)Redakteur:innen, bei privaten Rundfunksendern die Inhaber:innen der Radio- oder Fernsehlizenz und die vom Veranstalter benannten Verantwortlichen für den Inhalt des Programms (Programmdirektor:in, -leiter:in oder Chefredakteur:in), beim öffentlich-rechtlichen Rundfunk die jeweiligen Intendant:innen und bei Onlinemedien diejenigen, die das entsprechende Angebot betreiben (vgl. Müller 2011: 148–149).

5.3 Präsentation: Inhalte darstellen

Wie lassen sich recherchierte Informationen über ausgewählte Themen sinnvoll und verständlich darstellen? Welche journalistischen Formen sind geeignet und welche Besonderheiten haben sie? Das weite Feld der journalistischen Darstellungsformen – von faktischen wie Nachricht und Bericht über narrative wie Reportage und Portrait bis hin zu den meinungsbetonten Formen wie Kommentar, Rezension oder Glosse – ist Thema dieses Kapitels. Das Präsentieren journalistischer Inhalte folgt spezifischen Regeln, mit denen digitaljournalistische Formate wie „Listicles“, Newsticker, Netzdossiers oder Audio-Slideshows experimentieren, um eigene Formen zu kreieren. Obwohl der Fokus klar auf journalistischen Textsorten liegt, führt das Kapitel in die multimedialen Grundlagen ein und gibt praktische Hinweise für die ersten „Gehversuche“ bei der Integration von Videos,

Audios und Info-Grafiken in digitalen Darstellungsformen wie Multimedia-Storys.

Ist das Thema ausgewählt und sind die zentralen Informationen recherchiert und systematisiert, müssen die Inhalte fachgerecht und in geeigneter Form präsentiert werden: Abseits der Fragen, wie die Geschichte aufgebaut und erzählt sowie sprachlich und stilistisch formuliert wird – und die journalistische Storytelling- und Schreibtechniken beantworten – geht es bei der *Präsentation* um die passende journalistische *Darstellungsform.* Doch warum brauchen Journalist:innen überhaupt unterschiedliche Darstellungsformen? Der frühere *Stern*-Reporter und Leiter der Henri-Nannen-Journalistenschule, Christoph Fasel, begründet in seiner einsteigerfreundlichen Einführung in die journalistischen „Textsorten" die Vielfalt journalistischer Darstellungsformen mit den sehr unterschiedlichen Aufgaben von Journalist:innen: Diese sollen ihre Nutzer:innen einerseits sachgerecht mit Informationen versorgen, diese Informationen aber gleichzeitig anschaulich transportieren. Nutzer:innen sollen teilhaben an Schlüsselereignissen, jedoch auch für die Zusammenhänge und Hintergründe sensibilisiert sowie in die Lage versetzt werden, sich ein eigenes Urteil zu bilden. Journalist:innen sollen zudem Orientierung für das Publikum bieten, Ereignisse einordnen und Nutzwert stiften – und zu guter Letzt natürlich: die Nutzer:innen unterhalten (vgl. Fasel 2013: 9). Um diesen vielfältigen Ansprüchen einer zunehmend heterogenen Nutzerschaft gerecht zu werden – während der eine Nutzer online nur schnell die aktuelle Nachrichtenlage checkt („News Snacking"), ist die andere an hintergründigen Analysen interessiert – benötigen Journalist:innen auch bei der Praxis des Präsentierens verschiedene „Techniken und Werkzeuge", um entscheiden zu können, welche der möglichen Darstellungsformen sich für welches Thema und welche Recherche eignet. *Präsentieren* bedeutet im Journalismus immer, Informationen klar strukturiert und für Nutzer verständlich in eine Form zu bringen, die sich im Idealfall mit dessen Erwartungen decken. Darstellungsformen sind damit „Schemata" oder „Konventionen der Präsentation von Medienaussagen" (Meier 2018: 190; vgl. Kapitel 4.4), die formale und inhaltliche Charakteristika aufweisen, die Journalisten und Mediennutzer kennen und einordnen können: Wer den Kommentar in den *Tagesthemen* sieht oder den Leitartikel auf der ersten Seite der *Zeit* liest, weiß, dass er hier mit Meinung konfrontiert wird, während die „Seite 3" der *Süddeutschen Zeitung* für erlebnisstarke Reportagen steht, das Feuilleton der *FAZ* für bissige Rezensionen und die *NDR*-Radiosendung „Das Feature" für eben jene namensgebende Darstellungsform, die allgemeine gesellschaftliche Probleme anschaulich greifbar macht. Obwohl die Unterschiede zwischen den Formen fließend sind – z.B. sind Reportage, Portrait und Feature in der journalistischen Praxis kaum voneinander zu trennen, da alle drei Szenen zur Präsentation nutzen, sich ansonsten aber nur in Nuancen unterscheiden – haben sich charakteristische Regeln etabliert, die für die meisten Darstellungsformen auch über die Mediengattung hinweg Bestand haben – so unterscheidet sich ein Kommentar für eine Tageszeitung nicht grundlegend von einem für das Radio, Fernsehen oder Online. Natürlich existieren aber medienspezifische Besonderheiten, wie Headline, Teaser und weiterführende Links, die bei Onlinebeiträgen ebenso wichtig sind wie eine konsequente Nutzung interaktiver und multimedialer Möglichkeiten. Im Rundfunk sind O-Töne bzw. bewegte

Bilder essentiell – aber auch ein packender, leicht verständlicher Einstieg in den Beitrag, der sicherstellt, dass Hörer:innen und Zuschauer:innen dranbleiben (vgl. Mast 2018: 341; vgl. auch ebd.: 380–396 als Einführung in ausgewählte Formen medienspezifischer Präsentation in Radio, Fernsehen und Internet).

Hintergrund: Darstellungsformen im Radio-, Fernseh- und Onlinejournalismus

Da sich dieses Lehrbuch aus Platzgründen vor allem auf journalistische Textsorten für Print- und Onlinejournalismus konzentriert, wird hier ein kurzer Überblick über weiterführende Literatur zu medienspezifischen Darstellungsformen und formale sowie inhaltliche Besonderheiten gegeben: Welche Darstellungsformen sich im Hörfunk anbieten, was sie ausmacht und wie Journalist:innen „Gebaute Beiträge", Live-Interviews, Radio-Features oder „Straßenumfragen" produzieren, zeigen die Lehrbücher „Radio machen" (Müller 2014) und „Radio-Journalismus" (von la Roche/Buchholz 2017). Praxisnahe Einführungen zu TV-Formen und -Formaten wie Magazinsendung, Dokumentationen oder Live-Reportage bietet „Fernseh-Journalismus" (Buchholz/Schupp 2020), während „Fernsehen machen" (Werner 2009) schrittweise zeigt, wie ein TV-Beitrag entsteht. Die Spezifika digitaler Darstellungsformen von Slideshows bis zur multimedialen Reportage zeigen Matzen (2014) in „Onlinejournalismus" oder Hooffacker (2016) in „Online-Journalismus". Tiefer in den digitalen Journalismus steigt Haarkötter (2019) mit „Journalismus.online" ein, konzentriert sich dabei jedoch nicht nur auf digitale Darstellungsformen, sondern beschäftigt sich auch mit Themen wie Daten- und Multimediajournalismus, die Einbindung von Social Media oder digitale Rundfunkformate wie Podcasts oder Mediatheken.

Nachricht

Die *Nachricht* ist eine kompakte, tatsachenbetonte Darstellungsform, die Leser:innen, Hörer:innen, Zuschauer:innen sowie Nutzer:innen neutral und verständlich über aktuelle und relevante Ereignisse informiert. Für den Nachrichten- und Informationsjournalismus ist sie essentiell und nimmt medienübergreifend einen „besonderen Rang" ein (vgl. Schwiesau/Ohler 2016: 3–4): Die Nachricht ist als „Urform" des Journalismus, aus der sich andere Darstellungsformen später entwickelt haben, prägend in Bezug auf Inhalt und Themen (Nachrichtenfaktoren und W-Fragen), Aufbau (hierarchisch nach abnehmender Wichtigkeit) und Stil (kurz und prägnant). Zudem liefern Nachrichten regelmäßig die Erstinformation zu Ereignissen, da keine andere journalistische Darstellungsform so schnell produziert, publiziert und konsumiert werden kann. In sämtlichen Medien sind Nachrichten am häufigsten verbreitet und am stärksten nachgefragt – und ihre Bedeutung steigt kontinuierlich an (vgl. Müller 2011: 342): Sekundenaktuelle Online- und soziale Medien haben den Wettbewerb um „News" verschärft, während die Erwartungen von Mediennutzer:innen an aktuelle Inhalte gestiegen sind. Da die Nutzungszeiten einzelner Medienangebote abnehmen, müssen in kürzerer Zeit (und oftmals mit weniger redaktionellem Raum) mehr Informationen verbreitet werden. Im Vergleich zu anderen Darstellungsformen sind Nachrichten außerdem preiswert und schnell zu beziehen – z.B. über den „Ticker" von Nachrichtenagenturen. Nachrichten berichten oder vermelden kurz und knapp, was neu, wichtig und für das Publikum interessant ist.[17] Damit erfüllen Nachrichten die gleichen journalistischen Funktionen wie die eng verwandten Darstellungsformen *Meldung* und *Bericht*, die sich vor allem in der Ausführlichkeit, mit der Informationen thematisiert werden, und der Länge unterscheiden: Während sich *Meldungen* als die kürzeste informierende Darstellungsform (bis zu 200 Zeichen in einem Zeitungs- oder Onlineartikel) auf die absoluten Kerninformationen eines Ereignisses konzentrieren (z.B. Börsen- oder Wettermeldungen, Veranstaltungshinweise) und oft nicht einmal alle der sieben W-Fragen beantworten, integrieren die etwas längeren *Nachrichten* (200 bis 500 Zeichen) kurze Erläuterungen, weitere Einzelheiten oder Hintergrundinformationen. Der *Bericht* als verlängerte Nachricht (mehr als 500 Zeichen) informiert ausführlicher, geht auf Details von Ereignissen ein und schildert auch die Vorgeschichte oder mögliche Folgen (vgl. Hooffacker 2016: 144). Da diese sachlich-faktischen und tatsachenbetonten Darstellungsformen in der Praxis je nach Medium nur schwierig voneinander abzugrenzen und die Übergänge fließend sind, gelten die folgenden Charakteristika der Nachricht größtenteils auch für Meldungen und Berichte:

- *Neutral und faktenorientiert*: Objektivität als Ziel journalistischer Berichterstattung gilt vor allem für Nachrichten, die neutral formuliert und an Fakten orientiert sein müssen – Meinungen und Wertungen sind hingegen unzulässig. Widersprechen sich Informationen, sind strittig oder unklar, weisen Journalist:innen darauf hin und geben alle Positionen ausgeglichen wieder.
- *Hierarchischer Aufbau*: Nachrichten folgen dem Prinzip der „umgekehrten Pyramide“, in der das Wichtigste (Informationskern) am Anfang steht, während weitere Erläuterungen und Einzelheiten nach abnehmender Wichtigkeit folgen (vgl. auch Abb. 39 und 40).
- *Sieben W-Fragen als Gerüst*: Nachrichten sollen Antworten auf folgende Fragen geben (falls die Informationen geprüft und verifiziert verbreitet werden können): Was ist geschehen? Wer ist betroffen? Wo ist es geschehen? Wann ist es passiert? Wie ist es passiert? Warum ist es passiert? Woher stammen die Informationen? (vgl. auch Abb. 41).
- *Verständlichkeit und Prägnanz*: Nachrichten müssen so einfach und direkt formuliert sein, dass sie vom Nutzer schnell verstanden werden: Journalist:innen sollten dafür klare, kurze Sätze verwenden, die logisch aufgebaut sind (z.B. Subjekt, Prädikat, Objekt) und auf Füllwörter, Metaphern oder andere stilistische Verzierungen verzichten.

Ebenso wie stilistisch-sprachlich durch die spezielle „Nachrichtensprache“ (vgl. Schwiesau/Ohler 2016), die verständlich und wertungsfrei sein muss (vgl. Tab. 6), sind Nachrichten auch strukturell in ein enges Korsett gepresst (vgl. Abb. 39):

17 Die Frage, was für Mediennutzer wirklich interessant ist, lässt sich anhand der Nachrichtenfaktoren (vgl. Kapitel 5.1) beantworten – oder anhand praktischer Beispiele: Dazu zählt alles, was neu, unerhört oder eine „Störung des Alltäglichen“ ist und dadurch die menschliche Neugier reizt. Superlative, die erstaunen (der Größte, der Schnellste, der Lauteste) sind ebenso interessant wie der Nutzwert, der in alltäglichen Situationen konkret weiterhilft. Alles, was in der unmittelbaren Nachbarschaft passiert, ist interessanter als das, was sich in einem entfernten Land ereignet. Ist der Nutzer persönlich betroffen oder emotional anderweitig involviert (z.B., weil es um Sex, Klatsch oder Schadenfreude geht), steigt das Interesse ebenso, wie wenn die Nachricht unterhaltenden Charakter hat (vgl. Fasel 2013: 31).

Der Aufbau von Nachrichten nach der *inverted pyramid* geht davon aus, dass die wichtigsten Informationen einer Nachricht immer im ersten Satz (*Lead*) zusammengefasst präsentiert werden. Der Lead führt in die Nachricht ein, gibt den Nutzer:innen Orientierung und ermöglicht einen raschen Nachrichtenüberblick. Nach diesem Informationskern folgen weitere Details, die für das Verständnis der Nachricht wichtig sind – Überflüssiges oder Unklares wird rigoros gestrichen. Der Hauptteil der Nachricht (*Body*) fasst erläuternde oder ergänzende Informationen zusammen (auch einordnende Zitate sind möglich), die nach abnehmender Wichtigkeit angeordnet werden: Jede Information (bzw. auch jeder Satz oder Absatz) ist wichtiger als der folgende. Diese Tradition ergibt sich aus dem Agenturjournalismus, dessen Nachrichten für viele unterschiedliche Medien passend gemacht werden müssen (z.B. hat eine Zeitung nur redaktionellen Platz für eine Kurzmeldung, während eine andere ausführlichere Nachrichten bringt). Redakteur:innen müssen Nachrichten also von ihrem Ende her kürzen können, ohne dass dabei wesentliche Inhalte verloren gehen.

Tab. 6: Nachrichtensprachliche Regeln für Verständlichkeit und Wertungsfreiheit (Quelle: eigene Darstellung auf Basis von Schwiesau/Ohler 2016: 99ff.)

Regel	Beschreibung	Positiv-/Negativbeispiel
Regel 1: Den Nachrichtentext sinnvoll gliedern	Komplizierte Sätze entflechten und in Sinnschritte aufteilen, sodass Informationen übersichtlich werden	*Trotz eines Stimmenverlustes von 1,1 Prozentpunkten ist die seit vier Jahren gemeinsam mit den Linken regierende SPD bei den Landtagswahlen in Brandenburg wieder stärkste Partei geworden.*
Regel 2: Wortschlangen vermeiden	Erweiterte Partizipien, erweiterte Adjektive und aneinander gereihte Attribute führen zu langen, unverständlichen Sätzen	*Der Bundestag hat das außerordentlich komplizierte, in seinen Auswirkungen noch nicht überschaubare Gesetz angenommen.*
Regel 3: Klammern nicht überdehnen	Gerade der Lead-Satz steht oft im Perfekt. Satzklammern entstehen, wenn Subjekt und Prädikat zu weit auseinander stehen	*Das Ehepaar hatte erst kurz vor dem Absturz ihrer Maschine von Yeti Airlines auf dem gefährlichsten Flughafen der Welt mit 18 Toten geheiratet.*
Regel 4: Nebensätze richtig platzieren	Nebensätze sind vor allem dann problematisch, wenn sie innerhalb einer Satzklammer liegen	*Der Vorsitzende der IG Metall, Detlef Wetzel, der erst seit zwei Jahren an der Spitze der Gewerkschaft steht, will nicht für eine zweite Amtszeit kandidieren.*

Regel	Beschreibung	Positiv-/Negativbeispiel
Regel 5: Die Neuigkeit nach hinten	Knüpft der Leser an Bekanntem an, ist die Mitteilung leichter zu verstehen. Aber: Fundamentaler Widerspruch zur Regel „Das Wichtigste zuerst“	*Der Friedensnobelpreis geht in diesem Jahr an den chinesischen Dissidenten Liu Xiaobo*
Regel 6: Die Sätze logisch verknüpfen	Sätze durch „Gelenkwörter“ (z.B. aber, also, denn, deswegen, dagegen, deshalb, trotzdem etc.) verbinden	*76 Prozent der Deutschen sind bereit, im Falle ihres Todes Organe zu spenden. Aber nur 25 Prozent haben einen Spenderausweis.*
Regel 7: Keine doppelten Verneinungen	Doppelte Verneinung ins Positive wenden	Statt: *Das Badeverbot in der Elbe ist aufgehoben.* Besser: *In der Elbe darf man wieder baden.*
Regel 8: Einfache, kurze Wörter benutzen	Wörter, die aus vielen Silben bestehen, sind oft unverständlich	*Kapitalertragssteuerbefreiungsantrag*
Regel 9: Bekannte Wörter benutzen	Fremdwörter, die nicht allgemein bekannt sind, sollte der Journalist vermeiden oder erläutern	*Benchmarking, Consulting, Crowdfunding, Lean Management, volatil*
Regel 10: Möglichst wenig Synonyme	Wiederholung schafft Verständnis	*Domstadt* (für Köln), *Pontifex* (für Papst), *Gotteshaus* (statt Kirche)
Regel 11: So konkret wie möglich schreiben	Journalisten sollten Dinge beim Namen nennen	*Steuererleichterungen und zinsgünstige Kredite* (statt allg. konjunkturelle Maßnahmen)
Regel 12: Möglichst viele Verben	Nachrichten mit vielen Verben sind lebendiger und dynamischer als ein statischer Nominalstil	Statt: *Durch Arbeitsniederlegungen kommt es im Bahn- und Busbereich zu Fahrplanunregelmäßigkeiten.* Besser: *Weil gestreikt wird, fahren Busse und Bahnen unpünktlich*
Regel 13: Keine Euphemismen	In wertneutralen Nachrichten auf sprachliche Beschönigungen verzichten	*abwickeln* statt *schließen*, *Freistellung* statt *Entlassung*
Regel 14: Vorsicht Parteinahme	Journalisten müssen prüfen, ob die verwendeten Begriffe neutral sind	*Separatisten? Freiheitskämpfer? Terroristen?*

Regel	Beschreibung	Positiv-/Negativbeispiel
Regel 15: Politisch korrekt – mit Augenmaß	Durch den Zwang zur Knappheit verwenden viele Medien das generische Maskulinum	Statt: *die Bürgerinnen und Bürger, die Wählerinnen und Wähler.* Besser: *Bürger, Wähler*
Regel 16: Kein Medienjargon	Journalistische Metaphern sollten vermieden werden	*das Licht am Ende des Tunnels sehen,* *den Aufstand proben*
Regel 17: Knapp formulieren, Blähstil vermeiden	Amts- oder Juristendeutsch gehört ebenso wenig in Nachrichtentexte wie vage, verschwommene, oder pseudo-wissenschaftliche Begriffe	*anwenden* (und nicht *zur Anwendung bringen*), *beweisen* (und nicht *unter Beweis stellen*), *beschuldigen* (und nicht *Schuld zuweisen*)
Regel 18: Die angemessene Stilebene beachten	*Taz* und *Bild* halten andere Wörter für angemessen als *SZ* oder *FAZ.* Vulgäre oder umgangssprachliche Ausdrücke sind tabu	*Klauen* oder *Stehlen? Knast* oder *Gefängnis? Sex, Geschlechtsverkehr* oder *Beischlaf?*
Regel 19: Dem Sprachwandel mit Augenmaß folgen	Neologismen (Wortneuschöpfungen) reflektieren	*sitt, Islamophobie, googlen*
Regel 20: Die Wörter lexikalisch korrekt gebrauchen	Nachrichten müssen Wörter immer in ihrer festgelegten Bedeutung benutzen – oft herrscht Verwechslungsgefahr	*effektiv – effizient* *legal – legitim* *praktisch – pragmatisch*

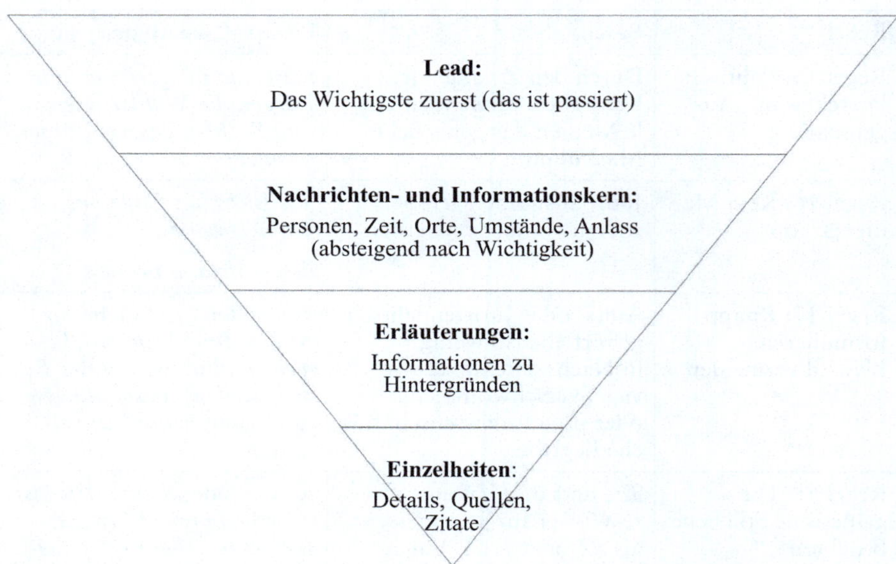

Abb. 36: Hierarchischer Aufbau einer Nachricht (Quelle: eigene Darstellung in Anlehnung an Müller 2011: 384; Schwiesau/Ohler 2016: 33ff.)

Der idealtypische Aufbau lässt sich an der folgenden, hier gekürzten Nachricht „Mindestens 20 Soldaten sterben bei Explosion in Kambodscha" nachvollziehen, die am 28. April 2024 von verschiedenen Medien (darunter *Spiegel.de*) unter Rückgriff auf Material der Nachrichtenagenturen *dpa* und *AP* verbreitet wurde:

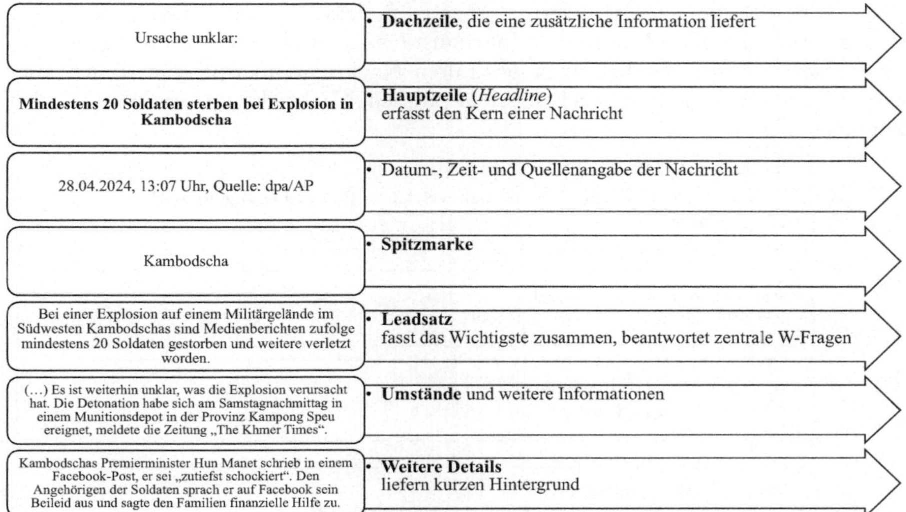

Abb. 37: Praktisches Beispiel einer hierarchisch aufgebauten Nachricht (Quelle: eigene Darstellung)

Im Gegensatz zu ihrer streng hierarchischen Struktur sind Nachrichten inhaltlich kaum festgelegt und können sich an der gesamten Bandbreite des journalistischen Themenspektrums bedienen: Obwohl politische und wirtschaftliche Nachrichten im Informationsjournalismus dominieren (z.B. bei den zuschauerstarken, öffentlich-rechtlichen Nachrichtensendungen wie der *Tagesschau* und *ZDF-heute*), beschäftigen sich Nachrichten auch mit kulturellen, sportlichen oder Wissenschafts- und Medienthemen – insbesondere in entsprechenden Fachmedien oder -formaten wie z.B. dem Sportmagazin *Kicker*, der *ARD*-Kultursendung „ttt – Titel, Thesen, Temperamente" oder Special-Interest-Zeitschriften wie *Zeit Wissen* oder *epd Medien*. Neben diesen als *hard news* bezeichneten, ernsten Nachrichten, finden auch sogenannte *soft news*, die eher unterhaltenden Charakter haben und Themen wie Menschen, Prominente oder Klatsch (*human interest*) verbreiten, Eingang in die journalistische Berichterstattung (z.B. im privaten Rundfunk wie bei *RTL aktuell* oder *ProSieben Newstime*, in *human-interest*-Magazinen wie *Gala* oder *Bunte* oder auf Onlineplattformen wie *Vice*). Unabhängig davon, ob Nachrichten nun harte oder leichte Kost transportieren, geben sie immer die zentralen Fakten zu einem Ereignis wieder, die sich an den sieben *journalistischen W-Fragen* orientieren. Während sich die *faktischen W-Fragen* (Was ist geschehen? Wer ist betroffen? Wo ist es geschehen? Wann ist es geschehen?) anhand von Tatsachen (Fakten) beantworten lassen, stellen *interpretative W-Fragen* (Wie ist es passiert? Warum ist es passiert?) kausale Zusammenhänge her, z.B. über die Ursachen, Hintergründe oder Folgen eines Ereignisses. Bei der Rekonstruktion von Ereignissen oder der Motivation der Handelnden stoßen Journalist:innen jedoch oft an ihre Recherchegrenzen und können nur spekulieren – was der faktenbetonten Darstellungsform Nachricht, die in Bezug auf Daten, Personen, Orte etc. überprüfbar richtig sein muss, widerspricht. Die „schwierige Frage nach dem Warum“ (Haarkötter 2015) lässt sich im aktuellen Nachrichtenjournalismus jedenfalls nicht immer gleich beantworten. Anhand des Eingangs gewählten Nachrichtenbeispiels lässt sich aber zeigen, wie die W-Fragen auch in einer kurzen Nachricht beantwortet werden können:

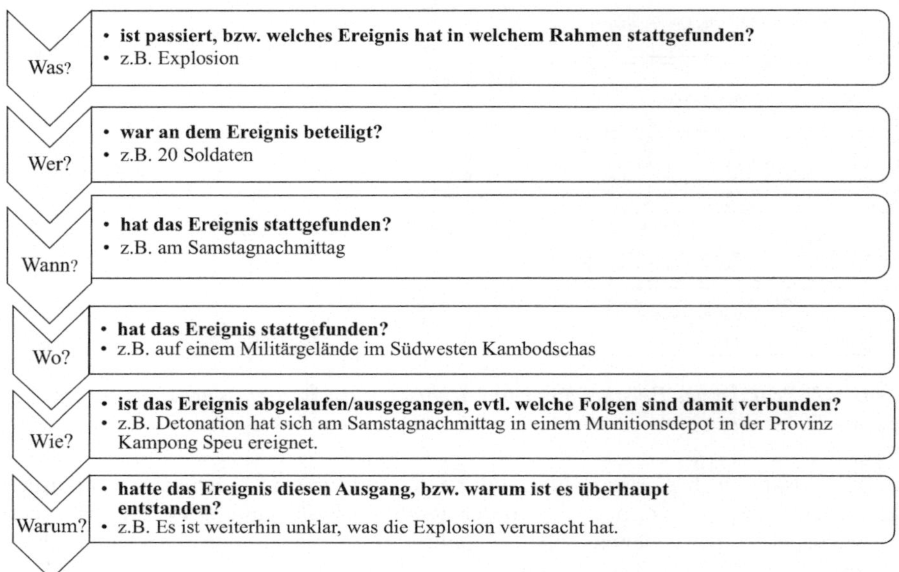

Abb. 38: Journalistische W-Fragen in einer beispielhaften Nachricht (Quelle: eigene Darstellung in Anlehnung an Müller 2011: 347)

Beispiel: Die Tagesschau – Deutschlands wichtigste Nachrichtensendung

Das Fernsehen ist für die Deutschen noch immer die wichtigste Nachrichtenquelle – mehr als 70 Prozent der deutschen Mediennutzer sehen täglich fern, um sich zu informieren. Und unter den öffentlich-rechtlichen und privaten Nachrichtensendungen im deutschen Fernsehen nimmt die *Tagesschau* der *ARD* eine besondere Stellung ein: Die Hauptnachrichtensendung um 20:00 Uhr erreicht täglich mehr als zehn Millionen Zuschauer und ist gemeinsam mit den ebenfalls von der *ARD-Aktuell*-Redaktion des *NRD* produzierten *Tagesthemen* am späteren Abend die Nachrichtenmarke, der deutsche Mediennutzer am meisten vertrauen (vgl. Newman et. 2023: 77). Der Fokus der *Tagesschau* liegt auf gesellschaftspolitischen Nachrichten. Auch wirtschaftliche Themen und – mit deutlichen Abstrichen – auch kulturelle und sportliche Ereignisse werden im Rahmen der 15-minütigen Sendung aufgegriffen. Neben dem *Ersten* läuft die *Tagesschau* mehrmals täglich auch auf den dritten Programmen und abrufbar (*on demand*) in den digitalen Kanälen der *ARD*. Im Netz bietet die *ARD* mit der „Tagesschau in 100 Sekunden“ zudem ein digitales, komprimiertes Nachrichtenformat an, das die Ereignisse des Tages auf das Wesentliche zusammenfasst.

Nachrichten geben einen schnellen, kompakten Überblick über ein Ereignis, müssen dabei aber zwangsweise verkürzen, Informationen auf einen Kern zusammenschrumpfen (oder gleich ganz weglassen) und unterschiedliche Perspektiven und Standpunkte vernachlässigen. Sie können nicht alle Anforderungen des Publikums an eine umfassende Berichterstattung erfüllen, weshalb zur Einordnung, Analyse, Erklärung oder zum Erzählen andere Darstellungsformen zum Einsatz kommen (vgl. Abb. 42). So kann die erlebnisstarke Seite eines Nachrichtenthemas vielleicht in Reportagen veranschaulicht oder die Meinung von Journalist:innen zum Geschehen im Kommentar ausgedrückt werden. Ob ein Ereignis überhaupt journalistisch weiterverfolgt wird, entscheidet sich im Kern wieder an Nachrichtenfaktoren, also u.a. an der gesellschaftlichen Relevanz, dem Ausmaß, der Dauer und dem Verlauf eines Ereignisses sowie am Umfang der verfügbaren Informationen – sowie an der Handhabung in anderen Medien (vgl. Müller 2011: 351–352).

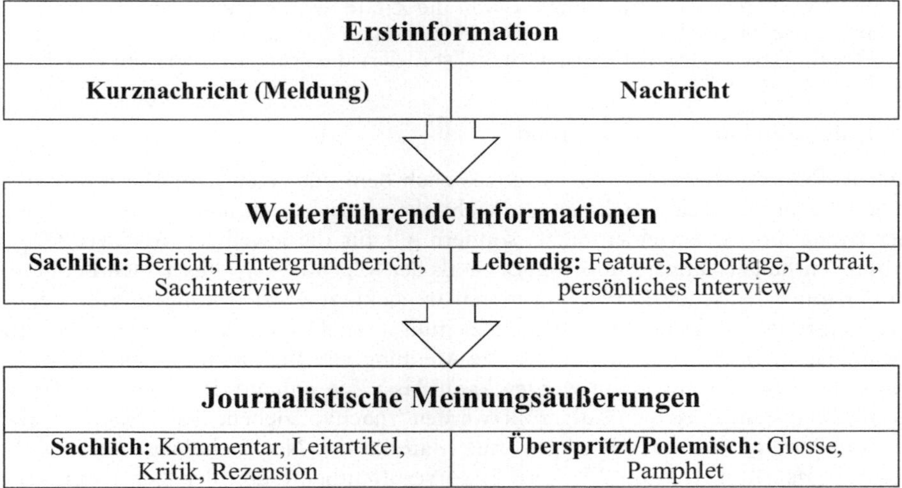

Abb. 39: Möglichkeiten der Weiterverfolgung eines Ereignisses in der journalistischen Berichterstattung (Quelle: eigene Darstellung auf Basis von Müller 2011: 353)

Von der Nachricht zum Bericht

Warum der Bericht auch als „verlängerte Nachricht“ bezeichnet wird, sehen die Zuschauer:innen jeden Tag gleich zu Beginn der *Tagesschau*: Denn üblicherweise eröffnen die Moderator:innen die Nachrichtensendung mit der Top-Nachricht des Tages, mit der er gleichzeitig den direkt folgenden Bericht zum selben Thema anmoderiert. Der Bericht verlängert die Nachricht über den Nachrichtenkern hinaus. Im Beitrag erfahren die Zuschauer:innen dann Hintergründe, hören Zitate von Beteiligten oder Expert:innen und erfassen das Thema so sehr viel gründlicher. Der *Bericht* ist damit die ausführliche Nachricht – ihr „großer Bruder“ (von La Roche 2008: 135) – und weist als umfangreichste der informierenden, tatsachenbetonten Darstellungsformen große Familienähnlichkeit auf: Zwar sind

Berichte länger als Nachrichten, benötigen in der Regel eigene Recherchen und behandeln ein Ereignis oder Thema über den Faktenkern hinaus, indem sie die Hintergründe, Vorgeschichte, Zusammenhänge oder weitere Aspekte berücksichtigen. Eine klare, prägnante, wertungsfreie Sprache, die auf subjektive Kommentare und Emotionen verzichtet, ist für nachrichtlich-sachliche Berichte aber ebenso charakteristisch wie ein weitgehend hierarchischer Aufbau nach abnehmender Wichtigkeit der Informationen und die Orientierung an Fakten sowie den W-Fragen. Berichte informieren Nutzer:innen ausführlicher und gründlicher als Nachrichten und bedienen sich zur Einordnung auch indirekter (z.B. aus offiziellen Verlautbarungen) und direkter Zitate (wörtliche Rede), um unmittelbarer und damit glaubwürdiger und lebendiger zu berichten. Fasel (2013: 47f.) verweist in seinen „Regeln für richtiges Zitieren" darauf, dass Journalist:innen Zitate „niemals erfunden, verfälscht oder sinnentstellend" wiedergeben dürfen, die Urheber:innen eindeutig benennen müssen (es sei denn, ein anonymer Informant muss geschützt werden oder die Information wurde „unter zwei" oder „unter drei" gegeben). Allerdings sollten die Zitate den Bericht nicht dominieren (dann wäre es ein Interview) und nicht in langen Passagen als indirekte Rede im Konjunktiv verwendet werden (das distanziert die Nutzer:innen vom Geschehen).

Berichte: Standard und Hintergrund

Der Aufbau des Berichts ähnelt grundsätzlich dem der Nachricht: Die hierarchische Gliederung nach abnehmender Wichtigkeit bezieht sich hier allerdings weniger streng auf die einzelnen Sätze, sondern gilt für die jeweiligen Absätze: Jeder Absatz enthält wichtigere Informationen als der folgende – wodurch auch Berichte in der journalistischen Praxis von hinten weggekürzt werden können, z.B. wenn der ursprünglich als Bericht geplante Zeitungstext durch eine veränderte Nachrichtenlage plötzlich nur noch als kurze Meldung veröffentlicht werden soll. Wie ein solcher Bericht aufgebaut werden kann, lässt sich anhand des Textes „Prozess gegen Weinstein muss neu aufgerollt werden" nachvollziehen, den *Spiegel.de* als Online-Bericht und unter Rückgriff auf Material der Nachrichtenagenturen *AP*, Reuters, *dpa* und *AFP* am 25. April 2024 veröffentlichte und der hier als praktisches Beispiel dient (vgl. Tab. 11). Im Teaser heißt es bereits: „Die Vorwürfe gegen Harvey Weinstein wegen sexueller Gewalt müssen teilweise neu verhandelt werden. Ein Berufungsgericht entschied, dass in einem der Prozesse Verfahrensfehler gemacht wurden. Der frühere Filmproduzent bleibt jedoch in Haft."

Tab. 7: Aufbau eines Standardberichts und Funktionen der Absätze anhand eines Praxisbeispiels (Quelle: eigene Darstellung in Anlehnung an Fasel 2013: 43–46)

Absatz	Teil	Funktion	Beispiel
1. Absatz	Exposition, Einleitung („Küchenzuruf“)	Lead der Nachricht: die wichtigsten Fakten des Geschehens auf den Punkt bringen	Das höchste Gericht New Yorks hat eine Verurteilung Harvey Weinsteins aus dem Jahr 2020 aufgehoben. Das geht aus Gerichtsunterlagen hervor. Der Filmproduzent war wegen Vergewaltigung schuldig gesprochen worden. Nach Einschätzung des Berufungsgerichts lagen Verfahrensfehler vor.
2. Absatz	Vertiefung der Nachricht	Vertiefung der Erkenntnisse: Einzelheiten und Zitate	Dabei geht es unter anderem um die Entscheidung, dass Frauen über Vorwürfe aussagten, die nicht Teil der Anklage waren. Außerdem sei Weinstein auf eine Art und Weise ins Kreuzverhör genommen worden, die ihn in einem „höchst nachteiligen“ Licht dargestellt habe.
3. Absatz	„Volkshochschule“: Einordnung des Geschehens	Zentrale Fragen werden beantwortet, Hintergrund-informationen, Erklärungen und Daten (an-)gegeben; ggf. kommen Expert:innen zu Wort	Nach dem Prozess war Weinstein wegen Vergewaltigung und sexueller Nötigung zu einer Freiheitsstrafe von 23 Jahren verurteilt worden. Nun muss der Fall neu verhandelt werden. Die Entscheidung fiel mit vier zu drei Richterstimmen knapp aus. Richterin Madeline Singas kritisierte sie scharf. „Die Entscheidung der Mehrheit hält überholte Vorstellungen von sexueller Gewalt aufrecht und ermöglicht es Tätern, sich der Verantwortung zu entziehen.“
4. Absatz	Detaillierung der Nachricht	Die Folgen des Geschehens werden vertieft. Rückkehr vom „VHS-Teil“ zur konkreten Situation der Betroffenen und Beteiligten: Zusatzinformationen, ggf. weitere Zitate	Weinsteins Anwalt Arthur Aidala sagte nach Bekanntwerden der Neuigkeiten: „Wir haben alle sehr hart gearbeitet, und dies ist ein großartiger Sieg für jeden Angeklagten im Staat New York.“ Der 72-Jährige wird jedoch weiterhin inhaftiert bleiben. 2022 wurde er in Los Angeles wegen einer weiteren Vergewaltigung zu 16 Jahren Haft verurteilt.

Absatz	Teil	Funktion	Beispiel
5. Absatz	Ausblick, Rückblick oder Nutzwert	Der Bericht fasst am Ende zusammen und blickt zurück oder nach vorne	Das New Yorker Urteil galt als Meilenstein der MeToo-Ära, die von dem Fall ausgelöst wurde. Im Herbst 2017 hatten die „New York Times" und der „New Yorker" erstmals Anschuldigungen gegen Weinstein öffentlich gemacht. Überall auf der Welt erkannten viele Frauen und auch einige Männer in der Folge ihre eigenen Geschichten in denen der mutmaßlichen Weinstein-Opfer wieder – sie begannen, diese Geschichten unter dem Schlagwort „#MeToo" („Ich auch") zu sammeln.

In der journalistischen Praxis wird der hier beispielhaft dargestellte *Standardbericht* vom umfassenderen und tiefgehenden *Hintergrundbericht* unterschieden: Während der hierarchisch gegliederte *Standardbericht* als lange Nachricht und ausführliche Erstinformation faktenbasiert, sachlich und nachvollziehbar über das Ereignis selbst berichtet, soll der Hintergrundbericht ein besseres Verständnis über das Ereignis und die Entwicklungen schaffen (ein Beispiel wäre der am Folgetag ebenfalls auf *Spiegel.de* zur Aufhebung des Urteils gegen Weinstein veröffentliche Hintergrundbericht „Entlarvt vor der Welt, siegreich vor Gericht"): Ein „Hintergrund" oder „Report" soll einordnen und komplexe Hintergründe transparent und dadurch verständlich machen. Die strenge hierarchische Gliederung nach Relevanz und Aktualität der Informationen muss der Hintergrundbericht nicht durchhalten – er muss die Hintergründe jedoch zusammenhängend darstellen und verständlich erklären. Hintergrundberichte, die als *Magazinstorys* insbesondere in Zeitschriften wie *Spiegel*, *Focus* und *Stern* vorkommen, berichten und dokumentieren nicht nur, sondern liefern auch Deutungen, Beurteilungen oder Lösungen des jeweiligen Problems gleich mit. Der Rechercheaufwand ist hier ungleich höher; auch müssen Journalist:innen über ein tiefes Fachwissen verfügen, wenn sie z.B. einen wirtschaftspolitischen Hintergrundbericht über die Ursachen von Altersarmut verfassen. Ähnlich wie das *Feature* behandeln Hintergrundberichte vor allem gesellschaftspolitische Entwicklungen und Trends, die sie anhand eines exemplarischen Einzelfalles anschaulich erklären (auf szenische Elemente verzichtet der Hintergrund jedoch). Wo der Standardbericht ein Ereignis berichtet, soll der Hintergrundbericht „Einschätzungen der Ursachen und Folgen" komplexer Probleme und Wirkungszusammenhänge geben (vgl. Mast 2018: 354). So informiert beispielsweise der am 13. Juni 2023 auf *Sueddeutsche.de* publizierte Bericht „Heizungsgesetz soll nun doch in dieser Woche auf die Tagesordnung" lediglich faktisch über einen Durchbruch der Regierungsparteien in den Verhandlungen um das Gebäudeenergiegesetz. Der einen Tag später ebenfalls auf *Süddeutsche.de* erschienene Hintergrund „Zwölf Fragen und Antworten zum neuen Heizungsgesetz" nimmt dieses Ereignis lediglich als aktuellen „Aufhänger", um mögliche

Folgen für Bürger:innen zu erklären: „Von 2024 an müssen neu eingebaute Heizungen zu mindestens 65 Prozent mit erneuerbaren Energien betrieben werden. Welche sind erlaubt – und was heißt das für Hauseigentümer und Mieter?" Der Mehrwert (und in diesem Fall auch: Nutzwert) für die Leser:innen liegt auf der Hand: Sie erfahren nicht nur den aktuellen Kern einer Nachricht, sondern kennen auch die zentralen Hintergründe und möglichen Folgen des Ereignisses und können deren Bedeutung für sich besser einordnen. Noch weiter geht in diesem Punkt die Darstellungsform der journalistischen *Analyse*: Sie schürft noch tiefer als der Hintergrundbericht und widmet sich der systematischen Analyse eines bestimmten Themas oder Ereignisses. Ähnlich wie eine wissenschaftliche Untersuchung wertet sie einzelne Aspekte aus, die zu einer bestimmten Entwicklung oder Situation beigetragen haben, und setzt sie in einen Zusammengang. Das Ziel der journalistischen Analyse ist es, tiefergreifendes Wissen über das behandelte Thema zu vermitteln, wie z.B. die Analysen zu den Landtagswahlen in Bayern im Oktober 2023: „Warum die CSU nicht vom Unmut profitieren kann" (*Tagesschau.de*), „Wer wen wählt – und warum" (*Sueddeutsche.de*) oder „Die Alten retten Söder – AfD bei den jüngeren stark" (*Welt.de*). Von einer einfachen Meldung bis zur systematischen Analyse steigen Komplexität und Abstraktion von Hintergrundinformationen und Einschätzungen innerhalb der informierenden Darstellungsformen.

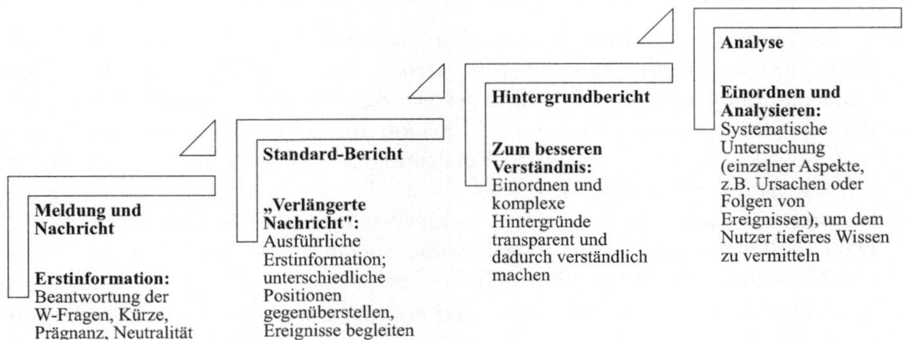

Abb. 40: Evolution nachrichtlich-informierender Darstellungsformen von der Meldung zur Analyse (Quelle: eigene Darstellung)

Interview

Interviews als journalistische Darstellungsformen stellen Fragen und Antworten als wörtliche Rede und Gegenrede gegenüber. Als dialogische Form in Print-, Rundfunk- oder Onlinemedien lässt das Interview Gesprächspartner:innen zu Wort kommen und vermittelt Informationen lebendig, authentisch und direkt. Das Ziel eines Interviews liegt aber weniger in der Vermittlung reinen Wissens (dafür und bei sehr komplizierten Themen eignen sich andere Darstellungsformen wie Berichte besser), sondern darin, „eine lebendige Diskussion für den Leser, Hörer oder Zuschauer nachvollziehbar zu machen" (Fasel 2013: 60). Die Darstellungsformen des journalistischen *Frage-Antwort-Spiels* nimmt eine Sonderrolle ein und kann als informierende, wenn auch subjektiv gefärbte, aber eben auch als erzählende Darstellungsform verstanden werden, die versucht neben Fakten auch Einstellungen, Gedanken und Meinungen zu einem Thema zu transportieren. Vom Interview als Darstellungsform ist die Recherchemethode abzugrenzen: Mit Rechercheinterviews oder -befragungen (vgl. Kapitel 5.2) sammeln Journalisten zunächst nur Informationen und Zitate, die Inhalte sind aber nur auszugsweise für die Publikation vorgesehen und werden nicht als Beitragsform aus Fragen und Antworten dargestellt. Entwickelt sich ein solches Recherchegespräch aber lebendig und bietet einen informativen Mehrwert, kann es – mit dem Einverständnis der Interviewten – in dialogisch aufgebaute Interviewformen gebracht werden. Viele Regeln, die hier für journalistische Interviews festgelegt werden, gelten so oder ähnlich aber auch für Rechercheinterviews, die Informationen und Zitate für andere Darstellungsformen wie Berichte, Features oder Reportagen einholen. Während Interviews auch in Print- und Onlinemedien regelmäßig vorkommen, dominieren sie audiovisuelle Medien wie Radio und TV, die journalistisch davon leben, Gespräche mit Menschen zu präsentieren. *Live-Interviews*, bei denen Fragen und Antworten als Echtzeit-Gespräch unmittelbar gesendet werden, sind seltener – in der Regel bearbeiten Journalist:innen Interviews vor der Publikation, z.B. indem sie Antworten stilistisch glätten, inhaltlich zusammenfassen oder kürzen, die Reihenfolge der Fragen verändern oder Teile des Interviews schneiden. Für die Darstellungsform des Interviews sind folgende Merkmale charakteristisch:

- *Frage-Antwort-Spiel:* Interviews finden zwischen mindestens zwei Personen statt: Die Journalistin *(Interviewerin)* steuert das Gespräch, stellt die Fragen und bestimmt Thema und Richtung des Dialogs. Der Befragte (*Interviewte*), bei dem es sich oft um eine (prominente) Person aus dem gesellschaftlichen Leben (z.B. Politikerin, Wirtschaftsboss, Würdenträger, Sportlerin, Künstler etc.) oder um Expert:innen handelt, antwortet auf die Fragen, sodass sich ein abwechslungsreiches „Rollenspiel" zwischen Fragenstellerin und Befragtem entspinnt. Dabei halten Journalist:innen den Gesprächsfaden in der Hand, aber die Interviewten stehen im Mittelpunkt des Interesses.
- *Live oder aufgezeichnet:* Interviews sind von der jeweiligen Gesprächssituation abhängig: Je nachdem, ob das Gespräch in vertrauter Atmosphäre oder live in einem TV-Studio stattfindet, ändert sich die Dynamik. Auch die Beziehung zwischen Journalist:innen und Gesprächspartner:innen hat einen großen Einfluss auf die Art der Fragen und der Antworten. Ein Interview kann damit an einen „Boxkampf" zwischen zwei Gegnern erinnern, aber auch ein harmonisches Zusammenspiel („Paartanz", „Flirt") oder einen offenen Austausch („Therapiestunde", „Beichte") zwischen Journalist:innen und Gegenüber darstellen.
- *Bearbeitung und Autorisierung:* Interviews werden je nach Medium vor der Publikation noch journalistisch bearbeitet (z.B. stilistisch, dramaturgisch oder in Bezug auf die Länge) und in den meisten Fällen von den Gesprächspartner:innen (oder deren Pressesprecher:in) *autorisiert*, also für die Veröffentlichung freigegeben. Dadurch unterscheidet sich das dann publizierte Interview oft deutlich von dem tatsächlich geführten Gespräch.

Doch wann ist das Interview die geeignete Darstellungsform? Der langjährige Journalist Christian Thiele (2013; 2024) formuliert in seinem Praxisleitfaden „Interviews führen“ eine Reihe von Anlässen, für die sich ein Interview als authentische und unterhaltsame Darstellungsform besonders eignet: Gibt es zum Beispiel einen aktuellen Aufhänger, um mit einer Person zu sprechen, oder kann an einem Einzelschicksal ein allgemeines Thema besonders anschaulich gemacht werden, bieten sich Interviews ebenso an, wie wenn Expert:innen ein Thema einordnen oder ein Ereignis interpretieren können. Geht es darum, persönliche Standpunkte möglichst unmittelbar abzubilden, entfaltet das Interview seine Stärken: Ein Augenzeuge eines Unglücks schildert seine Sicht, eine Politikerin wird ins „Kreuzverhör“ genommen, ein Fachmann liefert Hintergründe oder erklärt ein Problem, eine Künstlerin, ein Musiker oder Sportlerin erzählen von ihren Karrieren, den Fehlern und größten Erfolgen. In der journalistischen Praxis lassen sich inhaltlich drei Typen von Interviews unterscheiden, wobei die Übergänge jeweils fließend sind (vgl. Fasel 2013: 61f.; Hooffacker/Meier 2017: 131):

- Das Interview zur Sache (*Sachinterview*) stellt die Fakten eines Themas oder Sachverhalts in den Mittelpunkt des Gesprächs. Die Gesprächspartner:innen sind meistens Expert:innen, die dafür kompetent erscheint und deren Einschätzung zu bestimmten Fragen ergründet wird. Es flankiert Nachrichten oder Berichte und vermittelt Informationen sachlich, aber eben im persönlichen Gespräch. Ein Beispiel ist das Interview mit dem Virologen Christian Drosten in der ZDF-Nachrichtensendung *heute* zum Coronavirus oder das Interview der *Süddeutschen Zeitung* mit dem Außenpolitik- und Nahost-Experten Volker Perthes von der Stiftung Politik und Wissenschaft zum syrischen Bürgerkrieg.
- Das Interview zur Meinung *(Meinungsinterview)* fokussiert die Einschätzung der Befragten zu einem meist kontroversen Thema. Die oft prominenten Gesprächspartner:innen schätzen ein Ereignis oder einen Sachverhalt ein, formulieren ihren Standpunkt und nennen Argumente für oder gegen eine bestimmte Position. Ein Beispiel ist das aufsehenerregende Interview „Ich hatte des Gefühl: Mir wird mein Herz rausgerissen“, das Manuel Neuer als Torhüter des FC Bayern der *SZ* im Februar 2023 ohne Autorisierung der Münchner Presseabteilung gab und in dem er die Verantwortlichen des eigenen Vereins scharf für die Entlassung seines Torwarttrainers und ihren Umgang mit seiner schweren Verletzung kritisierte.
- Das Interview zur Person (*Personeninterview*) rückt die Befragten selbst in den Fokus und bildet Persönlichkeit und Charakter ab. Der persönliche Zugang erlaubt besonders intime oder provokante Fragen und ermöglicht den Nutzer:innen, sich selbst ein eigenes Bild von der interviewten Person zu machen. Beispiele sind die „99-Fragen“-Interviews, die Moritz von Uslar regelmäßig für das *Zeit-Magazin* mit Prominenten wie Olaf Scholz, Barbara Schöneberger oder Palina Rojinski führt.

Bei komplexen Themen, redefaulen oder langweiligen Gesprächspartner:innen oder fehlender Zeit für eine solide Vorbereitung sollten Journalist:innen hingegen auf Interviews verzichten. Insbesondere der letztgenannte Punkt wird dabei oft unterschätzt: Interviews schreiben sich nicht von selbst, sondern bedeuten einen großen journalistischen Aufwand. Um genau die richtige Person für ein Interview zu finden, ein günstiges Gesprächsklima zu schaffen und passende Fragen zu stellen und dem Gegenüber spannende Antworten zu entlocken, ist eine intensive Vorbereitung auf das Thema, die Interviewten und die Situation unerlässlich – auch um sich selbst vor allem in Live-Interviews vor Peinlichkeiten wie einer falschen Anrede oder fehlerhaften Zahlen in einer Frage zu schützen. Christoph Fasel (2013: 64) hat zentrale Punkte für Journalist:innen, die ein Interview vorbereiten, in einer „Checkliste" gesammelt:

- Zunächst sollten Journalist:innen Ziel und Zweck des Interviews klar definieren: Was wollen sie erfahren? Sind sie an der Person oder der Meinung des Gegenübers interessiert oder an der Erklärung eines Sachverhalts? Soll das Interview unterhalten oder informieren?
- Schon im Vorfeld des Interviews sollten Journalist:innen professionell vorgehen: Die erste Kontaktaufnahme entscheidet oft darüber, ob Gesprächspartner:innen zusagen oder nicht.[18]
- Davon ausgehend sollten Journalist:innen zentrale Fakten zu den Gesprächspartner:innen und dem Thema des Interviews recherchieren. Nur so lassen sich eindeutige und fundierte Fragen formulieren. Einen Grundbestand an Fragen sollten Journalist:innen für jedes Interview vorbereiten: Ob grobe Stichpunkte genügen oder ein inhaltlich und dramaturgisch vollständig ausgearbeiteter Fragekatalog benötigt wird, hängt vom konkreten Interview ab – in jedem Fall sollten Journalist:innen nicht sklavisch an ihrer Frageliste kleben, sondern auf Antworten des Gegenübers flexibel eingehen.
- Auch sollten Journalist:innen immer spezifische Rahmenbedingungen einkalkulieren (vgl. Mast 2018: 370–371): Wie viel Raum steht für das Interview zur Verfügung? Für welches Publikum wird das Gespräch geführt? Welche Interessen verfolgen die Gesprächspartner:innen? Sind Ort und Zeit des Interviews passend gewählt? Läuft das Interview live oder wird es als „gebautes Interview" (Fragen und Antworten werden immer wieder durch Einschübe z.B. zum Verhalten der Gesprächspartner:innen unterbrochen) umgesetzt?
- Schließlich sollten sich Radio- oder TV-Journalisten vergewissern, ob ihre technische Ausstattung vollständig ist und funktioniert (z.B. das Aufnahmegerät oder die Kamera).

Ob ein Interview erfolgreich läuft, hängt von vielen Faktoren ab: Auch wenn in der Praxis Fälle vorkommen, bei denen die journalistische Vorbereitung keine Rolle spielt – wenn schlecht vorbereitete Journalist:innen auf offene Gesprächspartner:innen treffen oder umgekehrt, wenn die beste Vorbereitung nichts nützt, weil der Gegenüber nur unzusammenhängend stammelt oder eine rigorose Verteidigungshaltung einnimmt – ist vor allem die Qualität und Reihenfolge der

18 Mario Müller-Dofel (2017: 162ff.) versteht eine Interview-Anfrage als „journalistisches Bewerbungsschreiben", bei dem Journalist:innen nicht nur eine korrekte und respektvolle Anrede wählen, sondern sich auch vorstellen und den Grund des Interviews sowie den Verwendungszweck (Medium, geplantes Veröffentlichungsdatum etc.) nennen sollen. Zudem sollten sie den Nutzen des Interviews für die angefragte Person herausstellen und ggf. Referenzen beilegen. Vorschläge für die Rahmenbedingungen des Interviews (Zeit, Ort etc.) und eine angemessene Verabschiedung runden Interviewanfragen ab. Als Praxisbeispiel fügt Müller-Dofel eine Interviewanfrage an Hans-Joachim Watzke, Geschäftsführer von Borussia Dortmund, bei, den er für das Magazin *Euro* interviewte.

Fragen entscheidend für ein gelungenes Interview. Thiele (2013: 43ff.) gibt einen Überblick über verschiedene Fragetypen, denen sich Interviewer:innen situativ bedienen können (vgl. Abb. 44):

- *Geschlossene Fragen* können mit „Ja“ oder „Nein“ beantwortet werden, z.B. „Haben Sie vor, Bundeskanzler zu werden?“ Da geschlossene Fragen zwar schnell auf den Punkt kommen und den Gegenüber zu einer konkreten Antwort zwingen, jedoch wenig kommunikativ sind und schnell als einengend und wenig kreativ empfunden werden, sollten Journalist:innen sie nur sehr dosiert einsetzen – sonst wird aus dem Interview schnell ein Verhör.
- *Offene Fragen* hingegen lassen den Gesprächspartner:innen viel Raum bei der Antwort. Sie sind oft an W-Fragen orientiert und vermitteln Neugier an einer ausführlichen Antwort, z.B. „Warum wollen Sie Bundeskanzler werden?“ Offene Fragen überfordern aber leicht oder ermuntern redselige Gesprächspartner:innen zum Aus- oder Abschweifen.
- *Alternativfragen* sollen den Interviewten nur zwei Möglichkeiten offen lassen: „Wollen Sie lieber Bundeskanzler oder Bundespräsident werden?“ Diese *Entweder-oder-Fragen* zwingen dazu, sich klar zu positionieren, können aber auch einengend oder manipulativ wirken.
- *Präzisierungsfragen* gehen einer Sache konkret auf den Grund, erlauben aber Schattierungen und Nuancen, z.B. „Was war Ihr größter Wahlerfolg?“ Interviewte müssen sich auch hier festlegen, es geht aber weniger um schwarz-weiß-Antworten, sondern um „Grautöne“.
- *Erklärfragen* fordern Gesprächspartner:innen auf, einen Sachverhalt zu erklären, z.B. „Sie wollen laut Ihres Wahlprogramms die Steuern auf Renten abschaffen: Wie soll das konkret aussehen?“ Hier sind viele Varianten denkbar (Wie funktioniert das? Wie kam es dazu? Warum passierte das? Wie erklären Sie (sich) das?). Bei Erklärfragen erhalten Befragte viel Raum für seine Antwort, die wiederum langatmig ausfallen kann. *Interpretationsfragen* bitten den Gegenüber hingegen, etwas einzuordnen oder zu deuten, z.B. „Ihr Gegner hat über Sie gesagt, Sie seien der ‚schlechtmöglichste Bundeskanzler‘: Wie bewerten Sie das?“ Gerade originelle oder provokante Deutungen bringen ein Gespräch in Gang.
- *Rhetorische* oder die noch schärfer unterstellenden *Suggestivfragen* sind keine echten Fragen, sondern legen dem Gegenüber eine Antwort oft provokativ in den Mund, z.B. „Sie sind ja eher ein politisches Leichtgewicht, oder?“ Solche Fragen sollen erbitterten Widerspruch provozieren und können eine leidenschaftliche Antwort auslösen – aber eben auch als unverschämt empfunden werden und das Gesprächsklima verschlechtern.
- *Balkonfragen* geben einen Fakt oder ein Zitat wieder und warten dann auf die Antwort des Gegenübers, z.B. „Sie haben 2022 in einem Interview gesagt, ‚Rentner sind Steuerzahler‘ – wie stehen Sie heute dazu?“ Auch hier erwarten Fragensteller:innen, dass die Interviewten dem eigenen oder fremden Zitat widerspricht. Auf diese Weise lassen sich kontroverse Ansichten in ein Interview einbetten, während Journalist:innen zum Gesagten angemessene Distanz wahren können. Allerdings müssen Fakten oder Zitate belegt werden können, sonst

manövrieren erfahrene Gesprächspartner:innen die Interviewer:innen leicht aus.

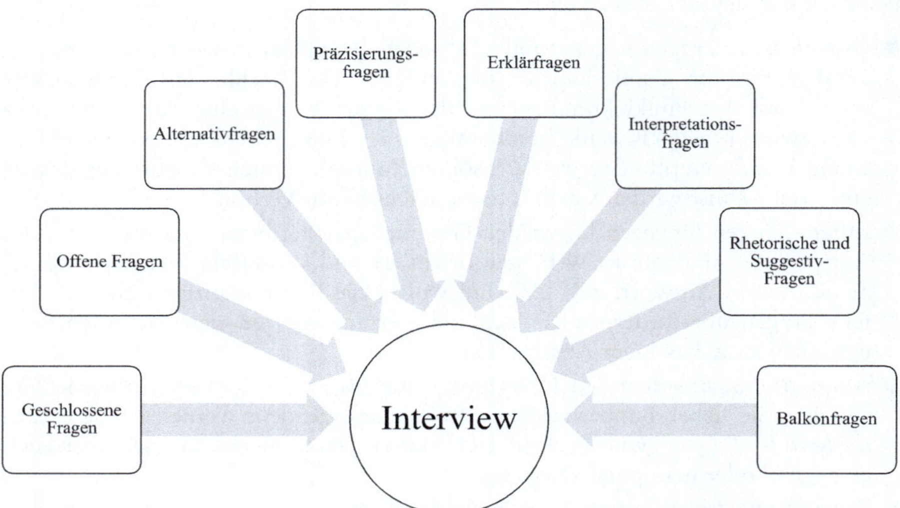

Abb. 41: Fragetypen für journalistische Interviews (Quelle: eigene Darstellung nach Thiele 2013)

Bei Interviews kommt es aber nicht nur auf die richtigen Formulierungen und die *Fragetechnik* an, mit der Journalist:innen das Frage-Antwort-Spiel steuern, sondern auch auf die Art und Weise sowie die Reihenfolge, in der die Fragen gestellt werden. Auch wenn es für den inhaltlichen Aufbau von Interviews kein pauschales Schema gibt: Einstiegsfragen führen Thema und Gesprächspartner:innen ein, animieren zu einer interessanten Antwort und prägen das Gesprächsklima. Anschließend wechseln sich – je nach Erkenntnisinteresse – offene Fragen (z.B. Erlebnis-, Motivations- und Prognosefragen) mit geschlossen Fragen (z.B. Alternativ-, Bestätigungs- und Konkretisierungsfragen) ab. Eine geeignete *Interviewdramaturgie* entwerfen Journalist:innen idealerweise bereits vor dem eigentlichen Gespräch. Hierbei legen sie fest, wie sie in das Interview ein- und wieder aussteigen und welches Thema sie wann ansprechen (ein heikles Thema gleich zu Beginn verdirbt die Gesprächsatmosphäre möglicherweise nachhaltig). Themen sollten in einzelne Aspekte aufgeteilt und dann zusammenhängend abgefragt werden, denn „Themenhopping" verwirrt Publikum und Gesprächspartner:innen. Bei für die Redaktion wichtigen Interviews oder als besonders hart bekannten Gesprächspartnern – z.B. die Interviews des *ORF*-Anchors Armin Wolf mit dem russischen Präsidenten Wladimir Putin, des *ZDF*-Journalisten Klaus Kleber mit dem iranischen Präsidenten Mahmud Ahmadinejad oder des *FOX*-Moderators Chris Wallace mit dem US-Präsidenten Donald Trump – ist eine *Fragestrategie* wichtig: „Bei der Fragestrategie geht es vor allem darum, welche Botschaften der Journalist dem Gesprächspartner, aber auch dem Publikum durch den Inhalt und die Art seiner

Fragen vermitteln und ob er ein harmonisches oder konfrontatives Gesprächsklima schaffen will“ (Thiele 2013). Ein solches Drehbuch ist für Live-Interviews im Radio oder Fernsehen bedeutsamer als in Print- oder Online-Interviews, bei denen die Journalist:innen im Nachhinein noch dramaturgisch nachbessern können. Eine einfache Fragestrategie bemüht das Bild eines Trichters, durch den die Fragen sich vom Allgemeinen zum Konkreten immer weiter zuspitzen. Der „Fragetrichter“ (vgl. Abb. 45) erleichtert es Journalisten nicht nur, ihre Fragen zu einem Thema strukturiert zu stellen, sondern engt das Antwortspektrum systematisch ein, bis die Gesprächspartner:innen sich schließlich durch eine geschlossene Frage festlegen müssen (vgl. Thiele 2013): Im Fall eines prominenten Steuerhinterziehers könnte die Interviewerin z.B. folgendermaßen vorgehen: Durch eine offene Frage („Warum haben Sie Steuern hinterzogen?“) bekommt der Interviewte zunächst die Möglichkeit, ausführlich über seine Beweggründe zu erzählen. Fällt die Antwort nicht befriedigend aus, verengen Konkretisierungs- („Sie meinen also, Sie würden zu hohe Steuern zahlen?“) oder „Alternativfragen („Haben Sie das Geld in die Schweiz oder nach Luxemburg geschafft?“) den Trichter. Geschlossene Fragen („Haben Sie Steuern hinterzogen?“) oder als letztes Mittel auch Suggestivfragen („Sie finden es also in moralisch vertretbar, den Staat um Millionen von Euro zu betrügen?“) lassen dann praktisch nur noch eine konkrete Antwort zu.

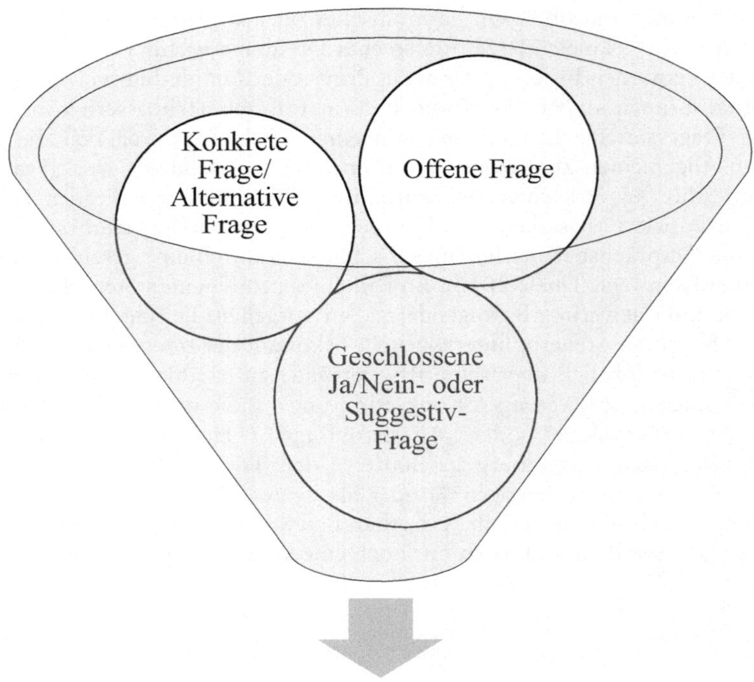

Abb. 42: „Fragetrichter“ für journalistische Interviews (Quelle: eigene Darstellung)

Bei der Durchführung von Interviews sollten Journalist:innen genau zuhören und bei Bedarf auch nachfragen. Winden sich Interviewte um eine konkrete Antwort, ist hier auch hartnäckiges Nachhaken gefragt. Versuche des Gegenübers, einzuschüchtern oder zu verunsichern, sollten Journalist:innen souverän kontern. Als diejenigen, die Rhythmus und Richtung des Interviews vorgeben, sollte sich Interviewer auch nicht scheuen, einen abschweifenden Monolog des Gegenübers zu unterbrechen – freundlich, aber bestimmt und nur im äußersten Notfall kompromisslos.

Erst bei der Präsentation wird aus dem Gespräch die journalistische Darstellungsform Interview: Wenn die äußere Form des Interviews (Frage-Antwort-Spiel, gebautes Interview) festgelegt ist, können Journalist:innen das Gespräch inhaltlich, dramaturgisch und strukturell bearbeiten, z.B. indem sie Sätze kürzen oder komplett streichen, die Reihenfolge der Fragen tauschen, aber niemals den Inhalt verändern oder den Sinn des Gesagten entstellen. Auf der anderen Seite hat sich im deutschen Journalismus – anders als in den USA oder Großbritannien – die Praxis der *Autorisierung* etabliert. Diese mittlerweile branchenübliche Abstimmung zwischen Redaktion und Pressestelle über den Inhalt des Interviews findet vor der Veröffentlichung statt. Die Interviewten bekommen also das fertige Interview vorgelegt und können den Inhalt freigeben – oder eben Formulierungen ändern. In der journalistischen Praxis kann sich so ein hartes Ringen zwischen den Beteiligten entwickeln – insbesondere, wenn Gesprächspartner:innen brisante, aber im Interview so getätigte Aussagen im Anschluss aus der Publikationsversion gestrichen haben wollen. Grundsätzlich besteht kein Recht auf eine Autorisierung, aber wer als Journalist:in der nachträglichen Freigabe nicht zustimmen will, tut sich zunehmend schwer, Interviewpartner:innen zu bekommen. Auf diese Weise hat sich eine sinnvolle Regel, die ursprünglich nur dazu diente, dass keine sachlichen Fehler in Interviews transportiert werden – in seinen „Leitlinien für Interview-Autorisierung“ hält der DJV (2010) fest: „Autorisierungen dienen der sachlichen Korrektheit, der Sinnwahrung und sprachlichen Klarheit. Änderungen müssen sich darauf beschränken“ – in ein Instrument nachträglicher Zensur verwandelt, wenn Interviews so verändert werden können, dass sie mit dem ursprünglichen Gespräch kaum noch etwas zu tun haben. Um den gröbsten Ärger bei der Autorisierung zu vermeiden, sollten Journalist:innen mit den Gesprächspartner:innen vorab klären, wie der Prozess laufen wird und anschließend darauf verzichten, den Interviewten das komplette Interview (also inklusive der Fragen) zur Verfügung zu stellen. Werden sich beide Seiten über den genauen Wortlaut des Interviews partout nicht einig, können Journalist:innen auch auf die Publikation des Interviews verzichten – oder sie wählen einen ähnlich kreativen Weg wie die *taz* im Jahr 2003, die ein bis zur Unkenntlichkeit autorisiertes Interview mit dem damaligen SPD-Generalsekretär und späteren Bundeskanzler Olaf Scholz mit den geschwärzten Antworten abdruckte (vgl. Mast 2018: 374).

Auch wenn Interviews überwiegend informativ eingesetzt werden, wohnt der Darstellungsform eine starke erzählerische Kraft inne: „Erzählerisch“ bedeutet für Interviews nach Fasel (2013: 59), dass sie versuchen, „den Verlauf von Aktionen, Handlungen, Gedanken und ausgesprochenen Ideen journalistisch zu verarbeiten“ und dabei den Gegenüber eine Geschichte erzählen lassen. Ein gelungenes Beispiel für ein narratives Interview ist im Fußballkulturmagazin *11Freunde.de* erschienen: Unter der Headline „Dann wäre ich jetzt tot“ gibt der frühere Nationalspieler und Europapokalsieger Uli Borowka intime Einblicke in seine Karriere und seine Alkoholsucht – und zwar ohne, dass die Fragen aufdringlich oder die Antworten prätentiös wirken. Die Leser:innen erfahren durch dieses Interview eine andere, möglichweise unerwartete Seite des Gegenübers (vgl. Gieselmann/Raack 2020). Auch das mit dem Reporter:innen-Preis ausgezeichnete Interview „Was bleibt von den Ertrunkenen?“, das Susanne Kippenberger und Julia Prosinger (2021) für den *Tagesspiegel* führten, ist ein herausragendes, weil empathisches Gespräch mit der Forensikerin Cristina Cattaneo, die im Mittelmeer Verstorbene identifiziert („Eine fast unlösbare Aufgabe“).

Reportage

Die *Reportage* gilt als journalistische Königsdisziplin: Sie schildert anschaulich lebendig und bis zu einem gewissen Grad subjektiv, was die Reporter:innen erlebt haben – und erfüllt höchste sprachliche und stilistische Ansprüche. Als narrative Darstellungsform aus dem Printjournalismus entfaltet sie ihr Potenzial, mit allen Sinnen zu erzählen, vor allem in audiovisuellen und digitalen Medien, wenn Nutzer:innen die Geschichte hören, sehen und als Kino im Kopf miterleben können. Michael Haller (2020) definiert die Darstellungsform in seinem noch immer einflussreichen Standardwerk „Die Reportage“ als „die Schilderung erlebter/erfahrener Geschehnisse als Beobachter und/oder Teilnehmer“, die „Distanz/Barrieren überwinden und die Leser teilhaben lassen“ soll. Den Kern der Reportage machen „authentische Erlebnisse/Beobachtungen“ aus. Die Reportage widmet sich einem speziellen Thema (besonderen Personen, Orten, Ereignissen) und ordnet das Erzählte eher selten in eine übergeordnete gesellschaftliche Thematik ein – dafür gibt es die verwandte, ebenfalls informierend-narrative Darstellungsform des *Features*, das allgemeine Probleme anhand besonderer Szenen veranschaulicht, das Spezielle aber lediglich als „Verpackung“ gebraucht. Die Charakteristika der Reportage lassen sich folgendermaßen zusammenfassen (vgl. Haller 2008: 109–110; Müller 2011: 363; Fasel 2013: 84; Mast 2018: 355–356):

- *Atmosphärische Schilderung selbsterlebter Ereignisse:* Als tatsachenorientierter, aber persönlich gefärbter Erlebnis- und Augenzeugenbericht vermittelt die Reportage die Informationen erzählerisch. Die Reporter:innen, die zwingend vor Ort gewesen sein und die Geschichte selbst erlebt bzw. beobachtet haben müssen („kalt“ geschriebene Texte sind keine Reportagen), beschreiben Gefühle und Eindrücke so atmosphärisch, dass die Nutzer:innen denken, sie seien „live“ dabei. Die Reportage ergänzt und erweitert den nachrichtlichen Bericht, objektiviert die Geschehnisse jedoch nicht – anders als z.B. die *Magazin-* oder *News-Story* – sondern wird durch die individuelle Wahrnehmung und subjektive Perspektive der Reporter:innen geprägt (durch ihre „Augen“).
- *Faktischer Nachrichtenkern*: Obwohl die Reportage zu den narrativen Darstellungsformen zählt, basiert sie auf einem Faktenkern und einem nachrichtlichen Ereignis. Sie erzählt nur von wahren Begebenheiten und benötigt ausführliche, oft aufwändige Recherche. Sie ist auch *kein Kommentar*: Auch als subjektivste informierende Darstellungsform wertet sie nicht explizit, kommentiert und spekuliert nicht. Reporter:innen lassen ihre eigene Meinung nicht einfließen, sondern die Nutzer:innen sich ein eigenes Urteil bilden.
- *Grenzen überwinden:* Für Reportagen eignen sich besonders erlebnisstarke Themen, für die Reporter:innen soziale, politische, wirtschaftliche oder kulturelle „Barrieren“ überwinden muss: Ereignisse und Veranstaltungen (z.B. eine Nacht eine Polizeistreife begleiten oder einen Tag auf dem Wüsten-Festival „Burning Man“ verbringen), unzugängliche Milieus (z.B. den „Nazi-Kiez“ in Dortmund oder einen Swinger-Club auf dem Land besuchen) bieten sich ebenso für Reportagen an wie Rollenspiele und Selbsterfahrungen (z.B. als Obdachlose, Rollstuhlfahrer:innen, Vollverschleierte etc.) oder politisches Geschehen (z.B. der Parteitag der CSU hinter den Kulissen) und Wissenschaftsthemen (z.B. wie funktioniert ein Atomkraftwerk?). Neben besonderen Orten, die entweder schwer erreichbar (z.B. der Südpol), gefährlich (z.B. Raubtiergehege des örtlichen Zoos) oder unbekannt sind (z.B. eine „Todeszelle“ in einem US-Gefäng-

nis), eigenen sich auch besonders ungewöhnliche oder einmalige Ereignisse und Handlungen (z.B. ein Fallschirmsprung aus dem Weltall) oder ungewöhnliche Perspektiven auf ein bekanntes Thema (z.B. eine Lehrerin schreibt die Abiturprüfungen mit). Außergewöhnliche Menschen, die etwas Interessantes erlebt und zu erzählen haben (z.B. der langjährige Chauffeur des Bundeskanzlers, die erste Fußballspielerin im Iran) können ebenfalls im Mittelpunkt von Reportagen stehen – dann handelt es sich meist um eine Personenreportage oder ein *Portrait*, das die Betreffenden besonders lebensnah und hintergründig vorstellt (*portraitiert*). Handlungen und Menschen sind für Reportagen unerlässlich. Bei jedem potenziellen Reportagethema sollte sich Reporter:innen fragen: Was ist daran unbekannt? Wo sind die Barriere und die erlebnisstarke Seite und wie kommt man ihr journalistisch nahe?

- *Szenen als Schmierstoff:* Die Reportage lebt von szenischen Beschreibungen, die sie aus den Beobachtungen des Reportes gewinnt und kunstvoll zu einer spannenden, anschaulichen Erzählung verwebt. Szenen sollten lebendig und authentisch sein und sie sollten mit allen Sinneseindrücken arbeiten – Geräuschen, Düften, Farben. Besonders dem sogenannten „szenischen Einstieg“ zu Beginn der Reportage gilt die Aufmerksamkeit, da die Nutzer:innen dadurch bestenfalls direkt in das Geschehen hineingezogen werden.
- *Dramaturgischer Aufbau*: Im Gegensatz zur Nachricht oder zum Bericht sind Reportagen nicht hierarchisch, sondern dramaturgisch aufgebaut: Nach dem szenischen Einstieg folgt – mal in chronologischer Reihenfolge, mal über Zeitsprünge – ein wiederholter Wechsel zwischen Szenen und einordnenden bzw. faktizierenden Informationsteilen. Um Nutzer über einen längeren Zeitraum zu fesseln – Reportagen sind wie Features journalistische „Longforms“ – baut der Reporter regelmäßig Spannungsbögen ein, z.B. durch Konflikte, herausragende Beobachtungen, harte Kontraste oder überraschende Wendungen.

Wie eine Reportage dramaturgisch aufgebaut und erzählt werden kann, veranschaulicht der hier leicht gekürzte Text „Die Heimat, die uns keine ist“, den Franziska Klemenz als ersten Teil einer Serie über die Abschiebung der georgischen Familie Imerlishvili aus Pirna für die *Sächsische Zeitung* verfasst hat und die mit dem Reporter:innen-Preis 2021 in der Kategorie „Lokalreportage“ ausgezeichnet wurde.

Tab. 8: Aufbau einer Reportage und Funktionen der Absätze anhand eines Praxisbeispiels (Quelle: eigene Darstellung in Anlehnung an Fasel 2013: 89)

Reportage- Element	Länge	Funktion	Beispiel
Einstieg: Szene 1	1–2 Absätze	Leser einfangen, mit Szene auf den „Küchenzuruf“ der Reportage vorbereiten,	Auf den Pflastersteinen verblassen Kreidefarben, im Wohnungsflur vereinsamt eine Jacke mit Marienkäfern. „Ich hasse diese Stille“, sagt eine Nachbarin. „Wir wollen unsere Nachbarn zurück“, fordern sie und viele andere auf Plakaten, die sie in 70 Pirnaer Schaufenstern aufgehängt haben.
Informationsteil 1	1–2 Absätze	Leser orientieren: Wo bin ich? Warum bin ich hier? Worum geht es? Protagonist:innen einführen	Gemeint sind die Imerlishvilis. Die Wohnung der Familie wirkt, als warte sie darauf, dass Ilona, Ilia und ihre sieben Kinder im Alter von drei bis elf Jahren jeden Moment zur Tür reinkommen. Spielzeug füllt Kisten und Ecken, gespülte Tassen harren neben der Spüle aus. Acht Jahre hat die Familie in Pirna gelebt. Jetzt ist sie fort. 3.000 Kilometer und zwei Zeitzonen entfernt, hinter dem Schwarzen Meer.
Szene 2	2–3 Absätze	Problem aufreißen, deutlich machen, Fokussierung auf Personen	Vor gut einer Woche haben Behörden sie abgeschoben. „Wir wollen unser ganzes Leben in Pirna verbringen“, sagt Ilona Imerlishvili im Video-Gespräch in der georgischen Hauptstadt Tiflis. Die Abschiebung der Familie treibt so viele um wie wenige Geschichten. Tränen begleiten die Worte von Opa, Nachbarn, Fahrlehrer, Kita- Kindern, Arbeitgeber. „Wenn wir nicht zurückkommen dürfen, sterbe ich nicht, aber ich möchte auch kein Leben mehr haben“, sagt Ilona Imerlishvili, manchmal stockt ihr Gesicht auf dem Display oder bleibt stehen. Für das Gespräch ist die 32-Jährige mit ihren Kleinsten auf den Spielplatz gegangen. „Ich schminke mich, lache für meine Kinder, aber eigentlich muss ich weinen, kann meinen Kindern nicht in die Augen sehen, weil sie sagen: ‚Mama, ich möchte nach Hause.‘ Aber ich muss stark sein.“

Reportage- Element	Länge	Funktion	Beispiel
Informationsteil 2	1–2 Absätze	Hintergrund und Einordnung der Situation und des Problems liefern	Damit, dass sie Pirna verlassen muss, rechnet die Familie bis zur Abschiebung nicht. Zwar lehnt die Ausländerbehörde des Landratsamts das Asylverfahren Ende Oktober 2020 ab, doch ihre Anwältin setzt auf Paragraf 25b des Aufenthaltsgesetztes, der Familien mit minderjährigen Kindern den Aufenthalt erlaubt, sofern sie mindestens sechs Jahre lang in Deutschland geduldet waren, besonders gut integriert sind und ihren Lebensunterhalt überwiegend selbst bestreiten. Mutter Ilona arbeitet Teilzeit als Dolmetscherin und Haushaltshilfe, Vater Ilia Vollzeit als Pfleger und ehrenamtlich bei der Tafel. Fünf Kinder wurden in Deutschland geboren, auch die anderen zwei erinnern sich kaum an Georgien, die Älteste besucht das Gymnasium. Als die Anwältin den Antrag im November stellt, genügt das Einkommen der Familie den Vorgaben nicht, dann entfällt die Befristung für Ilias Pflegejob, sein Lohn steigt. Die Anwältin reicht die Neuigkeit Ende Januar nach. Am 17. März lehnt das Landratsamt Sächsische Schweiz-Osterzgebirge den Antrag ab, begründet das mit der – nicht mehr vorhandenen – Befristung des Jobs, einer Bewährungsstrafe aus dem Jahr 2014, zu der es der Anwältin bis heute keine Akteneinsicht gewährt. Das Amt wirft der Familie vor, Reisepässe zu spät vorgelegt zu haben, was die Anwältin bestreitet. Außerdem sei Ilia 2021 erneut „polizeilich in Erscheinung getreten“, man bescheinigt ihm einen „ausgeprägten Mangel zur Fähigkeit der Eingliederung in die Rechtsordnung der Bundesrepublik“.

Reportage- Element	Länge	Funktion	Beispiel
			Gemeint ist das Fahren eines Autos mit georgischem Führerschein, der in Deutschland nur wenige Monate gültig ist. Seit das Ehepaar das weiß, nimmt es Fahrstunden. Ende Juni wäre die praktische Prüfung gewesen. Die Anwältin sagt: „Es ist die bestintegrierte Familie, die ich je vertreten habe.“ (...)
Szene 3	2–5 Absätze	Problem anhand des Schicksals vertiefen (z.B. anhand ausführlicher Szenen bzw. Rekonstruktionen)	Das In der Nacht auf den 10. Juni klingelt die Polizei gegen 1 Uhr an der Tür. „Ihr Asylantrag wurde abgelehnt, heute ist der Tag ihrer Heimreise“, habe ein Polizist gesagt. Das Innenministerium, oberster Dienstherr der Polizei, bestätigt diese Formulierung nicht, distanziert sich auf Nachfrage aber davon. Eine Stunde Zeit zum Packen kündigt man an. Durch das Mehrfamilienhaus schallen Schreie. „Wir haben alles gemacht, das muss ein Fehler sein“, fleht Ilona. Ein befreundeter Nachbar und ihr Vater eilen zur Hilfe. „Ich dachte: Mamma Mia, was für ein Chaos! Alles war voll mit Klamotten, alle Kinder haben geschlafen, die Polizei hat sie geweckt und angezogen, mit viel zu großen und zu kleinen Sachen, weil sie nicht wussten, was zu wem gehört“, sagt er. Als Tochter Lika aufwacht, packt sie ihren Ranzen, um ihre Schulsachen dabei zu haben. Auf einer Tonaufnahme aus der Nacht weint und schreit die Elfjährige: „Wie Tiere werden wir hier rausgeholt! Wie Müll, aber das sind wir nicht (...) Ich habe mein ganzes Leben hier und jetzt muss ich in ein fremdes Land gehen, wo wir dann auf der Straße landen, weil wir nirgendwo leben können.“ Bald hätte sie ihr Fünftklasszeugnis bekommen. Eine Polizistin hilft beim Kinderwickeln, eine weint mit Ilona. „Ich habe ihr gesagt: Was machen Sie mit meiner Familie?“

Reportage- Element	Länge	Funktion	Beispiel
			Eine Polizistin und der befreundete Nachbar halten den Vater davon ab, aus dem ersten Stock zu springen. „Ilia würde sich nie etwas antun“, sagt der befreundete Nachbar. Das zeige, wie verzweifelt er war. Immer wieder verletzen Menschen sich bei solchen Abschiebungen oder versuchen, sich umzubringen. Bundesländer wie Niedersachsen oder Bremen vermeiden nächtliche Abschiebungen, wenn Kinder im Spiel sind. Sachsen nicht. Das Innenministerium begründet das mit der Abflugzeit.
			Gut 20 Einsatzkräfte tummeln sich in und um das Haus. Eine ganze Weile stehen Nachbarn und Polizei noch draußen, als der Bus abgefahren ist. „Einer sagte: ‚Das war der schlimmste Einsatz in 30 Jahren. Hier werden Verbrecher, Mörder, Messerstecher freigelassen, aber solche Familien abgeschoben.‘ Die haben gesagt, seit einer Woche läge der Einsatzbefehl da, sie haben die Jahrgänge gesehen, das hat sie angekotzt.“

Reportage- Element	Länge	Funktion	Beispiel
			Der Bus bringt die Familie zum Flughafen Halle/Leipzig. Das Oberverwaltungsgericht lehnt einen Eilantrag ab, die Härtefallkommission beschleunigt ihre Beratung. Flightradar zufolge verlässt die Maschine ihre Parkposition um 11.05 Uhr. Um 11.50 Uhr beschließt die Kommission, sich des Falls anzunehmen. Für die Dauer des Verfahrens müssen „unmittelbare Rückführungsmaßnahmen" gestoppt werden, heißt es in der Verordnung. Vergebens. Um 11.59 Uhr hebt die Maschine ab. Ein Mitglied der Härtefallkommission sieht darin „Sabotage": Der Landesdirektion, die als oberste Ausländerbehörde Sachsens für den Vollzug von Abschiebungen zuständig ist, sei um 10 Uhr bekannt gewesen, dass eine Entscheidung aussteht. Angehörige, Asylorganisationen, SPD, Grüne und Linke kritisieren das Vorgehen scharf: „Die Abschiebung war rechtswidrig", sagt Christina Riebesecker von der AG Asylsuchende Sächsische Schweiz-Osterzgebirge.
Informationsteil 3	1–2 Absätze	Gesellschaftliche Zusammenhänge, Einordnung, Rückblick	In Pirna breiten sich Tatendrang und Trauer aus. Nachbarn sammeln Tausende Unterschriften, organisieren Demos, besuchen den Stadtrat, verhandeln mit Behörden.
Szene 4	1–3 Absätze	Problem anhand des Schicksals vertiefen	Großvater Noro kommt jeden Tag in die Wohnung der Familie, wäscht, lüftet, beseitigt das Chaos der Abschiebenacht. „Meine Kinder, meine Enkel sind in meinen Armen aufgewachsen", sagt er. Seine Goldkette verschwindet unter dem Bayern-München- Shirt, seine braunen Augen starren auf ein Mathe-Arbeitsblatt der Kinder. Ilonas beste Freundin hilft beim Übersetzen. „Ich komme manchmal einfach nur her, um den Geruch von Ilona und den Kindern zu riechen, damit ich ihnen nah sein kann", sagt er. „Wenn ich herkomme, denke ich, dass meine Kinder hier sind." (…)

Reportage- Element	Länge	Funktion	Beispiel
			Der befreundete Nachbar aus dem Stock über der Familie heißt Claudius Rienäcker – „mit Ä wie Ärger“, das sei wichtig. „Uns geht es beschissen. Gleichzeitig bin ich beeindruckt und gerührt von der vielen Unterstützung. Da habe ich gemerkt, wie nah ich am Wasser gebaut bin“, sagt er. „Hier ist einiges falsch gelaufen. Im Koalitionsvertrag steht: ‚Gefährder abschieben‘, nicht ‚Integrierte‘. Heißt es nicht immer, dass wir Fachkräfte brauchen?“ Als „besonders traurig“ bezeichnet Rienäcker die Stille der CDU. „Ich bin strammer CDU-Wähler. Linke, Grüne und SPD brüllen jetzt ganz laut, aber es tropft ab wie an Teflon.“ (…) Im Als Ilona Georgien erreicht, hat sie 15 Euro bei sich. Ihre Mutter, zwei Schwestern, Großmutter und ein Enkel leben in zwei Zimmern. Ihre Schwiegermutter in einem. „In den neun Jahren hat sich in Tiflis alles geändert, ich fühle mich wie ein Ausländer“, sagt Ilona. „Meine Kinder sprechen nur Deutsch, ihre Omas verstehen sie nicht. Sie waren glücklich, die Enkel kennenzulernen, aber sie weinen auch, weil ihnen peinlich ist, dass sie keinen Platz für uns haben.“ Auch Vermieter lehnen sie ab – so viele Kinder würden viel zerstören. Durch die Unterkunft der ersten Nacht rennen Ratten. Nachbarn und Großvater schicken Geld. Jetzt bleibt die Familie bis Montag in einer Ferienwohnung. Bilder zeigen die Jungs, die Köpfe eng aneinander in einem Meer aus gemusterten Decken. Ilona und ihr Mann teilen sich das Sofa.

Reportage-Element	Länge	Funktion	Beispiel
			Kein leichtes, aber „ein geliebtes Leben" habe Ilona in Pirna gehabt. „Ich habe sieben Kinder geboren, habe keine Freizeit, aber mein Mann und ich haben dieses Leben gewollt. Das ist mein Stress, ich liebe meinen Stress." In Georgien gebe es kein Leben für sie. „Hier sind nur unsere Körper. Unsere Seelen und mein Herz sind in Pirna. Ich möchte so ein Leben nicht, ich habe das nicht verdient. Wir haben sieben Engel zu Hause. Wir wollen nur für unsere Kinder eine Zukunft in Deutschland."
Informationsteil 4	1–2 Absätze	Zukunftsausblick durch Experten, Lösungsoptionen	Wenn die Ausländerbehörden ihren Kurs nicht korrigieren, ist diese Zukunft der Familie für mindestens 30 Monate versperrt. So lange dürfen abgeschobene Familien deutschen Boden nicht betreten. Die Anwältin versucht, eine Betretungserlaubnis zu erwirken, damit die Verfahren weiterlaufen können. Für die Einstufung als Härtefall müssten zwei Drittel der Kommission zustimmen. Am Ende liegt es am Innenminister. Roland Wöller (CDU) gebe eine restriktive Linie vor, sagt Christina Riebesecker von der AG Asylsuchende. „Die Länder sind sehr frei darin, wie sie das Aufenthaltsrecht umsetzen." Frühere Innenminister akzeptierten Entscheidungen der Kommission meist. Wöller lehnte mindestens fünf Positiv-Beschlüsse ab. Das Innenministerium begründet das damit, dass die Abgelehnten straffällig geworden seien, ihren Lebensunterhalt nicht verdient oder nicht bei der Beschaffung ihrer Pässe geholfen hätten. „Eine restriktive Praxis" sei nicht festzustellen.

Reportage- Element	Länge	Funktion	Beispiel
Szene 5	1 Absatz	Ausstieg, „Rahmen“, Rundung für den Nutzer oder Irritation	Großvater Noro muss los, ins Restaurant. Er lässt noch schnell etwas Futter in das Aquarium der Fische rieseln. Sein Blick wandert über die Wände, wo bunte Fotos vergangene Zeiten zeigen, dann ruht er kurz auf einem Stapel gefalteter Kindersachen. „Polizei“ steht in silbernen Lettern auf einem dunkelblauen Pulli. „Mein Enkel mochte die Polizei sehr“, sagt Noro und wischt sich über das Gesicht. „Hoffentlich kommt er bald wieder.“ Auch Nachbarn und Freunde wollen nicht lockerlassen, ehe Imerlishvilis wieder in Pirna sind. „Ich hätte gerne, dass die Tür wieder knallt, dass um 7 Uhr morgens wieder Bambule in der Wohnung ist, weil sie los zum Kindergarten machen“, sagt die Nachbarin, die sagte, dass sie die Stille hasst.

Um eine spannende Reportage zu produzieren, genügt es oft nicht, einen packenden Einstieg mit scharfen Kontrasten und Spannungsbögen zu entwerfen: Durch die Länge der Reportage müssen die Nutzer:innen zusätzlich mit anderen Mitteln – z.B. mit Techniken des journalistischen Storytelling (vgl. Kapitel 5.4) – „bei der Stange gehalten“ werden – ansonsten steigen sie aus oder schalten ab. Um die Spannung aufrecht zu erhalten, lassen sich nach Mast (2018: 358) durch wiederkehrende „Wechsel“ immer wieder neue Reize innerhalb der Reportage setzen: So kann die Perspektive (z.B. Außen- und Innensicht) ebenso während der Reportage wechseln wie die Zeitform (*Tempus*) (z.B. steigert das Präsens das Tempo, das Imperfekt verschleppt es), der Abstand zu Personen und Geschehnissen (z.B. durch den „Zoom“ auf das Einzelschicksal einer Arbeitslosen oder den Schwenk auf allgemeine Informationen wie die aktuelle Arbeitslosenstatistik) oder formale Mittel (z.B. atmosphärische Beschreibungen, die mit Dokumentationen oder Zitaten angereichert oder aufgelockert werden). Fasel (2013: 91–93) empfiehlt Reportern auch eine „brutale Konzentration auf den Küchenzuruf“ und einen durchgehenden „roten Faden“. Denn auch wenn Reporter:innen bei ihrer Recherche auf eine unglaubliche Materialfülle stoßen (Beobachtungen, Einzelheiten, Szenen und Erzählstränge), müssen sie am Ende hart auswählen: In die Reportage fließt nur die *Quintessenz* der Recherche ein – was nicht zum Küchenzuruf gehört, wird gestrichen. Denn für die Reportage gilt: „Je detailreicher ihr Stoff, desto anschaulicher die Filmsequenzen, die der Reporter als Kameramann seines Lesers wieder anbieten kann“ (ebd.: 87). Dafür bieten sich folgende Fragen an: Wo im Thema stecken Konflikte und Wendepunkte? Wie lässt sich eine Entwicklung zeigen? Kann die Handlung in einer dramaturgischen Struktur (Anfang/Mitte/Ende) erzählt werden? Aus welcher Perspektive, von welchem Standpunkt aus oder durch welche Person gelingt das? Ein „roter Faden" für eine Reportage lässt sich z.B. über einen abgeschlossenen Vorgang spinnen („Der Bau eines Hauses – vom Fundament zum Dach"), durch eine spezielle Tätigkeit („Klofrau im Bundeskanzleramt"), einen besonderen Anlass („Platzwart bei der Fußballweltmeisterschaft"), eine spezielle Person („Ein Kind aus Afrika wird adoptiert"), einen speziellen Lebensabschnitt („Die letzten zehn Minuten im Leben eines Menschen"), herausragende Lebensleistungen („Der Mann, der fünf Tage in einer Gletscherspalte überlebte") oder einen speziellen Blickwinkel („Die Arbeit eines Hausarztes, nur beobachtet unter dem Aspekt des Geldes, das er für jede einzelne Behandlung bekommt") (Fasel 2013: 92).

Reportagen sind nicht nur inhaltlich, sondern auch sprachlich und stilistisch vergleichsweise freie Darstellungsformen. Auch wenn sie sich nicht an das enge hierarchische, nachrichtensprachliche Korsett des Berichts halten müssen, sollten es Reporter:innen mit der schriftstellerischen Freiheit nicht übertreiben. Müller (2011: 364–365) verweist auf grundsätzliche Regeln klassischer Reportagen, die in der journalistischen Praxis aber immer wieder und größtenteils absichtlich gebrochen werden – meist nicht zum Nachteil der Reportage:

- Eine subjektive Perspektive ist bei der Reportage durchaus erwünscht, sollte aber immer auf realen Umständen, Abläufen, Daten und Fakten basieren. So wählen z.B. die Reporter:innen des *Y-Kollektiv*, dessen Reportagen u.a. im *ARD*-Format „Rabiat" und auf *YouTube* laufen, immer wieder radikal subjektive Ansätze zu zeitgemäßen, aber oft provokanten Themen wie Pädophilie, Jugendkriminalität, Alkoholsucht oder Rechtsradikalismus. Teilweise als Rollenspiele oder Selbstversuche angelegt interpretieren die ReporterInnen ihre Rolle als Ich-Erzähler:innen. Obwohl diese persönliche Perspektive in der klassischen Reportage verpönt ist, kann sie eingenommen werden, wenn Reporter:innen im Mittelpunkt der Handlung stehen oder sie als (Mit-Handelnde) sogar selbst vorantreiben (vgl. Fasel 2013: 95). Die Social-Journalism-Plattform *Vice* publiziert regelmäßig solche Selbst-Reportagen, wie z.B. „Ich habe 24 Stunden im Frankfurter Bahnhofsviertel verbracht" (Schumacher 2019) oder „Ich habe eine Nacht auf Zoom-Partys durchgefeiert" (Schumacher 2020).
- Reportagen verwenden nach Möglichkeit den Indikativ, denn Konjunktive bremsen den Fluss der Reportage und nehmen ihr die Authentizität. Aus demselben Grund sind wörtliche Aussagen besser geeignet als indirekte Rede. Der mit dem Henri-Nannen-Preis als „Beste Reportage" des Jahres 2007 ausgezeichnete Text „Hoffmanns Blick auf die Welt" (*Die Zeit*) von Henning Sußebach (2006) beweist aber, dass das kein Dogma ist: Die Reportage über einen obdachlosen Flaschensammler verwendet durchgängig und ausnahmslos die indirekte Rede – und verzichtet völlig auf die ansonsten charakteristischen selbst erlebten Szenen, die der Reporter aus seiner Perspektive aktiv schildert.
- Dass ganz oder teilweise fingierte Reportagen Betrug an den Nutzer:innen (und letztlich auch am Journalismus) sind, hat der Fall von Claas Relotius noch einmal sehr deutlich gezeigt. Wie steht es aber um die Frage, ob Reporter:innen

wirklich alle beschriebenen Szenen selbst und vor Ort erlebt haben müssen?[19] In der journalistischen Praxis gibt es jedenfalls immer wieder Reportagen, in denen Reporter:innen Szene beschreiben, die sie (wahrscheinlich) so nicht selbst beobachtet, z.B. wenn es um ein historisches Ereignis geht, sondern sich aus sekundären Quellen wie Film- und Fernsehausschnitten, anderen Medienberichten oder Dokumenten zusammengereimt haben.

Das abschließende Beispiel des szenischen Einstiegs aus dem *11-Freunde.de*-Text „Kampf um Millwall" (Ronay 2020) zeigt, dass auch nachträglich rekonstruierte Szenen einen erzählerischen Sog entfalten können, auch wenn sie klassischen Reportagen in diesem Punkt nicht entsprechen:

> „Fuck you, I'm Millwall!" Roy Larner trank an diesem Junitag gerade ein Bier im „Black and Blue", einem Restaurant nahe der London Bridge, als drei Männer durch die Tür stürmten und die Gäste sofort mit Macheten zu attackieren begannen. Larner, ein 47-jähriger Millwall-Fan, reagierte schnell. Er sprang aus seinem Stuhl, rief den Namen jenes kleinen, widerborstigen Zweitligisten und ging mit bloßen Händen auf die Angreifer los, die sich später als IS-Terroristen herausstellten. Larner bekam acht Stiche ab, verließ das Restaurant trotzdem auf zwei Beinen – und sah noch, wie die Polizei die drei Attentäter erschoss.

Feature

Kaum eine journalistische Darstellungsform bleibt in der journalistischen Praxis so unscharf wie das *Feature*. Die oft noch immer schwammigen Umschreibungen reichen von Radio- und TV-Beiträgen, die Fakten szenisch aufbereiten, über Printberichte, die szenisch einsteigen (*anfeaturen*) bis hin zu Netzdossiers oder Multimedia-Features im Onlinejournalismus, die „reportagehafte" Elemente enthalten, ansonsten aber nahezu nichts gemeinsam haben. Das Definitions-Potpourri mag davon herrühren, dass das Feature tatsächlich viele Elemente anderer Darstellungsformen miteinander verbindet: Neben einem faktischen Nachrichtenkern und einem aktuellen Aufhänger enthält das Feature auch meist wörtliche Rede in Form von Zitaten oder Expert:innenmeinungen aus Interviews. Szenen und Beispiele kombiniert das Feature mit hintergründigen Informationen zum Thema (vgl. Müller 2011: 367). Ist ein Feature damit nun eine informierende oder narrative Darstellungsform? Beides: Das Feature ist das „Verbindungsglied" (Fasel 2013: 52) zwischen berichtenden und erzählenden Darstellungsformen und lässt sich zwischen der Reportage – bei der Szenen, Situationen, Orte, Personen und Zitate im Vordergrund stehen – und dem Hintergrundbericht – der Informationen in Form von Fakten, Daten und Hintergründen in den Mittelpunkt rückt –

---

19 An dieser Frage entzündete sich im Mai 2011 eine sehr grundsätzliche Debatte: Nachdem das im *Spiegel* abgedruckte Portrait „Am Stellpult" über den damaligen bayrischen Ministerpräsidenten Horst Seehofer den Henri-Nannen-Preis in der Kategorie „Reportage" gewonnen hatte, wurde dem Autor Rene Pfister die Auszeichnung nur zwei Tage später wieder aberkannt. Der Grund: Pfister sei gar nicht in Seehofers Hobby-Keller gewesen, vermittelte dem Leser aber in seinem szenischen Einstieg genau diesen Eindruck. Ohne die eigene Inaugenscheinnahme sei der Text keine echte Reportage und daher auch nicht preiswürdig (vgl. Müller 2011: 361–363).

verorten. Das Feature will „allgemeine Vorgänge und Hintergründe an einzelnen konkreten Beispielen oder Personen veranschaulichen" und zeichnet sich durch einen „dramaturgischen Aufbau (meist vom Einzelfall zum Allgemeinen)" und seine „sprachliche Gestalt" aus (Müller 2011: 367). Anders als der Reportage geht es dem Feature aber nicht um die lebendige Beschreibung der Realität, an der Nutzer:innen *teilnehmen* sollen, sondern um die Konkretisierung eines abstrakten gesellschaftspolitischen Problems oder Konflikts, die anhand charakteristischer Situationen und Strukturen *veranschaulicht* werden sollen (vgl. Mast 2018: 360). Über einen stetigen Wechsel zwischen anschaulichen Szenen und informativen Passagen zeigt das Feature einen „Zusammenhang zwischen Strukturproblem und Alltagswelt" (ebd.: 355). Bei der Veranschaulichung allgemeiner Fälle wechselt das Feature immer wieder zwischen zwei Ebenen: Konkreten Einzelfällen exemplarischer Protagonist:innen und abstrakten „Feature-Brücken", die Hintergründe und Zusammenhänge einordnen. Anhand der folgenden Beispiele werden einerseits die Unterschiede zwischen Reportage und Feature und andererseits die für das Feature charakteristische allgemeine Problematik nachvollziehbar:

> Manchmal schaut er ein bisschen fern. Christoph schlüpft dann in einen, wenn es kalt ist in zwei, manchmal in drei Schlafsäcke, legt sich auf seine Matte, draußen, am Boden, und sieht sich auf dem Handy einen Krimi an. Etwas machen, worauf er Lust hat, sich etwas Gutes tun, das bedeutet für ihn, die Selbstachtung nicht aufzugeben. Und das sei entscheidend in seiner Situation, sagt er. Christoph ist obdachlos.
>
> Als ich ihn, der eigentlich anders heißt, gegen Ende des Winters zum ersten Mal treffe, lebt er seit sieben Monaten in Basel auf der Straße. In der Nacht schläft er draußen, an einem gedeckten Ort. Er frühstückt in der Gassenküche, vertreibt sich danach die Zeit im Haus für Obdachlose und isst am Abend eine Tafel Schokolade, die ist günstig und hat viele Kalorien. (Wanner 2018)

Während die *Zeit*-Reportage „Dann haut er wieder ab", aus der dieser szenische Einstieg stammt, den Obdachlosen Christoph konkret und persönlich portraitiert, aber das abstrakte Phänomen Obdachlosigkeit nicht einordnet, sondern auf der szenischen Ebene des Protagonisten verweilt, steht die ähnlich konkret beschriebene Eingangsszene im folgenden *FAZ*-Feature „Gefährliche Zeit für Obdachlose" nur stellvertretend für das abstrakte soziale Problem Obdachlosigkeit, das im zweiten Absatz (der „Feature-Brücke") mit Daten und Expertenmeinungen umrissen wird:

> Während Straßen und Plätze in den Städten wegen der Angst vor Corona von Tag zu Tag leerer werden, herrscht in der Bahnhofsmission am Berliner Bahnhof Zoo noch reger Betrieb – und Solidarität. Die Mitarbeiter wollen die Gesundheitsvorschriften, die der Berliner Senat wegen der Pandemie erlassen hat, mit größter Gewissenhaftigkeit umsetzen. Essensausgabe gibt es nur durch die Fenster der Bahnhofsmission. Obdachlose stehen Schlange, halten den Sicherheitsabstand zu den Mitarbeitern aber ein. Über

die Viadukte des Bahnhofs Zoo rattern noch immer im Minutentakt die Züge.

Auf Berlins Straßen leben Schätzungen zufolge zwischen 2000 und 20.000 Personen. Was machen sie in einer Zeit, in der jeder seine eigene Gesundheit und die seiner Familie im Blick hat und weniger das Leid auf der Straße sieht? Für Barbara Breuer, Pressesprecherin der Berliner Stadtmission, die viele Einrichtungen in der Wohnungslosenhilfe betreibt, ist Corona gerade das alles bestimmende Thema. „Vorurteile gegenüber Wohnungslosen haben zugenommen", sagt sie, „gerade deswegen wollen wir aufklären." (Weigant/Hanschke 2020)

Die journalistischen Charakteristika der Darstellungsform Feature überschneiden sich vor diesem Hintergrund zwar teilweise mit denen von Berichten und Reportagen – das Feature verfügt aber durchaus über eigene Merkmale, die seine besondere journalistische Funktion unterstreichen und in dieser Kombination einzigartig sind (vgl. Müller 2011: 365–367; Fasel 2013: 49–50):

- *Vom Einzelfall ins Allgemeine:* Das Feature veranschaulicht die wesentlichen Aspekte eines übergeordneten Themas, indem es einen oder mehrere Einzelfälle auf einer allgemeinen Ebene modelliert. Dabei informiert es hintergründig, klärt über Missstände auf und gibt Orientierung und Einordnung.
- *Gesellschaftliche Themen:* Vor allem die großen politischen, wirtschaftlichen, kulturellen oder sozialen Fragen, Probleme und Konflikte eignen sich thematisch für das Feature. Komplexe, abstrakte Themen lassen sich damit oft verständlich und anschaulich herunterbrechen: Gesellschaftliche Phänomene wie Armut, Obdachlosigkeit, Liebe oder Einsamkeit werden im Feature durch die konkrete Ebene der Szenen, Personen und Beispiele greifbar. Fragen wie „Warum gibt es nicht genügend Lehrer:innen? „Sollte Sterbehilfe legalisiert werden?" oder „Was bringt ein bedingungsloses Grundeinkommen?" werden im Feature anhand verschiedener Aspekte und Perspektiven beantwortet.
- *Vereinigung von Klassikern:* Features kombinieren Merkmale anderer Darstellungsformen wie Nachricht, Hintergrundbericht, Kommentar, Analyse und Reportage. Die Recherche fußt in der Regel auf verschiedenen Quellen wie Dokumenten, Statistiken, Expert:innenmeinungen und Zitaten von Protagonist:innen. Obwohl das Feature mit Merkmalen der Reportage wie Personalisierung und Szenen arbeitet, dienen diese immer nur der Veranschaulichung und „Verpackung" des Themas. Protagonist:innen bleiben daher austauschbar und blass. Features können auch nutzwertige Hinweise, Handlungsanleitungen und Service-Tipps enthalten.
- *Elemente des Features*: Obwohl Journalist:innen beim Feature viele Freiheiten genießen, ist die äußere Form ebenso wie seine Bestandteile weitgehend vorgegeben (vgl. Abb. 46): Nach einem Einstieg mit einer für das Thema typischen Szene umreißt die „Geschichte in der Nussschale" das Thema in wenigen Sätzen und stellt die zentralen Aspekte und Fragen vor. Der folgende mehrfache Wechsel zwischen konkreter Beispiel- und abstrakter Sachebene erfolgt über szenische und informativ-faktische Teile („Feature-Brücken"), die durch orga-

nische und dramaturgische Übergänge immer wieder miteinander verknüpft werden und dadurch sowohl die emotionale als auch die sachliche Seite eines jeweiligen Aspekts abbilden. Am Ende wird oft ein Bezug zum Einstieg (z.B. Zitat oder Szene) hergestellt.

Der dramaturgische Aufbau des Features lässt sich einerseits schematisch darstellen (und kann so als Gerüst für die eigene journalistische Umsetzung dienen; vgl. Abb. 46), lässt sich andererseits am besten aber an einem praktischen Beispiel nachvollziehen (vgl. Tab. 9): Das Feature „Plastikhölle im Paradies" von *Spiegel.de* nimmt die zunehmende Umweltverschmutzung durch Plastik in den Blick. Im Teaser heißt es: „Viele Thailänder lieben Plastik. Kunststoffmüll wird sogar aus dem Ausland importiert. Tüten und Verpackungen landen später im Meer, Tiere verenden elendig. Doch einige junge Menschen wollen das nicht mehr hinnehmen" (Stöhr 2024). Charakteristisch ist hierbei insbesondere der Wechsel aus narrativ-szenischen und faktisch-hintergründigen Elementen, zwischen konkreter und abstrakter Ebene, aus dem das Feature erzählerisch-erklärerische Kraft bezieht:

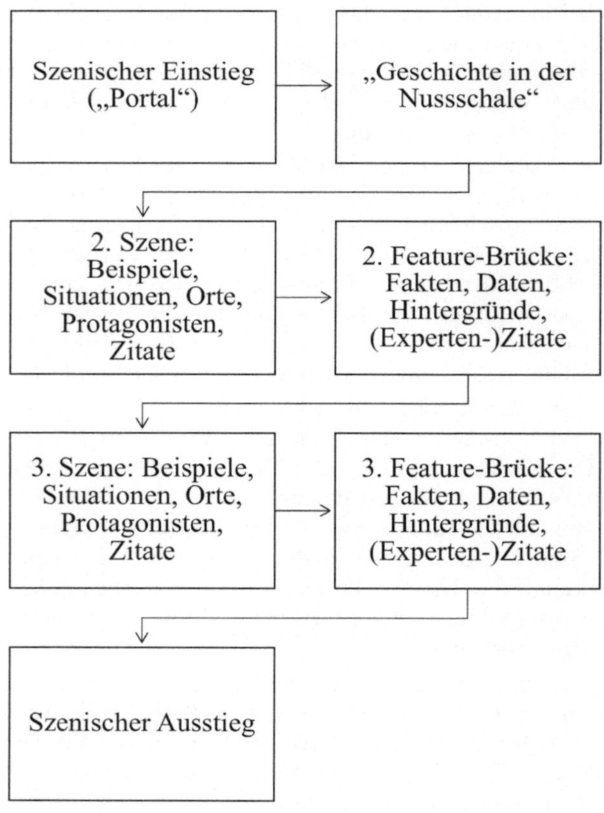

Abb. 43: Schematischer Aufbau eines Features (Quelle: eigene Darstellung)

Tab. 9: Aufbau eines Features und Funktionen der Absätze anhand eines Praxisbeispiels (Quelle: eigene Darstellung)

Feature-Element	Länge	Funktion	Beispiel
Szenischer Einstieg („Portal") *konkret*	1–2 Absätze	Leser einfangen, mit (typischer) Szene auf den „Küchenzuruf" des Features anteasen	Wenn man in Thailand einen Kaffee bestellt, dann sieht das so aus: Der Cappuccino wird im Einwegbecher gereicht, darum eine Plastikmanschette, damit man sich nicht die Finger verbrennt; das Ganze kommt in eine Plastiktüte, damit beim Transport nichts ausläuft. Die wiederum wird in eine größere Henkeltasche gesteckt, inklusive Plastikstrohhalm. Die Henkeltasche, ebenfalls aus Plastik, kann man dann außen an den Lenker des Motorrollers hängen und ins Büro fahren.
„Geschichte in der Nussschale"	1 Absatz	„Rundgang" oder „Aufriss" des Features anhand zentraler Aspekte: Problematik, Thematik wird skizziert, Stationen werden genannt	Thailand ist ein Plastikparadies – oder eher: eine Plastikhölle. Das südostasiatische Land gehört zu den größten Verbrauchern von Plastik weltweit. Bis zu 3000 Einwegtüten verwendet eine Thailänderin oder ein Thailänder im Jahr. Die Plastiktüte ist in Thailand ein zentrales Mittel, um den Alltag zu organisieren.
Feature-Brücke 1 *abstrakt*	1–2 Absätze	Liefert faktische Einordnung auf Datenbasis oder anhand von Beispielen; definiert zentrale Begriffe	Im Supermarkt werden Äpfel, Avocados, Bananen einzeln in Plastikfolie gewickelt. Brot kommt erst in die Papier-, dann in die Plastiktasche. Wer Joghurt kauft, bekommt ungefragt kleine Plastiklöffelchen dazu. Wer sich Supermarktbestellungen nach Hause liefern lässt, sitzt hinterher auf einem riesigen Wust Plastikverpackung. Auf dem Markt füllen Frauen grünes Curry, Hühnersuppen, milchige Süßspeisen gekonnt in Plastiktütchen ab.

Feature-Element	Länge	Funktion	Beispiel
Szenischer Einschub 2 *konkret*	1–2 Absätze	Protagonist:innen einführen, Handlung vorantreiben	„Wir Thais lieben Plastiksachen, wir sind verrückt danach. Ich glaube, für uns ist es ein Zeichen von Zivilisation, von Fortschritt und Hygiene", sagt Chompupischaya Saiboonyadis, die alle Sa nennen. „Plastik ist so praktisch, so billig!" Sa ist 23 Jahre alt, studiert Wirtschaft und gehört zu den Vertreterinnen einer jungen Generation von Thais, die genau dieses alte Denken ändern wollen – und für eine saubere Heimat kämpfen.
Feature-Brücke 2 *abstrakt*	1–3 Absätze	Liefert faktische Einordnung: Zahlen, Fakten, Experten	Thailand galt lange als „die Müllkippe der Welt". Zusätzlich zum eigenen Verbrauch importierte es Müll aus westlichen Industriestaaten, wurde zum Großabnehmer, nachdem China 2018 quasi über Nacht den Import von Plastik- und Elektroschrott gestoppt hatte. Plastik aus den USA, Japan oder Europa verschmutzte fortan die Küsten. Immerhin damit soll jetzt nach einer Übergangsfrist Schluss sein: Ab 2025 will Thailand keinen Plastikschrott aus anderen Ländern mehr annehmen.
Szenischer Einschub 3 *konkret*	1–2 Absätze	Neuer Aspekt des Themas wird eingeführt (über alte oder neue Protagonist:innen); Handlung entwickelt sich weiter	„Das ist ein wichtiger Schritt", sagt die Studentin Sa. „Aber wir müssen vor allem bei den Leuten ein Bewusstsein dafür schaffen, dass Plastik ein Problem ist." Das ist gar nicht so einfach. Selbst Sas Freunde schauen sie oft noch schräg an, wenn sie auf der Straße mal wieder Müll aufsammelt. „In der Schule lernen wir jungen Thais kaum irgendetwas zum Thema Umweltverschmutzung", erklärt sie bei einem Zoom-Call. „Dabei hat das Problem nichts Abstraktes, es betrifft uns alle."

Feature-Element	Länge	Funktion	Beispiel
			Sa tritt inzwischen bei Podiumsdiskussionen auf, versucht mit Gleichgesinnten auf der Straße und in Workshops darüber zu sprechen, wie die thailändische Gesellschaft mit ihrem Plastikkonsum die Natur schädigt. Sie nutzten die sozialen Medien, um auf ihr Anliegen aufmerksam zu machen – und entwickeln Ideen, wie sich etwa die Verpackungen von Damenbinden als kleine Täschchen wiederverwenden lassen oder wie man dort zumindest Botschaften zum Plastikmüll unterbringen kann. „Denn die wenigsten wissen, wie Recycling oder Mülltrennung funktionieren“, sagt sie.
Feature-Brücke 3 *abstrakt*	1–3 Absätze	Einordnung des Aspektes auf faktischer Basis (z.B. über Daten oder Expertenzitate), Überleitung zum nächsten Aspekt	Nach Angaben des Pollution Control Departments wurden in Thailand innerhalb der vergangenen zehn Jahre jährlich bis zu zwei Millionen Tonnen Kunststoffabfälle erzeugt, aber nur ein Viertel dieser Menge, also rund 500.000 Tonnen, wird ordnungsgemäß gesammelt und recycelt. 50.000 Tonnen Plastik landen auf Mülldeponien und in Flüssen und dem Meer. Rund 20 Prozent des Plastikmülls stammen aus der Hauptstadt Bangkok. Das meiste Plastik aber, das in Thailands Gewässern schwimmt, stammt laut Weltbank aus kleineren Ortschaften, wo es weniger Müllabfuhren und kein richtiges Abfallsystem gebe.
Szenischer Einschub 4 *konkret*	1–2 Absätze	Weiterer Aspekt des Themas wird veranschaulicht; Bei Konflikten läuft die Handlung auf einen „Höhepunkt“ zu	Aufgerüttelt wurde die thailändische Gesellschaft vor fünf Jahren durch zwei tote Tiere: In einem Nationalpark bei Nan im Norden des Landes verendete ein Hirsch an sieben Kilo Plastiktüten, die sich in seinem Magen befanden. Kurz davor fand man ein Baby-Dugong, eine Gabelschwanzseekuh, schwer krank nahe der thailändischen Insel Koh Libong. Ihr Magen war voll mit Plastiktüten und entzündet. In den sozialen Medien bangten viele mit dem Tier. Sie tauften es Mariam. Mariam starb.

Feature-Element	Länge	Funktion	Beispiel
Feature-Brücke 4 *abstrakt*	2–4 Absätze	Einordnung des Aspekt auf faktischer Basis (z.B. über Daten), Hintergründe, Lösungsansätze, Hinleitung zum Abschluss	Und auch für den Menschen werden die schädlichen Auswirkungen des Plastiks in Thailand immer offensichtlicher: Anwohner, die neben Wiederaufbereitungsanlagen von Plastik leben, berichten von beißendem Geruch, Hautausschlägen, Atemproblemen. Menschenrechtler monieren, dass dort beim Verbrennen oder Schmelzen von Plastik giftige Gase entstünden, es kaum Kontrollen gebe. Plastik ist überall auf der Erde ein großes Problem. Zwischen 1950 und 2015 wurden weltweit insgesamt etwa 8300 Millionen Tonnen hergestellt – das ist fast das Vierfache der Biomasse aller heute lebenden Tiere. Und weil Kunststoffmoleküle zumeist stabil und nicht biologisch abbaubar sind, existiert der größte Teil dieses Plastiks noch heute. China, die Philippinen, Thailand, Vietnam und Indonesien kippten, zu dem Schluss kam eine Studie der Organisation Ocean Conservancy vor ein paar Jahren, mehr Plastikmüll in die Meere als der Rest der Welt zusammen. Die thailändische Regierung will das Problem immerhin angehen: Das Kabinett beschloss im Jahr 2019 eine „Roadmap“, eine Art Masterplan: Bis zum Jahr 2030 soll Plastikmüll reduziert werden – und zu 100 Prozent recycelt. Einem geplanten Abkommen der Vereinten Nationen, das die Plastikvermüllung auf der Erde stoppen soll, will Thailand zustimmen. Bis 2025 könnte das rechtlich verbindliche Dokument unterschriftsfertig sein. Die weltweite Debatte zeigt durchaus Wirkung: Die Supermarktkette 7-Eleven etwa, die es in Thailand an fast jeder Straßenecke gibt, kündigte bereits den Stopp von Gratis-Plastiktüten an.

Feature-Element	Länge	Funktion	Beispiel
(Szenischer) Einschub *konkret*	1–2 Absätze	(Abschließende) Einordnung durch Protagonist:innen oder Expert:innen; Hinleitung zum Abschluss	Umweltschützern geht das aber nicht schnell genug: „Die Regierung muss endlich Gesetze erlassen, an die sich Konsumenten und Unternehmen dann halten müssen“, sagt Penchom Saetoang von der Organisation Ecological Alert and Recovery Thailand. Es müsse Verbote beim Einwegplastik geben, eine Verpflichtung zur Mülltrennung. Freiwilligkeit allein nütze nichts. Ausgerechnet die Pandemie, glaubt Studentin und Umweltaktivistin Sa, habe ihr Anliegen vorangebracht: Alle hätten viel Zeit gehabt nachzudenken – und seien durch die Essensbestellungen nach Hause mit Bergen an Plastikmüll konfrontiert gewesen. „In den sozialen Medien haben sich dann auf einmal mehr und mehr Influencer zu Wort gemeldet, haben über einen guten Umgang mit Müll gesprochen; wo er hingeht, warum man ihn trennen solle“, erzählt Sa.
(Szenischer) Einschub *konkret*	1 Absatz	Abschluss, Verbinden der Aspekte und Anknüpfen an die „Nussschale“, z.B. durch einen „Rahmen“ (zurück an den Anfang)	Sie wünscht sich, dass große Unternehmen und einflussreiche Personen mit der thailändischen Regierung kooperieren – Kosmetikmarken, Fastfood-Ketten, prominente Sänger oder Schauspieler, um gemeinsam Kampagnen gegen Müll loszutreten. Mit Tanzvideos zum Beispiel, für TikTok. So was funktioniere in Thailand gut. Initiativen, die sich nicht nach Belehrung anfühlen, sondern nach Spaß.

In Zeiten, in denen Mediennutzer zwar einerseits schnelle *News-Snacks* wollen, andererseits aber auch hintergründige, narrative *Longforms* nachfragen (und bereit sind, dafür zu zahlen), haben Features Hochkonjunktur – das zeigt sich an den vielfältigen Formen und Formaten, in denen Features gegenwärtig medienübergreifend laufen: Im Printjournalismus füllen sie regelmäßig das „Dossier“ der *Zeit* oder das „Buch zwei“ der *Süddeutschen Zeitung*. Im *NDR* läuft die Hörfunksendung „Das Feature“, im *ZDF* das Format „Zoom“, dass sich großen gesellschaftlichen Problemen widmet: „Sklaven der Straße – Lohndumping in der Logistikbranche“, „Die Zins-Falle – Wie Banken ihre Kunden abkassieren“ oder „Endstation Libyen – Europa schottet sich ab“ – Themen wie diese eignen sich hervorragend für eine rechercheintensive, hintergründige Veranschaulichung durch ein Feature, das harte, komplexe Fakten erzählerisch weichkocht und somit verständlich macht. Besonders im digitalen Journalismus können Features ihre strukturelle Stärke entfalten: „Wer darf leben?“ ist ein textbasiertes, mit multimedialen Elementen (Fotos, Videos, Grafiken) angereichertes Feature von *Zeit Online*, das auf emotional anrührende Weise die Geschichten von zwei Familien erzählt, bei deren Söhnen jeweils vor der Geburt das Down-Syndrom diagnostiziert wurde. Das Beispiel zeigt, wie auch ein komplexes medizinisches Thema wie der Gendefekt Trisomie 21 mit moralischen Fragen („Behalten oder abtreiben“) aufgeladen und anhand von Einzelschicksalen journalistisch veranschaulicht werden kann (vgl. Stockrahm/Schadwinkel/Lüdemann 2015).

Vom Feature (ebenso wie vom Bericht oder der Reportage) abzugrenzen, aber dennoch mit ihm journalistisch verwandt, ist die *Magazinstory*, die zudem die tatsachen- mit den meinungsbetonten Formen verbindet: Sie entwickelte sich aus der angloamerikanischen *News Story* (vgl. Haller 2017: 26-90) und kommt insbesondere in Nachrichtenmagazinen wie *Spiegel*, *Stern* und *Focus* vor, findet sich aber auch in Wirtschaftsmagazinen wie dem *Manager Magazin* und der *WirtschaftsWoche* oder den öffentlich-rechtlichen Magazinsendungen im Rundfunk wie „Monitor“ oder „Panorama“ (vgl. Mast 2018: 363): Magazinstorys sind untrennbar mit ihrem Titel verbunden (z.B. hinsichtlich der gewählten Themen, der eingenommenen Positionen oder der erzählerischen Struktur). Als tatsachenbasierte Darstellungsformen mit einer eindeutigen Botschaft und einer klaren Tendenz (*Spin*) faktifizieren Storys nicht nur nachrichtlich, sondern interpretieren und kommentieren Ereignisse und Handlungen ebenso, wie sie eine Geschichte erzählen (vgl. ebd.: 365; vgl. Haarkötter 2015: 59ff.). Im Sinne der bereits beschriebenen *story-basierten Recherche* (vgl. Kapitel 5.2) formulieren Journalist:innen Hypothesen, die Ereignisse auf eine bestimmte, subjektive, oft skandalorientierte Weise deuten. Der Interpretation folgt die Verfasser:innen dann während der kompletten Story und kommen so zu einem Urteil: „Denn eine Magazingeschichte verträgt keine Ausgewogenheit, kein Einerseits-Andererseits, sondern muss zu einer klaren Aussage kommen, um den Leser, Hörer, Zuschauer und Nutzer nicht zu langweilen“ (Mast 2018: 364). Während die Story wie die Reportage auf Szenen und Spannungsbögen zurückgreift und wie das Feature komplexe Sachverhalte mit Daten und Fakten unterfüttert und veranschaulicht, folgt sie einem eigenen dramaturgischen Aufbau (vgl. Abb. 47):

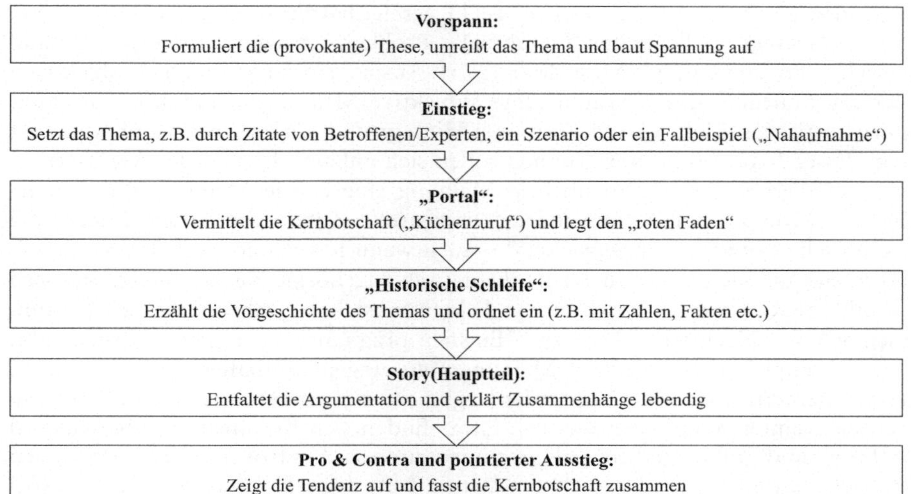

Abb. 44: Dramaturgischer Aufbau einer (Magazin-)Story (Quelle: eigene Darstellung auf Basis von Mast 2018: 365–366)

In Deutschland ist der *Spiegel* stilbildend für die Magazinstory (vgl. Häusermann 2016; Haarkötter 2015: 48ff.). Obwohl sich seine wöchentlichen Titel teilweise stark unterscheiden, funktionieren *Spiegel*-Geschichten oft nach demselben Schema: Die Story „steigt meistens mit einer anschaulichen Fallgeschichte ein und löst Nachrichten in Handlungen betroffener Personen auf“ (Mast 2018: 364). Beispiele dafür lassen sich demnach viele finden: „Ausgebrannt – Wer braucht die SPD noch? Psychogramm einer verstörten Partei“, „Die Kapitulation des Westens – Wie der Sieg der Despoten in Syrien ein Volk zerstört, den IS stärkt und Europa bedroht“, „Die fetten Jahre sind vorbei – Warum dem deutschen Wirtschaftswunder ein jähes Ende droht“ – jede dieser *Spiegel*-Titelgeschichten vermittelt anhand einer provokanten These eine klare Botschaft, die sich durch die gesamte Story zieht. Für Journalist:innen nicht nur stilistisch, sondern auch inhaltlich interessant war zum Beispiel die 2011 im *Spiegel* gedruckte Titelstory „Die Brandstifter“, die mit der „unheimlichen Macht“ der *Bild-Zeitung* abrechnete und die Position des *Spiegels* zum Boulevardblatt unmissverständlich transportierte. Anders als bei den klassischen meinungsäußernden Darstellungsformen ist aber nicht die persönliche Meinung der Verfasser:innen maßgeblich für den *Spin* der Story, sondern die Tendenz des Magazins.

Kommentar

Unter den meinungsbetonten Darstellungsformen nimmt der *Kommentar* eine herausragende Rolle ein: Da Kommentare vor allem aktuelle Ereignisse erklären, reflektieren und einordnen, sind sie medienübergreifend nicht nur öfter vertreten, sondern auch stilistisch und inhaltlich freier als die verwandten Glossen und Rezensionen. Als appellative und argumentative Darstellungsformen bewerten

Kommentare Nachrichten, ordnen sie in gesellschaftliche Zusammenhänge ein, bieten Lösungsmöglichkeiten für aktuelle Probleme, wägen Argumente ab und beziehen Positionen (vgl. Mast 2018: 375). Anstatt einer nachrichtlich-objektiven Berichterstattung liefern Kommentare subjektive Meinungen und schaffen damit journalistischen Mehrwert in Form von Hintergrund, Orientierung und Nutzwert (vgl. Fasel 2013: 102). Nutzer:innen sollen sich anhand der von den Verfasser:innen geäußerten und argumentierten Meinung eine eigene Meinung zum Thema bilden. Dafür müssen Kommentare zwei zentrale Zutaten enthalten: Erstens die „klassische Voraussetzungslosigkeit" – auch wenn Leser:innen nur den Kommentar lesen (und nicht etwa auch eine thematisch zugehörige Nachricht etc.), müssen sie die im Kommentar präsentierten Fakten verstehen. Daher fassen viele Kommentare den Nachrichtenkern zum Einstieg prägnant zusammen („Verortung"). Zweitens müssen sie „explizite Meinungsäußerungen" enthalten (vgl. ebd.: 103). Diese Meinung sollte stets begründet (argumentativ) vorgetragen und anhand von Fakten erläutert und belegt werden. Zwar finden sich Kommentare überwiegend in Print- und Onlinemedien – als Argumentation zu kontroversen Themen eignen sie sich besonders für das meinungslastige Netz (vgl. Hooffacker 2016: 158ff.) – kommen aber auch im (öffentlich-rechtlichen) Rundfunk vor: Während die *Tagesthemen* der *ARD* täglich einen festen Platz für einen Kommentar zu aktuellen Themen reservieren und *ZDFheute* immerhin zu besonderen Ereignissen kommentiert, beschränken sich Kommentare im Hörfunk weitgehend auf die Sender des *Deutschlandradio* und die *ARD*-Spartenkanäle (vgl. Müller 2011: 379). Die folgenden Charakteristika des Kommentars gelten mit Einschränkungen auch für andere meinungsbasierte Darstellungsformen (vgl. Fasel 2013: 108; Hooffacker 2016: 158ff.):

- *Meinungsäußernd*: Ob eher analytisch, erklärend oder als stark subjektiv gefärbte Meinung – journalistische Kommentare beziehen klar und eindeutig Position und argumentieren sie stringent und stichhaltig durch. Damit die Nutzer:innen direkt wissen, dass im folgenden Beitrag keine neutrale, sondern eine wertende Darstellung folgt, sind Kommentare ebenso wie andere meinungsbasierte Darstellungsformen gesondert zu kennzeichnen (z.B. durch die Dachzeile „Meinung" oder „Kommentar" bzw. durch eine entsprechende Anmoderation im Rundfunk oder die Platzierung des Artikels im Meinungsressort einer Zeitung oder eines Onlineangebots). Kommentare bedienen sich einer klaren, verständlichen Sprache, die anschauliche Beispiele verwendet.
- *Klare Gliederung*: Als Darstellungsform, die von einer überzeugenden Argumentation lebt, sind Kommentare klar gegliedert (vgl. Abb. 48): Sie bringen die Meinung der Verfasser:innen geordnet zum Ausdruck, gehen auf Gegenargumente ein (auch, um diese zu entkräften), analysieren Ereignisse und ordnen Zusammenhänge ein. Kommentare berücksichtigen bereits öffentlich ausgetauschte Argumente (und den Kenntnisstand der Nutzer:innen), finden aber auch eigene Perspektiven und werfen das Schlaglicht auf vernachlässigte Aspekte.
- *Konfliktstoff*: Aktuelle, kontroverse oder bislang journalistisch zu wenig beachtete Themen mit Diskussionswert eignen sich für Kommentare, die Diskurse

befeuern und Meinungen prägen sollen. Obwohl das gesamte Themenspektrum für Kommentare infrage kommt, behandeln die meisten gesellschaftliche, politische oder wirtschaftliche Themen.

- *Kommentator:innen*: Die Persönlichkeit der Autor:innen steht beim Kommentar stärker im Mittelpunkt als bei tatsachenbetonten Darstellungsformen – schließlich geht es um die persönliche Meinung. Meinungsbeiträge, die regelmäßig erscheinen und stets denselben Autor haben, werden als *Kolumnen* bezeichnet. Diese besonders exponierte Form der Meinungsäußerung findet sich nicht nur in Printmedien wie Zeitungen und Zeitschriften, sondern auch bei Onlinemedien wie *Spiegel.de* oder *FAZ.net*, die dafür neben eigenen Redakteur:innen auch Expert:innen oder Prominente redaktionell einbinden (zu den *Spiegel.de*-Kolumnist:innen zählen u.a. der ehemalige Bundesrichter Thomas Fischer, der Publizist Sascha Lobo und die Schauspielerin Samira El Quassil). Kolumnen werden inhaltlich nicht redigiert und können dadurch der redaktionellen „Blattlinie“ widersprechen. Dafür transportieren sie aber die externe Perspektive und den persönlichen Stil der Kolumnist:innen.

Dass Kommentare von Nutzer:innen einerseits stark mit der Person der Kommentierenden verbunden werden, sie andererseits aber nicht nur zum Nachdenken und zur Meinungsbildung animieren, sondern durchaus auch harten Widerspruch provozieren, erfuhr z.B. die *NDR*-Journalistin Anja Reschke im August 2015: Reschke hatte sich in ihrem *Tagesthemen*-Kommentar „Dagegen halten, Mund aufmachen!“ explizit gegen eine zunehmend rassistische Diskussionskultur im Internet und „Hass-Kommentare“ positioniert – und bereits in ihrem Kommentar gemutmaßt, dass ihre Position wohl nicht unwidersprochen bleiben würde („Ich freue mich jetzt schon auf die Kommentare zu diesem Kommentar“). Und tatsächlich: Reschke hatte einen Nerv getroffen und wütende Kommentare und harsche, teilweise beleidigende Kritik vor allem in den sozialen Netzwerken wie *Facebook* provoziert. Auch wenn nicht jeder Kommentar die Gemüter so sehr erhitzt (was angesichts des Niveaus der Debatte durchaus erfreulich ist), folgt der dramaturgische Aufbau klassischer Kommentare einem Schema, dessen formale Bestandteile sich im Sinne eines „roten Fadens“ ergänzen und die eigene Argumentation ordnen (vgl. Abb. 48):

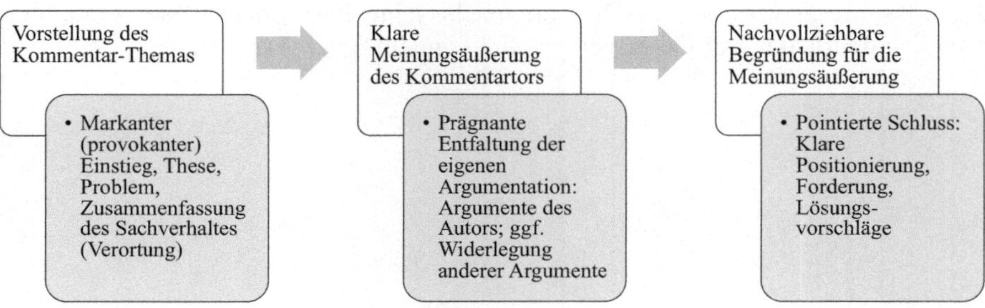

Abb. 45: Aufbau eines Kommentars (Quelle: eigene Darstellung nach Müller 2011: 380–381)

In der journalistischen Praxis finden sich unterschiedliche Typen von Kommentaren, die sich vor allem darin unterscheiden, wie die Journalist:innen argumentieren und ihre Meinung adressieren (vgl. Hooffacker/Meier 2017: 140–141; Fasel 2013: 106; Burghardt 2009: 201; Mast 2018: 376):

- *Argumentations-Kommentar*: Hier wollen die Verfasser andere mit ihrer Meinung überzeugen und rücken ihre Argumentation in den Mittelpunkt. Diese auch als *diskursiver Kommentar* bezeichnete Form folgt Schritt für Schritt den Argumenten, warum die eigene Position zu vertreten (und eine andere abzulehnen) ist. Da die formalen Vorgaben recht offen sind – im Mittelteil kann ein „erklärendes Referat" hilfreich sein – ist eine stringente Gliederung im oben schematisierten Sinne besonders wichtig.
- *Einerseits-Andererseits-Kommentar*: Hier wägen die Kommentator:innen argumentativ im Sinne eines *Entweder-Oders* mindestens zwei Alternativen ab. Gerade bei komplexen Themen, die eine klare Positionierung erschweren, hilft dieser auch als *dialektisch* bezeichnete Kommentar, einen begründeten Standpunkt zu finden. Dabei stellen sie zunächst sowohl die Pro- als auch die Contra-Argumente dar und wägen die daraus resultierenden Thesen sorgfältig ab – weshalb diese Kommentarform auch zu den ausführlichsten und längsten zählt und sich vor allem für große gesellschaftspolitische Themen eignet. Die suchende Gedankenführung der Autor:innen ist charakteristisch, die damit auch Nutzer:innen argumentativ einfangen wollen, die (zunächst) nicht ihrer in der Schlussfolgerung („Conclusio") präsentierten Meinung sind.
- *Geradeaus-Kommentar*: Hier geht es den Autor:innen nicht um Pro und Contra, sondern darum, ihre Position unmissverständlich zu vertreten. Die daher auch als *Standpunkt-Kommentar* bezeichnete Form setzt sich nicht mit möglichen Alternativen oder Gegenargumenten auseinander, sondern setzt auf einen eisklaren Argumentationsstrang, der direkt zur eigenen Meinung führt und dabei keine Abzweigungen oder Differenzierungen zulässt.

Wie ein solcher Kommentar nach einem abwägenden Einstieg stringent einen Standpunkt vertritt, veranschaulicht der folgende TV-Kommentar, der unter dem Titel „Durch nichts mehr zu rechtfertigen" am 24. Januar 2024 in den *Tagesthemen* lief. Darin kritisiert *SWR*-Journalist Daniel Hechler den anhaltenden Streik der Lokführergewerkschaft GDL und macht seine Position in dieser Frage eindringlich deutlich („Der Gesetzgeber sollte handeln"; vgl. Tab. 14):

Tab. 10: Aufbau und Argumentation eines Kommentars anhand eines Praxisbeispiels (Quelle: eigene Darstellung)

Kommentar- Element	Funktion	Beispiel
Vorstellung des Themas	Kommentator steigt ein, indem er (vermeintlich) Verständnis für die Gegenposition äußert und aktuelle Forderungen aufgreift.	Ja, Streiks dürfen wehtun, sind nun mal notwendig, um berechtigte Forderungen durchzusetzen, keine Frage. Und ja, Lokführer haben viel Verantwortung, harte Schichten, dürftige Löhne. Die Verkehrswende kann nur gelingen, wenn sie auch gut bezahlt und motiviert sind, der Job auch attraktiv ist. Die Forderung nach mehr Geld, nach besseren Arbeitsbedingungen ist also völlig legitim.
Klare Meinungsäußerung	Der Kommentator entfaltet seine Argumentation und liefert Argumente für seine Meinung (Streik sei „durch nichts mehr zu rechtfertigen“)	Doch das, was die GDL und ihr Chef Claus Weselsky in diesem Tarifkonflikt abziehen, ist durch nichts mehr zu rechtfertigen. Für die Maximalforderungen der Mini-Gewerkschaft wird das Land lahmgelegt.
Begründung für die Position	Eigene Positionierung durch Beispiele für Betroffenheit auf individueller und gesellschaftlicher Ebene (Pendler, Wirtschaft)	Fünf Millionen Bahnfahrer müssen sechs Tage lang sehen, wo sie bleiben, im wohl längsten Streik in der Geschichte der Deutschen Bahn. Erstmals trifft es auch Wochenendpendler – bislang ein Tabu.
		Von den Kosten für die Wirtschaft ganz zu schweigen: Vielen Firmen könnte bis Montag das Material ausgehen – mit unabsehbaren Folgen. Dazu kommt die hochaggressive Rhetorik des Gewerkschaftschefs: Krawall statt Kompromisse.
		Und das, obwohl sich die Bahn schon weit bewegt hat. 13 Prozent mehr Lohn in drei Schritten und das Angebot einer Arbeitszeitverkürzung um eine Stunde – darüber hätte Weselsky zunächst einmal verhandeln können. Ihm aber scheint es um ein Tarifdiktat zu gehen, auf Kosten eines ganzen Landes. Offenbar will er sich kurz vor der Pensionierung so noch selbst ein Denkmal setzen.

Kommentar- Element	Funktion	Beispiel
	Angriff auf die Gegenposition und persönliche Attacke gegen den Verantwortlichen (Weselsky wolle sich „selbst ein Denkmal setzen“)	Doch die Gesellschaft, der Gesetzgeber sollte dem Treiben langsam Grenzen setzen, damit Millionen Bahnkunden nicht länger die Leidtragenden sind.
	und finale Ableitung der eigenen Forderung („dem Treiben langsam Grenzen setzen“)	

Um argumentativ überzeugende Kommentare zu produzieren, empfiehlt Christoph Fasel (2013: 104) beim Kommentieren folgende Regeln zu beherzigen: Kommentator:innen sollten nicht „herumeiern“ (Kommentare haben eine eindeutige Haltung) oder die Nutzer:innen verwirren, indem mehr als ein Thema kommentiert wird. Außerdem sollten sie sich auf den Küchenzuruf konzentrieren, genügend Fakten zur Einordnung liefern, die präsentierte Meinung stets argumentativ begründen und nicht bloß lamentieren, sondern eigene Lösungen anbieten. Diese „Checkliste“ gilt auch für die beiden besonders herausgehobenen kommentierenden Darstellungsformen: Der *Leitartikel* ist ein prominent platzierter Kommentar (z.B. auf der ersten Seite der *FAZ* oder der *Zeit*), der in der Regel umfangreicher und thematisch nicht tagesaktuell ist. Leitartikel drücken die Positionen der jeweiligen Zeitung oder Zeitschrift aus – als „das journalistische Flaggschiff der Redaktion“ – und drehen thematisch oft das ganz große Rad: Gesellschaftliche Entwicklungen und Ereignisse, die viel und lebhaft diskutiert werden und nach einer journalistischen Einordnung verlangen, sind ideal für diese exponierte Form der Meinungsäußerung geeignet. Das *Pamphlet* dagegen ist eine polemische Zuspitzung, die auch persönliche Angriffe beinhalten kann und im Extremfall die Grenze zur Beleidigung überschreitet. Es verwundert kaum, dass diese Form des Kommentars im deutschen Journalismus nur spärlich vorkommt. Ein prominenter Vertreter ist Franz-Josef Wagner, dessen „Post von Wagner“ täglich in der *BILD* erscheint. Das abschließende Beispiel (Wagner 2023) zeigt bereits im ersten Satz, wie direkt ein Pamphlet seinen Adressaten angehen kann:

> Lieber Olaf Scholz, …
>
> bitte, bitte, keine Comic-Sprache mehr. Kein Wumms mehr, kein Doppel-Wumms. Wir erhoffen uns am Dienstag eine Regierungserklärung aus Deutschland und nicht aus Entenhausen. Olaf Scholz ist nicht Donald Duck, sondern Kanzler der viertstärksten Industrienation.
>
> Wer schreibt eigentlich Ihre Reden? Witzbolde der Werbebranche? Ihre Umfragewerte sind im Keller nach wumm, wumm, seufz, seufz.

Warum ist es so schwer, die Wahrheit zu sagen, dass man sich geirrt hat, dass man Milliarden nicht verschieben darf, dass man nicht schummeln darf?

Warum muss man sich verstecken hinter wumm, wumm?

Bitte keine Comic-Sprache mehr. Von Freiheit und Glück sollten Sie am Dienstag reden, und von einem Kanzler, der sich irren kann, denn er ist auch nur ein Mensch.

Seufz, Seufz.

Ist er wirklich der schlechteste Kanzler?

Herzlichst,

Ihr Franz Josef Wagner

Rezension

Während Kommentare und Glossen gesellschaftliche Themen bewerten und reflektieren, sind *Rezensionen* kulturelle Kritik. Diese tatsachenbasierte, gleichzeitig meinungsbetonte Darstellungsform *kritisiert* oder *rezensiert* Ereignisse oder Werke, die im weiten Sinne kulturell und damit nicht auf den klassischen Kulturjournalismus begrenzt sind. Gerade im *Feuilleton* – der Begriff bezeichnet im Printjournalismus sowohl das Kultur-Ressort als auch eine Textsorte, die sich mit großen Fragen von Politik, Wirtschaft und Gesellschaft sprachlich und intellektuell anspruchsvoll auseinandersetzt – ist eine beeindruckende thematische Bandbreite möglich. Rezensionen (der Begriff *Kritik* wird synonym verwendet) legen den Fokus inhaltlich hingegen auf die Beschreibung, Bewertung und Kontextualisierung künstlerischer Arbeit im Sinne von Theater-, Musik-, Kunst-, Literatur- oder Filmkritik. Die Rezension verfolgt dabei das Ziel, den Nutzer:innen eine Empfehlung für eigenes Handeln in kulturellen Fragen zu geben: Sollen sie sich den neuen Blockbuster im Kino ansehen? Lohnt sich der Besuch der Ausstellung oder der Oper? Ist die Inszenierung des lokalen Theaters gelungen? Sollten sie sich den aktuellen Bestseller-Roman kaufen? Welche *Netflix*-Serien könnten sie interessieren und welche Bücher eignen sich für den nächsten Strandurlaub? Antworten auf diese und ähnliche Fragen liefern Rezensionen und Kritiken, indem die Verfasser:innen sich zunächst mit dem Werk oder Ereignis eingehend beschäftigen – also z.B. die Theaterinszenierung besuchen oder die Serie ansehen – sich eine eigene Meinung bildet und diese dann als Kritik veröffentlichen: „Die Kritik dient nicht der Befriedigung der Autoreninteressen oder plumper Schönschwätzerei. Sie soll dem Leser ermöglichen, sich ein Urteil über ein Ereignis oder eine künstlerische Leistung bilden zu können, ohne dass er selbst diesem Ereignis beigewohnt oder [es] analysiert hat“ (Fasel 2013: 123). In dieser Funktion muss die Darstellungsform der Rezension inhaltlich viel abdecken: Als journalistische Mischform aus „Tatsachenbericht und fachlicher, jedoch persönlich-subjektiv gefärbter Betrachtung und Interpretation“ (Mast 2018: 379) soll sie sowohl den *Inhalt* des Stückes (z.B. eine Theateraufführung) *beschreiben* als auch dessen *Qualität bewerten* und sowie dessen *Kontext einordnen*. Die Bewertung sollte einschlägige Kriterien berücksichtigen und diese in der Rezension auch transparent machen, während die Einordnung von fundiertem Fachwissen geprägt sein sollte: Die Rezensent:innen sollten also fachlich wissen, wen oder was sie kritisieren und ihre Kritik stets begründen. Nach Hooffacker (2016: 165) sollte eine Rezension über ein Buch, einen Film, ein Theaterstück oder ein Konzert folgende Inhalte umfassen und diese mit persönlichen Wertungen versehen: Eine prägnante Darstellung des Gebotenen (z.B. Personen, Handlung, Szenen, Zitate), hintergründige Informationen zu den Künstler:innen (Autor:innen, Darsteller:innen) und zum Entstehungskontext des Werks. Doch wie kombinieren Journalist:innen diese drei inhaltlichen Bestandteile angemessen und im Sinne einer fundierten Empfehlung für ihre Nutzer:innen? Der klassische, recht hermetische Aufbau einer Rezension beginnt mit der Darstellung des Inhalts, mündet dann in eine kritische Betrachtung und anschließend in eine Information über die Künstler:innen, ihren Hintergrund und ihr bisheriges Schaffen im Kontext des aktuellen Werks (vgl. Burghardt 2009: 203): „Hält sich der Autor an diesen relativ geschlossenen Aufbau, bietet er dem Leser eine klare Orientierung, lässt sich selbst jedoch relativ wenig Freiraum, seine Textstruktur bei Bedarf zu verändern."

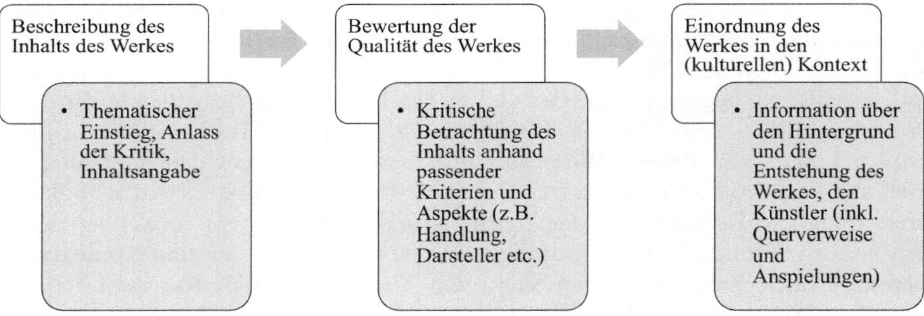

Abb. 46: Geschlossener Aufbau einer Rezension (Quelle: eigene Darstellung)

Die Kunst einer strukturell und sprachlich gelungenen Rezension liegt aber weniger darin, dieses dreigliedrige Modell möglichst akkurat durchzuexerzieren: Vielmehr sollten die Rezensent:innen alle Elemente geschickt miteinander verweben, indem sie Inhalt, Bewertung und Kontext aspektorientiert und kenntnisreich verknüpfen. Der Handlungsfaden spinnt sich beiläufig durch die ganze Rezension, Bewertungen fließen regelmäßig ein, Kontexte eher punktuell. Wie eine solche integrierte Kritik gelingen kann, zeigt das Beispiel der Rezension „Okidoki zur nächsten Staffel", die Carola Padtberg (2014) auf *Spiegel.de* über die Serien-Adaption des Videospiels „Fallout" verfasste:

Tab. 11: Aufbau und Argumentation einer Rezension anhand eines Praxisbeispiels (Quelle: eigene Darstellung)

Rezensions-Element	Funktion	Beispiel
Teaser	Prägnanter, interesseufördernder Ausblick	Die Atomapokalypse „Fallout" ist wenige Tage nach Veröffentlichung so erfolgreich, dass sogleich die nächste Staffel beschlossen wurde. Der Computerspieladaption gelang, was nicht oft passiert: Sie fesselt sowohl Geeks wie Laien.
Einstieg	Aufhänger anhand einer szenischen Beobachtung	Vielleicht kann die fröhlich-pragmatische Lucy deshalb so gut mit der Kettensäge umgehen, weil sie im Schutzbunker 33 gern mit ihrem Vater gegärtnert hat. Gerade hat ein sterbender Mann die junge Frau gebeten, sie möge ihn post mortem enthaupten. Lucy reißt harmlos die Augen auf, der Blick naiv, die langen Haare glänzen gepflegt, die blaue Uniform im Fünfzigerjahre-Chic sitzt perfekt. Innerlich ist Lucy allerdings zum Äußersten bereit. Also piepst sie ihr niedliches „Okidoki" und schreitet zur Tat.
		Ganz gleich, ob Lucy nun jemandem den Kopf abtrennt und diesen an den Haaren baumelnd durch die Wüste schleppt. Oder Sex mit einem fremden Mann anbahnt, um den Fortbestand der Menschheit zu sichern. Bei Lucy ist fast alles: Okidoki.
Einordnung in den Kontext	Schlagwortartige Zusammenfassung und Hintergrund zur Veröffentlichung sowie erste Bewertung	Atomkrieg und Zombies, brutaler Splatter und schwarzer Humor: Gut eine Woche nach Veröffentlichung auf Amazon Prime steht die Serie „Fallout" in mehr als hundert Ländern auf Platz eins des Streaminganbieters. So auch in Deutschland. Sie soll zu den drei meistgesehenen Titeln aller Zeiten gehören, die Fortsetzung wurde deshalb in Rekordzeit entschieden: Eine zweite Staffel sei beschlossen, teilte Amazon mit.

Rezensions-Element	Funktion	Beispiel
		Zum Glück – denn „Fallout“ ist spaßige Satire und spannende Action zugleich. Vorlage war die gleichnamige Computerspielreihe, die in den letzten 27 Jahren wohl Millionen Menschen dazu brachte, sich stunden- und tagelang in sie zu versenken.
Beschreibung des Inhalts	Knappe Inhaltsangabe inkl. Informationen zu Handlung und Orten	Die Handlung spielt in einer alternativen Realität in der Zukunft, in der Atomkraft für alles genutzt wird, das Internet hingegen gibt es nicht. Kulturell und ästhetisch scheint die Entwicklung in den Fünfzigerjahren des 20. Jahrhunderts stehengeblieben zu sein. Die Szenerie ist jedoch düster: Im Jahr 2077 hat ein Atomkrieg die Zivilisation an der Erdoberfläche weitestgehend zerstört. Einige privilegierte Gesellschaftsschichten konnten unterirdisch entkommen, sie führen in ihren Bunkern seit Generationen ein spießbürgerlich heiles Leben und ahnen wenig von den Zuständen an der verseuchten Oberfläche.
		Dort, in der wahren Welt, regiert unter Überlebenden und Mutanten das Recht des Stärkeren: Letzte verrohte Menschen wehren sich gegen Militärs mit atombetriebenen Kampfrobotern, gegen Untote, die sich von Chemikalien ernähren, oder gegen aggressive Riesenkakerlaken.
Kontext	Einordnung und Vergleich mit anderen Serien	Das „Fallout“-Universum ist riesig, es gibt diverse Fortsetzungen und Ableger, die zu unterschiedlichen Zeiten spielen und ihre Geheimnisse und Charaktere bergen. Es gibt Hunderte Seiten starke Wikis, in denen sich Spieler über die Details der Spiele austauschen. Ihre Themen sind so zahlreich, weil „Fallout“-Spiele offen konzipiert sind: Spielerinnen und Spieler bewegen sich darin, wie sie möchten, jeder erlebt das Rollenspiel anders. Demgegenüber stehen lineare Spielverläufe, etwa in „The Last of Us“, das im vergangenen Jahr mit Pedro Pascal und Bella Ramsey als Serie verfilmt und von der Kritik hochgelobt wurde.

Rezensions-Element	Funktion	Beispiel
		Die Fangemeinde der „Fallout"-Spiele erklärt zum einen das große Interesse an der neuen Serie. Netflix und Prime wollen dieser Zielgruppe etwas bieten, schließlich ist die Gamingbranche längst die umsatzstärkste Unterhaltungsindustrie.
Bewertung	Erklärung und Wertung der dramaturgischen Besonderheiten	Andererseits sind Spieleverfilmungen heikles Terrain. Gamer gelten als kritisches Publikum, das eine zu freie Interpretation ihrer Lieblingsstoffe nicht gern sieht. Sogar die gelungene Serie „The Last of Us" bekam Shitstorms aus der Community.
		In den acht Folgen hat das Produzenten-Duo und „Westworld"-Erfinder Jonathan Nolan und Lisa Joy den schmalen Grat zwischen kreativer Adaption und zahlreichen Anspielungen auf die Vorlage so gut ausbalanciert, dass sich selbst Geeks in ihren Foren begeistert äußern.
Inhalt, Bewertung und Kontext	Zusammenführung aller drei Elemente: Handlungsdetails, schauspielerische Leistung und dramaturgisches Muster	Gleichzeitig ist alles Vorwissen verzichtbar. Wer das Spiel nicht kennt, kann sich in ein skurriles Universum entführen lassen, das mit jeder Episode komplexer wird und schließlich Züge eines Politthrillers bekommt.
		Lucy (Ella Purnell) aus Schutzbunker 33 tapst in die Horrorhandlung mit der Geisteshaltung und Ästhetik eines Eisenhower-Amerikas hinein. Rockabilly-Flair, nuklear betriebene Toaster und sorglose Gemüter – das wirkt schön trashig und bizarr angesichts der brutalen Handlung.
		Mit fortschreitendem Stilmix wird die Postapokalypse langsam, aber sicher urkomisch. Roboterhafte Hightech-Kampfanzüge des Militärs bringen der Serie ein wenig „Star Wars"-Flair (sie hören sich sogar an wie Darth Vader), ein nasenloser Zombie mit Cowboyhut streut die Westernakzente hinein.

Rezensions-Element	Funktion	Beispiel
Ausstieg	Finale Bewertung über einen neuen, überraschenden Aspekt	Die schönste ironische Brechung des Sci-Fi-Horrors ist allerdings die Musik. „I don't want to set the world on fire" singt die Fünfzigerjahre-Gruppe Ink Spots zur brennenden Kulisse. Und während Menschen und Mutanten sich weiter kloppen, trällert irgendwo im Hintergrund der gute alte Johnny Cash.

Nicht immer jedoch stehen die Rezensent:innen dem Berichterstattungsgegenstand so positiv gegenüber wie in diesem Praxisbeispiel – im Gegenteil: „Verrisse sind eine wohlfeile Angelegenheit für einen Autor. Sie schreiben sich leicht – und Bosheit wird nur zu gerne vom Publikum beklatscht". Vor diesem Hintergrund appelliert Fasel (2013: 120–121) an die publizistische Verantwortung von Kritiker:innen, die ihre Wertungen stets an professionellen Maßstäben ausrichten und diese offenlegen sollten. Zudem sollten Rezensent:innen ungerechte Kritik vermeiden und sich nicht an Kampagnen und Diffamierungen beteiligen – auch am manchmal überdrehten, unnahbaren Kulturbetrieb hängen berufliche Karrieren, die vernichtende Kritiken beschädigen oder sogar beenden können.

Glosse

Die *Glosse* zählt sprachlich und stilistisch zu den anspruchsvollsten, aber auch ungewöhnlichsten meinungsäußernden Darstellungsformen: Als humorvoller Kommentar reflektiert sie Ereignisse und Entwicklungen, indem sie argumentativ überspitzt, übertreibt, spottet und polemisiert, um das Thema letztlich in einer Pointe aufzulösen und dadurch als absurd zu entlarven (vgl. Mast 2018: 377–378): Die Glosse betrachtet und kritisiert „alles und jedes – nicht vernunftbezogen, sondern aus dem satirisch-polemischen Blickwinkel, mitunter grotesk-makaber und in übertreibender oder distanzierender Absicht." Da sie mit sprachlichen und stilistischen Mitteln spielt (z.B. Ironie, Paradoxie oder Satire), berührt sie die Grenze zum literarischen Journalismus. Da sie aber einen, wenn auch kleinen Faktenkern im Sinne eines nachrichtlichen Aufhängers besitzt, ist sie eine journalistische Form – nur eben eine, die Nachrichten nicht nüchtern berichtet, analysiert oder einordnet, sondern aus einer radikal subjektiven Perspektive ad absurdum führt. Thematisch greift die Glosse eher Randaspekte großer Ereignisse oder kleine Alltagsbeobachtungen auf, die sie dann mit weitgehend unbeschränkten humoristischen Mitteln dekonstruiert. Diese sprachliche Freiheit steht in einem starken Gegensatz zur klaren Struktur der Glosse: Wesentliche Merkmale der Glosse sind der „Angriff" (Glossen attackieren, um Kritik zu üben), die „Norm", die sie sich selbst setzt (Glossen konfrontieren die Realität mit alternativen, skurrilen Interpretationen der Wirklichkeit) und „Verfremdungen" (Glossen kritisieren indirekt) (vgl. Burghardt 2009: 202). Auf diese Weise können Glossen politische und wirtschaftliche Probleme oder gesellschaftliche Phänomene umso schärfer anprangern – vom Konsumwahn über bildungspolitische Themen bis zum Klimawandel ist eine große thematische Breite möglich. Während Glossen traditionell in Tageszeitungen (z.B. als „Lokalspitzen“) vorkommen – das berühmteste Beispiel ist sicher das „Streiflicht“, das täglich am Rand der ersten Seite der *Süddeutschen Zeitung* erscheint – finden sie auch im öffentlich-rechtlichen Rundfunk in regelmäßigen Formaten statt, z.B. als feste Satire-Rubrik im *WDR5*-„Morgenecho“. Dabei folgen Glossen meist einem idealtypischen Aufbau, der folgende Zutaten verbindet: Aus dem übergeordneten, tatsachenbasierten Thema gewinnen die Journalist:innen ein Detail und nehmen eine ungewöhnliche Perspektive ein, die sie dann mit wachsendem Surrealismus steigern – bis zu einer Schlusspointe, die weder erklärt, deutet oder interpretiert, sondern die absurde Situation auflöst:

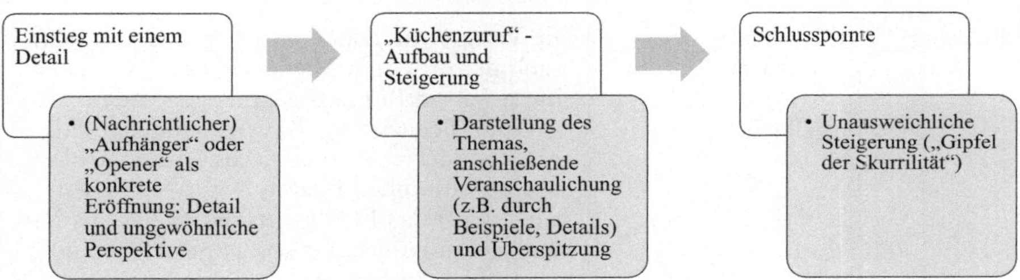

Abb. 47: Aufbau einer Glosse (Quelle: eigene Darstellung in Anlehnung an Fasel 2013: 109ff.)

Wie eine Glosse ein (zumindest für dessen Fans) ernstes Thema – die sportliche Krise beim Fußballverein FC Bayern München – ad absurdum führt, indem sie dem realen Problem eine fiktive Reaktion des deutschen Rekordmeisters gegenüberstellt, zeigt der am 19. Februar 2024 auf *Welt.de* erschienene Satire-Text „Zu erfolglos: Nur noch Basketball – FC Bayern trennt sich von Fußballsparte“ von Jean Gnatzig (2024):

Tab. 12: Aufbau und Argumentation einer Glosse anhand eines Praxisbeispiels (Quelle: eigene Darstellung)

Rezensions- Element	Funktion	Beispiel
Teaser	Prägnanter, spannungsfördernder Ausblick	Beim frisch gebackenen Pokalsieger und Tabellenführer der Basketball-Bundesliga hat man genug: Aufgrund chronischer Erfolglosigkeit schließt Bayern München seine Herren-Fußballabteilung.
Einstieg	Einführung des Themas:	Die Verantwortlichen haben genug gesehen: Nach der erneuten Niederlage seiner Kicker, einem 2:3 im Bundesligaspiel gegen den VfL Bochum, beendet der Bayern München das anhaltende Trauerspiel. „Aus Sorge darüber, dass die ständigen Pleiten negative Auswirkungen auf das Erfolgsimage des Vereins haben, schließen wir mit sofortiger Wirkung unsere Herren-Fußballabteilung", heißt es aus den Reihen der Clubführung.
Küchenzuruf	Verbindung von realem Problem und absurder Lösung, verpackt als fiktives Nachrichtenereignis	Beim aktuellen Tabellenführer der Basketball-Bundesliga und frisch gebackenen Sieger des BBL-Pokals will man nicht mehr länger riskieren, dass man mit den peinlichen Ergebnissen der Fußballer in Verbindung gebracht wird.
Aufbau	Aufriss des Themas durch Ironie und Kontrastierung	Das sei sicherlich eine sympathische Sportart, die im Land des amtierenden Basketball-Weltmeisters Deutschland einige verrückte Anhänger habe, aber sie passe einfach nicht zur Siegesmentalität in der DNA von Bayern München, ließ Präsident Herbert Hainer nach dem 81:65-Finalerfolg der Münchner Korbjäger gegen Ratiopharm Ulm durchblicken.
Steigerung I	Steigerung der Fallhöhe	Von so einem Erfolg wie dem Gewinn des Pokals könnten die Bayern-Kicker seit Jahren ja nur träumen; geschweige denn vom Erreichen der Tabellenspitze der Bundesliga.
Steigerung II	Zuspitzung der Perspektive, endgültige Wendung ins Absurde	Deshalb werde man sich in München ab sofort auf den Markenkern konzentrieren – schließlich werde kein Kind Bayern-Fan, um nur Zweiter zu sein.

Rezensions- Element	Funktion	Beispiel
Schlusspointe	„Gipfel der Skurrilität“	Allerdings zeigt man sich durchaus feinfühlig: So ganz verabschieden will man sich von den enttäuschenden Fußball-Männern jedoch nicht, gibt der Basketball-Club zu verstehen. „Manuel Neuer, Harry Kane und Joshua Kimmich dürfen gerne als Balljungen unsere tolle Frauen-Fußballabteilung unterstützen, die wir selbstverständlich behalten werden“, heißt es aus München.

Dass journalistische Satire-Beiträge geeignet sind, gesellschaftliche und medienrechtliche Grenzen zu überschreiten, unterstreichen u.a. die politisierten Debatten um das „Schmähgedicht“ von Jan Böhmermann über den türkischen Staatspräsidenten Recep Tayyip Erdogan im Jahr 2016 oder 2020 die angedrohte Klage des damaligen Bundesinnenministers Horst Seehofer gegen die *taz*-Kolumnistin Hengameh Yaghoobifarah, die unter der Headline „All Cops are berufsunfähig“ eine Abschaffung der Polizei polemisch zur These zuspitzte, dass Polizisten aufgrund ihres „Fascho-Mindsets“ unter „ihresgleichen“ auf die „Mülldeponie“ gehörten (vgl. Yaghoobifarah 2020).

Darstellungsformen im digitalen Journalismus

Dass dieses Kapitel bisher journalistische Textsorten fokussiert, hat gute Gründe: Erstens sind diese Darstellungsformen nicht nur im Printjournalismus, sondern auch Online, im Radio und im Fernsehen in ihrer entsprechenden medienspezifischen Ausgestaltung die dominierenden Formen journalistischer Berichterstattung. Zweitens arbeiten die meisten deutschen Journalist:innen vor allem textbasiert – z.B. für Zeitungen, Zeitschriften oder Onlinemedien. Und selbst in audiovisuellen Medien wie Hörfunk und TV oder für Social- oder Multimedia-Storys nimmt die journalistische Textproduktion eine zentrale Rolle ein (z.B. in Form von Skripten oder Storyboards, die Beiträge textlich strukturieren): Schreiben ist damit eine journalistische Kernkompetenz (vgl. Kapitel 5.5). Aber Darstellungsformen und Medien entwickeln sich permanent weiter: Während Radio und Fernsehen die klassischen textbasierten Darstellungsformen adaptiert und evolutioniert haben – z.B. muss das Radio als „flüchtiges Medium“ Beiträge anders produzieren als das bildstarke TV – haben sich im digitalen Journalismus onlinespezifische Darstellungsformen und Arbeitsweisen etabliert (vgl. Abb. 51), die neue journalistische Textsorten und multimediale Darstellungsformen hervorgebracht haben, die den Alleinstellungsmerkmalen des Onlinejournalismus in besonderer Weise Rechnung tragen (vgl. Matzen 2014: 11; Sturm 2013: 86–87):[20] Ständige Aktualisierbarkeit, Hypertextualität (Inhalte können mit Links verbunden werden), Multimodalität

20 Einen Überblick über die onlinespezifische Aufbereitung klassischer Textsorten als interaktive Darstellungsformen im Onlinejournalismus bietet Hooffacker (2016: 126–180) und geht hier ausführlich auf die Charakteristika digitaler Nachrichten, Berichte, Reportagen, Features, Kommentare etc. ein.

(Inhalte können in Module portioniert und über unterschiedliche Kanäle verbreitet werden), Interaktivität (Nutzer:innen können in Wechselbeziehungen mit Inhalten treten), Multimedialität (mehrere Medien können zu einem Inhalt kombiniert werden), kaum beschränkter Umfang sowie Ubiquität (Inhalte können online oder mobil praktisch überall abgerufen werden).

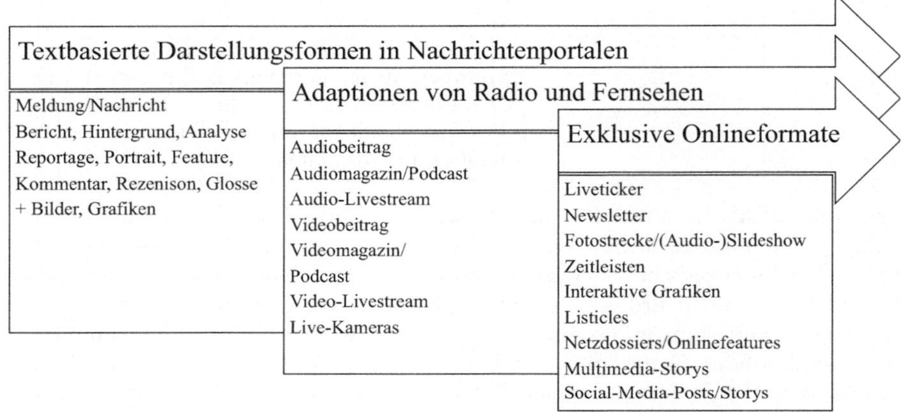

Abb. 48: Evolution journalistischer Darstellungsformen (Quelle: eigene Darstellung auf Basis von Müller 2011: 423, ergänzt um Matzen 2014: 101ff. und Haarkötter 2019: 139ff.)

Vor diesem Hintergrund werden hier zunächst textbasierte Formen prägnant vorgestellt, die ausschließlich im digitalen Journalismus vorkommen – onlineaffine, aber auch in Printmedien zu findende Darstellungsformen wie *Fragen und Antworten* (bei dem die Journalist:innen zu einem Thema zentrale Fragen entwickeln und diese wie im Radio-Kollegengespräch selbst beantworten) oder *Pro & Contra* (bei dem zwei Journalist:innen in inhaltlich aufeinander abgestimmten Kurz-Kommentaren jeweils zu einer Seite des Themas Stellung beziehen) sind damit ausgeklammert – bevor später die verschiedenen multimedialen Formen audio-, video-, oder grafikbasierter Umsetzung angerissen werden (vgl. Haarkötter 2019: 139–153; Mast 2018: 392–396; Matzen 2014: 101–151):

Keine eigene journalistische Form, aber elementarer Bestandteil digitaler Beiträge ist der *Teaser*: Dieser prägnante Anreißer-Text soll die Aufmerksamkeit der Nutzer:innen auf den Artikel lenken und die journalistische Geschichte ‚verkaufen'. Er bildet mit der *Dachzeile* (die den Beitrag thematisch, geografisch oder formal verortet, z.B. „Corona", „USA" oder „Kommentar") und der *Headline* (die Überschrift, die als Schaufenster des Beitrags fungiert, Neugier und Aufmerksamkeit wecken soll, z.B. „Schmutzige Waffengeschäfte vor Gericht") eine enge Einheit als Einstiegspunkte in das journalistische Onlineangebot: Teaser sollen zum Klicken auf ein Video, eine Bilderstrecke oder eine Meldung reizen, die wichtigsten Informationen und die Schlüsselbegriffe (*key words*) eines Beitrags enthalten sowie knapp, pointiert, punktgenau und von Beginn an fesselnd (*front-*

loaded) formuliert werden. Abseits journalistisch unprofessioneller Formen wie „Vorspann-Teaser“, die einfach nach einer gewissen Wortanzahl abbrechen, und „Clickbait“ (vgl. Hintergrund), das reißerisch, stark übertrieben oder schlicht unwahr die Klickzahlen nach oben treiben will, lassen sich drei Arten von Teasern unterscheiden:

- *Nachrichten-Teaser* sind informativ und enthalten die zentralen Informationen (z.B. anhand der faktischen W-Fragen). Da sie bereits einen knappen Nachrichtenüberblick geben, ist der Anreiz zu klicken und weiterzulesen relativ gering. Ein Beispiel von *faz.net* (inkl. Dachzeile/Headline): *„Indien: Gruppe vergewaltigt Schweizer Touristin – Ein Schweizer Ehepaar wurde von mehreren Männern überfallen, die Frau anschließend vergewaltigt. Das Paar war mit Fahrrädern in der Nähe der Tempelstadt Orchha, 450 Kilometer südlich von Neu-Dehli, unterwegs.“*
- *Geschichten-Teaser* verdichten die Informationen zu einem Ereignis als in sich geschlossene Story. Diese Mini-Geschichten erzählen in einer anschaulichen, prägnanten Sprache. Ein Beispiel von *Bild.de*: *„Am Todestag ihres Sohnes: Rentnerin auf Friedhof verprügelt! Roswitha Pitz' Gesicht ist blau unterlaufen, der Arm schmerzt. Doch am allerschlimmsten ist ihre Seele verletzt“.*
- *Cliffhanger-Teaser* treiben die Spannung journalistisch auf die Spitze: Die aus Filmen und Serien bekannte Technik lässt die Nutzer:innen sprichwörtlich über einer „Klippe in der Luft baumeln“, indem der Teaser eine spannende Situation anreißt, sie aber noch nicht auflöst (dafür müssen die Nutzer:innen dann auf den Beitrag klicken). Cliffhanger lassen sich mit Fragen, durch Andeutungen, Gerüchte, das Auslassen wichtiger W-Fragen, durch Nutzwert sowie durch ungewöhnliche oder provozierende Aspekte eines Themas bauen. Ein Beispiel von *Spiegel.de*: *„Was ist ein Haus wirklich wert? Die Preise für Häuser steigen und steigen. Doch wann ist ein Objekt zu teuer? Der Immobiliensachverständige Bernhard Bischoff erklärt, worauf es ankommt – und warum die Küche oft ein Problem ist.“* Und ein weiteres von *taz.de*: *„Kontakt ist Kontakt – Obwohl die Corona-Infektionszahlen weiterhin hoch sind, kehrt eine Art Normalität ein. Auch sexuell. Aber wie ansteckend ist eigentlich Sex?“*

Die Onlinejournalistin Nea Matzen (2014: 65) hat zehn Regeln für das Schreiben journalistischer Teaser als „Checkliste“ formuliert: Teaser sollten einen echten Anreiz schaffen und Geschichten nicht künstlich interessant machen. Sie sollten den Inhalt anreißen und die Relevanz des Themas verdeutlichen. Der Einstieg verdient besondere Aufmerksamkeit, ebenso wie die journalistischen Zitierregeln. Kommentar und Bericht gehören auch im Teaser getrennt, Füllwörter gestrichen. Satzbau und Wortwahl sollten verständlich sein, ohne in einen Telegramm-Stil zu verfallen. Nach dem „RUDI“-Prinzip“ sollten Teaser *relevant*, *unvollständig* (W-Fragen auslassen, nur Andeutungen machen), *direkt* (aktive, starke Verben benutzen, die Bilder im Kopf der Nutzer:innen entstehen lassen) und *interessant* sein (Einzigartigkeit und Nutzwert herausstellen) (vgl. ebd.: 72). Vor allem beim Teaser, aber auch in Headlines und anderen Mikrotexten im digitalen Journalismus (z.B. Zwischenüber- oder Bildunterschriften) sollten Journalist:innen auch die Grundregeln der *Suchmaschinenoptimierung* beherrschen: SEO meint alle Instrumente und Techniken, mit denen onlinejournalistische Inhalte so aufbereitet werden, dass Suchmaschinen wie *Google* sie mit ihren Webcrawlern optimal finden können (vgl. Haarkötter 2019: 135ff.). Das Ziel der Redaktionen ist es, in den organischen Listen der Suchmaschinen, also in den unbezahlten Suchergebnissen auf der ersten Seite zu landen – und dort einen möglichst hohen Platz im Ranking zu erreichen. Haarkötter (2019: 136-137) hat anhand einer Checkliste zusammengetragen, worauf Journalist:innen achten sollten, wenn sie ihre Texte suchmaschinenoptimiert schreiben wollen: Zunächst sollten die zentralen Begriffe im Text vorkommen, da eine hohe Schlüsselwortdichte (*keyword density*) das Ranking positiv beeinflusst. Synonyme sind aus diesem Grund hingegen zu vermeiden; gebräuchliche Wörter werden von Suchmaschinen eher gefunden als ungewöhnliche. Die Schlüsselwörter sollten zudem prominent platziert werden (z.B. in Teaser und/ oder Headline). Nutzerfreundliche und strukturierte Texte (z.B. mit Gliederungen oder Tabellen) werden von Suchmaschinen ebenso bevorzugt wie Texte ab einer Länge von 200 bis 300 Wörtern. Auch die Zahl der Links im Text wirkt sich positiv auf die Relevanzbewertung eines Textes durch *Google* aus.

Hintergrund: „Clickbait“

Clickbait („Klick-Köder“) meint die radikale Ausrichtung insbesondere textlicher Elemente wie Headline oder Teaser auf das Ziel, möglichst viele Klicks zu generieren – mit allen Mitteln. Dabei steht nicht das Nutzer:inneninteresse im Vordergrund, sondern kommerziell motivierte Maximierung der Reichweite eines Onlinemediums. *Clickbaiting* treibt klassische Boulevardmechanismen wie reißerisch-provokante Überschriften oder völlig übertriebene Teaser auf die Spitze, wenn dafür Beiträge inhaltliche Versprechen nicht einhalten oder schlicht wahrheitswidrig berichten. Noske (2015a: 42) bezeichnet Clickbaiting als „betrügerische Methode“, die den Standards des Qualitätsjournalismus widerspreche. Die Grenze zum Cliffhanger als legitimes Mittel um die Sichtbarkeit der eigenen Beiträge zu erhöhen und Nutzer:innen anzulocken, ist im Zweifel aber sehr unscharf – und wird durch die journalistische Praxis weiter verwässert: Während Plattformen wie *BuzzFeed News* oder *Vice* als Vertreter des *Social Journalism*, die auf *Social Sharing* (also das Teilen in sozialen Netzwerken) setzen, sich noch journalistisch entlang dieser Grenze bewegen, übertreten typische „Clickbait-Farmen“ wie *Heftig.de* oder *Upworty.com* diese regelmäßig (vgl. Haarkötter 2019: 142). Selbst in den Onlineangeboten vermeintlich seriöser Journalismus-Marken finden sich zunehmend Clickbait-Tendenzen, z.B. bei *derwesten.de*, *Focus online* oder *Tag24*.de.

Anfällig für „Clickbait“ sind auch die sogenannten *Listicles*, die meist als Texte oder Bildergalerien Fakten nutzerfreundlich und unterhaltsam aufbereiten. Rankings und Listen wie „Sind das die 20 besten NBA-Spieler aller Zeiten?“ (*Spox.com*) oder „Die 100 mächtigsten Deutschen“ (*Wirtschafts-Woche*) befriedigen das boulevardeske Bedürfnis von Nutzer:innen, Reihenfolgen zu erstellen: Wer ist der Beste, Größte, Reichste? Die Redaktion kann die Nutzer:innen auch zuerst in Form einer *Umfrage* abstimmen und so Einfluss auf das Ranking nehmen lassen, z.B.: „Stimmen Sie ab: Wer ist der beliebteste Politiker Deutschlands?“ Insbesondere Social-Journalism-Portale wie *BuzzFeed News* setzen verstärkt auf Listicles, die ein möglichst populäres Thema oder Alltagsphänomen auf eine bestimmte Zahl übersichtlicher Fakten begrenzen: Listicles mit Headlines wie „11 Sexfragen, die im Grunde unmöglich zu beantworten sind“ oder „31 Dinge, die echt jeder schon mal getan hat, ohne stolz drauf zu sein“, folgen im Aufbau stets einer griffigen „Listicle-Formel“: Eine *Zahl* (21) und ein *Auslöserausdruck* (Wahrheiten) werden mit einem *Adjektiv* (sehr unordentliche) und einem *Schlüsselwort* (Frauen) zu einem Versprechen kombiniert – fertig ist die „catchy“ Headline für ein Listicle (vgl. Haarkötter 2019: 141): „21 Wahrheiten, die sehr unordentliche Frauen nur allzu gut kennen.“ Der journalistische Mehrwert solcher Themen steht natürlich auf einem anderen Blatt.

Live-Ticker sind sehr dynamische Darstellungsformen, die ausschließlich digital funktionieren: Als „Echtzeit“-Reportagen eignen sie sich für nachrichtenaktuelle Berichterstattung, z.B. bei Wahlen, Demonstrationen, Krisen oder Sportveranstaltungen. In kurzen Abständen veröffentlichen Reporter:innen vor Ort oder Redakteur:innen am News-Desk überwiegend textbasierte Kurz-Nachrichten, die der Ticker zu einer Chronologie der Ereignisse bündelt und kontinuierlich aktualisiert. Auch ergänzende Fotos und Videos können „getickert“ werden – ebenso wie User-Generated-Content in Form von Social-Media-Postings oder Nutzerkommentaren. Dadurch entsteht in Echtzeit ein authentisches Gesamtbild eines Ereignisses. Für Haarkötter (2019: 146) sollten Journalist:innen, die einen Live-Ticker bespielen, ein interessantes Nachrichtenereignis auswählen, das eine Fülle einzelner Themen und Entwicklungen für eine permanente Aktualisierung bietet, sich mit der nötigen Software (z.B. dem redaktionellen Content-Management-System) auskennen und den Ticker prominent auf der eigenen *Homepage* (der Startseite der Website) einbinden sowie darauf in anderen Kanälen (z.B. *Facebook* oder *Instagram*) hinweisen. Wiederkehrende Ereignisse wie die Spiele der Fußballbundesliga (z.B. auf *kicker.de* oder *11freunde.de*) können die Stärken des Live-Tickers ebenso ausspielen, wie aktuelle und relevante Themen wie Bahnstreiks oder spektakuläre Gerichtsverhandlungen. Dem journalistischen Selektionsprozess kommt im Digitalen damit eine besondere Bedeutung zu: Onlinejournalisten müssen aus der Flut von Informationen diejenigen auswählen, die ihre Zielgruppe in der gewählten Darstellungsform bestmöglich informieren. Diese Arbeitsweise wird als *Kuratieren* oder *Aggregieren* von Informationen und Inhalten bezeichnet und ist bei digitalen Darstellungsformen elementar: In *Newslettern* informieren Redaktionen regelmäßig und kompakt über die aktuelle Nachrichtenlage und verknüpfen diese mit neuen thematisch passenden Beiträgen im eigenen Angebot, (z.B. „Die Lage“ von *Spiegel.de* oder „Morning Briefing“ von *t-online.de*). *Netzdossiers* sind Themenpakete, die mehrere Beiträge zu einem Thema bündeln und informative Darstellungsformen kombinieren (z.B. Chronik, Bildergalerien, Interviews etc.). Sie können auch als multimediale Features angelegt werden, die neben Texten und Fotos auch Videos und Grafiken integrieren – Hauptsache die Navigation führt über eine zentrale Startseite, über die verlinkte Einzelbeiträge übersichtlich für die Nutzer:innen erreichbar sind (vgl. Hooffacker 2016: 155). So kombiniert z.B. das *taz*-Netzdossier „Tödliche Polizeischüsse“ (Peter/Bednarczyk 2017) Reportagen, Chroniken und Grafiken, um aus verschiedenen journalistischen Perspektiven und Darstellungen ein möglichst vollständiges Bild des Phänomens („Alle fünfeinhalb Wochen wird in Deutschland ein Mensch von Polizisten erschossen“) zu zeichnen.

Obwohl *Weblogs* (*Blogs*) keine journalistischen Darstellungsformen im traditionellen Sinne sind, sondern einen meist subjektiven Stil sowie die Wiedergabe von Szenen, Fakten und Meinungen zu einem persönlichen Blogbeitrag vermischen, kommen sie abseits der privaten „Blogosphäre" auch im redaktionellen Kontext vor, z.B. als monothematische Angebote wie die medienkritischen *BILDblog* oder *Übermedien* oder als „Redaktionsblogs", wie sie sich u.a. bei der *Tagesschau*, der *taz* oder der *Zeit* etabliert haben. Onlineredaktionen können ihre Berichterstattung damit ausweiten, thematisch spezifizieren oder redaktionelle Entscheidungen, Probleme und Fehler transparent machen.

Neben textbasierten Darstellungsformen, die Fotos, Grafiken, Audio- oder Videomaterial integrieren – und damit bereits einen multimedialen Anspruch erfüllen[21] – haben sich im digitalen Journalismus auch Formen herauskristallisiert, bei denen andere Hauptmedien vorherrschen.

Tab. 13: Mediumsorientierte Darstellungsformen (Quelle: eigene Darstellung nach Sturm 2013: 91)

Schrifttext-Formen	Foto-Formen	Audio-Formen	Video-Formen	Grafische Formen
Artikeltext	Digitales Foto	Audio-Clip	Video-Clip	Infografik
Teaser	Bildergalerie/ Slideshow	Audio-Stream	Videoblog	Animation
Frage-Antwort-Text	Audio-Slideshow	Vertonter Artikeltext	Making of-Video	Interaktive Live-Karte
Mikroblog	Vuvox-Collage	Audio-Slideshow	Teaser-Video/ Intro-Video	
Eilmeldung	360-Grad-Panorama/ 3D-Foto	Gigapan	Video-Stream	
Nachrichten-Ticker	Infinity-Foto Zeitraffer-Foto		360-Grad-Video, Zeitraffer-Video	
Kurztextgalerie	Banner-Foto		Multimedia-Reportage	

21 Multimedialität bezieht sich auf (journalistische) Inhalte, für die zwei oder mehr Medien im technischen Sinne (z.B. Text, Foto, Grafik, Audio oder Bewegtbild) kombiniert werden.

Obwohl digitale Darstellungsformen mit Sturm (2013: 89ff.) ebenso nach ihrer journalistischen Funktion differenziert werden – z.B. in *Hypertext-Formen* wie interaktive Zeitleisten, *kommunikative Formen* wie Newsletter, Weblogs oder Nutzerkommentare, *Echtzeit-Formen* wie Live-Ticker oder Live-Streams, *spielerische Formen* wie Umfrage, Quiz oder Newsgame und *aggregierte/kurative Formen* wie Netzdossiers oder multiperspektivische Storys – bietet sich vor allem eine medienorientierte Unterscheidung an. Die Stärken und Schwächen von unterschiedlichen journalistischen Medien zu kennen und sinnvoll kombinieren zu können – ob als zusätzliches Inhaltsangebot in Form eines Videos oder einer Grafik oder einer verzahnten Multimedia-Story – ist grundlegendes journalistisches Handwerkszeug: „Etwas anderes als ein multimedial denkender und produzierender Journalist ist nicht mehr zukunftsfähig“ (Jakubetz 2018: 121). Um begründet entscheiden zu können, welcher Kanal sich am besten für eine Story (oder einzelne Aspekte bzw. Teile der Geschichte) eignet, folgt ein Überblick über die Vor- und Nachteile (vgl. Matzen 2014: 150; Sturm 2013: 36–47):

- *Text* ist nicht nur vergleichsweise schnell und einfach zu produzieren, sondern eignet sich ebenso für die rasche und prägnante Information wie für die Vermittlung komplexer Sachverhalte und abstrakter Zusammenhänge, bei denen eine hohe „Erklärtiefe“ wichtig ist (Nutzer:innen können zudem das Lesetempo selbst bestimmen). Zusätzliche Hintergründe und weiterführende Beiträge lassen sich leicht verlinken. Texte strukturieren Beiträge, sind aber im Vergleich zu anderen Medien statisch und oft weniger emotional. *Textbasierte Darstellungsformen* wie Onlineartikel (von Meldungen bis Feature), Teaser oder News-Ticker transportieren oft harte, knappe Informationen und sind das grundlegende Medium im digitalen Nachrichtenjournalismus. Die Einbindung von Social-Media-Posts schafft zudem Quellentransparenz und Unmittelbarkeit (z.B., wenn ein Tweet des früheren US-Präsidenten Donald Trump direkt in einen journalistischen Artikel integriert wird).
- *Fotos* wirken unmittelbarer und emotionaler als bloßer Text, können die Nutzer:innen optisch einfangen und ihre Aufmerksamkeit lenken. Sie sind kostengünstiger zu produzieren als Videos und flexibler im Einsatz, benötigen aber zuweilen zusätzlicher Erklärungen durch Text oder Ton. Auch wenn Fotos sehr authentisch wirken, lassen sie sich mithilfe von Bildbearbeitungssoftware leicht manipulieren. *Fotobasierte Darstellungsformen* wie Slideshows und Bildergalerien können journalistische Geschichten eindrucksvoll erzählen. Besonders aufwändige Fotoformate wie 360-Grad- oder Zeitraffer-Bilder entfalten das optische Potenzial, Ereignisse oder Entwicklungen ungewöhnlich zu visualisieren.
- *Audios* vermitteln Informationen und Emotionen sehr unmittelbar und wirken vielfach authentischer als Texte. Sie können über O-Töne, Geräusche oder „Atmo“ bei den Nutzer:innen ein „Kino im Kopf“ erzeugen und Sprechende lebendig erzählen lassen. *Audiobasierte Darstellungsformen* wie Audio-Streams eignen sich für unmittelbare Live-Berichterstattung, vertonte Artikeltexte oder Podcasts eher für die Nutzung nebenher (z.B. beim Autofahren oder Kochen). Multimediale Formate wie Audio-Slideshows oder „Gigapans“ als digitale Panorama-Fotos, die mit anklickbaren Audios angereichert werden, kombinieren

Foto- und Ton-Elemente, um journalistische Geschichten emotional zu erzählen.

- *Videos* ermöglichen Nutzer:innen ein direktes Erleben und fesseln weit stärker als Texte oder Grafiken. Sie vermitteln unmittelbare Handlung, Action und Aktualität sowie eine hohe Glaubwürdigkeit (trotz Schnitt). Videos eignen sich, wenn starke Bilder vorliegen und dienen nicht nur zur Information, sondern auch zur Entspannung und Unterhaltung. *Videobasierte Darstellungsformen* können wie Making-of-, Intro- oder Teaser-Videos ebenso auf andere Inhalte hinweisen wie als einzelne Videobeiträge oder komplexe Multimedia-Reportagen für sich stehen. Video-Streams, z.B. über Mediatheken oder Social Media ermöglichen Live-Berichterstattung in digitalen Bewegtbildkanälen.
- *Grafiken* liefern übersichtlich eine hohe Informationsdichte, die oft mit einem Blick für die Nutzer:innen zu erfassen ist. Komplexe oder unsichtbare Vorgänge (z.B. im menschlichen Körper oder geopolitische Auseinandersetzungen) lassen sich grafisch ebenso anschaulich darstellen (z.B. in Form von Bewegtbild-Animationen) wie Trends und Daten. Grafiken sollen Informationen visualisieren und auf das Wesentliche reduzieren. Als interaktive Grafiken (z.B. zu minutenaktuellen Bahn-Verspätungen oder der täglichen Ausbreitung der Coronapandemie), die Nutzer:innen im Hinblick auf ihre persönlichen Informationsinteressen anpassen können (z.B. auf bestimmte Regionen, Zeiten oder andere Parameter), bieten sie für datenjournalistische Aufbereitung (vgl. Kapitel 6.3) neue Formen digitaler Darstellung und interaktiver Nutzung.

Die journalistischen Möglichkeiten multimedialer Umsetzung von Themen und Ereignissen sind nahezu unbegrenzt – alle genannten Medien lassen sich untereinander kombinieren. Die Frage ist hierbei lediglich: Stehen Aufwand und Ertrag in einem sinnvollen Verhältnis? Worin besteht der journalistische Mehrwert multimedialer Geschichten? Für Multimedia-Storys oder „Multi-Storys" (Haarkötter 2019: 178), die Texte, Bilder, visualisierte Daten, interaktive Grafiken, Animationen, Bewegtbilder und Audios oder Slideshows in einem „Erzählstrom" integrieren (zum digitalen Storytelling vgl. Kapitel 6.2) gelten grundsätzlich dieselben Regeln wie für jeden journalistischen Beitrag: Auch digitale Geschichten sollten sich durch redaktionelle Unabhängigkeit, originelle Recherche, relevante Aktualität, überzeugende Dramaturgie, wirkungsvoll eingesetzte Emotionen sowie Informationstiefe auszeichnen – zur guten „Story" als Kern digitalen Erzählens gehören aber noch eine stringente Nutzerführung, technische Interaktivität, erkennbarer Nutzwert (vgl. Sturm 2013: 23) sowie die sinnvolle Kombination geeigneter Medien: Multimedia-Storys sollen die einzelnen Medienbausteine so verknüpfen, dass die Geschichte verständlicher und fesselnder wird (vgl. Mast 2018: 395): Multimedialität ist im Journalismus also kein Wert an sich, weshalb Journalist:innen kritisch hinterfragen sollten, ob der Informationsgehalt eines zusätzlichen Videos oder einer aufwändig produzierten Grafik wirklich so viel höher liegt als der eines Textes mit Bild (vgl. Hooffacker 2016: 145). Der Einsatz von Slideshows, Grafiken, Audios oder Animationen ist daher stets abzuwägen: „Unterstützen oder ergänzen sie die journalistische Aussage? Welches Medium eignet sich am besten für die Darstellung welchen Teils der Geschichte? Lohnt sich der personelle und zeitliche Aufwand?“ (Matzen 2014: 32). Wenn Daten aber durch Grafiken besser und anschaulicher aufbereitet werden können als in Texten oder sich Aussagen der Protagonist:innen als O-Töne in Audio-Slideshows authentischer anfühlen als in Bildergalerien, spricht vieles für eine multimediale Umsetzung in einer passenden Formatierung (z.B. über spezielle Storytelling-Tools wie Pageflow oder Shorthand oder über Content-Management- oder Bloggingsoftware wie Wordpress) zur optimalen Präsentation der journalistischen Botschaft. Darstellungsformen wie Slideshows, Videobeiträge oder interaktive Grafiken können im digitalen Journalismus als eigene multimediale Beiträge für sich alleinstehen, aber auch als Elemente von Multimedia-Reportagen oder -Features zu übergeordneten, multimodalen Storys kombiniert werden:

Audio-Slideshows verbinden Fotos mit Audio-Elementen wie O-Tönen oder Hintergrundgeräuschen und stellen eine echte Alternative zu Web-Videos dar – insbesondere, wenn es um rückblickende, hintergründige oder emotionale Geschichten geht. Intime und persönliche Einblicke können mithilfe einer automatisch ablaufenden Bildergalerie und einer hinterlegten Audiospur sehr lebendig und anrührend erzählt werden (z.B. auch über den Einsatz von Musik). Portraits von Personen – z.B. in den Slideshow-Serien „One in 8 Million“ (*New York Times*) oder „berlinfolgen“ (*taz* in Kooperation mit der Multimedia-Agentur *2470Media*), die Großstädter in New York bzw. Berlin portraitieren – oder Orten – wie in der auf *Süddeutsche.de* veröffentlichten Slideshow „Außen Puff, innen Hölle“ über eine Münchner Szene-Bar – sind eigenständige Darstellungsformen. Matzen (2014: 124–138) empfiehlt für das Bauen von Audio-Slideshows eine passende Erzählform (z.B. das klassische Hollywood-Drama, eine Aufteilung in Kapitel oder der Fokus auf ein Ereignis aus mehreren Perspektiven, Aspekten oder anhand verschiedener Einstiegspunkte), die Auswahl der dafür geeigneten Fotos und Töne,[22] den bedachten Einsatz unterstützender Effekte (wie harte Schnitte oder Zooms) sowie auch die Integration kurzer Videos, die Text und Ton ergänzen.

Web-Videos, also speziell für digitale Darstellungsformen produziertes Bewegtbild, müssen nicht unbedingt mit professionellem Kameraequipment gedreht werden. Smartphones oder Mini-Kameras, wie sie mobile Reporter:innen (vgl. Kapitel 6.5) benutzen, genügen für den Anfang. Matzen (2014: 140–143) empfiehlt *Videojournalist:innen* (VJ) auf bewegte Hintergründe, Kamera-Zooms und -Schwenks zu verzichten und stattdessen besser längere Einstellungen zu wählen sowie immer mit einem Stativ zu arbeiten. Außerdem sollte beim Dreh vor Ort feststehen, welche Bilder benötigt werden – dafür bietet sich die klassische „Five-Shot“-Regel an, nach der von jeder Szene fünf Einstellungen gedreht werden (Was: Close-Up der Aktion, Wer: Close-up der Person, Wer und Was: Nahaufnahme von Person und Aktion, Wo: Halbtotale oder Totale sowie Wow: Besondere, zusätzliche Perspektive), aus denen im Videoschnitt später ausgewählt werden

22 In übersichtlichen „Checklisten“ zeigt Matzen (2014: 123ff.), wie Journalist:innen mit Bildern und Tönen Geschichten erzählen können, und geht dabei nicht nur auf die einzelnen Arbeitsschritte für (Audio-)Slideshows ein, sondern auch auf die Grundlagen journalistischer Fotografie, Tonaufnahmen und Videodreh. Praxisnahe Anleitungen für die Produktion digitaler Videos, Audios und Fotos liefern auch Jakubetz (2018: 51–112) sowie speziell für den mobilen Journalismus („Hörfunk und Fernsehen unterwegs“) Staschen (2017: 81–203).

kann. Journalist:innen sollten zudem viele abgeschlossene Sequenzen drehen – wenn nötig auch mehrmals (z.B. wenn die Protagonist:innen undeutlich gesprochen haben). Als zusätzlicher, ergänzender Inhalt sind Videos auf allen deutschen Nachrichtenportalen eingebunden – zunehmend ersetzen sie auch die textliche Berichterstattung. Eigenständige, videobasierte Storys sind z.B. die *Arte*-Produktion „Alma – Ein Kind der Gewalt" über den brutalen Alltag von Gangs in Guatemala, die *WDR*-Portrait-Reihe „Nordstadtkinder" oder das international gefeierte Multimedia-Projekt „Killing Kennedy" von *National Geographic*, das den Mord am früheren US-Präsidenten aus mehreren Perspektiven zeigt.

Infografiken haben im digitalen Journalismus einen Siegeszug erlebt und werden regelmäßig zur Veranschaulichung komplexer Sachverhalte oder zur Visualisierung von Daten eingebunden. Die Bandbreite reicht von einfachen Darstellungen (z.B. von Wahlergebnissen oder der Sitzverteilung in Parlamenten als statische Balken- oder Tortendiagramme), die live aktualisiert werden können, über interaktive Karten und Grafiken (z.B. um geopolitische Konflikte wie die Ausbreitung des IS sichtbar zu machen oder Prozesse wie den Gang eines Gesetzes zu veranschaulichen). *Die Zeit* hat in Deutschland mit interaktiven Grafiken Maßstäbe gesetzt: Geschichten wie „Stadt, Land, Vorurteil", für das ein mehrköpfiges Team die größte Bevölkerungsumfrage ausgewertet und die Ergebnisse nach bekannten Vorurteilen über Stadt- und Landbewohner visualisiert hat, zeigen das erzählerische und erklärende Potenzial interaktiver Grafiken. Sie zeigen aber ebenfalls, dass Journalist:innen derart aufwändige und komplexe Darstellungsformen kaum alleine bewerkstelligen – im Gegenteil: In der Regel arbeiten die Redakteur:innen mit Grafikern, Designerinnen und Fotografen ebenso zusammen wie mit spezialisierten Video- und Datenjournalist:innen.

Journalismus als transmediales, kollaboratives Arbeiten in Teams gilt erst recht für eine Königsdisziplin des digitalen Erzählens: die *Multimedia-Reportage*. Kaum ein überregionales Medium (und zwischenzeitlich auch viele regionale Zeitungen und Sender) hat sich seit 2012 und der Publikation der bis heute als beispielgebenden Story „Snow Fall" der *New York Times* nicht an diese Form des digitalen Storytelling herangewagt (Dowling/Vogan 2015), das aufgrund der Navigation über das Scrollen mit der Maus auch als „Scrollytelling" bezeichnet wird (vgl. Kapitel 6.2). Aktuelle, aber oft zeitlose Geschichten werden hierbei als multimediale Weiterentwicklung klassischer Reportagen und Features erzählt, die einen enormen narrativen Sog entwickeln und oft zu den absoluten Vorzeigeprojekten eines Medienunternehmens gezählt werden können. Von der *Süddeutschen Zeitung*, über den *Spiegel* bis hin zum öffentlich-rechtlichen Rundfunk – auch wenn die Digitalredaktionen der *New York Times* und des *Guardian* mit Storys wie „A Game of Shark and Minnow", „Firestorm" oder „NSA Files: Decoded" noch immer den internationalen Standard definieren – finden sich auch in Deutschland längst Beispiele[23] für herausragenden multimedialen Journalismus:

23 Auf seiner Website Onlinefeature.de sammelte Moritz Peikert bis 2021 herausragende Beispiele für Multimedia-Reportagen und Web-Dokumentationen.

- In „Mein Vater, ein Werwolf“ zeichnet *Spiegel*-Reporter Cordt Schnibben (2015) die Geschichte seiner Familie als Graphic-Reportage, die er mit Videos, Originaldokumenten und -tönen anreichert. Die dramaturgisch fein komponierte, wenn auch durch die Materialfülle zum Teil unübersichtliche Story stellt den von Schnibbens Vater befohlenen Mord an einem Bauern in den letzten Tagen des NS-Regimes in den Mittelpunkt.
- Zum Jubiläum „100 Jahre Tour de France“ erzählt *Zeit Online* in drei multimedialen Reportagen aus drei Perspektiven die Geschichte des Radrennens textbasiert, aber mit ergänzenden Fotos, Grafiken und Videos (vgl. Dobert/Spiller/Katzer 2013).
- In „Der Prozess“ berichtet die Gerichtsreporterin Annette Ramelsberger (2014) für *Süddeutsche.de* von den Hintergründen und der Verhandlung der NSU-Morde und beschreibt mithilfe von Text, Videos sowie interaktiven Panorama- und 360-Grad-Fotos, wie sie die Tatorte und die Stimmung im Gerichtssaal empfand.

Jeder journalistische Beitrag profitiert von Planung und Struktur – für multimediale Reportagen ist ein *Storyboard* als „skizzenhafte Visualisierung eines erzählerischen Ablaufs in seiner zeitlichen Folge“ (Haarkötter 2019: 171) jedoch unerlässlich, damit mediale Elemente und narrative Muster harmonisch zu einer digitalen Story verwoben werden. Folgende Fragen sollten Journalist:innen bei der Produktion von Multimedia-Reportagen beachten (vgl. ebd.: 171f.; Matzen 2014: 151):

- *Was ist die Story?* Nur relevante, originelle und sorgfältig recherchierte Geschichten, die sich in einem prägnanten „Küchenzuruf“ zusammenfassen lassen, den Zeitgeist treffen und die Zielgruppe erreichen, eignen sich für multimediale Storys,
- *Welcher Dramaturgie folgt die Story?* Jede Geschichte braucht einen packenden Einstieg, einen Höhepunkt, der eine überraschende Wendung bereithält, sowie einen stimmigen Abschluss. Innerhalb dieser klassischen Dramaturgie – Anfang, Mittelteil, Ende – müssen Ereignisse und Protagonist:innen sinnvoll gegliedert werden – z.B. chronologisch, perspektivisch oder anhand von Kapiteln. Hier liegt eine Kernaufgabe des Storyboards: Die einzelnen Inhalte und Abschnitte sowie deren erzählerische und technische Verknüpfung (z.B. über Links) sollte aufgezeichnet werden – und sei es ganz traditionell mit Stift und Papier: Was gehört zusammen? Wie ist es verbunden? Welcher Basis-Navigation folgt die Geschichte, z.B. in Form einer Karte oder Chronologie, als Text oder als Bilderstrecke?
- *Wie wird die Story dargestellt?* Welche Erzählelemente auf welche Weise medial dargestellt werden, entscheidet darüber, welche Texte, Bilder, Audios, Videos und Grafiken benötigt werden. Diese müssen die Journalist:innen entweder selbst produzieren oder von spezialisierten Mitgliedern des Multimedia-Teams entwerfen und umsetzen lassen. Die Medieninhalte müssen zudem noch für die jeweilige Darstellung auf PC-Monitoren, Smartphones oder Tablets optimiert werden (z.B. in Bezug auf Einstellungs- und Dateigrößen). *Responsives Design*, das sich dem jeweiligen Endgerät optimal anpasst, ist für die mobile

Darstellung der Geschichte unerlässlich und entscheidend für die Bedienbarkeit (*Usability*) sowie die Interaktivität der Story. Die Wahl des passenden Storytelling-Tools ist für die Darstellung und die *Responsivität* ebenfalls prägend: Ob professionelle, oft kostenpflichtige Werkzeuge wie Pageflow (vom *WDR* entwickelt), Shorthand (u.a. von *BBC* und *Guardian* genutzt), Racontr und Klynt oder teilweise kostenfreie Software wie Atavist oder Aesop, hängt von Anspruch und Budget des Multimedia-Projekts ab (vgl. Eberl 2015; Kaute 2015; 2016; Haarkötter 2019: 188ff. Osing 2023: 40f.).

- *Welche ist die optimale Form der Story?* Vor der Publikation ist zu prüfen, ob die Geschichte noch prägnanter gefasst werden kann – denn auch investigative Longform-Storys sollten sich auf das Wesentliche konzentrieren. Am Ende gilt es, rigoros zu kürzen („Kill your Darlings!"). Zudem sollten zeit- und ressourcenaufwändige Multimedia-Storys vorab auf Funktionalität geprüft, eventuell einem Testpublikum vorgespielt und über die Social-Media-Kanäle der Redaktion aktiv beworben werden, um ihre *Findability* zu erhöhen.

5.4 Storytelling: Geschichten erzählen

Welchem „roten Faden" folgt ein journalistischer Beitrag? Durch welche erzählerischen Muster und Formen lassen sich Leser:innen, Hörer:innen, Zuschauer:innen und Nutzer:innen von journalistischen Geschichten fesseln? Eng verbunden mit der Präsentation der Inhalte ist auch das erzählerische Gerüst eines Beitrags, das sich vor allem mit Instrumenten des journalistischen „Storytelling" strukturieren lässt, um Fakten spannend und lebensnah zu vermitteln.

Nicht nur in spektakulären Multimedia-Storys, sondern unabhängig von der Darstellungsform: Journalist:innen präsentieren Fakten, stellen Zusammenhänge zwischen Ereignissen her und decken Hintergründe, Ursachen und Wirkungen von Entwicklungen auf. Sie informieren, ordnen ein, vermitteln Wissen und bewerten – aber sie erzählen auch Geschichten. Und das keineswegs nur in narrativen Formen wie Reportage, Feature und Portrait, sondern auch in Berichten, Interviews, Rezensionen, Glossen und Dokumentationen. Jeder journalistische Beitrag – abgesehen von der sachlich-nüchternen Nachricht – profitiert von einer *erzählerischen Struktur* durch journalistisches „Storytelling". Doch was steckt hinter diesem Buzzword, das nicht nur im Journalismus, sondern auch in der Werbung, im Marketing und in der PR omnipräsent ist (vgl. Ettl-Huber 2019) und sogar für wissenschaftliches Arbeiten genutzt werden kann (vgl. Angler 2020)? Mit Mechanismen, Instrumenten und Mustern des Storytelling, also des „Geschichtenerzählens", können Journalist:innen Beiträge strukturierter und spannender produzieren, um die Aufmerksamkeit des Publikums zu gewinnen und vor allem bei den Longforms auch zu behalten. Mit Storytelling strukturieren Journalist:innen das Chaos des „Information Overload" (vgl. Haarkötter 2015: 13) und verbinden die Vermittlung von Fakten und Emotionen – sprechen also gleichzeitig „Hirn" und „Herz" der Nutzer:innen an, die mitdenken und -fühlen sollen.[24] Storytelling

24 Damit eignet sich journalistisches Storytelling vor allem für eine publikums- und gefühlsorientierte Strategie der Vermittlung von Themen nach Mast (2018: 255), die überraschende, sensationelle, spannende und emotionale Aspekte von Ereignissen betont und Personen und deren Handlungen in den Mittelpunkt stellt.

ist basales journalistisches Handwerk (auch wenn Muster und Instrumente aus Film, Theater- und Literaturwissenschaften für die journalistische Praxis adaptiert wurden), das auf allen Kanälen und in allen Medien ähnlich funktioniert (vgl. Preger 2019). Nutzer:innen interessieren sich für Geschichten, die von Menschen und Konflikten handeln – nach Haarkötter (2019: 110) erzählt eine journalistische Geschichte stets vom „Konflikt zwischen zwei Personen in ihrem zeitlichen Verlauf", wobei *Personen* dabei natürlich oder juristisch (z.B. Institutionen, Behörden oder Firmen) sein können und *Konflikte* die Auseinandersetzungen zwischen diesen Akteuren meinen – und speichern narrativ vermittelte Informationen besser ab, als wenn dieselben Informationen sachlich-faktisch vermittelt werden: „Was Menschen lernen und erleben, legen sie nicht nur als einzelne Fakten in einer Art Zettelkasten im Gehirn ab, viel mehr speichern sie Geschichten, die mit Emotionen verknüpft werden. Deshalb wirken Botschaften, die in Geschichten verpackt sind, viel stärker als bloße Fakten" (Adamczyk 2015: 5). In diesem Zusammenhang ist die „gut erzählte Geschichte auch im heutigen Journalismus der beste Transportweg für Informationen" (Sturm 2013: 30).

Die Frage, wie Journalist:innen solche Geschichten finden und fokussieren, hängt eng mit den bereits dargestellten Praktiken der Themensuche (vgl. Kapitel 5.1) und Recherche (vgl. Kapitel 5.2) zusammen und wird im Konzept des *storybasierten Recherchierens* betont: Nach Haarkötter (2015: 62–63) folgt auch die Recherchestory dem Fünf-Akt-Schema des Dramas aus *Vorrecherche und Themenfindung* (entspricht der Exposition), *Basisrecherche und Hypothesenbildung* (steigende Handlung), Erweiterungsrecherche (*Wende- oder Höhepunkt*), *Überprüfungsrecherche* (fallende Handlung) sowie *Publikation* (Abschluss). Die journalistische Aufgabe, ein Thema zur Story zu fokussieren, die Kernaussage abzuleiten und die Geschichte dann in Darstellungsform und erzählerische Struktur zu gießen, ist damit ein kontinuierlicher Prozess bei der Produktion eines journalistischen Beitrags. Dennoch muss das recherchierte Material an irgendeinem Punkt gerafft und die Story entworfen werden, indem die Journalist:innen auf das Wesentliche fokussieren, die zentrale Botschaft herausstreichen, die wichtigsten Belege und Charaktere identifizieren und die stärksten Szenen auswählen (vgl. Lilienthal 2014: 119). Doch was macht eine gute journalistische Geschichte konkret aus und wie lässt sie sich aufbauen und umsetzen? Folgende „Zutaten für das Storytelling" (Adamczyk 2015: 83ff.) braucht eine gelungene journalistische Geschichte (vgl. auch Lampert/Wespe 2017: 74–110; Sturm 2013: 30–31; Holzinger/Sturmer 2010):

- *Klare Botschaft (Aussage)*: Jede journalistische Geschichte benötigt eine Kernaussage, die sich in einem „Küchenzuruf" prägnant zusammenfassen lässt. Dieser brutale Fokus auf den Erzählkern garantiert den roten Faden – insbesondere bei komplexen Storys, die mit Zeitsprüngen, Rückblenden oder Ortswechseln arbeiten. Journalist:innen sollten sich immer vergewissern: Was soll die Geschichte letztlich aussagen und bewirken? Als Beispiel kann ein möglicher „Küchenzuruf" der preisgekrönten Multimedia-Reportage „Snow Fall: The Avalanche at Tunnel Creek" (*New York Times)* dienen: „Eine bahnbrechende Multimedia-Geschichte über die emotionalen Hintergründe und Folgen eines schrecklichen Lawinenunglücks in den USA – erzählt aus der Perspektive von Opfern und Überlebenden."

- *Starke Charaktere (Helden)*: Im Mittelpunkt einer Geschichte steht eine interessante Figur, eine Protagonisint, die untrennbar mit der Kernbotschaft verbunden ist. Je intensiver Held:innen ihre Erfahrungen und Gefühle erleben, desto authentischer und emotionaler wirkt die Geschichte auf die Nutzer:innen. Das Beispiel „Snow Fall" zeigt, dass durchaus mehrere Protagonist:innen eine Story bereichern können – wenn ihre individuellen Motive sorgfältig erzählt werden und sie nicht gesichtslos und austauschbar in der Masse verschwimmen.
- *Spannende Dramaturgie (Handlung)*: Eng verbunden mit den Protagonist:innen ist die Handlung, die die Geschichte im Sinne eines „Plots" trägt. Hier geht es nicht nur darum, die richtige Perspektive für die Erzählung zu wählen sowie spannende und emotionale Elemente in den Erzählstrang einzuflechten, sondern um die grundsätzliche dramaturgische Struktur der Story: Diese folgt üblicherweise dem klassischen Schema aus *Anfang* (Protagonist:in wird eingeführt, der Konflikt thematisiert, Ort und Zeit der Handlung bestimmt), *Mitte* (die Geschichte entwickelt sich und steuert auf Höhe- oder Wendepunkte zu) und *Ende* (Auflösung der erzählten Handlung z.B. als Pointe, Ausblick oder Katastrophe). Der Plot im Beispiel „Snow Fall" ist – für Multimedia-Storys gängig – kapitelweise gegliedert, doch auch die Kapitel folgen der bekannten dramatischen Struktur aus Einstieg, steigender und sich dramatisch zu einem Höhepunkt (dem Lawinenunglück) zuspitzender, anschließend fallender und schlussendlich auflösender Handlung, wenn Überlebende und Angehörige auf die Katastrophe und ihre Folgen für die Beteiligten zurückblicken.
- *Ort der Handlung*: Der Ort, an dem die Geschichte spielt, birgt ebenfalls großes, oft noch übersehenes erzählerisches Potenzial: Möglichst anschauliche, szenische Beschreibungen des Milieus schaffen Verständnis für den Kontext der Handlung. In „Snow Fall" sind zum Beispiel die Gewalt der natürlichen Elemente vor Ort und insbesondere der unablässige, gnadenlose Schnee der heimliche Protagonist.

Um eine journalistische Geschichte erzählerisch zu strukturieren, bieten Marie Lampert und Rolf Wespe (2017: 15–58) in ihrem Standardwerk „Storytelling für Journalisten" unter der Frage „Wie baue ich eine gute Geschichte?" verschiedene *Werkzeuge des Storytelling* an: Die äußere Form der Geschichte kann einer *Storykurve* folgen, mit der Journalist:innen besonders bei längeren Reportagen, Features oder Dokumentationen die Aufmerksamkeit der Nutzer:innen anziehen und halten können. Storykurven bilden den Erzählstrang oder „roten Faden" im zeitlichen Verlauf (horizontal) sowie anhand der emotionalen Intensität (vertikal) ab (vgl. Abb. 52) und folgen dem Grundmuster des aristotelischen Dramas: Die Story steigt mit einem besonders exponierten Höhepunkt (*Storypunkt*) ein, um die Nutzer:innen durch Identifikation und Empathie in die Geschichte zu ziehen. Gefühle wie Schmerz, Angst oder Freude erlebt das Publikum mit den Protagonist:innen, deren Handlungen auf den eigentlichen Höhepunkt (*Klimax*) der Erzählung zulaufen. Hier kommt es in der *Katharsis* zur Entladung der aufgestauten

Emotionen. Nach diesem Wendepunkt (*Peripetie*) wendet sich das Schicksal der Protagonist:innen, die Handlung schwingt um und wird am Ende aufgelöst.

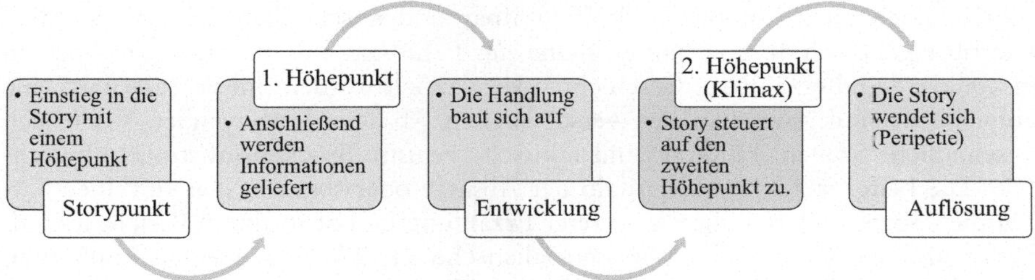

Abb. 49: Verlauf einer Storykurve (Quelle: eigene Darstellung nach Lampert/ Wespe 2017: 28)

Insbesondere für den Einstieg, aber auch für die im Verlauf der Geschichte folgenden Höhe- und Wendepunkte sind *Storypunkte* unerlässlich, da sie die Handlung nicht nur strukturieren, sondern auch die Aufmerksamkeit der Nutzer:innen und damit seinen Impuls zum Weiterlesen, -hören, -sehen oder -scrollen stimulieren. Ein Einstieg wie aus der *Zeit*-Reportage „Wir schlachten ein Schwein“ (Klimek/Stengel 2015) wird durch seine plastische Sprache zum „Aufmerksamkeitswecker“:

> „Beim Sterben wird nicht dazwischengequatscht. Kein Wort, während er tötet. Die nächsten paar Minuten wird Christoph Wiesner nicht reden. Das verlangt er von allen hier. Die Schweine hat er mit gekochten Kartoffeln herangelockt. Sie wären aber auch von alleine gekommen; schmatzend, grunzend, ein Volk fresssüchtiger Viecher, die Wiesner überallhin folgen, denn er gibt ihnen Nahrung. Und er holt sie sich zurück.“

Ebenso wirkungsvolle Storytelling-Instrumente sind *Szenen*, die anschaulich Details der Handlung transportieren – wie hier im direkt auf den Einstieg folgenden Absatz des Praxisbeispiels:

> „Mit abgewandtem Blick stemmt er einen abgegriffenen Käfig aus dem Morast, schwingt ihn in die Höhe, geht vier entschlossene Schritte in die Herde und stülpt das Gitter über drei Schweine. Zwei kleine und ein großes. Das große muss dran glauben. Wiesner setzt seinen handlichen Bolzenschussapparat an und pfeffert ohne Zögern dem Tier ein Stück Metall ins Hirn. Das Schwein fällt um, Blut tröpfelt aus der Schnauze. Jetzt geht es ruckzuck: Wiesner zieht sein Messer aus dem Gürtel und sticht in die Halsschlagader – der Tod. Rot quillt es aus dem Körper und Wiesner pumpt mit dem rechten Vorderlauf auch noch die letzten Tropfen aus dem kaum noch schlagenden Herzen. Das alles dauert fünf Minuten.“

Für Lampert und Wespe (2017: 54) sind Szenen die „Moleküle, die Bausteine einer Geschichte“, die sorgsam zu einer vollständigen Erzählung zusammengesetzt werden und damit ein lebendiges Bild vom Schauplatz des Geschehens zeichnen: „Geschichten erzählen, heißt Szenen sehen, in Szenen denken und Szenen skizzieren." Um journalistische Beiträge verständlich und gleichzeitig anregend auszugestalten, muss auch komplexer Stoff greifbar und anschaulich gemacht werden. Hierfür eignet sich die sogenannte *Leiter des Erzählers*, mit der abstrakte Themen in konkrete und erzählbare Geschichten verwandelt werden. Im Feature wird eine ähnliche Technik zwischen den verschiedenen Absätzen angewendet, wenn sich anschauliche Szenen (konkret) und faktische Feature-Brücken (abstrakt) abwechseln. Die Leiter steigt nun innerhalb der Absätze oder sogar in den einzelnen Sätzen die „Sprossen" zwischen konkreter Erzählung und abstraktem Bericht hinauf, hinab und wieder zurück. Wie journalistische Erzähler:innen einen konkreten, bildhaften Bezug zu dem sperrigen Thema „Zechenschließungen im Ruhrgebiet" herstellen und im nächsten Absatz wiederum die abstrakte Dimension des Steinkohleabbaus skizzieren, zeigt das von Journalisten der Henri-Nannen-Schule auf *Zeit Online* (2016) veröffentlichte Feature „Auguste muss sterben":

> „Mit einem Seil zieht Ruben seinen Wäschekorb von der Decke der Kaue, verstaut Helm, Hemd und Hose. Die Kaue ist ein beige gekachelter Umkleideraum, groß wie eine Turnhalle. ‚Du Fotze' gilt hier als respektable Ansprache. Unter der Dusche schrubben sich die Kumpel gegenseitig den Kohlestaub vom Rücken. Buckeln nennen sie das. ‚Du siehst ja nicht selber, ob da noch Dreck am Rücken ist', sagt Ruben.
>
> Strom aus Marler Kohle treibt in deutschen Haushalten Waschmaschinen und Kühlschränke an. Sie würden für Energiesicherheit sorgen, sagen die Kumpel. Zuletzt deckte die deutsche Steinkohle noch 17 Prozent des Verbrauchs der Steinkohlekraftwerke des Landes. Die Bundesregierung plant, auf Kohle bei der Strom-erzeugung frühestens in 25 Jahren zu verzichten. Künftig muss die gesamte Steinkohle importiert werden."

Ein weiteres Werkzeug, um Nutzer mit komplexen Themen und abstrakten Zusammenhängen erzählerisch zu konfrontieren, ist die *Mini-Geschichte*, die Interesse wecken und die „Pforten der Wahrnehmung" öffnen soll (vgl. ebd.: 36). (Geschichten)-Teaser funktionieren ganz ähnlich: Haben Journalist:innen einem komplizierten Sachverhalt erst etwas Erzählbares abgerungen, folgt ihnen der Nutzer anschließend auch in feine, unübersichtliche Verästelungen des Themas. Die *Spiegel*-Story „Drehbuch für den Coup" beleuchtet das (zum Zeitpunkt der Veröffentlichung noch) abstrakte Szenario, dass der damalige US-Präsident Donald Trump versuchen würde, die Wahl im November 2020 zu manipulieren. Die Autor:innen stellen mit einer Mini-Geschichte über die Urväter der amerikanischen Verfassung einen erzählerischen Bezug zum Konflikt in der Gegenwart her (Neukirch/Pfister/Zöttl 2020).

> „Als Benjamin Franklin im September 1787 den Verfassungskonvent in Philadelphia verließ und ihn eine Passantin fragte, welche Staatsform die neue Nation denn annehmen werde – Republik oder Monarchie? – erwiderte er: ‚Eine Republik – falls wir in der Lage sind, sie zu schützen.' Der Albtraum der amerikanischen Verfassungsväter war ein Präsident, der seine

> Macht dazu missbraucht, sich zum Diktator aufzuschwingen. (...) Wird nun Trump zum Totengräber der amerikanischen Demokratie?"

Gerade bei der Vermittlung schwieriger Stoffe sollten Journalist:innen ihre Nutzer:innen nicht überfordern und ihnen Pausen gönnen. Ein Instrument sind die metaphorischen *Inseln der Verständlichkeit*, die – ähnlich wie die unteren Sprossen der Erzählleiter – konkrete Bezugspunkte schaffen. Lampert und Wespe (2017: 42) empfehlen, diese „Rettungsinseln" so regelmäßig in den Beitrag zu setzen, „dass der Leser von Insel zu Insel schwimmen und sich dort wieder erholen kann. Dann taucht er wieder ein ins Meer der Abstraktion." Ein Musterbeispiel ist die vom Recherchebüro *Correctiv* publizierte Story „The Cum-Ex-Files", in der Journalisten u.a. der *Zeit*, der *Süddeutschen Zeitung*, des *NDR* und von „Panorama" gemeinsam mit Kolleg:innen internationaler Medien aufdecken, „Wie Banker, Anwälte und Superreiche Europa ausrauben". Die hochkomplexe wirtschaftspolitische Materie um „den größten Steuerraub der Geschichte" strotzt vor abstrakten Zusammenhängen, Fremdwörtern und Fachbegriffen aus der Finanzwelt. Die Autor:innen bauen jedoch immer wieder „Inseln" ein, die mit Vergleichen Verständnis schaffen (Correctiv 2018a):

> „Diese windigen Finanzkonstrukte tragen die Namen Cum-Cum und Cum-Ex. Hinter diesen kryptischen Begriffen verbirgt sich eine perfide Maschine zum Gelddrucken.
>
> Die genaue Ausgestaltung dieser Aktiengeschäfte rund um den Dividendenstichtag von Konzernen ist hoch komplex. Aber das Grundprinzip dahinter ist simpel: Die Deals dienen einzig und allein dem Zweck, Steuergelder einzuheimsen. Ansonsten steht keinerlei Wert hinter dem Handel. Jeder, der sich an diesem Geschäft beteiligt, wird reicher. Und der Staat wird ärmer, eins zu eins.
>
> Man kann es sich vorstellen wie einen Betrug rund um das Kindergeld. Bei Cum-Cum-Geschäften lassen sich Deutsche, die gar keine Kinder haben, welche aus London schicken, melden sie in Deutschland an und schicken sie ein paar Tage später wieder nach London. Das Kindergeld teilen sie mit den Vermittlungsagenturen. Bei Cum-Ex-Geschäften und deren Varianten werden die Kinder gleich auf mehrere Familien angemeldet. Pro Kind gibt es also mehrfach Kindergeld. Der einzige Unterschied: Bei Betrug mit Aktien geht es jedes Mal um Millionen."

Journalistische Geschichten brauchen Held:innen, eine Handlung und einen Ort. Sie brauchen aber auch eine Form im Sinne eines Spannungsbogens, die der Geschichte eine innere Struktur gibt. Solche „Baupläne" sind die *Muster des Storytelling* und können mit Lampert und Wespe (2017: 168–186) folgendermaßen differenziert werden:

- Die *Chronologische Story* erzählt eine Geschichte in ihrem zeitlichen Ablauf nacheinander von Anfang bis Ende und eignet sich daher für komplizierte Storys, die Schritt für Schritt aufgebaut werden. Ein Beispiel ist die *SZ*-Story

„Falscher Freund, falsche Fährte", in der chronologisch nachgezeichnet wird, wie es dem „Wirecard-Vorstand Jan Marsalek gelang, deutsche Behörden über Monate hinweg zu verladen".

- Eine *Rahmengeschichte* beginnt und endet ähnlich – mit dem gleichen Protagonisten oder am selben Ort – und suggeriert damit eine abgeschlossene Handlung. Solche *Framestorys* sind typisch für Reportagen, die zum Abschluss an den Ausgangspunkt zurückkehren wie z.B. die Story „Obdachlos in Deutschland" (*Y-Kollektiv*), die bei der Essensausgabe eines Berliner „Kältebusses" beginnt und endet.
- *Gondelbahn-Geschichten* bestehen aus einer Basiserzählung, die den Handlungsstrang bildet. An dieses „starke Seil" werden die einzelnen Erzählungen und Fakten wie „Gondeln" gehängt. Die *FAZ*-Story „Im Land der Pinguine" erzählt anhand verschiedener Orte und Protagonist:innen vom knochenharten Arbeitsalltag auf einer Polarstation.
- *Episodenerzählungen* verzichten auf das verbindende Seil und reihen stattdessen Episoden aneinander. Diese unabhängigen Einzelgeschichten werden lose verbunden, z.B. durch ein gemeinsames übergeordnetes Thema, haben aber jeweils eigene Handlungsstränge wie die drei Episoden der *Zeit*-Story „100 Jahre Tour de France": „Am Berg der Fahrrad-Verrückten", „Ein Blutdoper kehrt zurück" und „Der Mann, der die Tour nachfährt".
- *Parallelgeschichten* erzählen zwei parallele Handlungsstränge nebeneinander. Features nutzen diese Struktur, um szenische Beispiele mit faktischen Hintergründen abzuwechseln. Auch die Geschichten zweier Protagonist:innen lassen sich so integrieren. In *Wellengeschichten* treffen die Handlungsstränge aufeinander, wie in der *National Geographic*-Story „Killing Kennedy" John F. Kennedy und sein Mörder Lee Harvey Oswald.
- *Rückblenden* kehren die Erzählrichtung an bestimmten Stellen von der Gegenwart in die Vergangenheit um. So lässt sich eine Vorgeschichte erzählen, aber die zeitlichen Sprünge können den Erzählfluss der Haupthandlung bremsen. Ein Beispiel bietet die *Story* „Marie fehlt" der *Ruhrnachrichten*, in der sich eine Mutter an ihre verstorbene Tochter erinnert.

Abseits ihrer Erzählform wird die Struktur der Story auch von dem ihr zugrundeliegenden Motiv geprägt. *Motive* sind erzählerische Handlungsmuster, die sich formal an „uralten Wahrnehmungsmöglichkeiten" von Menschen orientieren, z.B. an Mythen oder Sagen. Zu diesen insbesondere in fiktionalen Geschichten (z.B. in Literatur und Film) genutzten Erzählmustern zählt Adamczyk (2015: 47–82) u.a. die klassische „Heldenreise", wie sie z.B. Frodo oder Luke Skywalker in „Der Herr der Ringe" oder „Star Wars" bestehen, aber auch Archetypen wie „Ausbruch, Flucht und Befreiung", eine „Reifeprüfung" oder „Ermittlung", wie sie z.B. in der *NDR*-Story „Fritz Honka: Der Frauenmörder von St. Pauli" nacherzählt wird (vgl. Abb. 53). Sturm (2013: 34–35) zählt auch „dramaturgische Strickmuster" wie Kontraste und Paradoxien, Unwissenheit der Handelnden, Überraschungen, Neugierde, Retardierung, Erregung und Humor zu diesen Plot-Mustern.

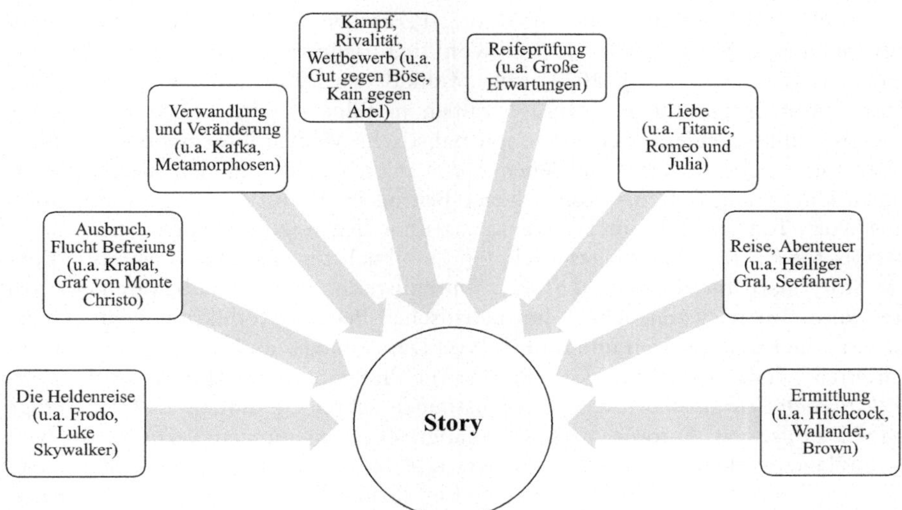

Abb. 50: Traditionelle Erzählmuster des Storytelling (Quelle: eigene Darstellung in Anlehnung an Adamczyk 2015: 47–82)

5.5 Formulierung: Journalistisch schreiben

Nach welchen Maßgaben verfassen Journalist:innen ihre Texte? Wie schreiben sie, sodass die Nutzer:innen ihre Gedanken nachvollziehen und die präsentierten Inhalte verstehen können? Die Suche nach der richtigen Sprache und dem persönlichen Stil ist insbesondere für junge Journalist:innen eine besondere Herausforderung. Die Recherche kann noch so exklusives Material zu Tage gefördert haben – können Journalist:innen die Fakten nicht prägnant vermitteln oder die Geschichte anschaulich erzählen, verpufft die Story weitgehend wirkungslos. Schreiben ist im Journalismus essentiell – ob als „Edelfeder“ einer Zeitung oder eines Onlinemagazins, als Moderatorin einer Nachrichtensendung, im Fernsehen oder Radio.

Zu den Grundzutaten einer überzeugenden journalistischen Geschichte gehört auch der passende Sprachstil (vgl. Sturm 2013: 31). Jeder Beitrag ist in einem eigenen Stil geschrieben, der nicht nur von den jeweiligen Autor:innen, sondern ebenso vom publizierenden Medium und Kanal, vom gewählten Thema und recherchierten Fakten, sondern auch von der Darstellungsform und der Erzählstruktur abhängt: Eine Titelstory im *Spiegel* über den Nahost-Konflikt nutzt einen anderen Stil – „die Wahl zwischen unterschiedlichen sprachlichen Mitteln“ (Häusermann 2008: 9) – als ein *Zeit*-Leitartikel über den Wirecard-Skandal, eine Meldung auf *Bild.de* über die Hochzeit des britischen Königspaares, das „Streiflicht“ in der *Süddeutschen Zeitung*, ein Listicle auf *BuzzFeed News* oder ein Selbstversuch auf *Vice*. Als „wichtigstes Gestaltungsmittel im Journalismus“ (Mast 2018: 339) ist Sprache zentrales Werkzeug im Prozess journalistischer Produktion. Hierbei steht die inhaltliche Gestaltung von Texten im Vordergrund, die medienübergreifend die Basis journalistischer Vermittlung sind (vgl. Gehr 2016) – auch wenn visuelle und akustische Präsentationsformen in Radio, Fernsehen und Internet an Bedeutung gewinnen (vgl. Mast: 2018: 339): Obwohl textorientierter Print- und Onlinejournalismus (vgl. Wolff et al. 2021) sich „radikal von Radioangeboten, die für das Hören konzipiert sind, und vom Erzählen in Bildern beim Fernsehen und bei Videos“ unterscheidet,[25] vermitteln journalistische Medien Informationen letztlich über sprachliche Botschaften, denen unabhängig von der finalen medienspezifischen Umsetzung (z.B. als gesprochener Beitrag im Radio oder als Kombination aus Wort, Ton und Bild im TV) Texte zugrunde liegen (z.B. in Form eines Manuskripts für ein Kolleg:innengespräch, ein Drehbuch für eine Dokumentation oder ein Storyboard für eine *Visual Story*). Journalistische Beiträge haben immer einen Textkern. Im nächsten Schritt journalistischer Beitragsproduktion geht es also darum, die recherchierten und mithilfe von Darstellungs- und Erzählformen strukturierten Inhalte als Text zu *formulieren*: Die Praxis bzw. das Handwerk des *journalistischen Schreibens*.[26] Wie Journalist:innen schreiben sollten, zu dieser Frage haben zahlreiche Autoren bereits umfangreiche Anleitungen verfasst, die von Grundlagenwerken wie Wolf Schneiders (2001) „Deutsch für Profis: Wege zum guten Stil“ über journalismuspraktische Einführungen wie „Stilistik für Journalisten“ (Kurz et. al. 2010), „Journalistisches Texten“ (Häusermann 2011), „Professionelles Schreiben für den Journalismus“ (Liesem 2015) bis zu darstellungsspezifischen Lehrbüchern, z.B. zu „Reportage und Feature“ (Bleher/Linden 2015) oder „Kommentar, Glosse, Kritik“ (Schalkowski 2011) reichen – sogar ein „Rezept“ für das Schreiben der richtigen „Überschrift“ (Esslinger/Schneider 2015) existiert. Was aber macht gutes journalistisches Schreiben angesichts dieser vielfältigen Einsatzmöglichkeiten von Sprache und unterschiedlichen Vermittlungszielen aus? Zunächst einmal gibt es keine eigenständige „Journalistische Sprache“ – Journalist:innen übernehmen ihre sprachlichen Mittel aus der Gesellschaft (vgl. Reus 2016). Im Nachrichtenjournalismus hat sich jedoch eine Form der „Nachrichtensprache“ (vgl. Tab. 6) herausgebildet. Deren wichtigste Anforderungen sind, dass Nachrichten *verständlich* (z.B. durch kurze Sinnschritte oder bekannte Wörter) und *wertungsfrei* (z.B. durch die Vermeidung von Euphemismen oder Kampfbegriffen) sein sollten (vgl. Schwiesau/Ohler 2016: 99). Ähnliche Kriterien lassen sich auch für journalistische Beiträge außerhalb von Nachrichten formulieren: Da Journalist:innen schwierige und komplexe Themen vermitteln, ist es entscheidend, dass Leser:innen, Hörer:innen, Zuschauer:innen und Nutzer:innen „Beiträge verstehen und der Abfolge von Aussagen und Argumenten folgen können. Daher sind und bleiben Verständlichkeit und Struktur die Grundanforderungen an alle journalistischen Darstellungsformen“ (Mast 2018: 338). Textliche *Struktur* meint hier nicht die Form eines journalistischen Textes in dem Sinne, wie Plot und Protagonist:innen aufgebaut werden – das ist eine Frage des Storytelling (vgl. Kapitel 5.4)

25 Zu den Besonderheiten beim „Schreiben fürs Hören“ (Wachtel 2003) oder „Texten fürs Web“ (Heijnk 2020) vgl. die im vorangegangenen Kapitel genannte Einstiegsliteratur zum Radio-, Fernseh- und Onlinejournalismus sowie Mast (2018: 380–396) zur medienspezifischen Präsentation journalistischer Inhalte.

26 Im Sinne eines praktischen Ansatzes („Journalisten sind keine Künstler, sondern Handwerker“; Fasel 2013: 8) wird Schreiben hier weniger als kreative Tätigkeit verstanden (zur Kreativität im Journalismus vgl. Meyer 2008), das ein besonderes Talent erfordert, sondern als erlernbares journalistisches Handwerk. Die Reihe „Journalisten Werkstatt“ behandelt verschiedene handwerkliche Themen aus dem Journalismus, u.a. auch „Besser Schreiben“.

– sondern die Komposition von Stil und Sprache eines Beitrags auf der Ebene einzelner Absätze, Sätze und Wörter. Um es einfach zu sagen: Die Frage, mit welcher Person, an welchem Ort und welcher Handlung Journalist:innen in ihre Reportage einsteigen, haben sie mit Mitteln des Storytelling zu beantworten. Wie sie die Szene dann sprachlich so ausgestalten, dass die Nutzer:innen sie verstehen und nachvollziehen können, hängt von ihrem journalistischen Schreibstil ab. Hier geht es vor allem um *Verständlichkeit*. Kriterien für verständliche journalistische Texte haben Ahlke und Hinkel (1999) aus dem sogenannten „Hamburger Verständlichkeitsmodell" nach Inghard Langer, Friedemann Schulz von Thun und Reinhard Tausch (1998) abgeleitet (vgl. Mast 2018: 339–340): *Einfachheit* in Wortwahl und Satzbau, eine nachvollziehbare innere *Ordnung* und äußere *Gliederung* des Textes, inhaltliche *Kürze und Prägnanz* sowie *anregende Zusätze*, also sprachliche Mittel, die das Interesse und die Aufmerksamkeit des Lesers wecken (z.B. Zitate oder Szenen; vgl. Abb. 54).

Einfachheit:	**Gliederung und Ordnung:**
• einfache Darstellung, • kurze, allgemein verständliche Sätze, • geläufige Wörter, • Fachwörter sind erklärt, • konkrete und anschauliche Sprache.	• Texte sind folgerichtig. • Sie sind übersichtlich. • Sie unterscheiden Wesentliches von Unwesentlichem. • Sie verfügen über einen erkennbaren roten Faden. • Sie bringen alles der Reihe nach.
Verständlichkeit	
Kürze und Prägnanz:	**„Anregende Zusätze":**
• Texte sind auf das Wesentliche beschränkt. • Sie sind gedrängt. • Sie sind konzentriert. • Sie sind knapp. • Jedes Wort ist notwendig.	• Texte sind inspirierend, • interessant, • abwechslungsreich, • persönlich (z.B. durch Ausrufe, wörtliche Rede, lebensnahe Beispiele, Menschen, Reizwörter, Humor, rhetorische Fragen, direkte Ansprache des Nutzers).

Abb. 51: Das Hamburger Verständlichkeitsmodell (Quelle: eigene Darstellung auf Basis von Liesem 2015: 40ff.)

Während jeder verständliche journalistische Text sprachlich einfach gehalten und klar gegliedert ist, hängt von der jeweiligen Darstellungsform ab, welche weiteren Merkmale ausgeprägt sein müssen – so kommt es bei Nachrichten vor allem auf eine knappe und prägnante, bei Reportagen und Portraits hingegen eher auf eine anregende, anschauliche Sprache an. Über die sprachlichen Grundanforderungen („Journalistische Botschaften sollten – unabhängig vom Medium über das sie transportiert werden – einfach, geordnet, klar, prägnant und anregend sein"; Mast 2018: 341) hinaus existieren weitere Regeln für journalistisches Schreiben und die inhaltliche Gestaltung von Texten – weitgehend unabhängig von der gewählten Darstellungsform (vgl. Liesem 2015: 1–40; Matzen 2014: 78–100; Müller 2011: 332–341; Haller 2008: 81; Lilienthal 2014: 119–121):

- Sprechen keine stilistischen Gründe dagegen, sollten Journalist:innen nicht nur im linearen Medium Radio bei der *Satzstruktur* linear aufgebaute Sätze bevorzugen, die Informationen aneinanderreihen, und Schachtelsätze und Einschübe vermeiden. Häusermann (2008: 22–30) empfiehlt dafür die Technik des „Portionierens", bei dem lange, komplizierte Absätze erst in ihre einzelnen Satz- oder Wortbestandteile zerlegt und anschließend verständlich zusammengesetzt werden. Hier sollten Autor:innen auch immer das Verständnisniveau ihrer Zielgruppe bedenken: Die *FAZ* als auf Entscheider:innen in Politik und Wirtschaft fokussierte überregionale „Qualitätszeitung" kann hier höher ansetzten als das Boulevardblatt *BILD*. Beim Textfluss zählt das Sprachgefühl: Lange und kurze, Haupt- und Nebensätze sollten so variiert werden, dass sich ein harmonischer Textrhythmus ergibt (vielen Journalist:innen hilft es tatsächlich, sich ihre Texte dafür laut vorzusprechen).
- Sprachbilder und Metaphern sollten zurückhaltend eingesetzt werden, können komplexe Themen aber veranschaulichen. Eine lebendige, aktive und bildhafte Sprache sollte auch den Neuigkeits- oder Erkenntniswert eines Textes herausstellen (z.B. im Vorspann oder im Einstieg). Häusermann (2008: 75–94) plädiert für ein „einladendes Schreiben", das an exponierter Stelle (z.B. auch in sogenannten *Mikrotexten* wie (Zwischen-)Überschriften, Teaser, und Bildunterschriften) sowohl moderierend, werbend als auch verbindend wirkt.
- Journalist:innen sollten Dinge beim Namen nennen: Eine klare, wertneutrale Sprache, die auf Politikerphrasen, Managersprech oder Bürokratendeutsch verzichtet, Fremdwörter, wenn sie denn unverzichtbar sind, erklärt, und die Nutzwert und Wissen schafft, ist prägend für journalistische Texte. Dabei sind Tatsachenbehauptungen von Meinungen zu trennen, bei strittigen Sachverhalten die widersprüchlichen Positionen darzustellen und mit Quellen zu belegen. Zitate belegen nicht nur, sondern können auch erklären und veranschaulichen – „Fremde Rede", prägnant und pointiert formuliert, macht Texte glaubhafter und attraktiver (vgl. Häusermann 2008: 45ff.).

In Ihrer Einführung in den „Zeitungs- und Zeitschriftenjournalismus" empfehlen Volker Wolff, Tanjev Schultz und Sabine Kieslich (2021: 56ff.) kurz, klar, bildhaft und gleichzeitig distanziert zu schreiben: Während die „Konzentration auf eine Aussage je Satz und der Verzicht auf verschachtelte Nebensätze" helfen, kurze Sätze zu schreiben, gewinnen journalistische Texte durch die „Wahl eigener Worte" (und nicht durch das nutzen von Textvorlagen aus Pressestellen) und durch eine aktive Sprache an Klarheit. „Eine bildhafte Sprache wird in erster Linie durch die Wahl starker Verben und präziser Substantive erreicht" – zudem sollten Synonyme und abgegriffene Alltagsmetaphern zugunsten origineller Sprachbilder vermieden werden. Durch den Fokus auf Tatsachenbehauptungen (im Gegensatz zu Verdächtigungen oder Gerüchten) wahren Journalist:innen zudem auch sprachlich Distanz zu den Gegenständen ihrer Berichterstattung.

5.6 Fact Checking: Fakten verifizieren

Welche Informationen treffen zu? Wo fehlen dem Beitrag noch Belege? Mit welchen Methoden und Instrumenten können Journalist:innen Fakten überprüfen?

„Fact Checking" ist zu einem journalistischen Buzzword geworden – dabei ist das Verifizieren von Informationen immer schon eine Kerntätigkeit von Journalist:innen gewesen. Spätestens vor der Publikation müssen Informationen sorgfältig und nach journalistischen Kriterien geprüft werden.

Nachdem die recherchierten Informationen in journalistische Darstellungs- und Erzählformen gegossen und der Text ausformuliert wurde und nun als Manuskript der praktischen Umsetzung in die medienspezifische Publikationsform harrt (z.B. als gebauter Hörfunkbeitrag, als TV-Doku oder Onlineartikel), müssen Journalist:innen abschließend *überprüfen*, ob alles richtig und stimmig ist. Dieser letzte Schritt im journalistischen Produktionsprozess ist die *Verifikation*: Während das *Recherchieren* „die gezielte Suche nach Informationen in primären und sekundären Quellen" meint, ist das *Verifizieren* die „Überprüfung von Informationen in unabhängigen Quellen" (Müller 2011: 262). Zwar sind Verifizierungen „unbedingter Bestandteil von Recherchen" und müssen während des gesamten Rechercheprozesses durchgeführt werden (vgl. Kapitel 5.2) – anderenfalls riskieren Journalist:innen, fehlerhaften Informationen zu folgen und ihre Hypothese auf falschen Angaben aufzubauen. Als „allerletzte Korrekturphase" (Lilienthal 2014: 121) kommt dem *Fact Checking*, wie die Überprüfungsrecherche in der Tradition des US-Journalismus bezeichnet wird, jedoch eine besondere Bedeutung vor der Publikation zu. „Der Grund, warum die Überprüfungsrecherche so wichtig ist, liegt auf der Hand: Es gibt keine Artikel ohne Fehler" (Haarkötter 2015: 94). Sollen Journalist:innen bei der Recherche Informationen suchen, sammeln und systematisieren, geht es dem Fact Checking im Kern um das Überprüfen von Fakten, ganzheitlich verstanden aber ebenso um die Prüfung von Quellen, Plausibilität und Kausalität der im Beitrag enthaltenen Informationen, geschilderten Zusammenhänge und aufgestellten Hypothesen. Die finale Überprüfungsrecherche folgt einem klaren Ablauf, der sich nicht nur für storybasierte Recherchen eignet (vgl. Abb. 55):

Überprüfen, ob die Story wahr ist	• Um eine wahre faktenbasierte Geschichte zu erzählen, müssen nicht nur alle Tatsachen einer Story überprüfbar wahr sein, sondern zusammengenommen auf die Hypothese bestätigen.
Jedem Sachverhalt mindestens eine Quelle zuweisen	• Für jede einzelne Äußerung und jeden einzelnen Sachverhalt muss es mindestens eine Quelle geben (Primärinformationen) • Bei sekundären Informationen sind hierfür zwei oder mehr Quellen nötig (*Zwei-Quellen-Prinzip*)
Fehler identifizieren und korrigieren	• Sobald sachliche oder kausale Fehler gefunden sind, müssen sie ausgebessert werden. Dafür ist unter Umständen eine Nach- oder Zusatzrecherche nötig • Zuletzt sollten noch Unausgewogenheiten entfernt werden (z.B. Emotionen, persönliche Wertungen etc.), die tendenziös sind. Zu Meinungen müssen Gegenpositionen, zu Vorwürfen Erwiderungen eingeholt worden sein.

Abb. 52: Ablauf einer Überprüfungsrecherche (Fact Checking) (Quelle: eigene Darstellung auf Basis von Haarkötter 2015: 95)

In diesem Sinne geht journalistisches *Fact Checking* nicht nur an den Faktenkern eines Beitrags (Faktizität), sondern prüft die Story als Ganzes und die ihr zugrundeliegenden Annahmen (Substanz). Letztlich muss die Hypothese einer journalistischen Geschichte *verifiziert* werden – sie muss als wahr und bestätigt gelten. Nach Haarkötter (2015: 97) ist eine Story-Hypothese richtig, wenn die Punkte der folgenden „Checkliste“ erfüllt sind:

- „Der Ablauf des Ereignisses muss hinreichend präzise rekonstruiert sein.
- Die Rollen aller Beteiligten müssen klar sein.
- Alle Tatsachenbehauptungen müssen sich bestätigt finden (Belege).
- Die Motive und Intentionen der Handelnden müssen offenliegen.
- Die Verantwortlichkeiten müssen deutlich benannt sein.
- Die Folgen der Handlungen müssen aufgezeigt werden.“

Um einen Beitrag journalistisch „wasserdicht“ zu machen, müssen die Fakten stimmen und mit ausreichenden Quellen belegt werden. Hierbei geht es zunächst nur um *Sachaussagen* (faktische W-Fragen) wie Namen, Zeit- und Ortsangaben, später um *Sinn- und Kausalaussagen* (interpretative W-Fragen). Bei der Quellenkritik gilt das Zwei-Quellen-Prinzip (vgl. Kapitel 5.2) – unter Umständen müssen auch weitere Quellen hinzugezogen werden: „Eine Quelle genügt so gut wie nie, zwei Quellen sind Minimum, drei oder mehr das Optimum“, erinnert Lilienthal (2014: 122). Demnach sollten Journalist:innen sich bei jeder Quellenkritik stets fragen, ob sie an der Originalquelle sind, ob es möglicherweise alternative oder abweichende Quellen gibt, warum die Quelle belastbar ist, ob sie überhaupt Recht haben kann (fachliche Qualifikation), eventuell sogar (bewusst) eine falsche Angabe macht und ob die Quelle sinngemäß wiedergegeben wurde (vgl. auch Weiß

2010: 174). Der Kern des Fact Checking ist die eigentliche Faktenkontrolle. Diese ist in der journalistischen Praxis kaum institutionalisiert – nach Recherchen des Medienmagazins *ZAPP* verfügen nur wenige deutsche Redaktionen (neben dem prominenten Beispiel der *Spiegel*-Dokumentation[27] u.a. noch der *Focus*, *brand eins* und *Geo*) über eine eigene „Faktenchecker"-Abteilung (vgl. Bouhs 2017) – und wird nach unterschiedlichen Regeln und Grundsätzen durchgeführt. Während in manchen Fällen die Autor:innen selbst die Fakten ihrer eigenen Beiträge überprüfen (und dabei natürlich „blinde Flecken" in Kauf nehmen müssen), redigieren anderenorts Kolleg:innen die Beiträge und verifizieren dabei auch die Fakten. Im journalistischen Produktionsprozess ist die Faktenkontrolle zentraler Teil des abschließenden Redigierens und eine wichtige Maßnahme zur Sicherung journalistischer Qualität (vgl. Mast 2018: 204–205). Michael Haller (2008: 123) schlägt zur Durchführung des redaktionsinternen Fact Checking folgende Schritte vor: Im Manuskript des Beitrags wird zuerst jede Sachaussage unterstrichen und dabei Ursachenbehauptungen und Zitate markiert. Für alle nicht allgemein bekannten Fakten und von den Autor:innen zitierten Aussagen wird eine Quelle als Beleg an den Rand geschrieben (anders als in der wissenschaftlichen wird in der journalistischen Praxis aus Gründen der Lesbarkeit und Verständlichkeit nicht jede Quelle direkt und detailliert im Text angegeben). Anschließend überprüfen Redakteur:innen, ob die Quelle glaubwürdig und belastbar ist – und suchen bei unklaren oder widersprüchlichen Aussagen weitere Belege. Abschließend prüfen die Redakteur:innen die kausalen Zusammenhänge des Beitrags und beurteilen, ob die Hypothesen plausibel und belegt sind. In diesem Prozess sollten Autor:innen und kontrollierende Redakteur:innen nicht gegen-, sondern miteinander arbeiten, um Fehler auszumerzen, die am Ende nicht nur dem Autor, sondern der ganzen Redaktion, dem Medienunternehmen oder sogar dem Journalismus selbst schaden können – das belegen die zahlreichen Beispiele fehlerhafter Berichterstattung von den gefälschten „Hitler"-Tagebüchern des *Stern* bis hin zum Skandal um ausgedachte Reportagen von Claas Relotius beim *Spiegel*. Faktenchecks sollten redaktioneller Standard statt besonders betontes Qualitätsmerkmal im Journalismus sein. Dennoch ist das systematische, regelgeleitete Überprüfen von Fakten und Hypothesen insbesondere im Lokaljournalismus, wo regelmäßig mit knappen personellen und zeitlichen Ressourcen gekämpft wird, noch nicht durchgängig etabliert. Doch auch unter Zeitdruck lassen sich zumindest zentrale Informationen kritisch prüfen. Der frühere Leiter der *Spiegel*-Dokumentation, Hauke Janssen (2014), empfiehlt Prioritäten bei der Verifizierung zu setzen und folgende Punkte besonders zu beachten, wenn eine Prüfung aus zeitökonomischen Gründen nicht „Zeile für Zeile fortlaufend" erfolgen kann. Journalist:innen sollten in diesem Fall aber zumindest die folgenden Fragen anhand des Beitrags beantworten: Stimmen die Fakten, Zeitbezüge, Namen, Funktionen, Orte sowie Zitate (nach Wort und Sinn)? Sind die herangezogenen Quellen aktuell und seriös? Enthält der Text inne-

27 Bis der Fall um die gefälschten Reportagen von Claas Relotius im Dezember 2018 publik wurde, galt die *Spiegel*-Dokumentation als deutschlandweit vorbildliche Abteilung für journalistisches Fact Checking (vgl. u.a. Lilienthal 2014: 123ff.). Dass der auch vom *Spiegel* zuvor selbst kommunizierte Anspruch, 70 Dokumentar:innen würden jeden Satz, jede Zeile und jedes Wort eines Artikels vor der Veröffentlichung prüfen, sich im Nachhinein als nicht haltbar erwies, musste die Redaktion im Zuge des Relotius-Skandals einräumen (vgl. Niggemeier 2018).

re Widersprüche? Auf diese Weise lassen sich nicht nur die gröbsten Faktenfehler finden, sondern auch das Risiko falscher Tatsachenbehauptungen reduzieren, die juristische Konsequenzen haben können.

Der Begriff „Fact Checking“ hat sich im Journalismus aber noch aus einem anderen Grund zu einem Buzzword entwickelt: Im Zuge der zunehmenden Verbreitung von „Fake News“ (vgl. Kap. 7.1) – also vorsätzlich und in manipulativer Absicht verbreiteter Falschinformationen, die Journalismus oft imitieren (vgl. Rinsdorf 2018) – insbesondere in sozialen Netzwerken rückt die journalistische Überprüfung von Fakten bzw. das Erkennen und die Eindämmung von Fake News („Debunking“) in die Aufmerksamkeit der Öffentlichkeit – auch weil ihr Einfluss auf politische Wahlen, z.B. in den USA oder Großbritannien, sichtbar wurde (vgl. Allcott/Gentzkow 2017; Humprecht 2019). Im Vorfeld der deutschen Bundestagswahl 2017 war das Thema ebenso präsent (vgl. Sängerlaub/Meier/Rühl 2018) wie die Angst vor Desinformationen im „Superwahljahr“ 2024 in Deutschland und des USA. Zahlreiche deutsche Redaktionen rüsteten daher eigene Fact-Checking-Einheiten auf (vgl. Oswald 2017), die auch nach der Wahl politische oder mediale Behauptungen überprüfen und kontextualisieren. Ein prominentes Beispiel dieser „Verifizierungs-Initiativen made in Germany“ waren der „Faktenfinder“ der *ARD-Tagesschau*, der neben überprüften Hintergrundinformationen auch zahlreiche Video-Tutorials anbietet (z.B. zu Fragen, wie Nutzer:innen und Journalisten Videos im Netz verifizieren, Fake News erkennen oder manipulierte Bilder und Statistiken entlarven können). Weitere Beispiele sind der „Faktenfuchs“ des *Bayrischen Rundfunks* und das crossmediale Format „zdfcheck17“ sowie die Plattformen Truly Media (u.a. der *Deutschen Welle*) und „Echtjetzt“, auf der *Correctiv*-Journalist:innen Falschbehauptungen, die auf deutschen *Facebook*-Seiten verbreitet werden, richtig stellen (vgl. Oswald 2017). Internationale Recherche-Plattformen wie *Bellingcat* prüfen Bilder und Videos aus Kriegs- und Krisengebieten wie Syrien oder der Ukraine auf ihre Authentizität und entlarven regelmäßig Fakes (vgl. Haarkötter 2019: 326). Sowohl für das hausinterne Fact Checking eigener Beiträge als auch für das Debunking von über soziale Medien verbreiteten Fake News bieten sich ein stetig wachsender und verbesserter Fundus an Online-Werkzeugen (sogenannte *Open Source Intelligence*; OSINT) an, mit denen Journalisten geografische oder zeitliche Informationen, Bilder, Videos oder Social-Media-Accounts verifizieren können (vgl. für einen ersten Überblick Haarkötter 2016; Welchering 2020b).[28] Die freie Fakten-Checkerin Karolin Schwarz nennt in einem lesenswerten *Meedia*-Interview verschiedene Tools, „die zeigen, wie man im Netz Fake News erkennt“ (vgl. Friedt 2019): Während sich *Google* und *Yandex* sich für die Rückwärtssuche von Bildern eignen, indem mögliche Fake-Fotos mit den Originalbildern verglichen werden können, lassen sich Fake-Videos mit dem *YouTubeDataViewer* identifizieren, der öffentlich verfügbare Metadaten anzeigt. Das Tool *Account Analysis* macht das Nutzungsverhalten

28 Im Rahmen des von Holger Wormer geleiteten Lehrforschungsprojekts „Verification Tool Box“ hat ein Team des Dortmunder Instituts für Journalistik einen „Werkzeugkasten für Verifikation und Fact Checking“ zusammengestellt (vgl. Burg/Teusch 2018), das u.a. Tools für das Überprüfen von Texten, Videos und Social-Media-Postings enthält. Noch umfangreicher ist die „Journalist’s Toolbox“ der Society of Professional Journalists (2020).

von *Twitter*-Usern nachvollziehbar. Die erweiterten Suchoperatoren bei *Google* (vgl. Haarkötter 2015: 155–162) helfen, Informationen zeitlich einzuschränken. Digitale Kartenservices wie *Google Maps* oder *Bing Maps View* oder *Yandex Panorama* können Journalist:innen bei der Verifikation von Orten ebenso nutzen wie *Google Streetview*. Als „ernsthafte Bedrohung für die politische Meinungsbildung" und vor allem als „Phänomen innerhalb rechtspopulistischer Strömungen", das die „Polarisierung und Aufspaltung von Gesellschaften" fördert (vgl. Rinsdorf 2018), ist es eine zunehmend wichtige gesellschaftliche Aufgabe von Journalist:innen, Fake News zu entlarven und richtigzustellen – auch über den Prozess der journalistischen Beitragsproduktion hinaus (vgl. Kapitel 7.1), z.B. in Form eines vor allem auf die Verifizierung und Korrektur von Falsch- und Desinformation ausgerichteten „Fact-Checking"-Journalismus als ein sich derzeit in der Praxis etablierendes Berichterstattungsmuster (vgl. Meier 2019: 108): „Der Fact-Checking-Journalismus ist zwar auch beweisführend, aber deckt keine gesellschaftlichen Missstände auf wie der Investigative Journalismus, sondern er überprüft potentiell falsche Aussagen und Desinformationen, die vor allem aus den PR-Kanälen der Politik und über soziale Netzwerke in die Öffentlichkeit geschwemmt werden – mit dem Ziel, Stimmungen in der Bevölkerung oder Wahlen zu beeinflussen." Dass diese Ziele in der journalistischen Praxis durchaus verschwimmen können, zeigt z.B. die Fact-Checking-Redaktion des investigativen Recherchebüros *Correctiv*.

5.7 Publikation: Beiträge veröffentlichen

Worauf sollten Journalist:innen achten, wenn Sie Beiträge redigieren? Und wie interagieren sie nach der Publikation ihrer Beiträge mit dem Publikum. Insbesondere im digitalen Journalismus sind die Praktiken der Publikation, vor allem das Redigieren des Beitrags und das Interagieren mit der Community wichtig – gerade, weil die Reaktionen der Nutzer:innen unmittelbar und harsch ausfallen können, wenn sie Fehler entdecken oder die Diskussionen und Kommentare unter journalistischen Beiträgen nicht sorgsam moderiert werden.

Fact Checking und Debunking sind selbstständige journalistische Praktiken, können ebenso aber als elementare Bestandteile des journalistischen *Redigierens* verstanden werden. Diese journalistische Praktik, die in der Regel den letzten Arbeitsschritt im journalistischen Produktionsprozess vor dem *Publizieren* darstellt, meint hier nicht nur die Auswahl, Prüfung und Aufbereitung von Fremdmaterial für die journalistische Veröffentlichung (z.B. wenn Redakteur:innen Meldungen von Nachrichtenagenturen für das eigene Angebot bearbeiten, Fotos von Agenturen auswählen oder die Berichte von Korrespondent:innen integrieren), sondern bezeichnet einen „journalistischen Prozess, in dem die Qualität von Beiträgen durch Kommunikation verbessert wird" (Müller 2011: 314) – es geht hier vor allem um den journalistischen „Feinschliff". Neben der Frage „Stimmt der Inhalt?", die im Rahmen eines professionellen Fact Checking beantwortet werden kann, geht es beim Redigieren eines Beitrags auch um die Frage „Stimmt die Form?" (vgl. Hooffacker/Meier 2017: 6). Denn neben korrekten Fakten, belegbaren Hypothesen und aussagekräftigen Quellen benötigen journalistische Beiträge auch eine geeignete Darstellung, einen stringenten Aufbau und passenden Stil sowie eine korrekte Rechtschreibung (zumindest bei Texten) und Wortwahl sowie die richtige Länge.[29] Beim Redigieren werden also alle Schritte des journalistischen Arbeitsprozesses anhand des aus Sicht der Autor:innen fertigen Beitrags noch einmal überprüft: Thema, Recherche, journalistische Darstellungsform, Storytelling, Sprache und Stil – gewissenhaft redigierende Redakteur:Innen werden sämtliche Arbeitsschritte sezieren, um das bestmögliche Ergebnis im Sinne von Autor:innen und Zielgruppe der Beiträge zu erzielen (vgl. Abb. 56):

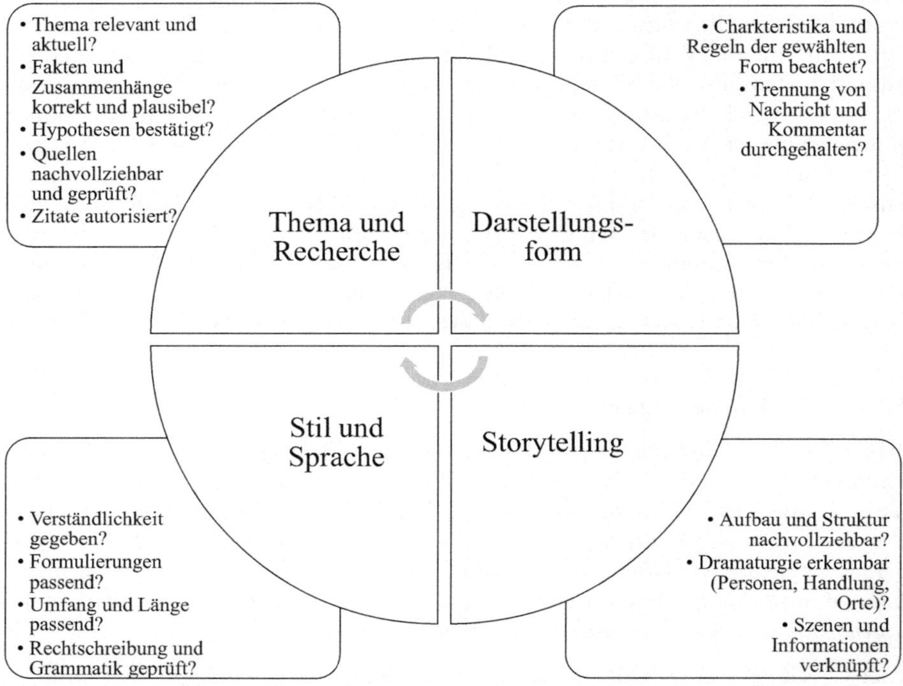

Abb. 53: „Die Quadratur des Beitrags“: Problemfelder des Redigierens (Quelle: eigene Darstellung in Anlehnung an Linden/Bleher/Sommer 2007, ergänzt um Müller 2011: 319–320)

Ziel des journalistischen Redigierens ist es, den Beitrag publikationsfertig zu machen und redaktionell „abzunehmen“. Nach Abschluss dieses Arbeitsschrittes kann er also in der Zeitung oder Zeitschrift gedruckt, im Radio oder Fernsehen

29 Müller (2011: 319–320) hat eine umfangreiche „Checkliste“ entwickelt, die für „Selbst-Redigierer“ (Autor:innen, freie Journalist:innen) ebenso geeignet ist wie für „Fremd-Redigierer“ (Redakteur:innen, Ressortleiter:innen). Neben organisatorisch-formalen Vorgaben (z.B. sind Länge, Formatierung des Textes eingehalten?) sollten redigierende Journalist:innen auch auf „Rechte und Quellen“ (z.B. sind alle Quellen nachvollziehbar? Verletzen die Inhalte Persönlichkeits- oder Urheberrechte?) und „Thema und Inhalt“ des Beitrags eingehen (z.B. Ist das Thema noch relevant? Sind die Grundprinzipien der Darstellungsform berücksichtigt?). Zum journalistischen „Redigieren“ vgl. auch Brunner (2010).

gesendet, auf der Website online gestellt oder in sozialen Netzwerken gepostet werden. Neben den rechtlichen Rahmenbedingungen – z.B. dürfen keine falschen Tatsachen behauptet oder Persönlichkeitsrechte verletzt werden (vgl. Kapitel 5.2) – und qualitativen Ansprüchen (vgl. Kapitel 7.3) sollten die Redakteur:innen auch mögliche ethische Probleme berücksichtigen, z.B. ob Informant:innen absprachegemäß anonymisiert oder Beiträge mit potenziell traumatischem Inhalt mit einer „Trigger"-Warnung gekennzeichnet wurden. Dieser Verweis hat sich insbesondere in einem „jungen Journalismus" – z.B. bei Angeboten wie *Vice*, *BuzzFeed* oder *funk* (sogenannte „Millenial Medien"; vgl. Kramp 2017; Kramp/Weichert 2018) – etabliert, wird aber zunehmend auch in traditionellen journalistischen Kontexten genutzt, um Nutzer:innen vor für sie möglichweise verstörenden Inhalten zu schützen (z.B. brutale Bilder aus einem Krieg, Gewalt gegen Kinder oder bestimmte sexuelle Inhalte). Ein besonders krasses Beispiel für eine fehlende Trigger-Warnung – allerdings auch für die Frage, ob die Publikation entsprechender Inhalte nicht grundsätzlich journalistischer Ethik widerspricht (vgl. Kapitel 7.2) – ist die Veröffentlichung eines Videos, das der Attentäter, der 2019 im neuseeländischen Christchurch eine Moschee angriff und zahlreiche Menschen tötete, vor, während und nach seiner Tat aufnahm – und das die BILD nur leicht gekürzt online publizierte. Dafür wurde die Redaktion vom Presserat wegen unangemessen sensationeller Darstellung gerügt – und in der Branche entzündete sich daran eine intensive Debatte über journalistische Verantwortung (vgl. Schwarz 2019; Frank 2019).

Um auf negative emotionale Auslöser hinzuweisen, platzieren Journalist:innen daher zunehmend Trigger-Warnungen,[30] z.B. im Teaser oder im Lead-In, so dass Nutzer:innen noch die Möglichkeit haben, die Nutzung des Inhalts abzubrechen. Ein solcher verantwortungsvoller Umgang mit traumatisierenden Inhalten finden sich z.B. vor und unter vielen Videos des öffentlich-rechtlichen Content-Netzwerks *funk* (vgl. Brinkmann 2023b: 609-611): So kennzeichnen beispielsweise die Filme „Exklusive Datenrecherche: Wie Pädosexuelle Bilder klauen" und „Pädokriminelle Foren: Warum löscht niemand die Aufnahmen?" der beim *NDR* angesiedelten *funk*-Redaktion *STRG_F* ihren potenziell verstörenden Inhalt bereits in der ersten Zeile des Text-Teasers und greifen dabei auf Warn-Emojis zurück – „⚠Warnung: In diesem Video thematisieren wir sexuelle Gewalt gegen Kinder⚠" – während die Reporter:innen im Einstieg des Videos ebenfalls auf die „Härte" der anschließend gezeigten Bilder eingehen und zusätzlich die Kommentarspalte mit folgendem Hinweis überschrieben ist:

> „Triggerwarnung: Liebe Community, dieser Film erzählt von Phantasien und Handlungen, die pädo-sexuell/pädokriminelle sind. Wir beachten dabei selbstverständlich den Jugendschutz. Dennoch kann das alles verstörend sein. Bitte schaut das nur, wenn ihr es ertragen könnt."

30 Es kann allerdings kritisch eingewendet werden, dass Trigger-Warnungen – insbesondere für Nutzer:innen, die wenig gefährdet sind, sich von den problematischen Inhalten „triggern" zu lassen – durchaus auch als publizistisches Mittel eingesetzt werden können, um Aufmerksamkeit zu generieren: Das Gefährliche, das Verstörende, das für andere Nutzer:innen potenziell Traumatisierende könnte so durchaus einen besonderen „Klick-Reiz" ausüben, der aus journalistischer Perspektive – ähnlich wie Clickbait – problematisch wäre.

Diese direkte Ansprache der Community, also der regelmäßigen Nutzer:innen eines Angebots ist charakteristisch für Medien wie *funk*, die auf junge Zielgruppen fokussieren (vgl. Drössler 2021). Die Einbindung der Community nach der Publikation gehört bei vielen dieser Angebote und Formate zum Kern und wird regelmäßig am Ende der Beiträge mit einem direkten Aufruf (*Call to Action*), z.B. zum Kommentieren des Themas unterhalb des Videos, verbunden. So fragt *STRG_F*-Reporterin Birgit Wärnke im Fazit ihrer Reportage „Ex-Neonazi: Wie wir Deutschland stürzen wollten" nach den eigenen Erfahrungen der Nutzer:innen – und fordert diese auf, diese in den Kommentaren zu teilen:

> „Mein Eindruck nach dieser Recherche: Es kommt nicht von ungefähr, warum die neue Rechte im Osten Deutschlands, in meiner alten Heimat, so stark ist. Es hat was mit der Vergangenheit zu tun, mit der DDR-Zeit, aber vor allem mit den gewaltvollen 90er Jahren. Mich interessiert, was ihr denkt. Werden politische Einstellungen weitergegeben? Innerhalb der Familie – von Generation zu Generation? Schreibt es uns in die Kommentare."

Dieser Austausch der Journalist:innen mit ihren Nutzer:innen dient aber nicht nur dazu, das Publikum zum Interagieren zu bewegen, also um über Klicks, Kommentare und Likes insbesondere in sozialen Medien die *Interaction-Rate* des Beitrags zu erhöhen und ihn bestenfalls „viral" gehen zu lassen (vgl. Haarkötter 2019: 223; Stringer 2020), sondern verfolgt auch handfeste journalistisch Interessen: Im Idealfall lassen sich aus den Rückmeldungen der Community neue Aspekte oder Informationen zum Beitragsthema generieren, auf deren Grundlage eine Story „weitergedreht" werden kann. Die Redaktion von *STRG_F* produziert so regelmäßig sogenannte *Follow-ups*, wenn Filme wie „Undercover als Chatschreiberin: Falsche Flirts auf Dating-Plattformen" so starke Diskussionen und so viele Hinweise der Community auslösen (Reporterin Nadia Kailouli: „Dieser Film hat euch bewegt. Ich war undercover als Chatschreiberin auf Datingportalen unterwegs und habe das Geschäft mit den Fake-Flirts aufgedeckt. Auf den Film haben wir tausende Fragen und Kommentare bekommen. Und deswegen haben wir weiterrecherchiert"), dass sich mit „Betrug in Love-Chats: Opfer packen aus" eine Fortsetzung der ursprünglichen Story drehen lässt. Ein solches *Crowdsourcing*, bei dem das Wissen und die Erfahrungen der Masse (*Crowd*) der Nutzer:innen als Steinbruch für Themen, Informationen und auch Protagonist:innen genutzt wird, ist eine zunehmend journalistisch etablierte Praxis, z.B. auch bei anderen Angeboten eines überwiegend digitalen „Pionierjournalismus" (Hepp et al. 2021) wie *Krautreporter*, *Correctiv* oder *Katapult*. Das „Diskursivieren" (Buschow 2018: 307), das das „Beobachten, Begleiten oder Initiieren von Diskussionen" im Anschluss an die Veröffentlichung von Inhalten umfasst, ist aber keineswegs nur bei journalistischen Start-ups gängige Praxis, sondern findet sich bei nahezu allen digital aktiven Medien. Nutzer:innenbeiträge werden inzwischen regelmäßig in den redaktionellen Prozess eingebunden, z.B. in Form von Forenbeiträgen oder Nutzer:innen-Zitaten (vgl. Matzen 2014: 26). Auch *User-generated Content*, also Inhalte wie Fotos oder Videos, die von Nutzer:innen erstellt und mit der Redaktion geteilt werden, ist eine wichtige Ressource für viele Redaktionen geworden. Sich beim Moderieren in digitalen Medien weitgehend nur auf die Kontrolle von

Kommentaren zu beschränken – z.B. um *Hate speech* vorzubeugen oder die Einhaltung der *Netiquette* zu überwachen – verschenkt oft journalistisches Potenzial (vgl. Müller 2011: 411): „Im Idealfall ist ein Artikel kein fertiges Endprodukt, sondern Ausgangspunkt einer konstruktiven Debatte mit Nutzerbeteiligung, die wieder in neue Beiträge mündet. Das funktioniert aber nur, wenn Journalisten Moderieren, Debattieren und Kuratieren nicht als lästige Zusatzaufgabe, sondern elementaren Bestandteil ihrer Arbeit begreifen", wie die Journalistin Ulrike Langer zusammenfasst. Ein solches „Post-Publication-Gatekeeping" (Hermida 2020) oder „Gatewatching" (Bruns 2018) kann sowohl prozess- als auch partizpativjournalistische Formen annehmen, z.B. wenn Journalisten nach der Publikation eines Beitrags Fragen aus der Community aufnehmen und diese z.B. in FAQs beantworten, über kontroverse Aspekte des Themas oder Probleme bei der Recherche diskutieren und so im besten Fall die Transparenz erhöhen (vgl. Meier/Reimer 2011).

Einführende Literatur

Wolff, Volker/Schultz, Tanjev/Kieslich, Sabine (2021): Zeitungs- und Zeitschriftenjournalismus. Köln: Herbert von Halem.

Fasel, Christoph (2013): Textsorten. 2. Aufl. Konstanz: UVK.

Haarkötter, Hektor (2015): Die Kunst der Recherche. Konstanz: UVK.

Häusermann, Jürg (2008): Schreiben. UVK.

Haller, Michael (2008): Recherchieren. 7. Aufl. Konstanz: UVK.

Lampert, Marie/Wespe, Rolf (2017): Storytelling für Journalisten. Wie baue ich eine gute Geschichte?. 4. Aufl. Köln: Herbert von Halem.

Liesem, Kerstin (2015): Professionelles Schreiben für den Journalismus. Wiesbaden: Springer VS.

Lilienthal, Volker (2014): Recherchieren. Konstanz/München: UVK.

Scheiter, Barbara (2009): Themen finden. Konstanz: UVK.

Weiterführende Literatur

Bleher, Christian/Linden, Peter (2015): Reportage und Feature. Köln: Herbert von Halem.

Brunner, Stefan (2019): Redigieren. Konstanz: UVK.

Haarkötter, Hektor (2016): Google & mehr: Online-Recherche. Wie Sie exakte Treffer auf Ihre Suchanfragen erhalten. Konstanz: UVK.

Haller, Michael (2020): Die Reportage. Theorie und Praxis des Erzähljournalismus. 7. kompl. überarb. Aufl. Köln: Herbert von Halem.

Kaiser, Markus (2015): Recherchieren. Klassisch – online – crossmedial. Wiesbaden: Springer VS.

Ludwig, Johannes (2017): Investigatives Recherchieren. 3. überarb. Aufl. Köln. Herbert von Halem.

Thiele, Christian (2013): Interviews führen. 2. überarb. Aufl. Köln: Herbert von Halem.

Schalkowski, Edmund (2011): Kommentar, Glosse, Kritik. Köln: Herbert von Halem.

Sturm, Simon (2013): Digitales Storytelling. Eine Einführung in neue Formen des Qualitätsjournalismus. Wiesbaden: Springer VS.

6. Journalistische Performanz

Überblick

Dieses Kapitel widmet sich den Leistungspotenzialen von journalistischen Prozessen und Produkten und nimmt dabei eine problemorientierte Perspektive auf medienökonomische und -ethische Fragestellungen ein: Von den prekären Geschäftsmodellen und den bislang kaum ausgeschöpften wirtschaftlichen Potenzialen des digitalen Journalismus zu aktuellen medienethischen Konflikten in der Praxis. Damit soll angehenden Journalist:innen Grundlagenwissen vermittelt werden, das über das reine journalistische Handwerk hinausgeht und zur Einordnung aktueller Probleme in der Medienbranche befähigt. Darüber hinaus adressiert das Kapitel Fragen nach der journalistischen Qualität: Was ist „Qualitätsjournalismus"? Und anhand welcher Qualitätskriterien lassen sich journalistisches Handeln und Inhalte bewerten?

Ausgehend von dem im dritten Kapitel skizzierten PPP-Modell, das hier als Hintergrundfolie für die Annäherung an Journalismus dient, bleibt neben journalistischen Programmen und Praktiken noch eine dritte Dimension: Die journalistische *Performanz*. Dieser Begriff ist in der Journalistik etwas unscharf geblieben – und kann in einer sprachwissenschaftlichen Auslegung als „Performativität" das Ineinanderfallen von Sprechen und Handlung bedeuten (vgl. Lünenborg 2017: 379; Broersma 2010; 2007; vgl. Brinkmann 2023b: 227f.) –, wird hier aber anknüpfend an das Konzept der *Media Performance* (vgl. McQuail 1992) als journalistisches Leistungspotenzial verstanden. Um journalistische Konzepte und verschiedene Journalismen (vgl. Kapitel 7) nicht nur als Programme und Praktiken zu beschreiben, sondern auch die Ergebnisse dieses Handelns als Produkte bzw. journalistische Inhalte kritisch zu reflektieren, bietet sich eine solche Dimension nicht nur für die journalistische Praxis, sondern ebenso für die Journalistik an: So hat bereits Haas (1999: 14) in seiner Konzeption eines „Empirischen Journalismus" explizit als Ziel eingefordert, „die Qualität journalistischer Verfahren, deren Quellen und Entwicklungen sowie ihr Leistungspotential und damit das Leistungspotential des Journalismus zu analysieren." Dabei müsste nicht nur „journalistisches Handeln prozessual verstanden [werden], weshalb journalistische Verfahren und Methoden untersucht werden müssen. Die Qualität einzelner Verfahrensschritte ist notwendige Voraussetzung zur Erfüllung der zentralen systemischen Leistung von Journalismus: der Erkundung und Vermittlung gesellschaftlicher Wirklichkeit" (ebd.: 15). Das „Gelingen des journalistischen Programms" (ebd.: 16) – also „Thematisierungsleistungen, die Formen, Muster sowie Qualität der Recherche und schließlich die Umsetzungs- und Präsentationsstrategien" – kann damit nicht nur aus einer praktischen Perspektive auf Journalismus bewertet werden, sondern auch aus medienökonomischer und -ethischer Sichtweise. So lässt sich für journalistische Inhalte und Handlungen prüfen, inwieweit sie auf die Geschäftsziele des Medienunternehmens einzahlen und sich darin etwa Publikumserwartungen ausdrücken (vgl. Kapitel 6.1) sowie medienethische Standards (vgl. Kapitel 6.2) oder journalistische Qualitätskriterien widerspiegeln (vgl. Kapitel 6.3).

6.1 Ökonomische Geschäftsmodelle

Medienunternehmen bieten die organisatorischen Rahmenbedingungen für journalistische Arbeit (vgl. Kapitel 4.1): Sie stellen Mediengüter oder -produkte in Form journalistischer Beiträge her und bieten diese auf Medienmärkten an. Mit Ausnahme des öffentlich-rechtlichen Rundfunks, der überwiegend über den Rundfunkbeitrag finanziert wird, werden journalistische Inhalte damit von gewinnorientierten Unternehmen produziert. So müssen Zeitungs- und Zeitschriftenverlage, Onlineanbieter oder private Radio- und Fernsehsender mit dem Verkauf von Aufmerksamkeit auf den Werbe- und Publikumsmärkten Geld verdienen, um z.B. Journalist:innen bezahlen, Redaktionsräume mieten oder notwendige Technik anschaffen zu können. Journalismus wird damit aus wirtschaftlicher Perspektive zu einem Geschäftsmodell, dessen Wertschöpfungskette besonderen Bedingungen bei der Herstellung, im Vertrieb und bei der Nutzung unterliegt, und ist in spezifische „ökonomische Notwendigkeiten" eingebunden (vgl. Mühl-Benninghaus 2016), die hier anhand der medienökonomischen Leistungspotenziale von Journalismus beschrieben werden: Welche besonderen wirtschaftlichen Eigenschaften haben Medienmärkte, -unternehmen und -produkte? Wie verdienen Medienunternehmen mit Journalismus Geld? Welche unterschiedlichen Einnahmequellen und Finanzierungsmodelle finden sich in der Medienbranche – und welche sind wirtschaftlich erfolgreich? Antworten auf diese Fragen liefert die *Medienökonomie*, die sich aus wissenschaftlicher Perspektive mit den ökonomischen Zusammenhängen auf Medienmärkten und in Medienunternehmen sowie mit den wirtschaftlichen Besonderheiten von Mediengütern beschäftigt (vgl. Beyer/Carl 2012).

In ihrer für Einsteiger:innen geeigneten, problemorientierten Einführung in die Medienökonomie bemerken Björn von Rimscha und Gabriele Siegert (2015: 23–40), dass journalistische Produkte wie Zeitungsartikel oder TV-Dokumentationen sich offenbar von anderen Wirtschaftsgütern wie Müsli-Riegeln oder Autos unterscheiden. Unter der Frage „Warum sind Medien keine Ware wie jede andere" fassen die beiden Autor:innen die speziellen medienökonomischen Eigenschaften der Medienbranche, ihrer Märkte, Unternehmen und Produkte zusammen. Zentral ist dabei die „Dualität" von Medien: Medienprodukte wie journalistische Beiträge sind sowohl Wirtschaftsgüter als auch Kulturgüter, d.h. sie erfüllen sowohl wirtschaftliche als auch kulturelle Zwecke. Sie werden einerseits verkauft, um Gewinne zu erwirtschaften, schaffen andererseits aber auch publizistisch Öffentlichkeit und tragen zur Information und Meinungsbildung bei, wodurch sie gesellschaftlich relevant werden. Dieser „Doppelcharakter" von Medien findet sich auch bei den Medienunternehmen, die nicht nur öffentliche publizistische Aufgaben wahrnehmen, sondern gleichzeitig auch wirtschaftliche Ziele verfolgen, z.B. möglichst hohe Renditen erzielen wollen. Auch die meisten Medienmärkte sind zweiseitig und ermöglichen dadurch eine Doppelfinanzierung von Journalismus (vgl. Mast 2018: 151–154). Medienunternehmen sind meist auf zwei Märkten aktiv, auf denen jeweils komplexe Austauschbeziehungen stattfinden: Auf dem *Publikumsmarkt* (vgl. Abb. 13) bieten Medienunternehmen Inhalte in Form von Informationen oder Unterhaltung an und generieren damit *Vertriebserlöse* (z.B. über den Verkaufspreis einer Tageszeitung).

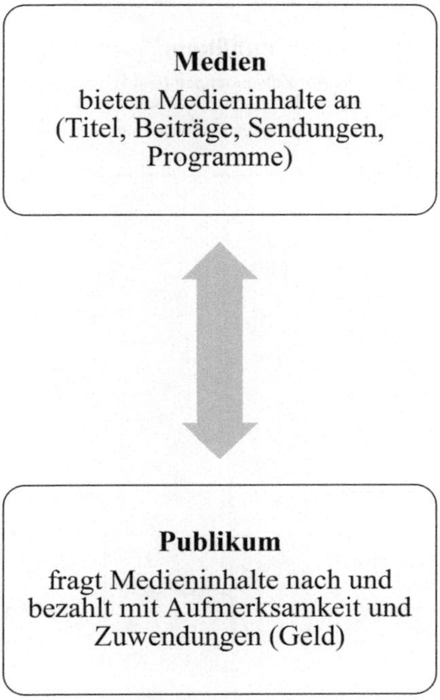

Medien
bieten Medieninhalte an
(Titel, Beiträge, Sendungen,
Programme)

Publikum
fragt Medieninhalte nach und
bezahlt mit Aufmerksamkeit und
Zuwendungen (Geld)

Abb. 54: Beziehungen journalistischer Medien im Publikumsmarkt (Quelle: Darstellung nach von Rimscha/Siegert 2015: 111)

Die Aufmerksamkeit des Publikums, das Medieninhalte liest, hört, sieht oder anderweitig konsumiert, verkaufen die Medienunternehmen dann noch zusätzlich auf dem *Werbemarkt* an Werbekunden (vgl. Abb. 14) und erhalten *Werbeeinnahmen* für den Verkauf von Werbeanzeigen in Zeitungen, Zeitschriften oder Onlineangeboten sowie Werbezeit in den Programmen von Radio- und Fernsehsendern.

Publikum

(1) gibt Zuwendungen (Geld) und Aufmerksamkeit = Kontaktchance

(2) gibt den Werbewert an

Medien

(1) produzieren Kontaktchancen für die Werbewirtschaft beim Publikum

(2) Medien bieten der Werbewirtschaft Werberaum und -zeit an

Werbewirtschaft

(1) hat Bedarf an Kontaktchancen beim Publikum

(2) fragt Werberaum und -zeit nach und bezahlt mit Geld

Abb. 55: Beziehungen journalistischer Medien im Werbemarkt (Quelle: Darstellung nach von Rimscha/Siegert 2015: 112)

Medien finanzieren sich also doppelt über die Aufmerksamkeit ihrer Nutzer:innen, indem sie potentielle „Kontakt- und Kommunikationsleistungen" auf dem Werbemarkt verkaufen. Um für Werbetreibende attraktiv zu sein, müssen sie aber auf dem Publikumsmarkt möglichst viele, idealerweise zahlende Nutzer:innen finden. Beide Medienmärkte hängen eng zusammen, unterscheiden sich aber bezüglich wirtschaftlicher Merkmale von Medienprodukten (vgl. Tab. 3): Während auf dem Publikumsmarkt gehandelte journalistische Produkte wie beispielsweise Onlineartikel nur bedingt *marktfähig* sind, da Nutzer:innen, die für diesen Artikel nicht zahlen, nicht von dessen Konsum ausgeschlossen werden können (*Ausschlussprinzip*) und sich das Produkt bei der Nutzung nicht verbraucht (*Konsumrivalität*), sind die auf dem Werbemarkt gehandelten Werbeanzeigen, z.B. eine Banner-Werbung neben einem Onlineartikel vollkommen marktfähig: Werbekunden, die nicht für das Banner bezahlen, erhalten die Anzeige nicht. Ist die Anzeige einmal verkauft, kann der Platz nicht erneut verkauft werden. Auch in der Frage der Qualitätsbewertung unterscheiden sich beide Medienprodukte: Während Werbetreibende die Qualität einer Anzeige recht einfach und vorab einschätzen können (*Inspektionsgüter*), besteht für die Nutzer:innen auf dem Publikumsmarkt oft keine Qualitätstransparenz: Journalistische Produkte sind immaterielle, komplexe Dienstleistungen, die zuerst konsumiert werden müssen, um ihre Qualität einschätzen zu können (*Erfahrungsgüter*). Doch selbst wenn Nutzer:innen einen Artikel gelesen oder einen Beitrag gesehen haben, können sie oft nicht eindeutig beurteilen, ob das Produkt von hoher journalistischer Qualität ist – auch, weil die Definition von Qualitätskriterien im Journalismus noch immer unscharf ist (vgl. Jarren 2010; Kapitel 6.3) und Nutzer:innen im Regelfall nicht über alle notwendigen Informationen zur Überprüfung der Qualität verfügt. So können sie kaum alle in einem Onlinebeitrag präsentierten Fakten nachprüfen oder bewerten, ob die Recherche alle relevanten Perspektiven berücksichtigt hat – und müssen damit der Richtigkeit und Vielfältigkeit des journalistischen Produkts vertrauen. Journalismus ist damit weitgehend ein klassisches *Vertrauensgut*, das Nutzer:innen wie die sprichwörtliche „Katze im Sack" kaufen muss (vgl. von Rimscha/Siegert 2015: 31). Dafür gelten journalistische Produkte – anders als Werbeanzeigen oder -spots – als *meritorische Güter*. Journalismus wird vom Publikum nicht so stark nachgefragt, wie es gesellschaftlich wünschenswert wäre, da aus höherem Konsum insbesondere informativer Medienangebote positive *externe Effekte* auf die Gesellschaft erwartet werden, z.B. informierte Staatsbürger:innen, die bei Wahlen oder Konsum politische und wirtschaftlich begründete Entscheidungen treffen. Da die natürliche Nachfrage bei journalistischen Produkten wohl zu niedrig wäre, als dass sie auf einem freien Markt ausschließlich von privatwirtschaftlichen Medienunternehmen in ausreichender Menger und Qualität angeboten werden würde, existiert der öffentlich-rechtliche Rundfunk, der teilweise entkoppelt von Marktregeln informative und unterhaltende Inhalte als Grundversorgung für die Bevölkerung anbietet.

Tab. 14: Ökonomische Merkmale von Medienprodukten (Quelle: eigene Darstellung nach Beyer/Carl 2012)

Merkmal	Publikumsmarkt	Werbemarkt
Marktfähigkeit	Stark eingeschränkt	Vollkommen
Qualitätsbewertung	Schwierig/komplex	Einfach
Produktart	Erfahrungs- und Vertrauensgüter	Inspektionsgüter
Materialität	Immaterieller Verbrauch	Materieller Verbrauch
Rivalität im Konsum	Nicht vorhanden	Vorhanden
Meritorik	Teilweise meritorisches Gut	Kein meritorisches Gut

Die Leistungen, die Medien auf den zwei Märkten erbringen – die Medienökonomie spricht hier volkswirtschaftlich auch von einem „Mehrwert" – lassen sich demnach sowohl publizistisch als auch ökonomisch bewerten. Während die publizistische Leistung des Kulturgutes Journalismus in der Herstellung von Öffentlichkeit (Publizität) und der Erfüllung der gesellschaftspolitischen Funktionen mit einem möglichst hohen publizistischen Qualitätsanspruch liegt, misst sich die ökonomische Leistung des Wirtschaftsgutes Journalismus an einem hohen Gewinn (Rentabilität), der von Medienunternehmen durch die möglichst effiziente Herstellung journalistischer Produkte erreicht wird, z.B. durch einen möglichst geringen

Einsatz von Ressourcen wie Geld, Personal und Technik, um ein journalistisches Produkt herzustellen, das den Bedürfnissen des Publikums bestmöglich entspricht (vgl. Mast 2018: 153) und damit ein lohnendes Umfeld für die Botschaften von Werbetreibenden bietet. Medienunternehmen können verschiedene Strategien verfolgen und sich in Bezug auf publizistischen Anspruch (Qualität) und wirtschaftliches Ergebnis (Gewinn) unterschiedlich auf den Medienmärkten positionieren (vgl. Abb. 15).

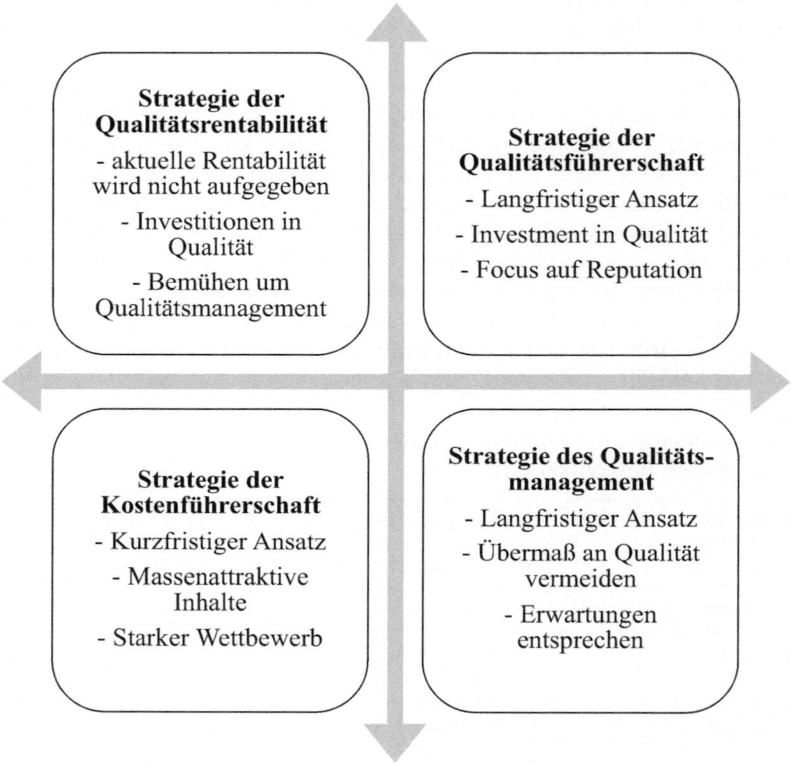

Abb. 56: Strategische Optionen von Medienunternehmen in Bezug auf Qualität und Gewinn (Quelle: Darstellung nach von Rimscha/Siegert 2015: 200)

Um die Leistung von Medienunternehmen hier aus medienökonomischer Perspektive bewerten zu können, bietet sich das Modell der Wertschöpfungskette an, das von Porter (1985) entwickelt wurde, um die verschiedenen Tätigkeiten innerhalb von Unternehmen abzugrenzen. Durch die Immaterialität sowie die Dualität von Medienprodukten als Inhalte und Werbeträger lässt sich das ursprüngliche Modell nicht deckungsgleich auf Medienunternehmen übertragen. Die Konvergenz in der Medienbranche hat nach von Rimscha und Siegert (2015: 138–140) aber dazu beigetragen, dass die Grenzen zwischen den traditionell mediengattungsspezifischen Wertschöpfungsketten (z.B. von Printverlagen oder Rundfunksendern) technisch und organisatorisch verschwimmen und sich eine generische Wertschöpfungskette für Medienunternehmen ableiten lässt (vgl. Abb. 16). Die Entbündelung (*unbundeling*) einzelner Stufen der Wertschöpfung hat neben allen Chancen für traditionelle Medienunternehmen jedoch auch dafür gesorgt, dass sogenannte „Disruptoren" wie *Google*, *Netflix* oder *Spotify* – innovative, technologiebasierte Medienunternehmen, die bestehende Produkte oder Dienstleistungen ersetzen oder vollständig vom Markt verdrängen – verschiedene Wertschöpfungsstufen aufgebrochen, neu zusammengesetzt und teilweise übernommen haben.

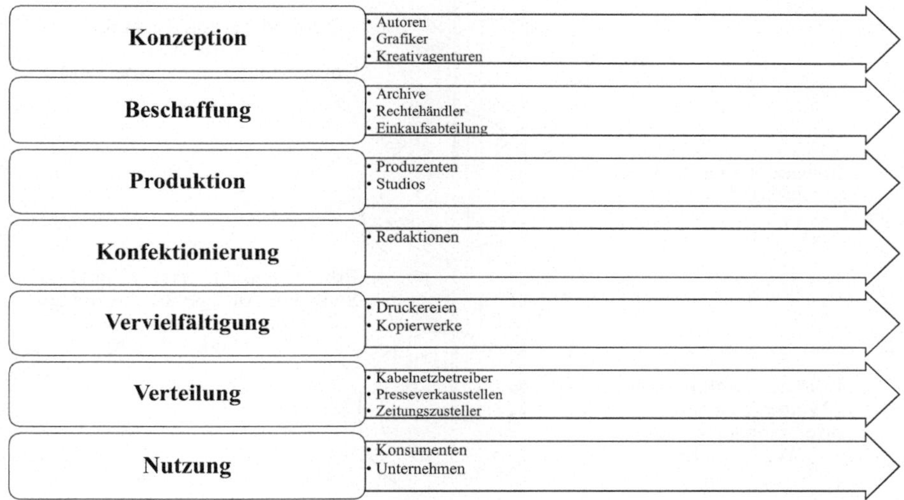

Abb. 57: Wertschöpfungskette von Medienunternehmen (Quelle: eigene Darstellung basierend auf von Rimscha/Siegert 2015: 111)

Die Wertschöpfungskette lässt sich nicht nur auf den Prozess der journalistischen Produktion (vgl. Kapitel 5) übertragen, da sie die verschiedenen Stufen von der Idee bis zur Rezeption eines journalistischen Beitrags abbildet, sondern auch für die Analyse von Geschäftsmodellen nutzen. Die Doppelfinanzierung durch Vertriebserlöse auf dem Publikumsmarkt und Werbeeinnahmen auf dem Werbemarkt bilden dabei für eine Vielzahl von Medienunternehmen die Grundlage des Geschäftsmodells, das insbesondere vor der Krise sehr einträglich funktionierte: Traditionelle Medienunternehmen wie Zeitungsverlage, für die jahrzehntelang die sogenannte „Goldene Regel" galt, nach der ein Drittel des Umsatzes aus dem Publikums- und zwei Drittel aus dem Werbemarkt stammte, erwirtschafteten aufgrund von *Netzwerkeffekten* überdurchschnittlich hohe Renditen auf *zweiseitigen Märkten*, auf denen der ökonomische Wettbewerb um Werbegeld und der publizistische Wettbewerb um Aufmerksamkeit des Publikums gekoppelt sind (vgl. von Rimscha/Siegert 2014: 116): Die Verflechtung der beiden Märkte sorgt dafür, dass Nachfrageänderungen auf dem einen Markt zu Auswirkungen im anderen Markt führen. Ein journalistisches Produkt mit einer hohen Auflage oder Reichweite und einer großen Nutzer:innenschaft ist für die Werbekunden entsprechend attraktiv, sodass diese höhere Preise für Anzeigenraum und Werbezeit bezahlen. Das Modell der „Anzeigen-Auflagen"- oder „Werbespot-Reichweiten"-Spirale zeigt anschaulich die daraus für Medienunternehmen resultierenden wirtschaftlichen Vorteile (vgl. Abb. 17).

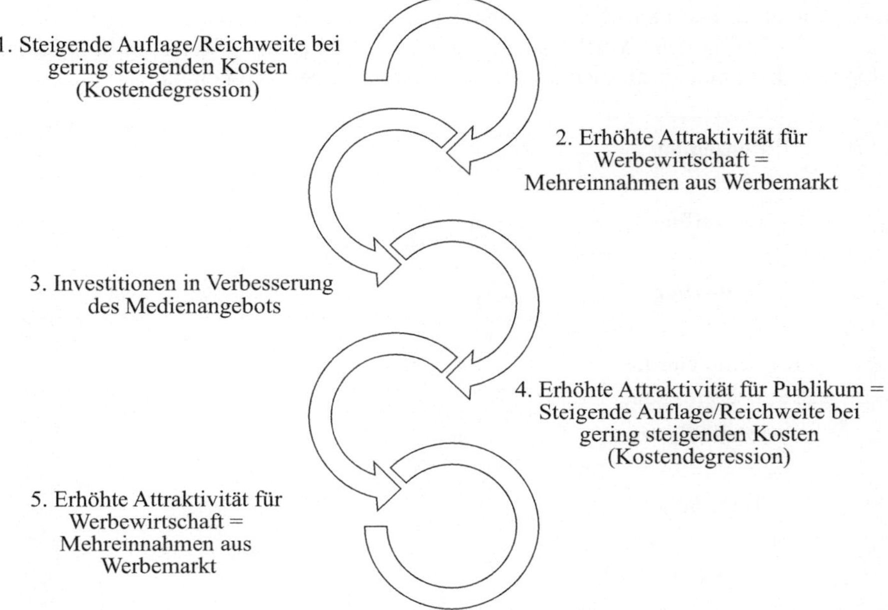

Abb. 58: Anzeigen-Auflagen- bzw. Werbespot-Reichweiten-Spirale (Quelle: eigene Darstellung basierend auf von Rimscha/Siegert 2015: 118)

Gelingt es einem Medienunternehmen, die Auflage bzw. Reichweite seiner Produkte zu steigern, ohne dass die Kosten dafür im gleichen Maße wachsen, erhöht sich auch die Nachfrage nach Werbeanzeigen bzw. -spots von Inserenten aus der Werbewirtschaft, die in diesem attraktiven Umfeld Werbung schalten und senden wollen. Investiert das Medienunternehmen die daraus resultierenden steigenden Werbeeinnahmen (die Werbekunden buchen nicht nur mehr Werbung, sie zahlen dafür auch höhere Preise) nun in ein verbessertes redaktionelles Angebot (z.B. indem es mehr oder bessere Journalist:innen einstellt) und/oder kann es dadurch die Bezugspreise für seine journalistischen Angebote niedrig halten, profitiert es wiederum von einer erhöhten Attraktivität für das Publikum, wodurch zusätzliche Leser:innen, Zuschauer:innen oder Nutzer:innen angezogen werden und die Auflagen oder Reichweiten erneut steigen – wodurch sich der beschriebene Prozess fortsetzt und sich wie eine Spirale weiterdreht (vgl. Mast 2018: 155).[31] Aber:

31 Das ursprünglich auf Nußberger (1961: 16) zurückgehende Konzept der „Anzeigen-Auflagen"-Spirale zeigt zwar einerseits sehr anschaulich die Funktionsweise zweiseitiger Märkte und der damit verbundenen Netzwerkeffekte sowie die insbesondere für die digitale Ökonomie charakteristischen Folgen wie „winner-

In einer Krise mit sinkenden Werbeeinnahmen und fallenden Auflagen oder Reichweiten dreht sich die Spirale ebenso in die entgegengesetzte Richtung und wird zu einem Abwärtsstrudel, einem „Teufelskreis“ (Schröder 2011: 11), der zu Lasten der journalistischen Qualität geht (vgl. Ruß-Mohl 2011: 94): Sinkende Auflagen oder Reichweiten führen dann zu einem Nutzerverlust, auf den die Werbekunden mit reduzierten Anzeigeumfängen und -preisen reagieren, was zu Einnahmeverlusten führt, durch die weniger Ressourcen für Journalismus zur Verfügung stehen, was wiederum die journalistische Qualität des Angebots sinken lässt, wodurch erneut Nutzer und Werbekunden verloren gehen (vgl. Brinkmann 2018: 292). Um diese „Todesspirale“ (Knüwer 2008) zu vermeiden und vielmehr von den positiven Rückkopplungseffekten zweiseitiger Märkte ökonomisch zu profitieren, bieten sich starke Anreize für Medienunternehmen, im Markt zu wachsen und die eigenen Auflagen und Reichweiten möglichst zu maximieren, z.B. durch Zukäufe konkurrierender Verlage und Sender oder die Kooperation in sogenannten „Anzeigen-Verbünden“ (vgl. Mast 2018: 155), in denen die Werbeträger von einer größeren Verbreitung durch Partnermedien profitieren (*economies of scope*). Da digitale Medienprodukte wie Onlineartikel, aber auch analoge Zeitungen oder TV-Sendungen einerseits hohe *First-Copy-Kosten* haben – ein Großteil der Kosten z.B. für Recherche, Umsetzung und Layout fällt bereits bei der Produktion der ersten Version (*first copy*) eines journalistischen Beitrags an – andererseits aber einer *Fixkostendegression* unterliegen – für die Vervielfältigung der First-Copy fallen dann vergleichsweise geringere Kosten an, wodurch die Fixkosten anteilig sinken, je stärker die Nutzer:innenschaft wächst – profitieren Medienunternehmen besonders von den sogenannten „Größenvorteilen“ (*economies of scale*) (vgl. von Rimscha/Siegert 2015: 171). Dadurch tendieren Medienmärkte stark zur *Konzentration*, also zur „Zusammenballung“ ökonomischer und publizistischer Größe (vgl. Puppis 2017), durch die sowohl die Zahl wirtschaftlicher als auch journalistisch unabhängiger Medienunternehmen abnimmt, während die Märkte zunehmend von großen „Medienmultis“ (Röper 2004) dominiert werden: So ist die Konzentration auf dem Markt für Tageszeitungen in Deutschland in den vergangenen 20 Jahren nach Untersuchungen des Medienforschers Horst Röper (2022) angestiegen. Die zehn größten Verlagsgruppen – darunter *Axel Springer*, die *Südwestdeutsche Medienholding* (*SMWH*), die *Funke*-Mediengruppe sowie die Verlagsgruppen *Ippen* und *Madsack* – hielten zu Beginn des Jahres 2022 einen Marktanteil von 57,8 Prozent. Fusionen zuvor voneinander unabhängiger Zeitungen, die Einstellungen einzelner Titel und die Einrichtung kostensparender Zentralredaktionen, die Inhalte für mehrere Zeitungen des gleichen Verlags produzieren, haben demnach nicht nur zu Entlassungen von Journalist:innen geführt, sondern mindern auch die publizistische Vielfalt auf dem deutschen Zeitungsmarkt. Auf dem deutschen Fernsehmarkt dominiert hingegen ein doppeltes „Duopol“ aus den öffentlich-rechtlichen Sendern von *ARD* und *ZDF* einerseits sowie den

takes-all“-Märkte (vgl. von Rimscha/Siegert 2015: 119), beinhaltet aber andererseits auch zweifelhafte Annahmen (vgl. Lobigs 2012: 56): So kann es keineswegs als sicher gelten, dass Medienunternehmen zusätzliche Einnahmen aus dem Werbemarkt immer in die verbesserte Qualität des publizistischen Angebots investieren. Vielmehr sind auch höhere Gewinnausschüttungen an die Eigentümer:innen, Investitionen in andere als die redaktionellen Bereiche oder – zumal in der Krise – das Bilden wirtschaftlicher Rücklagen als Handlungsoptionen denkbar, durch die die Effekte der Spirale unterbrochen würden.

privaten Senderfamilien *RTL Group* (u.a. mit *RTL*, *RTL II*, *Super RTL*, *VOX* und *n-tv*) und *ProSiebenSat.1* (u.a. mit *ProSieben*, *Sat.1* und *Kabel 1*) die Zuschauer- und Werbemärkte nahezu vollständig. Da Medienunternehmen nicht nur wirtschaftliche Marktmacht, sondern auch publizistische Meinungsmacht erringen können – nämlich dann, wenn die dominante Stellung einzelner Medienangebote es ihnen erlauben würde, weitgehend widerspruchsfrei Meinungen zu „machen“, da abweichende Stimmen in der Medienlandschaft in Folge der Konzentrationsprozesse verstummt sind – achten das Bundeskartellamt sowie die jeweiligen Landeskartellämter besonders darauf, dass marktbeherrschende Positionen einzelner Medienunternehmen ausgeschlossen bleiben. Infolge der wirtschaftlichen Krise haben die Kartellämter die jahrzehntelang eher strenge Praxis der *Presse- und Medienkonzentrationskontrolle* zumindest für den Werbemarkt aber gelockert und in den vergangenen Jahren umfangreichere Kooperationen zugelassen.

Definitionen: Reichweite und andere Nutzungskennzahlen von Medien

Um den publizistischen und ökonomischen Erfolg journalistischer Produkte messen zu können, haben sich in der Medienbranche verschiedene Größen und Kennzahlen etabliert, die vor allem für die Bedeutung von Medien als Werbeträger relevant sind (vgl. Müller 2011: 25ff.; Mast 2018: 133). Unterscheiden lassen sich zunächst zwei Faktoren: Während die *Reichweite* eines Mediums angibt, wie viele Menschen von diesem maximal erreicht werden, zeigt die *Nutzungsintensität* an, wie lange Menschen ein Medium zeitlich nutzen („Verweildauer“). Eine „einheitliche Währung“ für Medien existiert bislang nicht – vielmehr sind sogar die Erhebungsverfahren in den jeweiligen Medienbranchen unterschiedliche und die Ergebnisse verschiedener Studien wie der ARD/ZDF-Onlinestudie, der Arbeitsgemeinschaft Media-Analyse oder der GFK-Fernsehforschung kaum miteinander vergleichbar (zur Übersicht vgl. Tab. 15). Während für Printmedien neben der Reichweite vor allem die verkaufte *Auflage* – Zahl der verkauften Exemplare eines Printprodukts z.B. in einem Quartal – und für Rundfunkmedien die (Einschalt-)*Quote* – Zahl der Personen, die während einer Sendung im Durchschnitt zugesehen oder zugehört haben – nach wie vor zentrale Messgrößen des Erfolgs darstellen, haben sich im onlinejournalistischen Alltag unterschiedliche Begriffe etabliert (vgl. Haarkötter 2019: 40–41): Ein *Visit* bezeichnet den Besuch eines Angebots (z.B. *Spiegel.de*), der sich auf einen oder mehrere Seitenaufrufe eines *Users* beziehen kann. Die *Page Impressions* hingegen stehen für den einzelnen Aufruf einer Seite innerhalb eines Onlineangebots, z.B. eines einzelnen Artikels auf *Spiegel.de*. Die *Unique Users* oder *Visitors* bezeichnen die Anzahl der Besucher, die ein Onlineangebot wie *Spiegel.de* während eines festgelegten Zeitraums (täglich, wöchentlich, monatlich etc.) mindestens einmal besucht haben.

Tab. 15: Mediennutzungsdaten und Quellen (Quelle: eigene Darstellung nach Müller 2011: 26)

Mediengattung	Medienprodukte	Erhobene Daten	Quellen
Printmedien	Zeitungen, Zeitschriften	Reichweiten	Media-Analyse Pressemedien
		Verkaufte Auflagen	IVW-Print
Rundfunk	Radio	Reichweiten, Hörer pro Durchschnittsstunde, Marktanteile etc.	Media-Analyse Radio
	Fernsehen	Zuschauerzahlen, Marktanteile	Arbeitsgemeinschaft Fernsehforschung (AGF)
Onlinemedien	Deutsche Web-Portale	Visits	IVW-Online

Die Märkte, auf denen Medienunternehmen ihre journalistischen Produkte und Dienstleistungen anbieten, hängen eng mit den jeweiligen Geschäfts- und Finanzierungsmodellen zusammen. Wie Medienunternehmen Geld verdienen und sich refinanzieren, ist dabei nicht nur von der jeweiligen Mediengattung, sondern auch von ihrer Organisationsform abhängig:

Vertriebserlöse: Auf dem Publikumsmarkt erwirtschaftete Einnahmen bilden insbesondere für die meisten Print- und zunehmend auch für Onlinemedien das Rückgrat des Geschäftsmodells. Leser:innen oder Nutzer:innen zahlen, um das journalistische Produkt, z.B. eine Zeitung oder eine Zeitschrift zu erwerben. Neben dem Einzelverkauf, auf den die daher auch als „Kaufzeitungen“ bezeichneten Boulevardblätter wie *BILD* oder *Express* ebenso wie General-Interest-Zeitschriften wie *Spiegel* oder *Focus* überwiegend angewiesen sind, beziehen manche Leser:innen auch Abonnements von Printprodukten, z.B. für sogenannte „Abozeitungen“ wie die *Westdeutsche Allgemeine Zeitung* oder die *Rheinische Post*. Für einen in der Regel vergünstigten Preis erhalten die Leser:innen die jeweiligen Zeitungs- oder Zeitschriftenausgaben je nach Erscheinungsrhythmus täglich, wöchentlich oder monatlich nach Hause geliefert. Pay-TV-Sender wie *Sky* oder *dazn* bieten ebenfalls Abo-Modelle an, deren Leistungen z.B. monatlich gebucht werden können. Online ist grundsätzlich ein schwieriger Markt für journalistische Inhalte, aber auch hier lassen sich – wenn auch immer noch bei weitaus geringeren Umsätzen als auf den klassischen Printmärkten – Vertriebserlöse generieren. Verschiedene Modelle für Bezahlinhalte (*Paid Content*) haben sich bei journalistischen Angeboten etabliert (vgl. BDZV 2020; Mast 2018: 167–167):

- *Harte Bezahlschranken:* Die journalistischen Inhalte sind vollständig hinter einer *Paywall* gesichert, damit kostenpflichtig und nur für zahlende Kund:innen zugänglich. Die Zahlungen können meist für einzelne Artikel geleistet werden (*Micropayment*) oder gelten als zeitlich beschränktes Abonnement für das gesamte Onlineangebot.
- *„Freemium"-Modell:* Dieses Mischmodell enthält sowohl freie, kostenlos zugängliche Inhalte als auch exklusiven und daher kostenpflichtigen Premium-Content wie besonders relevante oder aufwändige Beiträge.
- *Metered-Modell*: Das Modell einer flexiblen Bezahlschranke ermöglicht es Nutzer:innen, eine bestimmte Anzahl von Inhalten kostenfrei abzurufen. Sobald dieses Frei-Kontingent aufgebraucht ist, erfolgt die Aufforderung für die Nutzung weiterer Inhalte zu bezahlen.
- *Hybrid-Modell:* Hierbei werden die Mechaniken von „Freemium"- und Metered-Modell kombiniert.
- *Spendenmodell/Freiwillige Bezahlung*: Die Inhalte sind grundsätzlich kostenfrei verfügbar – die Nutzer:innen entscheiden selbst, ob und in welcher Höhe sie für das Angebot zahlen.

Problematisch ist für journalistische Onlineangebote nicht nur der Verlust der werberelevanten Reichweite, der mit Bezahlschranken üblicherweise einhergeht, da Nutzer:innen sich vielfach alternative kostenfreie Informations- und Unterhaltungsangebote suchen, sondern auch die noch immer schwach ausgeprägte Zahlungsbereitschaft für journalistische Inhalte im Internet. Während Leser:innen von Zeitungen oder Zeitschriften kaum je infrage stellen, dass Printjournalismus einen Wert hat, für den sie bezahlen, hat sich online lange eine „Kostenlos-Kultur" etabliert, die von Nutzern mittlerweile nahezu als selbstverständlich wahrgenommen wird. Die Studie „Money for Nothing and Content for free" von Christopher Buschow und Christian Wellbrock (2019) führt für die weitgehend fehlende Zahlungsbereitschaft für digitaljournalistische Inhalte u.a. folgende Gründe an: Neben vielen frei zugänglichen Alternativen, über die sich Nutzer:innen informieren können (z.B. über die hochwertigen nachrichtenjournalistischen Online- und Mobileangebote der Öffentlich-Rechtlichen wie *tagesschau.de* oder die *Tagesschau*-App), nehmen viele Nutzer:innen kostenpflichtige Onlineangebote als relativ teuer wahr – ohne dass diese einen informativen, exklusiven Mehrwert böten. Auch wenn sich der Anteil derjenigen Nutzer, die bereits für journalistische Onlineinhalte zahlen, je nach Studie unterscheidet: Laut dem international vergleichenden „Reuters Institute Digital News Report" von 2023 liegt er bei maximal einem Drittel der Onlinenutzer:innen wie in den skandinavischen Ländern, in den größten europäischen Ländern – darunter auch in Deutschland – jedoch bei lediglich elf Prozent (vgl. Newman et al. 2023: 18). Und die Nutzer:innen, die tatsächlich zu Zahlungen für journalistische Inhalte bereit sind, zahlen vergleichsweise geringe Gebühren für ein Online-Abo, z.B. kostet das reichweitenstärkste journalistische Angebot *BILDplus* lediglich acht Euro, wird aber nahezu durchgängig stark rabattiert für unter zwei Euro angeboten. Auch die Online-Abos überregionaler Qualitätszeitungen wie von *Süddeutsche.de* sind in der Basis-Variante für unter zehn Euro zu haben. Müssen Leser:innen immer noch die ganze Zeitung kaufen (und bezahlen), können Nutzer:innen im Zuge der Entbündelung (*Unbundeling*) digitaljournalistischer Produkte einzelne Inhalte für Kleinstbeträge lesen, die summiert kaum zur Refinanzierung des kompletten journalistischen Angebots ausreichen. Zusätzlich verschärfen reichweitenstarke Plattformen wie *t-online*, *GMX* oder *Web.de*, die im Kern E-Mail-Dienstleistungen anbieten und journalistische Inhalte eher verwerten statt zu produzieren, die Konkurrenz um zahlende Nutzer, denen sie kostenlose Alternativen für Information und Unterhaltung bieten. Der Medienökonom Frank Lobigs (2018: 295) kommt auch vor diesem Hintergrund zu einem vernichtenden Urteil über das Potential von Vertriebserlösen zur Refinanzierung des digitalen Journalismus: „Eine breite Durchsetzung von Zahlmodellen auf dem Nutzermarkt scheitert an der Verdrängung durch kostengünstig produzierte Trittbrettfahrer-Angebote." Für traditionelle Printmedien sind die Vertriebserlöse – trotz sinkender Auflagen und durch steigende Preise – mittlerweile aber zur wichtigsten Finanzierungsquelle geworden – insbesondere da ihnen die jahrzehntelang für ihr Geschäftsmodell zentralen Werbeeinnahmen zunehmend wegbrechen.

Werbeeinnahmen: Angesichts stagnierender, zuletzt sogar sinkender Werbeumsätze der gesamten Medienbranche ist die Bedeutung der Vertriebserlöse vor allem bei Printmedien im Gegensatz zu der von Werbeeinnahmen deutlich gestiegen. Seit dem Jahr 2010 sind die Werbeeinnahmen der deutschen Tageszeitungen niedriger als die Vertriebserlöse – und dieser Trend hat sich verstetigt: Abozeitungen erlösten im Jahr 2022 mehr als zwei Drittel ihrer Umsätze aus dem Vertrieb (5,1 Mrd.) und nur noch weniger ein Drittel aus Werbung (1,8. Mrd.) – vor 20 Jahren war dieses Verhältnis („Goldene Regel") noch umgekehrt (vgl. BDZV 2023). Dennoch basieren die Geschäftsmodelle der meisten Medienunternehmen zumindest teilweise auf dem Verkauf von Anzeigenraum und Werbezeit an die Werbewirtschaft (vgl. Kapitel 2.4). Für privatwirtschaftliche Fernsehsender wie *RTL*, *ProSieben* oder *Sat1.* stellen Einnahmen aus Werbung und Sponsoring sogar die wichtigste Finanzierungsquelle dar, die sie mit ihren hohen Reichweiten und Marktanteilen sichern. Das Fernsehen erhält mit (Netto-)Werbeeinnahmen von jährlich 5,3 Milliarden Euro auch den Löwenanteil des Werbekuchens, während die Werbeeinnahmen von Printmedien wie Zeitungen (1,7 Mrd.) oder Publikumszeitschriften (0,6 Mrd.) angesichts der sinkenden Reichweite und der Abwanderung von Rubrikenanzeigen (z.B. Immobilien, Jobs oder Autos) ins Internet seit Jahren sinken. Leicht steigend sind die traditionell vergleichsweise niedrigen Werbeeinnahmen des ebenfalls werbefinanzierten privaten Hörfunks (0,8 Mrd.). Die Werbung von Online- und Mobileangeboten wächst grundsätzlich kontinuierlich (vgl. Möbus/Heffler 2023; BDZV 2023), bleibt angesichts besonderer Herausforderungen im digitalen Journalismus jedoch prekär: „Auf dem digitalen Werbemarkt werden die klassischen Vermarktungsmodelle journalistischer Anbieter durch die weit überlegenen datengetriebenen Werbemodelle etwa von Facebook und Google verdrängt" (Lobigs 2018: 295). Neben der massiven Konkurrenz durch US-amerikanische Internetkonzerne leiden journalistische Onlineangebote, für die der Verkauf von Werbeplätzen durch die nach wie vor schwierige Lage im Publikumsmarkt die zentrale Refinanzierungsquelle darstellt, auch unter einer zunehmenden Verwendung von *Ad-Blockern* durch die Nutzer:innen (vgl. Hölig/Hasebrink 2018: 80–81). Diese Programme sorgen dafür, dass auf Websites enthaltene Onlinewerbung, wie z.B.

Banner oder PopUps, den Nutzer:innen nicht angezeigt wird, was deren Werbewert massiv schmälert. Manche journalistischen Onlineangebote wie *Zeit.de* oder *Spiegel.de* bieten ihre Standardinhalte mittlerweile sowohl in einer kostenpflichtigen Premiumversion ohne Werbung sowie in einer kostenlosen Version mit Werbung an, wobei die jeweilige Entscheidung den Nutzer:innen überlassen ist. Im Digitalen lassen sich jedenfalls nicht ansatzweise jene Umsätze generieren, mit denen sich klassischer Journalismus lange am Werbemarkt refinanzierte. Zugespitzt formuliert Rasmus Kleis Nielsen, Direktor des renommierten Reuters Institute for the Study of Journalism in Oxford, dass Medienunternehmen mit Werbung im Analogen „Print Dollars" (100 Cents), online „Digital Dimes" (10 Cents) und im mobilen Journalismus lediglich „Mobile Pennies" (1 Cent) verdienen würden (zit. n. Lobigs 2018: 301). Die Höhe der Preise für Werbeanzeigen (Print und Online) sowie für Werbespots (Fernsehen, Radio) hängt dabei nicht nur von der Mediengattung ab – das Fernsehen hat grundsätzlich höhere Preise als das Radio – sondern auch von der Verbreitung des jeweiligen Mediums (*Reichweite*) und von dessen verkaufter Auflage oder dem Seh- und Hördauer-Marktanteil. Das Image eines Mediums beeinflusst den Preis (Anzeigen im renommierten *Spiegel* sind teurer als in Lokalzeitungen) ebenso wie die Platzierung: Ein Werbespot zur abendlichen Hauptsendezeit im Fernsehen oder zur morgendlichen „Primetime" im Radio ist teurer als tagsüber (vgl. Müller 2011: 28–29). Im Internet ist aber nicht nur die publizistische Konkurrenz um die Werbeanzeigen riesig, auch der verfügbare Platz ist nahezu unbegrenzt, was zum Verfall der Werbepreise und einer oft defizitären Finanzierung digitaljournalistischer Angebote führt.

Rundfunkbeitrag: Die öffentlich-rechtlichen Rundfunkanstalten finanzieren sich überwiegend über den sogenannten „Rundfunkbeitrag", der von jedem Haushalt in Deutschland zu entrichten ist und der monatlich 18,36 Euro beträgt. Der Rundfunkbeitrag ersetzte damit die Rundfunkgebühr, die bis 2012 von der Gebühreneinzugszentrale (GEZ) für einzelne Rundfunkgeräte wie Fernsehen, Radio oder Computer eingetrieben und daher fälschlicherweise oft als „GEZ-Gebühr" bezeichnet wurde. Während private Medienunternehmen keinen Anspruch auf Geld aus dem Rundfunkbeitrag haben, wird der Gesamtertrag, der 2022 bei 8,57 Milliarden Euro lag, zwischen den öffentlich-rechtlichen Senderfamilien von *ARD* und *ZDF* sowie dem *Deutschlandradio* verteilt. Nach Angaben der Kommission zur Ermittlung des Finanzbedarfs der Rundfunkanstalten (KEF), die den Finanzbedarf der öffentlich-rechtlichen Sender fortlaufend prüft und den Länderparlamenten die Höhe des Rundfunkbeitrags empfiehlt, finanziert sich die *ARD* zu etwa 85 Prozent aus Erträgen des Rundfunkbeitrages, zu sechs Prozent aus Werbung sowie zu neun Prozent aus sonstigen Einnahmen aus dem Verkauf und der Vermarktung von Rechten und Lizenzen (vgl. ARD 2023).

Medienunternehmen setzen bei ihrer Finanzierung weitgehend auf Mischmodelle der genannten traditionellen Erlösarten. Da ihre etablierten Geschäftsmodelle jedoch zunehmend unter Druck geraten und tragfähige Erlösmodelle online bislang weitgehend fehlen, sucht die Branche nach alternativen Finanzierungsquellen für Journalismus (vgl. Mast 2018: 170ff.; Lobigs 2014: 191ff.): (Begrenzte) ökonomische Potenziale liegen hier sowohl im als *Content Syndication* bezeichneten

Verkauf journalistischer Inhalte, Rechte und Lizenzen an andere (Medien-)Unternehmen sowie im Bereich des *E-Commerce*: So bieten viele klassische Medienmarken wie *BILD*, *Die Zeit* oder die *Süddeutsche Zeitung* unter ihrem Namen (Online-)Shops an, in denen es u.a. Bucheditionen, Weine, Reisen oder andere Produkte zu kaufen gibt und die ähnlich wie sogenannte *Branded Products*, die direkt unter den Markennamen journalistischer Angebote vertrieben werden, von Reichweite und Reputation der Medien profitieren sollen. Auch Trends im *Content Marketing* können neue Erlöse generieren: Beim *Native Advertising* werden etwa werbende Inhalte so ins redaktionelle Online- oder Mobileangebot eingebettet, dass sie für Nutzer:innen kaum noch zu unterscheiden sind – eine aus ethischer und rechtlicher Perspektive, die von einem Trennungsgebot zwischen redaktionell-journalistischen und werbenden Inhalten ausgeht, höchst problematische Praktik. *Affiliate Marketing* hingegen liefert thematisch passende Werbung zu journalistischen Inhalten, z.B. eine Werbeanzeige für Stromanbieter neben einem Beitrag über die Entwicklung von Strompreisen. Dass auch in solchen Grenzgängen zwischen Journalismus, Marketing und Werbung Risiken in Bezug auf die Unabhängigkeit, Glaubwürdigkeit und Reputation journalistischer Redaktionen bestehen, ist offensichtlich (vgl. Mast 2018: 179–181). Ähnliche Bedenken gibt es auch gegen insbesondere im Zuge der sogenannten „Zeitungskrise" diskutierten Modelle, die auf eine politische oder zivilgesellschaftliche Finanzierung von Journalismus setzen: Während direkte staatliche *Subventionen* für Medien in Deutschland – anders als etwa in Österreich, Italien oder Frankreich (vgl. Nielsen/Linnebank 2011) – lange nicht existierten, selbst von Branchenvertreter:innen kritisch gesehen werden und im Jahr 2022 zuletzt an der politischen Debatte um eine Zustellförderung für Presseverlage scheiterten (vgl. Dachwitz 2023), unterstützen gesellschaftliche Akteure wie *Stiftungen* zunehmend journalistische Projekte. So wird die *Frankfurter Allgemeine Zeitung* traditionell von der FAZIT-Stiftung getragen, während sich die Erich-Brost-Stiftung bei der Finanzierung des Recherchebüros *Correctiv* engagiert. Zudem betreiben neue Angebote wie *Riffreporter*, *Finanztip* oder *Netzpolitik.org* auch Formen eines Non-Profit-Journalismus (vgl. Buttkus et al. 2020; Kramp/Weichert 2023), der teilweise gemeinnützig ist, in jedem Fall aber keine Gewinne anstrebt. Auch journalismusnahe Initiativen und Institutionen wie „Frag den Staat", „Netzwerk Recherche" oder die „Neuen Deutschen Medienmacher" sehen ihre Leistungen primär an der Gesellschaft und weniger an ökonomischen Zielen ausgerichtet. *Spenden* als Erlösquelle für Medienunternehmen haben in Deutschland eine schwächere Tradition als z.B. in den USA mit stiftungs- und spendenfinanzierten Organisationen wie dem *National Public Radio* (*NPR*) oder *ProPublica*. Mit der *taz*, dem *BILDblog* oder der Crowdfunding-Plattform *Krautreporter* setzen aber auch einige deutsche Medien teilweise oder vollständig auf freiwillige Zahlungen ihrer Nutzer:innen. Ökonomische Leistungspotenziale könnten Medienunternehmen einer Studie von Wellbrock, Lobigs, Erbricht und Buschow (2023) zufolge aber auch durch verstärkte Kooperationen untereinander heben: Kooperative Journalismusplattformen, z.B. nach dem Vorbild von *Spotify* oder *Netflix* wie Steady oder Readly als „One-Stop-Shops" für journalistische Inhalte, könnten Ressourcen und Kräfte einzelner Medienunternehmen bündeln: „Mit einer ‚Coopetition'-Strategie könnten nationale Medienmärkte den globalen

Technologie-Konzernen entgegentreten – trotz offener Folgefragen, wie der nach der Verteilung gemeinsamer Einnahmen“ (ebd.: 33). Ob alternativen Erlösmodelle jedoch in Zukunft nennenswert zur Refinanzierung von Journalismus beitragen können, kann aus medienökonomischer Perspektive und mit Blick auf die anhaltende Bedeutung der (vielfach) schwindenden Kernmärkte und Haupteinnahmequellen sowie fehlender tragfähiger Geschäftsmodelle für digitalen Journalismus durchaus bezweifelt werden, wodurch sich dessen wirtschaftlichen Rahmenbedingungen künftig vermutlich eher noch verschlechtern würden.

6.2 Medienethische Konflikte

Praktische Beispiele für fehlerhafte Beiträge oder fragwürdige Berichterstattung finden sich im Journalismus leider viele: Wenn Redakteur:innen die Bilder von Verstobenen illegal beschaffen und auf Titelseiten drucken – wie im Zuge des Amoklaufs von Winnenden (2009) oder des Unglücks auf der Loveparade (2010) geschehen – wenn Journalist:innen die Privatsphäre von Menschen missachten und sie auf der Jagd nach Informationen, Zitaten und Fotos bedrängen oder belagern – wie beim tödlichen Autounfall der ehemaligen Kronprinzessin Lady Diana (1997) oder während der Geiselnahme von Gladbeck (1988) – oder wenn sie vorverurteilend berichten wie im Fall der Korruptionsvorwürfe gegen den früheren Bundespräsidenten Christian Wulff und dabei Fakten ignorieren und scheinbar keine Rücksicht auf die Folgen ihrer Berichterstattung nehmen, entsteht der Eindruck, dass Journalist:innen ohne ethische Grundsätze in einem moralfreien Raum agieren. Dabei führt die öffentliche publizistische Aufgabe des Journalismus nicht nur zu besonderen Rechten und politischem Einfluss, sondern auch zu einer herausgehobenen gesellschaftlichen Verantwortung. Journalist:innen sollten ihr Handeln und dessen Folgen reflektieren: Welchen Leitlinien und Normen folgt die journalistische Arbeit? Welchen Grundsätzen ist sie verpflichtet? Wer ist verantwortlich für fehlerhafte Beiträge oder tendenziöse Berichterstattung? Diese Fragen gehören in den Bereich der *Medienethik,* die sich sittlich-moralischen Problemen im Medienbereich widmet (vgl. grundlegend Funiok 2007; Schicha/Brosda 2010; Heesen 2016). Vereinfacht auf eine „Berufsethik“ (Pöttker 2016b) von Journalist:innen heruntergebrochen, befasst sie sich mit alltäglichen Fragen nach dem „richtigen“ und „guten“ journalistischen Handeln. Anders als der rechtliche Rahmen, der unter der Frage „Was *darf* Journalismus?“ nur ein Mindestmaß an Regeln zusammenfasst, ist der medienethische Rahmen – „Nicht alles, was rechtlich erlaubt ist, ist ethisch zu rechtfertigen oder zu verantworten“ (Meier 2018: 250) – weiter gefasst und fragt normativ: „Was soll Journalismus?“. Während verantwortliches Medienhandeln nach Meier (2018: 254ff.) im Sinne des bereits beschriebenen Fünf-Ebenen-Systems (vgl. Kapitel 2.2) verortet werden kann – von der übergeordneten Ebene des *Mediensystems* und seiner Normen, über die Verantwortung des *Publikums*, sich kritisch und reflektiert mit Medien auseinanderzusetzen, der publizistischen Verantwortung von *Medienunternehmen*, die oft in einem Widerspruch zu ökonomischen Gewinnzielen steht, und der Verantwortung auf der Ebene der *Beitragsproduktion* (z.B. beim Umgang mit PR-Material, Schleichwerbung oder „Scheckbuch-Journalismus“) bis hin zur Ebene der einzelnen *Journalist:innen* – stellen sich auf den jeweiligen Ebenen unterschiedliche ethische Fragen (vgl. Mast 2018: 494f.):

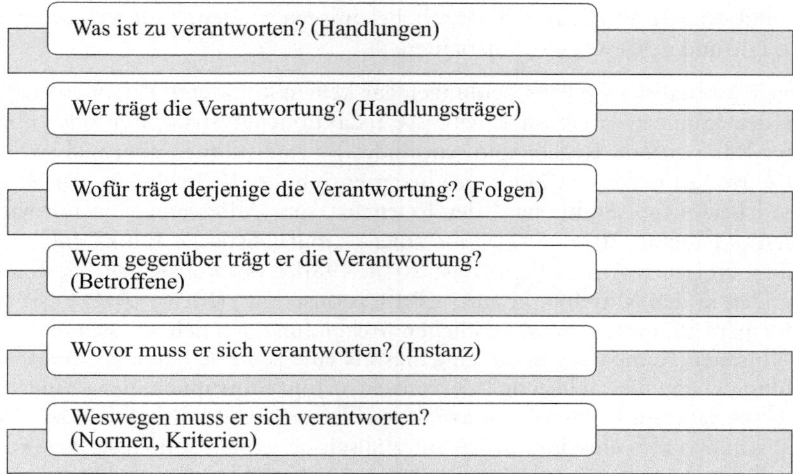

Abb. 59: Entscheidungsebenen ethischer Fragen (Quelle: eigene Darstellung basierend auf Funiok 2002; 2007)

Bei der Bewertung medienethischer Konflikte spielt die konkrete journalistische Praxis zudem eine wichtige Rolle: Unterschiedliche Journalismen bzw. Berichterstattungsmuster (vgl. Kapitel 4.3) sind für verschiedene medienethische Konflikte (als Verletzungen etablierter medienethischer Normen) unterschiedlich anfällig (vgl. Brinkmann 2023b: 233-236): So drohen im narrativen Journalismus drei medienethische „Fallen“: Tappen erzählende Journalist:innen in die „Spannungsfalle“, rückt die journalistische Information gegenüber unterhaltenden und dramaturgischen Elementen einer möglichst spannenden Erzählung in den Hintergrund, während in der „Ideologiefalle“ spezielle Weltsichten durch ideologische Narrative normalisiert werden und bei der „Personalisierungsfalle“ die Gefahr droht, soziale Strukturen auf das individuelle Handeln einzelner Protagonist:innen zu reduzieren (vgl. Schlütz 2020: 5-6; Herzog 2022: 97). Die Personalisierung, Fiktionalisierung und Emotionalisierung journalistischer Beiträge ist im Boulevardjournalismus charakteristisch (vgl. Schützeneder 2019; Kösters/Friedrich 2017) und in extremer Ausprägung medienethisch ebenso problematisch. Der investigative Journalismus läuft ebenfalls Gefahr, in das Privat- oder Intimleben von Menschen einzudringen und praktiziert regelmäßig ethisch umstrittene Recherchemethoden wie verdeckte Recherche oder „Scheckbuchjournalismus“ (vgl. Haarkötter 2015: 272ff.). Eine Berichterstattung, die zwar investigativ Missstände aufdeckt, dabei aber den Mechanismen eines Rudel- oder Herdenjournalismus verfällt oder Thesen aufrechterhält, obwohl die Faktenlage längst das Gegenteil nahelegt, die übertrieben skandalisiert oder hyperpersonalisiert, die vorverurteilt und stigmatisiert, überschreitet in der Regel ethische Grenzen des investigativen Journalismus (vgl. Haarkötter 2015: 65; Lilienthal 2014: 99-101). Ein anwaltschaftlicher Journalismus (vgl. Altmeppen 2016: 135ff.) riskiert dagegen, sich der Agenda oder Ideologie von Einzelpersonen oder Gruppen zu verschreiben, die sich bewusst als benachteiligt inszenieren. Journalist:innen, die den Schwächsten eine Stimme geben und Ungerechtigkeit publizitisch bekämpfen wollen, fällt es naturgemäß schwer, fair und ausgewogen zu berichten.

Dass viele journalistische Entscheidungen gar keinen konkreten Personen zugeordnet werden können, da sie oft Ergebnisse redaktioneller Strukturen oder übergeordneter Rahmen und Regeln sind, entbindet Journalist:innen aber nicht von der Verantwortung für die von ihnen produzierten Inhalte. Vielmehr braucht es Normen und Personen: „Somit wird der Journalist zum Adressaten von normativen Appellen“ (Thomaß 2016: 541). Eine solche „journalistische Ethik“ folgt einem individual-ethischen Ansatz (vgl. Mast 2018: 495ff.), der konsequent die Medienschaffenden in den Mittelpunkt einer „Professionsethik“ (Meier 2018: 256) stellt. Neben einer fundierten handwerklichen Ausbildung handelt es sich dabei um einen ethischen Kompass, um die eingangs als eine zentrale Säule journalistischer Ausbildung genannten „Haltung“ der einzelnen Journalist:innen, der – eingebettet in die beschriebenen Kontexte – journalistisch eigenverantwortlich handelt. Wenn Journalist:innen also einseitig, unfair oder falsch berichten, sollten sie für ihre Arbeit auch die Verantwortung übernehmen und sich nicht etwa mit Hinweisen auf zeitlichen oder ökonomischen Druck, die übergeordnete Blattlinie oder schwierige Umstände der Recherche herausreden können. Anknüpfend an die grundlegenden Arbeiten von Immanuel Kant, der mit dem *kategorischen Imperativ* („Handle nur nach derjenigen Maxime, durch die du zugleich wollen kannst, dass sie ein allgemeines Gesetz werde“) den Grundstein für die Ethik als praktische philosophische Disziplin legte, sowie die Unterscheidung zwischen *Verantwortungs- und Gesinnungsethik* nach Max Weber zeigt sich für Journalist:innen aber ein medienethisches Dilemma: Woran sollen sie ihre Entscheidungen und Handlungen konkret ausrichten? Während gesinnungsethisches Handeln sich in ethischen Konflikten ausschließlich an moralischen Grundsätzen und Werten ausrichtet und die Folgen des eigenen Handelns ignoriert, orientiert sich verantwortungsethisches Handeln vor allem an den Folgen und nimmt dabei in Kauf, gegen grundlegende moralische Gesetze zu verstoßen (vgl. Lilienthal 2014: 100). Zwischen diesen beiden Polen verortet sich dann auch das ethische Spannungsfeld für Journalist:innen: Auf der einen Seite der wahrheitsgemäßen (oder zumindest wahrhaftigen) Berichterstattung verpflichtet, andererseits aber auch besonders verantwortlich für eventuelle Folgen ihrer journalistischen Arbeit.

Beispiel: Die Kölner Silvesternacht als medienethischer Problemfall

Am Beispiel der öffentlich viel beachteten Vorfälle in der Silvesternacht 2015/16, bei denen sich in der Umgebung des Kölner Doms und Hauptbahnhofs mehrere sexuelle Übergriffe auf Frauen von überwiegend nordafrikanisch und arabisch stämmigen Männern ereigneten, lässt sich sehen, dass Journalist:innen in manchen Krisen- oder Konfliktsituationen kaum objektiv „richtig“ handeln können: Wer sich als Journalist:in rigoros der Wahrheit verpflichtet fühlt, muss nicht nur unverzüglich über die Ereignisse berichten, sondern auch die ethnische und geografische Herkunft der Täter nennen – auch auf die Gefahr, damit Vorurteile gegen Migranten zu schüren. Wer genau diese Stigmatisierung als Folge von Medienberichterstattung vermeiden will und die Informationen über die Herkunft der Täter nicht veröffentlicht, setzt sich dem Vorwurf aus, wichtige Fakten aus Rücksicht auf bestimmte ethnische Gruppen zu unterdrücken – was in dem konkreten Fall sogar in der Vermutung gipfelte, die Massenmedien hätten zurückhaltend über die Übergriffe berichtet, um die Flüchtlingspolitik der Bundesregierung zu unterstützen. Dass in der Folge die mediale Berichterstattung über „kriminelle Ausländer" zunahm und viele Journalist:innen offenbar nicht nur ihre Selektionskriterien, sondern auch ihre ethischen Bewertungsmaßstäbe änderten, legt eine Studie von Arendt, Brosius und Hauck (2017) zu den Auswirkungen der „Silvesternacht in Köln" als mediales Schlüsselereignis nahe.

Für eine „Präzisierung der Verantwortungsidee" im Journalismus wirbt auch Bernhard Pörksen, der Bausteine einer konstruktivistischen Medienethik vorgelegt hat (vgl. Pörksen 2015: 179-203), und bei der journalistischen Arbeit dafür plädiert, „dass man die möglichen Folgen des eigenen Handels bedenkt und das eigene Handeln an diesen Folgen ausrichtet, die sich nach bestem Wissen und Gewissen in der konkreten Situation abschätzen lassen" (Pörksen 2014: 15). Journalistische Achtung bzw. „Achtsamkeit" (Eurich 2011) gelten damit als zentrale Bausteine verantwortungsbasierter Ethik im Journalismus (vgl. auch Arnold 2008: 257; Thomaß 2016: 542).

Die für das journalistische Handeln grundlegenden ethischen Regeln und Standards müssen Journalist:innen allerdings nicht individuell entwickeln (jedoch ihre persönliche Haltung zu diesen): Sowohl in Deutschland als auch international haben sich stellvertretend für die Berufsgruppe der Journalist:innen branchenweite Standards etabliert, die überwiegend von Journalist:innenverbänden und Medienunternehmen erarbeitet und meist in Form von Regelwerken wie Kodizes festgehalten wurden. In Deutschland ist der 1973 eingeführte *Pressekodex* des Deutschen Presserats in dieser Hinsicht maßgeblich. Diese Organisation der Verleger:innen- und Journalist:innenverbände tritt nicht nur als Lobbyorganisation für die Presse auf, sondern hat mit dem Pressekodex auch das Grundsatzpapier für allgemein gültige journalistische Handwerksregeln formuliert und damit Richtlinien für medienethisches, verantwortungsbewusstes journalistisches Handeln definiert. Journalist:innen und Medienunternehmen verpflichten sich damit zu einer wahren und neutralen Berichterstattung, zur transparenten und sorgfältigen Recherche, zur Trennung von werblichen und journalistischen Inhalten sowie von wirtschaftlichen und publizistischen Interessen. Sie schützen nicht nur ihre Informant:innen, sondern wahren auch die Rechte von Personen und Gruppen, über die sie berichten (vgl. Mast 2018: 499ff.). Die aktuelle Version des Pressekodex in der Version vom 22. März 2017 umfasst 16 Ziffern für publizistische Grundsätze, deren zentrale Aussagen im Folgenden aufgrund ihrer überragenden Bedeutung für die journalistische Praxis im Wortlaut wiedergegeben werden (Deutscher Presserat 2017a):[32]

---

32 Die übergeordneten Ziffern des Pressekodex enthalten weiterführende und konkretisierende Richtlinien, z.B. in Bezug auf Ziffer 8 zum Schutz der Persönlichkeit elf ergänzende Richtlinien, u.a. zur Kriminalberichterstattung, zum Opferschutz sowie zur Berichterstattung über Kinder und Jugendliche, Vermisste oder

„Die im Grundgesetz der Bundesrepublik verbürgte Pressefreiheit schließt die Unabhängigkeit und Freiheit der Information, der Meinungsäußerung und der Kritik ein. Verleger, Herausgeber und Journalisten müssen sich bei ihrer Arbeit der Verantwortung gegenüber der Öffentlichkeit und ihrer Verpflichtung für das Ansehen der Presse bewusst sein. Sie nehmen ihre publizistische Aufgabe fair, nach bestem Wissen und Gewissen, unbeeinflusst von persönlichen Interessen und sachfremden Beweggründen wahr.

Die publizistischen Grundsätze konkretisieren die Berufsethik der Presse. Sie umfasst die Pflicht, im Rahmen der Verfassung und der verfassungskonformen Gesetze das Ansehen der Presse zu wahren und für die Freiheit der Presse einzustehen.

Die Regelungen zum Redaktionsdatenschutz gelten für die Presse, soweit sie personenbezogene Daten zu journalistisch-redaktionellen Zwecken erhebt, verarbeitet oder nutzt. Von der Recherche über Redaktion, Veröffentlichung, Dokumentation bis hin zur Archivierung dieser Daten achtet die Presse das Privatleben, die Intimsphäre und das Recht auf informationelle Selbstbestimmung des Menschen. (...)

1. Die Achtung vor der Wahrheit, die Wahrung der Menschenwürde und die wahrhaftige Unterrichtung der Öffentlichkeit sind oberste Gebote der Presse.
2. Recherche ist unverzichtbares Instrument journalistischer Sorgfalt. Zur Veröffentlichung bestimmte Informationen in Wort, Bild und Grafik sind mit der nach den Umständen gebotenen Sorgfalt auf ihren Wahrheitsgehalt zu prüfen und wahrheitsgetreu wiederzugeben. Ihr Sinn darf durch Bearbeitung, Überschrift oder Bildbeschriftung weder entstellt noch verfälscht werden. Unbestätigte Meldungen, Gerüchte und Vermutungen sind als solche erkennbar zu machen. Symbolfotos müssen als solche kenntlich sein oder erkennbar gemacht werden.
3. Veröffentlichte Nachrichten oder Behauptungen, insbesondere personenbezogener Art, die sich nachträglich als falsch erweisen, hat das Publikationsorgan, das sie gebracht hat, unverzüglich von sich aus in angemessener Weise richtig zu stellen.
4. Bei der Beschaffung von personenbezogenen Daten, Nachrichten, Informationsmaterial und Bildern dürfen keine unlauteren Methoden angewandt werden.
5. Die Presse wahrt das Berufsgeheimnis, macht vom Zeugnisverweigerungsrecht Gebrauch und gibt Informanten ohne deren ausdrückliche Zustimmung nicht preis. Die vereinbarte Vertraulichkeit ist grundsätzlich zu wahren.
6. Journalisten und Verleger üben keine Tätigkeiten aus, die die Glaubwürdigkeit der Presse in Frage stellen könnten.

Selbsttötungen. Müller (2011: 154–177) bringt zu den wichtigsten Ziffern des Pressekodex anschauliche Beispiele aus der journalistischen Praxis.

7. Die Verantwortung der Presse gegenüber der Öffentlichkeit gebietet, dass redaktionelle Veröffentlichungen nicht durch private oder geschäftliche Interessen Dritter oder durch persönliche wirtschaftliche Interessen der Journalistinnen und Journalisten beeinflusst werden. Verleger und Redakteure wehren derartige Versuche ab und achten auf eine klare Trennung zwischen redaktionellem Text und Veröffentlichungen zu werblichen Zwecken. Bei Veröffentlichungen, die ein Eigeninteresse des Verlages betreffen, muss dieses erkennbar sein.
8. Die Presse achtet das Privatleben des Menschen und seine informationelle Selbstbestimmung. Ist aber sein Verhalten von öffentlichem Interesse, so kann es in der Presse erörtert werden. Bei einer identifizierenden Berichterstattung muss das Informationsinteresse der Öffentlichkeit die schutzwürdigen Interessen von Betroffenen überwiegen; bloße Sensationsinteressen rechtfertigen keine identifizierende Berichterstattung. Soweit eine Anonymisierung geboten ist, muss sie wirksam sein.
9. Es widerspricht journalistischer Ethik, mit unangemessenen Darstellungen in Wort und Bild Menschen in ihrer Ehre zu verletzen.
10. Die Presse verzichtet darauf, religiöse, weltanschauliche oder sittliche Überzeugungen zu schmähen.
11. Die Presse verzichtet auf eine unangemessen sensationelle Darstellung von Gewalt, Brutalität und Leid. Die Presse beachtet den Jugendschutz.
12. Niemand darf wegen seines Geschlechts, einer Behinderung oder seiner Zugehörigkeit zu einer ethnischen, religiösen, sozialen oder nationalen Gruppe diskriminiert werden.[33]
13. Die Berichterstattung über Ermittlungsverfahren, Strafverfahren und sonstige förmliche Verfahren muss frei von Vorurteilen erfolgen. Der Grundsatz der Unschuldsvermutung gilt auch für die Presse.
14. Bei Berichten über medizinische Themen ist eine unangemessen sensationelle Darstellung zu vermeiden, die unbegründete Befürchtungen oder Hoffnungen beim Leser erwecken könnte. Forschungsergebnisse, die sich in einem frühen Stadium befinden, sollten nicht als abgeschlossen oder nahezu abgeschlossen dargestellt werden.
15. Die Annahme von Vorteilen jeder Art, die geeignet sein könnten, die Entscheidungsfreiheit von Verlag und Redaktion zu beeinträchtigen, sind mit dem Ansehen, der Unabhängigkeit und der Aufgabe der Presse

33 Die entsprechende Richtlinie 12.1 zur Berichterstattung über Straftaten wurde im Jahr 2017 aufgrund anhaltender Debatten um deren Auslegung geändert und lautet nun: „In der Berichterstattung über Straftaten ist darauf zu achten, dass die Erwähnung der Zugehörigkeit der Verdächtigen oder Täter zu ethnischen, religiösen oder anderen Minderheiten nicht zu einer diskriminierenden Verallgemeinerung individuellen Fehlverhaltens führt. Die Zugehörigkeit soll in der Regel nicht erwähnt werden, es sei denn, es besteht ein begründetes öffentliches Interesse. Besonders ist zu beachten, dass die Erwähnung Vorurteile gegenüber Minderheiten schüren könnte.“ Obwohl der Presserat (2017b) ergänzende „Praxis-Leitsätze“ veröffentlichte, die bei der Entscheidung über die Veröffentlichung der Herkunft von Straftäter:innen (siehe auch das Praxisbeispiel in diesem Kapitel) helfen sollen, bleibt die Richtlinie und deren konkrete praktische Anwendung unter Journalist:innen und Wissenschaftler:innen umstritten (vgl. Schade 2017b).

unvereinbar. Wer sich für die Verbreitung oder Unterdrückung von Nachrichten bestechen lässt, handelt unehrenhaft und berufswidrig.
16. Es entspricht fairer Berichterstattung, vom Deutschen Presserat öffentlich ausgesprochene Rügen zu veröffentlichen, insbesondere in den betroffenen Publikationsorganen bzw. Telemedien."

Insbesondere die letzte Ziffer verweist auf eine weitere zentrale Funktion des Presserats, die auch in der „Präambel" des Pressekodex genannt wird: „Die Berufsethik räumt jedem das Recht ein, sich über die Presse zu beschweren. Beschwerden sind begründet, wenn die Berufsethik verletzt wird." Der Presserat befindet auf Basis der im Pressekodex formulierten publizistischen Grundsätze über Beschwerden, die jede Person beim Presserat einreichen kann. Dieser ist zuständig für die deutschen Zeitungs- und Zeitschriftenverlage sowie deren Onlineangebote – für den öffentlich-rechtlichen Rundfunk sind die entsprechenden Rundfunk- oder Fernsehräte zuständig, für den privaten Rundfunk die jeweiligen Landesmedienanstalten – die sich mehrheitlich dazu bekennen, den Pressekodex als verbindlichen Katalog medienethischer Regeln und damit als Grundlage ihres journalistischen Handelns anzuerkennen. Der Beschwerdeausschuss des Presserats prüft die eingegangenen Beschwerden und kann in Fällen von begründeten Verstößen eine der folgenden Maßnahmen gegenüber dem verantwortlichen Medienunternehmen ergreifen (vgl. Presserat 2020):[34]

- Bei weniger schwerwiegenden Verstößen gegen den Pressekodex erteilt der Presserat der Redaktion lediglich einen *Hinweis*, der nicht öffentlich ist.
- *Missbilligungen* gegenüber der Redaktion kommen bei ernsteren Verstößen infrage. Eine Pflicht zur Veröffentlichung besteht für die Redaktion jedoch nicht.
- Bei schweren Verstößen kann der Presserat eine *Rüge* aussprechen, die von der Redaktion zu veröffentlichen ist (z.B. abgedruckt in der Zeitung). Erfordert es der Opferschutz, können Rügen auch nicht-öffentlich ausgesprochen werden.

Ein wirklich scharfes Instrument sind aber auch die Rügen als härteste Sanktion des Presserates kaum: Die *BILD* ist mit 202 Rügen zwischen 1986 und 2018 das mit großem Abstand am häufigsten gerügte deutsche Pressemedium (vgl. Brandt 2019a), scheint sich über die anhaltenden medienethischen Maßregelungen jedoch nicht übermäßig zu grämen – im Gegenteil: 2015 deutete die Redaktion der *BILD* die Kritik unter der Schlagzeile „Wir geben den Menschen alles, was Reibung erzeugt" einfach als gelungenes Beispiel für relevanten und provokanten Boulevardjournalismus positiv um (vgl. Schönauer 2015). Vor diesem Hintergrund und angesichts der Tatsache, dass es sich beim Pressekodex um ein Instrument der publizistischen Selbstkontrolle handelt, das freiwillig von Medienunternehmen anerkannt wird und kein rechtlich bindendes Gesetz im juristischen Sinne darstellt, verwundert es wenig, dass dem Deutschen Presserat noch immer der Ruf eines

34 Die Relevanz von medienethischen Frage- und Problemstellungen wird auch durch den Jahresbericht des Deutschen Presserats (2024) unterstrichen, der nicht nur eine seit Jahren eine kontinuierliche hohe Zahl von Beschwerden (2023: 1.850), sondern auch eine gestiegene Zahl von Rügen (2023: 73; + 33) vermerkt. Die meisten Rügen sprach der Presserat wegen Verletzungen von Persönlichkeitsrechten (Ziffer 8) und wegen Verstößen gegen die Sorgfaltspflicht (Ziffer 2) aus (je 22).

„zahnlosen Tigers“ (Fengler 2010) anhaftet, der im Ernstfall nicht über die Macht verfügt, medienethische Missstände auszumerzen – auch wenn er verglichen mit anderen europäischen Presseräten (z.B. in Frankreich, Österreich oder Italien) eine starke Stellung im deutschen Mediensystem einnimmt (vgl. Eberwein/Brinkmann 2021). Obwohl ein medienethisch reflektiertes, verantwortungsvolles Handeln von Journalist:innen ein zentrales Leistungspotenzial von Journalismus ist und den Kern journalistischer Arbeit berührt, gilt es als von ähnlich weichen Faktoren abhängig – zumindest im Gegensatz zu „harten“ rechtlichen Regelungen wie Gesetzen – wie die Bewertung journalistischer Qualität.

6.3 Journalistische Qualität

Die Frage „Was ist guter Journalismus“ lässt sich nicht einfach und eindeutig beantworten. Es kommt vielmehr auf den jeweiligen Bezugspunkt dieser Bewertung an – z.B. ein bestimmtes Berichterstattungsmuster, eine konkrete Darstellungsform, Praxis oder auch das Rollenverständnis der Journalist:innen: Für eine Nachrichtenredakteurin kann guter Journalismus unter Umständen etwas anderes bedeuten als für den Boulevardreporter oder die investigativen Rechercheurin. Nicht nur ihre Rollenbilder und Intentionen unterscheiden sich, sondern auch ihre Aufgaben sowie die daraus resultierenden journalistischen Tätigkeiten und Produkte: Während die erste mit einer möglichst aktuellen Meldung Informationen sachlich vermittelt, will der zweite mit einer besonders emotionalen, exklusiven Geschichte die Aufmerksamkeit der Leser erzwingen und die dritte mithilfe hartnäckiger Recherche einen politischen Skandal aufdecken und darüber einen umfangreichen Hintergrundbericht schreiben. Die Frage nach qualitativen Leistungspotenzialen, der journalistischer Qualität, ist also zunächst die Frage nach dem kleinsten gemeinsamen Nenner in einem heterogenen Berufs- und Handlungsfeld, in dem viele, kaum vergleichbare journalistische Produkte entstehen. Das folgende Zitat des Publizistikwissenschaftlers Stephan Ruß-Mohl (1992: 85) ist zwar immer wieder in der journalistischen Qualitätsdebatte bemüht worden, vermittelt in seiner Bildhaftigkeit aber noch immer eine Vorstellung des Definitionsproblems: „Qualität im Journalismus definieren zu wollen, gleicht dem Versuch, einen Pudding an die Wand zu nageln.“

Vor dieser Aufgabe sollten aber weder Wissenschaftler:innen noch Praktiker :innen kapitulieren – obwohl es unter Journalist:innen verbreitet scheint, sich mit dem lapidaren Hinweis, Qualität im Journalismus lasse sich eben nicht definieren, da es sich hier nicht um ein Handwerk, sondern um eine Kunst handele, deren subjektive Tätigkeiten und Inhalte kein objektiver Maßstab erfassen könne, vor einer Diskussion um journalistische Qualität zu drücken. Dass journalistische Qualitätskriterien eben keine „Eigenschaften, sondern Beobachter*innenkonstrukte sind und damit subjektiv“ (Sehl/Eder/Kretzschmar 2022: 47; zur Konstruktion journalistischer Qualität vgl. Reineck 2018), entbindet aber keineswegs von der Auseinandersetzungen mit Fragen wie: (1) Was ist Qualität im Journalismus? (2) Welche Qualitätskriterien existieren im Journalismus? (3) Wie lässt sich journalistische Qualität dann konkret bestimmen?

Nach Handstein (2016b) meint „Qualität" die „konkrete, individuelle Eigenschaft einer Sache", also die Güte eines Produkts oder Dienstleistung – als beides kann auch Journalismus verstanden werden. Es geht bei der Frage nach journalistischer Qualität also darum, „guten Journalismus" von schlechterem zu unterscheiden. Einen Versuch unternimmt der in der Praxis weit verbreitete Begriff des sogenannten „Qualitätsjournalismus": Es sind meist überregionale Zeitungen wie die *Frankfurter Allgemeine Zeitung*, die *Süddeutsche Zeitung*, die *Zeit* oder der österreichische *Standard* und die schweizer *Neue Zürcher Zeitung*, die sich selbst als Qualitätszeitungen bezeichnen und sich damit bewusst von anderen, offenbar weniger hochwertigen Medien abgrenzen wollen – auch zu eigenen Marketingzwecken (vgl. von Rimscha/Siegert 2015: 199ff.). Diese Zuschreibung, die auch von anderen Akteuren – z.B. dem Publikum, der Werbeindustrie oder der Politik – teilweise unkritisch übernommen wird, kennzeichnet aber zunächst nur Medien „mit besonders hohem Anspruch, etwa an Recherche oder das Themenspektrum, über das berichtet wird" (Handstein 2016b) und basiert nicht auf einer systematischen Überprüfung journalistischer Qualitätskriterien. Es bleibt also zumindest vage, ob „Qualitätszeitungen" journalistische Ansprüche besser erfüllen und damit qualitativ wirklich hochwertiger sind als andere Medien. Diesem Problem stellt sich die Journalismusforschung, die in langer Tradition verschiedene Kriterien journalistischer Qualität (weiter-)entwickelt und anhand von Studien empirisch überprüft hat (vgl. u.a. Schatz/Schulz 1992; Ruß-Mohl 1992; Rager 1994; Hagen 1995; Arnold 2009; Imhof 2013 sowie Bucher/Altmeppen 2003 und von Rimscha/Siegert 2015: 197 zur Übersicht). Auf diese Weise sind Qualitätsdimensionen von Journalismus in Form bestimmter Merkmale entstanden, die auch in der journalistischen Praxis weitgehend akzeptiert werden (vgl. Müller 2011: 184–185):[35] Qualitativ hochwertiger Journalismus muss demnach *richtig* sein (die Fakten müssen stimmen), *relevant* (die Informationen müssen für die Zielgruppe wichtig sein), *transparent* (die journalistische Recherche und Darstellung muss nachvollziehbar sein), *ausgewogen* (alle Meinungen müssen gehört werden), *vielfältig* (die Themen, Inhalte und Perspektiven müssen plural sein), *aktuell* (die Themen und Inhalte müssen neu sein oder zumindest neue Aspekte und Entwicklungen enthalten), *verständlich* (die transportierten Zusammenhänge müssen vom Publikum verstanden werden) sowie *rechtmäßig* (Form und Inhalt müssen im Einklang mit den medienrechtlichen Grundlagen stehen). Inwieweit die einzelnen Merkmale konkret ausgeprägt sein müssen, um journalistische Qualitätsansprüche zu erfüllen (z.B. wie viele Meinungen müssen in einem Beitrag vorkommen bzw. wie transparent muss eine Recherche gestaltet sein), lässt sich nur an Einzelfällen aus der journalistischen Praxis feststellen. Aufgrund der vielen in diese Bewertung journalistischer Leistungsfähigkeit einfließenden Einflussgrößen sollten mindestens die Dimensionen des journalistischen Handelns und des journalistischen Produkts differenziert werden: „Während der Ethikdiskurs beim journalistischen Handeln und den Kommunikatoren ansetzt, konzentriert sich die

35 Von Rimscha und Siegert (2015: 196) kritisieren, dass ein „umfassender Qualitätsbegriff" im Medienbereich nicht nur Ansprüche des Journalismus, sondern ebenso des Publikums und der Werbewirtschaft berücksichtigen müsse. Anders als bei (journalistischen) Informationsmedien seien zudem die Qualitätskriterien für Unterhaltungsmedien kaum entwickelt.

Qualitätsforschung auf das journalistische Produkt sowie auf das Publikum und seine Erwartungen“ (Arnold 2016b: 142; vgl. ähnlich auch Thomaß 2016: 543ff.; Reineck 2018: 191). Demnach können zwei Ebenen unterschieden werden (vgl. Meier 2018: 240–243): Die Qualitätsebene des *journalistischen Handelns* (z.B. die Unabhängigkeit einer Redaktion oder die Fairness, mit der Journalist:innen recherchieren und alle Akteur:innen zu Wort kommen lassen) sowie die Qualitätsebene *journalistischer Produkte* (z.B. die Verständlichkeit eines Beitrags oder die Attraktivität einer Überschrift). Obwohl beide Qualitätsebenen im praktischen Journalismus zusammenfließen – „Natürlich schlägt sich journalistisches Handeln im Produkt nieder. (...) Der Wert und die Qualität von Informationen stehen und fallen mit der Qualität des Herstellungsprozesses“ (ebd.) – erleichtert die analytische Trennung von redaktionellem Prozess und journalistischem Inhalt die Verortung und Bestimmung von Qualität (vgl. Tab. 16).

Tab. 16: Qualitätskriterien im (Informations-)Journalismus (Quelle: vgl. Meier 2018: 242–243)

Qualitätsdimensionen des journalistischen Handelns	
Unabhängigkeit	Die Unabhängigkeit ist letztlich für die Glaubwürdigkeit des Journalismus verantwortlich. Medienunternehmen und Redaktionen sollen jegliche Versuche, die Redaktion zu beeinflussen, abwehren und bezahlte Inhalte (Werbung) klar von redaktioneller Berichterstattung trennen.
Richtigkeit	Faktentreue
Fairness	Qualität des Rechercheprozesses (z.B. Prinzip des „audiatur altera pars“)
Aktualität	Neuigkeit, Gegenwartsbezug, Schnelligkeit
Relevanz	Themenauswahl nach Wichtigkeit/Bedeutsamkeit; Orientierung an professionellen Selektionskriterien
Interaktivität	Dialogfähigkeit einer Redaktion; Mitwirkungsmöglichkeiten des Publikums an Themenfindung und Medieninhalten
Transparenz	Offenlegen der Berichterstattungsbedingungen; Quellenangaben und Quellenkritik
Qualitätsdimensionen des journalistischen Produkts	
Vielfalt	Von der Vielfalt des redaktionellen Gesamtangebots (Themenspektrum) bis zur Vielfalt in einem einzelnen Beitrag (verschiedene Perspektiven)
Unparteilichkeit	Ausgewogenheit (als Gegenteil von Einseitigkeit); Unvoreingenommenheit und Distanz zum Berichterstattungsgegenstand; Trennung von Nachricht und Kommentar
Verständlichkeit	Sachgerechte Sprache, anschaulicher und prägnanter Stil, klarer Aufbau

Qualitätsdimensionen des journalistischen Handelns	
Sinnlichkeit	Spannungsbogen, Dramaturgie eines Beitrags, einer Sendung etc. Zusammenspiel von Text und Bild, von Sprecher, O-Ton und Atmo
Attraktivität	Herstellung von Aufmerksamkeit; zielgruppengerechte Ansprache des Publikums, passende Wahl der Darstellungsform; packende Titel, Teaser, Trailer etc.
Nutzwert	Anwendbarkeit im Alltag des Publikums – als Orientierung, Rat und Entscheidungshilfe

Journalistische Qualität ist aber kein absoluter, statischer Begriff, sondern normativ und relativ – also stets abhängig von Zuschreibungen wie den beruflichen Normen und Handwerksregeln im Journalismus, den Anforderungen der Demokratie oder den Erwartungen des Publikums sowie von bestimmten Situationen, Maßstäben und Bezugspunkten (vgl. Mast 2018: 198–201): In der journalistischen Praxis beeinflusst auch das Selbstverständnis der Journalist:innen und Redaktionen (z.B. in Investigativ-Teams) ebenso die Qualität journalistischer Prozesse und Produkte wie unterschiedliche Formate (z.B. Talkshows), Mediengattungen (z.B. Radio), Organisationsformen (z.B. öffentlich-rechtlich) oder Mediensysteme (z.B. eingeschränkte Meinungsfreiheit). Um diese verschiedenen Ebenen und Dimensionen journalistischer Qualität zu erfassen, hat Stephan Ruß-Mohl (1992: 86) das sogenannte „Magische Vieleck“ entwickelt, in dem sich die vielfältigen – inzwischen von anderen Forschenden „konkretisierten, modifizierten, ergänzten oder gewichteten“ (Kläs/Birkner 2020: 7) – Ziele journalistischer Qualität „überlappen, gegeneinander konkurrieren und sich nicht alle gleichzeitig erreichen lassen“ (Meier 2018: 241; vgl. Abb. 19).

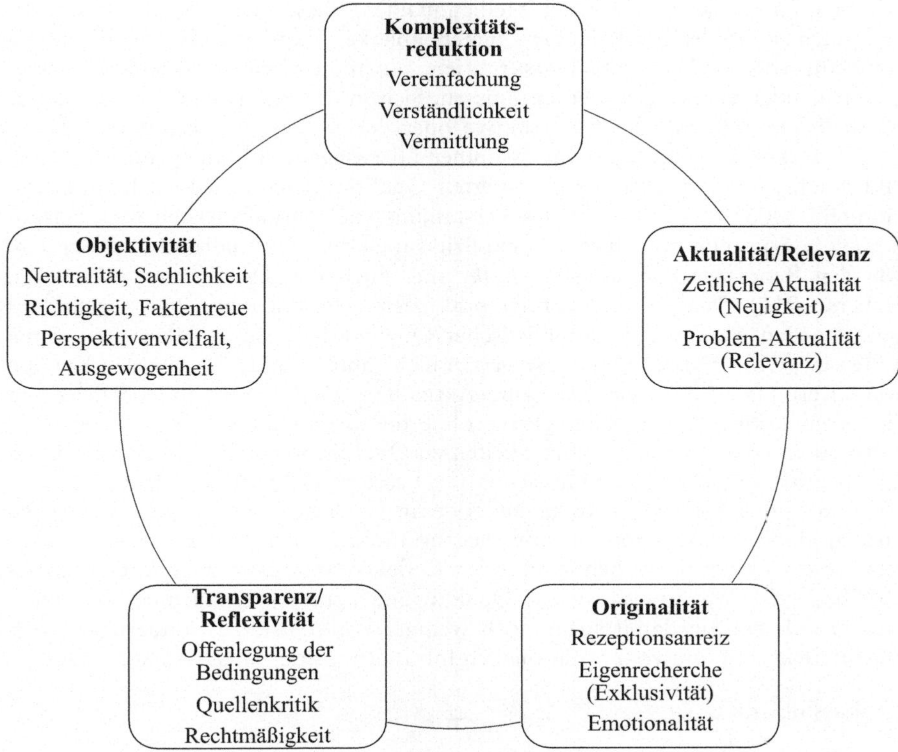

Abb. 60: Das Vieleck der Medienqualität (Quelle: eigene Darstellung auf Basis von Ruß-Mohl 1992, ergänzt um Meier 2018: 242–243; Müller 2011: 184–185; von Rimscha/Siegert 2014: 197)

Denn schon innerhalb eines journalistischen Musters kann der Fokus auf bestimmte Qualitätsziele bedeuten, dass andere weniger oder gar nicht mehr ausgeprägt sind: Im Nachrichtenjournalismus besteht dieser Konflikt beispielsweise in der Frage, ob die Redaktion aktuell (möglichst schnell) oder richtig (möglichst korrekt) informieren will: Die Qualitätskriterien Aktualität und Richtigkeit geraten also in einen Konflikt, wenn eine Nachrichtenredakteurin am News Desk entscheiden muss, ob sie eine eben über den Agentur-Ticker eingelaufene Meldung direkt auf der Website publiziert oder die enthaltenen Informationen erst überprüft. Im praktischen Journalismus sind solche Konflikte an der Tagesordnung: Während ein Boulevardreporter für eine besonders emotionale Geschichte oft den Boden der Neutralität und Sachlichkeit verlässt, übertritt die investigative Rechercheurin die Grenzen der Rechtmäßigkeit, wenn sie für exklusive Informationen bezahlt oder mit versteckter Kamera filmt. Oder sie verletzt die Regel der Quellentransparenz, um die Identität eines anonymen Whistleblowers zu schützen. Journalist:innen, die komplexe Probleme besonders einfach beschreiben wollen, ignorieren dabei vermutlich relevante Aspekte und Perspektiven. Aus diesem

Grund versteht das „Vieleck der Medienqualität" diese nicht als Checkliste, die um guten Journalismus Bemühte einfach abhaken, sondern als ein lebendiges Netz aus verschiedenen Qualitätskriterien, die immer wieder situationsbedingt gegeneinander abgewogen werden müssen. Sich in der Praxis neu herausbildende Journalismen wie z.B. der konstruktive oder der Datenjournalismus (vgl. Kapitel 7) fordern die etablierten, noch immer überwiegend an einem Informations- und Nachrichtenjournalismus orientierten Qualitätskriterien jedoch heraus (vgl. Hohlfeld 2003) und verändern das Verständnis von journalistischen Leistungspotenzialen. So sollte z.B. auch ein explizit subjektiver Journalismus, wie er u.a. von den Reportage-Formaten bei *funk*, aber auch von *De Correspondent* (vgl. Habers 2016), *Vice* oder *BuzzFeed* praktiziert wird (Stringer 2018) nicht mit traditionellen Maßstäben journalistischer Qualität bewertet werden – zu deren Kriterien „Objektivität" wie selbstverständlich zählt – sondern sollte den Katalog von „Kernqualitäten" wie Relevanz, Aktualität, Vielfalt und Independenz (im Sinne redaktioneller Unabhängigkeit), ohne die „letztendlich jede Art von Journalismus in seinen jeweiligen Eigenheiten zu Qualitätsjournalismus und der Qualitätsbegriff weitgehend zur phrasenhaften Leerformel [würde]" (Arnold 2016a: 558), um für subjektiveren (oder anderweitig von traditionellen journalistischen Idealen abweichenden) Journalismus gegenstandsadäquate Kriterien wie Narrativität, Emotionalität, Authentizität oder Reflexivität ergänzen (vgl. Brinkmann 2023b: 241f.). Was journalistische Qualität und „guter Journalismus" bedeuten, könnte sich künftig damit sogar noch weniger konkretisieren, sondern vielmehr ausdifferenzieren und vom traditionellen Informationsjournalismus entgrenzen.

Diskussionsfragen

- Vor welchen wirtschaftlichen Herausforderungen steht der Journalismus im Internet? Welche Potenziale und Risiken liegen jeweils in der Finanzierung von Medien und Journalismus durch alternative Erlösquellen wie E-Commerce, Stiftungen oder staatliche Subventionen?
- Welches medienethische Handeln von Journalist:innen leitet sich jeweils aus einem gesinnungs- oder verantwortungsethischen Ansatz ab?
- Unter welchen Umständen sollten Journalist:innen bei Straftaten (nicht) über die Herkunft des Täters berichten? Sind die Richtlinien des Pressekodex des Deutschen Presserats in dieser Frage ausreichend klar formuliert, um medienethische Abwägungen vorzunehmen?
- Welche übergeordneten Qualitätskriterien gelten im Journalismus? Auf welchen Ebenen lassen sie sich verorten? Welche Kriterien konkurrieren miteinander?

Einführende Literatur

Arnold, Klaus (2016b): Qualität im Journalismus. In: Meier, Klaus/Neuberger, Christoph (Hrsg.), Journalismusforschung. Handbuch für Wissenschaft und Studium. Baden-Baden: Nomos, S. 140–157.

Altmeppen, Klaus-Dieter/ Nölleke-Przybylski, Pamela/Klinghardt, Korbinian/Zimmermann, Anna (2023): Digitale Medienökonomie. Baden-Baden: Nomos.

Thomaß, Barbara (2016): Ethik des Journalismus. In: Löffelholz, Martin/Rothenberger, Liane (Hrsg.): Handbuch Journalismustheorien. Wiesbaden: Springer VS, S. 537–550.

Von Rimscha, Björn/Siegert, Gabriele (2015): Medienökonomie. Eine problemorientierte Einführung. Wiesbaden: Springer VS.

Weiterführende Literatur

Arnold, Klaus (2009): Qualitätsjournalismus. Die Zeitung und ihr Publikum. Konstanz: UVK.

Heesen, Jessica (Hrsg.) (2016): Handbuch Medien- und Informationsethik. Stuttgart: J.B. Metzler Verlag.

Funiok, Rüdiger (2007): Medienethik. Verantwortung in der Mediengesellschaft. Stuttgart: Kohlhammer.

Lobigs, Frank (2018): Wirtschaftliche Probleme des Journalismus im Internet. Verdrängungsängste und fehlende Erlösquellen. In: Neuberger, Christoph/Nuernbergk, Christian (Hrsg.): Journalismus im Internet: Profession – Partizipation – Technisierung. 2. Aufl. Berlin/Heidelberg/Wiesbaden: Springer VS. S. 295–334.

Reineck, Dennis (2018): Die soziale Konstruktion journalistischer Qualität. Fachdiskurs, Theorie und Empirie. Köln: Herbert von Halem.

7. Neue Journalismen: Innovationen und Trends in der journalistischen Praxis

Überblick

Dieses Kapitel skizziert aktuelle Strömungen im Journalismus sowie deren besonders ausgeprägten Programme, Praktiken und Leistungspotenziale, um die berufspraktische An- und Herausforderungen dieser neuen „Journalismen" zu beschreiben: Das Eindämmen („Debunking") von „Fake News", die Entwicklung innovativer Formate wie „Scrollytelling"-Reportagen, Visual Storys oder datenjournalistische Stücke, das Bespielen von Social-Media-Kanälen oder das Berichten mit dem Smartphone im Sinne des Mobile Reporting stellen ebenso wie konstruktiver oder subjektiver Journalismus und der Einfluss künstlicher Intelligenz neue handwerkliche und technische Anforderungen an Journalist:innen und Redaktionen, die hier anhand von aktuellen wissenschaftlichen Erkenntnissen und praktischen Beispielen prägnant vorgestellt werden.

Vor dem Hintergrund seiner publizistisch-ökonomisch-institutionellen Krise ist der Journalismus im Zuge der Digitalisierung einem radikalen und anhaltenden Wandlungsprozess ausgesetzt: Neben dem massiven Auflagenschwund der Tageszeitungen und der Erosion traditioneller Erlösmodelle verändert sich nicht nur das Konsumverhalten des Publikums tiefgreifend und nachhaltig, sondern wandeln sich auch journalistische Arbeitsweisen kontinuierlich (vgl. Weichert/Kramp 2018): Die Mediennutzung ändert sich unter globalen und digitalen Vorzeichen tiefgreifend – ein digitaler News Journalism sieht sich vor allem Herausforderung durch intendierte Desinformation (*Fake News*) ausgesetzt (vgl. Kapitel 7.1). Multimediale Darstellungs- und Erzählweisen entwickeln sich zu einem *Digital Storytelling* (vgl. Kapitel 7.2), während große Datenmengen im Kielwasser des *data-driven Journalism* (vgl. Kapitel 7.3) journalistisch aufbereitet und visualisiert werden. Da Mediennutzung sich insbesondere bei jungen Zielgruppen zunehmend von klassischen Kanälen in Social Media und auf mobile Endgeräte verlagert, ist die Produktion und Distribution journalistischer Inhalte in Form eines plattform- und netzwerkorientierten *Social Journalism* (vgl. Kapitel 7.4) sowie eines smartphone-basierten *Mobile Reporting* (vgl. Kapitel 7.5) mittlerweile redaktionelle Realität. Der Einfluss gesellschaftlicher oder technologischer Strömungen hat in den vergangenen Jahren zudem dazu geführt, dass sich konstruktive oder subjektive Formen des Journalismus herausbilden konnten (vgl. Kapitel 7.6 und 7.7). Aus diesen Trends haben sich in der Praxis neue Journalismen herausgebildet (vgl. Fowler-Watt/Jukes 2020; Loosen et al. 2020), deren Programme, Praktiken (und die dafür genutzten Regeln und Ressourcen) sowie Leistungspotenziale sich sehr unterscheiden können: So weichen die Themen, Berichterstattungsmuster und Darstellungsformen eines multimedialen „Scrollytelling"-Journalismus in der Regel deutlich von denen eines digitalen News Journalism ab, während Praktiken wie das „Scraping" von Daten, das „Debunking" oder „On-Presenting" charakteristisch für andere Journalismen sind, deren Leistungen oft abweichend von traditionellen journalistischen Angeboten bewertet werden müssen (z.B. im Fall des konstruktiven Journalismus, der explizit Lösungen und Handlungsempfehlungen für Probleme anbieten will). Ihre jeweiligen programmatischen, praktischen oder produktbezogenen Spezifika werden im Folgenden vor der hier aufgespannten Hintergrundfolie (vgl. Kapitel 3.3) beschrieben und dabei die Perspektiven auf die sich neu entwickelnden Berufsbilder und Anforderungsprofile wie Datenjournalist:in, Multimedia-Producer:in, Social-Media-Redakteur:in, Mobile Reporter:in oder Presenter:in erweitert.

7.1 Digitaler Journalismus und Fake News

Die „Digitale Revolution" des Journalismus ist durch eine nachhaltige Aufwertung technischer Kommunikationsmedien in Kultur und Gesellschaft geprägt (vgl. Weichert/Kramp 2018) – eine Entwicklung, die akademisch als „tiefgreifende Mediatisierung" erforscht wird und die u.a. durch die *Differenzierung* von technisch basierten Kommunikationsmedien, durch von diesen Medien ermöglichte *Konnektivität*, durch die *Omnipräsenz* dieser Medien, durch die hohe technologie- und angebotsbezogene Innovationsdichte sowie durch und die Datafizierung mediengestützter Kommunikation (Hepp/Hasebrink 2017: 335) charakterisiert wird (vgl. Hepp/Krotz 2014; Couldry/Hepp 2013). Dadurch ist die Digitalisierung von Mediensystem und Journalismus (vgl. Nuernbergk/Neuberger 2018; Lilienthal et al. 2014) inzwischen so weit fortgeschritten, dass eine andere als die digitale Perspektive auf praktische journalistische Konzeption, Produktion und Distribution (vgl. Osing 2022) heute kaum noch anschlussfähig ist – auch weil nahezu sämtlicher Journalismus mittlerweile digital (also z.B. computer-unterstützt) produziert und rezipiert wird (vgl. Haarkötter 2019: 28). Auch die Art und Weise, wie Nutzer:innen sich digital über aktuelle Ereignisse informieren und Nachrichten konsumieren, verändert sich stetig. Der jährlich mit großer Spannung in der Branche erwartete „Digital News Report" des Oxforder Reuters Institute for the Study of Journalism zeigt – wie auch andere wissenschaftliche Untersuchung, z.B. die ARD-ZDF-Online-Studie (vgl. Beisch/Koch 2023) – eindrücklich diesen Wandel auf Basis einer Befragung von Online-Nutzer:innen in mittlerweile 46 Medienmärkten auf der ganzen Welt. Die größte international vergleichende Studie zum Digitalen News Journalism befundet im (bei Drucklegung) aktuellen Report aus dem Jahr 2023 u.a. folgende Trends des Nachrichtenkonsums in Deutschland (vgl. Behre/Hölig/Möller 2023), die sich teilweise auch auf globaler Ebene wiederfinden (vgl. Newman et al. 2023: 9–30): Nachdem das Interesse an Nachrichten insbesondere bei jungen Online-Nutzer:innen zuvor lange gestiegen war, sinken sowohl das Nachrichteninteresse als auch die Nachrichtennutzung gegenwärtig: Während die Hälfte aller Nutzer:innen (52 Prozent) angibt, überaus oder sehr an Nachrichten interessiert zu sein, nutzen nur noch 78 Prozent der 18- bis 24-Jährigen mehr als einmal pro Woche Nachrichten. Nur 19 Prozent dieser jungen Nutzer:innen weisen ein starkes Interesse an Politik auf. Das auch aus anderen Ländern bekannte Phänomen der „News Avoidance" (Nachrichtenmüdigkeit bzw. -vermeidung) zeigt sich auch in Deutschland: Jede(r) zehnte Nutzer:in versucht oftmals aktiv, Nachrichten zu vermeiden (z.B. zum Krieg in der Ukraine); 65 Prozent versuchen das gelegentlich. Mit 58 Prozent ist mehr als die Hälfte der erwachsenen Nachrichtennutzer:innen äußerst oder sehr an positiven Nachrichten interessiert, sowie an jenen, „die Lösungen vorschlagen, anstatt nur auf Probleme hinzuweisen“, sowie an Nachrichten, „die dabei helfen, komplexe Themen zu verstehen“. Zudem sind insbesondere soziale Medien wie *WhatsApp*, *YouTube*, *Instagram* und *Facebook* mittlerweile eine wichtige Quelle für Online-Nachrichten. Das Vertrauen in über Social Media (insbesondere über *Facebook*) verbreitete Nachrichten ist aber deutlich geringer als in traditionelle Nachrichtenquellen. In den USA und in Großbritannien vertrauen jeweils nur noch ein Drittel (32 bzw. 33 Prozent) der Onlinenutzer:innen Nachrichten allgemein. Mit nur noch 43 Prozent der erwachsenen Internetnutzer:innen sind aber auch in Deutschland deutlich weniger Menschen der Ansicht, dass man dem Großteil der Nachrichten vertrauen könne (2022 waren es noch 50 Prozent; vgl. hierzu auch die Mainzer Studie „Medienvertrauen“; Schultz et al. 2023). Zudem befürchten 37 Prozent der Nutzer:innen in Deutschland, eventuelle Falschmeldungen nicht von Fakten unterscheiden zu können (vgl. Behre/Hölig/Möller 2023: 5-8). Diese Zahlen legen nahe, dass das publizistische Phänomen der „Fake News“ inzwischen nicht nur politisch, sondern auch gesellschaftlich wahrgenommen und diskutiert wird (vgl. Europäische Kommission 2018; Sachs-Hombach/Zywietz 2018; Appel 2020). Wie bereits angerissen, handelt es sich bei „Fake News“ um „gezielt verbreitete falsche oder irreführende Informationen, die jemandem (Person, Gruppe oder Organisation) Schaden zufügen sollen“ (Sängerlaub/Meier/Rühl 2018: 11). Diese manipulative Absicht ist charakteristisch für Fake News, die insbesondere in sozialen Medien verbreitet werden und dabei „durch Imitation journalistischer Genres vorsätzlich und wissentlich falsche oder durch Pauschalisierung und Vereinfachung irreführende Informationen präsentieren“ (Rinsdorf 2018). In der wissenschaftlichen und öffentlichen Debatte um Fake News werde aber teilweise nur unzureichend zwischen verwandten Phänomenen wie „Social Bots“, „Dark Ads“ oder „Hate Speech“ einerseits und verschiedenen Arten von Fehlern im Journalismus andererseits unterschieden, schreiben die Autor:innen der zentralen deutschsprachigen Studie „Fakten statt Fakes“, Alexander Sängerlaub, Miriam Meier und Wolf-Dieter Rühl (2018), und schlagen eine Differenzierung von Fake News als gezielte, schädliche Desinformation von anderen Formen fehlerhafter politischer oder medialer Kommunikation vor (vgl. Abb. 57), die auch an die Definition des Reuters Institutes anschlussfähig ist (vgl. Nielsen/Graves 2017: 3).

Abb. 61: Differenzierung und Definition von „Fake News" (Quelle: Darstellung nach Sängerlaub/Meier/Rühl 2018: 11)

Nicht als „Fake News" klassifiziert werden demnach journalistische Fehler (*Poor Journalism*), die entweder versehentlich in Form von Falschmeldungen („Enten"), die in der Regel aber zeitnah korrigiert werden, oder durch bewusste Überspitzungen (*Clickbait*) verbreitet werden, um Nutzer:innen auf die Onlineangebote zu locken. Neben diesen nicht intendierten Falschmeldungen zählt auch Satire, die als überspitzte Gesellschaftskritik oder Nachrichtenparodie in der Regel keine böswillige, manipulative Absicht verfolgt (z.B. bei *Titanic*, der „*heute*-Show" oder dem *Postillion*), nicht zu den Fake News. Ebenfalls zu differenzieren ist der insbesondere von Rechtspopulisten benutzte Kampfbegriff „Fake News", mit dem z.B. der damalige US-Präsident Donald Trump gezielt Journalist:innen und Medien wie die *New York Times* oder *CNN* diffamierte, um ihre Glaubwürdigkeit zu untergraben und als informations- und meinungstragende Institutionen zu diskreditieren (vgl. Rinsdorf 2018) – vergleichbar mit dem im deutschsprachigen Raum verbreiteten Vorwurf der „Lügenpresse". Zu Fake News im engen Sinne zählen dann drei Formen von in schädlicher Absicht verbreiteten, falschen oder irreführenden Informationen: Während der sogenannte *Misinterpreted Content* wahre Informationen ohne den eigentlichen Kontext oder bewusst falsch interpretiert, verfälscht *Manipulated Content* bewusst wahre Informationen (z.B. Bilder und Videos mit entsprechenden Bearbeitungsprogrammen). Bei *Fabricated Content* handelt es sich um völlig frei erfundene Inhalte (vgl. Sängerlaub et al. 2018: 11–13). In ihrer Studie analysieren die Autor:innen zehn Fälle von Fake News, die im Bundestagswahlkampf 2017 verbreitet wurden: Von der völlig dekontextualisierten Meldung, die ehemalige Ratsvorsitzende der Evangelischen Kirche, Margot Käßmann, habe gesagt, „Alle Deutsche sind Nazis", über die Falschmeldung, auf einem Fest in Schorndorf hätten 1.000 Migranten randaliert (vgl. Beispiel), bis zur gefälschten Dienstanweisung des NRW-Innenministeriums, Straftaten von Migrant:innen zu vertuschen, oder zur falsch interpretierten Statistik, nach der die Zahl der Vergewaltigungen in Bayern durch Zuwanderer um 90 Prozent gestiegen sei – jede Fallstudie zeichnet den Ursprung und den Verlauf der medialen Desinformation nach, nennt die Urheber:innen und Verbreiter:innen und zeigt, wann und wie Journalist:innen die Fake News entlarven und eindämmen konnten. Anhand dieser anschaulichen Praxisbeispiele kommt die Studie zu folgenden Befunden für die Verbreitung von Fake News während des Bundestagswahlkampfes 2017 (vgl. ebd.: 73–86):

- Fake News haben sehr unterschiedliche *Ursprünge* und verbreiten sich, wenn verschiedene Faktoren zusammenspielen. Generalisieren lässt sich aber folgender Verlauf: „Oft ist es unprofessionelle Öffentlichkeitsarbeit, ob von der Polizei auf Twitter oder die Auskunft staatlicher Stellen gegenüber Medien (...) ungewollter Auslöser einer Fake News“ (ebd.: 74). In allen untersuchten Fällen nutzten rechtspopulistische Akteur:innen diese „Poor Public Relations“ und instrumentalisierten die Ungenauigkeiten für ideologische Kampagnen.
- Die *Reichweiten* der Fake News blieben überschaubar, eine zuvor befürchtete „Fake-News-Schwemme“ blieb während des Wahlkampfes aus – ebenso der Einsatz von Social-Bots, Fake-Accounts z.B. auf Twitter, die automatisiert und großflächig Fake News verbreiten. Das international vergleichsweise hohe Medienvertrauen deutscher Nutzer:innen kommt hier ebenso als Erklärung infrage, wie die im Vergleich zu den USA geringere Nutzung von Social Media-Kanälen als Informationsquelle und das Fehlen reichweitenstarker Alternativmedien wie *Breitbart News* als weniger fruchtbarem „Nährboden“ für mögliche Desinformation. Wie auch der „Digital News Report“ belegt, sind Medien wie *Tichys Einblick*, die *Junge Freiheit*, *Epoch Times* oder *Compact Online* nur knapp zehn Prozent der deutschen Nutzer:innen überhaupt bekannt – kaum die Hälfte davon nutzt diese Angebote (vgl. Hölig/Hasebrink 2020: 28).
- Das *Themenspektrum* der beobachteten Fake News war stark auf die Themen „Flüchtlinge und Kriminalität“ sowie „Innere Sicherheit“ eingeengt. Vor dem Hintergrund, dass die sogenannte „Flüchtlingskrise“ das dominierende Thema der Bundestagswahl 2017 war, kein überraschender Befund. Fake News haben aber einen ähnlichen „Lebenszyklus“ wie normale Nachrichten, bleiben also nur wenige Tage auf der medialen Agenda.
- Als *Verbreiter* von Fake News treten vor allem rechtspopulistische bzw. rechtsextreme Akteure:innen auf, zu denen die Autor:innen sowohl politische Parteien (AfD) als auch Medien (*Junge Freiheit*) zählen. Überraschend ist, dass nicht nur Social-Media-Kanäle wie *Facebook* und *Twitter*, sondern auch redaktionelle Medien wie *Bild.de*, *Welt.de* oder die *dpa* zur Verbreitung von Fake News beitrugen: „Mal als versehentlicher Katalysator, mal als bewusste Auslöser“ (Sängerlaub/Meier/Rühl 2018: 3).
- Umgekehrt waren es auch vor allem Medien wie *Süddeutsche.de*, *Correctiv* oder der *ARD*-„Faktenfinder“, die als kritische Korrektive Fake News richtigstellten und so regelmäßig Debunking betrieben. In nahezu allen Fällen erzielten die ursprünglichen Fake News aber höhere Reichweiten als ihre spätere Richtigstellung. Außerdem liegt die Vermutung nahe, dass Konsument:innen

von typischen Verbreitern von Fake News wie der *Epoch Times* oder Profilen von AfD-Politikern bei *Facebook* kaum oder keine Medien konsumieren, die sich der Richtigstellung der Desinformation widmen: „Das Debunking kommt dort, wo es gebraucht wird, in der Regel nicht an“ (ebd.: 80).

Wie Journalist:innen auch außerhalb von auf Debunking spezialisierten Fact-Checking-Abteilungen mit Fake News im redaktionellen Alltag umgehen können, fasst das im Auftrag der UN verfasste Handbuch „Journalismus, ‚Fake News' und Desinformation“ (Posetti/Ireton 2018) zusammen – im Kern geht es dabei aber um universale journalistische Tugenden, um Transparenz herzustellen, wie Genauigkeit, Unabhängigkeit und Fairness in der Berichterstattung, sowie um handwerkliche Kompetenzen im Fact Checking und bei der Verifikation von Social-Media-Inhalten wie Fotos und Videos (vgl. Oswald 2015). Fähigkeiten, die durch den massiven Aktualitätsdruck im digitalen (Nachrichten-)Journalismus auch künftig an Bedeutung gewinnen werden.

Beispiel: Fake News – Der Fall „Schorndorf“

Wie Fake News entstehen und sich verbreiten, zeigt das Beispiel eines Volksfestes im baden-württembergischen Schorndorf (vgl. Sängerlaub/Meier/Rühl 2018: 33–39): Nachdem eine Polizei-Pressemitteilung am 16. Juli 2017 sowohl über drei Fälle von sexueller Belästigung als auch über eine davon unabhängige Versammlung von bis zu 1.000 Jugendlichen, davon ein großer Teil mit Migrationshintergrund, berichtet hatte, vermeldete die *dpa* fälschlicherweise, dass bis zu 1.000 junge Leute randaliert hätten: „Somit wurden aus 1.000 Jugendlichen 1.000 randalierende Jugendliche mit größtenteils Migrationshintergrund.“ Mehrere Redaktionen übernahmen diesen Fehler ungeprüft in ihre Berichterstattung, z.B. *Welt.de*, der *SWR* und die *Stuttgarter Zeitung* („Schwere Krawalle und sexuelle Übergriffe überschatten Fest“). An diesem Fall von Poor Journalism wird „der Unterschied zwischen einer bewusst lancierten Falschmeldung und eines journalistischen Fehlers deutlich“. Die AfD deutete die Ereignisse auf Facebook noch am selben Tag zu einer „islamischen Grabscherparty“ um – ein „Fake News-Narrativ, das suggeriert, dass es sich bei den Vorfällen in Schorndorf um einen Flüchtlingsmob gehandelt habe und dass die Geschehnisse mit der Kölner Silvesternacht zu vergleichen seien.“ Medien wie der *ARD*-„Faktenfinder“, *Spiegel.de* oder *Vice* stellten den Fehler richtig; auch die *dpa* korrigierte ihre Meldung am 19. Juli 2017. Die Autor:innen fassen zusammen: „Der Fall Schorndorf zeigt, welche Verantwortung vor allem der dpa bei der sauberen Recherche und journalistisch korrekten Verbreitung von Meldungen zukommt, da sie als Nachrichtenagentur (...) mit ihren Meldungen eine immens hohe Reichweite erzielt.“

7.2 Multimedialer Journalismus

Im digitalen Journalismus regieren aber keineswegs ausschließlich die „Breaking News“ im Sinne eines sekundenaktuellen Nachrichten- und Informationsjournalismus. Auch hintergründige und kunstvoll erzählte Geschichten erleben im Digitalen eine Renaissance: Der schillernde Begriff des „Digitalen Storytelling“ ist in der Praxis bisher nicht trennscharf von verwandten Trends wie Multimedia- oder Datenjournalismus abgegrenzt, umfasst eine „ganze Palette neuer, innovativer Darstellungsformen“ (Sturm 2013: 9) – wie z.B. Audio-Slideshows, Web-Documentaries oder Multimedia-Reportagen – lässt sich aber als genuin onlinejournalistische Erzählform definieren, deren „Produktion, Publikation und Distribution ausschließlich über digitale Maschinen und Kanäle erfolgt" (Haarkötter 2019: 168). „Multimediales Erzählen" – also „eine Geschichte mit Texten, Fotos, Videoclips, Audio, Grafik, Animation und Interaktivität zu erzählen" (Witte/Ulrich 2014; vgl. Kapitel 5.4) – wird oft als Synonym gebraucht und tatsächlich ist *Multimedialität* eine zentrale Eigenschaft des digitalen Storytelling (vgl. Jakubetz 2016; Osing 2022: 45ff.) – aber eben nur eine unter mehreren: Sturm (2013: 5) zählt außerdem Globalität, Hypertextualität, Interaktivität, Aktualität sowie unbegrenzte Speicherkapazität zu den Charakteristika des journalistischen Storytelling auf digitalen Plattformen. Unter den teilweise sehr unterschiedlichen technischen und erzählerischen Spielarten von digitalem Journalismus wie *Immersive Journalism*, bei dem Geschichten in Virtual Reality (VR) oder Augmented Reality (AR) z.B. als 360-Grad-Reportagen lebendig werden (vgl. Feyder/Rath-Wiggins 2018; Kaiser 2017a; Schart/Tschanz 2016; 2015), oder *Newsgames*, die harte Themen spielerisch vermitteln (vgl. Wolf/Godulla 2018), hat sich eine Form international und zwischenzeitlich auch in Deutschland als Vorreiter des digitalen Storytelling etabliert: Dieser *Longform*-Journalismus erzählt Geschichten ausführlich, aufwändig und multimedial als „Integration von (langem) Text, grafischen sowie Audio- und Videoelementen als eine neue journalistische Darstellungsform", die sich durchaus an klassischen Reportagen, Features oder Portraits anlehnen, sich aber als „Multimedia-Reportagen", „Multi-Storys" oder „Long-Reads" im Redaktionsalltag durchgesetzt haben (vgl. Haarkötter 2019: 166). Als „Initiationsmoment" (Godulla/Wolf 2017: 63) des Genres gilt bis heute die Veröffentlichung von „Snow Fall" durch die *New York Times* im Dezember 2012: „Let's snowfall this" entwickelte sich anschließend zum Schlachtruf derjenigen, die eine Geschichte fortan ähnlich erzählen wollten, wie das Team um Autor John Branch (2012): Eine mitreißend geschriebene Reportage, die den Hergang des dramatischen Lawinenunglücks von 16 Ski- und Snowboardfahrern am Tunnel Creek minutiös rekonstruiert, sondern „auch in Videointerviews mit den Beteiligten. Mit Animationen, bei denen man zur Orientierung im Gelände sanft über die Berggipfel gleitet, als säße man in einem Segelflugzeug. Mit animierten Grafiken, die die Entstehung von Lawinen beschreiben. Mit Videomaterial aus einer an einem Skihelm befestigten Go-Pro-Kamera. Mit animierten Wetterkarten. Und mit der Darstellung einer Lawine, der man in Echtzeit beim Abgehen zusehen kann. Vielmehr: muss" (Schächtele 2014). Diese Art des konvergenten, multimedialen Erzählens ist als „Scrollytelling" eine prägende Erzähl- und Darstellungsform des digitalen Journalismus. Das Buzzword verbindet die Begriffe des „Storytelling" und „Scrollens" – also der im Online- und Mobilejournalismus gängigen Form der Navigation: „Das Rückgrat von Scrollytelling bildet Text, der linear durch Scrollen von oben nach unten bzw. von links nach rechts rezipiert wird" (Godulla/Wolf 2017: 67). Anders als z.B. in Multimedia-Dossiers werden Geschichten überwiegend anhand eines Strangs erzählt (vgl. Kaiser 2017b). Nach Haarkötter (2019: 169) navigieren Nutzer:innen in Scrollytelling-Reportagen nicht länger zwischen durch Links miteinander verbundenen Modulen aus klassischem Hypertext, sondern bleibt während der ganzen Story auf ein und derselben Website. Die Form wird daher auch als *Onepager* bezeichnet, da der Inhalt auf einer langen, meist vertikal laufenden Seite präsentiert wird. Die einzelnen Elemente der Geschichte sind grafisch voneinander abgegrenzt (z.B. als Kapitel), aber durch die Scroll-Navigation miteinander verbunden und auch separat ansteuerbar (vgl. ebd.: 168). Diese Form des digitalen Erzählens trägt auch der veränderten Mediennutzung Rechnung: Laut der ARD/ZDF-Onlinestudie wachsen die Zugriffe auf onlinejournalistische Inhalte über mobile Endgeräte stetig – so griffen bereits 2016 zwei Drittel der Nutzer über Smartphones auf digitalen Content zu und immerhin ein Drittel über Tablet-PC (vgl. Koch/Frees 2016: 422). „Bei diesen Endgeräten mit Touchbedienung weist das Scrollen eine höhere Usability gegenüber hergebrachten Menü- oder Linkstrukturen auf" (Haarkötter 2019: 169). Obwohl sich das Genre permanent weiterentwickelt und ausdifferenziert, bleiben die grundlegenden Strukturen des Scrollytelling bei den meisten aktuell publizierten Stücken sichtbar: „Textbasierte Long-Form-Stories, die dem User die Geschichte mit perfekt abgestimmten Videos und Grafiken, reduzierter Gestaltung und cineastischen Digital-Effekten erzählen", schreibt Jens Radü (2019a: 41). Der frühere Multimedia-Chef vom Dienst beim *Spiegel* hat die bislang umfassendste Analyse von Anspruch, Nutzung und Qualität des „New Digital Storytelling" deutscher Medien verfasst und in einem aufwändigen Verfahren, für das er nicht nur die Nutzungsdaten von neun Multimedia-Storys auf *Spiegel.de* (u.a. „Die Glimmer-Kinder", „Blutschwestern" und „Gejagte Jäger") analysierte, sondern auch mit verschiedenen Versionen experimentierte und Multimedia-Journalist:innen befragte, eine Liste von Qualitätskriterien erarbeitet, die für Multimedia-Geschichten gelten können (vgl. Abb. 58). Dieser Katalog sei ausdrücklich nicht als „Ikea-Bauanleitung" für die perfekte Multimedia-Geschichte zu verstehen, könne jedoch „helfen, eine mittelmäßige Story zu verbessern, handwerkliche und dramaturgische Standards zu etablieren, mit denen ein gewisses Niveau nicht mehr unterschritten wird" (Radü 2019b).

Multimedialität - Wird die Geschichte in einer gut aufeinander abgestimmten Kombination verschiedener Medienelemente erzählt?

Visualität - Lebt die Geschichte von der Optik?

Immersivität - Entfaltet die Multimedia-Geschichte einen narrativen oder technischen Sog durch Introvideos, eine starke visuelle Aufmachung oder 360-Grad-Elemente?

Modularität - Bauen die einzelnen Elemente aufeinander auf oder gibt es Dopplungen?

Überraschung - Was macht die Multimedia-Geschichte besonders? Spielerische, technische oder dramaturgische Ansätze?

Emotionaliät - Geht die Multimedia-Geschichte dem Leser nahe?

Rhythmus - Wie ausgewogen ist die Aufteilung in die verschiedenen Medienformen und ist die Geschichte abwechslungsreich aufgebaut?

Transivität/Übergänge - Leitet ein Element auf das andere adäquat über?

Dramaturgie - Stimmt das narrative Rückgrat der Multimedia-Geschichte?

Usability/Navigation - Ist die Bedienung selbsterklärend und simpel?

Abb. 62: Produktbezogene Qualitätsdimensionen für Multimedia-Geschichten (Quelle: eigene Darstellung auf Basis von Radü 2019a: 251–252)

Obwohl sich Scrollytelling-Longforms nach Jakubetz (2016) im digitalen Journalismus ähnlich etablieren wie Reportagen in Zeitungen oder Dokumentation im Fernsehen – „Sie sind eine wunderbare Option für das ausführliche Erzählen großer und umfangreicher Geschichten. Sie werden ihren festen Platz in der Palette des Geschichtenerzählens einnehmen" – dienen sie nicht einem publizistischen Selbstzweck (auch wenn sie noch immer Leitungsschau und Leuchttürme für viele Redaktionen sind). Vielmehr verbanden sich mit digitalem Storytelling wie lange mit kaum einem anderen journalistischen Genre ökonomische Hoffnungen in der Medienbranche: Für exklusiv recherchierte Geschichten, die packend erzählt und multimedial aufbereitet werden, gibt es einen Markt, so hoffen Verlage und Sender gleichermaßen – zumindest finden sie Nutzer:innen, wie Abrufzahlen zwischen 56.000 und 2,7 Millionen Page Impressions für die untersuchten *Spiegel*-Storys zeigen (vgl. Radü 2019b). Trotz eines immensen personellen, zeitlichen und finanziellen Aufwandes für die technische Umsetzung – an „Snow Fall" arbeiteten insgesamt 16 Redakteur:innen über den Zeitraum von sechs Monaten mit, während die Produktion einer Longform durchaus 100.000 Dollar kosten kann (vgl. Haarkötter 2019: 162) – der mit Scrollytelling-Tools wie Shorthand oder Pageflow zuletzt kontinuierlich gesunken ist,[36] scheinen Erträge möglich. Radü (2019a: 255) sieht auf Grundlage seiner Nutzer:innenbefragung ein „potenziell zahlendes Publikum für Multimedia-Geschichten – und je höher die Qualität der Geschichte, desto mehr Publikum und höhere Beträge." Inwieweit Nutzer:innen aber bereit sind, für digitale Storys zu bezahlen, die bisher noch überwiegend kostenlos angeboten werden (und in der Regel auch nicht durch Werbeanzeigen zu refinanzieren sind), ist angesichts der „Gratiskultur" im Netz offen. Auch ist in der Medienbranche mittlerweile ein abflauender Trend erkennbar: Während überregionalen Printangebote wie *Spiegel*, *SZ* oder *Zeit* noch immer vereinzelt Visual Storys produzieren, scheinen Regionalzeitungsverlage und öffentlich-rechtliche Sender hier deutlich weniger engagiert. Daher bleibt abzuwarten, inwieweit sich multimediales, digitales Storytelling tatsächlich als innovative Praxiskonstellation im Journalismus etabliert.

Beispiel: Digital Storytelling – „Die Schlacht um Mariupol" (Zeit Online)

Ein herausragendes Beispiel für digitales Storytelling ist die von *Zeit Online* publizierte und 2022 in der Kategorie „Multimedia" mit dem Preis des Reporter:innen-Forums ausgezeichnete Multimedia-Story „Die Schlacht um Mariupol" (Biermann et al. 2022). Für die Dokumentation eines „der schlimmsten Schauplätze des russischen Angriffskrieges" verweben die Autor:innen vor einem schwarzen Hintergrund Fotos, Karten und Videos, binden Satellitenbilder ebenso ein wie protokollierte Chatverläufe. Besonders beeindruckend gelingt der Einsatz interaktiver Grafiken, die das Ausmaß der Zerstörung eindrücklich visualisieren und damit verständlich machen.

36 Mit welchen digitalen Werkzeugen sowohl diachrone (an einem zeitlichen Ablauf orientierte) als auch synchrone Storys (wie Landkarten oder Grafiken, die alle Erzählelemente simultan präsentieren) erstellt werden können, stellt Haarkötter (2019: 173–190) anhand anschaulicher Beispiele für die Anwendung von Scrollytelling-Tools vor (vgl. auch Osing 2022: 37ff.). Wie digitales Storytelling „unterwegs" mit Hilfe entsprechender Apps funktioniert, erläutert Staschen (2017: 211ff.).

7.3 Datenjournalismus

Vor etwa zehn Jahren begann mit dem „Datablog“ des *Guardian* und der auf Enthüllungen der Whistleblower-Plattform *Wikileaks* basierenden Berichterstattung zu den „Afghanistan Warlogs“ ein Trend im Digitaljournalismus, der mit den als „Panama Papers“ bezeichneten investigativen Recherchen, bei denen die *Süddeutsche Zeitung* gemeinsam mit anderen deutschen und internationalen Redaktionen mehr als sechs Terabyte Daten und 11,5 Millionen Dokumente wie E-Mails, Briefe, Verträge und Rechnungen auswertete, um globalen Steuerbetrug und Geldwäsche zu belegen (vgl. Süddeutsche Zeitung 2020), im Jahr 2016 einen vorläufigen Höhepunkt erreichte und bis heute andauert: Datenjournalismus recherchiert, sichtet und bereitet große Datenmengen über relevante Ereignisse, Entwicklungen und Themen auf und visualisiert die Informationen in Form von interaktiven Grafiken und anderen digitalen Darstellungsformen (vgl. Mast 2018: 511). Der im Englischen übliche Begriff *data-driven journalism*, also datengetriebener Journalismus, beschreibt diese journalistische Methode bzw. das Genre aber noch treffender, wenn Datenjournalismus mit Matzat (2014a: 9) als „Format“ verstanden wird, „in dem einem Datensatz (oder mehreren) eine wesentliche Rolle zukommt“ und dessen Produkt digital publiziert wird. Abzugrenzen ist dieser datenbasierte Journalismus von früheren Formen wie dem *Computer Assisted Reporting* (CAR), einer Recherchemethode, die computergestützt Datenberge durchforstet, oder dem *Precision Journalism*, der in der Tradition des US-amerikanischen Journalisten Philipp Meyer (2002) journalistische Recherche mit sozialwissenschaftlicher Fundierung betreibt (vgl. Haarkötter 2015: 207; Lilienthal 2014: 121). Datenjournalist:innen arbeiten an den Schnittstellen von Journalismus, Informatik und Design und benötigen im datenjournalistischen Arbeitsprozess – also von der Recherche über die Aufbereitung, Interpretation, Einordnung und Visualisierung von quantitativen Daten (vgl. Haim 2019) – nicht nur journalistisches Handwerkzeug, sondern auch Grundkenntnisse in Statistik, im Web-Design und im Programmieren, da hierbei auch Softwareanwendungen und eigens für ein bestimmtes datenjournalistisches Projekt programmierte Codes eingesetzt werden (vgl. Matzat 2014a: 31–32). Dadurch ermöglicht Datenjournalismus nicht nur unabhängigere Recherchen und exklusive, zuvor meist in Datensätzen verborgene Geschichten, die Journalist:innen erst schürfen müssen, sondern ebenso innovative Formen des Storytellings als interaktive Darstellungen oder multimediale Aufbereitungen von Daten. Während sich ein breites Themenspektrum für daten-journalistische Umsetzung eignet – z.B. als interaktive Karten auf Basis von Zahlen zu Bildung, Arbeitslosigkeit, Rente, Wohnen, Energie, Umwelt oder Mobilität (auch mit regionalem oder lokalem Zuschnitt) – hat sich der Datenjournalismus in Deutschland bisher überwiegend in den Redaktionen des öffentlich-rechtlichen Rundfunks (z.B. *WDR* und *BR*) sowie bei überregionalen Medienhäusern wie *Süddeutsche.de*, *Spiegel.de* oder *Zeit Online* als eigene Ressorts und feste Formate etabliert (vgl. Matzat 2014b; Haim 2019). Bei Regional- und Lokalzeitungen sind solche Projekte eher die Ausnahme (z.B. beim *Tagesspiegel*, der *Berliner Morgenpost* oder der *Stuttgarter Zeitung, zuletzt* auch bei der *Sächsischen Zeitung*) als die Regel (für einen aktuelle Stand zum Berufsfeld vgl. Weinacht/Spiller 2022). Selbst im angloamerikanischen Journalismus, wo der *Guardian* und die *New York Times* als Flaggschiffe des *data journalism* regelmäßig herausragende Daten-Geschichten publizieren, war Datenjournalismus bei lokalen oder regionalen Medien lange kaum etabliert (vgl. Porlezza 2016). Vor dem Hintergrund einer weiter zunehmenden Datafizierung der Gesellschaft, durch die Daten in nahezu allen Lebens- und Arbeitsbereichen weiter an Bedeutung gewinnen (z.B. in Wirtschaft, Wissenschaft oder Verwaltung), steht auch der Journalismus vor der Aufgabe, diese massenhaft gespeicherten Daten, die „längst nicht mehr mit der Geschwindigkeit verarbeitet werden können, mit der sie eingehen" (Haarkötter 2015: 206), zu bewältigen, journalistisch zu verarbeiten und auf diese Weise zu neuen Erkenntnissen zu gelangen. Hierbei spielt *Big Data* eine zentrale Rolle – also „Datenmengen, die zu groß oder zu komplex sind oder sich zu schnell ändern, um sie mit manuellen und klassischen Methoden der Datenverarbeitung auszuwerten" (Kaiser 2015: 90–91). Neben den technischen und visuellen Komponenten geht es aber auch beim Datenjournalismus letztlich um das journalistische Handwerk des Storytelling, wie der Head of Data Journalism bei *Zeit Online*, Stefan Venohr, im Interview mit dem *Fachjournalist* (Bremm 2019) erklärt: „Ich erzähle Geschichten auf Basis von Daten. Datenjournalismus ist eine relativ junge Form der journalistischen Erzählweise, bei der man im Prinzip mit einer einzigen Grafik die Geschichte erzählen kann. Diese mündet häufig in interaktive Visualisierungen, wo die Leser die Möglichkeit haben, selbst mit diesen Elementen zu spielen." Solche datenbasierten Geschichten finden sich in der digitaljournalistischen Praxis in vielen Formen, Abstufungen und mit fließenden Übergängen. Oswald (2015) differenziert drei Kategorien datenjournalistischer Formate, die je unterschiedlich tief recherchieren und komplex visualisieren:

- *Einfache Datenvisualisierungen*, z.B. in Form von Torten- oder Balkendiagrammen, stellen die erste und simpelste Stufe datenbasierter Darstellungsformen dar und finden sich auf fast allen journalistischen Online-Portalen, z.B. zur Visualisierung von Wahlergebnissen als Ergänzung zur text- oder videobasierten Berichterstattung. Für Lorenz Matzat (2014a: 9), der die Datenjournalismus-Agentur *OpenDataCity* gründete und als wichtige Stimme in der Community gilt, ist der „Einsatz eines Balkendiagramms auf einer Website" hingegen kein eigener Datenjournalismus: „Denn Statistiken und Diagramme gehören seit Langem, wenn nicht von Anbeginn an zum Journalismus."
- Auf der zweiten Stufe stehen Formen, die sich der *Recherche, Analyse und Visualisierung von Datensätzen* widmen und diese z.B. als interaktive Grafiken in einem erläuternden Text einbetten. Stücke wie z.B. „Wieso kommen gerade so viele Babys zur Welt?" (Erdmann/ Fischer 2018) auf *Zeit Online*, die Statistiken auswerten und damit gesellschaftliche Trends erklären, sind bei überregionalen Medien datenjournalistischer Standard.
- *Investigativer Datenjournalismus* bildet das Ende der Skala: Für solche aufwändigen Formen schürfen interdisziplinäre Teams aus Journalist:innen und Programmierer:innen oft über längere Zeiträume in Datenbergen und graben Geschichten aus, die sie aufwändig visualisieren. Ein Beispiel ist die preisgekrönte Datenrecherche „Wem gehört Hamburg?" (Correctiv 2018b), die die

Besitzverhältnisse auf dem Wohnungsmarkt in der Hansestadt mittels einer *Crowdsourcing*-Recherche transparent macht.

Bei der konkreten Umsetzung als datenjournalistische Darstellungsformen unterscheiden sich die eher simplen Datenvisualisierungen in Diagrammen (z.B. bei Wahlen oder dem Wetterbericht), die auch in Echtzeit übertragen und aktualisiert werden können, von interaktiven Grafiken oder Karten (*Mapping*), die bestimmte Prozesse, Abläufe oder Entwicklungen ebenso veranschaulichen können wie datengestützt Kriegs- oder Krisengebiete vermessen oder Wirtschaftsdaten visuell und nach geografischen Kriterien aufbereiten, z.B. die Entwicklung der Arbeitslosenzahlen nach Bundesländern oder Landkreisen (vgl. Matzen 2014: 146–147; Haarkötter 2019: 391–395). Zudem können auch Animationen, Quiz sowie Erklär- oder Servicebeiträge datengestützt umgesetzt werden, z.B. eine Grafik über Verspätungen der Deutschen Bahn, wie es *Süddeutsche.de* mit dem „Zug-Monitor" gelang. Unabhängig von der gewählten Darstellung lassen sich Grundregeln bei der Umsetzung datenjournalistischer Geschichten festhalten, wie sie z.B. Bradshaw (2011) mit der „umgekehrten Pyramide des Datenjournalismus" ableitet: Die einzelnen Arbeitsschritte vom Recherchieren und Sammeln der Daten (*Compile*), über das Aufräumen und Säubern der Daten in maschinenlesbare Formate wie Excel (*Clean*), die Einordnung der Daten in den Zusammenhang (*Context*) bis zur Analyse und Auswertung der Daten (*Combine*) und zur Publikation des Projekts (*Communicate*) (vgl. Haarkötter 2015: 208) decken sich mit dem datenjournalistischen Arbeitsablauf, wie ihn Matzat (2014a: 35ff.) als Methode beschreibt (vgl. Abb. 59): „Data Driven Journalism ist eine Kombination aus einem Recherche-Ansatz und einer Veröffentlichungsform. Ein oder mehrere maschinenlesbare Datensätze werden per Software miteinander verschränkt und analysiert – damit wird ein schlüssiger, vorher nicht ersichtlicher informativer Mehrwert gewonnen. Die Information wird in statischen oder interaktiven Visualisierungen angeboten und mit Erläuterungen zum Kontext, Angaben zur Datenquelle (bestenfalls wird der Datensatz mitveröffentlicht) versehen. Letztere wird ggf. kommentiert (in Schrift, Ton oder Bewegtbild)" (Matzat in Matzen 2014: 147–148). Dabei sind es jedoch keineswegs immer nur die Journalist:innen, die Daten zusammentragen: Existiert der benötigte Datensatz entweder nicht oder wird geheim gehalten, können auch Nutzer:innen (*Crowdsourcing*) oder – wie im Fall der „Panama Papers" auch – anonyme Informant:innen (*Whistleblowing*), die entsprechenden Daten sammeln und an die Redaktionen weiterleiten. Die Strafverfolgung gegen Whistleblower wie Edward Snowden oder Rui Pinto im Zuge der NSA-Affäre bzw. Football-Leaks zeigen aber die damit verbundenen Risiken.

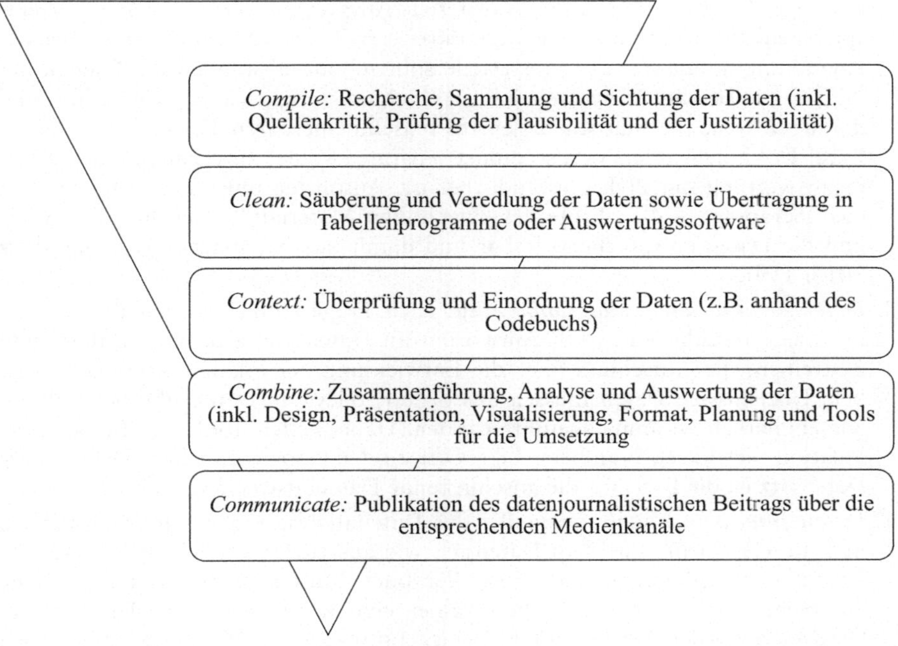

Abb. 63: „Umgekehrte Pyramide des Datenjournalismus" (Quelle: eigene Darstellung in Anlehnung an Haarkötter 2015: 208; 2019: 374f., ergänzt um Matzat 2014a: 35ff.)

Wie sich datenjournalistische Projekte vom rohen Datensatz zu einer interaktiven Geschichte entwickeln, erklärt Medienjournalist Bernd Oswald (2015) anhand dieser fünf konkreten Schritte:

1. *Ausgangsfrage stellen oder These formulieren*: Obwohl Journalist:innen auch ergebnisoffen an große Datensätze gehen können, sollte als Ausgangspunkt eine Frage oder These stehen, die durch die Datenrecherche beantwortet oder beleget werden soll, z.B. die *Zeit Online*-Story „Wie kriminell sind Flüchtlinge?" (Klingst/Venohr 2017). Um in diesem Themenfeld zu bleiben: Wollen Journalist:innen herausfinden, ob die Kriminalität in einer Stadt in den letzten 15 Jahren zugenommen hat, haben sie eine Leitfrage bzw. Kernthese, die ihre Recherchen strukturiert. Davon ausgehend lassen sich Unterfragen formulieren, z.B.: Wie hat sich die Zahl der Delikte entwickelt (insgesamt und nach Straftaten)? Wie verteilen sich die Fälle auf die einzelnen Stadtbezirke? Welche Merkmale weisen Opfer und Täter auf?
2. *Daten recherchieren*: Um die Fragen zu beantworten, müssen Journalist:innen die dazu passenden Daten recherchieren. Das Ziel sind umfangreiche und verlässliche Datensätze, die online in großen Mengen verfügbar sind (z.B. von Behörden oder Ämtern). Für Projekte mit deutschland- oder bundeslandweiter Aussagekraft sind die statistischen Bundes- und Landesämter sowie für das

jeweilige Thema zuständigen Ministerien Ansprechpartner – lokal dann entsprechend die Kommunen und Landkreise (z.B. die örtliche Polizei). Bei der Kontaktaufnahme mit der Pressestelle sollten Journalist:innen die Fragen, auf die sie statistische Antworten haben möchten, möglichst präzise stellen und darauf achten, die Statistik in einem maschinenlesbaren Format (z.B..xls als Excel-Dokument oder.cvs als comma-separated value) zu erhalten, da die Datenauswertung mit PDF umständlicher ist. Ansonsten müssen Journalist:innen das „Scraping" – die „Ernte des eingeholten Materials" – selbst übernehmen und die Daten entsprechend lesbar und damit nutzbar machen (vgl. Jakubetz 2018: 159).

3. *Daten strukturieren und säubern*: Je nach Fragestellung suchen die Journalist:innen anschließend nach Antworten im Datensatz, z.B. nach Zahlen und Zeitreihen, die Aufschluss über die Entwicklung der lokalen Kriminalität geben. Überflüssige Daten müssen aussortiert, relevante Daten übersichtlich sowie einheitlich zusammengeführt werden. Dabei helfen Tools zur Tabellenkalkulation wie Excel, Numbers, LibreOffice oder Google Tabellen. Der saubere Datensatz ist die Basis für die anschließende Datenauswertung.
4. *Daten filtern und analysieren*: Bei der Datenanalyse müssen Journalist:innen nun die Geschichte aus dem Datensatz wie aus einem „Steinbruch" schürfen: Gibt es Unregelmäßigkeiten, Ausreißer oder Muster in den Daten? Welche Summen, Anteile und Vergleiche erzählen eine Story? Wer ist Opfer, Täter:in, Gewinner:in oder Verlierer:in bei einer Entwicklung? Welche Trends lassen sich ableiten? Welche geografische Verteilung gibt es? (vgl. Oswald 2015). Bei der Kriminalitäts-Frage sind abseits absoluter Zahlen auch relative Werte spannend, z.B. wie hoch war der Anteil der schweren Verbrechen oder der prozentuale Anteil der Taten in welchem Stadtteil?
5. *Befunde aufbereiten und veröffentlichen*: Die Ergebnisse der Datenanalyse beantworten dann die ursprünglich gestellten Fragen und können visualisiert werden: Je nachdem welche Form sich für die Darstellung anbietet – von einfachen Diagrammen bis zu interaktiven Karten oder Grafiken – stehen unterschiedliche Tools zur Verfügung:[37] Open-Source-Werkzeuge wie der DataWrapper liefern schnell und ohne Programmieraufwand visuell vorzeigbare Ergebnisse, die auf der eigenen Website eingebunden werden können (vgl. Oswald 2015; Matzen 2014: 148), um die Datengeschichte zu publizieren.

Für Oswald (2015) ist „datenjournalistisches Know-how eine Schlüsselkompetenz für moderne Journalisten", auch wenn Fähigkeiten, Daten professionell recherchieren, analysieren und visuell aufbereiten zu können, bislang vor allem Journalist:innen bei überregionalen Medien vorbehalten ist, die sich entsprechende Kompetenzen leisten. Um diese auch im Lokaljournalismus zu fördern, bietet das Recherchebüro *Correctiv* einen Online-Kurs „Datenjournalismus für Lokalreporter" an, der in anschaulichen Video-Tutorials auf alle Arbeitsschritte im datengetriebenen Journalismus und dabei auch die relevanten Tools wie Spreadsheet, Tabula und DataWrapper eingeht.

37 Haarkötter (2019: 397–400) gibt einen knappen Überblick über „Wichtige Tools und Helferlein" wie Google Drive und Google Docs, die Datenjournalist:innen bei den verschiedenen Arbeitsschritten nutzen können.

Beispiel: Datenjournalismus – „Wie ernst die Lage in den Frauenhäusern ist" (*Correctiv*)

Unter den vielen gelungenen Beispielen für zeitgemäßen Datenjournalismus findet sich bei *Correctiv* auch die Visualisierung der Datenrecherche „Wie ernst die Lage in den Frauenhäusern ist", die anhand von bundes- und landesweiten Daten anschaulich zeigt, wie schwierig es für Betroffene von häuslicher Gewalt sein kann, in Deutschland ein Hilfsangebot zu erhalten (vgl. Bender et al. 2023). Ein zentrales Ergebnis: „Von 310 Frauenhäusern haben fast 70 Prozent keinen Platz". Die Geschichte wählt zudem die imaginierte Perspektive einer Betroffenen: „Mal angenommen: Du bist eine Frau und hast drei Kinder. Ihr lebt in Hessen, in einer kleinen Stadt. Es ist der Morgen nach Heiligabend 2022 und dir tut alles weh. Dein Partner hat dich verprügelt. Und das nicht zum ersten Mal. Heute fasst du den Entschluss zu gehen", wodurch ein „warmer", emotional-persönlicher Kontrast zu den „kalten" Daten entsteht. Nutzer:innen scrollen sich durch die Karten und Grafiken und werden dabei mit datenbasiert identifizierten Problemen von Betroffenen konfrontiert, die nach einem Platz in einem Frauenhaus suchen: „Über einen Filter findest du heraus, dass zwei Häuser auch Platz für deine Kinder haben: Eines in Schleswig-Holstein, eines in Bayern. Du googelst die Entfernungen: Beide sind knapp 500 Kilometer weit weg." Dass die Autor:innen ihre Recherche unterhalb des Beitrags zusammenfassen und dadurch transparent machen, ist ebenfalls ein Pluspunkt für diese 2023 mit dem Preis des Reporter:innen-Forums in der Kategorie „Datenjournalismus" ausgezeichnete Story.

7.4 Social Journalism

Ein integraler Bestandteil des Internets sind onlinebasierte Netzwerke und Plattformen, die sich aus dem Web 2.0 entwickelt und als soziale Medien (*Social Media*) die Netzkultur und -architektur tiefgreifend beeinflusst und verändert haben. Damit verändern soziale Medien die Strukturen und Prozesse, unter denen Journalist:innen Inhalte recherchieren, produzieren und publizieren (vgl. die Studie „Social Media und Journalismus" von Neuberger, Langenohl und Nuernbergk 2014). Für Jonas Schützeneder und Michael Graßl (2022b), die mit dem Sammelband „Journalismus und Instagram" einen ebenso verdienstvollen wie aktuellen Beitrag zum Forschungs- und Praxisfeld des Social Journalism leisten, weben sich dessen plattform- bzw. netzwerkspezifische Besonderheiten sogar in die traditionellen Definitionen von Journalismus ein, wenn sie aufbauend auf Meier (2018: 14) befunden: „Die Präsentation eigener Themen und die Interaktion mit dem Publikum findet zunehmend stärker über externe digitale Plattformen statt. Hier zeigt der Journalismus sich und seine Inhalte unter den Logiken und Regeln der Plattformbetreiber, geht somit einen Kompromiss zugunsten der Deutungshoheit (Relevanz) und eigenen Sichtbarkeit (Publizität) ein." (ebd.: 13). Soziale Medien tragen als „Dauer-Kommunikationskanal" (Jakubetz 2018) dazu bei, dass ursprüngliche Formen der medialen Massenkommunikation, die von einem (journalistischen) Sender und einer Vielzahl von Empfängern (Publikum) ausgingen, aufgebrochen und individualisiert wurden – mit dem Resultat, dass Journalist:innen die Hoheit über Themen, Nachrichten und Diskurse und damit ihre traditionelle Rolle als mediale „Gatekeeper" verloren haben. Für Journalist:innen ergeben sich daraus vielfältige Herausforderungen (vgl. Stollfuß 2020a): Nicht nur erstellen und teilen Nutzer:innen eigene Inhalte (*partizipativer Journalismus*), auch sind neue Plattformen und Netzwerke entstanden, die (journalistischen) Content über soziale Medien verbreiten und damit sowohl publizistisch als auch ökonomisch in Konkurrenz zu klassischen Medien treten. Auch redaktionelle Prozesse und journalistische Arbeitsweisen müssen sich den veränderten Produktions-, Publikations- und Distributionsrhythmen anpassen, z.B. dem steigenden Aktualitätsdruck, der zunehmenden Verbreitung über mehrere Kanäle und externe Plattformen (*Distributed Content*) sowie der *Mobile First*-Strategie vieler Redaktionen. Auch werden in dieser Form des digitalen Journalismus andere Qualitätskriterien als im traditionellen Journalismus bedeutsam (vgl. Hermida/Mellado 2020; Sehl et al. 2022: 51-55): Zur jeweiligen Plattform passende Struktur und Design („Instagrammatics") sowie Ästhetik, rhetorische Praktiken, Genre-Konventionen sowie die Mechanismen der Interaktion und Intentionalität prägen Leistungspotenziale eines (Informations-)Journalismus auf Social-Media-Plattformen. Die Folgen dieser Entwicklung erschüttern den Journalismus nicht nur ökonomisch und institutionell, sondern bieten wie jede mediale Disruption auch Potenziale für neue journalistische Formate, Produkte, Prozesse und Betätigungsfelder, wie z.B. die Berufsrolle der *Social Journalist:innen* oder der *Content Creator:innen* mit eigenen Kompetenzen (vgl. Dernbach 2022b). Aus journalistischer Perspektive sind *Social Media* „Online-Dienste, die den Nutzern helfen, Inhalte, Meinungen und Informationen auszutauschen oder gemeinsam zu erarbeiten" (Primbs 2016: 5). Beispiele für Social Media sind soziale Netzwerke wie *Facebook*, *Twitter/X*, *YouTube* oder *Instagram* ebenso wie Blogs, Foren, Wikis wie *Wikipedia* und Social Sharing-Plattformen wie *Flickr* (vgl. Schmidt 2013: 11ff.). Diese Formen lassen sich zwischen den drei zentralen kommunikativen Funktionen des Social Web als Dreieck aus dem Austausch von *Informationen*, dem Aufbau und der Pflege von *Beziehungen* und der gesellschaftlichen *Kollaboration* verorten (vgl. Haarkötter 2019: 234–235). Insbesondere soziale Netzwerke (*Social Networks*), „die sich durch eine eigene, durch Mitgliedschaft definierte Community auszeichnen" und ihren Nutzern Funktionen wie Publizieren, Kommentieren und Weiterverbreiten ermöglichen (vgl. Primbs 2016: 8), sind „wie selbstverständlich zum Umschlagplatz für Inhalte geworden" (Jakubetz 2018: 156). Ihre Relevanz belegen empirische Studien: Laut der ARD-ZDF-Onlinestudie 2023 nutzen 52 Prozent der deutschen Bevölkerung mindestens einmal wöchentlich soziale Medien: In der wöchentlichen Nutzung hat das stark wachsende *Instagram* (35 Prozent) nun das seit Jahren schwächer genutzte *Facebook* (33 Prozent) überholt; *TikTok* (15 Prozent) und *Snapchat* (13 Prozent) folgen vor *X* (ehemals *Twitter*; 8 Prozent) (vgl. ARD/ZDF 2023: 31). Auch für das Auffinden und Nutzen journalistischer Inhalte sind soziale Netzwerke zunehmend relevant: 21 Prozent der deutschen Onlinenutzer:innen teilen laut Reuters Digital News Report 2023 regelmäßig Nachrichten über soziale Netzwerke. Als Nachrichtenquellen lösen sie traditionelle Medien zunehmend ab (vgl. Hölig/Wunderlich 2022): Neben *YouTube* (16 Prozent) werden auch *Facebook* und *WhatsApp* je (14 Prozent), vor *Instagram* (8 Prozent) *Twitter* (6 Prozent) und *Telegram* (4 Prozent) als Nachrichtenmedien genutzt, wobei deren nicht nachrichtenbezogene Nutzung jeweils um ein Vielfaches höher liegt (vgl. Newman et al. 2023: 77). Schon vor diesem Hintergrund sollten Journalist:innen und Redaktionen die führenden sozialen Netzwerke sowie deren publizistischen Charakteristika kennen (vgl. Tab. 17) und für die Veröffentlichung und Verbreitung ihrer Inhalte nutzen. Social-News-Plattformen wie *Vice* oder der zwischenzeitlich an das Verlagshaus Ippen verkaufte Ableger von *BuzzFeed News* setzten hierbei zuerst und konsequent auf soziale Medien wie Facebook als Publikationskanal für Inhalte und Interaktionsorte mit den Nutzern – und orientieren sich bei der Themensetzung („Sexualität, gesellschaftliche Randgruppen und Anormalitäten jeder Art"; Haarkötter 2019: 232) und ihrer strategischen Ausrichtung an publizistischen Phänomenen in sozialen Medien als die Kriterien des eigenen Erfolgs (vgl. Primbs 2016: 61ff.): Eine Story soll sich in sozialen Medien „viral" verbreiten und eben nicht nur jene Nutzer:innen linear erreichen, die der Marke sowieso schon folgen, sondern sich vielmehr „epidemisch" im Social Web ausbreiten, um neue Zielgruppen zu erreichen. Oder wie der Journalismusforscher Hektor Haarkötter (2019: 233) nach einem Besuch bei *Vice* beschreibt: „Denn die virale Verbreitung einer Story ist exponentiell höher als deren lineare Verbreitung. Der einsame Gipfel der Online-Streuung ist, wenn eine Geschichte ein Internet-Hype wird, denn damit schafft sie teilweise Millionen (...) Klicks und Shares." Die Social-Journalism-Angebote der ersten Stunde sind (wie auch andere „Millenial"-Medien; vgl. Kramp 2020) mittlerweile aber in dramatische wirtschaftliche Schieflagen geraten – u.a. wurde das deutschsprachige Angebot von Vice im April 2024 auch aufgrund der anhaltenden finanziellen Probleme des Mutterkonzerns eingestellt. Mit dem Content-Netzwerk *funk* haben auch die öffentlich-rechtlichen Sender *ARD* und *ZDF* seit 2016 eine eigene Plattform geschaffen, die Produktion und Distribution ihrer Bewegtbild-Inhalte im Sinne eines *Social-TV* stark auf „Social-Media-Dritt-Plattformen" wie *YouTube* und *Instagram* auslegt und für die junge Zielgruppe der 14- bis 29-Jährigen konzipiert (vgl. Stollfuß 2019; Granow 2020).

Tab. 17: Soziale Medien mit Interaktions- und Distributionsmöglichkeiten (Quelle: eigene Darstellung basierend auf Primbs 2016: 21, ergänzt um Mast 2018: 54ff. Haarkötter 2019: 252ff.)

Netzwerk/ Messenger	Weiterverbreitenklein	Zustimmung ausdrücken	Kommentieren	Inhalte anderer abonnieren	Distribution journalistischer Inhalte
Facebook	Teilen	„Gefällt mir“ („Like“)-Button	Ja	Gegenseitige „Freundschaft“; „Gefällt mir“ (bei Seiten)	Facebook Instant Articles
Twitter/X	Retweeten	Favorisieren	Nein; „Antworten“ ersetzt diese Funktion	Folgen	Twitter Moments
YouTube	Hinzufügen (in eigene Playlist), teilen über andere Netzwerke	„Mag ich (nicht)“-Button	Ja	Channel abonnieren	Ausspielkanal für Video-Inhalte
Instagram	In anderen Netzwerken teilen	Herzchen-Button	Ja	Abonnieren, Folgen	Insta-Storys
Snapchat	Weiterleiten an Freunde	Nein	Nein	Abonnieren	Snapchat Discover
WhatsApp	Weiterleiten; in anderen Netzwerken teilen	Nein	Nein; „Antworten“ ersetzt diese Funktion	„Newsletter“	„Breaking News“ per Kurznachrichten (Push“)

Durch ihre unterschiedlichen Interaktions- und Distributionspotenziale können soziale Medien verschiedene Funktionen im Journalismus einnehmen, wobei Haarkötter (2019: 240–241) den Weg „von Social Media zu Social Journalism“ als noch längst nicht beschritten ansieht, da Journalist:innen und Redaktionen bisher lediglich einen Bruchteil der publizistischen Möglichkeiten von Social Media ausschöpfen würden (vgl. Zimmermann 2022): Demnach lässt sich unter *Social Journalism* in einer weiten Definition jeder Journalismus verstehen, „der sich in oder rund um Social Media abspielt“ (ebd.: 239). Dies umfasst dann auch die redaktionelle Nutzung von sozialen Medien zur Maximierung der Reichweiten, um die Auffindbarkeit von Online-Artikeln über die eigene Website und News-Aggregatoren wie *Google News* hinaus zu erhöhen, sowie als Plattform für Redaktionsmarketing, bei dem Social-Media-Postings Beiträge auf der eigenen Website anteasen und in das eigentliche Onlineangebot des Mediums locken sollen. Auch wenn der direkte Zugriff auf Nachrichten über die News-Website oder -App über alle Altersgruppen hinweg der häufigste Weg ist, finden insbesondere jungen Onlinenutzer:innen Nachrichten inzwischen am ehesten über soziale Medien (vgl. Behre/Hölig/Möller 2023: 6). *Social Journalism* im engeren und eigentlichen Sinne – journalistische Storys werden ausschließlich oder zuerst für Social Media produziert – kommt in der journalistischen Praxis allerdings bisher seltener vor (vgl. Haarkötter 2019: 241). Dennoch befördern soziale Netzwerke eigene journalistische Formate, denen gemeinsam ist, dass sie für die Nutzer auf den ersten Blick zu erfassen, subjektiv, individuell und für eine bestimmte Zielgruppe bestimmt sind, einen hohen Nutzwert aufweisen sowie leicht zu teilen sind und das Potenzial haben, Diskussionen zu befeuern (vgl. Primbs 2016: 66–71): Video-Tutorials, Listicles, Infografiken, Rezensionen (inkl. „Unboxing"-Videos, in dem ein neues Produkt ausgepackt wird) sowie „Rants", polemische, subjektive und daher authentische Kritik, Parodien und Making-Ofs. Auf *Facebook*, *Snapchat* und insbesondere *Instagram* haben sich *Stories* zur populärsten originären Social-Media-Darstellungsform entwickelt, die den klassischen „Feed" ergänzen (vgl. auch Graßl/Schützeneder/Klinghardt 2022): „Facebook Stories", „Snapstories" oder „Instagram Storys" bestehen aus Fotos, Videos, Texten, die mit diversen Effekten und Filtern versehen und zu einer kurzlebigen Geschichte verwoben werden (die meisten Stories löschen sich nach etwa 24 Stunden automatisch). Für Journalist:innen bedeutet das erhebliches erzählerisches Potenzial, da in einer Story Produktion, Publikation und Interaktion mit dem Nutzer verschmelzen (vgl. Oswald 2019), sodass sich eine neue Form des Social-Storytelling abzeichnet. Während *Snapchat* als News-Lieferant kaum Relevanz entwickelt hat (vgl. Newman et al. 2023) und seine „Snapstories" bisher eher als „Spielerei" einzelner *Social Reporter:innen*, denn als etabliertes redaktionelles Storytelling-Tool gelten (vgl. Pencz 2016; Staschen 2017: 229ff.), wurde *Instagram* zu einem journalistischen Trendmedium (aufgrund seiner Popularität in jungen Zielgruppen könnte *TikTok* perspektivisch aufschließen). Unter „Instagram-Journalismus" versteht Bettendorf (2019: 6) „alle Aktivitäten, die Medienunternehmen auf Instagram tätigen" – vom Auftritt des Mediums, über den Newsfeed bis hin zu den einzelnen Storys. Während die Social-Media-Redaktionen der *BBC*, des *Guardian* oder der *Washington Post* international als Vorbilder im journalistischen Umgang mit dem Messenger gelten (vgl. Planer et al. 2022), experimentieren in Deutschland vor allem *Bild.de*, *Spiegel.de* und *Zeit Online* mit innovativen Story-Formaten auf *Instagram* (vgl. Bettendorf 2019: 19–20; Gruber/Radü 2022), während es im Lokaljournalismus eher zur Markenbildung statt zur Monetarisierung der Inhalte genutzt wird (vgl. Ober 2022). Einen praktischen Leitfaden für Journalist:innen, die Storys auf *Instagram* produzieren wollen, die die Stärken des Mediums technisch und dramaturgisch ausspielen, geben Selina Bettendorf (2019) in ihrer Einführung in den „Instagram-Journalismus" sowie Bernd Oswald (2019), deren zentrale Punkte hier als „Checkliste" für journalistische Instagram-Storys zusammengefasst werden:

- *Kurz und prägnant:* Das klassische journalistische Gebot gilt auch für Qualitätsjournalismus auf Instagram. Handelt es sich nicht um eine Live-Story, sollte die Story nicht länger als acht Slides oder maximal zwei Minuten sein und idealerweise gegen 18 Uhr veröffentlicht werden, um nach Feierabend möglichst viele Nutzer:innen zu erreichen.
- *Medienelemente kombinieren*: Texte, Grafiken, Fotos und Videos sind die Story-Zutaten und sollten sich ebenso wie Fakten und emotionale Inhalte dramaturgisch so abwechseln, dass eine spannende, informative Geschichte anhand eines roten Fadens erzählt wird. Um den sicherzustellen, bietet sich ein „Drehbuch“ an, das Einstieg, Mittelteil und Ende sowie die verschiedenen Aspekte der Story festlegt. Gerade die ersten Slides sollten aber mit starken Bildern die Nutzer:innen in die Story ziehen (*catchen*).
- *Ästhetische Erwartungen erfüllen*: Alle Medienelemente lassen sich kreativ bearbeiten, z.B. mit speziellen Filtern für Fotos, Hintergrundfarben und Schriftarten für Text oder besonderen Effekten wie „Boomerang“ für Videos, die dann zwischen Anfang und Ende springen. Trotz aller spielerischen Möglichkeiten: Eine einheitliche Ästhetik verstärkt den professionellen Eindruck. Neben Zeichnungen, die sich schnell per Finger anfertigen lassen, eignen sich für journalistische Storys vor allem „Sticker“, mit denen Standorte und thematische Hashtags gesetzt werden oder andere Accounts verlinkt werden können (z.B. von Influencer:innen, die oft höhere Reichweiten als redaktionelle Auftritte haben). Storys funktionieren auch ohne Ton, wenn Videos und Fotos mit Text beschriftet werden.
- *Durch die Story führen*: Storys leben von Personalisierung und Authentizität, die vor allem Moderator:innen oder „Hosts“ durch persönliche Perspektiven vermitteln können – ohne, dass sie dabei zu dominant und selbstdarstellerisch wirken. Bei Fachthemen können journalistische Expert:innen mit ihrem Wissen brillieren, bei Live-Storys sollten die Reporter:innen nah am Geschehen sein.
- *Formate finden und Themen gestalten:* Insta-Storys wollen eine ungewöhnliche Perspektive zeigen: Neben einem Blick hinter die Kulissen eignen sich auch Berichte von Events, Ratgeber, Produkttests und Interviews (Live oder als Frage-Antwort-Sequenzen). Ohne zusätzlichen inhaltlichen Aufwand lassen sich auch Themen aus eigenen Onlineartikeln für Instagram umsetzen. Zu den typischen „Instagram-Themen“ zählen Tiere, Wetter und Unfälle. Grundsätzlich funktioniert aber auch das klassische Themenspektrum, wenn es kreativ, jung und bunt umgesetzt wird. Beispiele dafür, dass sich auch „harte“ Themen für *Instagram* eignen, liefern regelmäßig *funk*-Kanäle wie „DIE DA OBEN!“.

7.5 Mobile Reporting

Im Dreiklang des digitalen Journalismus aus Online, Social und Mobile hat letzterer das vielleicht größte Potenzial als radikaler Innovationstreiber: Nachrichtennutzung, journalistische Arbeitsprozesse sowie redaktionelle Produktionsrhythmen und Publikationsstrategien verändern sich angesichts des Siegeszugs mobiler Endgeräte wie Smartphones und mobiler News-Applikationen (*Apps*) grundlegend. Der im Zuge flächendeckender redaktioneller Integration von Newsrooms verbreitete strategische Ansatz „Online First“, der einst die prioritäre Publikation von Nachrichten auf verlegerischen Websites statt über die traditionelle Printzeitungen beschreibt, ist mancherorts längst der Strategie „Mobile First“ gewichen, mit der Redaktionen die Konzeption von Inhalten stärker auf die Erfordernisse mobiler Kanäle wie News-Apps für Smartphones und über Social-Media-Kanäle („Social First“) zuschneiden als auf Websites für PC und Laptop (vgl. Kaiser 2017c). Damit gewinnen bevorzugt über Smartphone-Apps genutzte soziale Netzwerke und Messenger wie *Facebook* und *Instagram* journalistisch an Bedeutung (vgl. Kapitel 7.4), während das „browser-basierte Netz“ durch die steigende Nutzung digitaler Endgeräte Bedeutung verliert (vgl. Jakubetz 2018: 132). Mobile Anwendungsprogramme (*Applications*) wie Nachrichten-Apps von Verlagen wie *Spiegel*, *Funke* und *Süddeutsche* oder Mediatheken-Apps öffentlich-rechtlicher Rundfunksender wie *ARD* und *ZDF* (vgl. Wolf 2014), deren Inhalte sich *responsiv* an das Webdesign mobiler Endgeräte anpassen, sind als Ausspielkanäle und Vertriebsmodelle journalistischer Inhalte (vgl. Kaiser/Gehr 2019) zentrale publizistische und ökonomische Pfeiler der digitalen Architektur – und prägend für einen *Mobile Journalism*. Hierbei kann die Perspektive der konsumierenden Mediennutzer:innen (*Mobile Journalism*) und der produzierenden Journalist:innen (*Mobile Reporting*) unterschieden werden: „Dem mobilen Journalismus in Form der dauerhaften Verfügbarkeit journalistischer Information an jedem Ort steht mit dem Mobile Reporting die ubiquitäre Verfügbarkeit journalistischer Aufzeichnungs-, Produktions- und Transmissionsmöglichkeiten gegenüber“, betont Haarkötter (2019: 342), hebt aber gleichzeitig die Verbindung hervor: „Mobil hergestellter Journalismus und mobil rezipierter Journalismus sind zwei Seiten derselben Medaille“ (ebd.: 339).

Die wachsende Mobilisierung des Journalismus zeigt sich in der „Smartphone-Revolution“, die sowohl die journalistische Produktionstechnik abgespeckt als auch den Nachrichtenkonsum eines insbesondere jungen Publikums verändert hat: Während deutsche Haushalte bereits 2019 zu 99 Prozent mit Smartphones ausgestattet waren und immerhin 93 Prozent der Jugendlichen selbst ein Iphone oder Android besaßen (vgl. MPFS 2019: 5–7), ist das Smartphone seit 2017 das „zentrale Gerät“ für junge Onlinenutzer – vor den klassischen Medien wie Fernsehen und Radio, ebenso wie vor Laptop- oder Desktop-PC und Tablet (vgl. BVDW 2018: 11). Dieser Trend schlägt auch bei der Nachrichtennutzung durch, wo Smartphones Laptops als verwendete Geräte für Online-Nachrichten längst überholt haben (Hölig/Hasebrink 2020: 41ff.): 58 Prozent der für den Digital News Report 2020 befragten deutschen Onlinenutzer ab einem Alter von 18 Jahren verwendeten auch ein Smartphone, um Nachrichten im Netz zu lesen, zu hören oder zu sehen – bei den 18- bis 24-Jährigen sowie den 25- bis 34-Jährigen waren es jeweils 69 Prozent. Das Smartphone ist seit dem Jahr 2020 auch über alle Altersgruppen hinweg das häufigste Gerät für Online-News. Dass die Nachrichtennutzung in Deutschland zunehmend mobil ist, zeigen auch IVW-Statistiken über die Verteilung der stationären und der mobilen Visits bei den führenden zehn deutschen News-Portalen im Internet (vgl. Brandt 2019b): Bereits im Dezember 2018 kamen bei allen zehn Angeboten – u.a. *Bild.de* (70 Prozent), *Spiegel.de* (67 Prozent), *Focus Online* (73 Prozent), *n-tv.de* (79 Prozent) oder *Welt.de* (65

Prozent) – deutlich mehr als die Hälfte der Visits von mobilen Endgeräten (vgl. auch Haarkötter 2019: 340): „Zugriffe auf News über mobile Endgeräte haben extrem zugenommen und die Art und Weise, wie wir Nachrichten rezipieren, stark verändert."

Auch der journalistische Produktionsprozess ist durch den flächendeckenden Einsatz von Smartphones stark verändert und überwiegend vereinfacht worden: Beim Mobile- oder Smartphone-Reporting tragen Journalist:innen ihre komplette technische Ausrüstung bei sich und produzieren unterwegs, was neue Freiheiten und Formen der Berichterstattung ermöglicht, die ursprünglich vor allem bei Live-Events wie Demonstrationen (z.B. bei den Prosteten 2013 im Istanbuler Gezi-Park) oder in der Kriegs- und Krisenberichterstattung (z.B. im Ukraine-Konflikt 2014) eingesetzt wurden. *ARD*-Journalist Björn Staschen (2017: 3), dessen Einführung „Mobiler Journalismus" die praktischen Herausforderungen sowie die technischen und handwerklichen Voraussetzungen der mobilen Produktion für Radio und Fernsehen beschreibt, fasst die Nachteile herkömmlicher TV-Produktionen anhand eines Beispiels aus der journalistischen Praxis zusammen – und zeigt damit gleichzeitig die Vorteile des Mobile Reporting:

> „Wer einen langen Demonstrationszug begleiten und gleichzeitig berichten will – sei es live, sei es in geschnittenen Fernsehbeiträgen –, der kämpft mit großen logistischen Problemen: Wo kann der Übertragungswagen für die Liveschalte positioniert werden, wenn sich ein Demonstrationszug bewegt? Denn ein Übertragungswagen kann in der Regel nicht senden, während er fährt, weil er seine Satellitenschüssel genau ausrichten muss und Arbeitsschutz und Verkehrsordnung dem entgegenstehen. Noch komplizierter: Wo und vor allem wann kann ein Reporter seinen Beitrag für die stündliche Nachrichtensendung schneiden, wenn ein Demonstrationszug sich weiterbewegt? Eine aufwändige, teure Logistik aus Producern, Kurieren, Kamera- und Schnittmobil-Positionen ist oft die Antwort. Und weil sich aktuelle Ereignisse eben nicht an Drehbücher halten, ist das Ergebnis zudem noch häufig unbefriedigend, weil ein Reporter eben doch zur falschen Zeit am falschen Ort ist."

Mobile Reporter:innen haben viele der genannten Probleme nicht: Sie produzieren aus einer Hand und nahezu vollständig mit den technischen Möglichkeiten, die ein modernes Smartphone in Bezug auf Fotografieren, Drehen, Schneiden und Bearbeiten von Videos und Audios bietet und spielen ihre Inhalte meist direkt vom Ort des Geschehens oder aus einem mobilen Studio in das Medienangebot, wie z.B. die *Tagesschau*-App der *ARD,* oder verbreiten ihre Beiträge direkt über soziale Netzwerke. Dabei steht die technische Qualität des Materials nicht im Vordergrund – obwohl die meisten mobil produzierten Beiträge qualitativ auch im linearen Fernseh- oder Radioprogramm laufen könnten – sondern die Unmittelbarkeit der mobilen Reportage. Mehr Bewegungsfreiheit und kreative Spontanität für die Reporter:innen, eine bessere Reaktionsfähigkeit auf „Breaking News" und in Bezug auf das benötigte Material geringere Kosten für die Redaktionen sind die zentralen Vorteile des Mobile Reporting (vgl. Staschen 2017: 2) gegenüber traditionellen Produktionen im Journalismus, die oft schwerfälliger sind. Als schnelle, bewegliche journalistische Eingreiftruppen können Teams aus mobilen Reporter:innen auf aktuelle Ereignisse, veränderte Nachrichtenlagen und besondere Situationen bei der Recherche flexibler reagieren als klassische Videojournalist:innen, die oft an ein „Heer von Fachleuten in Arbeitsteilung (Kamera, Ton, Schnitt, Reporter)" gebunden sind. Für mobile Reporter:innen, die auf sich allein gestellt eine sehr viel größere handwerkliche und technische Bandbreite abdecken und alle Aspekte des journalistischen Produktionsprozesses auf mindestens gutem Niveau beherrschen sollten, ist das Smartphone das Produktionswerkzeug – und in seiner Multifunktionalität auf hohem Niveau nach Staschen (2017: 7) vergleichbar mit einem „Schweizer Messer": „Es ist zwar nicht das beste Messer für jede Anwendung, aber es ist die beste Kombination von Werkzeugen für aktuelle journalistische Arbeit." Stefan Primbs (2016: 167) sieht das Smartphone sogar als unerlässlich für den multimedialen „Reporter der Zukunft" an, der „Social, live und mobil" berichten können muss:

> „Das Smartphone als medialer Tausendsassa und eierlegende Wollmilchsau macht die multimediale Reportage mit Foto, Video, Ton möglich – und zwar nicht nur für Journalisten, die genuin diese Medienformen produzieren, sondern für alle, die bisher unter Umständen „nur" schrieben, „nur" fotografierten, „nur" O-Töne einfingen oder „nur" filmten, weil sie für Presse, Radio oder Fernsehen arbeiteten. Das Smartphone kann nichts davon perfekt, aber alles in möglicherweise für viele Zwecke ausreichender Qualität."

Zu den Fragen, welche Funktionen ein solches mobiljournalistisch genutztes Smartphone und welches weitere Zubehör ein „Mobile Reporter-Kit" haben sollte, existieren zahlreiche (Video-)Tutorials und Anleitungen, u.a. auch von „Mojo"-Pionier Ivo Burum, dessen gemeinsam mit Stephen Quinn (2015) herausgegebenes „Mobile Journalism Handbook" bis heute Standard für mobile Reporter auf der ganzen Welt setzt. Die folgende „Checkliste" für Smartphone-Reporting trägt Komponenten zusammen, die zur Ausrüstung eines professionell arbeitenden mobilen Journalist:innen zählen sollten (vgl. Primbs 2016: 157; Staschen 2017: 41ff., Haarkötter 2019: 365):

- Ein Mojo-geeignetes Smartphone hat eine gute Kamera, die schnell startet, fokussiert und auslöst und auch bei schlechten Lichtverhältnissen brauchbare Bilder und Videos macht, nimmt in ausreichender Tonqualität auf (auch ohne ansteckbares, externes Mikro, das sich aber zusätzlich empfiehlt), und ist mit der redaktionellen Infrastruktur kompatibel (Content-Management-Systeme, Clouds etc.). Ladegerät, Zusatz-Akku oder Powerbank gehören ebenso ins Mobile-Reporter-Kit wie eine Reserve-SIM-Karte.
- Leichte, kleine Stative für Videoaufnahmen verhindern verwackelte Bilder, während ein externes Mikro die Qualität von Tonaufnahmen deutlich erhöhen kann. Für Interviews auf der Straße oder zum Einfangen der passenden „Atmo" eignen sich Richtmikrofone. Aufsatzlinsen für die integrierte Smartphone-Kamera (z.B. Weitwinkel) geben noch mehr Möglichkeiten beim Drehen und

Fotografieren. Mit einem LED-Aufsatzlicht lassen sich schlechte Lichtsituationen ausleuchten.

- Die richtigen Apps sorgen für verbesserte Foto-, Video- und Audioaufnahmen oder erleichtern die Organisation von Inhalten: Während Snapseed, Storehouse oder Evernote sowohl für iOS als auch Android erhältlich sind, bieten beide Betriebssysteme eigene Apps für die Aufnahme (z.B. ProCam3 oder Camera FV-5) und den Schnitt von Fotos und Videos (z.B. Pinnacle Studio oder Kinemaster) an. Für Audioaufnahmen und -schnitt kommen Apps wie Hindenburg oder Field Recorder infrage (vgl. Oswald 2016b).

7.6 Konstruktiver Journalismus

Nicht zuletzt im Zuge anhaltender internationaler Kriege, Krisen und Konflikte sowie der wirtschaftlichen und politischen Folgen auf nationaler Ebene, die viele Menschen z.B. durch gestiegene Energie- und Lebensmittelpreise auch persönlich treffen, ist weltweit (vgl. Newman 2023: 21ff.) und auch in Deutschland die „Nachrichtenmüdigkeit" weiter gestiegen (Hans-Bredow-Institut 2023), was sich vor allem in einer wachsenden Zahl von Online-Nutzer:innen (65 Prozent) zeigt, die Nachrichten aktiv zumindest zeitweise vermeiden – insbesondere zu Themen wie dem Krieg in der Ukraine, Unterhaltung und Prominente, Gesundheit, Sport, aber auch soziale Gerechtigkeit sowie Klimawandel und Umwelt (vgl. Behre/Hölig/Möller 2023: 14-16). Es verwundert vor diesem Hintergrund kaum, dass 53 Prozent der erwachsenen Nutzer:innen in Deutschland „äußerst und sehr interessiert" (weitere 29 Prozent „einigermaßen interessiert") an Nachrichten sind, „die Lösungen vorschlagen, anstatt nur auf Probleme hinzuweisen". Medienunternehmen reagieren bereits seit mehreren Jahren auf diesen Trend, indem sie journalistische Formate oder zumindest Rubriken bzw. einzelne Beiträge anbieten, die dezidiert konstruktive und lösungsorientierte Perspektiven einnehmen: „Der Konstruktive Journalismus will nicht nur Probleme und Missstände darstellen, sondern auch den Blick in die Zukunft richten und Lösungsansätzen und Handlungsmöglichkeiten recherchieren, Perspektiven und Hoffnung zeigen" (Meier 2018b: 4). Ob es sich bei diesem „Konstruktiven Journalismus" bereits um ein eigenständiges journalistisches Konzept handelt, um eine Spielart unter mehreren Formen des Perspektivjournalismus (wie z.B. Friedens- oder lösungsorientierter Journalismus; vgl. Meier 2019: 109; Steinigeweg 2023: 49ff.) oder eher um ein „alternatives Berichterstattungsmuster" (Meier 2018b: 7), das den dominanten Informationsjournalismus, der als ereignisfixiert, auf den Nachrichtenfaktoren wie Negativität fokussiert („I fit bleeds, it leads") sowie als wenig interssiert an langfristigen Entwicklungen, Hintergründen und Folgen kritisiert wird (vgl. Hooffacker 2020: 3), um konstruktive Elemente ergänzt, ist letztlich nebensächlich. Unstrittig ist, dass sich konstruktiver Journalismus von traditionellen Journalismen wie dem Informations- oder investigativen Journalismus insofern unterscheidet, als dass er eher in die Zukunft blickt, die Rolle journalistischer „Moderator:innen" einnimmt und neugierig nach Lösungen für große und kleine Gesellschaftliche Probleme sucht und dafür das Korsett der klassischen journalistischen W-Fragen um die Frage „Wie geht es weiter?" ergänzt (vgl. Tab. 18).

Tab. 18: Konstruktiver Journalismus im Vergleich (eigene Darstellung auf Basis von Oswald 2016a)

	Nachrichten-journalismus	Investigativer Journalismus	Konstruktiver Journalismus
Journalistischer Zeitraum	Heute	Gestern	Morgen
Journalistische Ziele	Schnelligkeit, Aktualität	Kritik, Schuldzuweisung	Inspiration
Journalistische Fragen	Was? Wann?	Wer? Warum?	Was nun? Wie?
Journalistischer Stil	Neutral bis dramatisch	Kritisch	Neugierig
Journalistische Rolle	Vermittler	Wachhund, Richter	Moderator
Journalistischer Fokus	Drama, Konflikt	Täter, Opfer	Lösungen

Aus journalistischen Strömungen wie dem *solution-oriented Journalism* oder dem *Public Journalism* hervorgegangen und durch journalistische und akademische Wegbereiter:innen wie Ulrik Haagerup (2015), der 2017 das „International Constructive Institute“ an der dänischen Universität Arhus gründete, oder Karen MyIntyre (2015) in der journalistischen Forschung (vgl. zum Überblick Gleich 2022; Meier 2018b: 10) sowie zunehmend auch in der Praxis etabliert, finden sich Formen des konstruktiven Journalismus u.a. in Formaten der *Sächsischen Zeitung* („Gut zu wissen“), der *taz* (FUTURZWEI), *NDR Info* („Perspektiven“) oder des *ZDF* („plan B“) (vgl. Krüger 2019). Auch überregionale Zeitungen wie die *Süddeutsche* oder die *Zeit* experimentieren mit konstruktiven Ansätzen. Die Redaktion des Onlineangebots *Perspective Daily* konzentriert sich sogar – anders als die meisten anderen Medien – vollständig auf konstruktiven Journalismus und publiziert täglich eine zumeist ausführlich recherchierte Geschichte. Das 2022 u.a. von der *Deutschen Welle*, *RTL* und der *Rheinischen Post* unter der Leitung von Ellen Heinrichs gegründete „Bonn Institut für Journalismus und konstruktiven Dialog“ trägt das Leitbild des konstruktiven Journalismus in Deutschland in die Medienbranche und die Gesellschaft (z.B. durch Workshops für Journalist:innen oder das „b° Future Festival“). Auf seiner Website definiert das Bonn Institute (2023) konstruktiven Journalismus aus einer dezidiert nutzer:innen-orientierten Perspektive als „menschenfreundlichen Journalismus“:

„Konstruktiver Journalismus zielt darauf ab, Mediennutzenden ein zukunftsorientiertes, faktenbasiertes und nuanciertes Bild der Wirklichkeit zu vermitteln. Indem er Lösungsansätze genauso sorgfältig recherchiert wie Probleme, wirkt er einer einseitig negativen Weltsicht entgegen und stärkt durch das Aufzeigen von Handlungsoptionen bei Mediennutzenden das Gefühl der Selbstwirksamkeit. Indem er bewusst auf Vielfalt und unterschiedliche Perspektiven setzt, reflektiert er die Welt in ihrer ganzen Komplexität und wirkt übermäßiger Vereinfachung und Polarisierung entgegen. Und indem er die Rolle von Journalistinnen und Journalisten als Moderatoren eines öffentlichen konstruktiven Dialogs neu definiert, öffnet er neue Möglichkeiten für bessere Gespräche in unserer Gesellschaft.“

Ein solches journalistisches Programm, das sich vor allem gesellschaftspolitischen Themen (z.B. sozialer Gerechtigkeit, Gleichberechtigung, Klimawandel), aber auch konkreten lokalen Problemen widmen kann, eher hintergründig und konstruktiv sowie bislang überwiegend digital berichtet, verändert journalistische Praktiken nicht radikal: Vielmehr kommen Leif Kramp und Stephan Weichert (2020: 72) in ihrer Studie „Nachrichten mit Perspektive" auf Basis einer Expert:innen-Befragung zu dem Ergebnis, dass die „journalistische Praxis sich nicht neu erfinden" müsse, „um solide Rahmenbedingungen für eine konstruktive bzw. lösungsorientierte Form der Berichterstattung zu schaffen." Weder die journalistische Recherche noch die Darstellungsformen müssten sich ändern, wohl aber die „Offenheit gegenüber Themen und Sujets, die Journalistinnen und Journalisten zuweilen aus dem Blick verlieren. Gerade Blickwinkel auf bestimmte Themen, bei denen perspektivische, also auf die Zukunft gerichtete Aspekte eine stärkere Beachtung finden, sind im konstruktiven Lösungsjournalismus gefragt." Damit prägt vor allem eine konstruktive Haltung als entscheidende Bedeutungsregel die Praxis des konstruktiven Journalismus, die das Bonn Institute (2023) anhand von drei übergeordneten Elementen weiter ausbuchstabiert hat – und die nicht nur als maßgeblich für die Praxis des konstruktiven Journalismus, sondern auch für dessen Leistungspotenziale gelten können:

- Das erste Element des konstruktiven Journalismus ist der „Lösungsfokus": Dafür sollen konstruktiv berichtende Journalist:innen nicht nur konkrete Lösungsansätze in den Blick nehmen und z.B. mit gelungenen Beispielen unterfüttern („Wer macht es besser?"), sondern deren Wirksamkeit auch mit Evidenzen belegen, z.B. indem sie Studien einbinden oder Expert:innen befragen. Relevant sind die Geschichten vor allem, wenn die dargestellten Ansätze auch übertragbar sind – und danach sollten Journalist:innen auch konkret fragen: „Wie genau funktioniert der Ansatz? Was müssen wir wissen, um ihn an einen anderen Ort zu übertragen?" Ebenso geht es nicht darum, mögliche Lösungsansätze als „Wundermittel" oder „Patentrezepte" (unkritisch) anzupreisen, sondern die damit verbundenen Hürden – seien sie politisch, wirtschaftlich oder gesellschaftlich – ebenso zu thematisieren.
- Als zweites Element nennt das Bonn Institut einen „Perspektivenreichtum" der konstruktiven Berichterstattung: Dieser speist sich aus einem breiten Begriff von Diversität, wenn die Erfahrungen und Lebenswirklichkeiten von Menschen mit unterschiedlicher sozialer, ethnischer oder geografischer Herkunft ebenso berücksichtig werden sollen, wie verschiedene Religionen, Geschlechter oder sexuelle Identitäten, aber auch alternative Formen des Zusammenlebens oder Bildungsbiografien. Desweiteren soll die Berichterstattung den oft komplexen Problemen insofern gerecht werden, als dass die Journalist:innen diese nicht simplifizieren, sondern z.B. durch Visualisierungen anschaulich und verständlich machen sollen. Zudem sollen unterschiedliche Blickwinkel auf das Thema ebenso eine Rolle spielen, z.B. aus der Perspektive einzelner Personen, einer Gruppe oder aber ganzer Staaten und Gesellschaften. Auch der Selbstreflexion der Journalist:innen kommt in dieser Dimension eine besondere Bedeutung zu, z.B. hinsichtlich des eigenen Wissens und des transparenten Umgangs mit eige-

nen Verzerrungen, die in die Recherche oder Darstellung der Themen einfließen können.

- Der „konstruktive Dialog“ bildet das dritte und letzte Element: Journalist:innen sollen hierfür eher Gemeinsamkeiten als Unterschiede betonen und eben nicht bei den in vielen Debatten überbetonten kontroversen Punkten verharren. Ein emphatisches Interesse an Positionen (z.B. durch aktives Zuhören) und eine journalistische „Allparteilichkeit“, durch die sie zu Moderator:innen oder Mediator:innen unterschiedlicher Standpunkte werden, zählt ebenso zu den charakteristischen Bausteinen eines konstruktiven Journalismus wie ein in die Zukunft gerichteter Blick, der eher das „Wohin?“ statt das „Woher?“ erfragt.

Ein solcher konstruktiver Journalismus steht naturgemäß unter Verdacht, weichzuzeichnen, das Positive zu betonen und insgesamt zu unkritisch mit Problemen umzugehen – und damit gerade einem investigativen Journalismus-Verständnis und dessen Rolle eines aggressiv und vernehmlich bellenden „Wachhundes“ zu widersprechen („Journalismus muss nicht rosarot sein“; Prantl 2017). Obwohl die Kritik an einem Journalismus, der seltener sagt, „was ist“, sondern eher was sein könnte und wie es geht (vgl. Oswald 2016a), aus einer traditionellen Perspektive nicht von der Hand zu weisen ist – obwohl er sich explizit nicht als „Positive Journalism“ versteht (ein Beispiel für solche „Gute Laune“-Nachrichten wäre die Rubrik „Alles Gute vom SPIEGEL“ –, hat sich konstruktiver Journalismus in der journalistischen Praxis zu einem relevanten Trend entwickelt, der perspektivisch angesichts der zunehmenden Vermeidung von negativen Nachrichten vermutlich eher an Relevanz für Nutzer:innen und Journalist:innen gewinnt. Auf Themenfeldern wie z.B. der Auslands- aber auch der Lokalberichterstattung bietet er erhebliche Potenziale, um die traditionelle Nachrichtenberichterstattung lösungsorientiert zu ergänzen.

Beispiel: Konstruktiver Journalismus – „Wie Finnland die Obdachlosigkeit abschafft“ (*Spiegel.de*)

Das Projekt „Globale Gesellschaft“ von *Spiegel.de* ist in mehrfacher Hinsicht journalistisch bemerkenswert: Es wird von der Bill-und-Melinda-Gates-Stiftung finanziert, legt einen thematischen Schwerpunkt u.a. auf Globalisierung, Klimawandel, soziale Gerechtigkeit und Gleichberechtigung und berichtet über Probleme und deren Lösungen aus dem Ausland. In vielen Beiträgen, die kostenfrei online zugänglich sind, verfolgen die Reporter:innen einen erkennbar konstruktiven Ansatz: So zeigt der Beitrag „Wie Finnland die Obdachlosigkeit abschafft“ (Petter 2024) anhand verschiedener Protagonist:innen und deren Einzelschicksalen wie ein „Systemwechsel in der Sozialpolitik“ das skandinavische Land zum Vorbild in der Frage gemacht hat, wie man gesellschaftspolitisch mit obdachlosen Menschen umgehen kann: „Die Zahl der Menschen, die auf der Straße leben, steigt in Europa seit Jahren massiv – nur nicht in Finnland. Dort soll jeder Obdachlose eine Wohnung bekommen. Kann das gelingen?“ Viele der oben genannten Elemente des konstruktiven Journalismus – insbesondere das detaillierte, faktenbasierte Beschreiben möglicher Lösungsansätze und die Auseinandersetzung mit der Frage, wie das finnische Modell auf andere Länder wie Deutschland übertragen werden kann – finden sich in diesem Text beispielhaft journalistisch umgesetzt.

7.7 Subjektiver Journalismus

Obwohl Subjektivität gerade im investigativen und narrativen Journalismus eine lange Tradition hat – vom „Personal Journalism" der „Muckrackers" zum Ende des 19. Jahrhunderts bis zu den „New Journalists" der 1960er und 1970er Jahre (vgl. Haarkötter 2015: 53) –, erlebt ein neuer subjektiver Journalismus gegenwärtig eine Renaissance (vgl. Brinkmann 2023b: 11-12): Als Wiederkehr eines „neuen Ichs im Journalismus" in Folge von Digitalisierung und Glaubwürdigkeitskrise (Weidenfeld 2017: 331), als radikal an den individuellen Bedürfnissen eines segmentierten Publikums orientierter „Yournalismus", der den „etwas paternalistischen und bildungsbürgerlichen Gestus einer vergangenen Journalismuskultur" (Haarkötter 2019: 45-46) überwindet und die Rezepte der alten Medienwelt um neue Formen der Ansprache erweitert, oder als Vermittlungsversuch, der „Objektivitätsansprüche" und „subjektive Erzählperspektiven" in journalistischen Darstellungsformen wie Reportagen oder Kommentaren integriert (vgl. Schultz 2021). Dabei profitiert dieser subjektive Journalismus nicht nur von gesellschaftlichen Makro-Trends wie einer wachsenden Individualisierung, die z.B. Andreas Reckwitz (2019) als „Gesellschaft der Singularitäten" beschreibt, die das „authentische Subjekt" betone, sondern ebenso von Personalisierungs- und Emotionalisierungstendenzen, die über soziale Medien und Praktiken des Influencing in den Journalismus sickern. Und während sich subjektive Tendenzen in nahezu allen journalistischen Medien zeigen – in Podcasts (vgl. Schlütz 2020; Lindgren 2016) ebenso wie in Printreportagen (vgl. Wahl-Jorgensen 2013; Schneider 2022), TV-Magazinen (vgl. Köpke 2017) oder Online-Portalen (vgl. Habers 2016) – sind es gerade Social-Journalism-Angebote wie *Vice*, *Buzzfeed News* oder *VOX*, die auf besonders subjektive Ansprachen und Darstellungsformen setzen. In Deutschland wählen z.B. die Reportage-Formate des öffentlich-rechtlichen Content-Netzwerks *funk* eine „explizit haltungs- und meinungsgeprägte Berichterstattung" (Hepp et al. 2021: 567) und eine „radikal subjektive" Perspektiven der Reporter:innen (vgl. Weidenfeld 2017: 337; Drössler 2021: 60). Charakteristisch für dessen Social-TV-Formate wie *Y-Kollektiv*, *STRG_F* oder *reporter* ist die Methode der teilnehmenden Beobachtung, z.B. in Form eines journalistischen Rollenspiels bzw. Selbstversuches (vgl. Haller 2020: 173ff.), die gerade auf Social-Journalism-Plattformen durch den persönlichen, emotionalen Angang funktionieren und junge Zielgruppen ansprechen sollen (vgl. Stollfuß 2020b). Diese Reportagen tragen Titel wie „Alkohol – Besoffen am Ballermann, verkatert zur Suchtberatung" (*Y-Kollektiv*), „Pornosucht: Wenn Pornos dein Leben bestimmen!" (*Die Frage*) oder „Selbstexperiment Free Bleeding: Ich benutze keine Tampons" (*reporter*). Die Reporter:innen begeben sich aber auch regelmäßig auf sogenannte „Recherchereisen" – z.B. in „Suizid, Gewalt, Frauenhass: Wie gefährlich sind Incels in Deutschland?" (*Y-Kollektiv*) oder „Online-Shops für Nazis: Wir suchen die Anbieter" (*STRG_F*) – bei denen sie investigativ Missstände aufdecken und das Publikum an ihrer Informationssuche teilhaben lassen. Wiewohl solche „Presenter-Reportagen", in denen die Reporter:innen aktiv und bestenfalls „authentisch" vor der Kamera (im sogenannten „On") agieren und ihre persönlichen Erfahrungen, Eindrücke und Empfindungen direkt mit den Nutzer:innen teilen, bereits von Morawski und Weiss (2007: 167ff.) in ihrem „Trainingshandbuch Fernsehreportage" als

Sonderfall beschrieben werden, stimulierten erst die Charakteristika eines Social Web Reporting ihre Etablierung als neue Form eines „New Journalism" (vgl. Brinkmann 2023a: 20-21). Der Journalismusforscher Henning Eichler, der die „Plattformisierung" des öffentlich-rechtlichen Rundfunks untersucht hat und diesen „im Bann der Algorithmen" sieht (2022), fasst diese Entwicklung prägnant zusammen:

> „Das Genre gab es in den 1970ern schon: Eine sehr subjektive Herangehensweise an Journalismus, der Teil der Story sogar wird. Dieses Prinzip der Presenter-Reportage wird eben wieder aufgegriffen. Das funktioniert gut in sozialen Netzwerken, weil dort Merkmale durch die Algorithmen belohnt werden. Wie zum Beispiel Personalisierung, Nähe, Subjektivität, Meinungsfreudigkeit, Haltung. Das sieht man in diesen Reportagen oft: Die Reporterinnen oder Reporter sind Teilnehmer der Story, die sie recherchiert haben und die sie erleben." (Eichler in Gavi 2022)

Obwohl dieser neue „Neue Journalismus" im medienjournalistischen Diskurs durchaus kontrovers bewertet wird – so kritisieren Medienjournalist:innen u.a. eine fehlende Relevanz, thematische Redundanz und mangelnde Distanz der Reporter:innen zu den Gegenständen oder Protagonist:innen ihrer Berichterstattung (vgl. Reisin 2022; Schwarzer 2020; zusammenfassend Brinkmann 2023a: 30ff.) –, zählen die Presenter-Reportagen bei *funk* zu den erfolgreichsten Formaten, z.B. hinsichtlich ihrer Reichweiten: Formate wie das *Y-Kollektiv* oder *STRG_F*, die für junge Nutzer:innen zwischen 14 und 29 Jahre durchaus als Leitmedien gelten, haben auf *YouTube* mehr als eine Million Abonnent:innen, während ihre beliebtesten Videos auf mehr als sechs Millionen Abrufe kommen. Wie ein solcher Journalismus, der erfolgreich mit der im traditionellen Informations- und Nachrichtenjournalismus dominanten Objektivitätsnorm bricht und sich offen zur Subjektivität bekennt – so beschreibt das *Y-Kollektiv* seinen journalistischen Ansatz: „Wir mögen subjektive, menschliche Geschichten über die großen Themen unserer Zeit. (...) Unsere Dokus und Reportagen provozieren und spalten, sie erregen und bestürzen; sie sind nicht immer objektiv, aber immer ehrlich. Wir erzählen Geschichten so, wie wir sie erleben" (funk 2023) –, gesellschaftliche Wirklichkeit konstruiert, ist nur eine von vielen relevanten Fragen. Im Rahmen des eigenen Forschungsprojektes „Journalistische Grenzgänger" (vgl. Brinkmann 2023a; Tab. 2) wurden bis April 2022 alle Videos der etablierten Reportage-Formate *Y-Kollektiv*, *STRG_F*, *reporter*, *follow me.reports* und *Die Frage* inhaltsanalytisch ausgewertet (vgl. zusammenfassend auch Brinkmann 2023c): Die journalistische Konstruktion gesellschaftlicher Wirklichkeit erfolgt in den Reportagen der untersuchten Formate überwiegend über Lebensweltthemen, die gefühlsorientiert an die jungen Zielgruppen vermittelt werden. Durch Interviews hybridisierte Reportagen, die sich vor allem Personen, sozialen Milieus und journalistischen Selbstversuchen widmen, nutzen die Konstellation aus Reporter:innen und Protagonist:innen, um Geschichten, die mehrheitlich in deutschen Großstädten spielen, aus einer stark subjektiven Perspektive zu erzählen. Der New Journalism prägt als dominantes Berichterstattungsmuster die Wirklichkeitskonstruktion der Reportage-Formate, wurde aber unter den Bedingungen von Social Media für die junge Zielgruppe der 14- bis 29-Jährigen aktualisiert und für Web-Video-Formate modifiziert, zum Beispiel über die aktive Rolle von Reportern im On oder Aufrufe an das Publikum zur Kommentierung der Inhalte am Ende eines Beitrags. Innerhalb der *funk*-Presenter-Formate kristallisieren sich zwei Formen von Presenter-Reportagen heraus, die beide verschiedene Stile eines neuen subjektiven Journalismus verkörpern (vgl. Tab. 19): Reporter:innen-getriebene Formate wie *Y-Kollektiv* und *STRG_F* setzen eher auf härtere Gesellschaftsthemen, gehen regelmäßig investigativ vor, erkunden Milieus und berichten über politische Ereignisse. Sie stellen Auslandsbezüge her, die Reporter:innen stehen als zentrale Akteur:innen und Informationsquellen im Mittelpunkt der Filme. Sie sind daher von der Subjektivität der Autor:innen geprägt. Protagonist:innengetriebene Formate wie *follow me.reports* und *Die Frage* thematisieren konsequenter Lebenswelt- und Zielgruppenthemen, porträtieren Menschen und deren Einzelschicksale fast ausschließlich in Deutschland und zeigen häufiger journalistische Selbstversuche. Ihre zentralen Akteure und Informationsquellen sind Protagonist:innen, die von den „Hosts" in Hybrid-Formaten aus Interview und Reportage zu ihren emotionalen Geschichten befragt und begleitet werden. Die von diesen Formaten abgebildete Realität wird daher eher durch eine Quellen- oder Protagonisten-Subjektivität konstruiert.

Tab. 19: Reporter:innen- und protagonist:innengetriebene Programme des Subjektiven Journalismus und ihre ausgewählten charakteristischen Dimensionen (Quelle: eigene Darstellung, erweitert nach Brinkmann 2023a: 101)

Journalistische Charakteristika	Reporter-getriebene Konzepte des subjektiven Journalismus	Protagonisten-getriebene Konzepte des subjektiven Journalismus
Themen	Lebenswelt- und Gesellschafts-Themen	Lebenswelt- und Zielgruppen-Themen
Thematisierung bzw. Zielgruppenansprache	Emotional-narrativ, teilweise investigativ	Emotional-narrativ, interaktiv
Berichterstattungsmuster	*New Journalism* mit investigativ-anwaltschaftlichem Impetus	*New Journalism*, mit anwaltschaftlich-partizipativem Impetus
Reportage-Formen	Milieus, teilweise auch Personen und Rollenspiele, (politische) Ereignisse	Portraits und Selbstversuche; Interview-Reportagen-Hybride
Informationsquellen und handelnde Akteure	Reporter:innen (Haupt), Protagonist:innen (Neben)	Protagonist:innen (Haupt), Reporter:innen (Neben)
Örtlicher Fokus	Deutschland als wichtigstes Ereignisland, Auslandsbezüge erkennbar (teilweise auch Berichterstattung vor Ort)	Deutschland als einziges Ereignisland, kaum internationalen Bezüge, keine Auslandsberichterstattung
Form der journalistischen Subjektivität (nach Steensen 2017)	Reporter-Subjektivität (*byline subjectivity*)	Quellen-Subjektivität (*source subjectivity*)
Beispiele innerhalb des Content-Netzwerks *funk*	*STRG_F, Y-Kollektiv*	*Follow me.reports, Die Frage (reporter)*

Journalistische Programme (Sub-Formen bzw. Typen des subjektiven Journalismus)	*Slow Journalism*, Gonzo-Journalismus	Empathischer Journalismus, Selfie-Journalismus
Journalistische Praktiken	u.a. persönliche Thematisierung, thesengeleitete Recherche, eigene Inaugenscheinnahme, investigatives Storytelling, On-Off-Reporting, reflexives Framing	u.a. persönliches Involvement, redaktionelle Recherche und Fact-Checking, chronologisches Storytelling, emotionale Interviews, On-Presenting, Empowerment der Community
Journalistische Qualitätskriterien	Narrativität, Authentizität, Exklusivität, (Vielfalt), (Transparenz)	Emotionalität, Partizipativität, (Nutzwert)

Diese Programme des subjektiven Journalismus prägen wiederum auch dessen Praxiskonstellation, in der etablierte journalistische Praktiken (vgl. Kapitel 5) *subjektiv* gewendet werden. Durch die starke Formatierung der Presenter-Reportagen kann die Subjektivität der Reporter:innen aber auch inszeniert wirken – im Sinne eines bloßen „strategischen Rituals“ (vgl. Brinkmann 2023b: 723ff.):

- *Persönliche Thematisierung*: Die Reporter:innen steigen nach der sogenannten „Golden Minute“ des Beitrags, die anhand besonders dramatischer Szenen und prägnanter Zitate den Inhalt bereits zusammenfasst, mit einem persönlichen Bezug zum jeweiligen Thema ein, z.B. ihrer eigenen Erfahrung mit Mobbing oder Alkoholkonsum.
- *Thesengeleitete Recherche*: Die Informationssuche folgt einer Hypothese oder Leitfrage (z.B. „Was passiert auf Nazi-Konzerten?“ (*STRG_F*) oder „Warum will man gegessen werden? Inside Kannibalismus-Szene“ (*Y-Kollektiv*), der die Reporter:innen in der Regel auch durch eigene Inaugenscheinnahme vor Ort nachgehen und das Publikum so an großen Teilen des Rechercheprozesses teilnehmen lassen.
- *Interpretatives Storytelling:* Die eigene Haltung (teilweise auch Meinung) der Reporter:innen ist ein zentrales narratives Element. Über persönliche Erfahrungen und Gefühle werden die jeweiligen Situationen im besten Fall anschaulich und authentisch erzählt. Durch reflexive Elemente (z.B. über medienethisches Handeln oder eigene Überforderung) können die Beiträge transparenter werden, wobei die eigenen Interpretationen die Recherchen stark im subjektiven Sinne der Reporter:innen framen (insbesondere im finalen Fazit am Ende der Beiträge).
- *On-Presenting:* Die Präsentation durch Reporter:innen die im „On“ vor der Kamera und oft direkt an die Nutzer:innen gerichtet sprechen, ist charakteristisch für diese subjektive Reportage-Form. Manche Formate ergänzen diesen direkten Präsentationsmodus noch um Aufsager im „Off“, die z.B. genutzt werden können, um komplexe Themen ausführlich zu erklären oder Hintergründe zu liefern.
- *Repetitive Interaktion*: Die Reporter:innen bemühen sich durchgehend um eine aktive, persönliche Ansprache und fordern das Publikum regelmäßig zur Inter-

aktion auf („Call to Action"), z.B. durch Kommentare oder Abonnements. Das diskursive Einbinden der Community – auch für die Suche nach neue Themen, Informationen oder Protagonist:innen im Sinne eines Crowdsourcing – steht für die hohen partizipativen Anteile in dieser Praxiskonstellation eines subjektiven Journalismus.

Dass ein subjektiver Journalismus andere Leistungen erbringt als ein traditioneller Informationsjournalismus, liegt dabei auf der Hand: Qualitätskriterien wie Narrativität, Authentizität, Emotionalität und Partizipativität sind in den *funk*-Reportagen stärker ausgeprägt als Relevanz, Vielfalt (der Quellen), Kontextualität oder Nutzwert (vgl. Brinkmann 2024a). Die narrativ-emotionale, gefühlsorientierte Zielgruppenansprache kann aber dazu beitragen, dass die subjektiven Reportagen Informationen unterhaltend vermitteln – was angesichts des kompetitiven Kampfs um Aufmerksamkeit in sozialen Netzwerken auch nachvollziehbar erscheint. Die erzählerische Tiefe die emotionale Personalisierung, die authentische Subjektivität, die thematische Heterogenität, oder die konsequente Partizipativität sprechen ferner durchaus dafür, gerade die reporter:innen-getriebenen Formate wie „STRG_F" als Qualitätsmedien eines neuen Typs zu verstehen (auch weil sie in den vergangenen Jahren zahlreiche Preise errungen haben) – auch wenn die Kritik an ihnen und ihrem journalistischen Handwerk im Zuge der Auseinandersetzung von *STRG_F* mit dem YouTuber Rezo wieder deutlich zugenommen hat (vgl. Niggemeier 2024).

Beispiel: Subjektiver Journalismus – „Fleischindustrie – Massentierhaltung schmeckt" (*Y-Kollektiv*)

Auf den *YouTube*-Kanälen der *funk*-Reportageformate finden sich zahlreiche Praxisbeispiele für den neuen subjektiven Journalismus: Einen radikal subjektiven Ansatz wählt der *Y-Kollektiv*-Film „Fleischindustrie – Massentierhaltung schmeckt". Nachdem Reporter Hubertus Koch das Thema an seinem selbst als problematisch empfundenen Fleischkonsum personalisiert („Mein Konsumverhalten ist eine einzige Katastrophe. Schweineschinken – nur ein Euro. Gekauft! Und die billige Lasagne – gekauft! Aber spätestens zuhause habe ich dann vergessen, dass das billiger Müll ist"), trifft er seinen Protagonisten, den radikalen Tierschützer Friedrich Mülln, mit dem er in Hühner- und Schweinemastbetriebe eindringt und die dort herrschenden Zustände mit der Kamera dokumentiert. Dabei macht er seine Eindrücke und Gefühle immer wieder im „On" transparent („Also das ist auf jeden Fall dermaßen ekelhaft, dass ich gleich kotze. (...) Faulige Verwesung") und wertet das Erlebte und Gesehene immer wieder explizit („Jetzt mal ganz rational betrachtet: Selbst wenn man sagt: ‚Okay, das sind nur Schweine, scheiß drauf, Menschen essen Tiere, bla bla bla. Ist schon alles in Ordnung so, sind halt Schweine, die können wir halt so behandeln.' Selbst dann sagt mir der gesunde Menschenverstand noch, dass dieses Fleisch so vollgepumpt mit Antibiotika ist, weil hier fast jedes Tier irgendeine offene Wunde hat, dass das einfach nicht gut sein kann"). Durch die subjektive Perspektive des Reporters entsteht eine eindringliche und emotionale Reportage, die jedoch keineswegs neutral im traditionellen Sinne ist und an manchen Stellen sogar Nähen zum Aktivismus aufweist.

Diskussionsfragen

- Was sind Fake News? Und wie unterscheiden sie sich von anderen Formen wie Satire, Poor Politics oder Poor Journalism?
- Was ist ein journalistisches Storyboard und welche zentralen Punkte sollten Journalist:innen bei der Planung einer Scrollytelling-Reportage beachten?
- Welche Arbeitsschritte sollten Datenjournalist:innen von der ersten Idee bis zum publikationsfertigen Beitrag einer Daten-Geschichte durchführen?
- Wieso bieten sich Storys auf *Instagram* grundsätzlich besser für journalistische Inhalte an als andere soziale Netzwerke oder Messenger?
- Welche Gründe sprechen aus journalistischer bzw. redaktioneller Sicht für den Einsatz mobiler Reporter:innen bei aktuellen Nachrichtenereignissen oder Events?
- Was unterscheidet einen konstruktiven Journalismus von etablierten Formen wie Informations- oder investigativen Journalismus?
- Welche Qualitätskriterien sind in einem subjektiven Journalismus stärker ausgeprägt als im ‚objektiven' Informationsjournalismus – und welche schwächer?

Einführende Literatur

Brinkmann, Janis (2023a): Journalistische Grenzgänger. Wie die Reportage-Formate von funk Wirklichkeit konstruieren. Arbeitsheft 111 der Otto-Brenner-Stiftung.

Haarkötter, Hektor (2019): Journalismus.online. Das Handbuch zum Onlinejournalismus. Köln: Herbert von Halem.

Matzat, Lorenz (2014a): Datenjournalismus. Methode einer digitalen Welt. Konstanz: UVK.

Meier (2018b): Wie wirkt Konstruktiver Journalismus? Ein neues Berichterstattungsmuster auf dem Prüfstand. In: Journalistik, H. 1/2018, S. 4–25.

Osing, Tim (2022): Digitaler Journalismus in der Praxis. Grundlagen von Onlinerecherche, Storytellung und Datenjournalismus. Wiesbaden: Springer VS.

Primbs, Stefan (2016): Social Media für Journalisten. Redaktionell arbeiten mit Facebook, Twitter & Co. Wiesbaden: Springer VS.

Radü, Jens (2019a): New Digital Storytelling. Anspruch, Nutzung und Qualität von Multimedia-Geschichten. Baden-Baden: Nomos.

Sängerlaub, Alexander/Meier, Miriam/Rühl, Wolf-Dieter (2018): Fakten statt Fakes. Verursacher, Verbreitungswege und Wirkungen von Fake News im Bundestagswahlkampf 2017. Stiftung Neue Verantwortung.

Staschen, Björn (2017): Mobiler Journalismus. Wiesbaden: Springer VS.

Weiterführende Literatur

Adornato, Anthony (2018): Mobile and Social Media Journalism. New York: SAGE Publishing.

Bettendorf, Selina (2019): Instagram-Journalismus. Ein Leitfaden für Redaktionen und freie Journalisten. Wiesbaden: VS Verlag für Sozialwissenschaften.

Burum, Ivo/Quinn, Stephen (2015): Mojo – The Mobile Journalism Handbook. London: Taylor & Francis.

Feyder, Manuela/Rath-Wiggins, Linda (2018): VR-Journalismus. Ein Handbuch für die journalistische Ausbildung und Praxis. Wiesbaden: Springer VS.

Godulla, Alexander/Wolf, Cornelia (2017): Digitale Langformen im Journalismus und Corporate Publishing. Scrollytelling – Webdokumentationen – Multimediastorys. Wiesbaden: VS Verlag für Sozialwissenschaften.

Oswald, Bernd (2018): Digitaler Journalismus – eine Gebrauchsanweisung. Zürich: Mydas Management.

Schmidt, Jan-Hinrik (2013): Social Media. Wiesbaden: Springer VS.

Wolf, Cornelia (2014): Mobiler Journalismus. Angebote, Produktionsroutinen und redaktionelle Strategien deutscher Print- und Rundfunkredaktionen. Baden-Baden: Nomos.

8. Ausblick: Die „Leuchttürme" des Journalismus

Überblick

Das letzte Kapitel wagt einen knappen Ausblick in die Zukunft des Journalismus und identifiziert journalistische Innovationsfelder. Abschließend zieht es ein Fazit und argumentiert anhand der im Zuge der aktuellen Konflikte und Krisen gestiegenen Nachfrage nach verlässlichen Informationen und deren Einordnung, dass der gesellschaftliche Wert von Journalismus auch künftig hoch bleiben wird.

Der Journalismus befindet sich im stetigen Wandel. In den knapp 25 Jahren seit der Jahrtausendwende hat der Journalismus sich nicht nur technologisch und ökonomisch, sondern auch handwerklich und kulturell nachhaltig verändert. Innovationen, die sich noch vor zehn Jahren zart am Horizont abzeichneten (vgl. Fengler/Kretzschmar 2009; Kramp/Weichert 2012; Nielsen 2012), sind längst in der journalistischen Praxis etabliert: Integrative Newsrooms, soziale Medien, multimedialer, crossmedialer und datengestützter Journalismus zählen heute wie selbstverständlich zur Realität von Berufseinsteiger:innen. Es mag Branchen geben, die sich stärker und aktiver aus sich selbst heraus gewandelt haben – der Journalismus ist an vielen Stellen eher konservativ und wird von starken Beharrungskräften verteidigt – und die Wandlungsprozesse weniger dramatisch beklagen. Aber welchen einschneidenden Veränderungen sich der Journalismus in den vergangenen zweieinhalb Jahrzehnten unterzogen hat, sieht erst, wer den Blick aus den aktuellen und anhaltenden Innovationsprozessen herausbewegt und auf die bereits zurückgelegte, steinige Wegstrecke zurückblickt (vgl. Meier 2018: 264–270): So hat der wachsende ökonomische Druck im Journalismus ebenso zur Kommerzialisierung wie zur Konzentration von Medien geführt, bei der nicht nur journalistische Jobs verloren gingen und Redaktionen hart auf Renditeerwartungen getrimmt, sondern auch die Grenze zwischen redaktionellen und werbenden Inhalten mit Formaten wie Native Ads oder Affiliate Marketing zunehmend aufgelöst wurden. Die Finanzierung des Journalismus ist angesichts der im Netz noch immer weit verbreiteten „Kostenloskultur" sowie der Konkurrenz von News-Aggregatoren und Suchmaschinen wie *Google* oder sozialen Netzwerken wie *Facebook und Instagram* um Werbegelder prekär. Auch die wachsende Abhängigkeit klassischer Journalismusproduzenten wie Verlage und Sender beim Vertrieb ihrer digitalen Inhalte von Intermediären und Plattformen (*Distributed Content*) schwächt die wirtschaftliche Basis traditioneller Medienunternehmen. Zudem steigt der Einfluss der Public Relations auf den Journalismus – von außen, wenn professionelle Kommunikationsabteilungen die journalistische Agenda bespielen, und von innen, wenn gerade freie Journalist:innen nicht mehr von ihren Honoraren leben können und daher zusätzlich Aufträge in der PR übernehmen. Anzeigen und Aufmerksamkeit wandern zudem an *Corporate-Publishing*-Magazine wie die *Apotheken Umschau* oder *Mobil* der Deutschen Bahn. Neben einer zunehmenden Technisierung und Automatisierung des Journalismus, die gegenwärtig vor allem unter der Frage diskutiert wird, wie künstliche Intelligenz (KI) den Journalismus verändert (für eine erste Bestandsaufnahme und Handlungsempfehlungen an Redaktionen vgl.

Schützeneder/Graßl/Meier 2024), bringen auch veränderte Mediennutzungen und -erwartungen des Publikums Redaktionen unter Zugzwang. Das Monopol des Journalismus, es wankt nicht mehr (vgl. Meier 2018: 270), es ist längst gefallen. Journalist:innen, die ignorieren, dass ihre traditionelle Rolle als „Gatekeeper“ aufgebrochen wurde und sie zwar noch relevante, aber nicht länger die einzigen und vielleicht schon nicht mehr die einflussreichsten publizistischen Kräfte sind, erschweren den dringend erforderlichen kontinuierlichen Wandel des Journalismus. Diesen Wandel zu akzeptieren und im Sinne des Journalismus zu adaptieren, ist zentrale Aufgabe von Journalist:innen und Medienmanager:innen. Während viele Medienunternehmen diese Prozesse nur langsam und zögerlich angehen, gibt es auch positive Beispiele: Im Jahr 2017 veröffentlichte die 2020 Group aus Redakteur:innen der *New York Times* ihren vielbeachteten Innovationsreport „Journalism, that stands apart“ (Leonhardt et al. 2017), der die ökonomische wie publizistische Zukunftsfähigkeit der „Grey Lady“ eng an einen „herausragenden Journalismus“ bindet. Da die bisher nur zart wachsenden digitalen Erlöse die massiven Printverluste bei Zeitungsauflagen und Werbeeinnahmen nicht auffangen können, sollte sich die *New York Times* noch stärker auf ihre journalistischen Stärken besinnen, um Nutzer:innen zu überzeugen und zu zahlenden Abonnent:innen im Digitalen zu machen – ein journalistisches Geschäftsmodell („subscription-based business“), dass als Antwort auf die Krise des Journalismus besseren Journalismus auf allen Ebenen anbietet. Die *New York Times* müsse dafür auf drei Handlungsfeldern, die auch für andere Medienunternehmen zentral sind, innovativer werden: Erstens muss die *Berichterstattung* visueller und digitaler werden, verstärkt onlinejournalistische Formate wie Briefings, Newsletter und FAQs anbieten und den Nutzwert und Service der eigenen Inhalte betonen. Auch sollten die Nutzer stärker an- und eingebunden werden, um eine lebendige, engagierte und letztlich zahlungsbereite „Community“ zu schaffen. Zweitens muss die *Redaktion* konsequent weitergebildet, durch externe Expert:innen auf innovativen journalistischen Feldern verstärkt und insgesamt diverser werden, um neue Formate und Perspektiven zu entwickeln. Drittens muss sich der *Workflow* den digitalen Gegebenheiten besser anpassen: Editors und Reporters, Newsrooms und Multimedia-Expert:innen müssen früher und intensiver zusammenarbeiten, die dominante Rolle der Printzeitung im Produktionsprozess muss zugunsten digitaler Abläufe zurückgefahren werden. Zugleich soll jedes Ressort ebenso wie die Redaktion insgesamt eine „journalistische Vision“ entwickeln: In Bezug auf den *Journalismus* muss klar sein, über was die Journalist:innen berichten (und über was nicht), wie sie berichten und wie sich ihre Berichterstattung von der Konkurrenz absetzt. Im Hinblick auf das *Publikum* muss die Zielgruppe ebenso klar definiert sein wie der journalistische Erfolg und die Wege, auf denen dieser zu messen und zu erreichen ist (z.B. geht Resonanz im Sinne eines vertieften, werthaltigen Nutzer:innen-Engagements vor der Steigerung der reinen Reichweite). Einen solche „journalistische Mission“ stellt auch das „Journalism Innovation Project“ des Reuters Institute for the Study of Journalism (vgl. Posetti/Shabbir/Simon 2019) in den Mittelpunkt journalistischer Innovationen, die es auf folgenden Feldern verortet:

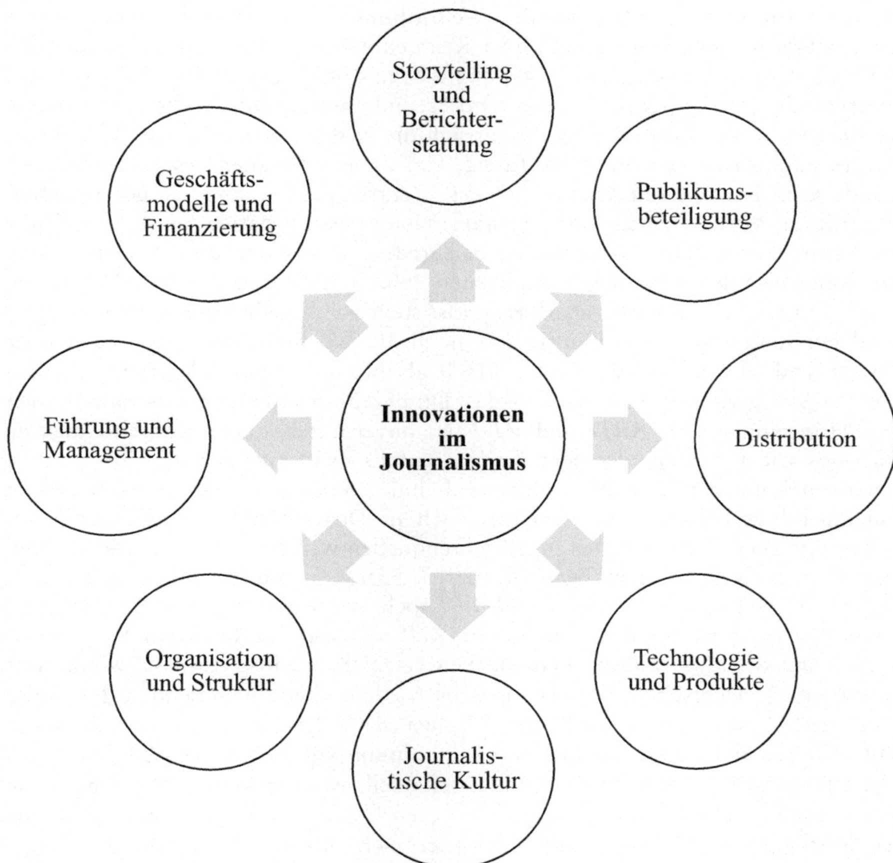

Abb. 64: „Journalism Innovation Wheel": Innovationsfelder im Journalismus (Quelle: eigene Darstellung auf Basis von Posetti/Shabbir/Simon 2019)

Dass der Journalismus – keineswegs nur bei der *New York Times* – sich inzwischen auf den Weg gemacht und in den vergangenen fünf Jahren einen extremen Innovationsschwung aufgenommen hat, belegen nicht nur die Befunde eines aktuellen Forschungsprojektes, das „Innovations in Journalism" (Meier et al. 2024) aus fünf Ländern zusammengetragen hat, sondern auch die massiv gestiegene Zahl journalistischer Neugründungen in Deutschland (vgl. Hepp et al. 2021; Buschow 2018) und weltweit (vgl. Deuze/Witschge 2018). Aber während Journalismusforscher:innen die Innovationsfelder, auf denen sich der Journalismus erneuern muss, abstecken und damit greifbar machen, steht die Welt nicht still: Die weltweite Corona-Pandemie hat nicht nur politische, ökonomische und soziale Herausforderungen geschaffen, deren Folgen bis heute gesamtgesellschaftlich spürbar sind. Der Krieg in der Ukraine und das erneute Aufflammen des Nahost-Konflikts erinnern auch die Menschen in Deutschland täglich, dass Sicherheit und

Wohlstand in einer fragilen globalen Weltordnung keine Selbstverständlichkeiten sind. Politische Debatten wie z.B. über Kriminalität von Zugewanderten oder den individuellen ebenso wie den gesellschaftlichen Umgang mit dem Klimawandel dringen mittlerweile tief in Familien und Freundeskreise und schaffen permanente Kontroversen und Konflikte. Während sich die in der ersten Auflage dieses Lehrbuches euphorisch geäußerte Hoffnung, ein „neues Zeitalter des Journalismus" stünde kurz bevor, heute eher als utopisch entpuppt hat, sind die gesamtgesellschaftlichen Vorzeichen für den Journalismus deutlich negativer geworden. Ohne wiederum dystopische Szenarien herbeizureden: Keine der drei großen Krisen des Journalismus ist in den vergangenen Jahren kleiner geworden. Die ersten Zeitungen wie die *Hamburger Morgenpost* stellen ihre gedruckte Auflage weitgehend ein (und erscheinen künftig nur noch als Wochenzeitungen) – auch über die *taz* und Blätter wie *Welt* oder *BILD* als künftig digitale Ausgaben denken Medienmanager:innen laut nach – das Durchschnittsalter der Zuschauer:innen und Hörer:innen von *ARD* und *ZDF* ist unvermittelt hoch, während digitale Start-ups wie *Krautreporter* oder *Karla* ebenfalls nicht ausreichend Nutzer:innen gewinnen können und selbst etablierte digitale Marken in sozialen Netzwerken zunehmend verblassen. Zwar wenden sich in Deutschland Nutzer:innen noch immer vor allem traditionellen Nachrichtenquellen wie dem öffentlich-rechtlichen Fernsehen zu (vgl. Behre/Hölig/Möller 2023: 33ff.), dessen Hauptnachrichtensendungen *ARD-Tagesschau* und *ZDFheute* noch vor *Zeit*, *Süddeutsche* und *FAZ* sowie den privaten Nachrichtensendern *Welt* und *n-tv* die höchsten Vertrauenswerte unter allen journalistischen Marken verzeichnen. Insgesamt schwindet das Vertrauen der Deutschen in journalistische Medien aber zunehmend (vgl. Schultz et al. 2023; Newman et al. 2023: 77), während die Zahlungsbereitschaft der Nutzer:innen nicht länger steigt, sondern abnimmt (vgl. Behre/Hölig/Möller 2023: 62ff.) Journalismus braucht ein Geschäftsmodell, ist aber keines: Die Frage, wie sich journalistische Inhalte künftig finanzieren lassen, ist zentral für die Zukunft des Journalismus. Sie kann und darf aber nicht wichtiger sein als die Frage, wie guter Journalismus künftig aussehen soll und wie er sich produzieren lässt. Die gegenwärtigen Kriege, Krisen und Konflikte zeigen in aller Deutlichkeit, dass Journalismus nach wie vor eine zentrale Rolle bei der Beobachtung, Beschreibung, Einordnung und Bewertung gesellschaftlicher Ereignisse und Entwicklungen spielt – und dass es zwar in weniger, aber noch immer weiten Teilen der Bevölkerung ein tiefes Bedürfnis nach professionell recherchierten und aufbereiteten Informationen gibt. In Zeiten, in denen Fake News und Verschwörungsideologien gesellschaftliche Strukturen angreifen, zeigt sich die System- und Demokratierelevanz eines funktionierenden Journalismus besonders deutlich. In Zeiten, in denen Massenmedien als große, gemeinsame „Lagerfeuer" der Gesellschaft verglimmen, in denen Populist:innen oft erfolgreich vermeintlich simple Erklärungen und Lösungen für große gesellschaftliche Probleme anbieten, schlägt die Stunde eines Journalismus, der sich diesen komplexen Herausforderungen stellt und den publizistischen Scheinwerfer auf soziale Missstände, politisches Versagen und wirtschaftliche Probleme richtet – ganz gleich, ob nüchtern informierend, investigativ, konstruktiv, datengestützt oder aus einer subjektiven Perspektive der Journalist:innen. Es spricht viel dafür, dass diese Lichter künftig heller in neuen journalistischen Organisationen brennen werden, z.B. bei *Correctiv*, bei *funk*, bei *Medieninsider*, bei *Finanztip*, bei *RiffReporter* oder bei *Rums*. Denn ohne solche Leuchttürme des Journalismus droht das, was die altehrwürdige *Washington Post* im Jahr 2017 in ihren neuen Slogan gegossen hat: „Democracy Dies in the Dark". So pathetisch es auch klingt: Um die gegenwärtige Relevanz des Journalismus auch in Zukunft zu beschreiben, gibt es schlechtere Headlines.

Literaturverzeichnis und Quellen

Adamczyk, Gregor (2015): Storytelling. Mit Geschichten überzeugen. Freiburg i.Br.: Haufe.

Adornato, Anthony (2018): Mobile and Social Media Journalism. New York: SAGE Publishing.

Ahlke, Karola/Hinkel, Jutta (1999): Sprache und Stil. Ein Handbuch für Journalisten. Konstanz: UVK.

Ahva, Laura (2011): What is ‚public' in public journalism? In: Communication Studies, 9, S. 119–142.

Ahva, Laura/Hautakangas, Mikko (2018): Why do we suddenly talk so much about constructiveness? In: Journalism Practice, 12/6, S. 657–661.

Alfter, Brigitte (2017): Grenzüberschreitender Journalismus: Handbuch zum Cross-Border-Journalismus. Köln: Herbert von Halem.

Allcott, Hunt/Gentzkow, Matthew (2017): Social media and fake news in the 2016 Election. In: Journal of Economic Perspectives, Jg. 31, S. 211–236.

ALM (2018): Jahrbuch 2018. Die Medienanstalten.

Altmeppen, Klaus-Dieter (2016): Anwaltschaftlicher Journalismus. In: Heesen, Jessica (Hrsg.): Handbuch Medien- und Informationsethik. Wiesbaden: J.B. Metzler, S. 132–137.

Altmeppen, Klaus-Dieter (1999): Redaktionen als Koordinationszentren. Beobachtungen journalistischen Handelns. Opladen: Westdeutscher Verlag.

Altmeppen, Klaus-Dieter/ Nölleke-Przybylski, Pamela/Klinghardt, Korbinian/Zimmermann, Anna (2023): Digitale Medienökonomie. Baden-Baden: Nomos.

Altmeppen, Klaus-Dieter/Röttger, Ulrike/Bentele, Günter (Hrsg.) (2004): Schwierige Verhältnisse. Interdependenzen zwischen Journalismus und PR. Wiesbaden: VS Verlag für Sozialwissenschaften.

Angler, Martin W. (2020): Journalistische Praxis: Science Storytelling. Warum Wissenschaft Geschichten erzählen muss. Wiesbaden: Springer VS.

Appel, Markus (Hrsg.) (2020): Die Psychologie des Postfaktischen: Über Fake News, „Lügenpresse“, Clickbait & Co. Wiesbaden: Springer VS.

ARD (2023): Finanzen der ARD: Einnahmen und Ausgaben. URL: https://www.ard.de/die-ard/organisation-der-ard/Finanzen-der-ARD-Einnahmen-und-Ausgaben-100/ [Stand: 15.05.2024].

ARD/ZDF (2024): ARD/ZDF-Onlinestudie 2023: Normalisierung der Internetnutzung nach den Corona-Jahren. URL: https://www.ard-zdf-onlinestudie.de [Stand: 15.05.2024].

Arendt, Florian/Brosius, Hans-Bernd/Hauck, Patricia (2017): Die Auswirkung des Schlüsselereignisses „Silvesternacht in Köln“ auf die Kriminalitätsberichterstattung. In: Publizistik, Nr. 62, S. 135–152.

Arnold, Klaus (2016a): Qualität im Journalismus. In: Meier, Klaus/Neuberger, Christoph (Hrsg.), Journalismusforschung. Handbuch für Wissenschaft und Studium. Baden-Baden, S. 140–157.

Arnold, Klaus (2016b): Qualität als Funktionssystem der Gesellschaft. In: Löffelholz, Martin/Rothenberger, Liane (Hrsg.): Handbuch Journalismustheorien. Wiesbaden: Springer VS, S. 151–164.

Arnold, Klaus (2009): Qualitätsjournalismus. Die Zeitung und ihr Publikum. Konstanz: UVK.

Arnold, Klaus (2008): Qualität im Journalismus – ein integratives Konzept. In: Publizistik, 53, S. 488–508.

Atton, Chris (2002): News Cultures and New Social Movements: radical journalism and the mainstream media. In: Journalism Studies, 3/4, S. 491–505.

Averbeck-Lietz, Stefanie/Meyen, Michael (Hrsg.) (2016): Handbuch nicht standardisierte Methoden in der Kommunikationswissenschaft. Wiesbaden: Springer VS.

Baerns, Barbara (1991): Öffentlichkeitsarbeit oder Journalismus? Zum Einfluss im Mediensystem. 2. Aufl. Köln: Wissenschaft und Politik.

Bartl, Marc (2023): Exklusiv: Die meistzitierten Medien im ersten Halbjahr 2023. In: Kress vom 11.06.2023. URL: https://kress.de/news/beitrag/146023-exklusiv-die-meistzitierten-medien-im-ersten-halbjahr-2023.html [Stand: 15.05.2024].

Baugut, Philip/Reinemann, Carsten (2022): Journalismus als subjektiv rationales Handeln im sozialen Kontext. In: Löffelholz, Martin/Rothenberger, Diane (Hrsg.): Handbuch Journalismustheorien. Live Reference Work. Wiesbaden: Springer Fachmedien.

Baumert, Dieter Paul (2013): Die Entstehung des deutschen Journalismus. Eine sozialgeschichtliche Studie. Herausgegeben und eingeleitet von Walter Hömberg. Baden-Baden: Nomos.

Beater, Axel (2016): Medienrecht. 2. Aufl. Tübingen: Mohr Siebeck.

BDVW (2018): Digitale Nutzung in Deutschland 2018. Abbildung der aktuellen digitalen Mediennutzung in Deutschland und Darstellung möglicher Trends sowie Analyse des grundsätzlichen Verständnisses von Digitalisierung. Bundesverband Digitale Wirtschaft. URL: https://www.bvdw.org/fileadmin/user_upload/BVDW_Marktforschung_Digitale_Nutzung_in_Deutschland_2018.pdf [Stand: 15.05.2024].

BDZV (2023): Zeitungszahlen: Umsätze, Kosten, Werbemarkt. URL: https://www.bdzv.de/alle-themen/marktdaten/zeitungszahlen-umsaetze-kosten-werbemarkt [Stand: 15.05.2024].

BDZV (2020): Onlineangebote deutscher Zeitungen. URL: https://www.bdzv.de/maerkte-und-daten/digitales/paidcontent/ [Stand: 15.05.2024].

Beck, Klaus/Reineck, Dennis/Schubert, Christiane (2010): Journalistische Qualität in der Wirtschaftskrise. Konstanz: UVK.

Behre, Julia/Hölig, Sascha/Möller, Judith (2023): Reuters Institute Digital News Report 2023. Ergebnisse für Deutschland. Arbeitspapier des Hans-Bredow-Instituts, Nr. 67. URL: https://leibniz-hbi.de/uploads/media/Publikationen/cms/media/cty1top_AP67_RIDNR23_Deutschland.pdf [Stand: 15.05.2024].

Beisch, Natalie/Koch, Wolfgang (2023): ARD-ZDF-Onlinestudie 2023: Weitergehende Normalisierung der Internetnutzung nach Wegfall aller Corona-Schutzmaßnahmen. In: Media Perspektiven 23/2023, S. 1–9.

Bender, Nina/Donheiser, Max/Lenz, Miriam/Swenson, Chiara (2023): Wie ernst die Lage in den Frauenhäusern ist. In: Correctiv vom 06.03.2023. URL: https://correctiv.org/aktuelles/2023/03/06/haeusliche-gewalt-frauenhaus-platz-finden/ [Stand: 15.05.2024].

Benkler, Yochai (2006): The Wealth of Networks. How Social Production Transforms Markets and Freedom. New Haven, London: Yale University Press.

Bensmann, Marcus/von Daniels, Justus/Dowideit, Anette/Peters, Jean/Keller, Gabriella (2024): Geheimplan gegen Deutschland. In: correctiv vom 10.01.2024. URL: https://correctiv.org/aktuelles/neue-rechte/2024/01/10/geheimplan-remigration-vertreibung-afd-rechtsextreme-november-treffen/ [Stand: 15.05.2024].

Bentele, Günter (1999): Parasitentum oder Symbiose? Das Intereffikationsmodell in der Diskussion. In: Rolke, Lothar/Volker Wolff (Hrsg.) (1999): Wie die Medien die Wirklichkeit steuern und selber gesteuert werden. Opladen: Wiesbaden: S. 177–193.

Bettendorf, Selina (2019): Instagram-Journalismus. Ein Leitfaden für Redaktionen und freie Journalisten. Wiesbaden: Springer VS.

Beyer, Andrea/Carl, Petra (2012): Einführung in die Medienökonomie. 3. Aufl. Konstanz: UVK.

Bieth, Tina (2012): NGOs und Medien. Eine empirische Studie zum Verhältnis von Public Relations und Journalismus. Wiesbaden: Springer VS.

Biermann, Kai/Blickle, Paul/Ehmann, Annick/Fiedler, Dorothea/Fuchs, Christian/Grefe-Huge, Carla/Musharbash, Yassin/Polke-Majewski, Karsten/Prost, Andreas/Schmidt, Christina/Stahnke, Julian/Stark, Holger/Tröger, Julius/Wiesenthal, Rene/Venohr, Sascha/Zhukovets, Anna/Zimmermann, Fritz (2022): Die Schlacht um Mariupol. In: Zeit.de vom

28.04.2022. URL: https://www.zeit.de/politik/ausland/2022-04/krieg-ukraine-mariupol-schlacht-rekonstruktion [Stand: 15.05.2024].
BILDblog (2009): Wie ich Freiherr von Guttenberg zu Wilhelm machte. In: BILDblog vom 10.02. 2009. URL: https://bildblog.de/5704/wie-ich-freiherr-von-guttenberg-zu-wilhelm-machte/ [Stand: 15.05.2024].
Birkner, Thomas (2016a): Präjournalismus. In: Journalistikon vom 23.05.2016. URL: http://journalistikon.de/praejournalismus/ [Stand: 15.05.2024].
Birkner, Thomas (2016b): Korrespondierender Journalismus. In: Journalistikon vom 07.05.2016. URL: http://journalistikon.de/korrespondierender-journalismus/ [Stand: 15.05.2024].
Birkner, Thomas (2016c): Schriftstellerischer Journalismus. In: Journalistikon vom 23.05.2016. URL: http://journalistikon.de/schriftstellerischer-journalismus/ [Stand: 15.05.2024].
Birkner, Thomas (2016d): Redaktioneller Journalismus. In: Journalistikon vom 17.05.2016. URL: http://journalistikon.de/redaktioneller-journalismus/ [Stand: 15.05.2024].
Bleher, Christian/Linden, Peter (2015): Reportage und Feature. Köln: Herbert von Halem.
Bleicher, Joan Kristin/Pörksen, Bernhard (2004) (Hrsg.): Grenzgänger: Formen des New Journalism. Wiesbaden: Springer VS.
Blöbaum, Bernd (2018): Redaktionsorganisation. In: Journalistikon. URL: http://journalistikon.de/category/redaktionsorganisation/page/2/ [Stand: 15.05.2024].
Blöbaum, Bernd (2022): Journalismus als Funktionssystem der Gesellschaft. In: Löffelholz, Martin/Rothenberger, Diane (Hrsg.): Handbuch Journalismustheorien. Live Reference Work. Wiesbaden: Springer Fachmedien.
Blöbaum, Bernd (1994): Journalismus als soziales System. Geschichte, Ausdifferenzierung und Verselbständigung. Opladen: Westdeutscher Verlag.
Bogner, Alexander/Littig, Beate/Menz, Wolfgang (2014): Interviews mit Experten. Eine praxisorientierte Einführung. Wiesbaden: Springer VS.
Bonn Institute (2023): Was ist konstruktiver Journalismus? URL: https://www.bonn-institute.org/was-ist-konstruktiver-journalismus [Stand: 15.05.2024].
Bosshart, Stefan (2016): Bürgerjournalismus im Web. Kollaborative Nachrichtenproduktion am Beispiel von „Wikinews“. Konstanz: UVK.
Bouhs, Daniel (2017): Faktencheck in den Medien. IN: NDR.de vom 15.02.2017. URL: https://www.ndr.de/fernsehen/sendungen/zapp/medienpolitik/Faktencheck-in-Medien,faktencheck142.html [Stand: 15.05.2024].
Bounegru, Liliana/Gray, Jonathan (2019): The Data Journalism Handbook 2. Towards a Critical Data Practice. O`Reilly.
Bradshaw, Paul (2011): The inverted pyramid of data journalism. In: Online Journalism Blog vom 07.07.2011. URL: https://onlinejournalismblog.com/2011/07/07/the-inverted-pyramid-of-data-journalism/ [Stand: 15.05.2024].
Branahl, Udo (2016a): Ehrenschutz. In: Journalistikon. URL: http://journalistikon.de/ehrenschutz/ [Stand: 15.05.2024].
Branahl, Udo (2016b): Schmähkritik. In: Journalistikon. URL: http://journalistikon.de/schmaehkritik/ [[Stand: 15.05.2024].
Branahl, Udo (2016c): Üble Nachrede In: Journalistikon. URL: http://journalistikon.de/ueble-nachrede/ [Stand: 15.05.2024].
Branahl, Udo (2016d): Gegendarstellung. In: Journalistikon. URL: http://journalistikon.de/gegendarstellung/ [Stand: 15.05.2024].
Branahl, Udo (2016e): Zeugnisverweigerungsrecht. In: Journalistikon. URL: http://journalistikon.de/zeugnisverweigerungsrecht/ [Stand: 15.05.2024].
Branahl, Udo (2013): Medienrecht. Eine Einführung. 7. Aufl. Wiesbaden: Springer VS.
Branahl, Udo (2006): Medienrecht. Eine Einführung. 5., vollständig überarb. Aufl. Wiesbaden: VS Verlag für Sozialwissenschaften.

Branahl, Udo (2005): Zugang zu Registern und behördlichen und Verzeichnissen. In: Nachgehakt Online. URL: http://www.nachgehakt-online.de/s20.php [Stand: 15.05.2024].

Branch, John (2012): Snow Fall: The Avalanche at Tunnel Creek. In Nytimes.com. URL: https://www.nytimes.com/projects/2012/snow-fall/index.html#/?part=tunnel-creek [Stand: 15.05.2024].

Brandt, Mathias (2019a): Presserat: Bild ist deutscher Rügen-Meister. In: Statista vom 09.12.2019. URL: https://de.statista.com/infografik/2588/publikationen-mit-den-meisten-ruegen-durch-den-deutschen-presserat/ [Stand: 15.05.2024].

Brandt, Mathias (2019b): So mobil sind Nachrichten. In: Statista vom 23.01.2019. URL: https://de.statista.com/infografik/7315/traffic-der-top-10-nachrichtenportale-in-deutschland/ [Stand: 15.05.2024].

Bremm, Ulrike (2019): Storytelling: „Der Datenjournalismus ist im Alltag angekommen. Interview mit Stefan Venohr, Head of Data Journalism bei „Zeit Online". In: Fachjournalist vom 21.02.2019. URL: https://www.fachjournalist.de/storytelling-der-datenjournalismus-ist-im-alltag-angekommen/ [Stand: 15.05.2024].

Bremm, Ulrike (2018): Medienjournalismus: „Die Vielseitigkeit ist hochspannend." Interview mit der Medienjournalistin Ulrike Simon. In: Fachjournalist vom 22.05.2018. URL: https://www.fachjournalist.de/ressort-medien-die-vielseitigkeit-ist-hochspannend/ [Stand: 15.05.2024].

Brinkmann, Janis (2024a): Reporterinnen oder Journalisten-Darsteller? Selfie-Journalismus als kommunikative Praxis in der Figuration des subjektiven Journalismus. In: Proceedings der DGPuK-Fachgruppentagung Medienökonomie 2023 (im Erscheinen).

Brinkmann, Janis (2024b): Authentisch, emotional, transparent – Leistungspotenziale und Qualitätskriterien des subjektiven Journalismus. Vortrag gehalten bei der Jahrestagung der Jahrestagung der DGPuK Fachgruppe Kommunikations- und Medienethik am 22. und 23. Februar 2024 in München.

Brinkmann, Janis (2023a): Journalistische Grenzgänger. Wie die Reportage-Formate von funk Wirklichkeit konstruieren. Arbeitsheft 111 der Otto-Brenner-Stiftung. URL: https://www.otto-brenner-stiftung.de/journalistische-grenzgaenger/ [Stand: 15.05.2024].

Brinkmann, Janis (2023b): Teilnehmende Beobachter. Theorie, Konzept und Praxis eines subjektiven Journalismus. Habilitationsschrift an der Fakultät Kulturwissenschaft der Technischen Universität Dortmund.

Brinkmann, Janis (2023c): Journalismus als Programm, Praxis und Performanz – Ein Drei-Dimensionen-Modell zur Konzeptualisierung von Journalismen. Pitch & Poster gehalten auf der gemeinsamen Jahrestagung „Gesellschaftswissen schaffen. Chancen und Herausforderungen für Journalismus und Wissenschaftskommunikation im digitalen Zeitalter" der Fachgruppen Wissenschaftskommunikation und Journalistik/Journalismusforschung der DGPuK vom 20. bis 22. September 2023 in Passau.

Brinkmann, Janis (2021): Journalismus. Eine praktische Einführung. Baden-Baden: Nomos Verlag.

Brinkmann, Janis (2018): Verlagspolitik in der Zeitungskrise. Theorien, Strukturen, Strategien. Baden-Baden: Nomos.

Brinkmann, Janis (2015): Ein Hauch von Jasmin. Die deutsche Islamberichterstattung vor, während und nach der Arabischen Revolution. Eine quantitative und qualitative Medieninhaltsanalyse. Köln: Herbert von Halem.

Broersma, Marcel (2007): Form, Style and Journalistic Strategies: An Introduction. In: Broersma, Marcel (Hrsg.) Form and Style in Journalism: European Newspapers and the Representation of News, 1880–2005. Leuven, Paris: Dudley, Peeters, S. ix–xxix.

Brosius, Hans-Bernd/Haas, Alexander/Koschel, Friederike (2016): Methoden der empirischen Kommunikationsforschung. Wiesbaden: Springer VS.

Brüggemann, Michael/Engesser, Sven (2014): Between Consensus and Denial: Climate Journalists as Interpretive Community. In: *Science Communication*, 36/4, S. 399–427.

Brüggemann, Michael/Frech, Jannis/Schäfer, Torsten (2021): Transformative journalisms. How the ecological crisis is transforming journalism. In: Hansen, Anders (Hrsg.): The Routlegde Handbook of Environment. New York: Routledge.

Bruhn, Manfred (2022): Marketing. Grundlagen für Studium und Praxis. Wiesbaden: Springer VS.

Brunner, Stefan (2019): Redigieren. Konstanz: UVK.

Bruns, Axel (2018): Gatewatching and News Curation: Journalism, Social Media, and the Public Sphere. New York: Peter Lang.

Bucher, Hans-Jürgen (2023): Journalismus als kommunikatives Handeln. In: Löffelholz, Martin/Rothenberger, Diane (Hrsg.): Handbuch Journalismustheorien. Live Reference Work. Wiesbaden: Springer Fachmedien.

Bucher, Hans-Jürgen/Altmeppen, Klaus-Dieter (Hrsg.) (2003): Qualität im Journalismus. Grundlagen, Dimensionen, Praxismodelle. Wiesbaden: Westdeutscher Verlag.

Buchholz, Axel/Schupp, Katja (Hrsg.) (2020): Fernseh-Journalismus. Ein Handbuch für TV, Video, Web und mobiles Arbeiten. 10. Aufl. Wiesbaden: Springer VS.

Burg, Christian/Teusch, Lilith (2018): Werkzeugkasten für Verifikation und Fact Checking. Technische Universität Dortmund. URL: https://wissenschaftsjournalismus.tu-dortmund.de/datenjournalismus/verification-tool-box/ [Stand: 15.05.2024].

Burghardt, Steffen (2009): Praktischer Journalismus. Oldenburg: De Gruyter.

Burum, Ivo/Quinn, Stephen (2015): Mojo – The Mobile Journalism Handbook. London: Taylor & Francis.

Buschow, Christopher (2018): Die Neuordnung des Journalismus. Eine Studie zur Gründung neuer Medienorganisationen. Wiesbaden: Springer Fachmedien.

Buschow, Christopher (2018b): Journalistik praxistheoretisch betreiben. Impulse für ein dynamisches Verständnis des Journalismus im Kontext seiner Neuordnung. In: Publizistik, 63, 513–534.

Buschow, Christopher (2012): Strategische Institutionalisierung durch Medienorganisationen. Der Fall des Leistungsschutzrechtes. Köln: Herbert von Halem.

Buschow, Christopher/Suhr, Maike (2021): Change management and new organizational forms of content creation. In: Diehl, Sandra/Karmasin, Matthias/Koinig, Isabell (Hrsg.): Media and change management. Wiesbaden: Springer VS, S. 381–397.

Buschow, Christopher/Wellbrock, Christian (2019): Money for Nothing and Content for free. Zahlungsbereitschaft für digitaljournalistische Inhalte. Studie im Auftrag der Landesmedienanstalt Nordrhein-Westfalen. URL: https://www.medienanstalt-nrw.de/fileadmin/user_upload/lfm-nrw/Foerderung/Forschung/Zahlunsbereitschaft/LFMNRW_Whitepaper_Zahlungsbereitschaft.pdf [Stand: 15.05.2024].

Buttkus, Charlotte/Ryabinin, Igor/Hinze, Florian (2022): Wozu Non-Profit-Journalismus? Ein Report zu gemeinnützigem Journalismus – mit Wirkungslogiken, Qualitätskriterien und Tipps für Förder*innen. Berlin: Phineo.

Cario, Ingmar (2006): Die Deutschland-Ermittler: Investigativer Journalismus und die Methoden der Macher. Münster: LIT.

Carson, Andrea (2020): Investigative Journalism, Democracy and the Digital Age. London/New York: Routledge.

Castells, Manuel (2009): Communication Power. Oxford, Oxford University Press.

Correctiv (2018a): The CumEx Files. Wie Banker, Anwälte und Superreiche Europa ausrauben. In: Correctiv.org vom 18.10.2018. URL: https://correctiv.org/top-stories/2018/10/18/the-cumex-files/ [Stand: 15.05.2024].

Correctiv (2018b): Wem gehört Hamburg? In: Correctiv.org vom 23.11.2018. URL: https://correctiv.org/top-stories/2018/11/23/wem-gehoert-hamburg/ [Stand: 15.05.2024].

Dachwitz, Ingo (2023): Chronologie einer Geisterfahrt. In: Netzpolitik.org vom 16.11.2023. URL: https://netzpolitik.org/2023/gescheiterte-pressefoerderung-chronologie-einer-geisterfahrt/#netzpolitik-pw [Stand: 15.05.2024].

Degen, Matthias (2004): Mut zur Meinung. Genres und Selbstsichten von Meinungsjournalisten. Wiesbaden: Springer VS.

Dernbach, Beatrice (2022a): Ausbildung für Journalismus. In: Löffelholz, Martin/Rothenberger, Diane (Hrsg.): Handbuch Journalismustheorien. Live Reference Work. Wiesbaden: Springer Fachmedien.

Dernbach, Beatrice (2022b): Lernen und Lehren: (Social-Media-)Kompetenzen in der journalistischen Ausbildung. In: Schützeneder, Jonas/Graßl, Michael (Hrsg.): Journalismus und Instagram. Analysen, Strategien, Perspektiven aus Wissenschaft und Praxis. Wiesbaden: Springer VS, S. 89–104.

Dernbach, Beatrice (2017): Journalist. In: Journalistikon. URL: http://journalistikon.de/journalist/ [Stand: 15.05.2024].

Dernbach, Beatrice (2016): Nachrichtenfaktoren. Journalistikon. URL: http://journalistikon.de/category/nachrichtenfaktoren/ [Stand: 15.05.2024].

Deutscher Presserat (2024): Jahresbericht 2023. URL: https://www.presserat.de/jahresberichte-statistiken.html

Deutscher Presserat (2020): Sanktionen des Presserats. URL: https://www.presserat.de/sanktionen.html [Stand: 31.08.2020].

Deutscher Presserat (2017a): Publizistische Grundsätze (Pressekodex). Stand: 17.03.2017. URL: https://www.presserat.de/files/presserat/dokumente/download/Pressekodex2017light_web.pdf [Stand: 31.08.2020].

Deutscher Presserat (2017b): Praxis-Leitsätze. Richtlinie 12.1 des Pressekodex. URL: https://www.presserat.de/files/presserat/dokumente/pressekodex/Pressekodex_Leitsaetze_RL12.1.pdf [Stand: 31.08.2020].

Deuze, Mark/Witschge, Tamara (2020): Beyond Journalism. Cambridge: Polity/Wiley & Sons.

Deuze, Mark/Witschge, Tamara (2018): Beyond Journalism. Theorizing the transformation of journalism. In: Journalism, Jg. 19, 02/2018, S. 165–181.

Deuze, Mark/Witschge, Tamara (2016): What journalism becomes. In: Peters, Chris/Broersma, Marcel (Hrsg.): Rethinking journalism again. Societal role and public relevance in a digital age. London: Routledge, S. 115–130.

DGPuK (2020): Selbstverständnis der DGPuK-Fachgruppe Journalistik/Journalismusforschung. Beschlossen von der Mitgliederversammlung der Fachgruppe am 24. September 2020. URL: https://www.dgpuk.de/de/selbstverständnis.html-9 [Stand: 15.05.2024].

DGPUK (2019): Innovative Tagung zur Neujustierung der Journalistik/Journalismusforschung. Deutsche Gesellschaft für Publizistik- und Kommunikationswissenschaft. URL: https://www.dgpuk.de/de/innovative-tagung-zur-neujustierung-der-journalistikjournalismusforschung.html [Stand: 15.05.2024].

DFJV (Hrsg.) (2016): Journalistische Genres. Konstanz: UVK.

DJV (2017): Journalismus – mehr als ein Beruf. DJV – mehr als eine Gewerkschaft. DJV Info.

DJV (2015): Berufsbild Journalistin – Journalist. DJV Wissen (4).

DJV (2010): Leitlinien für Interview-Autorisierung. Deutscher Journalisten-Verband. URL: https://www.djv.de/fileadmin/user_upload/Der_DJV/DJV_Infobroschüren/DJV_Wissen_16_Interviewautorisierung_Mai_2017.pdf [Stand: 15.05.2024].

DJV (2002): Charta Qualität im Journalismus. Beschlossen auf dem DJV-Verbandstag 2002 in Chemnitz. URL: http://www.initiative-qualitaet.de/fileadmin/IQ/Qualitaet/Sicherung/charta.pdf [Stand: 15.05.2024].

Dobert, Steffen/Spiller, Christian/Katzer, Philipp (2013): 100 Jahre Tour de France. In: Zeit Online. URL: https://www.zeit.de/sport/tour-de-france.html#chapter-01 [Stand: 15.05.2024].

Domingo, David/Quandt, Thorsten/Heinonen, Ari/Paulussen, Steve/Singer, Jane B./Vujnovic, Marina (2008): Participatory journalism practices in the media and beyond. An international comparative study of initiatives in online newspapers. In: Journalism Practice, 2/3, 326–342.

Dowling, David/Vogan, Travis (2015): Can We „Snowfall" This? Digital longform and the race for the tablet market. In: *Digital Journalism*, 3/2, S. 209–224.

Drepper, Daniel (2017): Haltung? Ja bitte! Warum es in Ordnung ist, dass wir Journalisten nicht objektiv sein können. Ein Essay von Daniel Drepper, Chefredakteur BuzzFeed Deutschland. In: Medium Magazin vom 15. April 2017. URL: https://www.mediummagazin.de/aktuelles-essay-drepper/ [Stand: 15.05.2024].

DRPR (2013): DRPR-Richtlinie PR und Journalismus. Deutscher Rat für Public Relations. URL: https://drpr-online.de/kodizes-2/ratsrichtlinien/umgang-mit-journalisten/ [Stand: 15.05.2024].

Drössler, Kira (2021): Formate für Digital Natives: Innovatives Entwickeln, Umsetzen und Managen Strategien und Erfolgsfaktoren für junge Social Media Formate. Wiesbaden: Springer VS.

Duarte, Julia Monge (2018): Kollaboratives Arbeiten im Investigativjournalismus – Chancen und Herausforderungen. In: Fachjournalist vom 19.09.2018. URL: https://www.fachjournalist.de/kollaboratives-arbeiten-im-investigativjournalismus/ [Stand: 15.05.2024].

Eberl, Matthias (2015): Der große Scrollytelling-Tool-Test. In: Rufposten vom 15.04.2015. URL: https://rufposten.de/blog/2015/04/15/54/ [Stand: 15.05.2024].

Eberwein, Tobias (2013): Literarischer Journalismus. Theorie – Traditionen – Gegenwart. Köln: Herbert von Halem.

Eberwein, Tobias/Brinkmann, Janis (2021): Germany: Beyond the Beacon. In: Karmasin, Matthias/Eberwein, Tobias/Fengler, Susanne (Hrsg.): Global Handbook of Media Accountability. London: Routledge, S. 120–130.

Eichler, Henning (2022): Journalismus in sozialen Netzwerken. ARD und ZDF im Bann der Algorithmen? Arbeitsheft 110 der Otto-Brenner Stiftung. URL: https://www.otto-brenner-stiftung.de/fileadmin/user_data/stiftung/02_Wissenschaftsportal/03_Publikationen/AH110_OERM_Soziale_Netzwerke.pdf [Stand: 15.05.2024].

Eickelkamp, Andreas (2011): Der Nutzwertjournalismus. Herkunft, Funktionalität und Praxis eines Journalismustyps. Köln: Herbert von Halem.

Eilders, Christiane (2023): Journalismus und Nachrichtenwert. In: Löffelholz, Martin/Rothenberger, Diane (Hrsg.): Handbuch Journalismustheorien. Live Reference Work. Wiesbaden: Springer Fachmedien.

Eilders, Christine (2016): Journalismus und Nachrichtenwert. In: Löffelholz, Martin/Rothenberger, Liane (Hrsg.): Handbuch Journalismustheorien. Wiesbaden: Springer VS, S. 431–442.

Ekström, Mats/Westlund, Oskar (2019): Epistemology and Journalism. In: Oxford Encyclopedia of Journalism Studies.

Ekström, Mats/Westlund, Oskar (2020): Epistemologies of digital journalism and the study of misinformation. In: New Media and Socity, 22/2, S. 205–212.

Eldridge, Scott A. II/Hess, Kristy/Tandoc, Edson C./Westlund, Oscar (Hrsg.) (2019a): Definitions of Digital Journalism (Studies). New York: Routledge.

Engelhardt, Marc (2022): Das Verblassen der Welt Auslandsberichterstattung in der Krise. Arbeitspapier 53 der Otto-Brenner-Stiftung.

Engelmann, Ines/Lübke, Simon (2022): Journalismus und Framing. In: Löffelholz, Martin/Rothenberger, Diane (Hrsg.): Handbuch Journalismustheorien. Live Reference Work. Wiesbaden: Springer Fachmedien.

Engesser, Sven (2013): Die Qualität des Partizipativen Journalismus im Web: Bausteine für ein integratives theoretisches Konzept und eine explanative empirische Analyse. Wiesbaden: Springer VS.

Erdmann, Elena/Fischer, Linda (2018): Geburten in Deutschland: Wieso kommen gerade so viele Babys zur Welt?. In: Zeit Online vom 06.07.2018. URL: https://www.zeit.de/wissen/2018-07/geburten-deutschland-anstieg-2018 [Stand: 15.05.2024].

Esslinger, Detlev (2010): Journalistik, ein Leerfach. In: Süddeutsche.de vom 17.05.2010. URL: https://www.sueddeutsche.de/karriere/journalistenberuf-journalistik-ein-leerfach-1.166697 [Stand: 15.05.2024].

Esslinger, Detlef/Schneider, Wolf (2015): Die Überschrift. Sachzwänge – Fallstricke –Versuchungen – Rezepte. 5. Aufl. Wiesbaden: Springer VS.

Ettl-Huber, Silvia (Hrsg.) (2019): Storytelling in Journalismus, Organisations- und Marketingkommunikation. Wiesbaden: Springer VS.

Ettema, James S./Whitney, D. Charles/Wackman, Daniel B. (1987): Professional mass Communicators. In: Berkowitz, Dan (Hrsg.): Social meanings of news. Thousand Oaks: Sage Publishing, S. 31–50.

Eurich, Claus (2011): Achtsamkeit – Grundzüge eines integralen Journalismus. In: *Journalistik Journal*, 14/1, 31–35.

Europäische Kommission (2018): A multi-dimensional approach to disinformation – Report of the independent High Level Group on fake news and online disinformation. Luxemburg: Publications Office of the European Union. URL: https://ec.europa.eu/digital-single-market/en/news/final-report-high-level-expert-group-fake-news-and-online-disinformation [Stand: 15.05.2024].

Evers, Tanja/Greck, Regina/Altmeppen, Klaus-Dieter (2021): Die Strickmuster auseinanderhalten: Strickmuster des politischen Journalismus. In: Prinzing, Marlis/Blum, Roger (Hrsg.): Handbuch Politischer Journalismus. Köln: Herbert von Halem, S. 439–462.

Fasel, Christoph (2013): Textsorten. 2. Aufl. Konstanz: UVK.

Fechner, Frank/Wössner, Axel (2015): Journalistenrecht. Ein Leitfaden für Medienschaffende: Social Web, Online, Hörfunk, Fernsehen. 3. Aufl. Tübingen: Mohr Siebeck.

Fengler, Susanne (2022): Journalismus als rationales Handeln. In: Löffelholz, Martin/Rothenberger, Diane (Hrsg.): Handbuch Journalismustheorien. Live Reference Work. Wiesbaden: Springer Fachmedien.

Fengler, Susanne (2010): Zahnloser Tiger oder Exportschlager für Europa. In: Journalistik Journals vom 06.10. 2010. URL: https://www.halem-verlag.de/zahnloser-tiger-oder-exportschlager-fuer-europa/ [Stand: 15.05.2024].

Fengler, Susanne/Kretzschmar, Sonja (Hrsg.) (2009): Innovationen für den Journalismus. Wiesbaden: Springer VS.

Fengler, Susanne/Vestring, Bettina (2009): Politikjournalismus. Wiesbaden: Springer VS.

Feyder, Manuela/Rath-Wiggins, Linda (2018): VR-Journalismus. Ein Handbuch für die journalistische Ausbildung und Praxis. Wiesbaden: Springer VS.

Fichtner, Ullrich (2018): SPIEGEL legt Betrugsfall im eigenen Haus offen. In: Spiegel.de vom 19.12.2018. URL: https://www.spiegel.de/kultur/gesellschaft/fall-claas-relotius-spiegel-legt-betrug-im-eigenen-haus-offen-a-1244579.html [Stand: 15.05.2024].

Fidler, Harald (2017): Schöner Verschwimmen. Oder: Der Trost der Grenzüberschreitung. In: Gonser, Nicole/Rußmann, Uta (Hrsg.): Verschwimmende Grenzen zwischen Journalismus, Public Relations, Werbung und Marketing. Aktuelle Befunde aus Theorie und Praxis. Wiesbaden: Springer VS, S. 175–178.

Flößer, Maxim (2024): Medienstudie: Keine Lokalzeitung – mehr AfD. In: Kontext:Wochenzeitung vom 06.03.2024. URL: https://www.kontextwochenzeitung.de/medien/675/keine-lokalzeitung-mehr-afd-9414.html [Stand: 15.05.2024].

Fowler-Watt, Karen/Jukes, Stephen (2020): New Journalisms. Rethinking Practice, Theory and Pedagogy. London: Routledge.

Franke, Kim Lucienne/Buschow, Christopher/Kohlschreiber, Marie (2022). Die Creator Economy im Journalismus. Ein Vergleich plattformbasierter Medienproduktion mit der Arbeit in redaktionellen Strukturen. In: MedienWirtschaft, 19/4, 16–25.

Fretwurst, Benjamin (2008): Nachrichten im Interesse der Zuschauer. Eine konventionelle und empirische Neubestimmung der Nachrichtenwerttheorie. Konstanz: UVK.

Friedrich, Katja/Jandura, Olaf (2012): Politikvermittlung durch Boulevardjournalismus. In: Publizistik, 57/4, S. 403–417.

Friedt, Martina (2019): Fünf Tipps und Tools von Faktencheckerin Karolin Schwarz, die zeigen, wie man Fake News im Netz erkennt. In: Meedia.de vom 21.03.2019. URL: https://meedia.de/2019/03/21/fuenf-tipps-und-tools-von-faktencheckerin-karolin-schwarz-die-zeigen-wie-man-fake-news-im-netz-erkennt/ [Stand: 15.05.2024].

Funiok, Rüdiger (2007): Medienethik. Verantwortung in der Mediengesellschaft. Stuttgart: Kohlhammer.

Funiok, Rüdiger (2002): Medienethik. Der Wertdiskurs über Medien ist unverzichtbar. In: Aus Politik und Zeitgeschichte. URL: https://www.bpb.de/apuz/25396/medienethik?p=all [Stand: 15.05.2024].

funk (2023): Y-Kollektiv. Formatinfos. Funk Presse, URL: https://presse.funk.net/format/y-kollektiv/ [Stand: 15.05.2024].

Gadringer, Stefan/Kweton, Sabrina/Trappel, Josef/Vieth, Teresa (Hrsg.) (2012): Journalismus und Werbung. Kommerzielle Grenzen der redaktionellen Autonomie. Wiesbaden: Springer VS.

Galtung, Johan/Ruge, Marie Homboe (1965): The Structure of Foreign News: The Presentation of the Congo, Cuba and Cypris Crises in four Norwegian Newspapers. In: Journal of Peace Research 2, S. 64–91.

Ganella, Gino (2021): Journalistic Power: Constructing the „Truth“ and the Economics of Objectivity. In: Journalism Practice, 17/2, S. 209–225.

Gattringer, Karin/Klingler, Walter (2016): Wie Deutschland Radio hört. Ergebnisse, Trends und Methodik der ma 2016 Radio II. In: Media Perspektiven, H 9/2016, S. 460–474. URL: https://www.ard-werbung.de/fileadmin/user_upload/media-perspektiven/pdf/2016/09-2016_Gattringer_Klingler.pdf [Stand: 15.05.2024].

Gauck, Joachim (2016): Festakt anlässlich 60 Jahre Presserat. Der Bundespräsident vom 1.12.2016. URL: http://www.bundespraesident.de/SharedDocs/Reden/DE/Joachim-Gauck/Reden/2016/12/161201-Festakt-Presserat.html [Stand: 15.05.2024].

Gavi, Lia (2022): Reporter vor der Kamera: Selbstdarsteller oder authentisch? In: ZAPP vom 02.11.2022 URL: https://www.ndr.de/fernsehen/sendungen/zapp/Reporter-vor-der-Kamera-Selbstdarstellung-oder-authentisch,zapp13940.html [Stand: 15.05.2023].

Gehr, Martin (2018): Ressort. In: Journalistikon. URL: http://journalistikon.de/ressort/ [Stand: 15.05.2024].

Gehr, Martin (2016): Text. In: Journalistikon. URL: http://journalistikon.de/text/ [Stand: 15.05.2024].

Gehrau, Volker (2017): Die Beobachtung als Methode in der Kommunikations- und Medienwissenschaft. Konstanz: UVK.

Giddens, Anthony (1997): Die Konstruktion der Gesellschaft. Grundzüge einer Theorie der Strukturierung. Frankfurt a.M.: Campus

Gieselmann, Dirk/Raack, Alex (2020): „Dann wäre ich heute tot. In: 11Freunde.de vom 06.05.2020. URL: https://11freunde.de/artikel/dann-wäre-ich-heute-tot/578356 [Stand: 15.05.2024].

Ginosar, Avshalom/Reich, Zvi (2020): Obsessive–Activist Journalists: A New Model of Journalism? In: Journalism Practice, 16/4, S. 660–680.

Gleich, Uli (2022): Nutzungserfahrungen mit konstruktivem Journalismus. In: Media Perspektiven, 12/2022, S. 582–588.

Gleich, Uli (2019): Influencer-Kommunikation in sozialen Netzwerken. In: Media Perspektiven, H. 5, S. 253–257. URL: https://www.ard-werbung.de/fileadmin/user_upload/media-perspektiven/pdf/2019/0519-ARD-Forschungsdienst_2019-06-12.pdf [Stand: 31.08.2020].

Gnatzig, Jean (2024): Nur noch Basketball – FC Bayern trennt sich von Fußballsparte. In: Welt.de vom 19.02.2024. URL: https://www.welt.de/satire/article250158840/FC-Bayern-trennt-sich-von-Fussballsparte-nun-nur-noch-Basketball.html#:~:text=Beim%20frisch%20gebackenen%20Pokalsieger%20und,Bayern%20München%20seine%20Herren%2DFußballabteilung [Stand: 15.05.2024].

Godulla, Alexander/Wolf, Cornelia (2017): Digitale Langformen im Journalismus und Corporate Publishing. Scrollytelling – Webdokumentationen – Multimediastorys. Wiesbaden: VS Verlag.

Göpfert, Winfried (2019): Wissenschafts-Journalismus. Ein Handbuch für Ausbildung und Praxis. Wiesbaden: Springer VS.

Görke, Alexander (2022): Journalismus und Wissenschaft. In: Löffelholz, Martin/Rothenberger, Diane (Hrsg.): Handbuch Journalismustheorien. Live Reference Work. Wiesbaden: Springer Fachmedien.

Görke, Alexander (2016): Journalismus und Wissenschaft. In: Löffelholz, Martin/Rothenberger, Liane (Hrsg): Handbuch Journalismustheorien. Wiesbaden: Springer VS, S. 683–698.

Gonser, Nicole/Rußmann, Uta (Hrsg.) (2017a): Verschwimmende Grenzen zwischen Journalismus, Public Relations, Werbung und Marketing. Aktuelle Befunde aus Theorie und Praxis. Wiesbaden: Springer VS.

Gonser, Nicole/Rußmann, Uta (2017b): Verschwimmende Grenzen – Abgrenzung zwischen Journalismus, Public Relations, Werbung und Marketing. In: Gonser, Nicole/Rußmann, Uta (Hrsg.): Verschwimmende Grenzen zwischen Journalismus, Public Relations, Werbung und Marketing. Aktuelle Befunde aus Theorie und Praxis. Wiesbaden: Springer VS, S. 3–11.

Gostomzyk, Tobias (2016): Medienrecht. In: Journalistikon. URL: http://journalistikon.de/category/medienrecht/ [Stand: 15.05.2024].

Granow, Viola (2020): funk – das Content-Netzwerk von ARD und ZDF: Mit Audience Engagement und Distribution via Social Media zu Relevanz in der Zielgruppe. In: Köhler, Tanja (Hrsg.): Fake News, Framing, Fact-Checking: Nachrichten im digitalen Zeitalter. Ein Handbuch. Bielefeld: Transcript, S. 363–380.

Graßl, Michael/Schützeneder, Jonas/Klinghardt, Korbinian (2022): Aura und Anti-Zyklus: Die journalistische Nutzung von Feeds und Storys als komplementäres Zusammenspiel. In: Schützeneder, Jonas/Graßl, Michael (Hrsg.): Journalismus und Instagram. Analysen, Strategien, Perspektiven aus Wissenschaft und Praxis. Wiesbaden: Springer VS, S. 149–162.

Griebeler-Kollmann, Jaqueline (2019): Strukturinnovationen im Journalismus. Die Auswirkungen unternehmensstrategischer Entscheidungsprämissen auf das journalistische Handeln. Baden-Baden: Nomos.

Groll, Tina (2017): Wenn Fragen nicht mehr zulässig sind. In: Zeit online vom 25.02.2017. URL: https://www.zeit.de/politik/ausland/2017-02/weisses-haus-pressekonferenz-donald-trump-medien-journalisten-ausgeschlossen [Stand: 15.05.2024].

Gruber, Angela/Radü, Jens (2022): Die Story-Funktion als Experimentierfeld für journalistische Innovation: Digitales Storytelling auf Instagram am Beispiel des SPIEGEL. In: Schützeneder, Jonas/Graßl, Michael (Hrsg.): Journalismus und Instagram. Analysen, Strategien, Perspektiven aus Wissenschaft und Praxis. Wiesbaden: Springer VS, S. 259–270.

Haagerup, Ulrik (2015): Constructive News. Warum „bad news“ die Medien zerstören und wie Journalisten mit einem völlig neuen Ansatz wieder Menschen berühren. Salzburg: Oberauer.

Haarkötter, Hektor (2019): Journalismus.online. Das Handbuch zum Onlinejournalismus. Köln: Herbert von Halem.

Haarkötter, Hektor (2016): Google & mehr: Online-Recherche. Wie Sie exakte Treffer auf Ihre Suchanfragen erhalten. Konstanz: UVK.

Haarkötter, Hektor (2015): Die Kunst der Recherche. Konstanz: UVK.

Haarkötter, Hektor/Nieland Jörg-Uwe (2023) (Hrsg.): Agenda-Cutting. Wenn Themen von der Tagesordnung verschwinden. Wiesbaden: Springer VS.

Haarkötter, Hektor/Kalmuk, Filiz (2021): Medienjournalismus in Deutschland. Seine Leistungen und seine blinden Flecken. Arbeitsheft 105 der Otto-Brenner-Stiftung. URL:

https://www.otto-brenner-stiftung.de/fileadmin/user_data/stiftung/02_Wissenschaftsportal/03_Publikationen/AH105_Medienjournalismus.pdf [Stand: 15.05.2024].

Haarkötter, Hektor/Wergen, Johanna (Hrsg.) (2018): Das YouTubiversum: Chancen und Disruptionen der Onlinevideo-Plattform in Theorie und Praxis. Wiesbaden: Springer VS.

Haas, Hannes (1999): Empirischer Journalismus: Verfahren zur Erkundung gesellschaftlicher Wirklichkeit. Wien: Böhlau.

Haas, Hannes/Pürer, Heinz (1990): Berufsauffassungen im Journalismus. In: Stuiber, Heinz-Werner/Pürer, Heinz (Hrsg.): Journalismus. Anforderungen, Berufsauffassungen, Verantwortung. Nürnberg: Verlag der Kommunikationswissenschaftlichen Forschungsvereinigung, S. 71–86.

Habers, Frank (2016): Time to Engage. De Correspondent's redefinition of journalistic quality. In: *Digital Journalism*, 4/4, S. 494–511.

Häder, Michael (2019): Empirische Sozialforschung. Eine Einführung. Wiesbaden: Springer VS.

Häusermann, Jürg (2016): Story. In: Journalistikon. URL: http://journalistikon.de/story/ [Stand: 15.05.2024].

Häusermann, Jürg (2011): Journalistisches Texten. 3. Aufl. Köln: Herbert von Halem.

Häusermann, Jürg (2008): Schreiben. Köln: Herbert von Halem.

Hagen, Lutz (1995). Informationsqualität von Nachrichten. Meßmethoden und ihre Anwendung auf die Dienste von Nachrichtenagenturen. Opladen: Westdeutscher Verlag.

Hagen, Sebastian/Frey, Felix/Koch, Sebastian (2015): Theoriebildung in der Kommunikationswissenschaft. In: Publizistik, 60/2, S. 123–146.

Haim, Mario: Datenjournalismus. In: Journalistikon. URL: http://journalistikon.de/datenjournalismus/ [Stand: 15.05.2024].

Haller, Michael (2022): Journalismustheorie und journalistische Praxis. In: Löffelholz, Martin/Rothenberger, Diane (Hrsg.): Handbuch Journalismustheorien. Live Reference Work. Wiesbaden: Springer Fachmedien.

Haller, Michael (2020): Die Reportage. Theorie und Praxis des Erzähljournalismus. 7. Aufl. Köln: Herbert von Halem.

Haller, Michael (2017): Methodisches Recherchieren. Konstanz: UVK.

Haller, Michael (2008): Recherchieren. 7. Aufl. Konstanz: UVK.

Haller, Michael/Straub, Bodo/Wormer, Holger (2010): Leerfach? Lehrfach! In: Süddeutsche.de vom 21.05.2010. URL: https://www.sueddeutsche.de/service/journalistik-studium-leerfach-lehrfach-1.169164 [Stand: 31.08.2020].

Handstein, Holger (2016a): Unabhängigkeit. In: Journalistikon. URL: http://journalistikon.de/unabhaengigkeit/ [Stand: 15.05.2024].

Handstein, Holger (2016b): Qualität. In: Journalistikon. URL: http://journalistikon.de/category/qualitaet/ [Stand: 15.05.2024].

Hanitzsch, Thomas (2022): Das journalistische Feld. In: Löffelholz, Martin/Rothenberger, Diane (Hrsg.): Handbuch Journalismustheorien. Live Reference Work. Wiesbaden: Springer Fachmedien.

Hanitzsch, Thomas/Rick, Jana (2021). Prekarisierung im Journalismus. Erster Ergebnisbericht März 2021.

Hanitzsch, Thomas/Altmeppen, Klaus-Dieter/Schlüter, Carsten (2007): Zur Einführung: Die Journalismustheorie und das Treffen der Generationen. In: Altmeppen, Klaus-Dieter/Hanitzsch, Thomas/Schlüter, Carsten (Hrsg.): Journalismustheorie: Next Generation. Soziologische Grundlegung und theoretische Innovation. Wiesbaden: VS Verlag für Sozialwissenschaften, S. 7–25.

Hans Bredow Institut (2023): Nachrichtenmüdigkeit in Deutschland nimmt weiter zu. URL: https://www.hans-bredow-institut.de/de/aktuelles/nachrichtenmuedigkeit-in-deutschland-nimmt-weiter-zu-deutsche-ergebnisse-des-reuters-institute-digital-news-report-2023-veroeffentlicht [Stand: 15.05.2024].

Harcup, Tony (2006): „I'm Doing this to Change the World“: Journalism in alternative and mainstream media. In: Journalism Studies, 6/3, S. 361–374.

Harcup, Tony/ O'Neill, Deirdre (2001): What is News? Galtung and Ruge Revisited. In: Journalism Studies, 2/2, S. 261–280.

Harcup, Tony/O'Neill, Deirdre (2017): What is News? News values revisited (again). In: Journalism Studies, 18/12, S. 1470–1488.

Harnischmacher, Michael (2019): Internationale Perspektive. In: Gossel, Britta M./Konyen, Kathrin (Hrsg.): Quo Vadis Journalistenausbildung? Befunde und Konzepte für eine zeitgemäße Ausbildung. Wiesbaden: Springer VS, S. 81–89.

Hartsock, John C. (2009): Literary Reportage: The ‚Other‘ Literary Journalism. In: Genre, 42/1–2, S. 113–134.

Hartwig, Stefan (1998): Trojanische Pferde der Kommunikation? Einflüsse von Werbung und Öffentlichkeitsarbeit auf Medien und Gesellschaft. Münster: LIT.

Hasebrink, Uwe/Hepp, Andreas/Loosen, Wiebke/Reichertz, Jo (Hrsg.) (2017): Themenheft „Konstruktivismus in der Kommunikationswissenschaft. M&K Medien- & Kommunikationswissenschaft, 65/2.

Hass, Thomas/Klusmann, Steffen (2019): Der Fall Relotius. Abschlussbericht der Aufklärungskommission. (PDF). In: Spiegel.de vom 24.05.2019. URL: https://cdn.prod.www.spiegel.de/media/67c2c416-0001-0014-0000-000000044564/media-44564.pdf [Stand: 15.05.2024].

Hechler, Daniel (2024): Durch nichts mehr zu rechtfertigen. In: Tagesschau.de vom 24.01.2024. URL: https://www.tagesschau.de/kommentar/bahnstreik-gdl-kommentar-100.html [Stand: 15.05.2024].

Heesen, Jessica (Hrsg.) (2016): Handbuch Medien- und Informationsethik. Stuttgart: J.B. Metzler Verlag.

Heijnk, Stefan (2020): Texten fürs Web: Planen, schreiben, multimedial erzählen. Das Handbuch für Online-Journalismus, Digital Storytelling und Content Marketing. Heidelberg: dpunkt.verlag.

Heinrich, Jürgen (2010): Medienökonomie: Band 1: Mediensystem, Zeitung, Zeitschrift, Anzeigenblatt. Wiesbaden: Springer VS.

Heller, Martin (2018): Der WELT-Newsroom im 360-Grad-Video. In: Welt.de vom 31.07.2018. URL: https://www.welt.de/wirtschaft/webwelt/article180322506/Redaktionsbesuch-Der-WELT-Newsroom-im-360-Video.html [Stand: 15.05.2024].

Hepp, Andreas/Loosen, Wiebke/Kühn, Hendrik/Solbach, Paul/Kramp, Leif (2021): Die Figuration des Pionierjournalismus in Deutschland. Akteure und Experimentierbereiche. In: *M&K Medien- & Kommunikationswissenschaft*, 69/4, S. 551–577.

Hermida, Alfred (2020): Post-Publication Gatekeeping: The Interplay of Publics, Platforms, Paraphernalia, and Practices in the Circulation of News. In: Journalism & Mass Communication Quarterly, 97/2, S. 469–491.

Hermida, Alfred/Mellado, Claudia (2020): Dimensions of Social Media Logics: Mapping Forms of Journalistic Norms and Practices on Twitter and Instagram. In: Digital Journalism, 8/7, S. 864–884.

Herzog, Lukas (2022): Sven Preger: Geschichten erzählen. Storytelling für Radio und Podcast. In: Journalistik, 5/1, S. 96–98.

Hölig, Sascha/Hasebrink, Uwe (2020): Reuters Institute Digital News Report 2020. Ergebnisse für Deutschland. Arbeitspapiere des Hans-Bredow-Instituts, Nr. 50. URL: https://www.hans-bredow-institut.de/uploads/media/default/cms/media/66q2yde_AP50_RIDNR20_Deutschland.pdf [Stand: 15.05.2024].

Hölig, Sascha/Hasebrink, Uwe (2019): Reuters Institute Digital News Report. Ergebnisse für Deutschland. Arbeitspapiere des HBI, Nr. 47.

Hölig, Sascha/Hasebrink, Uwe (2018): Germany. In: Newman, Nic/Fletcher, Richard/Karogeropoulos, Antonis/Levy, David A. L./Nielsen, Rasmus Kleis (Hrsg.): Reuters Digital News Report 2018, S. 80–81.

Hohlfeld, Ralf (2003): Vom Informations- zum Pseudojournalismus. Berichterstattungsmuster im Wandel. In: *Communicatio Socialis*, 36/3, S. 223–243.

Holzinger, Thomas/Sturmer, Martin (2010): Die Online-Redaktion. Praxisbuch für den Internetjournalismus. Berlin/Heidelberg: Springer.

Hombach-Sachs, Klaus/Zywietz, Bernd (Hrsg.) (2018): Fake News, Hashtags & Social Bots. Neue Methoden populistischer Propaganda. Wiesbaden: Springer VS.

Hooffacker, Gabriele (2023): Content Creation. Eine neue Phase des Journalismus? In: Journalistik, 6/1, S. 110–119.

Hooffacker, Gabriele (2020): Journalistische Praxis: Konstruktiver Journalismus. Wie Medien das Thema Migration für Jugendliche umsetzen können. Wiesbaden: Springer VS.

Hooffacker, Gabriele (2016): Online-Journalismus. Texten und Konzipieren für das Internet. Ein Handbuch für Ausbildung und Praxis. 4. Aufl. Wiesbaden: Springer VS.

Hooffacker, Gabriele/Meier, Klaus (2017): La Roches Einführung in den praktischen Journalismus. Mit genauer Beschreibung aller Ausbildungswege. Deutschland – Österreich – Schweiz. 20. Aufl. Wiesbaden: Springer VS.

Hülsen, Isabell/Kühn, Alexander/Müller, Martin U./Rainer, Anton (2021a): „Vögeln, fördern, feuern. In: Spiegel.de vom 12.03.2021. URL: https://www.spiegel.de/wirtschaft/unternehmen/bild-chefredakteur-julian-reichelt-und-die-internen-ermittlungen-voegeln-foerdern-feuern-a-456152ee-eff8-4d8f-9b47-1284b4c36c09 [Stand: 15.05.2024].

Hülsen, Isabell/Löffler, Juliane/ Kühn, Alexander/ Rainer, Anton Schulz, Thomas/ Müller, Martin U./Kuzmany, Stefan/Rosenbach, Marcel (2021b): Die Springer-Affäre. In: Spiegel.de vom 21.10.2021. URL: https://www.spiegel.de/wirtschaft/der-fall-julian-reichelt-axel-springer-ein-konzern-im-skandalsumpf-a-81679100-245e-41f4-a0db-f2b19ad023a6 [Stand: 15.05.2024].

Humborg, Christian/Nguyen, Anh Thuy (2018): Die publizistische Gesellschaft Journalismus und Medien im Zeitalter des Plattformkapitalismus. Wiesbaden: Springer VS.

Humprecht, Edda (2019): Where „Fake News“ flourishes: A comparison across four western democracies. In: Information, Communication & Society, Jg. 22, Nr. 13, S. 1973–1988.

Hunter, Mark Lee (2011): Story-based Inquiry – A Manual for investigative Journalists. Unesco. URL: https://unesdoc.unesco.org/ark:/48223/pf0000193078 [Stand: 15.05.2024].

Imhof, Kurt (2013): Die Demokratie, die Medien und das Jahrbuch. In: fög-Forschungsbereich Öffentlichkeit und Gesellschaft (Hrsg.): Qualität der Medien. Jahrbuch 2013. Basel: Schwabe, S. 11–21.

INA (2024): Top Ten der Vergessenen Nachrichten 2024. Initiative Nachrichtenaufklärung. URL: http://www.derblindefleck.de/top-ten-der-vergessenen-nachrichten-2024/ [Stand: 15.05.2024].

Jahnke, Marlis (2021): Influencer Marketing. Für Unternehmen und Influencer: Strategien, Erfolgsfaktoren, Instrumente, rechtlicher Rahmen. Mit vielen Beispielen. Wiesbaden: Springer VS.

Jakob, Katharina/Penke, Michel (2019): Freischreiber Report 2019: Wer verdient was? URL: https://www.wasjournalistenverdienen.de/static/honoradar/artikel/freischreiberreport-2019.html [Stand: 15.05.2024].

Jakubetz, Christian (2018): Universalcode 2020. Content + Kontext + Endgeräte. Konstanz: UVK.

Jakubetz, Christian (2016): Longform-Journalismus: Fast alles ist erlaubt. In: Fachjournalist vom 29.02.2016. URL: https://www.fachjournalist.de/longform-journalismus-fast-alles-ist-erlaubt/ [Stand: 15.05.2024].

Jandura, Olaf/Quandt, Thorsten/Vogelsang, Jens (Hrsg.) (2011): Methoden der Journalismusforschung, Wiesbaden: Springer VS.

Janssen, Hauke (2014): Fact-Checking beim SPIEGEL. Vortrag gehalten auf dem fjum_forum Journalismus und Medien am 11.02.2014 in Wien.

Jarren, Otfried (2010): Die Presse in der Wohlfahrtsfalle. Zur institutionellen Krise der Tageszeitungsbranche. In: Bartelt-Kircher, Gabriele/Bohrmann, Hans/Haas, Hannes/ Jarren, Otfried/Pöttker, Horst/Weischenberg, Siegfried (Hrsg.): Krise der Printmedien. Eine Krise des Journalismus? Berlin, New York: De Gruyter Saur, S. 13–31.

Jarren, Otfried, Vogel, Martina (2011): „Leitmedien" als Qualitätsmedien. Theoretische Konzepte und Indikatoren. In: Blum, Roger/Bonfadelli, Heinz/Imhof, Kurt/Jarren, Otfried (Hrsg.): Krise der Leuchttürme öffentlicher Kommunikation. Vergangenheit und Zukunft der Qualitätsmedien. Wiesbaden: Springer VS, S. 17–29.

Johnston, Jane/Graham, Caroline (2012): The New, Old Journalism. Narrative writing in contemporary newspapers. In: Journalism Studies, 13/4.

Kaiser, Markus (2017a): Augmented Reality. In: Journalistikon. URL: http://journalistikon.de/augmented-reality/ [Stand: 15.05.2024].

Kaiser, Markus (2017b): Multimediales Storytelling. In: Journalistikon. URL: http://journalistikon.de/multimediales-storytelling/ [Stand: 15.05.2024].

Kaiser, Markus (2017c): online first. In: Journalistikon. URL: http://journalistikon.de/online-first/ [Stand: 15.05.2024].

Kaiser, Markus (2015): Recherchieren. Klassisch – online – crossmedial. Wiesbaden: Springer VS.

Kaiser, Markus/Gehr, Martin (2019): App. In: Journalistikon. URL: http://journalistikon.de/app/ [Stand: 15.05.2024].

Karlsson, Michael/Sjøvaag, Helle (2018): Introduction: Research methods in an age of digital Journalism. In: Karlsson, Michael/Sjøvaag, Helle (Hrsg.): Rethinking Research Methods in an Age of Digital Journalism. London: Routledge, S. 1–7.

Karmasin, Matthias/Ribing, Rainer (2017): Die Gestaltung wissenschaftlicher Arbeiten. Stuttgart: utb.

Kaute, Sonja (2016): Exposure, Atavist, Pageflow: 3 Tools für Multimedia-Reportagen im Test. In: Fachjournalist vom 06.10.2015. URL: https://www.fachjournalist.de/exposure-atavist-pageflow-3-tools-fuer-multimedia-reportagen-im-test/ [Stand: 15.05.2024].

Kaute, Sonja (2015): Shorthand, Story.am, Racontr: Tools für Multimedia-Reportagen im Test (2). In: Fachjournalist vom 22.03.2016. URL: https://www.fachjournalist.de/shorthand-story-am-racontr-tools-fuer-multimedia-reportagen-im-test-2/ [Stand: 15.05.2024].

Keinert, Alexa/Heft, Annett/Dogruel, Leyla (2019): Wie sehen News-Entrepreneurs die Zukunft ihrer Profession? Vier Thesen zum Journalismus von morgen. In: Journalistik, 2/3, S. S. 171–188.

Kepplinger, Hans Mathias (2011a): Journalismus als Beruf. Wiesbaden: Springer VS.

Kepplinger, Hans Mathias (2011b): Realitätskonstruktionen. Wiesbaden: Springer VS.

Kinnebrock, Susanne/Bilandzic, Helena (2010). Boulevardisierung der politischen Berichterstattung? Konstanz und Wandel von Nachrichtenfaktoren und Narrativitätsfaktoren in der politischen Berichterstattung. In: Arnold, Klaus/Classen, Christoph/Kinnebrock, Susanne/Lersch, Edgar/Wagner, Hans-Ulrich (Hrsg.): Von der Politisierung der Medien zur Medialisierung des Politischen? Zum Verhältnis von Medien, Öffentlichkeiten und Politik im 20. Jahrhundert. Leipzig: Leipziger Universitätsverlag, S. 347–362.

Kippenberger, Susanne/Prosinger, Julia (2021): Forensikerin über die Ertrunkenen im Mittelmeer: „Wir fingen an, die Leichen rauszuziehen". In: Tagesspiegel vom 11.02.2021. URL: https://www.tagesspiegel.de/gesellschaft/wer-sind-die-ertrunkenen-im-mittelmeer--unsere-arbeit-gleicht-einem-gigantischen-puzzle-101357.html [Stand: 15.05.2024].

Kirchgeorg, Manfred (2018): Marketing. In: Gabler Wirtschaftslexikon (online). URL: https://wirtschaftslexikon.gabler.de/definition/marketing-39435/version-262843 [Stand: 15.05.2024].

Kläs, Anne/Birkner, Thomas (2020): Listen! Let me tell you a story. True Crime-Berichterstattung in Podcasts. In: kommunikation@gesellschaft, 21/2.

Klammer, Bernd (2005): Empirische Sozialforschung. Eine Einführung für Kommunikationswissenschaftler und Journalisten. Konstanz: UVK.

Klemenz, Franziska (2021): Warum hat Sachsen diese Familie abgeschoben? In: Sächsische Zeitung vom 18. Juni 2021. URL: https://www.saechsische.de/pirna/abschiebung-pirna-familie-imilishvili-nachbarn-hilfe-kampf-behoerden-innenministerium-woeller-polizei-auslaend-5466696.html [Stand: 15.05.2024].

Klein, Malcom W./Maccoby, Nathan (1954): Newspapers Objectivity in the 1952 Campaign. In: Journalism Quarterly 31, S. 285–296.

Klimek, Manfred/Stengel, Janine (2015): Wir schlachten ein Schwein. In: Zeit Online vom 16.04.2015. URL: https://www.zeit.de/zeit-magazin/essen-trinken/2015-04/hausschlachtung-schwein-bauernhof [Stand: 15.05.2024].

Klingst, Martin/Venohr, Sascha (2017): Kriminalität: Wie kriminell sind Flüchtlinge? In: Zeit Online vom 19.04.2017. URL: https://www.zeit.de/2017/17/kriminalitaet-fluechtlinge-zunahme-gewalttaten-statistik [Stand: 15.05.2024].

Knüwer, Thomas (2008): Redaktion der „Süddeutschen Zeitung“ an Geschäftsführung: Ihr habt keine Ahnung. In: Indiskretion Ehrensache vom 17.11.2008. URL: https://www.indiskretionehrensache.de/2008/11/kuendingung-sueddeutsche-zeitung/ [Stand: 15.05.2024].

Koch, Wolfgang/Frees, Beate (2016): Ergebnisse der ARD/ZDF-Onlinestudie 2016: Dynamische Entwicklung bei mobiler Internetnutzung sowie Audios und Videos. In: Media Perspektiven, 9/2016, S. 418–437. URL: http://www.ard-zdf-onlinestudie.de/files/2016/0916_Koch_Frees.pdf [Stand: 15.05.2024].

Köpke, Wilfried (2017): Narrativer Fernsehjournalismus: rezeptions- und kommunikatorbezogene Begründung einer journalistischen Neuorientierung. In: Schach, Annika (Hrsg.), Storytelling. Geschichten in Text, Bild und Film. Wiesbaden: Springer VS, S. 193–203.

Kösters, Raphael/Friedrich, Katja (2017): Doch mehr als Klatsch und Tratsch? Politikberichterstattung in Boulevardmagazinen des Fernsehens. In: Jandura, Olaf/Wendelin, Manuel/Adolf, Marian/Wimmer, Jeffrey (Hrsg.): Zwischen Integration und Diversifikation. Medien und gesellschaftlicher Zusammenhalt im digitalen Zeitalter. Wiesbaden: Springer VS, S. 245–261.

Kohring, Matthias/Zimmermann, Fabian (2022): Journalismus als Leistungssystem der Öffentlichkeit. In: Löffelholz, Martin/Rothenberger, Diane (Hrsg.): Handbuch Journalismustheorien. Live Reference Work. Wiesbaden: Springer Fachmedien.

Kornmeier, Martin (2018): Wissenschaftlich schreiben leicht gemacht. Für Bachelor, Master und Dissertation. Stuttgart: utb.

Kovach, Bill/Rosenstiel, Tom (2014): The Elements of Journalism. New York: Crown.

Kramp, Leif (2020): Millenial-Medien sterben, lang lebe der Millenial-Journalismus! In: Milleniallab vom 27.12.2020. URL: https://millenniallab.org/2020/12/27/millennial-medien-sterben-lange-lebe-der-millennial-journalismus/ [Stand: 15.05.2024].

Kramp, Leif/Weichert, Stephan (2023): Whitepaper Non-Profit-Journalismus. Handreichungen für Medien, Politik und Stiftungswesen. Arbeitsheft 112 der Otto-Brenner Stiftung.

Kramp, Leif/Weichert, Stephan (2020): Nachrichten mit Perspektive. Lösungsorientierter und konstruktiver Journalismus in Deutschland. Arbeitsheft 101 der Otto-Brenner-Stiftung. URL: https://www.otto-brenner-stiftung.de/fileadmin/user_data/stiftung/02_Wissenschaftsportal/03_Publikationen/AH101_konstr_Journalismus.pdf [Stand: 15.05.2024].

Kramp, Leif/Weichert, Stefan (2018): Digitaler Journalismus. In: Journalistikon. URL: http://journalistikon.de/category/digitaler-journalismus/ [Stand: 15.05.2024].

Kramp, Leif/Weichert, Stephan (2017): Der Millenial-Code. Junge Mediennutzer verstehen – und handeln. Leipzig: Vistas.

Kramp, Leif/Weichert, Stephan (2012): Innovationsreport Journalismus. Ökonomische, medienpolitische und handwerkliche Faktoren im Wandel. Bonn: Friedrich-Ebert-Stiftung. URL: https://library.fes.de/pdf-files/akademie/08984.pdf [Stand: 15.05.2024].

Krotz, Friedrich (2019): Neue Theorien entwickeln. Eine Einführung in die heuristische empirische Kommunikationsforschung mit Bezug auf Ethnographie und Grounded Theory. Köln: Herbert von Halem.

Krüger, Uwe (2019): Konstruktiver Journalismus. Journalistikon. URL: https://journalistikon.de/konstruktiver-journalismus/ [Stand: 15.05.2024].

Krüger, Uwe (2019b): Meinungsmacht.: Der Einfluss von Eliten auf Leitmedien und Alpha-Journalisten – eine kritische Netzwerkanalyse. Köln: Herbert von Halem.

Kucklick, Christoph/Niggemeier, Stefan/Zimmermann, Felix W. (2024): Der Correctiv-Bericht verdient nicht Preise, sondern Kritik – und endlich eine echte Debatte. In: Übermedien vom 30.06.2024. URL: https://uebermedien.de/97285/der-correctiv-bericht-verdient-nicht-preise-sondern-kritik-und-endlich-eine-echte-debatte/ [Stand: 06.07.2024].

Kuhlmann, Christoph (2016): Journalismus als Moderation gesellschaftlicher Diskurse. In: Löffelholz, Martin/Rothenberger, Liane (Hrsg.): Handbuch Journalismustheorien. Wiesbaden: Springer VS, S. 369–384.

Kunczik, Michael (2018): Theorien der Kommunikationswissenschaft. In: Journalistikon. URL: http://journalistikon.de/category/theorien-der-kommunikationswissenschaft/ [Stand: 15.05.2024].

Kurz, Josef/ Müller, Daniel/Pötschke, Joachim/Pöttker, Horst/Gehr, Martin (2010): Stilistik für Journalisten. 2. Aufl. Wiesbaden: Springer VS.

Lampert, Marie/Wespe, Rolf (2017): Storytelling für Journalisten. Wie baue ich eine gute Geschichte?. 4. Aufl. Köln: Herbert von Halem.

Langer, Inghard/Schulz von Thun, Friedemann/Tausch, Reinhard (1998): Sich verständlich ausdrücken. 8. Aufl. München: Ernst Reinhard.

Leonhardt, David/Rudoren, Jodi/Galinsky, Jon/Skog, Karron/Lacy, Marc/Giratikanon, Tom/Evans, Tyson (2017): Journalism, that stands apart. The Report of the 2020 Group. In: Nytimes.com von 01.2017. URL: https://www.nytimes.com/projects/2020-report/index.html [Stand: 15.05.2024].

Le Masurier, Megan (2019): Slow Journalism. London: Routledge.

Liesem, Kerstin (2015): Professionelles Schreiben für den Journalismus. Wiesbaden: Springer VS.

Lichtenstein, Dennis/Nitsch, Cordula (2018): Informativ und kritisch? Die Politdarstellung in deutschen Satiresendungen. In: Medien- und Kommunikationswissenschaft, Jg. 66, H. 1, S. 5–21.

Lilienthal, Volker (2017): Recherchejournalismus für das Gemeinwohl. Correctiv – eine Journalismusorganisation neuen Typs in der Entwicklung. In: M&K Medien- & Kommunikationswissenschaft, 65/4, S. 659–681.

Lilienthal, Volker (2014): Recherchieren. Konstanz/München: UVK.

Linden, Peter/Bleher, Christian/Sommer, Steffen (2007): Richtig redigieren. Journalisten-Werkstatt. In: Medium Magazin Nr. 10.

Lindgren, Mia (2016). Personal narrative journalism and podcasting. In: Radio Journal: International Studies in Broadcast & Audio Media, 14/1, S. 23–41.

Löblich, Maria (2011): Frames in der medienpolitischen Öffentlichkeit. Die Presseberichterstattung über den 12. Rundfunkänderungsstaatsvertrag. In: Publizistik, Jg. 56, Nr. 4, S. 423–439.

Löffelholz, Martin (2016): Paradigmengeschichte der Journalismusforschung. In: Löffelholz, Martin/Rothenberger, Liane (Hrsg.): Handbuch Journalismustheorien. Wiesbaden: Springer VS, S. 29–58.

Löffelholz, Martin/Rothenberger, Liane (Hrsg.) (2022): Handbuch Journalismustheorien. Wiesbaden: Springer VS.

Löffelholz, Martin/Rothenberger, Liane (Hrsg.) (2016): Handbuch Journalismustheorien. Wiesbaden: Springer VS.

Lobigs, Frank (2018): Wirtschaftliche Probleme des Journalismus im Internet. Verdrängungsängste und fehlende Erlösquellen. In: Neuberger, Christoph/Nuernbergk, Christian

(Hrsg.): Journalismus im Internet: Profession – Partizipation – Technisierung. 2. Aufl. Berlin/Heidelberg/Wiesbaden: Springer VS. S. 295–334.

Lobigs, Frank (2014): Die Zukunft der Finanzierung von Qualitätsjournalismus. In: Weingart, Peter/Schulz, Patricia (Hrsg.): Wissen – Nachricht – Sensation. Zur Kommunikation zwischen Wissenschaft, Öffentlichkeit und Medien. Weilerswist: Velbrück, S. 144–220.

Lobigs, Frank (2012): Finanzierung des Journalismus. In: Meier, Klaus/Neuberger, Christoph (Hrsg.): Journalismusforschung. Stand und Perspektiven. Baden-Baden: Nomos, S. 53–74.

Lommatzsch, Timo (2018): Influencer: Marketing vs. Public Relations. In: Schach, Annika/Timo Lommatzsch (Hrsg.): Influencer Relations. PR und Marketing mit digitalen Meinungsführern. Wiesbaden: Springer Gabler, S. 23–26.

Loosen, Wiebke/Ahva; Laura/Reimer, Julius/Solbach, Paul/Deuze, Mark/Matzat, Lorenz (2020): ‚X Journalism'. Exploring journalism's diverse meanings through the names we give it. In: Journalism, 23/1.

Loosen/Wiebke/Scholl, Armin (Hrsg.) (2023): Schlüsselwerke der Journalismusforschung. Wiesbaden, Springer VS.

Ludwig, Johannes (2017): Investigatives Recherchieren. 3. Aufl. Köln. Herbert von Halem.

Lück, Julia/Schultz, Tanjev (2019): Investigativer Datenjournalismus in einer globalisierten Welt. Eine Befragung von Journalisten des International Consortium of Investigative Journalists. In: Journalistik, 2/2019, S. 93–117.

Lünenborg, Magreth (2022): Journalismus als kultureller Diskurs. In: Löffelholz, Martin/Rothenberger, Diane (Hrsg.): Handbuch Journalismustheorien. Live Reference Work. Wiesbaden: Springer Fachmedien.

Lünenborg, Margreth (2017): Von Mediengattungen zu kontingenten Hybriden Konstruktivistische und performativitätstheoretische Perspektiven für die Journalistik. In: Hasebrink, Uwe/Hepp, Andreas/Loosen, Wiebke/Reichertz, Jo (Hrsg.): Themenheft „Konstruktivismus in der Kommunikationswissenschaft. In: M&K Medien- & Kommunikationswissenschaft, 65/2, S. 367–384.

Lünenborg, Margret/Sell, Saskia (2018): Politischer Journalismus im Fokus der Journalistik. Wiesbaden: Springer VS.

Luhmann, Niklas (1997): Die Gesellschaft der Gesellschaft. Frankfurt a.M.: Suhrkamp.

Maier, Daniel/Dogruel, Leyla (2016): Akteursbeziehungen in der Zeitungsberichterstattung über die Online-Aktivitäten des öffentlich-rechtlichen Rundfunks. In: Publizistik, Jg. 61, Nr. 2, S. 145–166.

Malik, Maja (2004): Journalismusjournalismus. Funktion, Strukturen und Strategien der journalistischen Selbstthematisierung. Wiesbaden: Springer VS.

Maras, Steven (2013): Objectivity in Journalism. Cambridge: Polity Press.

Mast, Claudia (2018): ABC des Journalismus. Ein Handbuch. Köln: Herbert von Halem.

Mast, Claudia/Spachmann, Klaus (2017): Was leistet der wirtschaftspolitische Journalismus? Strukturen, Strategien und Vorgehensweisen. In: Otto, Kim/Köhler, Andreas (Hrsg.): Qualität im wirtschaftspolitischen Journalismus. Wiesbaden: Springer VS, S. 253–269.

Matzat, Lorenz (2014a): Datenjournalismus. Methode einer digitalen Welt. Konstanz: UVK.

Matzat, Lorenz (2014b): Datenjournalismus: Methoden, Prozesse und Kompetenzen. In: Fachjournalist vom 17.06.2014. URL: https://www.fachjournalist.de/datenjournalismus-methoden-prozesse-und-kompetenzen/ [Stand: 15.05.2024].

Matzen, Nea (2014): Onlinejournalismus. 3. Aufl. Köln: Herbert von Halem.

Maurer, Marcus (2022): Journalismus und Agenda-Setting. In: Löffelholz, Martin/Rothenberger, Diane (Hrsg.): Handbuch Journalismustheorien. Live Reference Work. Wiesbaden: Springer Fachmedien.

Maurer, Marcus (2016): Journalismus und Agenda-Setting. In: Löffelholz, Martin/Rothenberger, Liane (Hrsg.): Handbuch Journalismustheorien. Wiesbaden: Springer VS, S. 419–430.

McCombs, Maxwell E. (2004): Setting the agenda – The mass media and public opinion. Polity: Cambridge.

McCombs, Maxwell E./Shaw, Donald L. (1972): The Agenda-Setting Function of the Mass Media. In: Public Opinion Quarterly 36, S. 176–187.

McIntyre, Karen (2017): Solutions Journalism. The effects of including solution information in news stories about social problems. In: Journalism Practice, 13/1, S. 16–34.

McQuail, Denis (1992): Media Performance. Mass Communication and the Public Interest. London: SAGE.

Meckel, Miriam (1999): Redaktionsmanagement. Ansätze aus Theorie und Praxis. Opladen, Wiesbaden: Westdeutscher Verlag.

Meffert, Heribert/Burmann, Christoph/Kirchgeorg, Manfred/Eisenbeiß, Maik (2019): Marketing. Grundlagen marktorientierter Unternehmensführung Konzepte – Instrumente – Praxisbeispiele. Wiesbaden: Springer VS.

Meier, Klaus (2023): Crossmedialität. In: Meier, Klaus/Neuberger, Christoph (Hrsg.) Journalismusforschung. Stand und Perspektiven. 3. Aufl. Baden-Baden: Nomos, S. 157–183.

Meier, Klaus (2019): Berichterstattungsmuster als Strategien der Komplexitätsreduktion. In: Dernbach, Beatrice/Godulla, Alexander/Sehl, Annika (Hrsg.): Komplexität im Journalismus. Wiesbaden: Springer VS, S. 101–116.

Meier, Klaus (2018): Journalistik. 4. Aufl. Stuttgart: utb.

Meier, Klaus (2018b): Wie wirkt Konstruktiver Journalismus? Ein neues Berichterstattungsmuster auf dem Prüfstand. In: *Journalistik*, 1/2018, S. 4–25.

Meier, Klaus (2014): Transfer empirischer Evidenz. Entwurf eines reformierten Leitbildes und Programmes der Journalistik. In: Publizistik, 59/2, S. 159–178.

Meier, Klaus (2002): Ressort, Sparte, Team. Wahrnehmungsstrukturen und Redaktionsorganisation im Zeitungsjournalismus. Konstanz: UVK.

Meier, Klaus/García-Avilés, Jose A./Kaltenbrunner, Andy/Porlezza, Colin/Wyss, Vinzenz/Lugschitz, Renee/Klinghardt, Korbinian (2024): Innovations in JournalismComparative Research in Five European Countries. London: Routledge.

Meier, Klaus/Neuberger, Christoph (Hrsg.) (2023): Journalismusforschung. Stand und Perspektiven. 3. Aufl. Baden-Baden: Nomos.

Meier, Klaus/Neuberger, Christoph (Hrsg.) (2016): Journalismusforschung. Stand und Perspektiven. 2. Aufl. Baden-Baden: Nomos.

Merkel, Angela (2016): Rede von Bundeskanzlerin Merkel zur Eröffnungsveranstaltung der 30. Medientage am 25. Oktober 2016. Die Bundeskanzlerin vom 25.10.2016. URL: https://www.bundeskanzlerin.de/bkin-de/aktuelles/rede-von-bundeskanzlerin-merkel-zur-eroeffnungsveranstaltung-der-30-medientage-am-25-oktober-2016-424430 [Stand: 15.05.2024].

Merten, Klaus/Schmidt, Siegfried J./Weischenberg, Siegfried (1994): Die Wirklichkeit der Medien. Opladen: Westdeutscher Verlag.

Meyer, Jens-Uwe (2008): Journalistische Kreativität. 2. Aufl. Konstanz: UVK.

Meyer, Philipp (2002): Precision Journalism. A Reporter's Introduction to Social Science Methods. 4. Aufl. Langham: Rowman & Littlefield Publishers.

Michael, Hendrik (2017): Ein mediengattungstheoretischer Modellentwurf zur Beobachtung der Entgrenzung journalistischer Formate am Beispiel von „fake news shows". In: Hasebrink, Uwe/Hepp, Andreas/Loosen, Wiebke/Reichertz, Jo (Hrsg.): Themenheft „Konstruktivismus in der Kommunikationswissenschaft. In: M&K Medien- & Kommunikationswissenschaft, 65/2, S. 385–405.

Mindich, David (1998). Just the facts. How „objectivity" came to define American journalism. New York: University Press.

Möbus, Pamela/Heffler, Michael (2023): Werbemarkt 2022: Der Werbemarkt im Multikrisen-Modus. In: Media Perspektiven, 13/2024, S. 1–9. URL: https://www.ard-media.de/fileadmin/user_upload/media-perspektiven/pdf/2023/MP_13_2023_Werbemarkt_im_Multikrisen-Modus.pdf

Möbus, Pamela/Heffler, Michael (2019a): Werbemarkt 2018 (Teil 1): Stagnation bei den Bruttospendings. Entwicklungen auf Basis der Brutto Werbestatistik. In: Media Perspektiven, H 3/2019, S. 114–125. URL: https://www.ard-werbung.de/fileadmin/user_upload/media-perspektiven/pdf/2019/0319_Moebus_Heffler.pdf [Stand: 15.05.2024].

Möbus, Pamela/Heffler, Michael (2019b): Werbemarkt 2018 (Teil 2): Nettoumsätze der Medien im Minus. Ergebnisse auf Basis der ZAW-Nettostatistik. In: Media Perspektiven, H. 6/2019, S. 262–266. URL: https://www.ard-werbung.de/fileadmin/user_upload/media-perspektiven/pdf/2019/0619_Moebus_Heffler_2019-07-12.pdf [Stand: 15.05.2024].

Möhring, Wiebke/Schlütz, Daniela (Hrsg.) (2013): Handbuch standardisierte Erhebungsverfahren in der Kommunikationswissenschaft. Wiesbaden: Springer VS.

Möhring, Wiebke/Schlütz, Daniela (2010): Die Befragung in der Medien- und Kommunikationswissenschaft. Eine praxisorientierte Einführung. Wiesbaden: VS Verlag für Sozialwissenschaften.

Mölders, Marc (2015): Das Janusgesicht der Aufklärung und der Lenkung Irritationsgestaltung: Der Fall ProPublica. In: Publizistik, 63/1, 3–17.

Morawski, Thomas/Weiss, Martin (2007): Trainingsbuch Fernsehreportage. Reporterglück und wie man es macht – Regeln, Tipps und Tricks. Mit Sonderteil Kriegs- und Krisenreportage. Wiesbaden: Springer VS.

Moreno, Juan (2019): Tausend Zeilen Lügen. Das System Relotius und der deutsche Journalismus. Berlin: Rowohlt.

MPFS (2019): JIM-Studie 2019. Jugend, Information, Medien. Basisuntersuchungen Medienumgang 12- bis 19-Jähriger. Medienpädagogischer Forschungsverbund Südwest. URL: https://www.mpfs.de/fileadmin/files/Studien/JIM/2019/JIM_2019.pdf [Stand: 15.05.2024].

Mühl-Benninghausen, Wolfgang (2016): Ökonomie des Journalismus. In: Journalistikon. URL: http://journalistikon.de/category/oekonomie-des-journalismus/ [Stand: 15.05.2024].

Müller, Horst (2011): Journalistisches Arbeiten. Lehrbrief für das Wintersemester 2015/16. Reihe „Mediengestützte Wissensvermittlung“, Band 5. Hochschule Mittweida.

Müller, Sandra (2014): Radio machen. 2. Aufl. Köln: Herbert von Halem.

Müller-Dofel, Mario (2017): Interviews führen. Ein Handbuch für Ausbildung und Praxis. 2. Aufl. Wiesbaden: Springer VS.

Netzwerk Recherche (2016): Medienkodex. Neufassung, beschlossen von der Mitgliederversammlung am 08.07.2016. URL: https://netzwerkrecherche.org/ziele/zentrale-forderungen/medienkodex/ [Stand: 15.05.2024].

Neuberger, Christoph (2022): Journalismus als systembezogene Akteurskonstellation. In: Löffelholz, Martin/Rothenberger, Diane (Hrsg.): Handbuch Journalismustheorien. Live Reference Work. Wiesbaden: Springer Fachmedien.

Neuberger, Christoph (2021): Brinkmann, Janis: Journalismus – eine praktische Einführung. In: *MedienWirtschaft*, 3/2021, S. 46.

Neuberger, Christoph (2018): Journalismus in der Netzöffentlichkeit. In: Nuernbergk, Christian/Neuberger, Christoph (Hrsg.): Journalismus im Internet. Profession – Partizipation – Technisierung. Berlin/Heidelberg/Wiesbaden: Springer VS, S. 11–80.

Neuberger, Christoph (2017): Journalistische Objektivität. Vorschlag für einen pragmatischen Theorierahmen. In: Hasebrink, Uwe/Hepp, Andreas/Loosen, Wiebke/Reichertz, Jo (Hrsg.): Themenheft „Konstruktivismus in der Kommunikationswissenschaft. M&K Medien- & Kommunikationswissenschaft, 65/2, S. 406–431.

Neuberger, Christoph (2000): Journalisten und PR-Leute: Junkies oder Dealer? Eichstätter Workshop zum Verhältnis von Public Relations und Journalismus. In: Public Relations-Forum für Wissenschaft und Praxis 6/3, S. 125–127.

Neuberger, Christoph (1996): Journalismus als Problembearbeitung. Objektivität und Relevanz in der öffentlichen Kommunikation. Konstanz: UVK.

Neuberger, Christoph/Langenohl, Susanne/Nuernbergk, Christian (2014): Social Media und Journalismus. Düsseldorf: Landesanstalt für Medien Nordrhein-Westfalen. URL: https://www.medienanstalt-nrw.de/fileadmin/lfm-nrw/Publikationen-Download/Social-Media-und-Journalismus-LfM-Doku-Bd-50-web.pdf [Stand: 31.08.2020].

Neuberger, Christoph/Kapern, Peter (2013): Grundlagen des Journalismus. Wiesbaden: Springer VS.

Neukirch, Ralf/Pfister, Rene/Zöttl, Ines (2020): Drehbuch für den Coup: Wie Trump versucht, die Wahl zu stehlen. In: Spiegel.de vom 21.08.2020. URL: https://www.spiegel.de/politik/ausland/donald-trump-wie-er-versucht-die-us-wahl-2020-zu-stehlen-a-5aa673c7-b991-4da6-b308-dedcf96a39aa [Stand: 15.05.2024].

Neveu, Erik (2016): On not going too fast with Slow Journalism. In: Journalism Practice, 10/4, S. 448–460.

Newman, Nic/Fletcher, Richard/Eddy, Kirsten/Robertson, Craig T./Nielsen, Rasmus Kleis (Hrsg.): Reuters Digital News Report 2023. Reuters Institute for the Study of Journalism. URL: https://reutersinstitute.politics.ox.ac.uk/sites/default/files/2023-06/Digital_News_Report_2023.pdf [Stand: 15.05.2024].

Nielsen, Rasmus Kleis (2012): Ten Years that Shook the Media World Big Questions and Big Trends in International Media Developments. Reuters Institute for the Study of Journalism. URL: https://reutersinstitute.politics.ox.ac.uk/sites/default/files/2017-09/Nielsen%20-%20Ten%20Years%20that%20Shook%20the%20Media_0.pdf [Stand: 15.05.2024].

Nielsen, Rasmus Kleis/Graves, Lucas (2017): „News you don't believe": Audience perspectives on fake news. Reuters Institute for the Study of Journalism. URL: https://reutersinstitute.politics.ox.ac.uk/sites/default/files/2017-10/Nielsen%26Graves_factsheet_1710v3_FINAL_download.pdf [Stand: 15.05.2024].

Nielsen, Rasmus Kleis/Linnebank, Geert (2011): Public Support for Media. A Six-Country Overview of Direct and Indirect Subsidies. Working Paper. Reuters Institute for the Study of Journalism. URL: https://reutersinstitute.politics.ox.ac.uk/sites/default/files/2017-11/Public%20support%20for%20Media.pdf [Stand: 15.05.2024].

Niggemeier, Stefan (2024): Was man aus dem Streit zwischen Rezo und „Strg_F" über guten Journalismus lernen kann. In: Übermedien vom 16.01.2024. URL: https://uebermedien.de/91390/was-man-aus-dem-streit-zwischen-rezo-und-strg_f-ueber-guten-journalismus-lernen-kann/ [Stand: 15.05.2024].

Niggemeier, Stefan (2018): Das Ende des Mythos von der „Spiegel"-Dok, die jedes Wort prüft. In: Übermedien.de vom 22.12.2018. URL: https://uebermedien.de/33997/das-ende-des-mythos-von-der-spiegel-dok-die-jedes-wort-prueft/ [Stand: 15.05.2024].

Niggemeier, Stefan (2009): Er sacht Wilhelm, ich sach wat? In: Stefan Niggemeier vom 11.02.2009. URL: http://www.stefan-niggemeier.de/blog/4055/er-sacht-willem-ich-sach-wat/ [Stand: 15.05.2024].

Noske, Henning (2015a): Online-Journalismus. Was man wissen und können muss. Das neue Lese- und Lernbuch. Essen: Klartext Verlag.

Noske, Henning (2015b): Journalismus. Was man wissen und können muss. Ein Lese- und Lernbuch. 2. Aufl. Essen: Klartext Verlag.

Nuernbergk, Christian/Neuberger, Christoph (2018) (Hrsg.): Journalismus im Internet. Profession – Partizipation – Technisierung. Berlin/Heidelberg/Wiesbaden: Springer VS.

Nußberger, Ulrich (1965): Die Dynamik der Zeitung, Stuttgart: Daco-Verlag.

Ober, Daniel (2022): Markenbildung statt Monetarisierung: Instagram im Lokaljournalismus. In: Schützeneder, Jonas/Graßl, Michael (Hrsg.): Journalismus und Instagram. Analysen, Strategien, Perspektiven aus Wissenschaft und Praxis. Wiesbaden: Springer VS, S. 223–234.

Opitz, Fanny (2021): Literarische Journalisten - Journalistische Literaten. Autorschaft und Inszenierungspraktiken bei Joseph Roth und Tom Wolfe. Bielefeld: Transcript.

Osing, Tim (2023): Digitaler Journalismus in der Praxis. Grundlagen von Onlinerecherche, Storytelling und Datenjournalismus. Wiesbaden: Springer VS.

Östgaard, Einar (1965): Factors Influencing the Flow of News. In: Journal of Peace Research, 2, S. 39–63.

Oswald, Bernd (2019): Instagram-Storys: Die kreative Art des Geschichtenerzählens. In: Fachjournalist vom 31.01.2019. URL: https://www.fachjournalist.de/instagram-storys-die-kreative-art-des-geschichtenerzaehlens/ [Stand: 15.05.2024].

Oswald, Bernd (2018): Digitaler Journalismus – eine Gebrauchsanweisung. Zürich: Mydas Management.

Oswald, Bernd (2017): Fakten gegen Fakes: fünf Verifizierungs-Initiativen made in Germany. In: Torial Blog vom 25.07.2017. URL: https://blog.torial.com/2017/07/fakten-gegen-fakes-fuenf-verifizierungs-initiativen-made-in-germany/ [Stand: 15.05.2024].

Oswald, Bernd (2016a): Konstruktiver Journalismus. Sagen, was ist – und zeigen, wie es weitergeht. In: Fachjournalist vom 26.04 2016. URL: https://www.fachjournalist.de/konstruktiver-journalismus-sagen-was-ist-und-zeigen-wie-es-weitergeht/ [Stand: 15.05.2024].

Oswald (2016b): Wann, wie, womit und wo – die vier Ws des Smartphone-Journalismus. In: Fachjournalist vom 18.05.2016. URL: https://www.fachjournalist.de/wann-wie-womit-und-wo-die-vier-ws-des-smartphone-journalismus/ [Stand: 15.05.2024].

Oswald, Bernd (2015): Datenjournalismus: Wenn Journalisten tief in Datenbergen schürfen. In: Fachjournalist vom 25.11.2015. URL: https://www.fachjournalist.de/datenjournalismus-wenn-journalisten-tief-in-datenbergen-schuerfen/ [Stand: 15.05.2024].

Otto, Kim/Höll, Claudio/Elter, Andreas (2021): Magazinjournalismus im Fernsehen. Ein Handbuch für Ausbildung und Praxis. Wiesbaden: Springer VS.

Padtberg, Carola (2024): Okodoki zur nächsten Staffel. In: Spiegel.de vom 20.04.2024. URL: https://www.spiegel.de/kultur/fallout-auf-amazon-prime-bekommt-2-staffel-oki-doki-zur-naechsten-staffel-a-ac960ab1-c7a4-440a-be43-0d285b096666 [Stand: 15.05.2024].

Pauly, John J. (2014). The New Journalism and the struggle for interpretation. In: *Journalism*, 15/5, S. 589–604.

Pentzold, Christian (2015): Praxistheoretische Prinzipien, Traditionen und Perspektiven kulturalistischer Kommunikations- und Medienforschung. In: M&K Medien & Kommunikationswissenschaft, 63/2, S. 229–245.

Peter, Erik/Bednarczyk, Svenja (2017): Tödliche Polizeischüsse. In: taz.de vom 10.05.2017. URL: https://taz.atavist.com/polizeitote#chapter-1957584 [Stand: 15.05.2024].

Petter, Jan (2024): Wie Finnland die Obdachlosigkeit abschafft. In: Spiegel.de vom 07.01.2024. URL: https://www.spiegel.de/ausland/finnland-housing-first-wie-das-land-die-obdachlosigkeit-abschafft-a-42acd6e8-2dd7-42fa-803d-f575d4e2bf9b [Stand: 15.05.2024].

Planer, Rosanna/Godulla, Alexander/Wolf, Cornelia/Bürzle, Leona/Grobb, Julia/Henke, Adriana/Ötting, Hannah Lea/Reitler, Maren (2022): Storys Told, Storys Linked: Die Instagram-Nutzung deutscher, britischer und US-amerikanischer Medienunternehmen. In: Schützeneder, Jonas/Graßl, Michael (Hrsg.): Journalismus und Instagram. Analysen, Strategien, Perspektiven aus Wissenschaft und Praxis. Wiesbaden: Springer VS, S. 163–186.

Pöttker, Horst (2018): Quo vadis Journalismus? Über Perspektiven des Öffentlichkeitsberufs in der digitalen Medienwelt. In: Journalistik, H 2/2018, S. 71–81.

Pöttker, Horst (2016a): Geschichte des Journalismus. In: Journalistikon. URL: http://journalistikon.de/category/geschichte-des-journalismus/ [Stand: 15.05.2024].

Pöttker, Horst (2016b): Berufsethik. In: Journalistikon. URL: http://journalistikon.de/category/berufsethik/ [Stand: 15.05.2024].

Pöttker, Horst (2016c): Genres. In: Journalistikon. URL: http://journalistikon.de/category/journalistische-genres/ [Stand: 15.05.2024].

Pörksen, Bernhard (2016): Journalismus als Wirklichkeitskonstruktion. In: Löffelholz, Martin/Rothenberger, Liane (Hrsg.) Handbuch Journalismustheorien. Wiesbaden: Springer VS, S. 249–261.

Pörksen, Bernhard (2015): Die Beobachtung des Beobachters: Eine Erkenntnistheorie der Journalistik. Heidelberg: Carl Auer.

Pörksen, Bernhard (2014): Konstruktivismus. Medienethische Konsequenzen einer Theorie-Perspektive. Wiesbaden: Springer VS.

Pörksen, Bernhard (2006): Die Beobachtung des Beobachters: Eine Erkenntnistheorie der Journalistik. Konstanz: UVK.

Pörksen, Bernhard (2004): Das Problem der Grenze. Die hintergründige Aktualität des New Journalism – eine Einführung. In: Bleicher, Joan Kristin/Pörksen, Bernhard (Hrsg.): Grenzgänger: Formen des New Journalism. Wiesbaden: Springer VS, S. 15–28.

Pörksen, Bernhard/Scholl, Armin (2023): Journalismus als Wirklichkeitskonstruktion. In: Löffelholz, Martin/Rothenberger, Diane (Hrsg.): Handbuch Journalismustheorien. Live Reference Work. Wiesbaden: Springer Fachmedien.

Pointner, Nicola (2010): In den Fängen der Ökonomie? Ein kritischer Blick auf die Berichterstattung über Medienunternehmen in der deutschen Tagespresse. Wiesbaden: VS Verlag.

Porlezza, Colin (2017): Digitaler Journalismus zwischen News und Native Advertising – Risiken und Nebenwirkungen einer heiklen Beziehung. In: Meier, Werner A. (Hrsg.): Abbruch – Umbruch – Aufbruch. Globaler Medienwandel und lokale Medienkrisen. Baden-Baden: Nomos, S. 249–270.

Porlezza, Colin (2016): Wie Datenjournalismus (langsam) Einzug in Redaktionen hält. In: European Journals Observatory vom 30.08.2016. URL: https://de.ejo-online.eu/digitales/wie-datenjournalismus-langsam-einzug-in-redaktionen-haelt [Stand: 15.05.2024].

Porter, Michael E. (1985): Competitive Advantage. Creating and sustaining superior performance. New York: Free Press.

Posetti, Julie/Shabbir. Nabeelah/Simon, Felix (2019): Journalism Innovation Project. Reuters Institute for the Study of Journalism. URL: https://reutersinstitute.politics.ox.ac.uk/research/journalism-innovation-project [Stand: 15.05.2024].

Posetti, Julie/Ireton, Cherilyn (2018): Journalism, ‚Fake News' and Disinformation. Handbook for Journalism Education and Training. United Nations Educational, Scientific and Cultural Organization. URL: https://en.unesco.org/sites/default/files/journalism_fake_news_disinformation_print_friendly_0.pdf [Stand: 15.05.2024].

Preger, Sven (2019): Geschichten erzählen. Storytelling für Radio und Podcast. Wiesbaden: Springer VS.

Primbs, Stefan (2016): Social Media für Journalisten. Redaktionell arbeiten mit Facebook, Twitter & Co. Wiesbaden: Springer VS.

Prinzing, Marlis (2022): Brinkmann, Janis. Journalismus – Eine praktische Einführung. In: Publizistik, Jg. 67, S. 177–179.

Prinzing, Marlis/Blum, Roger (2021) (Hrsg.): Handbuch Politischer Journalismus. Köln: Herbert von Halem.

Pross, Harry (1972): Medienforschung. Film, Funk, Presse, Fernsehen. Darmstadt: Habel.

Pürer, Heinz (2015): Journalismusforschung. Konstanz und München: UVK.

Puppis, Manuel (2017): Einführung in die Medienpolitik. Konstanz: UVK.

Raabe, Johannes (2016): Journalismus als kulturelle Praxis. In: Löffelholz, Martin/Rothenberger, Liane (Hrsg.) Handbuch Journalismustheorien. Wiesbaden, Springer VS, S. 339–354.

Radü, Jens (2019a): New Digital Storytelling. Anspruch, Nutzung und Qualität von Multimedia-Geschichten. Baden-Baden: Nomos.

Radü, Jens (2019b): Was macht eine gute Multimedia-Reportage aus?. In: Journalist vom 03.06.2019. URL: https://www.journalist.de/startseite/detail/article/was-macht-eine-gute-multimedia-reportage-aus [Stand: 15.05.2024].

Rager, Günther (1994): Dimensionen der Qualität: Weg aus den allseitig offenen Richter-Skalen? In: Bentele, Günter/Hesse, Kurt R. (Hrsg.): Publizistik in der Gesellschaft. Festschrift für Manfred Rühl. Konstanz: UVK, S. 189–209.

Ramelsberger, Annette (2014): Der Prozess. In: Süddeutsche.de. URL: https://gfx.sueddeutsche.de/pages/nsu-prozess/ [Stand: 15.05.2024].

Rankl, Dagmar (2014): Ressorts im Zeitalter von Medienwandel und Boulevardjournalismus. Themenwahl als Qualitätskriterium. Wiesbaden: Springer Gabler.

Rauchenzauner, Elisabeth (2008): Schlüsselereignisse in der Medienberichterstattung. Wiesbaden: Springer VS.

Reckwitz, Andreas (2019): Gesellschaft der Singularitäten. Berlin: Suhrkamp.

Redelfs, Manfred (1996): Investigative Reporting in den USA. Strukturen eines Journalismus der Machtkontrolle. Wiesbaden: Westdeutscher Verlag.

Reineck, Dennis (2022): Qualität des Journalismus. In: Löffelholz, Martin/Rothenberger, Diane (Hrsg.): Handbuch Journalismustheorien. Live Reference Work. Wiesbaden: Springer Fachmedien.

Reineck, Dennis (2018): Die soziale Konstruktion journalistischer Qualität. Fachdiskurs, Theorie und Empirie. Köln: Herbert von Halem.

Reinemann, Carsten (2008): „Guter Boulevard ist immer auch außerparlamentarische Opposition" – Das Handeln von Bild am Beispiel der Berichterstattung über Hartz IV. In: Pfetsch, Birgit/Adam, Silke (Hrsg.): Massenmedien als politische Akteure. Konzepte und Analyse. Wiesbaden: VS Verlag für Sozialwissenschaften, S. 196–224.

Reisewitz, Perry (2018): Public Relations (PR). In: Gabler Wirtschaftslexikon (online). URL: https://wirtschaftslexikon.gabler.de/definition/public-relations-pr-44206/version-267522 [Stand: 15.05.2024].

Reisin, Andrej (2024): Die Kritik an Correctiv ignoriert, was wir über Rechtsextremismus wissen. In: Übermedien vom 02.08.2024. URL: https://uebermedien.de/97382/die-kritik-an-correctiv-ignoriert-was-wir-ueber-rechtsextremismus-wissen/ [Stand: 06.07.2024].

Reisin, Andrej (2022): Reporterformate: Ein „authentischer" Host ersetzt keine Recherche. In: Übermedien vom 08.04.2022. URL: https://uebermedien.de/69778/ein-authentischer-host-ersetzt-keine-recherche/ [Stand: 15.05.2024].

Reschke, Anja (2018): Haltung zeigen! Reinbek: Rowohlt.

Restle, Georg (2018): Plädoyer für einen werteorientierten Journalismus. In: WDRPrint Juli/August 2018.

Reus, Gunter (2018): Pressekonferenz. In: Journalistikon. URL: http://journalistikon.de/pressekonferenz/ [Stand: 15.05.2024].

Reus, Gunther (2016): Sprache und Stil. In: Journalistikon. URL: http://journalistikon.de/category/sprache-und-stil-des-journalismus/ [Stand: 15.05.2024].

Rinsdorf, Lars (2018): Fake News. In: Journalistikon. URL: http://journalistikon.de/fake-news/ [Stand: 15.05.2024].

Rinsdorf, Lars (2016): Newsroom. In: Journalistikon. URL: http://journalistikon.de/newsroom/ [Stand: 15.05.2024].

Rinsdorf, Lars (2011): Kooperation: Fluch oder Segen? Auswirkungen eines gemeinsamen Newsdesks auf Qualität und Vielfalt der Berichterstattung. In: Wolling, Jens/Will, Andreas/Schumann, Christina (Hrsg.): Medieninnovationen. Wie die Medienentwicklungen die Kommunikation in der Gesellschaft verändern. Konstanz: UVK, S. 25–42.

Rinsdorf, Lars/Wellmann, Falk (2003): Das Recherche-Protokoll – mehr als eine lästige Pflicht. In: Leif, Thomas (Hrsg.): Trainingshandbuch Recherche. Informationsbeschaffung professionell. Wiesbaden, VS-Verlag, S. 119–121.

Röper, Horst (2022): Zeitungsmarkt 2022: weniger Wettbewerb bei steigender Konzentration. In: Media Perspektiven, H 6/2022, S. 295–318.

Röper, Horst (2014): Formationen deutscher Medienmultis: Verlagsgesellschaft Madsack. In: Media Perspektiven, Nr. 10/2014, S. 496–506.

Röper Horst (2010): Zeitungen 2010: Rangverschiebungen unter den größten Verlagen. In: Media Perspektiven, Nr. 5/2010, S. 218–234.

Röper, Horst (2004): Formationen deutscher Medienmultis 2003. Entwicklungen und Strategien der größten deutschen Medienunternehmen. In: Media Perspektiven, Nr. 2, S. 54–80.

Röttger, Ulrike/Kobusch, Jana/Preusse, Joachim (2018): Grundlagen der Public Relations. Eine kommunikationswissenschaftliche Einführung. Wiesbaden: Springer VS.

Rössler, Patrick (2010): Inhaltsanalyse. Stuttgart: utb.

Rössler, Patrick/Geise, Stephanie (2013): Standardisierte Inhaltsanalyse: Grundprinzipien, Einsatz und Anwendung. In: Möhring, Wiebke/Schlütz, Daniela (Hrsg.): Handbuch standardisierte Erhebungsverfahren in der Kommunikationswissenschaft. Wiesbaden: Springer VS, S. 269–288.

Roloff, Eckart Klaus (Hrsg.) (1982): Journalistische Textgattungen. München: Oldenbourg.

Ronay, Barney (2020): Kampf um Millwall. In: 11Freunde.de vom 01.05.2020. URL: https://11freunde.de/artikel/kampf-um-millwall/536641 [Stand: 15.05.2024].

Ross, Jan (2020): Lernen: Macht mich Bildung zu einem besseren Menschen? Zeit.de vom 15.01.2020. URL: https://www.zeit.de/2020/04/bildung-einfuehlungsvermoegen-empathie-gesellschaft [Stand: 15.05.2024].

Rühl, Manfred (1979): Die Zeitungsredaktion als organisiertes soziales System. 2. Aufl. Freiburg i.Br.: Universitätsverlag.

Ruß-Mohl, Stephan (2017): Wie sich die Machtbalance zwischen Journalismus und PR verschiebt. Die „antagonistische Partnerschaft" in der digitalen Aufmerksamkeitsökonomie – eine verhaltensökonomische Analyse. Gonser, Nicole/Rußmann, Uta (Hrsg.): Verschwimmende Grenzen zwischen Journalismus, Public Relations, Werbung und Marketing. Aktuelle Befunde aus Theorie und Praxis. Wiesbaden: Springer VS, S. 13–29.

Ruß-Mohl, Stephan (2011). Wie der Journalismus im Bermuda-Dreieck verschwindet. Die Zeitungszukunft in den USA nach der Finanz- und Medienkrise. In: Schröder, Michael/Schwanebeck, Axel (Hrsg.): Qualität unter Druck. Journalismus im Internet-Zeitalter. Baden-Baden: Nomos, S. 85–98.

Ruß-Mohl, Stephan (2004): PR und Journalismus in der Aufmerksamkeitsökonomie. In: Raupp, Juliane/Klewes, Joachim (Hrsg.): Quo vadis Public Relations? Auf dem Weg zum Kommunikationsmanagement: Bestandsaufnahmen und Entwicklungen. Wiesbaden: VS Verlag für Sozialwissenschaften, S. 52–65.

Ruß-Mohl, Stephan (1992): Am eigenen Schopfe... Qualitätssicherung im Journalismus – Grundfragen, Ansätze, Näherungsversuche. In: Publizistik, Jg. 37, Nr. 1, S. 83–96.

Ruß-Mohl, Stephan/Schultz, Tanjev (2023): Journalismus. Das Lehr- und Handbuch. Köln: Herbert von Halem. Scheu, Andreas M. (2023): Journalismus aus der Perspektive der Kritischen Theorie. In: Löffelholz, Martin/Rothenberger, Diane (Hrsg.): Handbuch Journalismustheorien. Live Reference Work. Wiesbaden: Springer Fachmedien.

Sängerlaub, Alexander/Meier, Miriam/Rühl Wolf-Dieter (2018): Fakten statt Fakes. Verursacher, Verbreitungswege und Wirkungen von Fake News im Bundestagswahlkampf 2017. Stiftung Neue Verantwortung.

Salgado, Susana/Strömbeck, Jesper (2011): Interpretive journalism: A review of concepts, operationalizations and key findings. In: Journalism, 13/2, S. 144–161.

Schach, Annika (2018a): Influencer. In: Journalistikon. URL: http://journalistikon.de/influencer/ [Stand: 15.05.2024].

Schach, Annika (2018b): Botschafter, Blogger, Influencer: Eine definitorische Einordnung aus der Perspektive der Public Relations. In: Schach, Annika; Timo Lommatzsch

(Hrsg.): Influencer Relations. PR und Marketing mit digitalen Meinungsführern. Wiesbaden: Springer Gabler, S. 27–47.

Schade, Marvin (2017a): „Die Arbeit eines Sprechers ist ein ständiger Spagat": Ex-Journalisten erklären ihren Wechsel in die PR. In: Meedia vom 05.04.2017. URL: https://meedia.de/2017/04/05/die-arbeit-eines-sprechers-ist-ein-staendiger-spagat-ex-journalisten-erklaeren-ihren-wechsel-in-die-pr/ [Stand: 15.05.2024].

Schade, Marvin (2017b): „Auch die neue Richtlinie ist tendenziös" – Reaktionen kritisieren die Aktualisierung der Pressekodex-Ziffer 12.1. In: Meedia vom 23.03.2017. URL: https://meedia.de/2017/03/23/auch-die-neue-richtlinie-ist-tendenzioes-redaktionen-kritisieren-die-aktualisierung-der-pressekodex-ziffer-12-1/ [Stand: 15.05.2024].

Schächtele, Kai (2014): Storytelling im Netz: Das Jahr eins nach Snow Fall. In: Irights.info vom 11.01.2014. URL: https://irights.info/artikel/storytelling-im-netz-das-jahr-eins-nach-snow-fall/21027 [Stand: 15.05.2024].

Schalkowski, Edmund (2011): Kommentar, Glosse, Kritik. Köln: Herbert von Halem.

Schart, Dirk/Tschanz, Nathaly (2016): Mittendrin statt nur dabei: Das Potenzial von Augmented Reality im Journalismus. In: Fachjournalist vom 01.09.2016. URL: https://www.fachjournalist.de/mittendrin-statt-nur-dabei-das-potenzial-von-augmented-reality-im-journalismus/ [Stand: 15.05.2024].

Schart, Dirk/Tschanz, Nathaly (2015): Praxishandbuch Augmented Reality für Marketing, Medien und Public Relations. Konstanz: UVK.

Schatz, Heribert/Schulz, Winfried (1992). Qualität von Fernsehprogrammen. Kriterien und Methoden zur Beurteilung von Programmqualität im dualen Fernsehsystem. Media Perspektiven, 11/1992, S. 690–712.

Scheiter, Barbara (2009): Themen finden. Konstanz: UVK.

Scheufele, Bertram/Engelmann, Ines (2016): Journalismus und Framing. In: Löffelholz, Martin/Rothenberger, Liane (Hrsg.): Handbuch Journalismustheorien. Wiesbaden: Springer VS, S. 443–456.

Scheufele, Bertram (2006): Frames, schemata, and news reporting. In: Communications 31, S. 65–84.

Scheufele, Bertram (2003): Frames – Framing – Framing-Effekte. Theoretische und methodologische Grundlegung des Framing-Ansatzes sowie empirische Befunde zur Nachrichtenproduktion. Opladen: VS Verlag.

Schicha, Christian/Brosda, Carsten (2010): Handbuch Medienethik. Wiesbaden, Springer VS.

Schlütz, Daniela (2020): Auditive „deep dives". Podcasts als narrativer Journalismus. In: *kommunikation@gesellschaft* 21/2.

Schmidt, Jan-Hinrik (2013): Social Media. Wiesbaden: Springer VS.

Schmidt, Siegfried J./Weischenberg, Siegfried (1994): Mediengattungen, Berichterstattungsmuster, Darstellungsformen. In: Merten, Klaus/Schmidt, Siegfried J./Weischenberg, Siegfried (Hrsg.): Die Wirklichkeit der Medien. Opladen: Westdeutscher Verlag, S. 212-236.

Schneider, Annika (2022): Ich-Journalismus: Recherchen aus dem Leben, vorzugsweise dem eigenen. In: Übermedien vom 26.10.2022. URL: https://uebermedien.de/77795/recherchen-aus-dem-leben-vorzugsweise-dem-eigenen/ [Stand: 15.05.2024].

Schneider, Wolf (2001): Deutsch für Profis: Wege zum guten Stil. 11. Aufl. München: Goldmann-Verlag.

Schneider, Wolf/Raue, Paul-Josef (2012): Das neue Handbuch des Journalismus und des Online-Journalismus. 2. Aufl., Reinbek: Rowohlt Verlag.

Schnedler, Thomas (2006): Getrennte Welten? Journalismus und PR in Deutschland. nr-Werkstatt Nr. 4. URL: https://netzwerkrecherche.org/wp-content/uploads/2014/07/nr-werkstatt-04-journalismus-und-pr.pdf [Stand: 15.05.2024].

Schnibben, Cordt (2015): Mein Vater, ein Werwolf. In: Spiegel.de URL: https://www.spiegel.de/politik/deutschland/nazi-werwolf-spiegel-reporter-schnibben-ueber-seinen-vater-moerder-a-963465.html [Stand: 15.05.2024].

Schönauer, Mats (2015): „Bild" ist stolz auf Presserats-Rügen. In: BILDblog vom 12.08.2015. URL: https://bildblog.de/68886/bild-ist-stolz-auf-presserats-ruegen/ [Stand: 15.05.2024].

Schönhagen, Philomen (2009): Teilnehmende Beobachtung: Datenerhebung ‚hautnah am Geschehen'. In: Wagner, Hans/Schönhagen, Philomen/Nawratil, Ute/Starkulla, Heinz (Hrsg.): Qualitative Methoden in der Kommunikationswissenschaft. Ein Lehr- und Studienbuch. Baden-Bade: Nomos, 305–318.

Scholl, Armin (2022): Journalismustheorie und Methodologie. In: Löffelholz, Martin/Rothenberger, Diane (Hrsg.): Handbuch Journalismustheorien. Live Reference Work. Wiesbaden: Springer Fachmedien.

Scholl, Armin (2016): Die Logik qualitativer Methoden in der Kommunikationswissenschaft. In: Averbeck-Lietz, Stefanie/Meyen, Michael (Hrsg.): Handbuch nicht standardisierte Methoden in der Kommunikationswissenschaft. Wiesbaden: Springer VS, S. 17–32.

Scholl, Armin (2015): Die Wirklichkeit der Medien. In: Pörksen, Bernhard (Hrsg.): Schlüsselwerke des Konstruktivismus. Mit einem Nachwort von Siegfried J. Schmidt. Wiesbaden: Springer VS, S. 431–450.

Scholl, Armin (2011): Der unauflösbare Zusammenhang von Fragestellung, Theorie und Methode. Die reflexive Bedeutung der Methodologie (nicht nur) in der Journalismusforschung. In: Jandura, Olaf/Quandt, Thorsten/Vogelsang, Jens (Hrsg.): Methoden der Journalismusforschung. Wiesbaden: Springer VS, S. 15–32.

Schröder, Jens (2013): Print-Analyse: der typische Zeit-Leser. In: Meedia vom 29.01.2013. URL: https://meedia.de/2013/01/29/print-analyse-der-typische-zeit-leser/ [Stand: 15.05.2024].

Schröder, Michael (2011): Journalismus als Kulturgut. Kriterien für Qualität in Zeiten der Krise. In: Schröder, Michael/Schwanebeck, Axel (Hrsg.): Qualität unter Druck. Journalismus im Internet-Zeitalter. Baden-Baden: Nomos, S. 9–23.

Schudson, Michael (2001): The objectivity norm in American journalism. In: Journalism, 2/2, S. 149–170.

Schützeneder, Jonas (2019): Zwischen Information, Dramatisierung und Unterhaltung. Eine Analyse zum Rollenbild und Selbstverständnis im Boulevardjournalismus. In: Journalistik, 2/1, S. 45–56.

Schützeneder, Jonas/Graßl, Michael (2022): Journalismus und Instagram. Analysen, Strategien, Perspektiven aus Wissenschaft und Praxis. Wiesbaden: Springer VS.

Schützeneder, Jonas/Graßl, Michael (2022b): Journalismus und Instagram: Definitionen, Leistungen und Erwartungen im mehrdimensionalen Netzwerk. In: Schützeneder, Jonas/Graßl, Michael (Hrsg.): Journalismus und Instagram. Analysen, Strategien, Perspektiven aus Wissenschaft und Praxis. Wiesbaden: Springer VS, S. 11–28.

Schützeneder, Jonas/Graßl, Michael/Meier, Klaus (2024): Grenzen überwinden, Chancen gestalten. KI im journalistischen Newsroom – Bestandsaufnahme, Perspektiven und Empfehlungen für Journalismus und Politik. Bonn: Friedrich-Ebert-Stiftung.

Schützeneder, Jonas/Meier, Klaus/Springer, Nina (2020): Neujustierung der Journalistik/Journalismusforschung in der digitalen Gesellschaft: Proceedings zur Jahrestagung der Fachgruppe Journalistik/Journalismusforschung der Deutschen Gesellschaft für Publizistik- und Kommunikationswissenschaft. Eichstätt, DGPuK.

Schultz, Tanjev (2021): Der Reporterblick von nirgendwo? Journalismus in der Spannung zwischen Objektivität und Subjektivität. In: *Publizistik*, 66, S. 21–41.

Schultz, Tanjev/Ziegele, Marc/Jackob, Nikolaus/Viehmann, Christina/Jakobs, Ilka/Fawzi, Nayla/Quiring, Oliver/Schemer, Christian/Stegmann, Daniel. (2023): Medienvertrauen nach Pandemie und „Zeitenwende". In: Media Perspektiven, 8/2023, S. 1–17.

Schulz, Jürgen (2018): Werbung. In: Gabler Wirtschaftslexikon (online). URL: https://wirtschaftslexikon.gabler.de/definition/werbung-48161/version-271419 [Stand: 15.05.2024].

Schulz, Winfried (1976/1990): Die Konstruktion von Realität in den Nachrichtenmedien. Analyse der aktuellen Berichterstattung. Freiburg i.Br.

Schumacher, Florentin (2020): Ich habe eine Nacht auf Zoom-Partys durchgefeiert. In: Vice vom 23.04.2020. URL: https://www.vice.com/de/article/wxevdb/zoom-partys-quarantane-q-club-houseparty [Stand: 15.05.2024].

Schumacher, Florentin (2019): Ich habe 24 Stunden im Frankfurter Bahnhofsviertel verbracht. In: Vice vom 12.11.2019. URL: https://www.vice.com/de/article/qvg9wm/ich-habe-24-stunden-im-frankfurter-bahnhofsviertel-verbracht [Stand: 15.05.2024].

Schwarz, Andreas (2016): Journalismus und Öffentlichkeitsarbeit. In: Löffelholz, Martin/ Rothenberger, Liane (Hrsg.): Handbuch Journalismustheorien. Wiesbaden: VS Verlag, S. 619–638.

Schwiesau, Dietz/Ohler, Josef (2016): Nachrichten. Klassisch und multimedial. Wiesbaden: Springer VS.

Sehl, Annika/Eder, Maximilian/Kretzschmar, Sonja (2022): Journalismus auf Instagram Qualität neu definiert? In: Schützeneder, Jonas/Graßl, Michael (Hrsg.): Journalismus und Instagram. Analysen, Strategien, Perspektiven aus Wissenschaft und Praxis. Wiesbaden: Springer VS, S. 45–58.

Sengers, Lukas/Hunter, Mark Lee (2018): Das Drehbuch der Recherche – Das verborgene Szenario. Netzwerk Recherche, NR-Werkstatt Nr. 25. URL: https://netzwerkrecherche.org/wp-content/uploads/2018/07/nr-Werkstatt-25_web.pdf [Stand: 15.05.2024].

Shirky, Clay (2008): Here Comes Everybody. The Power of Organizing Without Organizations. New York: Penguin.

Shoemaker, Pamela J./ Reese, Stephen D. (1991): Mediating the message. Theories of Influence on mass media content. New York: Pearson.

SGV.NRW (2020): Pressegesetz für das Land Nordrhein-Westfalen (Landespressegesetz NRW). Geltende Gesetze und Verortungen. Ministerium des Innern des Landes Nordrhein-Westfalen. URL: https://recht.nrw.de/lmi/owa/br_text_anzeigen?v_id=10000000000000000330 [Stand: 15.05.2024].

Society of Professional Journalists (2020): Journalist's Toolbox. URL: https://www.journaliststoolbox.org [Stand: 15.05.2024].

Staab, Joachim (1990): Nachrichtenwert-Theorie. Formale Struktur und empirischer Gehalt. Freiburg i.Br.

Staschen, Björn (2017): Mobiler Journalismus. Wiesbaden: Springer VS.

Steindl, Nina/Lauerer, Corinna/Hanitzsch, Thomas (2018). „Die Zukunft ist frei!". Eine Bestandsaufnahme des freien Journalismus in Deutschland. In: Journalistik, 1/1, S. 47–59.

Steindl, Nina/Lauerer, Corinna/Hanitzsch, Thomas (2017): Journalismus in Deutschland. Aktuelle Befunde zu Kontinuität und Wandel im deutschen Journalismus. In: Publizistik, 62/4, S. 401–423.

Steinigeweg, Julia (2023): Auswirkungen konstruktiver Nachrichten in sozialen Netzwerken auf prosoziale Verhaltensweisen. Wiesbaden: Springer VS.

Steensen, Steen/Ahva, Laura (Hrsg.) (2017): Theories of Journalism in a Digital Age. New York: Routledge.

Steinmeier, Frank-Walter (2019): Festakt „70 Jahre Deutsche Presse-Agentur". Der Bundespräsident vom 01.07.2019. URL: https://www.bundespraesident.de/SharedDocs/Reden/DE/Frank-Walter-Steinmeier/Reden/2019/07/190701-70-Jahre-DPA.html [Stand: 15.05.2024].

Stockrahm, Sven/Schadwinkel, Alina/Lüdemann, Dagny (2015): Down-Syndrom: Wer darf leben? In: Zeit Online vom 22.01.2015. URL: https://www.zeit.de/feature/down-syndrom-praenataldiagnostik-bluttest-entscheidung [Stand: 15.05.2024].

Stöhr, Maria (2024): Plastikhölle im Paradies. In: Spiegel.de vom 02.03.2024. URL: https://www.spiegel.de/ausland/plastikverschmutzung-in-thailand-wie-junge-menschen-fue

r-eine-saubere-heimat-kaempfen-a-0f60115a-2f9b-4d44-84d2-e452332f4db6 [Stand: 15.05.2024].

Stollfuß, Sven (2020a): Social Media. In: Journalistikon. URL: http://journalistikon.de/social-media/ [Stand: 15.05.2024].

Stollfuß, Sven (2020b): Soziales Fernseherleben: Social TV. Formen, Dynamiken und Entwicklungen am Beispiel des Contentnetzwerks funk. In: Media Perspektiven, 20/2020, S. 649–660.

Stollfuß, Sven (2019): Is This Social TV 3.0? On funk and Social Media Policy in German Public Post-Television Content Production. In: Television & New Media. 2019. Jg. 20, Nr. 5, S. 509–524.

Stracke-Neumann, Susanne (2016): Nachwuchssorgen bei Lokalzeitungen. In: Menschen Machen Medien vom 18.06.2016. URL: https://mmm.verdi.de/beruf/nachwuchssorgen-bei-lokalzeitungen-32765 [Stand: 15.05.2024].

Streitbörger, Wolfgang (2014): Grundbegriffe für Journalistenausbildung. Theorie, Praxis und Techne als berufliche Techniken. Wiesbaden: Springer VS.

Stringer, Paul (2020): Viral Media: Audience Engagement and Editorial Autonomy at BuzzFeed and Vice. In: Westminster Papers in Communication and Culture, 15/1, S. 5–18.

Stringer, Paul (2018): Finding a Place in the Journalistic Field. The pursuit of recognition and legitimacy at BuzzFeed and Vice. In: *Journalism Practice*, 19/13, S. 1991–2000.

Sturm, Simon (2013): Digitales Storytelling. Eine Einführung in neue Formen des Qualitätsjournalismus. Wiesbaden: Springer VS.

Süddeutsche Zeitung (2020): Panama Papers. Die Geheimnisse des schmutzigen Geldes. In: Süddeutsche.de. URL: https://panamapapers.sueddeutsche.de [Stand: 15.05.2024].

Suhr, Maike/Buschow, Christopher/Serger, Hauke (2022): Organisationsinnovationen im Journalismus. Das Science Media Center Germany als Prototyp einer neuartigen Unterstützungsinfrastruktur für den Journalismus? In: Pranz, Sebastian/Heidbrink, Henriette/Stadel, Florian/Wagner, Riccardo (Hrsg.): Journalismus und Unternehmenskommunikation. Zwischen Konvergenz und Konkurrenz. Wiesbaden: Springer Fachmedien, S. 147–162.

Sußebach, Henning (2006): Hoffmanns Blick auf die Welt. In: Zeit.de vom 23.11.2006. URL: https://www.zeit.de/2006/48/Hoffmanns_Blick_auf_die_Welt [Stand: 15.05.2024].

Szyszka, Peter (2018): PR und Journalismus. In: Journalistikon. URL: http://journalistikon.de/category/pr-und-journalismus/ [Stand: 15.05.2024].

Szyszka, Peter/Fröhlich, Romy/Röttger, Ulrike (2020): Handbuch der Public Relations
Wissenschaftliche Grundlagen des beruflichen Handelns. Wiesbaden: Springer VS.

Szyszka, Peter/Christoph, Cathrin (2015): Medienarbeit (Presse-/Medienarbeit). In: Fröhlich, Romy/Szyszka, Peter/Bentele, Günter (Hrsg.): Handbuch der Public Relations. Wiesbaden: Springer Fachmedien, S. 795–813.

Thiele, Christian (2013): Interviews führen. 2. Aufl. Köln: Herbert von Halem.

Thomaß, Barbara (2023): Ethik des Journalismus.In: Löffelholz, Martin/Rothenberger, Diane (Hrsg.): Handbuch Journalismustheorien. Live Reference Work. Wiesbaden: Springer Fachmedien.

Thomaß, Barbara (2016): Ethik des Journalismus. In: Löffelholz, Martin/Rothenberger, Liane (Hrsg.): Handbuch Journalismustheorien. Wiesbaden: Springer VS, S. 537–550.

Tonnemacher, Jan (2016): Politik und Journalismus. In: Journalistikon. URL: http://journalistikon.de/category/politik-und-journalismus/ [Stand: 15.05.2024].

Twiehaus, Jens (2019): Ein Tag im Newsroom – Die drei Welten der „Welt“. In: Horizont.net vom 29.10.2019. URL: https://www.horizont.net/medien/nachrichten/video-reportage-ein-tag-im-newsroom--die-drei-welten-der-welt-178548 [Stand: 15.05.2024].

Unkel, Julian (2018): Suchmaschinen. In: Journalistikon. URL: http://journalistikon.de/suchmaschine/ [Stand: 15.05.2024].

van Krieken, Kobie/Sanders, Jose (2017): Framing narrative journalism as a new genre: A case study of the Netherlands. In: *Journalism*, 18/10, S. 1364–1380.

van Krieken, Kobie/Sanders, Jose (2019): What is narrative journalism? A systematic review and an empirical agenda. In: *Journalism*. 22/06, S. 1393–1412.

VAUNET (2023): Umsätze Audio- & audiovisueller Medien in Deutschland 2022-2023. URL: https://vau.net/wp-content/uploads/2023/10/VAUNET-Publikation_Umsaetze-audiovisueller-Medien-in-Deutschland-2022-2023.pdf [Stand: 15.05.2024].

VAUNET (2020): Key Facts zum Radiomarkt. URL: https://www.vau.net/mediennutzung/content/key-facts-radiomarkt [Stand: 15.05.2024].

Venema, Niklas (2023): Das Volontariat. Eine Geschichte des Journalismus als Auseinandersetzung um seine Ausbildung (1870–1990). Köln: Herbert von Halem.

Viererbl, Benno/Koch, Thomas (2019): Once a journalist, not always a journalist? Causes and consequences of job changes from journalism to public relations. In: Journalism, Online, doi: 10.1177/1464884919829647

Vogel, Andreas (2018): Publikumspresse 2018: Diversifikation bei weiterhin rückläufigen Heftzahlen. Daten zum Markt und zur Konzentration der Publikumspresse in Deutschland im I. Quartal 2018. In: Media Perspektiven, H 6/2018, S. 288–311. URL: https://www.ard-werbung.de/fileadmin/user_upload/media-perspektiven/pdf/2018/0618_Vogel.pdf [Stand: 15.05.2024].

von La Roche, Walter (2008): Einführung in den praktischen Journalismus. Mit genauer Beschreibung der Ausbildungswege Deutschland, Österreich, Schweiz. (Mitarbeit: Meier, Klaus/Hooffacker, Gabriele). 18. aktual. und erweit. Aufl. Berlin: Econ-Verlag.

von La Roche, Walter (1988): Einführung in den praktischen Journalismus. Mit genauer Beschreibung der Ausbildungswege. 11. Aufl. München: List.

von La Roche, Walter/Buchholz, Axel (Hrsg.) (2017): Radio-Journalismus. Ein Handbuch für Ausbildung und Praxis im Hörfunk. 11. Aufl. Wiesbaden: Springer VS.

von Rimscha, Björn/Siegert, Gabriele (2015): Medienökonomie. Eine problemorientierte Einführung. Wiesbaden: Springer VS.

von Wartburg, Matthias (2017): „Ohne PR können freie Journalisten nicht überleben". In: Medienwoche vom 10.09.2017. URL: https://medienwoche.ch/2017/09/10/ohne-pr-koennen-freie-journalisten-nicht-ueberleben/ [Stand: 15.05.2024].

Vowe, Gerhard (2007): Das Spannungsfeld von Verbänden und Medien: Mehr als öffentlicher Druck und politischer Einfluss. In: von Winter, Thomas/Willems, Ulrich (Hrsg.): Interessenverbände in Deutschland. Wiesbaden: VS Verlag, S. 465–488.

Wachtel, Stefan (2003): Schreiben fürs Hören. Trainingstexte, Regeln und Methoden. Konstanz: UVK.

Wahl-Jorgensen, Karin (2013): Subjectivity and Story-Telling in Journalism. Examining expressions of affect, judgement and appreciation in Pulitzer Prize-winning stories. In: Journalism Studies, 14/3, S. 305–320.

Wahl-Jorgensen, Karin (2009): On the newsroom-centricity of journalism ethnography. In: Bird, Elizabeth S. (Hrsg.): Journalism and Anthropology Bloomington: University Press, S. 21–35.

Wagner, Franz-Josef (2023): Post von Wagner: Lieber Olaf Scholz. In: Bild.de vom 27.11.2023. URL: https://www.bild.de/politik/kolumnen/franz-josef-wagner/post-von-wagner-lieber-olaf-scholz-86242946.bild.html [Stand: 15.05.2024].

Wagner, Hans (2012) (Hrsg.): Objektivität im Journalismus. Baden-Baden: Nomos.

Wallraff, Günter (1977): Der Aufmacher. Der Mann, der bei BILD Hans Esser war. Köln: Kiepenheuer & Witsch.

Wallraff, Günter (1985): Ganz unten. Beschreibung des Schicksals von illegal eingeschleusten Arbeitern. Köln: Kiepenheuer & Witsch.

Wanner, Aline (2018): Obdachlosigkeit: Dann haut er wieder ab. In: Zeit Online vom 22.12.2018. URL: https://www.zeit.de/2018/53/obdachlosigkeit-flucht-naehe-zusammenleben-sozialhilfe [Stand: 15.05.2024].

Weber, Stefan (1995): Nachrichtenkonstruktion im Boulevardmedium. Die Wirklichkeit der „Kronen-Zeitung". Wien: Passagen.

Weidenfeld, Ulrike (2017): „Wenn die Welt brennt, redet man nicht über die Katze." Das neue Ich im Journalismus. In: Renner, Karl Nikolaus/Schultz, Tanjev/Wilke, Jürgen: Journalismus zwischen Autonomie und Nutzwert. Köln: Herbert von Halem, S. 331–342.

Weinacht, Stefan/Spiller, Ralf (2022): Datenjournalismus in Deutschland revisited. Eine vergleichende Berufsfeldstudie im Längsschnittdesign. In: *Publizistik*, 67, S. 243–274.

Weigant, Artur/Hanschke, Kevin (2020): Corona-Krise: Gefährliche Zeit für Obdachlose. In: FAZ.net vom 24.03.2020. URL: https://www.faz.net/aktuell/gesellschaft/gesundheit/coronavirus/corona-krise-gefaehrliche-zeit-fuer-obdachlose-16692839.html [Stand: 15.05.2024].

Weingart, Peter/Schulz Patricia (2014): Einleitung: Das schwierige Verhältnis zwischen Wissenschaft, Öffentlichkeit und Medien. In: Weingart, Peter (Hrsg.): Wissen – Nachricht – Sensation. Zur Kommunikation zwischen Wissenschaft, Öffentlichkeit und Medien. Weilerswist: Vellbrück Wissenschaft, S. 9–15.

Weischenberg, Siegfried (2004): Journalistik. Wiesbaden: Springer VS.

Weischenberg, Siegfried (2001): Nachrichten-Journalismus. Anleitung und Qualitäts-Standards für die Medienpraxis. Opladen: Westdeutscher Verlag.

Weischenberg, Siegfried (1995): Konstruktivismus und Journalismusforschung. Probleme und Potentiale einer neuen Erkenntnistheorie. In: Medien Journal, 19/4, S. 47–56.

Weischenberg, Siegfried (1992): Der blinde Flick des Kritikers. Zu den ‚Wahrheiten' einer Konstruktivismus-Rezeption. In: Communicatio Socialis, 25/2, S. 168–177.

Weischenberg, Siegfried/Scholl, Armin/Malik, Maja (2006): Die Souffleure der Mediengesellschaft: Report über die Journalisten in Deutschland. Konstanz:UVK.

Weiß, Bertram (2010): Sich selbst auf die Schliche kommen. In: Netzwerk Recherche (Hrsg.): Fact-Checking: Fakten finden, Fehler vermeiden. nr-Werkstatt 16. Hamburg: Selbstverlag, S. 172–177. URL: https://netzwerkrecherche.org/files/nr-werkstatt-16-fact-checking.pdf [Stand: 15.05.2024].

Welchering, Peter (2020a): Gesinnung oder Haltung. Klärung in einer journalistischen Werte- und Erkenntnisdebatte. In: Journalistik, 3/3, S. 61–70.

Welchering, Peter (2020b): Journalistische Praxis: Digitale Recherche. Verifikation und Fact Checking. Wiesbaden: Springer VS.

Wellbrock, Christian-Mathias/Lobigs, Frank/Erbrich, Lukas/Buschow, Christopher (2023): Coopetition is King: Ökonomische Potenziale und medienpolitische Implikationen kooperativer Journalismusplattformen. Düsseldorf: Landesanstalt für Medien NRW.

Werner, Horst (2009): Fernsehen machen. Köln: Herbert von Halem.

White, David M. (1950): The Gatekeeper: A Case Study in the Selection of News. In: Journalism Quarterly, 27, S. 383–390.

Wiedemeier, Juliane (2019): Rechte und Pflichten: Mach' und Lass': Was Journalisten dürfen sollen. In: Mdr.de vom 08.02.2020. Medien 360G. URL: https://www.mdr.de/medien360g/medienwissen/rechte-und-pflichten-von-journalisten-100.html [Stand: 15.05.2024].

Wiske, Jana/Kaiser, Markus (2023): Journalismus und PR. Arbeitsweisen, Spannungsfelder, Chancen. Köln: Herbert von Halem.

Witschge, Tamara/Anderson, Chris/Domingo, David/Hermida, Alfred (2019): Dealing with the mess (we made): Unraveling hybridity, normativity, and complexity in journalism studies. In: *Journalism*, 20/5, S. 651–659.

Witte, Barbara/Ulrich, Martin (2014): Multimediales Erzählen. Konstanz: UVK.

Witterstätter, Kurt (2021): Janis Brinkmann: Journalismus. In: Socialnet vom 13.07.2021. URL: https://www.socialnet.de/rezensionen/26979.php [Stand: 15.05.2024].

Wolf, Cornelia (2014): Mobiler Journalismus. Angebote, Produktionsroutinen und redaktionelle Strategien deutscher Print- und Rundfunkredaktionen. Baden-Baden: Nomos.

Wolf, Cornelia/Godulla, Alexander (2018): Newsgames im Journalismus – Haben sie Potenzial? Was sagen die Nutzer? In: Journalistik, Jg. 1, Nr. 2, S. 2–21.

Wolfe, Tom (1974): The New Journalism. New York City: Harper & Row.

Wolff, Volker/Schultz, Tanjev/Kieslich, Sabine (2021): Zeitungs- und Zeitschriftenjournalismus. Köln: Herbert von Halem.

Wormer, Holger/Karberg, Sascha (2019): Wissen. Basiswissen für die Medienpraxis. Köln: Herbert von Halem.

Wunderlich, Leonie; Hölig, Sascha (2022): Social Media Content Creators aus Sicht ihrer jungen Follower. Hamburg: Verlag Hans-Bredow-Institut.

Wyss, Vincent (2016): Journalismus als duale Struktur. In: Löffelholz, Martin/Rothenberger, Liane (Hrsg.) Handbuch Journalismustheorien. Wiesbaden: Springer VS, S. 265–280.

Wyss, Vincenz (2004): Joumalismus als duale Struktur. Grundlagen einer strukturationstheoretischen Joumalismustheorie. In: Löffelholz, Martin (Hrsg.): Theorien des Journalismus. Ein diskursives Handbuch. Wiesbaden: VS Verlag für Sozialwissenschaften, S. 305–320.

Wyss, Vinzenz/Keel Guido (2010): Journalismusforschung. In: Bonfadelli, Heinz/Jarren, Otfried/Siegert, Gabriele (Hrsg.): Einführung in die Publizistikwissenschaft. Stuttgart: utb, S. 337–378.

Yaghoobifarah, Hengameh (2020): Abschaffung der Polizei: All Cops are berufsunfähig. In: taz.de vom 15.06.2020. URL: https://taz.de/Abschaffung-der-Polizei/!5689584/ [Stand: 15.05.2024].

Yoran, Gabriel (2023): Die Masse ist die Message: Der Fluch der Papers, Leaks und Files. In: Übermedien vom 06.04.2023. URL: https://uebermedien.de/83153/die-masse-ist-die-message-der-fluch-der-papers-leaks-und-files/ [Stand: 15.05.2024].

ZAPP (2019): „PR auch eine Art von Journalismus". In: ndr.de vom 03.04.2019. URL: https://www.ndr.de/fernsehen/sendungen/zapp/PR-auch-eine-Art-von-Journalismus,interview3326.html [Stand: 15.05.2024].

ZAW (2023): Werbemarkt 2023 dank digitaler Erlöse im leichten Plus. URL: https://zaw.de/werbemarkt-2023-dank-digitaler-erloese-im-leichten-plus/#:~:text=Die%20Investitionen%20in%20Werbung%20steigen,(%2B1%2C4%20Prozent) [Stand: 15.05.2024].

Zehrt, Wolfgang (2023): Die Pressemitteilung. Köln: Herbert von Halem.

Zeit Online (2016): Auguste muss sterben. In: Zeit Online vom 11.02.2016. URL: https://www.zeit.de/feature/steinkohle-zeche-marl-schliessung [Stand: 15.05.2024].

Zimmermann, Anna (2022): Viel Stückwerk, viel Interaktionspotenzial: Eine Analyse zur Nutzung von IGTV und Reels in Deutschland. In: Schützeneder, Jonas/Graßl, Michael (Hrsg.): Journalismus und Instagram. Analysen, Strategien, Perspektiven aus Wissenschaft und Praxis. Wiesbaden: Springer VS, S. 187–204.

Zimmermann, Felix W. (2024): Worum es bei dem Verfahren um die Correctiv-Recherche wirklich geht. In: Übermedien vom 23.02.2024. URL: https://uebermedien.de/92691/worum-es-bei-dem-verfahren-um-die-correctiv-recherche-wirklich-geht/ [Stand: 15.05.2024].

Sachregister

Die Angaben verweisen auf die Seitenzahlen des Buches.

Bereits erschienen in der Reihe STUDIENKURS Medien & Kommunikation

Medienmanagement
Von Prof. Dr. Miriam Goetz und Prof. Dr. Jochen Wicher
2024, 266 Seitem, broschiert,
ISBN 978-3-8487-8646-6

Gesundheitskommunikation
Von Prof. Dr. Doreen Reifegerste und Dr. Alexander Ort
2., aktualisierte und erweiterte Auflage 2024,
292 Seiten, broschiert,
ISBN 978-3-7560-0673-1

Digitale Medienökonomie
Von Prof. i.R. Dr. Klaus-Dieter Altmeppen, AkadR'in a.Z. Dr. Pamela Nölleke-Przybylski, Korbinian Klinghardt, M.A. und Anna Zimmermann, M.A.
2023, 300 S., broschiert,
ISBN 978-3-8487-6889-9

Medienpsychologie
Von Dr. Tim Wulf, Dr. Brigitte Naderer und Prof. Dr. Diana Rieger
2023, 258 Seiten, broschiert,
ISBN 978-3-8487-7737-2

Bereits erschienen in der Reihe STUDIENKURS Medien & Kommunikation

TV und AV Journalismus
Band 2: Praxisbuch für Unterricht und Training
Von Prof. Dr. Andreas Elter
2021, 285 Seiten, broschiert,
ISBN 978-3-8487-3851-9

Journalismus
Von Prof. Dr. Janis Brinkmann
2021, 277 Seiten, broschiert,
ISBN 978-3-8487-6055-8

Qualitative Methoden der Kommunikationswissenschaft
Von Prof. Dr. Philomen Schönhagen und Prof. Dr. Hans Wagner
3. Auflage 2021, 421 Seiten, broschiert,
ISBN 978-3-8487-6893-6

TV und AV Journalismus
Band 1: Theorie und Praxis
Von Prof. Dr. Andreas Elter
2019, 344 Seiten, broschiert,
ISBN 978-3-8487-3622-5

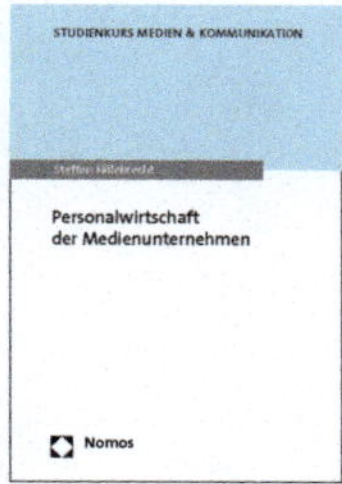

Personalwirtschaft der Medienunternehmen
Von Prof. Dr. Steffen Hillebrecht
2018, 199 Seiten, broschiert,
ISBN 978-3-8487-3703-1